Wissensspeicher Biologie

Wissensspeicher Biologie

Herausgegeben von Siegfried Brehme
und Irmtraut Meincke

Unter Mitarbeit von
Dieter Ehlers, Rolf Gattermann,
Hiltrud Graef, Siegfried Kluge,
Gertrud Kummer, Wulf-Dieter Lepel,
Karl Meißner, Gerd Pawelzig,
Ute Püschel und Horst Theuerkauf

Cornelsen
SCRIPTOR

Die kartonierte Originalausgabe dieses Buches
erscheint im Volk und Wissen Verlag GmbH & Co., Berlin. Die vorliegende Lizenzausgabe
mit festem Einband ist mit der Originalausgabe inhaltlich identisch.

Die Deutsche Bibliothek - CIP-Einheitsaufnahme
Wissensspeicher Biologie / hrsg. von Siegfried Brehme und
Irmtraud Meincke. - Berlin :
Cornelsen Scriptor, 1996
ISBN 3-589-21067-2

Lizenzausgabe im Cornelsen Verlag Scriptor GmbH & Co. KG, Berlin

Dieses Werk berücksichtigt die Regeln der reformierten Rechtschreibung und Zeichensetzung.

2. Auflage

Printed in Germany
Redaktion: Erich und Ute Püschel
Illustrationen: Hans Joachim Behrendt
Grafische Übersichten: Hansmartin Schmidt
Layout: Manfred Behrendt
Einbandfoto: Helga Lade Fotoagentur GmbH, Berlin
Einband und Typografie: Wolfgang Lorenz
Satz: DTP VWV
Repro: UNIVERS, Berlin
Druck und Binden: Westermann Druck Zwickau GmbH
ISBN 3-589-21067-2
Best.-Nr. 210 672

Inhalt

Grundbegriffe und Arbeitstechniken in der Biologie

Grundbegriffe

Allgemeines

Biologie

Biologie ist die Wissenschaft vom Leben, von seinen Gesetzmäßigkeiten und Erscheinungsformen, seiner Ausbreitung in Zeit und Raum. Sie erforscht Ursprung, Wesen, Entwicklung, Komplexität und Vielfalt der Lebenserscheinungen. Die Biologie ist eine Naturwissenschaft.

Leben

Leben realisiert sich als Eigenschaft materieller, komplexer und offener Systeme von Wechselwirkungen zwischen hochmolekularen Stoffen untereinander und mit einfacheren Stoffen; lebende Systeme sind in sich geordnet und durch Selbstreproduktion und Selbstregulation gekennzeichnet. Leben ist auf der Erde vor über 3 Milliarden Jahren entstanden und an Eiweiße und Nukleinsäuren gebunden.

Kennzeichen des Lebens sind Stoff-, Energie- und Informationswechsel; Bewegung, Fortpflanzung, Entwicklung, Wachstum und Vererbung; Individualität, Anpassungsfähigkeit und Hierarchiebildung, die in ihrer Gesamtheit Leben ausmachen.

Lebewesen existieren als selbstständige, ein- oder vielzellige Organismen.

Viren sind Makromoleküle, die einzelne Kennzeichen von Lebewesen aufweisen, aber keinen eigenen Stoffwechsel haben und nur in Zellen von Organismen existieren können; sie werden nicht zu den Lebewesen gerechnet.

↗ Biogenese, S. 278

Evolution

Die biologische Evolution umfasst den Prozess der Stammesentwicklung und den Verlauf der Stammesgeschichte der Organismen von den einfachsten Organisationsstufen bis zu den heute lebenden, teilweise hochorganisierten Formen. Sie äußert sich in einer Vielzahl von Anpassungsprozessen unterschiedlicher Richtungen, die zu irreversiblen Veränderungen führen.

↗ Richtungen der Evolution, S. 291

Ontogenese

Die Ontogenese (Individualentwicklung) ist die Gesamtheit aller Entwicklungsprozesse eines Individuums. Sie umfasst eine Folge von irreversiblen, qualitativen Veränderungen dieses Systems (z.B. Zelle, Organismus). Bei mehrzelligen Lebewesen beginnt die Ontogenese mit der ersten Teilung der Ausgangszelle (Zygote, Spore) und verläuft über mehrere Phasen (z.B. Jugendphase, Reifephase, Alternsphase) bis zum natürlichen Tod.

Phylogenese

Die Phylogenese ist die Stammesentwicklung der Organismen, die Veränderung von Organismengruppen, Populationen und Arten in der Aufeinanderfolge der Generationen unter dem Einfluss innerer und äußerer Faktoren.

↗ Entstehen, Erhalten und Vergehen von Arten, S. 286 ff.

Biologische Systeme

Allgemeines

Die moderne Biologie betrachtet auf Grund der Erkenntnisse aus vielen Spezialwissenschaften die lebende Natur als eine ineinander geschachtelte Stufenfolge (enkaptische Hierarchie) sich entwickelnder und miteinander in Wechselwirkung stehender stofflicher Systeme verschiedener Ordnung (innerorganismische Systeme: z.B. Zelle, Moleküle; außerorganismische Systeme: z.B. Population, Biostroma).

Organismus

Ein Organismus (Lebewesen) ist ein einheitliches, räumlich und zeitlich strukturiertes System, das von der Gesamtheit einzelner, miteinander und aufeinander wirkender Organe oder Organelle gebildet wird und das nur im ständigen Stoff-, Energie- und Informationsaustausch mit der Umwelt existiert.

Ein Organismus ist zur Selbstreproduktion und Selbstregulation fähig. Organismen treten als Individuen auf.

Individuum

Ein Individuum ist ein Einzelorganismus, das in Abstammung, Entwicklung, Bau und Funktion einmalige Exemplar einer Art. Es ist ein Lebewesen von typischer äußerer und innerer Struktur, von bestimmter stofflicher Zusammensetzung und spezifischem Verhalten.

Population

Eine Population ist die Gesamtheit der Individuen einer Art in einem abgegrenzten natürlichen Lebensraum. Die Individuen einer Population bilden eine Fortpflanzungsgemeinschaft mit gemeinsamem Genpool.

↗ Ökologische Gesetzmäßigkeiten in Populationen, S. 354 ff.

Art

Die Art ist die natürliche Grundeinheit im System der Organismen. Sie umfasst die Gesamtheit aller Individuen oder Populationen, die einer potentiellen Fortpflanzungsgemeinschaft angehören, eine gemeinsame Stammesgeschichte aufweisen, in Bau, Leistungen und Verhaltensweisen in wesentlichen Merkmalen übereinstimmen, ein charakteristisches Verbreitungsgebiet haben und durch unterschiedliche Isolationsmechanismen von anderen Arten abgegrenzt sind.

Umwelt

Die Umwelt ist die Gesamtheit der abiotischen und biotischen Faktoren, die auf ein lebendes System (z. B. Zelle, Organismus, Organismengesellschaft) einwirken.

↗ Umweltfaktoren, S. 335

Biosphäre

Die Biosphäre ist der Bereich der Erdoberfläche, in welchem Leben existiert; sie wird durch die Organismen und deren Beziehungen zueinander und zur Gesteins-, Wasser- und Lufthülle der Erde gebildet.

Die Biosphäre umfasst alle Organismen auf der Erde einschließlich ihres Lebensraumes.

↗ Biosphäre, S. 335

Biostroma

Das Biostroma ist ein Teil der Biosphäre, in ihm sind die nebeneinander existierenden Organismengruppen verschiedener Lebensräume (Biozönosen) durch Stoff-, Energie- und Informationswechsel miteinander verbunden.

Wissenschaftsbereiche der Biologie

Allgemeines

Die vielfältigen Erscheinungen der Organismenwelt werden von verschiedenen Biowissenschaften mit unterschiedlichen Zielstellungen und Methoden untersucht. Durch deren Zusammenwirken gelingt ein immer tieferes Eindringen in das Wesen der Erscheinungen der lebenden Natur. Gleichzeitig vollzog und vollzieht sich mit zunehmendem Erkenntnisgewinn in der Biologie eine stärkere Differenzierung in spezielle Wissensbereiche.

Anthropologie

Die biologische Anthropologie untersucht alle den Menschen direkt betreffenden biologischen Fragen: seine Stammes- und Individualentwicklung sowie den Bau und die Funktion seiner Organe und sie betreibt Konstitutions- und Wachstumsforschung. Enge Zusammenarbeit besteht mit der Medizin, der Psychologie, der Verhaltensforschung, der Soziologie und der Völkerkunde.

Botanik

Die Botanik (Pflanzenkunde) untersucht Bau, Lebensweise, Verbreitung und Geschichte der Pflanzen;

- die allgemeine Botanik beschäftigt sich mit dem Bau der Pflanzen sowie mit Bau und Funktion ihrer Organe;
- die spezielle Botanik untersucht die Stammesgeschichte und die Stellung der Pflanzen im taxonomischen System sowie die Verbreitung und Vergesellschaftung der Arten.

Zoologie

Die Zoologie (Tierkunde) untersucht Bau, Lebensweise, Verbreitung und Geschichte der Tiere;

- die allgemeine Zoologie beschäftigt sich besonders mit dem Bau der Tiere sowie mit Bau und Funktion ihrer Organe;
- die spezielle Zoologie untersucht die stammesgeschichtliche Entwicklung und die Stellung der Tiere im taxonomischen System sowie die Verbreitung und Vergesellschaftung der Arten.

Mikrobiologie

Die Mikrobiologie erforscht Bau, Lebensweise, Verbreitung und taxonomische Stellung von Mikroorganismen (z.B. Bakterien, Einzeller) und Viren sowie ihre Bedeutung für den Stoffkreislauf in der Natur und für den Menschen (z.B. Nahrungsmittelherstellung, Medizin).

Ökologie

Die Ökologie ist die Wissenschaft von den Wechselbeziehungen zwischen den Organismen und der Gesamtheit der auf sie einwirkenden biotischen und abiotischen Faktoren (Umwelt).

Paläontologie

Die Paläontologie ist die Wissenschaft von den Organismen in den verschiedenen Erdzeitaltern. Sie untersucht anhand von Resten (z.B. Versteinerungen, Einschlüsse) oder Spuren (z.B. Abdrücke) Bau und Lebensweisen ausgestorbener Lebewesen sowie anhand der Fossilien auch Formenwandel, Reihenfolge und Geschwindigkeit im Evolutionsprozess.

↗ Fossilien, S. 281 f.

Taxonomie

Die Taxonomie (Systematik) hat zum Ziel, die Gesamtheit der lebenden und ausgestorbenen Organismen zu beschreiben, zu vergleichen, zu benennen und nach Abstammungsgemeinschaften zu ordnen, sowie für jede Art ihre Stellung im natürlichen System der Organismen zu erfassen.

↗ Systematik, S. 30 f.

Ethologie

Die Ethologie (Verhaltensbiologie) untersucht Formen und Gesetzmäßigkeiten sowie Ursachen und Entwicklung des arttypischen Verhaltens der Tiere. Der Mensch wird in die vergleichende Verhaltensforschung einbezogen.

Morphologie

Die Morphologie (Gestalts- und Formenlehre) ist die Wissenschaft von der äußeren Gestalt und dem Bau der Organismen sowie von der Lage und den Lagebeziehungen der Organe.

Anatomie

Die Anatomie ist die Lehre vom Bau und von der Lage der Gewebe und Organe sowie von der Zergliederung des Organismus. Die Anatomie ist ein Teilgebiet der Morphologie.

Zytologie

Die Zytologie (Zellenlehre) erforscht die stoffliche Zusammensetzung und räumliche Struktur sowie die Funktion der Zellen und ihrer Organellen. Sie umfasst dabei auch Prozesse der Ontogenese und der Evolution.

Physiologie

Die Physiologie untersucht die Funktionen und Leistungen der Zellen, Gewebe, Organe und Organsysteme mit dem Ziel, die kausalen Zusammenhänge zwischen den Lebensvorgängen und ihre Abhängigkeit von den Umweltverhältnissen zu erkennen (z.B. Stoff-, Energie- und Informationswechsel, Entwicklung).

Genetik

Die Genetik (Vererbungslehre) untersucht die stoffliche Zusammensetzung und Struktur der Merkmalsanlagen (Erbanlagen), die Weitergabe der Anlagen von den Eltern auf die Nachkommen sowie die materiellen Strukturen, die diese Weitergabe (Vererbung) ermöglichen. Sie erforscht auch die Ursachen für die Gemeinsamkeiten und Unterschiede in den Merkmalen der Organismen.

Phylogenie

Die Phylogenie (Abstammungslehre) ist die Lehre von der Stammesentwicklung der Organismen. Sie erforscht die Abstammung von Organismengruppen (z.B. Arten) von gemeinsamen Vorfahren sowie Ursachen und Verlauf der Stammesgeschichte.

Biologie und andere Wissenschaften

Allgemeines

Der zunehmend raschere Erkenntnisgewinn führt auch in den Naturwissenschaften zu immer stärkerer Spezialisierung zwischen den Wissenschaften und innerhalb jeder Wissenschaft; gleichzeitig wird dabei eine immer engere Verpflechtung der verschiedenen Naturwissenschaften notwendig. Im Zuge dieser Entwicklung haben sich zwischen der Biologie und anderen Wissenschaftsdisziplinen verschiedene Grenzwissenschaften herausgebildet (z.B. Biochemie, Biophysik).

Biochemie

Die Biochemie erforscht Grundlagen von Lebenserscheinungen und Lebensvorgängen mit chemischen Methoden an biologischen Objekten.

Biophysik

Die Biophysik erforscht biologische Strukturen und Funktionen in Organismen mit physikalischen und physikalisch-chemischen Methoden.

Psychologie

Die Psychologie ist die Wissenschaft von den psychischen Prozessen, ihren strukturellen und funktionellen Grundlagen und ihren Wechselbeziehungen zur Umwelt. Sie erforscht das Psychische, vor allem das Bewusstsein unter verschiedenen Aspekten: als Widerspiegelung der Realität; als eine bestimmte Funktion des Gehirns; als Steuerung der Reaktionen zur Beeinflussung der Umwelt.

Soziologie

Die Soziologie ist die Wissenschaft vom Ursprung, von der Entstehung und Entwicklung der menschlichen Gesellschaft.

↗ Soziokulturelle Evolution, S. 294

Biotechnologie

Die Biotechnologie ist die Wissenschaft von den Nutzungsmöglichkeiten und der wirtschaftlichen Bedeutung von Mikroorganismen (z.B. Bakterien, Hefen) als Rohstoffe sowie von der Nutzung ihrer Stoffwechseltätigkeit, beispielsweise bei der Abwasserreinigung, Weinbereitung, Antibiotikaproduktion.

Biotechnik

Die Biotechnik erforscht Statik und Bewegungsweisen von Organismen sowie ihre Mechanismen zur Aufnahme, Übertragung und Verarbeitung von Informationen mit dem Ziel, die dabei gewonnenen Erkenntnisse zur Verbesserung vorhandener oder zur Entwicklung neuer technischer Systeme (z.B. Computer, Bauteile oder Bauweisen) oder Hilfsmittel (z.B. Prothesen) anzuwenden.

Biologische Arbeitsweisen in der Schule

Grundlagen

Allgemeines

Naturwissenschaftliche Arbeitsweisen wie Betrachten, Beobachten, Untersuchen und Experimentieren ermöglichen es an Beispielen, Vorgänge in der Natur zu erkennen, zu verstehen und nachzuweisen.
Diese Arbeitstechniken dienen der Entwicklung eines Bewusstseins für naturwissenschaftlich gesicherte Aussagen und ermöglichen, diese Aussagen von Vermutungen und Behauptungen abzugrenzen.

Arbeitsschritte bei biologischen Versuchen

Arbeitsschritt	Ausführung
Problemstellung	Erarbeitung einer klaren Aufgabenstellung
Vermutung einer Lösung (Hypothesenbildung)	Vermutung der Ergebnisse und deren wissenschaftliche Grundlagen aufgrund bisheriger Erkenntnisse.
Planung	Gedankliche Ausarbeitung zur Durchführung des Versuches (Reihenfolge des Ablaufs der Arbeitsschritte).
Durchführung	Bereitstellung der benötigten biologischen Objekte, Geräte und Chemikalien, Durchführung des Versuches, Erfassen und Protokollieren der Beobachtungen, Messwerte und Ergebnisse.
Auswertung	Vergleich der festgestellten Ergebnisse mit der vermuteten Lösung, wissenschaftliche Erklärung der erarbeiteten Ergebnisse.

Methoden

Betrachten. Betrachten ist das genaue Anschauen eines Objektes mit oder ohne technische Hilfsmittel (z.B. Laubblatt, Insekt).

Beobachten. Beobachten ist das genaue Verfolgen eines Vorgangs über einen kürzeren oder längeren Zeitraum hinweg (z.B. Keimung eines Samens).

Untersuchen. Untersuchen ist das Erforschen von Bau und Lebensabläufen der Organismen sowie der Zusammensetzung ihrer Umwelt.

Experimentieren. Experimentieren ist das Beobachten und Untersuchen von Vorgängen in der Natur unter variierten Bedingungen. Um zu aussagekräftigen Ergebnissen zu gelangen, müssen die nicht veränderten Versuchsfaktoren möglichst konstant gehalten werden. In der Regel können wissenschaftlich gesicherte Aussagen erst dann getroffen werden, wenn mehrere Vergleichsreihen durchgeführt und ausgewertet werden, um die erreichten Ergebnisse statistisch abzusichern (z.B. Untersuchen der Wirkung von verschiedenen Konzentrationen eines Geschirrspülmittels im Wasser auf das Wachstum von Keimpflanzen).

Arbeits- und Umweltschutz bei biologischen Versuchen

Bei allen biologischen Untersuchungen und Experimenten sind stets die Bestimmungen des Arten- und Umweltschutzes einzuhalten. Durch verantwortungsvollen Umgang mit dem biologischen Material sowie mit den Geräten und Chemikalien muss Unfällen gezielt vorgebeugt werden. Wer fahrlässig arbeitet gefährdet sich und andere.

- Beim Arbeiten mit Laugen und Säuren stets Schutzbrille tragen.
- Sind Chemikalien ins Auge oder auf die Haut gelangt, mit viel Wasser spülen. Bei Säuren mit 1 %iger Natriumhydrogenkarbonatlösung und bei Laugen mit 1 %iger Äthansäure spülen (Diese Lösungen sollten immer in einer gekennzeichneten Literflasche bereitgehalten werden). Nach der Ersten Hilfe stets einen Arzt aufsuchen.
- Beim Verdünnen von Säuren die Säure in geringen Mengen in das Wasser geben (Merke! Erst das Wasser, dann die Säure).
- Grundsätzlich nicht mit dem Mund pipettieren; Pipetten mit Gummisauger verwenden.
- Chemikalien nie in Flaschen oder Gefäßen aufbewahren, die üblicherweise für Lebens- oder Genussmittel verwendet werden; alle Chemikalienflaschen stets dauerhaft beschriften.
- Beim Umgang mit brennbaren Flüssigkeiten keine offenen Flammen in der Nähe haben. Zum Löschen Feuerlöscher, Sand, Feuerlöschdecke und Wasser bereithalten.
- Versuche mit giftigen Gasen und ätzenden Dämpfen im Abzug oder im Freien durchführen.
- Beim Erhitzen von Flüssigkeiten in einem Reagenzglas die Öffnung des Glases stets vom Körper und von Mitschülern weghalten.
- Abfälle nie in den Ausguss gießen, in gekennzeichneten Flaschen oder geeigneten Behältern sammeln und als Sondermüll entsorgen.

Biologische Arbeitstechniken

Bestimmen von Pflanzen und Tieren

Bestimmen ist das Identifizieren von Organismenarten mit Hilfe von Abbildungen, Tabellen oder Bestimmungsschlüsseln.
Als Objekte möglichst mehrere unbeschädigte Exemplare der zu bestimmenden Art nutzen, um alle zum Bestimmen erforderlichen Merkmale (z.B. ♂ und ♀ Blüten, Zweige mit Blüten und Früchten) zur Verfügung zu haben.

Bestimmen mit Hilfe eines dichotomen Bestimmungsschlüssels

In dichotomen Bestimmungsschlüsseln werden jeweils paarweise (1 und 1*, 2 und 2*) unterschiedliche Ausbildungsmöglichkeiten für ein Merkmal oder mehrere Merkmale (z.B. Blatt gestielt, Krone gelb - Blatt ungestielt, Krone weiß) genannt.

- Beginne stets mit dem ersten Merkmalspaar und beachte beide der genannten Möglichkeiten.
- Prüfe nach genauem Lesen, welche genannten Merkmalsausbildungen am zu bestimmenden Objekt zutreffen.
- Am Ende dieser Zeile ist die Nummer des Merkmalspaares zu finden, an dem die Bestimmung weitergeht.
- die Bestimmung endet mit dem Auffinden des Artnamens.

Bestimmungsweg für das Beispiel „Schwarz-Kiefer“

Kieferngewächse

1	Nadeln zu 2 am Zweig	2
1*	Nadeln zu 3, zu 5 oder zu vielen in Büscheln	9
2	Nadeln 2 cm bis 7 cm lang	3
2*	Nadeln 8 cm bis 15 cm lang, schwarzgrün, mit auffallend gelblicher Spitze, Zapfen etwa 8 cm lang	**Schwarz-Kiefer**
3	....	

Sammeln und Fangen von Pflanzen und Tieren

Für die Anlage eines Herbariums, Aquariums oder Terrariums zum Kennenlernen von Pflanzen und Tieren und ihren Lebensäußerungen ist es manchmal nötig der Natur ausgewählte Lebewesen zu entnehmen. Dabei ist eine Reihe von Regeln zu beachten:

- Nur die Objekte und nur in den Anzahlen sammeln, die unbedingt erforderlich sind.
- Immer die entsprechenden Bestimmungen des Arten- und Umweltschutzes einhalten (vorher informieren!).
- Sammel- und Fangaktionen sorgfältig vorbereiten (gezieltes Literaturstudium, geeigneten Sammelort auswählen, Fang- und Transportgeräte bereitstellen).
- Tierquälerei stets vermeiden, das Sammeln möglichst auf nicht lebende Teile von Tieren beschränken (Gehäuse von Weichtieren, Gewölle, Rupfungen u.ä.).
- Pflanzen möglichst vollständig oder Teile mit Blüten oder Früchten sammeln und sofort in eine transportable Presse einlegen.
- Fundort, Zeit und wenn möglich auch schon den Artnamen notieren und Notiz dazulegen.

Empfehlenswerte Geräte für das Sammeln und Fangen von Naturobjekten

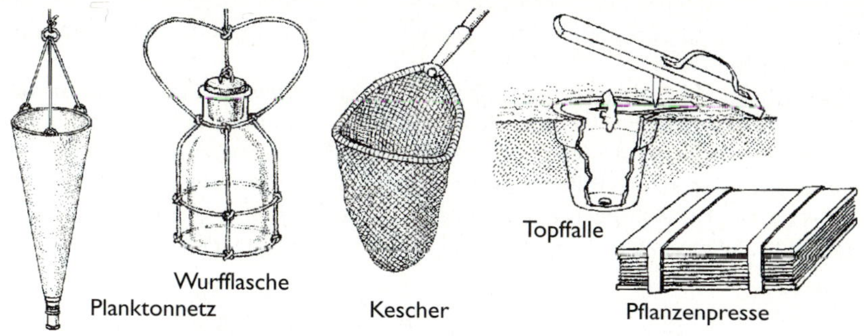

Anlegen eines Herbariums

Ein Herbarium ist eine Sammlung gepresster, getrockneter Pflanzen oder Pflanzenteile (z.B. Blatt-, Rindensammlung). Es dient zur Dokumentation der im Gebiet vorkommenden Pflanzenarten und fördert das Kennenlernen und Wiedererkennen dieser Arten.

Die Anlage des Herbariums ist unter verschiedenen Zielstellungen möglich (z.B. Sammlung geordnet nach Verwandtschaftsgruppen, nach Territorien o.a.). Beim Herbarisieren sind folgende Arbeitsschritte zu beachten:

- Pflanze mit typischem Wuchs aussuchen, bestimmen; Name, Datum und Fundortangaben notieren.
- Pflanze auf einer Hälfte eines Doppelbogens aus saugfähigem Papier (z.B. Tageszeitung) so anordnen, dass Überlappungen möglichst vermieden werden.
- Doppelbogen zuklappen und zwischen weitere saugfähige Bögen in eine transportable Pflanzenpresse einlegen, Riemen fest schließen.
- zu Hause Presse mit Gewichten beschweren und Zwischenlagen bei Bedarf wechseln.
- Die völlig trockenen Pflanzen auf geeignetem Papier (z.B. Zeichenkarton) anordnen und mit Klebestreifen so fixieren, dass die Pflanze noch leicht beweglich bleibt. Pflanze nie direkt festkleben.
- Herbarbogen beschriften (wissenschaftlicher und deutscher Name, Pflanzenfamilie, Sammeldatum, Sammelort und Sammler).
- Die fertigen Herbarbögen nur lose in eine Mappe eingelegen, damit sie beim Durchblättern nicht gebogen werden.

Mikroskopieren

Mit Hilfe eines Mikroskops können Gegenstände stark vergrößert betrachtet werden. Es werden Einzelheiten sichtbar, die mit dem bloßen Auge nicht erkennbar sind. Von den zu untersuchenden Objekten müssen in der Regel Mikropräparate hergestellt werden.

Mikroskop. Mikroskope sind optische oder elektronische Geräte, deren vergrößernde Wirkung auf der Lichtbrechung von Linsensystemen (Lichtmikroskope) oder auf der magnetischen Ablenkung von Elektronen (Elektronenmikroskop) beruht. Von der unterschiedlichen Wellenlänge der Licht- beziehungsweise der Elektronenstrahlen wird der Bereich begrenzt, in dem einzelne Punkte eines Objektes noch voneinander abgegrenzt zu erkennen sind (Auflösungsvermögen).

Auflösungsvermögen von Auge, Lichtmikroskop und Elektronenmikroskop

Betrachtung mit	Auflösungsvermögen	Abbildungsmaßstab	kleinste zu erkennende Objekte
Auge des Menschen	bis 0,1 mm	1 : 1	Eizelle des Menschen
Lichtmikroskop	bis 0,0005 mm	1 600 : 1	Bakterien, Zellorganellen
Elektronenmikroskop	bis 0,0000001 mm	100 000 : 1	Viren, Struktur der Zellorganellen, Makromoleküle

Schülermikroskop mit beweglichem Tubus

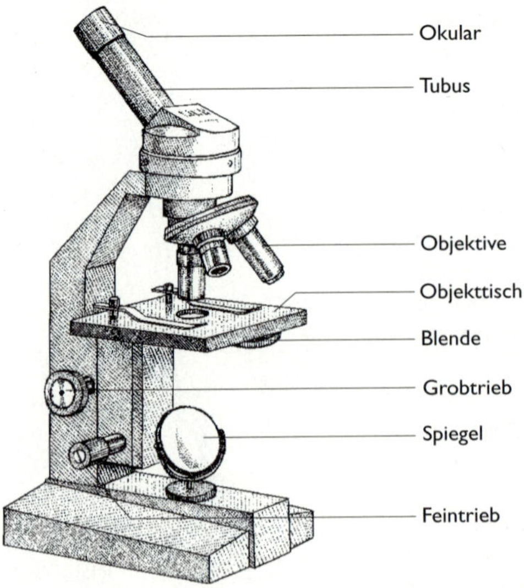

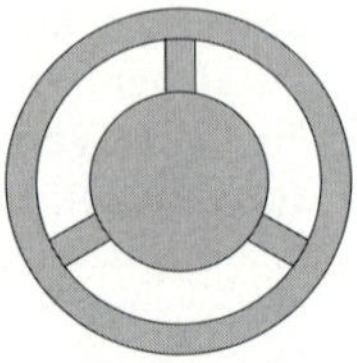

Zentralblende

Handhabung. Die Arbeit mit einem Mikroskop mit beweglichem Tubus sollte in folgenden Arbeitsschritten erfolgen:
- Kleinstmöglichen Vergrößerungsmaßstab einstellen.
- In das Okular blicken und den Spiegel so verstellen, dass ein gleichmäßig heller Kreis sichtbar wird (bei Mikroskopen mit eingebauter Leuchte ist diese Grundeinstellung meist automatisch richtig).
- Präparat auflegen und mit den Klemmfedern so fixieren, dass das zu untersuchende Objekt über der Lichteintrittsöffnung des Tisches liegt.
- Durch Drehen am Grobtrieb das Objektiv dicht über das Deckglas des Präparates bringen.
- Mit einem (i. d. R. dem linken) Auge in das Okular blicken (das andere Auge sollte immer geöffnet bleiben, das erleichtert das Zeichnen des mikroskopischen Bildes).
- Durch Drehen am Grobtrieb den Tubus ganz langsam nach oben bewegen, bis ein Bild sichtbar wird (sollte kein Bild sichtbar werden, wieder seitlich schauen und das Objektiv wieder dicht über das Deckglas bringen).
- Mit dem Feintrieb die genaue Bildschärfe einstellen (kann im Gegensatz zum Grobtrieb beim Durchschauen vor- und rückwärts gedreht werden).
- Durch Verschieben des Objektträgers einen Gesamtüberblick über das eingelegte Präparat verschaffen und eine günstige, typische Stelle des Präparates in die Bildmitte rücken.
- Nächsthöhere Vergrößerung einstellen und mit dem Feintrieb die Bildschärfe nachregulieren.

Dunkelfeldbeleuchtung. Bei der Dunkelfeldbeleuchtung erscheint das zu untersuchende Objekt (z.B. Pollen) hell auf dunklem Untergrund. Erzeugt wird das Dunkelfeld entweder durch die Verwendung eines speziellen Dunkelfeldkondensors oder durch eine aus schwarzem Papier ausgeschnittene Zentralblende, die in den Filterhalter eingelegt wird.

Geräte zum Mikroskopieren

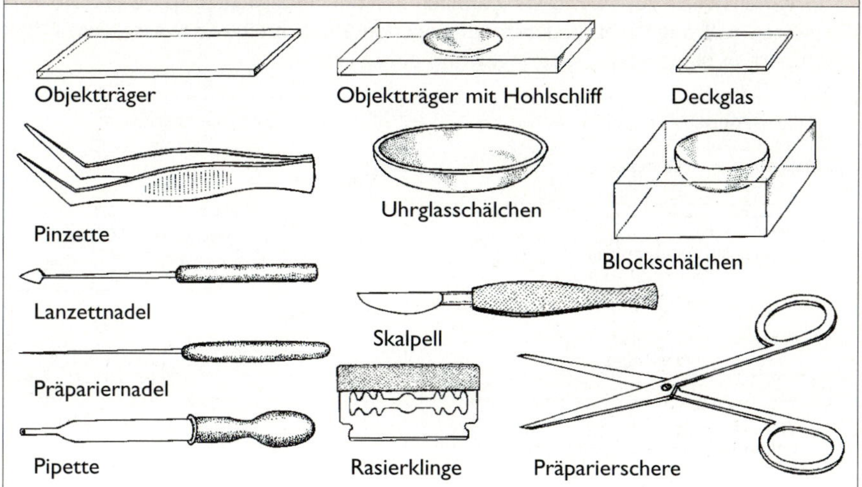

Herstellung von mikroskopischen Präparaten

Zur mikroskopischen Untersuchung eignen sich nur Objekte, die lichtdurchlässig sind (z.B. Hautflügel eines Insektes). Meist müssen die Objekte erst durch Bearbeitung durchsichtig gemacht werden. Von Tier- und Pflanzenzellen werden ganz dünne Schnitte angefertigt (z.B. Stängelquerschnitt) oder es wird von Pflanzenteilen die Haut abgezogen (z.B. Zwiebelschuppen).

Frischpräparate. Frischpräparate werden zur sofortigen mikroskopischen Betrachtung hergestellt. Zu ihnen gehören Flüssigkeitspräparate, Trockenpräparate, Lebendpräparate.

Flüssigkeitspräparate. Das Objekt wird meist in Wasser eingebettet. In einem geschlossenen Gefäß können solche Flüssigkeitspräparate auf feuchtem Filterpapier auch einige Tage aufbewahrt werden.

Arbeitsschritte:

- Objektträger gut entfetten und putzen.
- Wasser, Glycerin oder verdünnte Gelatinelösung auftropfen.
- Vorbereitetes Objekt (z.B. Moosblättchen) in den Wassertropfen einlegen.
- Deckglas auflegen.

Trockenpräparate. Trockene Objekte (z.B. Teile einer Vogelfeder) einfach auf den Objektträger auflegen und mikroskopieren.

Ausstrichpräparate. Flüssigkeiten (z.B. Blut) seitlich auf den Objektträger aufbringen, durch Darüberstreichen mit einem zweiten Objektträger unter schwachem Druck gleichmäßig verteilen, antrocknen lassen.

Lebendpräparate. Lebendpräparate dienen der Beobachtung ein- oder wenigzelliger Objekte (z.B. Einzeller, Algenkolonien, Planktonorganismen). Zur Beobachtung von beispielsweise Bewegungsabläufen (z.B. Pantoffeltierchen) oder Nahrungsaufnahme (z.B. Amöben) Objektträger mit Hohlschliff benutzen oder kleine Wachsfüße unter das Deckglas setzen. Gegebenenfalls statt Wasser Gelatinelösung verwenden, um die Bewegungsgeschwindigkeit der Objekte zu bremsen.

Dauerpräparate. Dauerpräparate bleiben jahrelang haltbar und einsatzfähig. Vorgehensweise zur Herstellung ähnlich wie bei Flüssigkeitspräparaten. Die vorbereiteten (z.B. angefärbten, durch aufsteigende Alkoholreihe entwässerten) Objekte luftdicht in Harz oder Glyceringelatine einschließen.

Mikroskopische Frischpräparate	Mikroskopisches Dauerpräparat
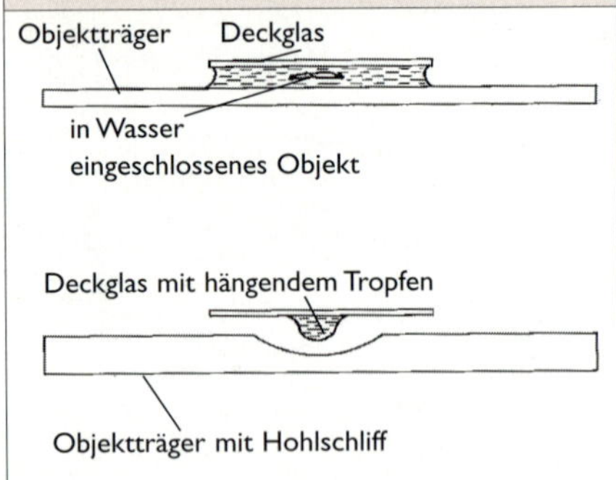	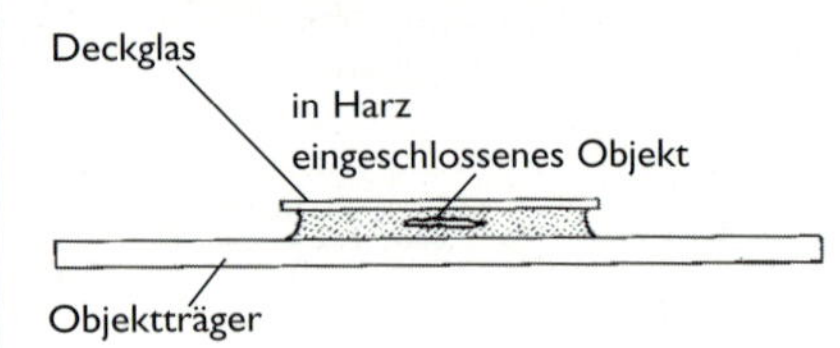

Mikroskopisches Zeichnen

Mikroskopische Bilder können zur Dokumentation durch Zeichnen, Fotografieren oder durch eine Aufzeichnung auf Videoband festgehalten werden. Beim Zeichnen sollten folgende Arbeitsschritte eingehalten werden:

- Günstige, typische Stelle im Objekt aussuchen.
- Mit einem Auge durch das Mikroskop schauen und gleichzeitig auf dem Zeichenpapier mit Bleistift zunächst die Umrisse der Zeichnung festlegen.
- Schrittweise Einzelheiten hinzufügen.
- Zeichnung stets genau beschriften (Objekt, Vergrößerung, Details, Zeichner).

Entwicklung einer Zeichnung von Zellen in einem Moosblättchen

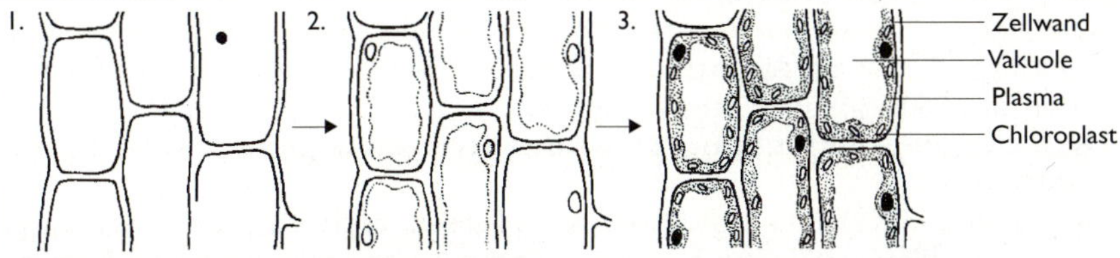

Halten von Tieren in einem Aquarium

Im Wasser lebende Organismen lassen sich gut im Aquarium beobachten. Größe des Aquariums und die Zusammensetzung des Wassers (Süßwasser, Meerwasser) sowie dessen Temperatur (Kaltwasser, Warmwasser) müssen den zu haltenden Tieren und Pflanzen entsprechen.

Einrichten des Aquariums. Folgende Arbeitsschritte müssen bei der Einrichtung eines Aquariums beachtet werden:

- Gut gewaschenen Kies und Sand als Bodengrund einschichten.
- Geeignete Pflanzen einsetzen.
- Eine Schicht Packpapier darüber legen und mit Hilfe eines dünnen Schlauches aus einem Gefäß sauberes, nicht zu kalk- und chlorhaltiges Wasser einfüllen.
- Thermometer und bei Bedarf auch Heizung, Lüftungs- und Filteranlage sowie Beleuchtung (Leuchtstoffröhre) anbringen.
- Nach einer Woche die Tiere einsetzen.

Auswahl geeigneter Pflanzen und Tiere für ein Aquarium			
Warmwasseraquarium Temperatur 20° bis 25 °C		Kaltwasseraquarium Temperatur nicht über 20 °C	
Pflanzen	Tiere	Pflanzen	Tiere
Wasserkelch Wasserstern Wasserähre Amazonasschwert Riesen-Vallisnerie	Guppy Schwertträger Kärpflinge Barben Fadenfische	Wasserpest Tausendblatt Pfennigkraut Wasserschlauch Pfeilkraut	Wasserschnecken Teichmuscheln Stichlinge Bitterlinge Goldfische

Pflege des Aquariums. Ein Aquarium bedarf ständiger, regelmäßiger Kontrolle und Pflege, da sich sonst die Lebensbedingungen so verändern können, dass die eingesetzten Pflanzen und Tiere absterben können.

- Regelmäßig füttern, aber nicht zu große Mengen.
- Ständige Kontrolle der Wassertemperatur.
- Abgestorbene Pflanzenteile und kranke Tiere sofort entfernen.
- Scheiben des Aquariums mit Schaber von Algenbelag säubern.
- Am Boden gesammelten Mulm mit einem Schlammheber entfernen.
- Alle zwei bis drei Wochen einige Liter Wasser absaugen und durch Frischwasser gleicher Temperatur ersetzen, dabei verdunstetes Wasser ergänzen.

Halten von Tieren in einem Insektarium

Die Metamorphose von Insekten lässt sich in einem Insektarium gut beobachten. Allerdings dürfen aus Artenschutzgründen nur wenige Insektenarten einschließlich ihrer Entwicklungsstufen gehalten werden.

Beobachtung der Metamorphose des Kohlweißlings. Folgende Arbeitsschritte sind nötig:

- Von jungen Kohlrabi- oder Rosenkohlpflanzen (auch Kapuzinerkresse ist geeignet) ein Blatt abpflücken, an dem sich auf der Unterseite ein gelbes Eigelege des Kohlweißlings befindet.
- Blatt in ein geeignetes Gefäß mit Wasser stellen und ein mit Fliegengaze bespanntes Holzgestell überstülpen.
- Nach dem Schlüpfen der Raupen alle zwei Tage frische Kohlblätter dazustellen. Den Kot der Raupen regelmäßig entfernen bis die Verpuppung eintritt.
- Nach zwei Wochen täglich kontrollieren.
- Puppen der ersten Generation im Jahr schlüpfen je nach äußeren Bedingungen nach zwei bis fünf Wochen, Puppen der zweiten Generation überwintern.
- Zur Überwinterung das Gestell mit den angehefteten Sturzpuppen an einem kühlen Ort (Hausboden) aufstellen, zum Schlüpfen der Falter ab Anfang März bei Zimmertemperatur halten.

Nachweisreaktionen und Versuche

Allgemeines

Durch chemische, physikalische und biochemische Reaktionen können für Organismen wichtige oder von ihnen erzeugte Stoffe nachgewiesen sowie physiologische Prozesse in Organismen erkannt und verstanden werden.

Nachweisen einiger anorganischer Stoffe

Nachweis von	Reagenz	Durchführung	Ergebnis
Kohlenstoffdioxid	Calciumhydroxidlösung (Kalkwasser)	Gas in die Lösung einleiten	weiße Trübung (Niederschlag)
	Bariumhydroxidlösung (Barytwassser)	Gas in die Lösung einleiten	weiße Trübung (Niederschlag)

Nachweis von	Reagenz	Durchführung	Ergebnis
Sauerstoff	glimmender Holzspan	Holzspan glimmend in das zu prüfende Gas eintauchen	Holzspan flammt auf
Hydroxid-Ionen	Lackmuspapier oder Universal-indikatorpapier	in die zu untersuchende Lösung eintauchen oder Lösung auftropfen	Blaufärbung
Wasserstoff-Ionen	Lackmuspapier oder Universal-indikatorpapier	in die zu untersuchende Lösung eintauchen oder Lösung auftropfen	Rotfärbung
Nitrat-Ionen	Nitrat-Ionen-Teststäbchen	in die Lösung eintauchen	Verfärbung mit beiliegender Farbskala vergleichen
Phosphat-Ionen	Ammonium-molybdat-Lösung und Zinnchlorid-Lösung	in 100 ml der zu untersuchenden Lösung erst 1 ml Ammoniummolybdat-Lösung und dann 0,2 ml Zinnchlorid-Lösung geben	Die Intensität der Blaufärbung ist ein Maß für die Konzentration der vorhandenen Phosphat-Ionen
Carbonat-Ionen	Salzsäure, Calciumhydroxid-lösung (Kalkwasser)	zu prüfendes Material (z.B. Knochen, Bodenprobe) mit Salzsäure versetzen; aufsteigendes Gas in Kalkwasser einleiten	weiße Trübung (Niederschlag)

Nachweisen einiger organischer Stoffe

Nachweis von	Reagenz	Durchführung	Ergebnis
Traubenzucker	Fehlingsche-Lösung I und II	– wässrige Lösung herstellen – 5 Tropfen Fehling I und 5 Tropfen Fehling II zugeben und gut schütteln – vorsichtig erhitzen (Siederverzug!)	ziegelroter Niederschlag zeigt reduzierende Zucker an (also auch Fructose und Maltose)

Nachweis von	Reagenz	Durchführung	Ergebnis
Stärke	Iod-Kaliumiodid-Lösung	– auf die feste Probe 2 bis 3 Tropfen geben	blauviolette bis schwarze Verfärbung
Eiweiß	konzentrierte Salpetersäure (Xanthoproteinreaktion)	– der zerkleinerten in Wasser aufgeschwemmten Probe 2 ml Salpetersäure zusetzen – leicht erwärmen	Gelbfärbung (Bei Zugabe von Ammoniaklösung Farbumschlag nach orange)
		– 2 ml Eiweißlösung – 1 ml konzentrierte Salpetersäure – leicht erwärmen	weißer Niederschlag, der sich zunehmend gelb färbt
	10 %ige Natronlauge 10 %ige Kupfersulfatlösung (Biuretreaktion)	– 2 ml Eiweißlösung – 1 ml Natronlauge – 2 Tropfen Kupfersulfatlösung – vorsichtig leicht erwärmen	Violettfärbung
	Fällungsreaktion	– Probe erhitzen	Eiweiß wird fest
Fett	Sudan III-Lösung	– 3 ml Wasser – 3 ml Sudan III-Lösung – schütteln – zu prüfende Lösung oder Aufschwemmung zugeben	Rotfärbung
	Schreibpapier (Fettfleckprobe)	– Papier 1 Mal knicken – Probe einlegen – mit Hammer zerquetschen	bleibender Fettfleck im Papier, das an dieser Stelle durchscheinend wird
Cellulose	Iod-Zinkchloridlösung	2 bis 3 Tropfen zur Probe geben	Blaufärbung (bei Anwesenheit von Pectinen leichte Violettfärbung)
Lignin (Holzstoff)	Phloroglucinlösung konzentrierte Salzsäure	je 3 Tropfen Phloroglucinlösung und Salzsäure auf die Probe geben	kirschrote Verfärbung

Nachweis von	Reagenz	Durchführung	Ergebnis
Vitamin C	Tillmanns Indikatorlösung	3 ml Untersuchungsflüssigkeit mit 3 ml Indikatorlösung mischen	Entfärbung der blauen Indikatorlösung
	stark verdünnte Kaliumpermanganatlösung (1 Kristall auf 10 ml Wasser)	3 ml Untersuchungsflüssigkeit mit 3 ml Kaliumpermanganatlösung versetzen	Entfärbung oder Abschwächung der Färbung
	5 %ige Silbernitratlösung Ammoniaklösung	– 2 ml Silbernitratlösung tropfenweise mit Ammoniaklösung versetzen bis sich der braune Niederschlag gerade wieder löst – 3 ml Untersuchungsflüssigkeit zugeben	Schwarzfärbung

Blattfarbstoffe. Nachweis von Blattfarbstoffen (Chlorophyll a und b, Xanthophyll) erfolgt durch Chromatographie. Durchführung der Papierchromatographie:
- 10 g Laubblätter zerreiben,
- etwas Calciumcarbonat zugeben,
- mit 45 ml Gasolin und 15 ml 96 % Ethanol übergießen,
- 30 Minuten dunkel aufbewahren und mehrmals schütteln,
- filtrieren
- 10 ml Wasser zugeben, schütteln, absetzen lassen,
- Rohchlorophylllösung entnehmen und mehrmals auf dem Startfleck des Chromatographiepapiers aufbringen,
- Papierstreifen in Schale mit Laufmittel (z.B. Benzin) einhängen und 2 bis 3 Stunden ziehen lassen

Ergebnis: Zwei unterschiedlich grüne und ein gelblicher Farbstreifen auf dem Chromatografiepapier.
Ein ähnliches Verfahren ist die Säulenchromatographie.

Untersuchungen zu einigen physiologischen Abläufen

Allgemeines

Die Untersuchung physiologischer Abläufe (z.B. Verdauung, Fotosynthese, Atmung, Gärung, Reizerscheinungen, Bewegung) wird an geeigneten Modellorganismen oder deren Teilen (z.B. Wasserpestsprosse bei Fotosysnthese, Mundspeichel für Verdauungsvorgänge) unter möglichst naturähnlichen Bedingungen (z.B. Temperaturverhältnisse, *p*H Wert-Bereiche) der jeweiligen Fragestellung entsprechend durchgeführt. Oft müssen zum Erkennen der Vorgänge Nachweisreaktionen eingesetzt werden. Die Ergebnisse von Versuchen sind besonders dann gut zu interpretieren, wenn vergleichende Untersuchungen unter veränderten Bedingungen (z.B. verschiedene Temperaturen, Konzentrationen, Reizstärken) vorgenommen werden.

Nachweis von osmotischen Vorgängen

Wasserabgabe aus Pflanzenzellen. Geeignetes Gewebe (z.B. Zwiebelhäutchen, Algenfäden, Moosblättchen) in hochkonzentrierte Salzlösung (Kochsalz oder Kaliumchlorid) einlegen und Wasserabgabe beziehungsweise Plasmolyse mikroskopisch beobachten.

Wasseraufnahme durch Pflanzenzellen. Plasmolysierte Zellen (z.B. Zwiebelhäutchen, Moosblättchen) aus Salzlösung in Wasser überführen und mikroskopisch die Wasseraufnahme in das Plasma beziehungsweise in die Vakuole beobachten (Rückgang der Plasmolyse).

Wasseraufnahme, -transport, und -leitung bei Pflanzen

Wasseraufnahme. Gut bewurzelte Pflanzen in graduiertes Gefäß mit Wasser einstellen und mehrere Tage beobachten. Verdunstung von Wasser an Wasseroberfläche verhindern (z.B. durch Ölschicht oder Folie). Vergleichsexperimente (z.B. mit Pflanzen mit unterschiedlicher Wurzelausbildung, verschiedene Temperaturbedingungen) durchführen.

Wassertransport. Sprossachsen in gefärbtes Wasser einstellen. Nach 2 bis 3 Tagen die Leitbündel im Längs- oder Querschnitt mit der Lupe betrachten.

Wasserabgabe an den Laubblättern (Transpiration). Auf Blattunterseiten von Pflanzen unterschiedlicher Blattausbildung dünne Folienstreifen auflegen und diese beobachten oder mit Kobaltchloridlösung getränktes und anschließend getrocknetes Filterpapier (blaugefärbt) auf Blattunterseite legen. Bei Berührungen mit Wasser färbt sich das Filterpapier rot. Experimente unter Wirkung verschiedener unterschiedlicher Außenbedingungen (z.B. Temperatur, Luftbewegung) wiederholen.

Hydrolytische Spaltung von Nährstoffen

Bereitstellung der zu untersuchenden Nährstoffe Stärke, Eiweiß, Fett (z.B. als Stärkeaufschlämmung, Hühnereiweiß, Vollmilch) und der entsprechenden Enzyme (z.B. Mundspeichel, Enzymtabletten oder Enzymlösungen). Mischen der Enzyme und Substrate unter Zusatz von etwas Wasser. Während der Enzymreaktion Temperaturen von etwa 40 °C (Wasserbad!) einhalten.

Nachweis der abgelaufenen Enzymreaktion durch Nachweis der entsprechenden Reaktionsprodukte oder durch Nachweis des Nichtmehrvorliegens des Ausgangsstoffes.

Nachweis der Ausgangsstoffe und Reaktionsprodukte bei Atmung, Gärung und Fotosynthese

Nachweis des bei der Atmung ausgeschiedenen Kohlenstoffdioxids. Modellobjekte: keimende Samen, Blütenköpfe, menschliche Ausatmungsluft. Nachweis mit Kalkwasser (vergleiche Nachweisreaktionen S. 22).

Nachweis des bei der Fotosynthese ausgeschiedenen Sauerstoffs. Auffangen des ausgeschiedenen Gases von gut belichteten Wasserpflanzensprossen (z.B.

Wasserpest) und Durchführen der Spanprobe (vergleiche Nachweisreaktion, S. 23). Variieren der Beleuchtungsstärke oder Zusatz von Kohlenstoffdioxid aus Selterswasser möglich.

Nachweis des bei der alkoholischen Gärung entstehenden Kohlenstoffdioxids. Auffangen des in einer Aufschlämmung von Hefe und Glucose in Wasser entstehenden Gases und Einleiten in Kalkwasser (vergleiche Nachweisreaktion, S. 22). Varianten: unterschiedliche Temperaturen und Glucosekonzentrationen wählen!

Wirkungsweise von Enzymen

Enzym (z.B. Katalase in enzymhaltigem Pflanzen- oder Tiermaterial wie Kartoffelgewebe, Leber oder Hefe; Amylase in keimenden Getreidekörnern oder in Enzymtabletten; Urease) mit dem entsprechendem Substrat (z.B. Wasserstoffperoxid, Stärke, Harnstoff) in wässriger Lösung mischen und die entsprechende Reaktion (z.B. Zersetzung von H_2O_2 unter Sauerstoffentwicklung; hydrolytische Spaltung der Stärke in Glucose; Zerlegung von Harnstoff in Ammoniak und Kohlenstoffdioxid) direkt beobachten oder durch entsprechende Nachweisreagentien (vergleiche Nachweisreaktionen, S. 22 ff.) erkennen.

Nachweis einiger Reizvorgänge

- Reizung von Keimlingspflanzen durch einseitigen Lichteinfall; Beobachtung der Fototropismusbewegung.
- Reizung der menschlichen Zunge durch aufgetropfte Kochsalz- oder Glucoselösung (0,1 mol); Feststellen der Geschmackseigenschaften.
- Reizung der menschlichen Haut (Handrücken) durch Druck mit einer Haarborste; Feststellen der Lage der Tastkörperchen.
- Reizung des für kurze Zeit im Dunkeln gehaltenen menschlichen Auges durch einen Lichtstrahl; Beobachtung der Pupillenreflex-Reaktion!
- Reizung eines Regenwurms durch Auftropfen einer verdünnten (!) Essigsäurelösung, durch vorsichtiges Berühren mit einer Bleistiftspitze, durch auftreffende Lichtstrahlen (der Regenwurm befindet sich dabei in einer Hülse aus schwarzem Papier, die vom Hinterende oder Vorderende des Tieres weggezogen werden kann); Beobachtung und Vergleich der Reaktionen.

Untersuchungen in Ökosystemen

Allgemeines

In Ökosystemen werden die Artenzusammensetzung der Lebensgemeinschaft und die abiotischen Umweltfaktoren durch Beobachtungen, Bestimmungen und Messungen mit geeigneten Messgeräten untersucht. Anschließend wird versucht zwischen den biotischen Komponenten (Biozönose) und den abiotischen Faktoren Beziehungen zu erkennen.

Bestandsaufnahme

Eine Bestandsaufnahme ist die Erfassung möglichst vieler Pflanzen und Tiere auf einer abgegrenzten, mit einem einheitlichen Pflanzenwuchs bestandenen Fläche des Ökosystems in einer Liste, in der die erkannten oder bestimmten Organismen nach Schichten geordnet aufgeschrieben werden. Oft gibt man auch den Entwicklungsstand (z.B. Keimpflanze, steril, blühend, fruchtend, Larve, geschlechtsreifes Tier) an. Das Vorkommen von Tieren kann auch an Spuren (z.B. Nester, Fährten, Kot, Fraßstellen) festgestellt werden.

Artmächtigkeit

Die Artmächtigkeit ist eine für eine Pflanzengesellschaft charakteristische kombinierte Größe aus Deckungsgrad (prozentualer Anteil des von der Art bedeckten Bodens) und der Häufigkeit (Individuenanzahl); sie wird durch Schätzung ermittelt. Die Angaben erfolgen in einer Artmächtigkeitsskala (z.B. r: sehr geringer Deckungsgrad, 1 bis 5 Individuen; 1: geringer Deckungsgrad, wenige Individuen; 5: mehr als 75 % Flächendeckung).

Erfassen abiotischer Umweltfaktoren

Abiotische Umweltfaktoren werden mit Messgeräten (z.B. Boden-, Luft-, Maximum/Minimum-Thermometer, Hygrometer, Windmesser, Belichtungsmesser) festgestellt. Es sind nach Möglichkeit mehrere Vergleichsmessungen am gleichen Standort, gegebenenfalls auch zu verschiedenen Zeiten zu machen und die gewonnenen Ergebnisse zu mitteln.

Die Untersuchung von Bodeneigenschaften kann die Messung des *p*H-Wertes, des Kalkgehaltes, die Bestimmung des Wassergehaltes und der Bodenart umfassen.

Untersuchungen zum Verhalten der Organismen

Allgemeines

Das Verhalten von Tieren und Menschen kann durch Beobachten, durch Fotografieren, Filmen und Tonaufzeichnungen und durch Experimente erkannt werden. Dazu ist es zum Teil notwendig Tiere kurzzeitig unter strenger Beachtung der Naturschutz- und Tierschutzbestimmungen im Biologieraum zu halten. Bei verhaltensbiologischen Experimenten wird das Verhalten der Organismen in Versuchsreihen mit jeweils einer variierten Umwelt- oder Reizsituation (z.B. verschiedene Licht- oder Feuchtigkeitsverhältnisse, Einsatz verschiedener Reizattrappen) oder durch mehrmalige Wiederholung der gleichen Umweltsituation (z.B. bei Untersuchungen zum Lernverhalten) beobachtet und protokolliert.

Ethogramm

Ein Ethogramm ist eine Zusammenstellung aller Verhaltensweisen eines Tieres während eines bestimmten Zeitraumes. Bei der Erstellung ist zu beachten:

- Beobachtung unter möglichst natürlichen Bedingungen durchführen.
- Beobachtung an mehreren Individuen nacheinander unter gleichen Bedingungen durchführen.
- Anfänglich eine möglichst vollständige Erfassung aller Verhaltensweisen anstreben.
- Festlegung von kurzen Zeitintervallen (z.B. 1/2 Min., 1 Min, 2 Min), in denen das Verhalten registriert wird.
- Anstreben einer möglichst objektiven Verhaltensbeschreibung ohne Hinzufügung subjektiver menschlicher Wertung des Verhaltens (z.B. Begriffe wie „ängstlich, mutig, aggressiv" o.ä. vermeiden).

↗ Ethogramm, S. 255

Ausgewählte Gruppen der Organismen

Einteilung der Organismen

Allgemeines

Organismen gibt es seit etwa 3,0 bis 3,5 Milliarden Jahren; im Verlaufe dieser Zeit haben sie sich zu einer ungeheuren Formenvielfalt entwickelt, von der bis heute etwa 1,5 Millionen Arten bekannt sind. Zum Erfassen dieser Formenfülle und ihrer Nutzung für wissenschaftliche Erkenntnisse oder für praktische und wirtschaftliche Belange ist es notwendig sie zu ordnen.

Ausgewählte Ordnungsprinzipien

Die Ordnungsprinzipien können je nach Fragestellung auf unterschiedlichen Merkmalen beruhen und zu unterschiedlichen Gruppenbildungen führen.

Beispiele für Ordnungsprinzipien	
Zugrunde liegende Merkmale	Mögliche Gruppen
Ökologische Merkmale	Kalkzeiger - Säurezeiger Meeresbewohner - Süßwasserbewohner Trockenlufttiere - Feuchtlufttiere
Physiologische Merkmale	Autotrophe - heterotrophe Organismen gleichwarme - wechselwarme Organismen zwittrige - getrenntgeschlechtige Organismen
Wirtschaftliche Merkmale	Nützlinge - Schädlinge
Verhaltensmerkmale	Nesthocker - Nestflüchter
Morphologisch-anatomische Merkmale	Kräuter - Gehölze Einzeller - Vielzeller Tiere mit Innenskelett - mit Außenskelett
Verwandtschaftsmerkmale	Nacktsamer - Bedecktsamer Vögel - Säugetiere

Ordnung nach verwandtschaftlichen Beziehungen

Ordnungsprinzip ist die Verwandtschaft zwischen Organismen, die sich in mehr oder weniger starken Ähnlichkeiten in der Ausbildung bestimmter Merkmale äußert; es führt zu stammesgeschichtlich relevanten Gruppen. Die Ordnung nach verwandtschaftlichen Beziehungen ist Grundlage für die Erarbeitung eines natürlichen Systems.

Systematik

Aufgaben der Systematik

Die Systematik hat die Aufgabe rezente und fossile Organismen zu beschreiben und zu benennen sowie ihre Stellung im System der Organismen zu erkennen.

Methoden der Systematik

Erfassen und Beschreiben der Merkmale. Herangezogen werden möglichst zahlreiche Merkmale, beispielsweise

- morphologisch-anatomische Merkmale: früher fast ausschließlich genutzt, heute besonders zur Differenzierung höherer Kategorien verwendet; sind Grundlage für das Aufstellen von Bauplantypen;
- karyologische Merkmale: zum Beispiel Basensequenz in der DNA;
- serologische Merkmale: zum Beispiel Vergleich von Nucleinsäuren und Proteinen;
- embryologische Merkmale: Differenzierung der Gewebe während der Embryogenese;
- ökologische Merkmale: Ansprüche an den Lebensraum.

Analysieren der Merkmale. Die Wertigkeit der Merkmale wird in der Regel durch Vergleich mit anderen Sippen bestimmt.

Ursprüngliche Merkmale (z. B. spiralige Stellung der Blütenteile, Haarkleid der Säuger) treten in gleicher Weise schon bei stammesgeschichtlich alten Formen auf und sagen wenig über engere Verwandtschaft aus.

Abgeleitete Merkmale (z. B. Reduzierung von Blütenteilen) haben sich im Verlaufe der Phylogenese verändert, ihr Auftreten in unterschiedlichen Gruppen weist auf deren nähere Verwandtschaft hin.

Zu Merkmalsanalysen gehören auch das Aufstellen von Sequenzstammbäumen (Vergleich der Sequenzen in Proteinen und Nucleinsäuren) und die DNA-Hybridisierung: Isolierte DNA wird durch Erwärmen in Einzelstränge zerlegt („geschmolzen"). Die Einzelstränge zweier Arten werden gemischt. Beim Abkühlen bilden sie wieder Doppelstränge, die Hybrid-DNA. Erwärmt man diese Hybrid-DNA, so liegt ihr Schmelzpunkt umso höher, je ähnlicher sich die DNA der Ausgangsformen waren, Arten mit hohem Schmelzpunkt ihrer Hybrid-DNA sind relativ eng verwandt.

Einordnen ins System. Nach Auswertung der Merkmalsanalysen wird die Stellung der Organismengruppe im System ermittelt. Dabei kann unter Umständen die bisherige Vorstellung von der Ordnung im System in Frage gestellt werden.

Benennen. Jeder bekannte Organismus wird nach international gültigen Regeln mit einem wissenschaftlichen Namen benannt, der in der Regel aus zwei Teilen besteht: dem - die nächste Verwandtschaft kennzeichnenden - Gattungsnamen und dem - die Art charakterisierenden - Artnamen (z. B. *Lamium purpureum* - *Lamium album* = Purpurrote Taubnessel - Weiße Taubnessel). Diese Art der Benennung (binäre Nomenklatur) wurde von LINNÉ eingeführt.

↗ Systematik und Stammesgeschichte, S. 281
↗ Verwandtschaftshinweise ..., S. 282 ff.

Systematische Kategorien

Die systematischen Kategorien umfassen Organismen mit übereinstimmenden Merkmalen. Sie bilden ein hierarchisches System, in dem die Anzahl übereinstimmender Merkmale von unten nach oben abnimmt.

Art. Ist die grundlegende Kategorie. Eine Art umfasst alle Individuen, die in ihren wesentlichen Merkmalen übereinstimmen und die sich untereinander fruchtbar kreuzen können. Die Individuen einer Art haben einen gemeinsamen Genpool, der von dem anderer Arten isoliert ist. Verschiedene Isolationsmechanismen verhindern in der Regel die Fortpflanzung mit Individuen anderer Arten.

Die Anzahl und Benennung der Kategorien wird durch internationale Regelwerke bestimmt. Zu jeder Kategorie können Untergruppen gebildet werden.

Kategorie		
Reich	Tiere	Pflanzen
Stamm/Abteilung	Chordatiere	Samenpflanzen
Unterstamm/-abteilung	Wirbeltiere	Bedecktsamige
Klasse	Säugetiere	Zweikeimblättrige
Ordnung	Raubtiere	Lippenblütenartige
Familie	Marderartige	Lippenblütengewächse
Gattung	Marder	Taubnessel
Art	Baummarder	Weiße Taubnessel

↗ Genpool, S. 286 und S. 334
↗ Isolation, S. 287

Geschichte der Systematik

Künstliche Systeme. Versuche zur Ordnung der Organismen sind bereits aus dem Altertum bekannt. Diese ersten Systeme beruhen auf leicht erkennbaren und willkürlich ausgewählten Merkmalen; sie brachten die Organismen in eine künstlich geschaffene Ordnung.

ARISTOTELES (384-322 v. Chr.) ordnete die Tierarten den Gruppen „Tiere mit Blut“ und „Tiere ohne Blut“ zu; er grenzte die Wale als eigene Gruppe „Fußlose luftatmende Wassertiere“ gegen die Säuger „Vierfüßige Lebendgebärende“ ab.

Pflanzen teilte er in „Kräuter“, „Sträucher“, „Bäume“ und diese Gruppen wiederum nach den Lebensräumen Land und Wasser ein.

LINNÉ (1707-1778) schuf für die Pflanzen ein sehr viel stärker gegliedertes System mit insgesamt 24 Klassen. Er ging vom Blütenbau aus und stellte die Gruppen nach der Anzahl der Staubblätter auf.

Die Tiere ordnete er in sechs Klassen, von denen die beiden Klassen „Insekten“ (Fühler gegliedert) und „Vermes“ (Fühler ungegliedert) alle Wirbellosen umfasste.

Natürliche Systeme. Mit der Erkenntnis von der stammesgeschichtlichen Entwicklung der Organismen (z. B. durch LAMARCK, DARWIN, HAECKEL) wurde bei der Aufstellung von Systemen die Berücksichtigung von verwandtschaftlichen Beziehungen möglich.

Durch stets neue Erkenntnisse werden die Systemdarstellungen immer wieder verändert und ergänzt. Natürliche Systeme spiegeln entsprechend dem Erkenntnisstand die Abstammungsverhältnisse der Organismenwelt wider.

System der Organismen

Allgemeines

Lange Zeit wurden die Organismen in die beiden Reiche Pflanzen und Tiere gefasst, wobei in der Regel die freie Ortsbewegung das entscheidende Kriterium der Zuordnung war. Die heute oft gebräuchliche Einteilung in fünf Reiche - Prokaryoten, Protisten, Pilze, Pflanzen, Tiere - wird nach wie vor diskutiert. Vielfach wird nur die Gliederung in Prokaryoten und Eukaryoten akzeptiert. Auch die weitere Untergliederung wird zum Teil unterschiedlich gesehen. Viren werden nicht in das System integriert.

Übersicht über die Organismenreiche mit ausgewählten wichtigen Untergruppen
Reich **Prokaryota** Sehr kleine, einzellige Organismen; Zellen als Protozyte ausgebildet; zum Teil Kolonien bildend. Vermehrung ungeschlechtlich durch Spaltung. Austausch von DNA durch Konjugation, Transformation und Transduktion möglich. – Urbakterien *(Archaebacteria)* – Echte Bakterien *(Eubacteria)* – Cyanobakterien *(Cyanobacteria)*
Reich **Kernhaltige Einzeller** *(Protista)* Einzellige Organismen; Zellen als Euzyte ausgebildet; zum Teil Kolonien bildend. Fortpflanzung ungeschlechtlich (Teilung) oder geschlechtlich (Konjugation, Aniso- oder Oogamie). – Euglenen *(Euglenophyceae)* – Kieselalgen *(Diatomophyceae)* – Wurzelfüßer *(Rhizopoda)* – Geißeltierchen *(Flagellata)* – Sporentierchen *(Sporozoa)* – Wimpertierchen *(Ciliata)*
Reich **Pilze** *(Mycobionta)* Ein- oder mehrzellige Organismen; Zelle als Euzyte ausgebildet. Vielkernige Plasmamassen oder Zellfäden (Hyphen), die ein Geflecht (Myzel) bilden. Selten Einzelzellen. Heterotroph. – Schleimpilze *(Myxomycota)* – Algenpilze *(Oomycota)* – Echte Pilze *(Eumycota)*
Reich **Pflanzen** *(Plantae)* Meist vielzellige Organismen; Zellen als Euzyte ausgebildet. Autotroph durch Fotosynthese, wichtigste Assimilationsfarbstoffe Chlorophyll a und b. Ohne freie Ortsbewegung. Vielzellige Formen nach der Organisationshöhe in Thallophyten (Lagerpflanzen) ohne oder mit geringer Gewebedifferenzierung und in Kormophyten (Sprosspflanzen) mit hoher Gewebedifferenzierung und Ausbildung von Organen sowie Gliederung in Wurzel und Spross unterschieden. Geschlechtliche Fortpflanzung mit Generationswechsel und zunehmender Reduktion des Gametophyten bei stammesgeschichtlich jüngeren Formen. – Algen *(Phycophyta)* – Moospflanzen *(Bryophyta)* – Farnpflanzen *(Pteridophyta)* – Samenpflanzen *(Spermatophyta)*
Reich **Tiere** *(Animalia)* Mehrzellige Organismen; Zelle als Euzyte ausgebildet. Heterotroph. Mit freier Ortsbewegung, selten fest sitzend. – Schwämme *(Porifera)* – Nesseltiere *(Cuidaria)* – Rippenquallen *(Ctenophora)* – Plattwürmer *(Plathelminthes)* – Rundwürmer *(Aschelminthes)* – Weichtiere *(Mollusca)* – Ringelwürmer *(Annelida)* – Gliederfüßer *(Arthropoda)* – Stachelhäuter *(Echinodermata)* – Chordatiere *(Chordata)*

Überblick über Gruppen der Pflanzen

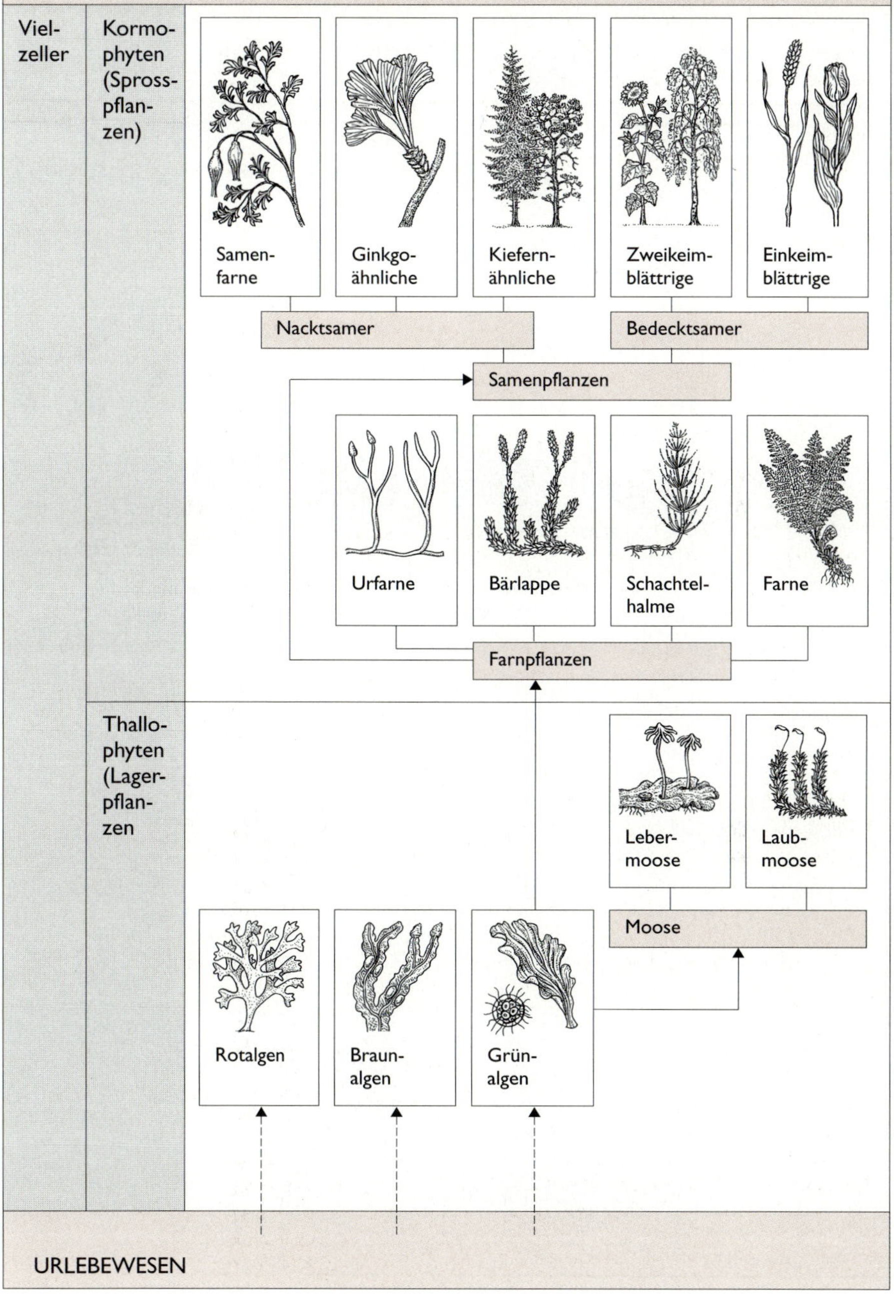

Überblick über Gruppen der Tiere

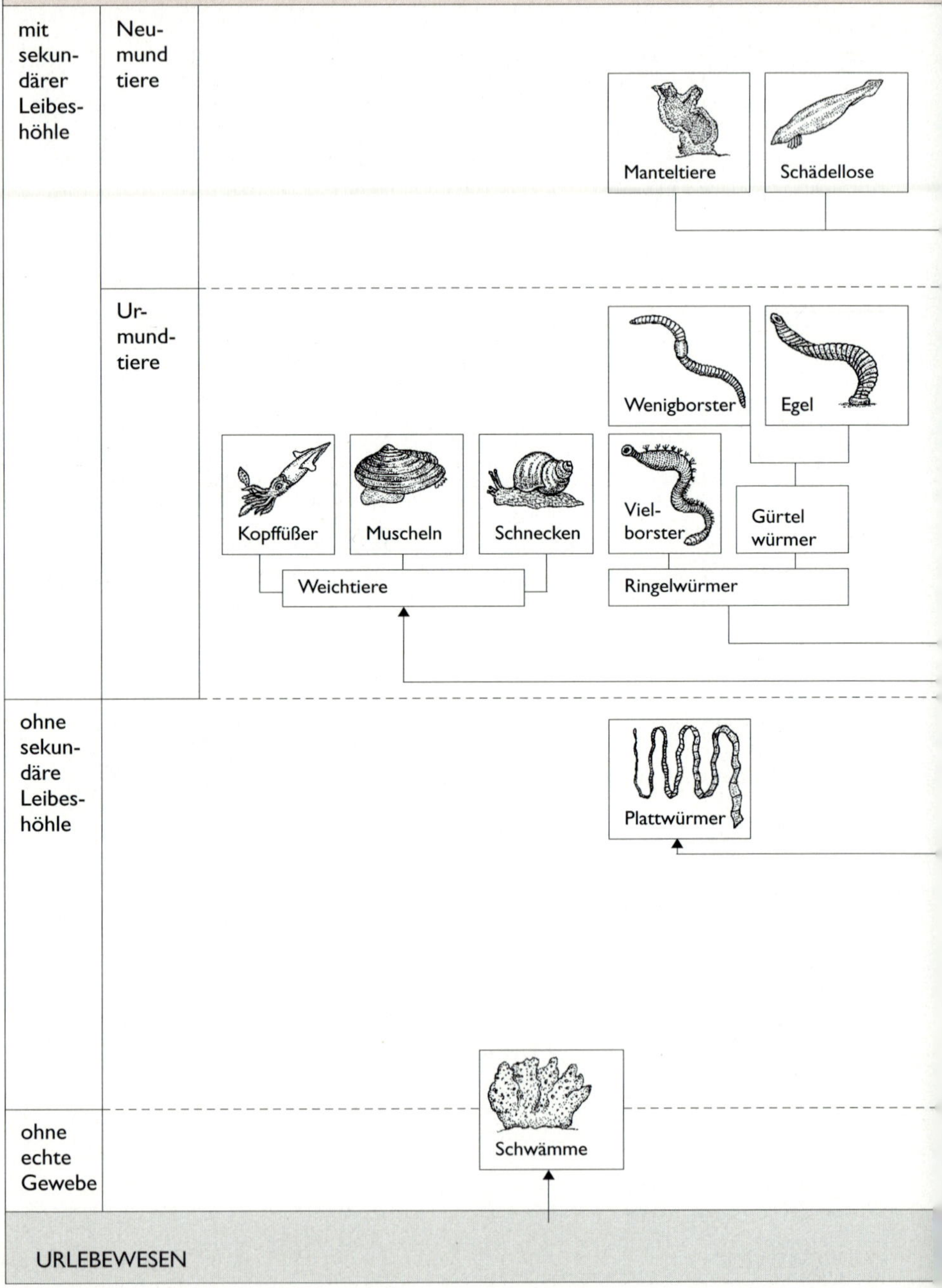

2

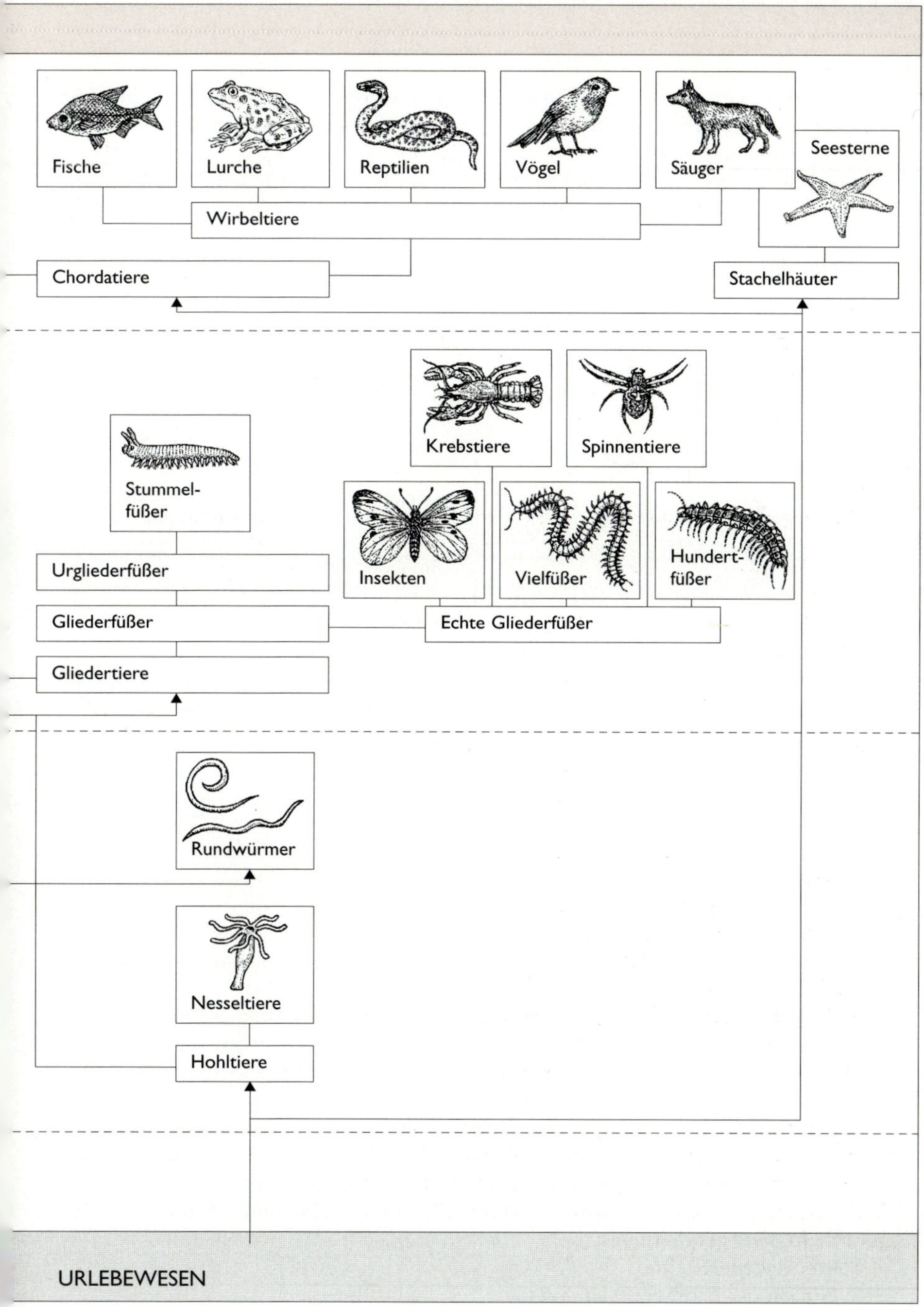
Fische
Lurche
Reptilien
Vögel
Säuger
Seesterne
Wirbeltiere
Chordatiere
Stachelhäuter
Krebstiere
Spinnentiere
Stummel-
füßer
Insekten
Vielfüßer
Hundert-
füßer
Urgliederfüßer
Gliederfüßer
Echte Gliederfüßer
Gliedertiere
Rundwürmer
Nesseltiere
Hohltiere
URLEBEWESEN

Prokaryoten

Allgemeines

Prokaryoten sind einzellige Lebewesen ohne abgegrenzten Zellkern und ohne Plastiden. Sie gehören zu den ältesten Lebewesen und sind vor etwa 3 Milliarden Jahren (Kambrium) entstanden.
Ihre Größe ist sehr unterschiedlich, die kleinsten Formen sind kleiner als 1 µm, die größten sind bis 100 µm groß. Einige Arten bilden zusammenhängende Zellkolonien.

kugelförmig	stäbchenförmig
Kokken  Eitererreger, Streptokokken	Stäbchen 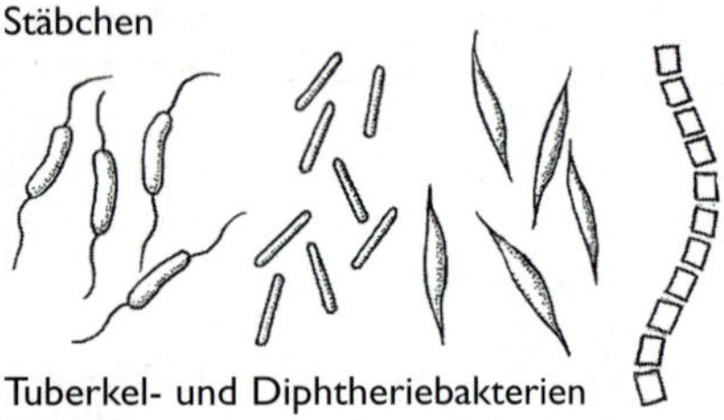 Tuberkel- und Diphtheriebakterien
kommaförmig	**schraubenförmig**
Vibrionen 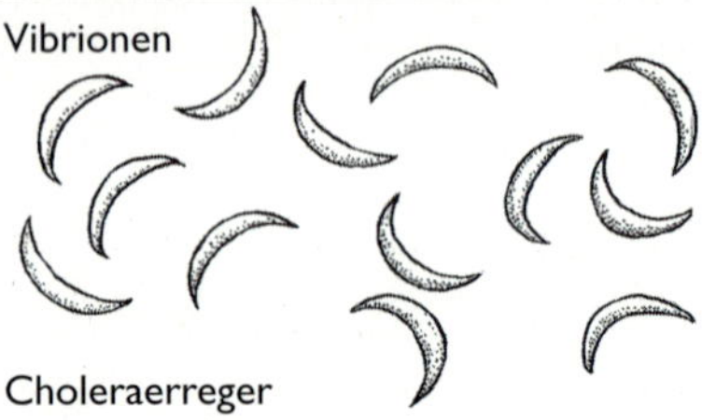 Choleraerreger	Spirillen 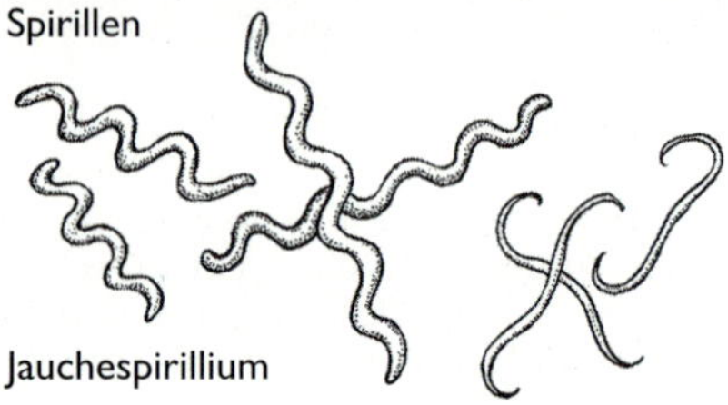 Jauchespirillium

Einteilung

Zu den Prokaryoten gehören die

- **Urbakterien** (Archaebakterien). Sehr klein; unbeweglich, meist mit Chemosynthese (z. B. Methanbakterien), auch mit Fotosynthese durch Bakteriorhodopsin (z. B. Salzbakterien).
- **Echte Bakterien.** Oft kugel-, stäbchen- oder schraubenförmig; unbeweglich oder mit Geißeln schwimmend. Meist heterotroph, seltener autotroph durch Chemosynthese oder, ganz selten, durch Fotosynthese mit Bakteriochlorophyll (z. B. Purpurbakterien).
- **Cyanobakterien.** Einzeln oder in fädigen Kolonien, Zellwände oft verschleimend, gleitende Fortbewegung. Autotroph durch Chlorophyll a; zum Teil Stickstoff bindend. Einige Vertreter symbiontisch in Flechten oder höheren Pflanzen.

Die weitere Untergliederung wird hauptsächlich nach bestimmten Stoffwechseleigenschaften vorgenommen.

↗ Bakterienzelle, S. 136
↗ Evolution des Stoffwechsels, S. 210

Vorkommen und Lebensweise

Prokaryoten sind weltweit verbreitet und besiedeln auch extreme Lebensräume (z. B. Gletschereis, heiße Quellwässer). Prokaryoten sind unbeweglich oder bewegen sich gleitend oder mit Wimpern oder Geißeln fort. Viele Arten bilden zur Überdauerung ungünstiger Umweltverhältnisse eine Dauerspore mit fester Hülle.

Ernährung. Mit Ausnahme der chlorophyll-a-haltigen Gruppe der Cyanobakterien ernähren sich die meisten anderen Prokaryoten heterotroph als Parasiten oder Saprophyten. Einige Vertreter ernähren sich autotroph durch Fotosynthese (z. B. Purpurbakterien) oder Chemosynthese (z. B. Schwefelbakterien, Nitratbakterien). Prokaryoten leben aerob oder anaerob und gewinnen die lebensnotwendige Energie durch Gärungsprozesse.

Fortpflanzung. Die Fortpflanzung verläuft ungeschlechtlich durch Spaltung, bei günstigen Umweltverhältnissen kann sie in sehr rascher Folge ablaufen und zu schneller Massenvermehrung führen.

↗ Fotosynthese bei Bakterien, S. 192
↗ Fortpflanzung und Entwicklung bei Bakterien, S. 230

Bedeutung

Prokaryoten, insbesondere die Echten Bakterien, spielen eine große Rolle im Stoffkreislauf der Natur. Sie sind Krankheitserreger bei Pflanzen, Tieren, Menschen. Eine Reihe von Arten werden in Industrie, Landwirtschaft und Haushalt genutzt.

Beispiele für Wirkungsweisen
Umwelt
Abbau abgestorbener organischer Substanz bis zur Mineralisierung; Verbesserung der Bodenfruchtbarkeit durch Oxidation von Nitrit zu Nitrat; Bindung von atmosphärischem Sauerstoff; Selbstreinigung der Gewässer durch Oxidation von Schwefelwasserstoff zu Sulfat, von Methan zu Kohlenstoffdioxid und Wasser.
Wirtschaft
Abbau von Kohlenhydraten zu Alkohol, Essig, Milchsäure wird genutzt zur Herstellung von Lebens- und Genussmitteln sowie zur Konservierung. Abbau von Kohlenhydraten und Eiweißen kann zum Verderb von Lebensmitteln führen (z. B Fäulnis) und Schaden hervorrufen.
Gesundheit
Abbau von Stoffen in Wirtsorganismen durch Parasiten sowie Bildung giftiger Stoffwechselendprodukte können Krankheiten hervorrufen, zum Beispiel Diphtherie, Tuberkulose, Milzbrand, Nassfäule der Kartoffel. Bildung einiger Stoffwechselendprodukte wird medizinisch genutzt, zum Beispiel das Antibiotikum Streptomycin von *Streptomyces griseus*.

↗ Stoffkreisläufe, S. 364

Kernhaltige Einzeller

Allgemeine Merkmale

Kernhaltige Einzeller bilden eine stammesgeschichtlich sehr alte, artenreiche und in ihrer Lebensweise sehr heterogene Organismengruppe. Sie wurden früher (in einigen Auffassungen noch heute) je nach ihrer Ernährungsweise zum Teil den Tieren, zum Teil den Pflanzen zugeordnet.
Einzeller leben vorwiegend im Wasser, können aber auch feuchte Erde besiedeln. Viele von ihnen sind weltweit verbreitet. Einige Arten leben parasitisch in Organen von Tieren und Mensch.

Einteilung

Die Kernhaltigen Einzeller *(Protista)* umfassen alle Organismengruppen, in denen nur einzellige Arten vorkommen. Dazu gehören neben anderen beispielsweise Euglenen *(Euglenophyceae)*, Kieselalgen *(Diatomophyceae)*, Wurzelfüßer *(Rhizopoda)*, Wimpertierchen *(Ciliata)*, Geißeltierchen *(Flagellata)*, Sporentierchen *(Sporozoa)*.

Ausgewählte Gruppen der Kernhaltigen Einzeller	
Gruppe	**Merkmale**
Euglenen z. B. *Euglena* *Colacia* 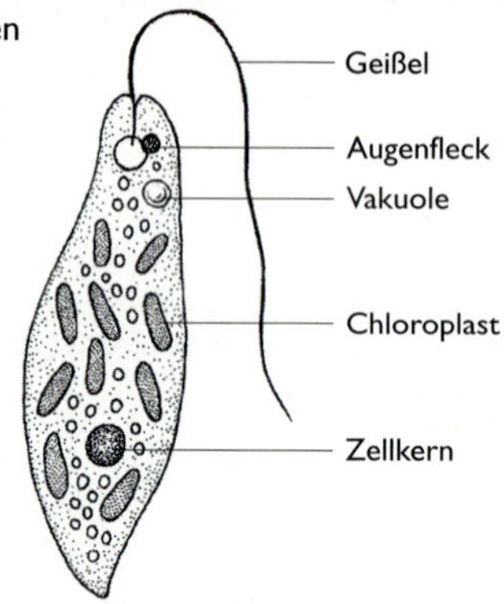	Leben einzeln, teilweise in bäumchenförmigen Kolonien; einige Formen mit Gehäuse; Fortbewegung durch 1-2 Geißeln. Ernährung meist autotroph durch Fotosynthese, ohne Lichteinfall auch zu heterotropher Lebensweise fähig. Vorkommen in Gewässern (oft in großen Massen).
Kieselalgen z. B. *Pinnularia* *Asterionella* 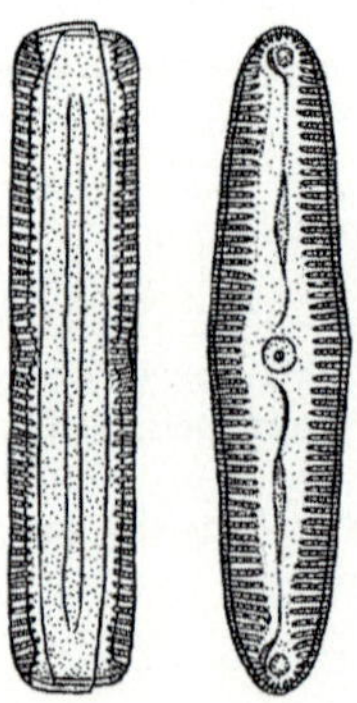	Mit über 10 000 Arten größte Gruppe der Goldalgen; einzeln lebend oder in lang gestreckten oder sternartigen Kolonien. Zellwand verkieselt, aus zwei schachtelartig übereinander liegenden Teilen bestehend; bilden neben anderen Algenformen einen großen Teil des Süßwasser- und Meeresplanktons, in Bächen und Teichen als schleimige Überzüge, Landformen leben im Boden. Fossile Formen zum Teil gesteinsbildend (Kieselgur).

Ausgewählte Gruppen der Kernhaltigen Einzeller	
Gruppe	**Merkmale**
Wurzelfüßer z. B. Amöben 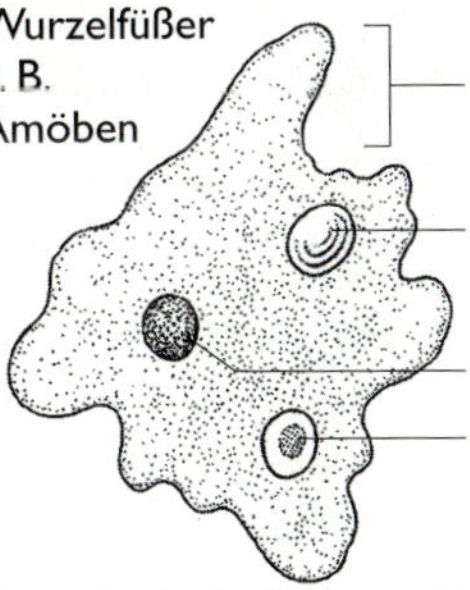	Einzeln lebend; Plasmaausstülpungen (Scheinfüßchen) zur Fortbewegung und Nahrungsaufnahme; ohne Zellmund; einige Vertreter leben parasitisch in Wirbeltieren (z. B. Erreger der Amöbenruhr); manche Arten mit Schalen oder Skeletten.
Geißeltierchen z. B. *Trypanosoma* *Trichomonas* *Protospongia* 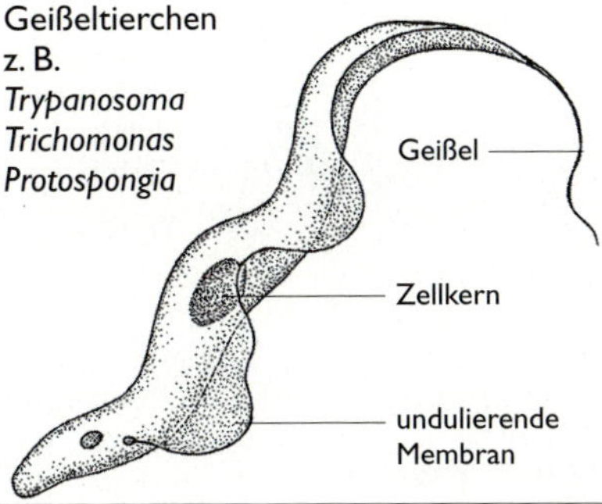	Meist einzeln lebend; frei beweglich oder fest sitzend; eine oder mehrere Geißeln (Flagellen) zur Fortbewegung oder Nahrungsaufnahme; ungeschlechtliche Vermehrung durch Längsteilung; geschlechtliche Fortpflanzung durch Kopulation; einige Arten parasitisch in Wirbeltieren (z. B. *Trypanosoma*: Erreger der Schlafkrankheit).
Sporentierchen z. B. *Gregarina* *Plasmodium* 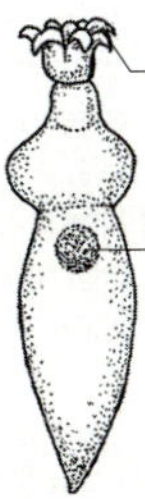	Endoparasiten in Wirbellosen und Wirbeltieren; ohne Bewegungsorganellen und kontraktile Vakuolen; Fortpflanzung meist mit Generations- und Wirtswechsel (z.B. *Plasmodium*: Malaria-Erreger).
Wimpertierchen z. B. Glockentierchen Pantoffeltierchen 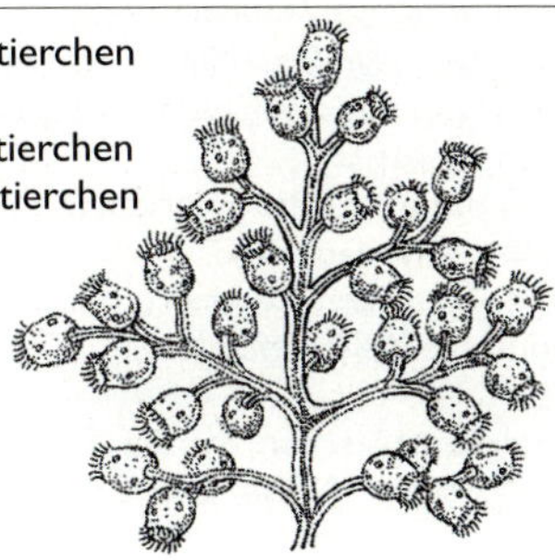	Leben frei schwimmend oder fest sitzend, manche Arten koloniebildend; zahlreiche Wimpern dienen der Fortbewegung und dem Herbeistrudeln der Nahrung; meist Zellmund; Ausbildung von zwei Kerntypen: Mikro- und Makronukleus; einige Arten leben parasitisch, manche symbiontisch (z. B. Pansenziliaten).

2

Bau

Kernhaltige Einzeller sind einzellig mit meist einem Zellkern (Wimpertierchen mit zwei Kernen) und zahlreichen Zellorganellen, die alle Lebensfunktionen ausführen. Einige Gruppen leben in Zellkolonien. Manche Einzellergruppen bilden ein Außen- oder Innenskelett aus, das meist aus Calciumcarbonat oder Kieselsäure besteht (z. B. Foraminiferen).

↗ Zellkolonien, S. 141

Teilung des Pantoffeltierchens

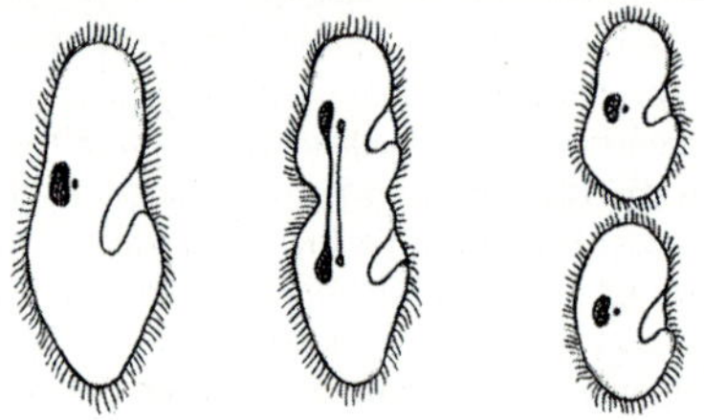

Bau eines Pantoffeltierchens

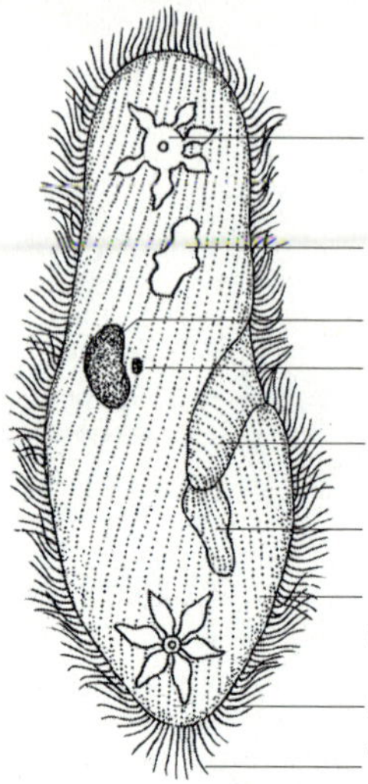

Zellorganellen bei tierischen Einzellern

Funktion	Ausbildungsform	Kennzeichnung
Bewegungsorganellen	Scheinfüßchen	Vorübergehend gebildete Plasmafortsätze.
	Geißeln	Mindestens körperlange Plasmafäden, die in 1-, 2- oder 4-Zahl vorkommen (Zuggeißeln und Schleppgeißeln).
	Wimpern	Kurze fadenartige Plasmafortsätze, meist regelmäßig in Reihen angeordnet.
	Kontraktile Fasern	Innerhalb des Zellkörpers befindliche kontraktile Plasmastränge.
Ernährungsorganellen	Zellmund	Einsenkung der Zelloberfläche, an welcher Nahrung aufgenommen wird.
	Zellschlund	Röhrenförmige Einstülpung der Zelloberfläche.
	Zellafter	Öffnung in der Zellhaut zur Abgabe der Nahrungsreste.
	Nahrungsvakuolen	Hohlräume innerhalb der Zelle, in denen Nahrung verdaut wird.
	Scheinfüßchen	Plasmafortsätze, die Nahrungsteile umschließen und in die Zelle befördern.
Osmoregulations- bzw. Exkretionsorganellen	Pulsierende (kontraktile) Vakuole	Flüssigkeitsbläschen, das der Entfernung von überflüssigem Wasser und Exkretstoffen dient.

Zellorganellen bei tierischen Einzellern		
Funktion	**Ausbildungsform**	**Kennzeichnung**
Organellen der Reizaufnahme und Erregungsleitung	Augenflecke Tastzilien Reizleitungssystem	Plasmazonen mit Pigmenteinlagerung, lichtempfindlich. Plasmafortsätze, die der mechanischen Reizaufnahme dienen. Der Erregungsleitung dienende Plasmastränge.
Kernteilungsorganellen	Zentralkörperchen	In Kernnähe befindliches Organell, bildet die Teilungsspindel für die nachfolgende Zellteilung.
Schutz- und Stützorganellen	Zellhaut Hüllen Trichozysten Achsenstäbe Gehäuse, Schalen Skelette	Verfestigte, den Zellkörper umschließende Ektoplasmaschicht. Aus verschiedenen Substanzen (z.B. Plasma, Gallerte, Chitin, Zellulose) bestehende Schutzhülle. Stäbchenförmige Körper, die bei Reizung Plasmafäden ausstoßen. Im Zellinnern gelegene, stäbchenförmige Plasmaversteifungen. Den Zellkörper einschließende Hüllen, die häufig Fremdkörper enthalten oder aus Calciumcarbonat bestehen. Stützelemente innerhalb des Zellleibes.

Lebensvorgänge

Fortbewegung. Erfolgt aktiv durch Geißeln, Wimpern oder Scheinfüßchen (Pseudopodien), passiv beispielweise durch Wind oder Wasser. Vielfach sind Einrichtungen zur Schwebefähigkeit (z. B. bei Foraminiferen) ausgebildet.

Ernährung. Vorwiegend heterotroph, als Partikelfresser, Räuber oder Parasiten. Manche Arten leben in Symbiose. Einige Gruppen (z. B. Kieselalgen, manche Euglenen) besitzen Assimilationsfarbstoffe und ernähren sich autotroph.

Reizaufnahme. Einzeller sind in der Lage mit der gesamten Körperoberfläche Reize aufzunehmen (z. B. Wurzelfüßer). Bei einigen Gruppen (z. B. Euglenen) sind Sinnesorganellen ausgebildet.

Fortpflanzung. Vorwiegend ungeschlechtlich, durch mitotische Quer-, Längs- oder Vielfachteilung. Geschlechtliche Fortpflanzung erfolgt durch Konjugation oder Kopulation. Bei einigen Arten tritt Generations- und Wirtswechsel auf.

↗ Konjugation und Kopulation, S. 236 und 238

Bedeutung

Die parasitisch lebenden Einzeller haben für den Menschen und höhere Tiere als Krankheitserreger enorme Bedeutung. Wasserlebende Protozoen spielen eine wichtige Rolle bei der biologischen Reinigung der Gewässer. Ein Teil der Einzeller gehört zum Plankton und ist dadurch Nahrungsgrundlage für viele Wassertiere. Geologische Bedeutung haben vor allem Foraminiferen, die mit ihren Kalkschalen gesteinsbildend waren (z. B. Kreidefelsen auf Rügen).

Pilze

Allgemeine Merkmale

Pilze *(Mycobionta)* sind eine stammesgeschichtlich sehr alte (etwa 500 Mill. Jahre) und sehr uneinheitliche Organismengruppe, die früher aufgrund ihrer fest sitzenden Lebensweise in der Regel zu den Pflanzen gestellt wurde; die amöbenähnlichen Schleimpilze wurden vielfach auch den Tieren zugeordnet.

Pilze sind weltweit verbreitet. Sie leben in der Regel im Boden oder auf, beziehungsweise in, abgestorbenen oder lebenden Organismen.

Einteilung

Die sehr vielgestaltigen, stammesgeschichtlich uneinheitlichen Pilze werden in mehrere Gruppen gegliedert.

Hauptgruppen mit ausgewählten Untergruppen der Pilze
Schleimpilze. Vielkernige Plasmamasse; gleitende Fortbewegung; keine Fruchtkörperbildung. Einige Arten Erreger von Pflanzenkrankheiten (z. B. von Kohlhernie).
Algenpilze. Vielkerniges Myzel oder nackte Plasmamasse. Einige Arten Erreger von Pflanzen- und Tierkrankheiten (z. B. von Kraut- und Knollenfäule, Wurzelbrand; von Krebspest).
Echte Pilze. In der Regel Myzel aus verzweigten Hyphen bildend, mit Fruchtkörpern. – Hefepilze *(Endomycetales)*. Einzelzellen, Zellverbände oder Myzel bildend. Fortpflanzung meist durch Sprossung. Vielfach Vergärung von Kohlenhydraten, zum Teil wirtschaftlich genutzt (z. B. Back- und Weinhefen). Einige Arten Krankheitserreger. – Jochpilze *(Zygomycetes)*. Verzweigtes Myzel ohne Querwände, keine Fruchtkörperbildung. Meist saprophytisch (z. B. Köpfchenschimmel, Pillenwerfer) oder seltener parasitisch. – Schlauchpilze *(Ascomycetes)*. Verzweigtes Myzel mit Querwänden. Sporenbildung in Schläuchen, die meist im Innern von Fruchtkörpern liegen. Saprophytisch (z. B. Gießkannen- und Pinselschimmel) oder parasitisch (z. B. Erreger von Kiefernschütte und Mehltau); einige Arten essbar (z. B. Trüffel, Morchel). – Ständerpilze *(Basidiomycetes)*. Verzweigtes Myzel mit Querwänden. Sporen an Ständern, die meist in Röhren oder auf Lamellen an der Unterseite oft hutförmiger Fruchtkörper sitzen. Sehr vielgestaltig. Krankheitserreger (z. B. Rostpilze), Holzzerstörer (z. B. Hausschwamm), Speisepilze (z. B. Champignon, Steinpilz).

Bau

Pilze sind ein- bis vielzellige Organismen. Der Vegetationskörper ist eine vielkernige Plasmamasse oder, bei den meisten mehrzelligen Arten, ein Thallus (Lager) aus langen Zellfäden (Hyphen), die sich zu einem Geflecht (Myzel) vereinigen können. Hyphen zum Teil durch Querwände untergliedert. Die Zellwände enthalten bei den meisten Arten Chitin. Bei einigen Gruppen werden sogenannte Fruchtkörper ausgebildet, die die Sporen tragen.

Lebensvorgänge

Ernährung. Pilze ernähren sich heterotroph als Parasiten oder Saprophyten.
Fortpflanzung. Pilze vermehren sich ungeschlechtlich durch Zellteilung (z. B. Sprossung, Sporenbildung) oder geschlechtlich; dabei kann Iso-, Aniso- und Oogamie auftreten.

Bedeutung

Pilze haben große Bedeutung
- als Reduzenten in den Stoffkreisläufen der Natur,
- als Krankheitserreger (z. B. Getreiderost, Getreidebrand, Kraut-und Knollenfäule, Mehltau; Soor, Hautpilzerkrankungen),
- als Produzenten von Antibiotika (z. B. Penicillin von *Penicillium*),
- als Nahrungsmittel (z. B. Pfifferling, Butterpilz, Steinpilz, Champignon, Trüffel).

Wirtschaftlich bedeutsame Pilze (Auswahl)	
Hefepilze 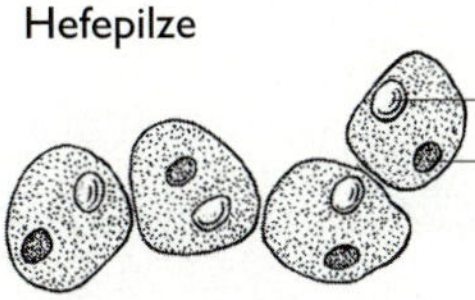	Gehören zu *Endomycetes*. Einzellig, Zellen ellipsoid, 3 µm bis 30 µm lg. Vergären Zucker zu Alkohol. Zahlreiche Arten, z. B. Backhefen, Bierhefen, Weinhefen.
Hutpilze 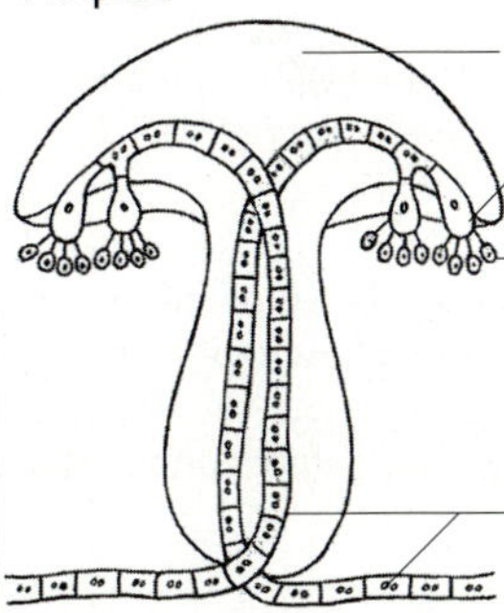 Blätterpilz	Gehören meist zu Ständerpilzen. Mit mehr oder weniger großen, hutähnlichen Fruchtkörpern. Sporenständer mit Sporen in Röhren (Röhrenpilze) oder auf Lamellen (Blätterpilze) an der Unterseite der Fruchtkörper. Viele Speisepilze.
Schimmelpilze 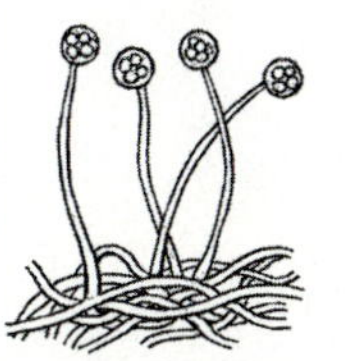 Köpfchenschimmel 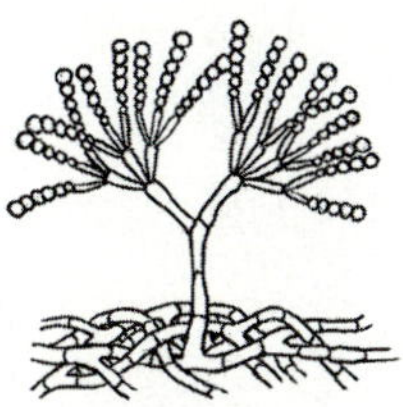 Pinselschimmel *(Penicillium)*	Gehören zu Jochpilzen - zum Beispiel Köpfchenschimmel - und zu Schlauchpilzen - zum Beispiel Pinsel- und Gießkannenschimmel. Sind Vorratsschädlinge, zum Teil Krankheitserreger; aus Pinselschimmel- *(Penicillium)*arten wird Penicillin gewonnen.

↗ Stoffkreisläufe, S. 364, ↗ Gametogamie, S. 235

Algen

Allgemeine Merkmale

Algen *(Phycophyta)* sind eine sehr vielgestaltige und stammesgeschichtlich uneinheitliche, alte Pflanzengruppe. Älteste Formen sind aus der Erdaltzeit vor etwa 450 Mill. Jahren bekannt. Algen sind hauptsächlich Wasserbewohner. Sie kommen in allen Meeren, zum Teil bis in große Tiefen, und im Süßwasser vor.

Ausgewählte Gruppen der Algen

Grünalgen. Einzellig, koloniebildend oder vielzellig; die verschiedenen Organisationsformen innerhalb der Gruppe können Modell für die Evolution von ein- zu vielzelligen Organismen sein. Grünalgen sind vermutlich Ausgangsgruppen für alle landlebenden grünen Pflanzen. Einzeller und Kolonien bewegen sich meist durch Geißeln fort, vielzellige Arten sind meist faden- oder flächenförmig und sitzen mit einer Haftzelle (Rhizoidzelle) am Untergrund fest. Grünalgen leben überwiegend im Süßwasser.

Vertreter der Grünalgen

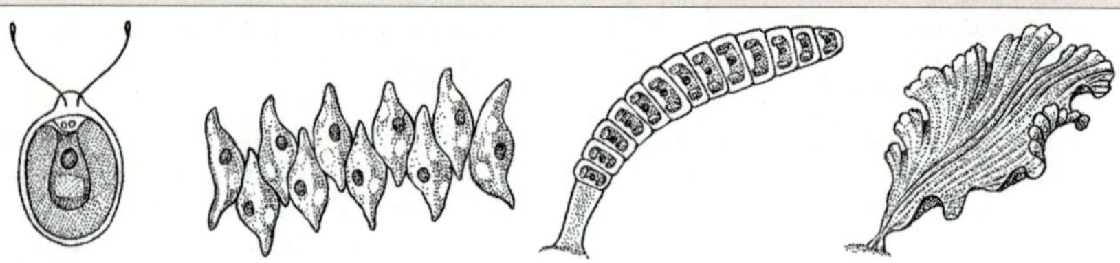

Chlamydomonas *Scenedesmus* *Ulothrix* *Ulva*

Braunalgen. Stets vielzellig; fadenförmig oder flächenförmig, zum Teil in stängel- und blattähnliche Abschnitte gegliedert, häufig fest sitzend. Manche Arten werden sehr groß (z. B. Blasentang 1 m, Beerentang 70 m lang).
Braunalgen enthalten außer Chlorophyll Licht absorbierende gelbbraune Farbstoffe (z. B. Fucoxanthin), sie leben überwiegend in Meeren.

Vertreter der Braunalgen

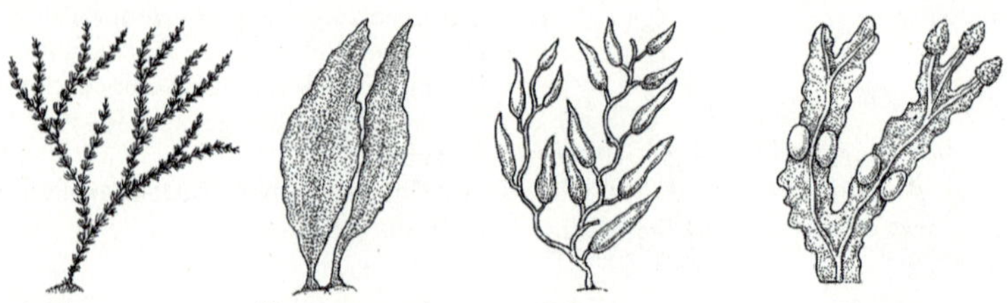

Seequirl *(Cladostephus verticillatus)*; Meerwegerich *(Punctaria plantaginea)*; Schotentang *(Halidrys siliquosa)*; Blasentang *(Fucus vesiculosus)*

Rotalgen. Selten ein-, meist vielzellig; sehr vielgestaltig; oft aus verzweigten Zellfäden bestehend oder flächenförmig. Vielzellige Arten fest sitzend.
Rotalgen enthalten außer Chlorophyll Licht absorbierende rote und blaue Farbstoffe (z. B. Phycocyan, Phycoerythrin). Leben überwiegend in Meeren, besonders in tropischen Gebieten. Zellwände enthalten pektinähnliche Stoffe, die in der Industrie genutzt werden (z. B. Agar).

Vertreter der Rotalgen

Korallenmoos
Coralina officinalis

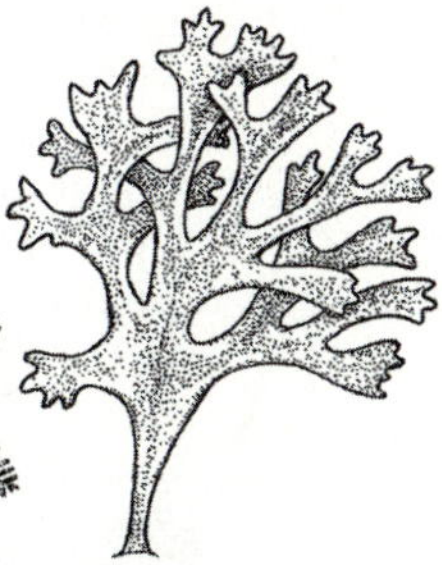

Gemeiner Knorpeltang
Chondrus crispus

Blutroter Meerampfer
Delesseria sanguinea

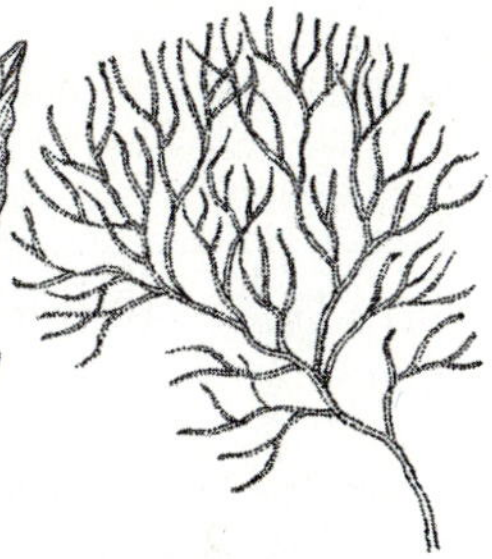

Horntang
Ceramium rubrum

Bau

Algen sind ein- oder vielzellig; einige Arten der Grünalgen bilden Zellkolonien. Vielzellige Algen sind in der Regel in Zellen mit unterschiedlichen Funktionen differenziert (z. B. Fortpflanzungszellen, Assimilations- und Speicherzellen), sie bilden aber keine echten Gewebe aus und sind nie in Wurzel und Spross gegliedert.
Algen enthalten außer Chlorophyll häufig andere Farbstoffe, die zusätzlich Licht absorbieren und so Fotosynthese auch in größeren Wassertiefen ermöglichen.

Lebensvorgänge

Ernährung. Algen ernähren sich autotroph durch Fotosynthese.
Fortpflanzung. Vielzellige Algen pflanzen sich meist durch geschlechtlich differenzierte Fortpflanzungszellen (Gameten) fort, seltener ungeschlechtlich durch Sporenbildung. Einzellige Algen vermehren sich in der Regel durch Zellteilung.

Bedeutung

Algen sind als autotrophe Organismen primäre Produzenten von Biomasse, sie geben Sauerstoff ab und nehmen Kohlenstoffdioxid auf; sie haben für den Kohlenstoffkreislauf in Gewässern die gleiche grundlegende Bedeutung wie die grünen Pflanzen auf dem Lande.
Algen werden zum Teil zur Herstellung eiweißreicher Futtermittel verwendet, einige Algenprodukte werden in der Industrie genutzt.

↗ Bedeutung der Fotosynthese, S. 194
↗ Fotosynthesepigmente, S. 187

Moospflanzen

Allgemeine Merkmale

Moospflanzen sind vielzellige Landpflanzen, die von bestimmten Grünalgenformen abstammen. Sie sind mehr oder weniger gut an den Lebensraum Land angepasst.

Einteilung

Moospflanzen *(Bryophyta)* werden in die beiden Gruppen Lebermoose und Laubmoose unterteilt. Sie umfassen etwa 25 000 Arten.

Lebermoose	
Vertreter	Merkmale
 Brunnenlebermoos 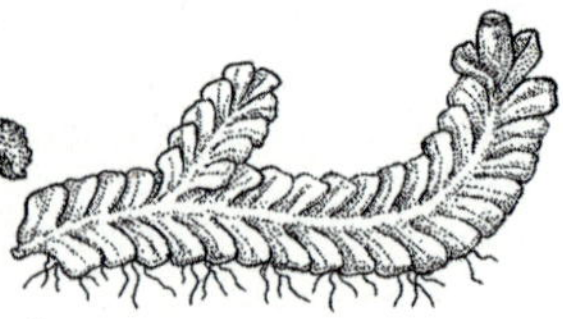 Jungermannsmoos	Sind mehr oder weniger flächig ausgebildet (thallos) oder in Blättchen und Stämmchen gegliedert (folios); Blättchen sitzen zweizeilig am Stämmchen.

Laubmoose	
Vertreter	Merkmale
 Torfmoos  Weißmoos	Stets in Blättchen und Stämmchen gegliedert; Blättchen meist spiralig angeordnet.

Bau

Moospflanzen sind Thallophyten, ihr Vegetationskörper ist entweder mehr oder weniger flächig (thallos) oder, bei vielen Arten, stängel- und blattähnlich gegliedert (folios, mit Moosstämmchen, Moosblättchen), echte Sprosse und Wurzeln sind nicht ausgebildet.
Die Gewebedifferenzierung ist gering, die meisten Arten nehmen Wasser und Ionen über die gesamte Oberfläche auf, einzelne Zellstränge können als Wasser- und Stoffleitungsgewebe differenziert sein; bestimmte Zellen sind als wurzelartige Rhizoide ausgebildet und dienen der Verankerung im Boden.

Innerer Bau bei Moosen

Moosstämmchen quer

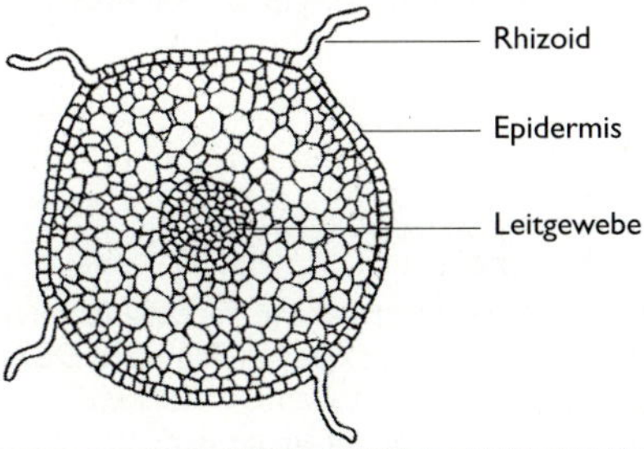

Moosblättchen quer

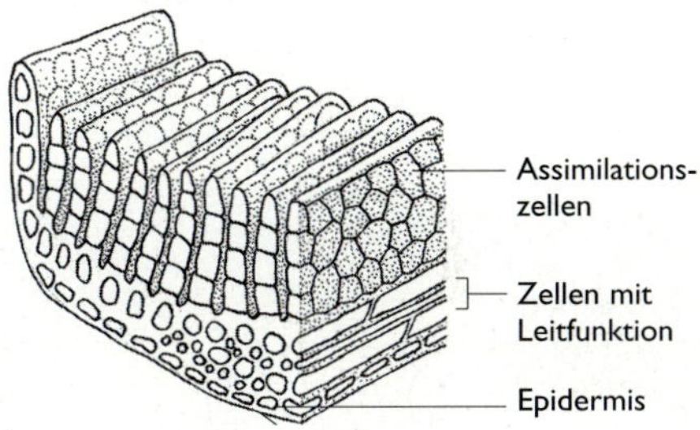

Thalloses Lebermoos, quer

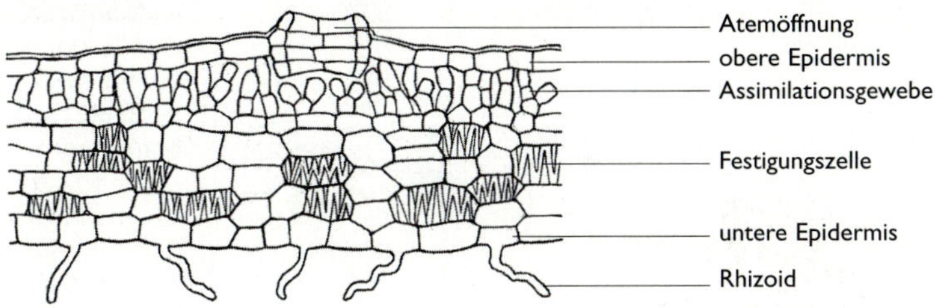

Fortpflanzung

Bei der Fortpflanzung der Moose tritt ein Generationswechsel auf; dabei ist der Gametophyt die grüne Moospflanze, der Sporophyt besteht hauptsächlich aus der Sporenkapsel, er wächst auf dem Gametophyten.
↗ Generationswechsel, S. 240 ff.

Bedeutung

Moose wachsen meist als dichte Polster und schützen den Boden vor Erosion; in ihren Zellen, aber auch zwischen Stämmchen und Blättchen im Polster können Moose wie in einem Schwamm Wasser festhalten, sie wirken so als Wasserspeicher und beeinflussen das Kleinklima in Biozönosen.
↗ Biozönosen, S. 354

Farnpflanzen

Allgemeine Merkmale

Farnpflanzen *(Pteridophyta)* sind Sprosspflanzen (Kormophyten). Sie sind meist krautige Pflanzen, die durch Ausbildung deutlich differenzierter Gewebe an das Leben auf dem Lande angepasst sind. Farnpflanzen stammen wahrscheinlich von bestimmten Grünalgen ab und haben sich als erste landlebende Pflanzen im Silur (vor etwa 400 Mill. bis 500 Mill. Jahren) entwickelt. Ihre größte Ausbreitung und Formenvielfalt hatten sie im Karbon (vor etwa 300 Mill. Jahren).

Einteilung

Die Farnpflanzen werden in Gruppen (Klassen) unterteilt; sie umfassen etwa 13 000 rezente und zahlreiche fossile Arten.
Die Ausbildung von Sprossachse und Blättern ist in den einzelnen Gruppen sehr unterschiedlich.

Stamm Farnpflanzen (Pteridophyta)	
Klasse/Vertreter	Merkmale
Urfarne z. B. *Rhynia* *Asteroxylon* 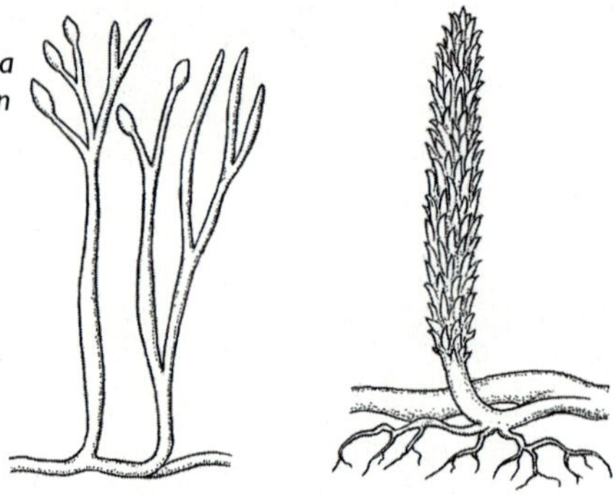 *Rhynia* *Asteroxylon*	Urtümliche Farnpflanzen aus dem oberen Silur und Devon, sie stellen die ältesten Landpflanzen dar. Kräuter mit gabelteiligen assimilierenden Sprossachsen, endständigen Sporangien und zum Teil kleinen Blättern. Bis auf 2 Arten nur fossil. Auch als Nacktfarne bezeichnet.
Bärlappe z. B. Schlangenbärlapp, Moosfarn 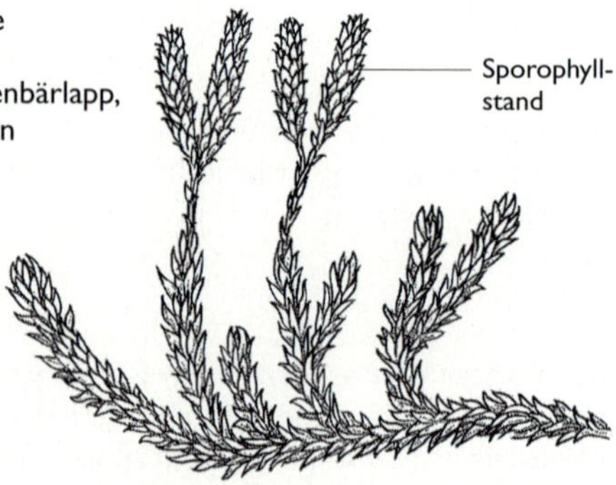 Keulen-Bärlapp	Krautige, immergrüne Arten mit gabelteiligen Sprossen und kleinen, fast nadelförmigen Blättern. Die oft kriechenden Sprossachsen wurzeln im Boden. Sporangien werden an ährigen Sporophyllständen ausgebildet. Fossile Arten: Siegel- und Schuppenbäume

Stamm Farnpflanzen (Pteridophyta)	
Klasse/Vertreter	**Merkmale**
Schachtelhalme z. B. Sumpf-Schachtelhalm, Wiesen-Schachtelhalm 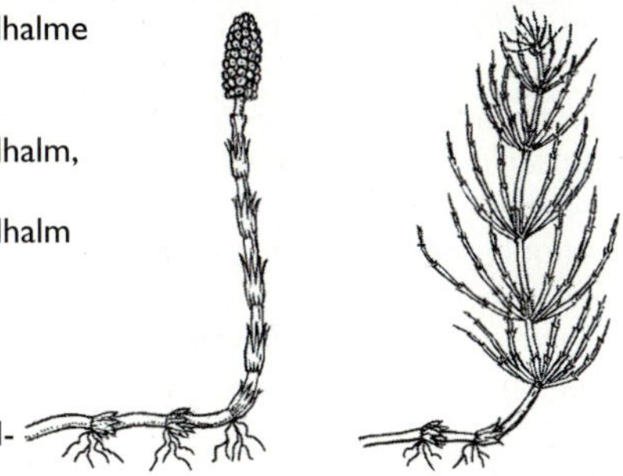 Acker-Schachtelhalm	Krautige Arten mit längsgeriefen Sprossachsen. An den Knoten der Sprossachsen sitzen schuppenförmige kleine Blätter, die zu einer Scheide verwachsen sind. Sporangien werden an ährigen Sporophyllständen ausgebildet. Fossile Arten: Kalamiten
Farne z. B. Adlerfarn, Tüpfelfarn, Hirschzunge, Schwimmfarn 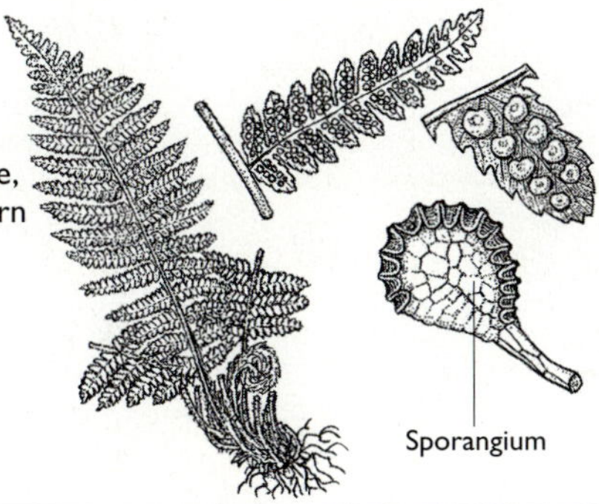 Wurmfarn	Meist krautige, in den Tropen auch holzige, baumförmige Arten. Blätter als große, oft fiederteilige Wedel ausgebildet, die in jungem Zustand eingerollt sind. Sporangien entstehen meist an der Unterseite der Blätter, sonst an gesonderten Blattabschnitten oder Sporophyllen. Zahlreiche fossile Arten.

Bau

Farnpflanzen sind in Wurzel und Spross mit Sprossachse und Blättern gegliedert. Die Sprossachse ist oft unterirdisch (Rhizom). Bei einigen Arten treten chlorophyllfreie, von den assimilierenden Blättern abweichend gestaltete Blätter oder Blattabschnitte

Inner Bau der Sprossachse bei Farnen	Fertile und sterile Blattabschnitte
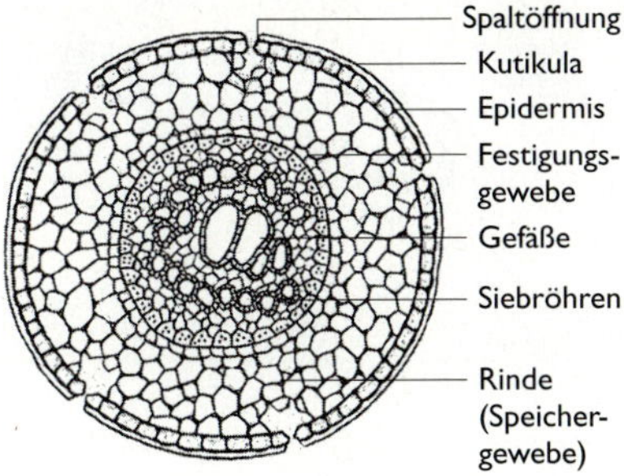	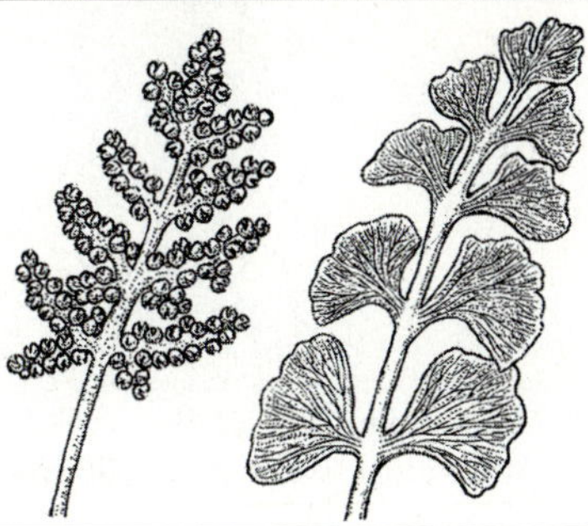

auf, an denen die Sporen gebildet werden; bei anderen Arten werden die Sporen an der Unterseite assimilierender Blätter gebildet. Sporen tragende Blätter heißen Sporophylle.
Farnpflanzen bestehen aus mehreren, unterschiedlich ausgebildeten Geweben.

Fortpflanzung

Farnpflanzen pflanzen sich über einen Generationswechsel fort, die grüne Pflanze ist der Sporophyt. Nach der Differenzierung der Sporen in gleichartige oder ungleichartige Sporen unterscheidet man isospore und heterospore Farne. Der Gametophyt der isosporen Farne ist ein selbstständiges Prothallium (Vorkeim), der Gametophyt heterosporer Farnpflanzen (wenige Arten, z. B. Schwimmfarn, Brachsenkraut) ist stark reduziert und bleibt oft mit der Spore verbunden. Diese Reduzierung des Gametophyten setzt sich in der Entwicklung zu den Samenpflanzen fort.

Vergleich iso- und heterosporer Farne

Gruppe	Vertreter	Sporen	Gametophyt
Isospor 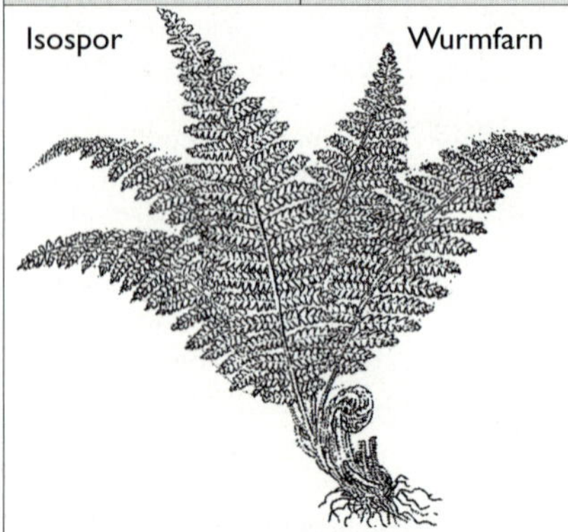	Wurmfarn	gleichartig 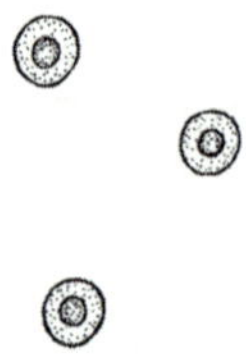	selbstständig, autotroph 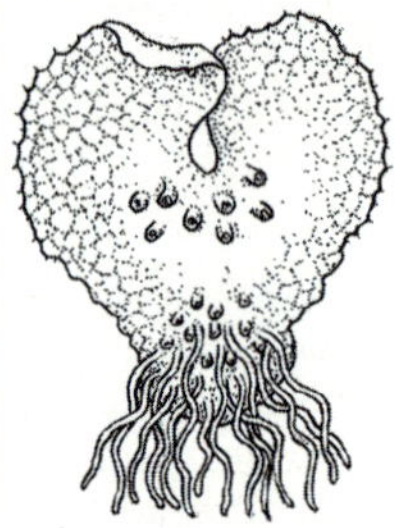
heterospor 	Schwimmfarn	ungleichartig Mikro- und Makrosporen 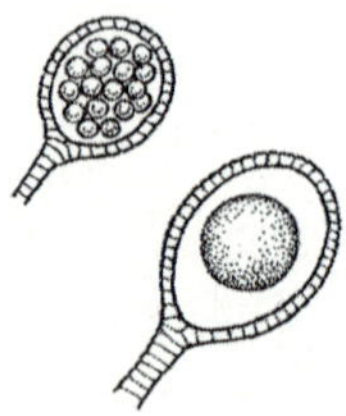	stark reduziert, oft mit Makrospore verbunden 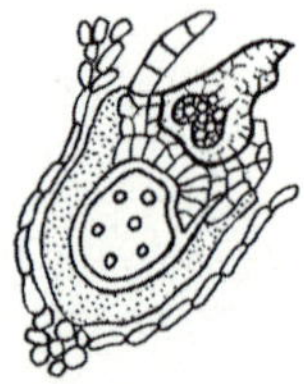

↗ Gametogamie, S. 235
↗ Generationswechsel, S. 240 ff.
↗ Pflanzengewebe, S. 52

Samenpflanzen

Allgemeine Merkmale

Stammesgeschichtliche Stellung

Samenpflanzen *(Spermatophyta)* sind die am höchsten entwickelten und die stammesgeschichtlich jüngsten Sprosspflanzen (Kormophyten). Ihre Gametophyten sind auf jeweils wenige Zellen im Pollenkorn und in der Samenanlage reduziert; damit, sowie mit der Bildung von Embryo und Nährgewebe im Samen, sind die Samenpflanzen in ihrer Fortpflanzung und Verbreitung weitest gehend an Landlebensräume angepasst.

Samenpflanzen gingen vor etwa 350 Mill. Jahren (Devon/Karbon) vermutlich aus Nacktfarnen hervor. Sie besiedeln vorwiegend Lebensräume auf dem Land; eine Reihe von Arten ist an das Leben im Wasser als Tauchpflanzen oder als Schwimmpflanzen angepasst.

↗ Generationswechsel bei Pflanzen im Vergleich, S. 244
↗ Entwicklungsphasen (bei Samenpflanzen), S. 245
↗ Auftreten von Organismengruppen in der Erdgeschichte, S. 276

Einteilung

Samenpflanzen werden in die stammesgeschichtlich ältere Gruppe der Nacktsamer (Gymnospermen) und in die aus fossilen Nacktsamern hervorgegangene Gruppe der Bedecktsamer (Angiospermen) eingeteilt.

Oft werden die Samenpflanzen auch als Blütenpflanzen bezeichnet; manchmal wird der Name Blütenpflanzen aber auf das Vorhandensein eines Fruchtknotens bezogen und nur auf die Gruppe der Bedecktsamer angewandt.

Merkmale von Nacktsamern und Bedecktsamern	
Nacktsamer	Bedecktsamer
Holzgewächse	Holzgewächse und Kräuter
als Gefäße sind fast ausschließlich Tracheiden ausgebildet	als Gefäße sind Tracheiden und Tracheen ausgebildet
Samenanlagen liegen frei auf der Fruchtschuppe (Samenschuppe)	Samenanlagen liegen in dem aus den Fruchtblättern gebildeten Fruchtknoten
Blüte stets eingeschlechtig, meist ohne Schauapparat	Blüte eingeschlechtig oder meist zwittrig, mit oder ohne Schauapparat
keine Fruchtbildung	Ausbildung einer Frucht

↗ Nacktsamer, S. 67 f.
↗ Bedecktsamer, S. 69 ff.

Äußerer Bau

Samenpflanzen sind Sprosspflanzen, die in Wurzel und Spross (Sprossachse, Laubblätter und Blüten) mit jeweils bestimmten Funktionen gegliedert sind.

Pflanzenorgane und ihre Funktionen

Organ	Hauptfunktion
Blüte	Bildung von Geschlechtszellen Fortpflanzung
Frucht mit Samen	Verbreitung
Laubblatt	Assimilation Gasaustausch
Sprossachse	Leitung von Wasser und Ionen aus der Wurzel Leitung von Assimilaten aus den Laubblättern
Wurzel	Aufnahme von Wasser und Ionen aus dem Boden und Leitung in den Spross Verankerung im Boden

Innerer Bau und Pflanzengewebe

Samenpflanzen sind vielzellige Organismen mit ausgeprägter Zell- und Gewebedifferenzierung.

Bildungsgewebe. Besteht aus kleinen quaderförmigen, plasmareichen und teilungsfähigen Zellen (z. B. im Vegetationskegel von Sprossachsen- und Wurzelspitzen, in bestimmten Leitbündeln), aus denen sich durch Differenzierung die Zellen der verschiedenen Gewebetypen bilden.

Grundgewebe (Parenchym). Besteht aus dünnwandigen, vielgestaltigen Zellen unterschiedlicher Größe. Die Zellen sind in der Regel plasmareich, zwischen ihnen befinden sich Zwischenzellräume (Interzellulare).

Im Grundgewebe vollzieht sich hauptsächlich der Stoffwechsel, die Stoffspeicherung und die Festigung des Pflanzenkörpers durch Turgor.

Leitgewebe. Besteht aus lang gestreckten Zellen, die durch mehr oder weniger starke Perforation der Zellwände an bestimmten Stellen (z. B. Tüpfelplatte, Siebplatte) miteinander zu langen, den ganzen Pflanzenkörper durchziehenden Röhren verbunden sind. Diese Röhren sind Gefäße oder Siebröhren.
Gefäße bestehen aus toten Zellen, deren Wände unterschiedliche Versteifungen durch aufgelagerten Holzstoff aufweisen. In ihnen werden Wasser und Ionen geleitet. Gefäße mit stark getüpfelten Querwänden (Tracheiden) kommen bei allen Samenpflanzen vor, Gefäße, deren Querwände weit gehend aufgelöst sind (Tracheen), kommen nur bei Bedecktsamern vor.
Siebröhren bestehen aus lebenden Zellen ohne Zellwandverdickungen. In ihnen werden Assimilate geleitet.
Das Leitgewebe ist wesentlicher Bestandteil der Leitbündel.
Zunehmende Differenzierung und Spezialisierung der Zellen im Leitgewebe ist ein Ausdruck für die Höherentwicklung bei Pflanzen.

Grundgewebe	Leitgewebe	
	Gefäße	Siebröhren
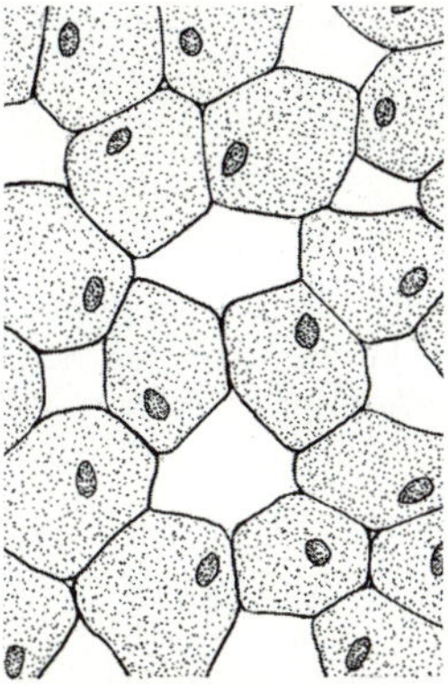	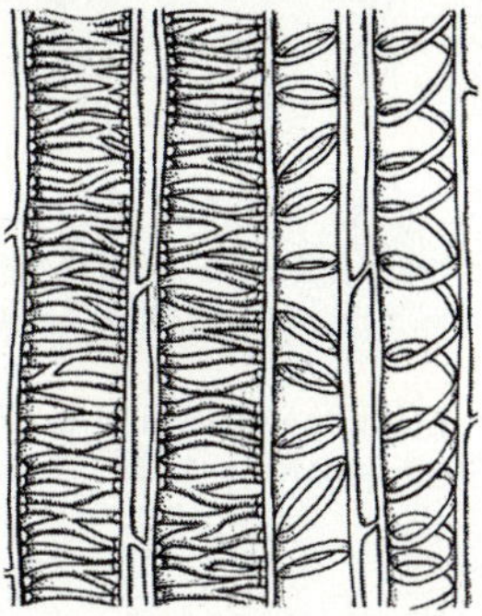	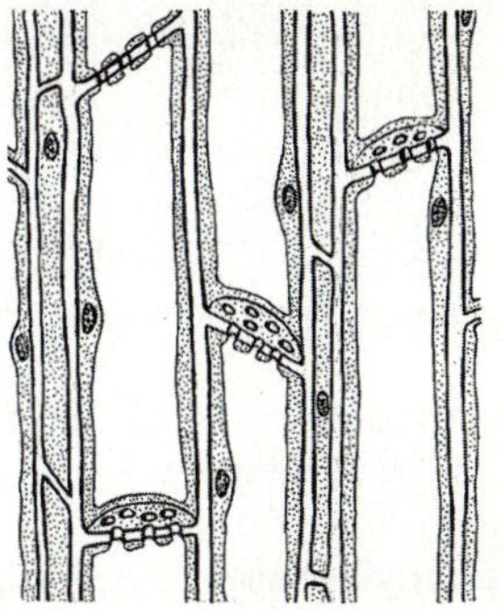

Festigungsgewebe. Besteht aus Zellen, deren Zellwände teilweise (lebendes Festigungsgewebe) oder ganz (totes Festigungsgewebe) durch Ein- oder Auflagerungen bestimmter Stoffe (z. B. Zellulose, Holzstoff) verstärkt sind.
Lebendes Festigungsgewebe (Kollenchym) festigt junge, wachsende Pflanzenteile, totes Festigungsgewebe (Sklerenchym) findet man in ausgewachsenen Pflanzenteilen. Von einigen Pflanzenarten werden Teile der Festigungsgewebe als Pflanzenfasern wirtschaftlich genutzt (z. B. Hanf, Flachs, Yute).
Deckgewebe (Epidermis). Besteht aus meist flachen, oft durch Verzahnung lückenlos aneinander schließenden Zellen, die in der Regel keine Chloroplasten enthalten. Seine Oberfläche wird von einer nichtzelligen und weit gehend undurchlässigen hautartigen Kutikula bedeckt, die von den Zellen abgeschieden wird.
Sonderbildungen des Deckgewebes sind die bohnenförmigen, chloroplastenhaltigen Schließzellen der Spaltöffnungen, die Gasaustausch und Wasserdampfabgabe regeln sowie verschiedenartige, ein- und mehrzellige Haare, die unterschiedliche Funktionen haben (z. B. Verdunstungsschutz, Fraßschutz, Wasseraufnahme).

Spaltöffnungen und Schließzellen

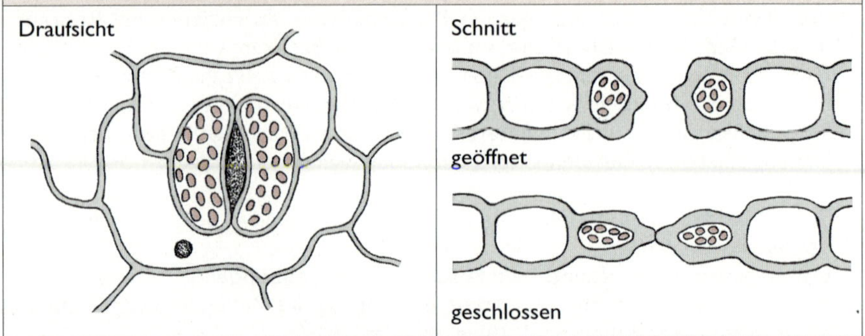

Haare als Verdunstungsschutz	Haare als Fraßschutz	Haare zur Wasseraufnahme
Sternhaar, Etagenhaar	Brennhaar, Drüsenhaar	Wurzelhaar, Saugschuppe

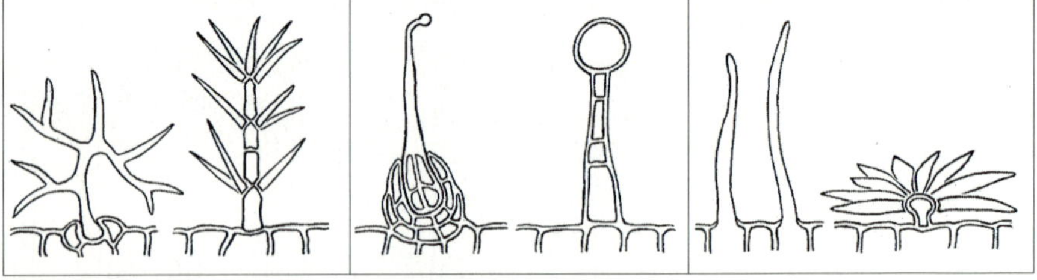

↗ Pflanzenzellen, S. 136 f.; ↗ Zelldifferenzierung S. 172
↗ Stofftransport, S. 211, ↗ Stoffaufnahme, S. 165 ff.

Lebensformen

Zu Lebensformen werden Gruppen von Pflanzen zusammengefasst, die gleiche Angepasstheiten zur Überdauerung ungünstiger Jahreszeiten (z. B. Kältezeit, Trockenzeit) aufweisen.

Unterschiedliche Lebensformen und die überdauernden Pflanzenteile

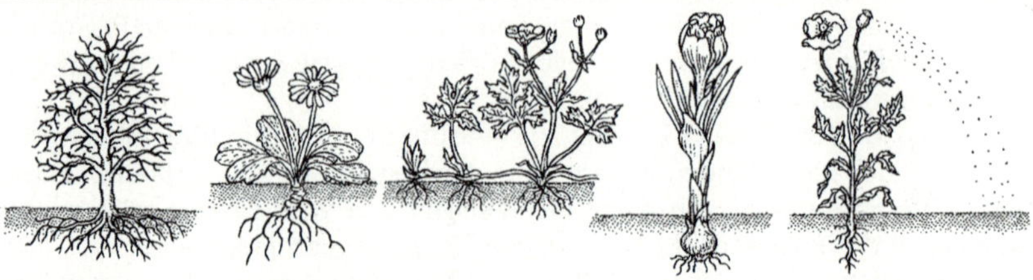

Holzgewächse z. B. Bäume — Mehrjährige Kräuter: Rosetten- und Ausläuferpflanzen; Zwiebel- und Rhizompflanzen — einjährige Kräuter

Wurzel

Funktion

Die Wurzel dient der Aufnahme und Weiterleitung von Wasser und Ionen aus dem Boden in den Spross und sie verankert (außer bei wenigen Schwimmpflanzen, z. B. Wasserlinse, Krebsschere) die Pflanze im Boden.
Wurzeln dienen häufig der Stoffspeicherung, in seltenen Fällen unterstützen sie den Gasaustausch oder entnehmen parasitisch Wirtspflanzen organische Stoffe.

Äußerer Bau

Die Wurzel ist in der Regel in Hauptwurzel, die sich aus der Keimwurzel entwickelt, und Nebenwurzeln gegliedert.
Bei einkeimblättrigen Pflanzen stirbt die Keimwurzel ab und es bildet sich aus Gewebe der Sprossachse ein Büschel von Wurzeln (sprossbürtige Wurzeln), die in Bau und Funktion der Hauptwurzel gleichen.
Je nach Ausbildung der Wurzel unterscheidet man Tief- und Flachwurzler.

Äußerer Bau einer Wurzel

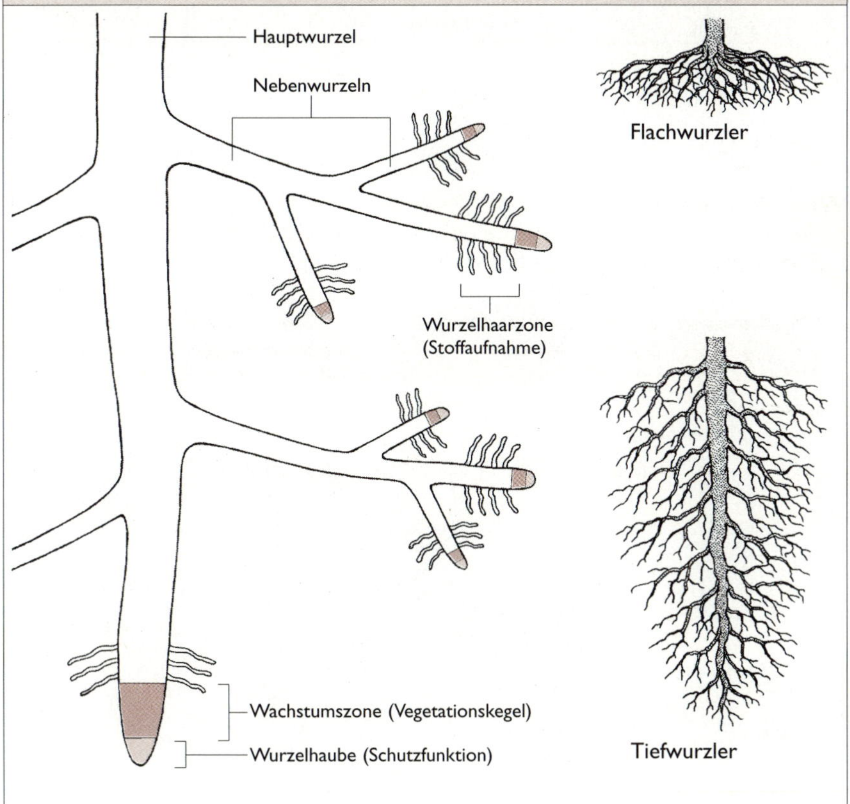

2

Innerer Bau

Die Wurzel besteht aus mehreren unterschiedlichen Geweben, die in Schichten angeordnet sind; ihre Zellen sind chlorophyllfrei.

Innerer Bau einer Wurzel

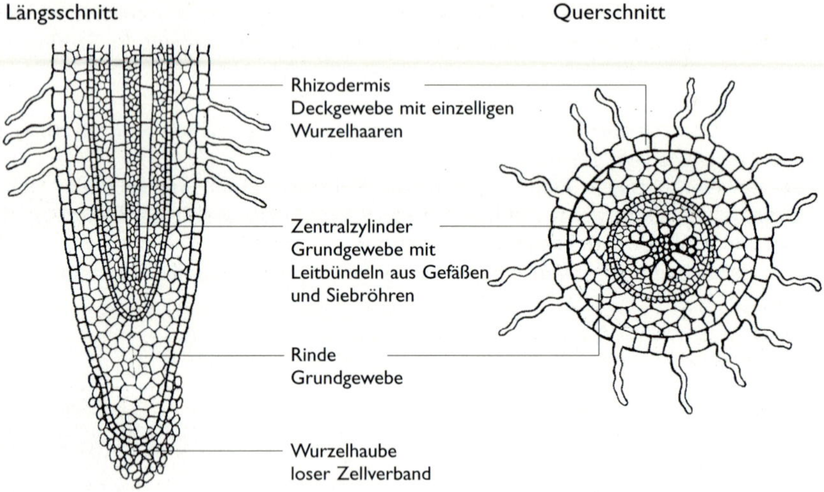

Wurzelumbildungen

Bei zahlreichen Pflanzenarten sind die Wurzeln in Angepasstheit an bestimmte Funktionen in unterschiedlicher Weise umgebildet.

Stoffspeicherung	Stoffaufnahme bei Parasiten	Sauerstoffaufnahme bei Sumpfpflanzen
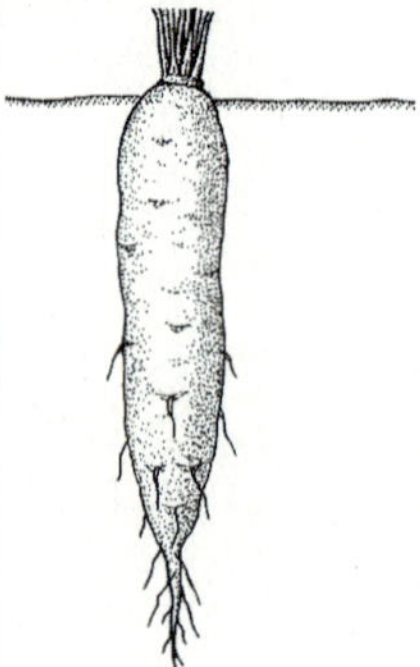	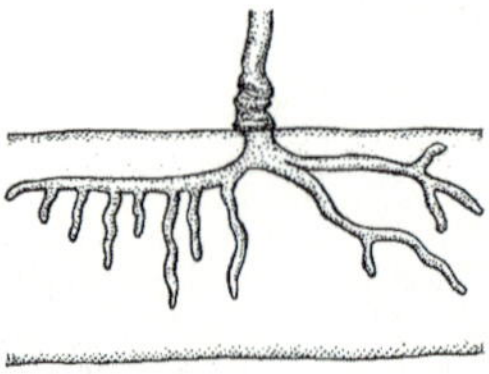	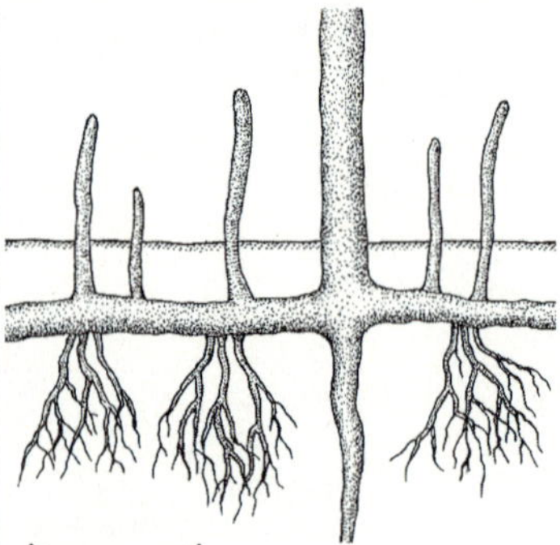
Rübe z. B. Möhre	Saugwurzel z. B. Mistel	Atemwurzel z. B. Sumpfzypresse

↗ Homologie, S. 283

Sprossachse

Funktion

Die Sprossachse bringt Laubblätter und Blüten in eine für deren Funktion geeignete Lage (z. B. Laubblätter ins Licht, Blüten in einen für Wind oder bestäubende Insekten zugänglichen Raum). In der Sprossachse werden Wasser und Ionen aus der Wurzel zu Laubblättern und Blüten geleitet sowie die in den Laubblättern gebildeten Assimilate zu anderen Teilen der Pflanze transportiert.
Unterirdisch wachsende Sprossachsen, wie Knollen, Zwiebeln, Rhizome, dienen in der Regel der Stoffspeicherung und der vegetativen Vermehrung.

Äußerer Bau

Die Sprossachse ist in Knoten (Nodien) und Zwischenknotenstücke (Internodien) gegliedert; die Knoten sind die Ansatzstellen der Blätter und die Stellen der Verzweigung. Sprossachsen können unverzweigt oder in Nebensprossachsen verzweigt sein. Nach dem Grad der Verholzung ihrer Leit- und Festigungsgewebe unterscheidet man krautige und holzige Sprossachsen.

Bildung und Teile / Gliederung der Sprossachse

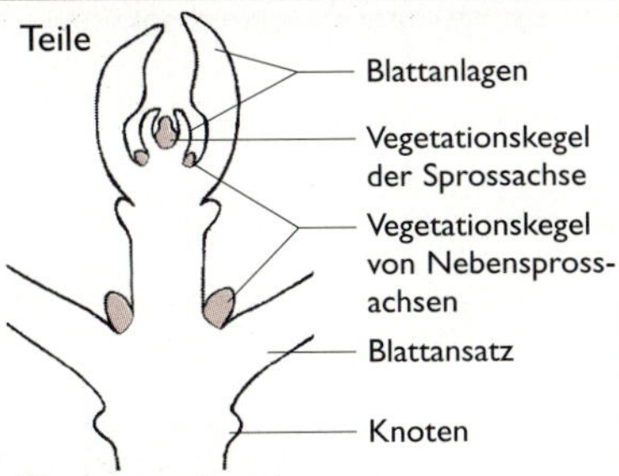

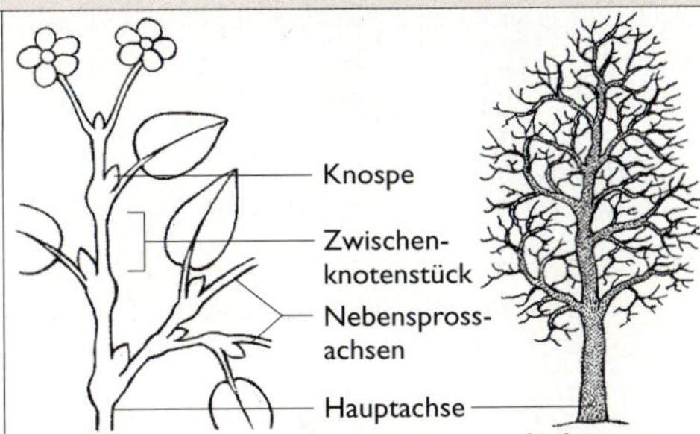

In Angepasstheit an unterschiedliche Umweltbedingungen haben sich verschiedenartige Wuchsformen herausgebildet.

Ausgewählte Wuchsformen			
aufrecht	windend	kriechend	unterirdisch
 Hederich	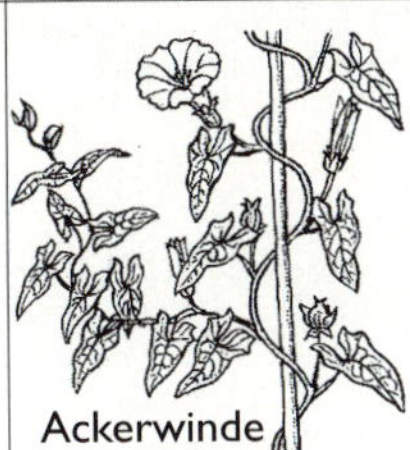 Ackerwinde	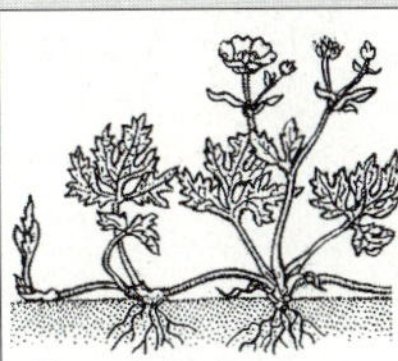 Kriechender Hahnenfuß	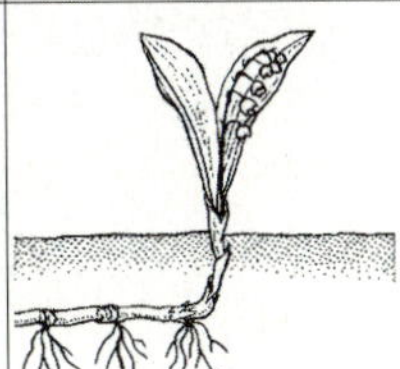 Maiglöckchen

Innerer Bau

Die Sprossachse besteht aus mehreren unterschiedlichen Geweben. Die Anordnung und Ausbildung der Leitgewebe unterscheidet sich bei Einkeimblättrigen und Zweikeimblättrigen.

Ausbildung und Funktion der Gewebe in der Sprossachse einer zweikeimblättrigen Pflanze (Längsschnitt)

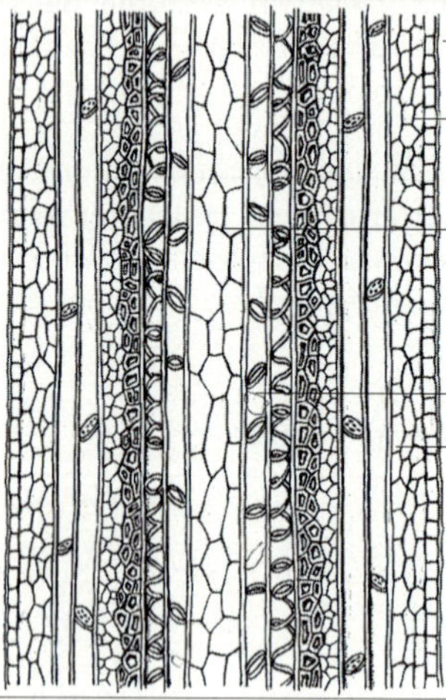

Epidermis	Deckgewebe, meist chlorophyllfrei
Rinde	Grundgewebe, oft chlorophyllhaltig, Schutz- und Speicherfunktion
Mark	Grundgewebe, chlorophyllfrei, Speicherfunktion. Zellen können durch sekundäre Teilungsfähigkeit zum Dickenwachstum beitragen
Leitbündel	Grundgewebe mit Gefäßen und Siebröhren sowie Festigungsgewebe, Leitungs- und Festigungsfunktion

Bau und Anordnung der Leitbündel (Querschnitt)

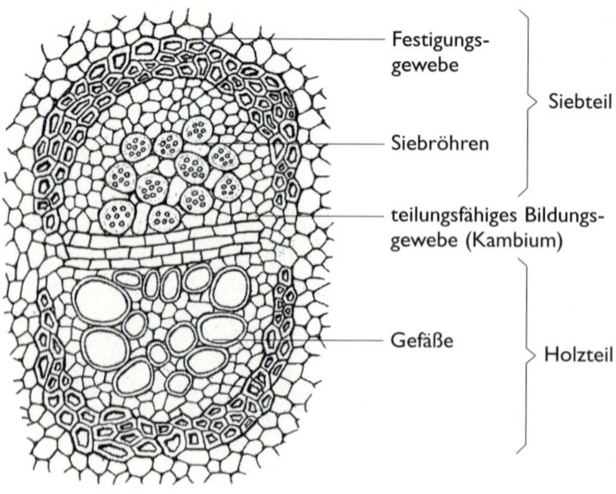

zweikeimblättrige krautige Samenpflanzen

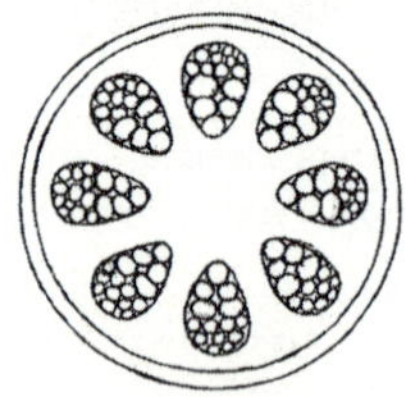

einkeimblättrige Samenpflanzen

Umbildungen (Metamorphosen)

Wie alle Pflanzenorgane können auch Sprossachsen in Angepasstheit an bestimmte Lebensbedingungen oder an bestimmte Funktionen Umbildungen im äußeren oder inneren Bau aufweisen.

Umbildungen bei Sprossachsen und ihre Funktionen	
Sprossknolle (z. B. Kartoffel) 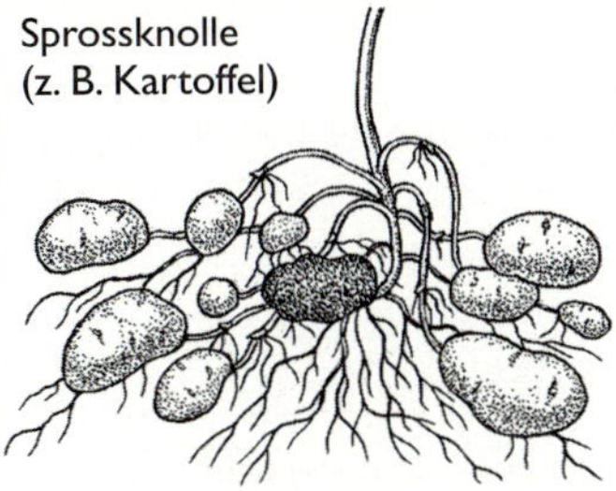	Verstärkte Ausbildung stoffspeichernder Gewebe im unteren Abschnitt (z. B. Kohlrabi) oder in unterirdischen Teilen (z. B. Kartoffel) der Sprossachse. Vegetative Vermehrung
Sukkulente Sprossachse (z. B. Kaktus) 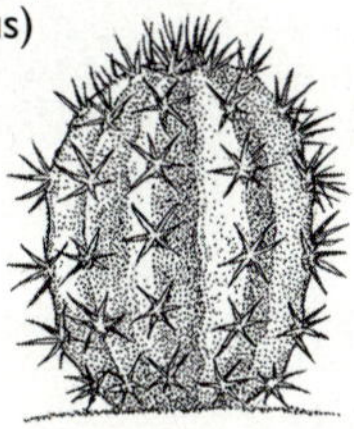	Ausbildung von Wasserspeicherzellen Wasserspeicherung zur Überdauerung von Trockenzeiten
Sprossdorn (z. B. Weißdorn) 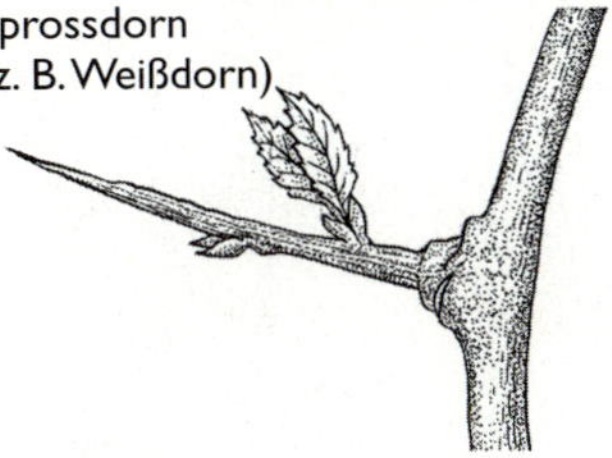	Eingeschränktes Längenwachstum, starke Zunahme des Festigungsgewebes Fraßschutz
Sprossranke (z. B. Wein) 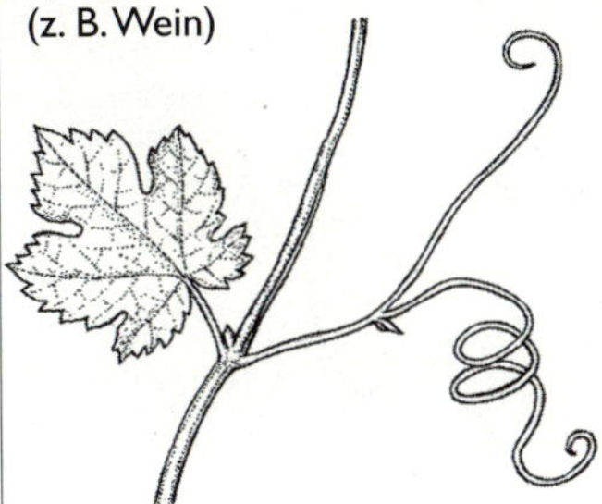	Fadenförmige Ausbildung von Seitensprossachsen, schnelles Längenwachstum Festhalten an Stützen

Laubblatt

Funktion

Das Laubblatt ist das Hauptorgan des Stoffwechsels. In ihm laufen die Vorgänge bei der Fotosynthese ab; über das Laubblatt findet der Gasaustausch mit der Umwelt statt.

Äußerer Bau

Das Laubblatt besteht aus Blattgrund, Blattstiel, Blattspreite. Insbesondere die Blattspreite kann durch unterschiedliche Ausgestaltung von Form, Teilung und Rand sehr vielgestaltig sein. Gestalt und Stellung des Laubblattes an der Sprossachse sind in der Regel Kennmerkmale zur Unterscheidung von Sippen.

Teile des Laubblattes

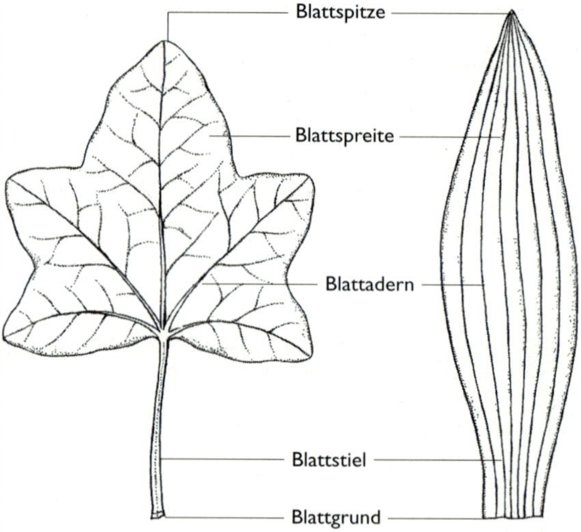

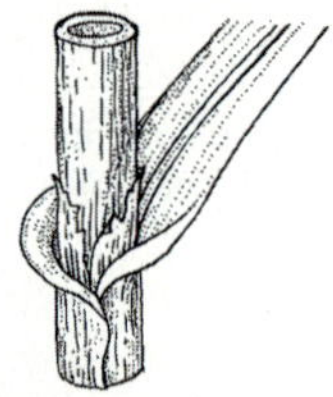

Blattgrund umfasst als Blattscheide den Stängel

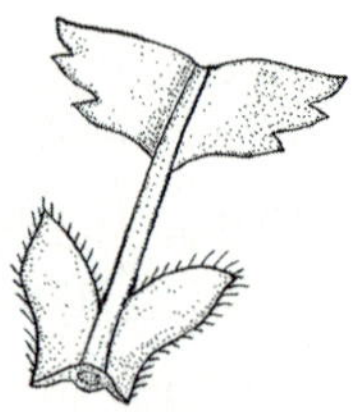

Blattgrund bildet Nebenblätter aus

Ausbildung von Blattflächen

herzförmig	lanzettlich	linealisch	elliptisch	nadelförmig
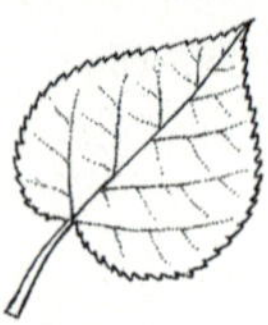	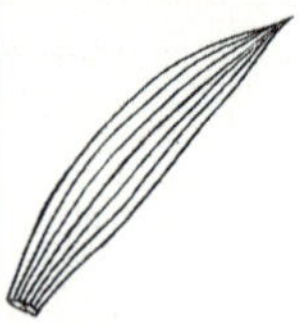	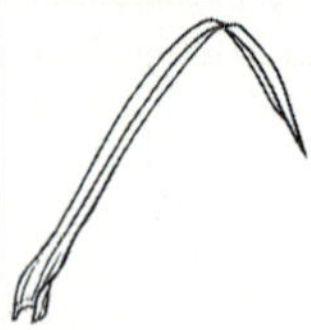		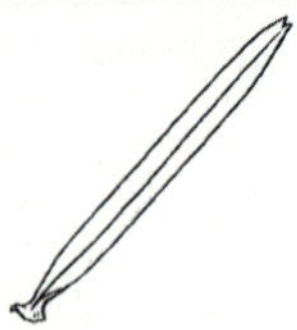
Linde	Spitz-Wegerich	Rispengras	Felsenbirne	Tanne

Ausbildung von Blatträndern				
ganzrandig	gesägt	gezähnt	gebuchtet	gekerbt
 Rot-Buche	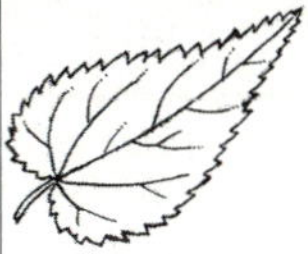 Brennnessel	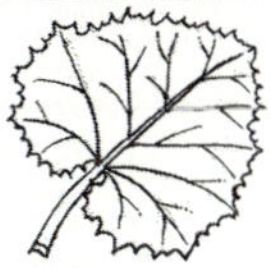 Huflattich	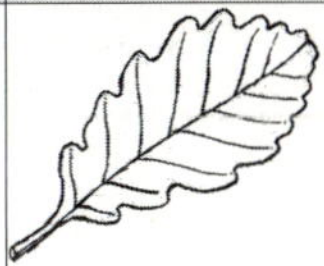 Eiche	 Veilchen

Blattteilungen				
einfache Blätter			zusammengesetzte Blätter	
ungeteilt	gelappt	geteilt	gefiedert	gefingert
 Pappel	 Wein	 Scharfer Hahnenfuß	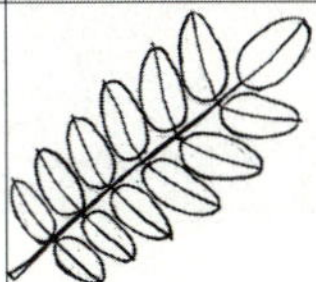 Robinie	 Rosskastanie

Stellung von Blättern an der Sprossachse				
grundständig	gegenständig	kreuzgegenst.	wechselständig	quirlständig
 Kuhblume	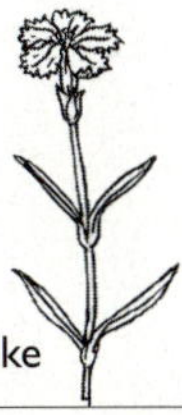 Nelke	 Taubnessel	 Acker-Senf	 Waldmeister

Umbildungen in Angepasstheit an bestimmte Funktionen		
Blattdornen	Blattranken	Fangblatt
Fraßschutz 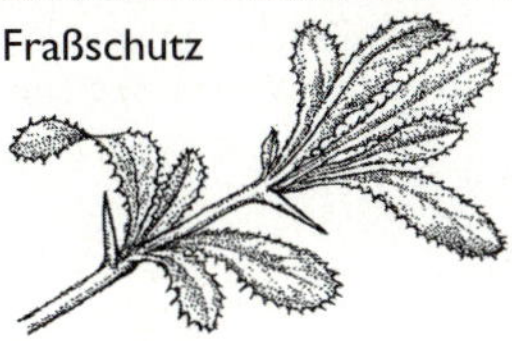 Berberitze	Festhalten an Stützen 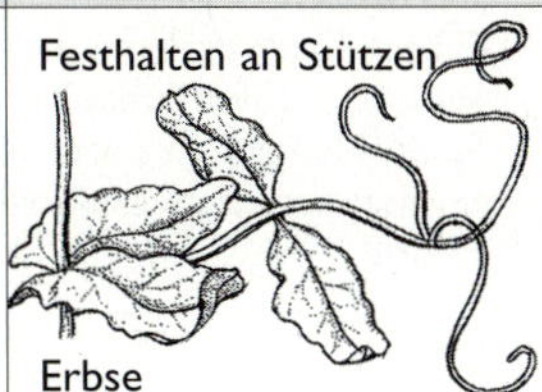 Erbse	Insektenverdauung, Eiweißversorgung 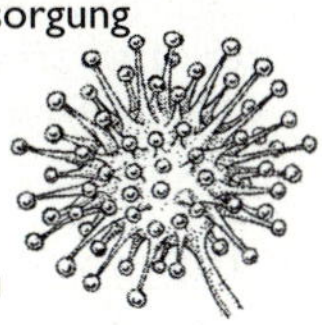 Sonnentau

2

Innerer Bau

Am inneren Bau aller Laubblätter sind, unabhängig von der äußeren Vielgestaltigkeit, prinzipiell die gleichen Gewebe beteiligt.

Blattquerschnitt

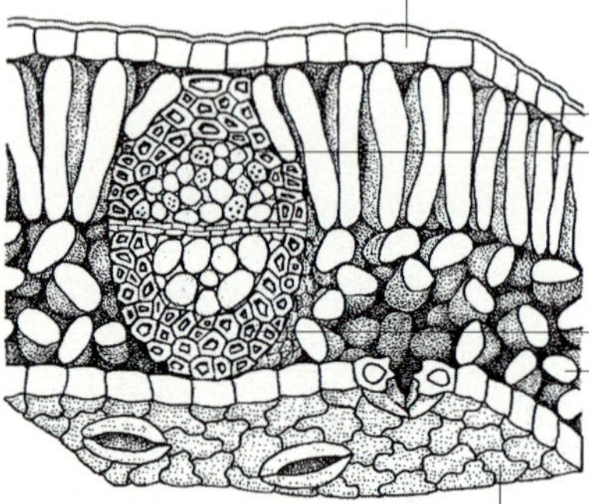

obere Epidermis	Deckgewebe; bei Schwimmblättern mit Spaltöffnungen;
Palisadenschicht	lang gestreckte, chlorophyllreiche Zellen; Hauptort der Fotosynthese
Leitbündel	Gefäße und Siebröhren mit Festigungsgewebe; Wasser- und Ionen- sowie Stofftransport, Festigung
Schwammschicht	rundliche, chlorophyllhaltige Zellen, viele Interzellularen; Fotosynthese, Transport von Wasserdampf und Gasen
untere Epidermis	Deckgewebe;
Spaltöffnungen	Gas- und Wasserdampfaustausch mit der Umwelt

Umbildungen in Angepasstheit an bestimmte Lebensräume

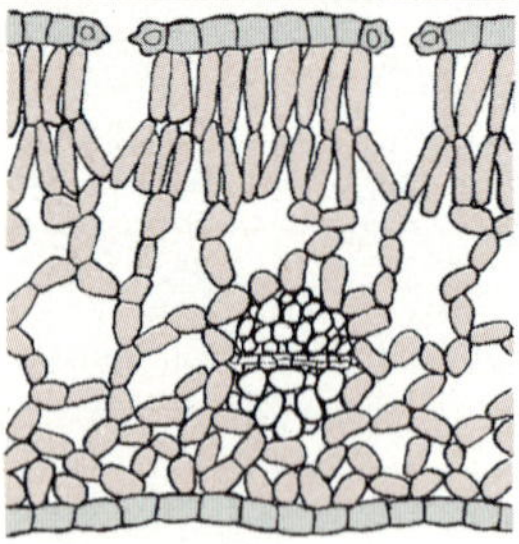

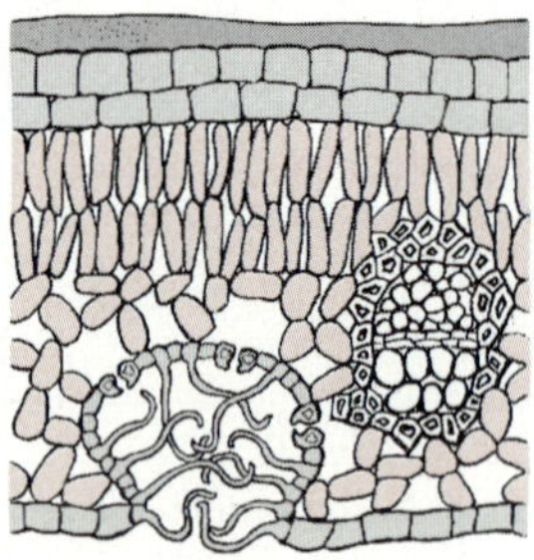

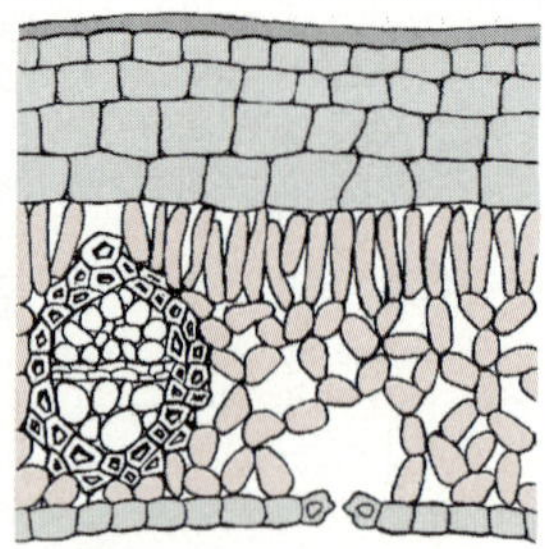

z. B. Seerose Schwimmblatt Spaltöffnungen in oberer Epidermis; große Interzellularen; schwach ausgebildete Leitbündel	z. B. Oleander Hartlaubblatt Obere Epidermis mehrschichtig, dicke Kutikula; Spaltöffnungen eingesenkt, Verdunstungsschutz durch Haare	z. B. Peperomia Sukkulentenblatt Obere Epidermis mehrschichtig, Wasserspeicher

↗ Fotosynthese, S. 187
↗ Bau der Chloroplasten, S. 139

Blüte

Funktion

Die Blüte dient der Bildung und dem Schutz der Fortpflanzungszellen; sie ist Ort der Befruchtung und der Keimlingsentwicklung.

Blütenteile

Die Teile der Blüte sind Blütenhülle, Staubblätter und Fruchtblätter. Sie sitzen dem Blütenboden (Sprossachse) auf. Ihre Anzahl, die Stellung in der Blüte und ihre Gestalt sind sippentypisch und können als Kennmerkmale genutzt werden.

Alle Blütenteile gehen durch Differenzierungsvorgänge aus Blattanlagen an Vegetationskegeln der Sprossachse hervor. Sie sind sowohl untereinander als auch mit den Laubblättern homolog. Die Blätter der einzelnen Blütenteile sind spiralig (ursprüngliches Merkmal, z. B. Magnolie) oder kreisförmig (abgeleitetes Merkmal, z. B. Kreuzblütler) angeordnet; ihre Anzahl ist unbestimmt (ursprünglich) oder festgelegt (abgeleitet); sie können frei stehen (ursprünglich) oder mehr oder weniger miteinander verwachsen sein (abgeleitet).

Bei vielen Pflanzenarten sind in den Blüten nicht alle Teile ausgebildet. Eingeschlechtige Blüten haben nur Fruchtblätter (♀) oder nur Staubblätter (♂). Auch die Blütenhülle kann nur teilweise oder gar nicht ausgebildet sein.

Blütenhülle. Dient dem Schutz der Staub- und Fruchtblätter sowie als Schauapparat zur Anlockung von Bestäubern, ist bei Windblütlern reduziert (schuppenförmig oder fehlend). Die Blütenhülle kann einfach - alle Blätter sind gleichgestaltet und gleichgefärbt - oder doppelt sein - Blätter sind in grünen Kelch und farbige Krone differenziert.

Einfache Blütenhülle		Doppelte Blütenhülle	
Hülle ausgebildet z. B. Tulpe 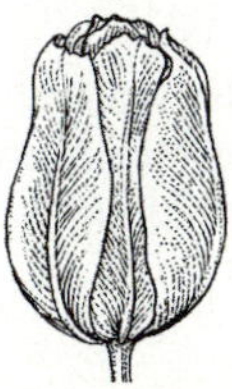	Hülle reduziert z. B. Binse 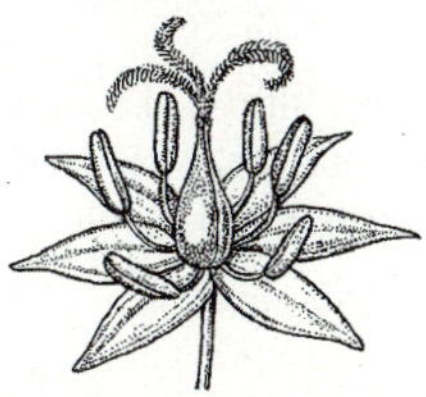	Hüllblätter frei z. B. Raps 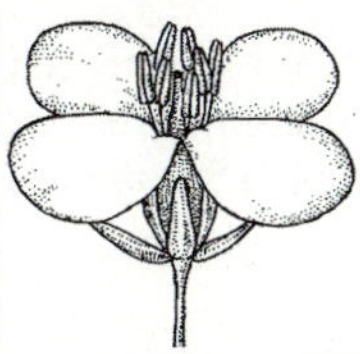	Hüllblätter verwachsen z. B. Winde 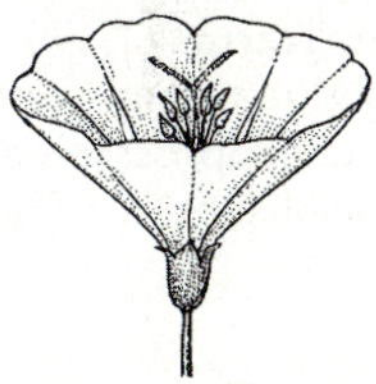

Staubblätter. Bildungsort der männlichen Fortpflanzungszellen (Pollen oder Blütenstaub). Staubblätter bestehen in der Regel aus dem Staubblattfaden (Filament) und zwei Staubbeuteln (Antheren).

Fruchtblätter. Bildungsort der weiblichen Fortpflanzungsorgane (Samenanlage mit Eizelle).

Bei den Nacktsamern liegen die Samenanlagen frei auf schuppenförmigen Blättern (Samenschuppen), bei den Bedecktsamern verwachsen die Fruchtblätter und schließen die Samenanlagen ein. Der obere Teil der Fruchtblätter bildet meist den Griffel mit der Narbe, der untere den Fruchtknoten.

2

Blütenlängsschnitt | Querschnitt durch Fruchtknoten

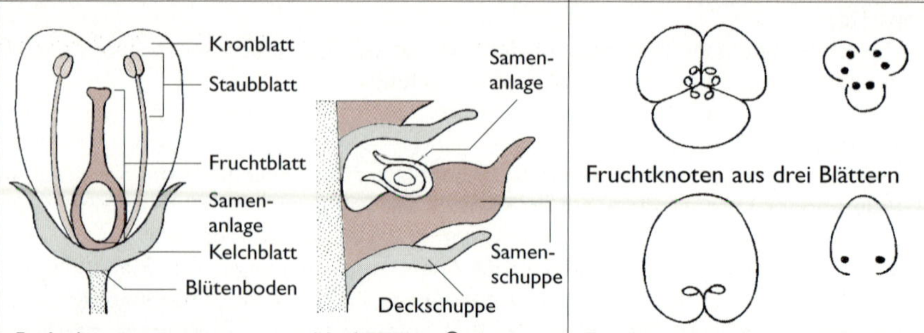

Bedecktsamer, zwittrig — Nacktsamer, ♀ — Fruchtknoten aus einem Blatt

Blütendiagramm

Ein Blütendiagramm zeigt grundrissartig die Anzahl, Anordnung und Verwachsung von Kelch-, Kron-, Staub- und Fruchtblättern.

Blütendiagramme

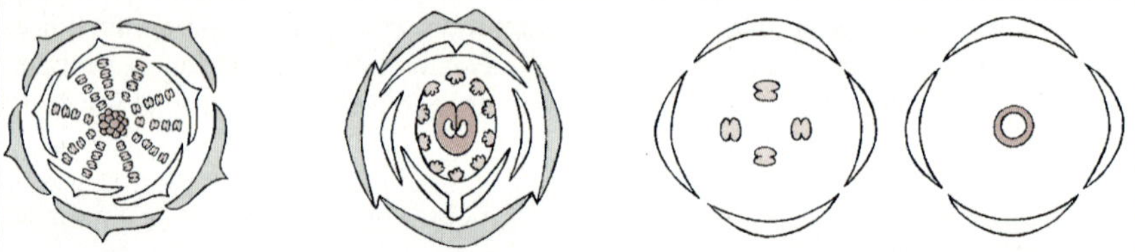

Rose (frei) — Erbse (verwachsen) — Brennnessel (eingeschlechtig)

Blütenstand

Ein Blütenstand besteht aus mehreren bis vielen Blüten, die mehr oder weniger dicht an einer Sprossachse zusammenstehen. Blütenstände erhöhen die Bestäubungswahrscheinlichkeit (z. B. größere Schauwirkung, größere Nähe der Einzelblüten zueinander).

Blütenstandstypen

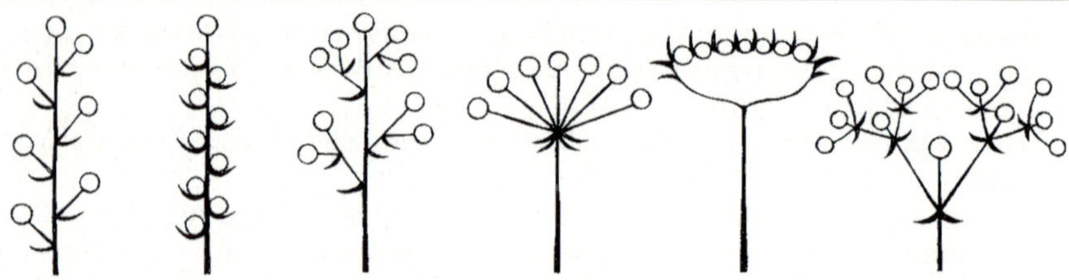

Traube — Ähre — Rispe — Dolde — Korb — Zyme

Samen

Funktion

Der Samen stellt die Fortpflanzungseinheit der Samenpflanzen dar; er dient der Erhaltung und Verbreitung der Art sowie der Überdauerung ungünstiger Umweltbedingungen (Kälte-, Trockenzeiten).

Bildung und Verbreitung

Samen gehen aus Samenanlagen hervor. Sie liegen bei den Nacktsamern offen auf den Samenschuppen und lösen sich in der Regel frei ab (Ausnahme z. B. Beerenzapfen beim Wacholder); bei Bedecktsamern sind sie in den Fruchtknoten eingeschlossen und werden mit der Frucht verbreitet (bei Schließfrüchten) oder aus der Frucht ausgestreut (bei Streufrüchten). Samen können unterschiedliche Einrichtungen zur besseren Verbreitung haben.

Bau

Der Samen besteht aus Samenschale, Nährgewebe (Endosperm) und Keimling (Embryo).
Die Samenschale schützt den Samen und trägt bei einigen Arten Verbreitungseinrichtungen; das Nährgewebe ernährt den Keimling während der Keimung bis zur Ergrünung der ersten Blätter; der Keimling wächst zur neuen Pflanze heran.

Bau des Samens

Samenteil — Bildung aus

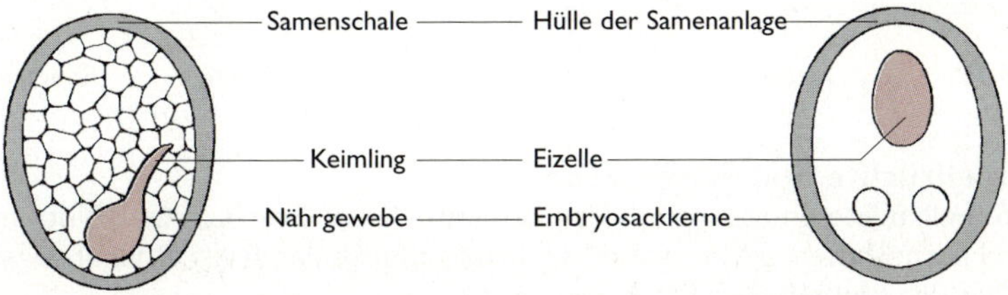

Verbreitungseinrichtung des Samens		
Samenhaare  z. B. Baumwolle, Weidenröschen	Flügel an der Samenschale 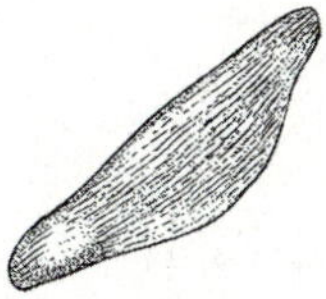 z. B. Kiefer, Fichte	Ölkörper 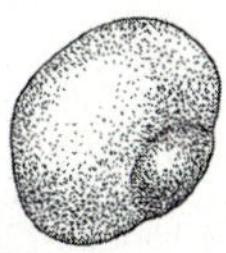 z. B. Veilchen, Schöllkraut

Frucht

Funktion

Die Frucht dient dem Schutz der Samen während deren Entwicklung sowie der Samenverbreitung. Sie ist nur bei Bedecktsamern ausgebildet.

Bau

Die Frucht entwickelt sich aus dem Fruchtknoten, der aus einem oder mehreren Fruchtblättern besteht. Die Verwachsungsstellen der Fruchtblätter können echte Scheidewände in der Frucht bilden; unechte Scheidewände können sekundär von der Fruchtwand gebildet werden.

Nach der Art der Ausbildung der Fruchtwand unterscheidet man Trockenfrüchte (Fruchtwand trocken bis holzig) und Saftfrüchte (Fruchtwand fleischig), nach der Art der Öffnung Schließfrüchte (Frucht bleibt bei der Reife geschlossen) und Streufrüchte (Frucht öffnet sich bei der Reife).

Fruchtformen					
Streufrüchte			Schließfrüchte		
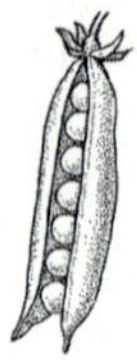	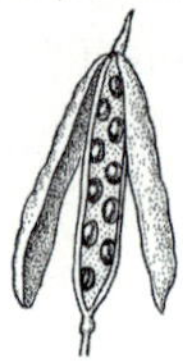	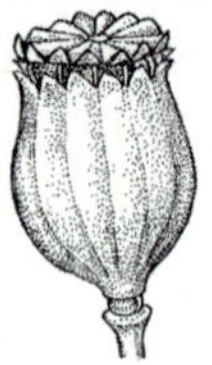			
Hülse	Schote	Kapsel	Nuss	Beere	Steinfrucht

Sammelfrüchte und Scheinfrüchte

Sammelfrüchte entstehen aus der Gesamtheit der Früchte einer Blüte mit mehreren Fruchtknoten; diese verwachsen häufig untereinander (z. B. Himbeere) oder mit Teilen des Blütenbodens (z. B. Erdbeere).

Scheinfrüchte sind solche Früchte, die außer dem Fruchtknoten auch andere Blütenteile enthalten. Sie kommen bei Blüten mit unterständigem Fruchtknoten vor (z. B. Apfel).

Sammelfrucht		Scheinfrucht
		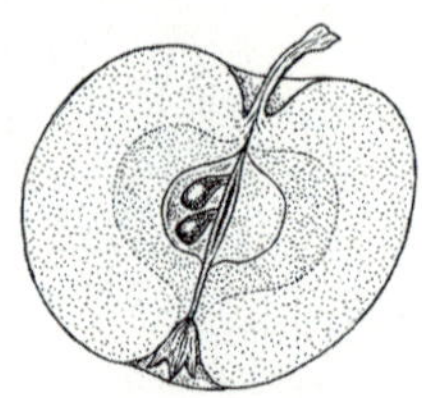
Himbeere	Erdbeere	Apfel

Nacktsamer

Allgemeine Merkmale

Nacktsamer sind die ältesten Samenpflanzen. Zahlreiche fossile Arten sind aus dem Mesozoikum bekannt, rezent sind etwa 800 Arten, die vorwiegend die gemäßigte Zone besiedeln.

Einteilung

Nacktsamer werden in mehrere Gruppen unterteilt, von denen einige (z. B. Samenfarne, Cordaiten) nur fossile Arten umfassen, andere (z. B. Palmfarne oder Cycadophyten, Ginkgoähnliche, Kiefernähnliche) umfassen nur oder auch rezente Arten.

Ausgewählte Familien der Nacktsamer	
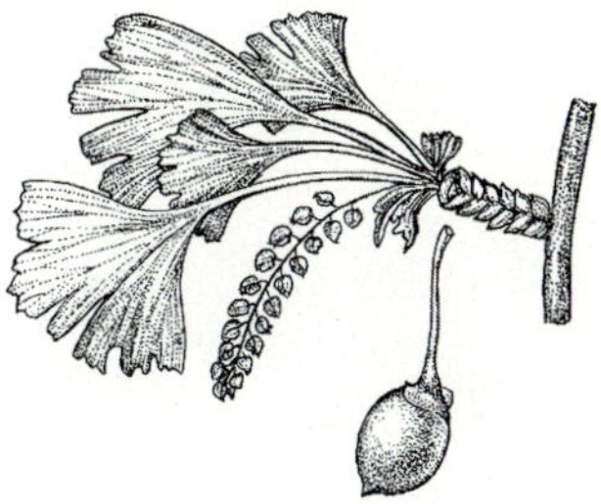	**Familie Ginkgogewächse.** Zweihäusige Bäume. ♂ Blüten traubenartig, ♀ Blüten mit 2 Samenanlagen, Samen wird bei der Reife durch die fleischige äußere Samenschale steinfruchtartig. Laubblätter flächig, gabelig gelappt, sommergrün. Im Mesozoikum weltweit verbreitet, heute nur eine Art, heimisch in Südostasien, bei uns häufiger Parkbaum.
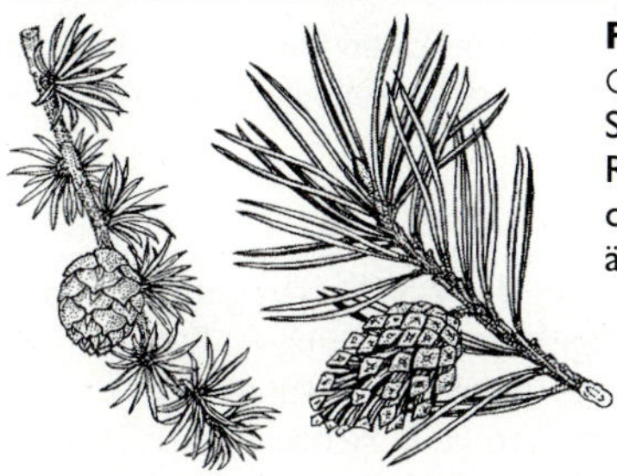	**Familie Kieferngewächse.** Einhäusige Bäume. ♂ Blüten aus vielen Staubblättern, ♀ Blüten mit 2 Samenanlagen, in Zapfen. Laubblätter nadelförmig. Rezent etwa 210 Arten, vorwiegend auf der nördlichen Halbkugel. Wichtige Forstbäume (Holz, Harz, ätherische Öle).
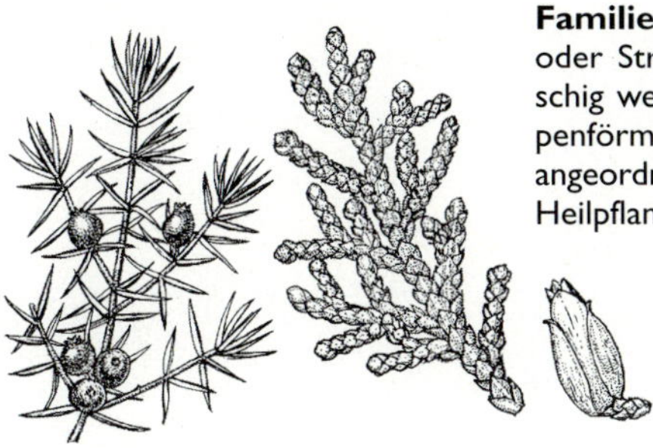	**Familie Zypressengewächse.** Einhäusige Bäume oder Sträucher. Samen in verholzenden oder fleischig werdenden Zapfen. Laubblätter meist schuppenförmig, gegenständig oder zu dreien quirlständig angeordnet. Rezent etwa 130 Arten, als Gewürz- und Heilpflanze genutzt: Wacholder.

Bau

Nacktsamer sind Holzgewächse; ihre Gefäße bestehen fast ausschließlich aus Tracheiden; die Laubblätter sind - bis auf Ginkgo und subtropisch-tropische Cycadeen-Arten - nadel- oder schuppenförmig.

Die Blüten sind eingeschlechtig, die Samenanlagen liegen offen auf den nicht verwachsenen Fruchtblättern (Samenschuppen); die weiblichen Blüten stehen zu mehreren in einem Blütenstand (Zapfen).

Blütenlängsschnitt, schematisch

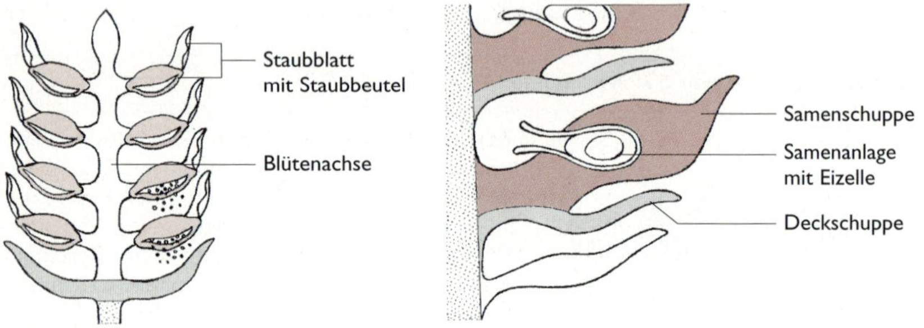

Männliche und weibliche Einzelblüte

Fortpflanzung

Nacktsamer pflanzen sich nur geschlechtlich fort. Der Pollen wird in der Regel durch Wind direkt auf die Samenanlage übertragen; in der Samenanlage findet eine einfache Befruchtung statt.

Bedeutung

Nacktsamer sind in großen Gebieten, besonders der nördlichen gemäßigten Zone, waldbildend und haben dadurch große ökologische Bedeutung (z. B. Schaffung von Lebensräumen, Beeinflussung von Klima, Wasserhaushalt, Luftqualität).

Zu den Nacktsamern gehören viele Nutzholzarten (z. B. Fichte, Kiefer, Tanne), einige Arten werden als Zierpflanzen angebaut oder medizinisch genutzt. Fossile Arten sind Ursprung vieler Braunkohlevorkommen.

Bedecktsamer

Allgemeine Merkmale

Bedecktsamer stammen vermutlich von Nacktsamerformen der frühen Kreidezeit (vor etwa 127 Mill. Jahren) ab.
Sie umfassen etwa 250 000 Arten und sind weltweit verbreitet; sie kommen in allen Vegetationszonen vor.

Einteilung

Bedecktsamer werden in die beiden großen Gruppen der Zweikeimblättrigen (Dikotylen) und der Einkeimblättrigen (Monokotylen) eingeteilt.

Merkmale bei zweikeimblättrigen und einkeimblättrigen Pflanzen			
Zweikeimblättrige Pflanzen (Dikotyle)		Einkeimblättrige Pflanzen (Monokotyle)	
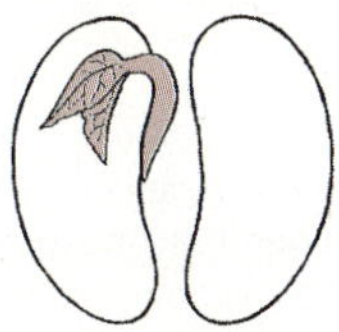	zwei Keimblätter, meist als Nährstoffspeicher ausgebildet	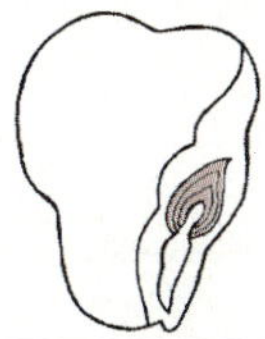	ein Keimblatt, meist als Sauggorgan zur Aufnahme der Nährstoffe ausgebildet
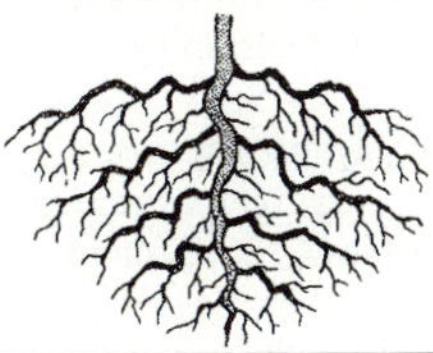	meist Hauptwurzeln mit Nebenwurzeln	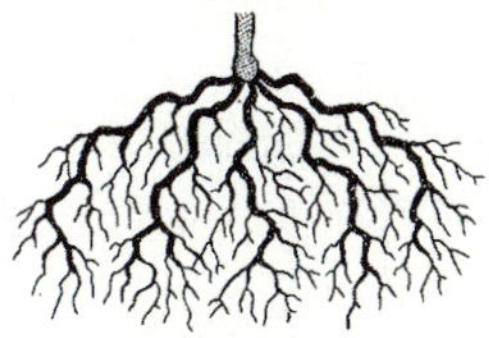	sprossbürtige Wurzeln
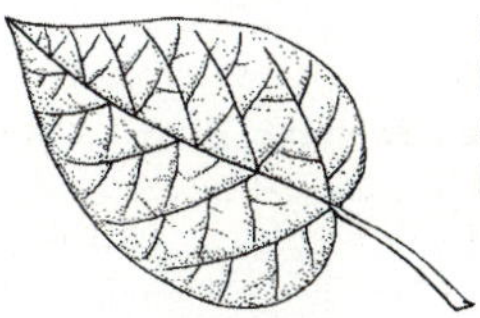	meist netz- oder fiederadrige, oft geteilte Laubblätter	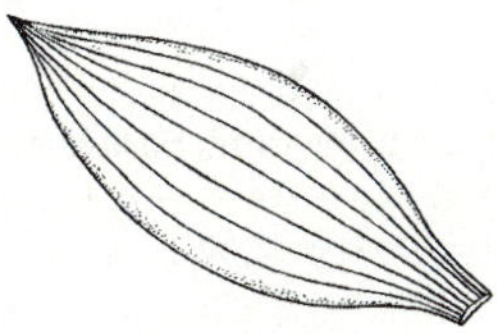	meist paralleladrige ganzrandige Laubblätter
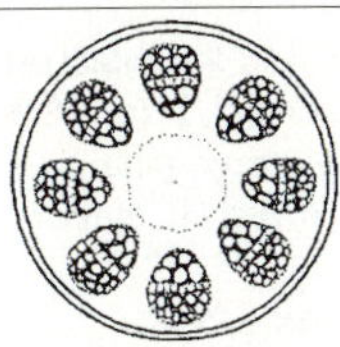	Leitbündel in der Sprossachse regelmäßig ringförmig angeordnet	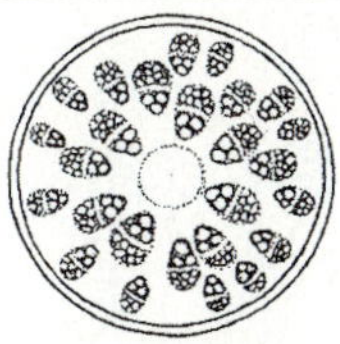	Leitbündel in der Sprossachse über den Querschnitt verstreut angeordnet
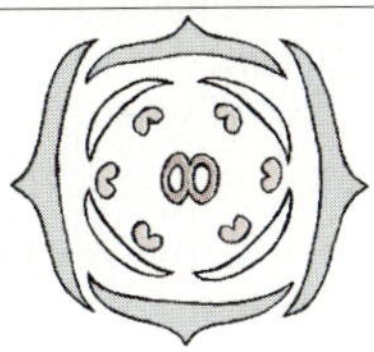	Blüten vier-, fünf- oder mehrzählig, Blütenhülle meist doppelt		Blüten meist dreizählig, Blütenhülle einfach, oft spelzenartig

Ausgewählte Familien der Zweikeimblättrigen

Kreuzblütengewächse

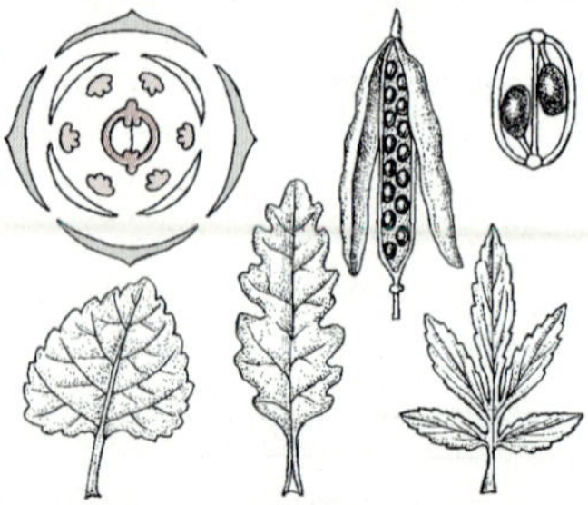

Ein- und mehrjährige Kräuter.
Blüten mit vier kreuzweise stehenden Kelch- und Kronblättern, zwei kurzen und vier langen Staubblättern, zwei miteinander verwachsenen Fruchtblättern; meist in Trauben.
Frucht meist Schote oder Schötchen.
Laubblätter sehr vielgestaltig, wechselständig.
Etwa 3000 Arten. Viele Nutzpflanzen.

Vertreter: Kohl, Raps, Rettich, Radieschen, Senf, Meerrettich, Levkoje, Blaukissen, Silberblatt, Hirtentäschel, Graukresse.

Lippenblütengewächse

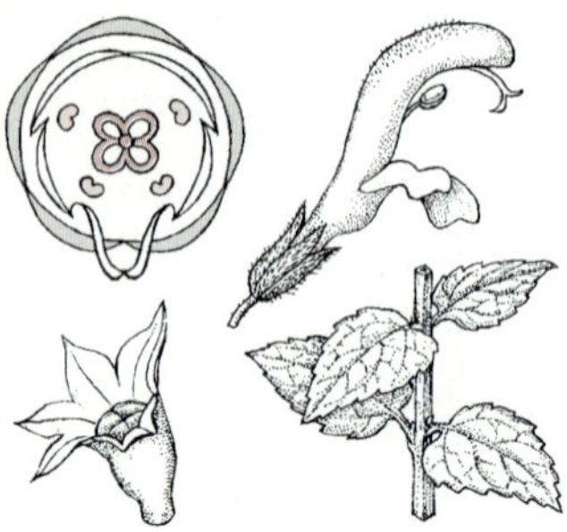

Ein- und mehrjährige Kräuter, Sträucher.
Blüten mit fünf verwachsenen Kelchblättern, fünf zu meist zweizipfliger Krone verwachsenen Kronblättern, vier Staubblättern und zwei verwachsenen Fruchtblättern; quirlständig in den Blattachseln.
Frucht zerfällt durch echte und unechte Scheidewand bei Reife in vier Teilfrüchtchen.
Laubblätter kreuzgegenständig, Sprossachse vierkantig.
Etwa 3200 Arten. Viele Nutzpflanzen.

Vertreter: Thymian, Majoran, Basilikum, Lavendel, Taubnessel, Hohlzahn, Ziest.

Schmetterlingsblütengewächse

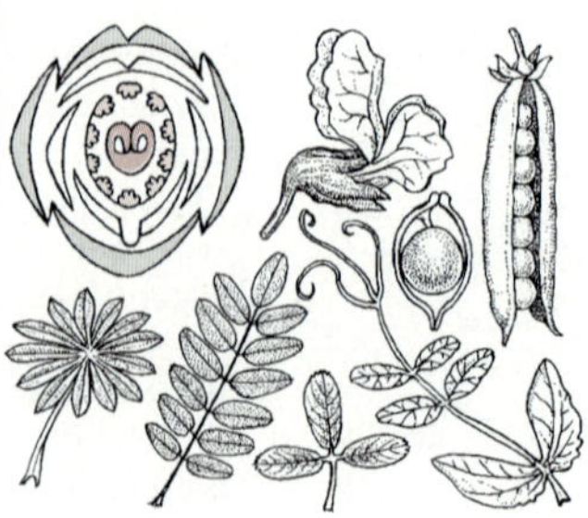

Kräuter, Sträucher, Bäume.
Blüten mit fünf verwachsenen Kelchblättern, fünf Kronblättern (1 Fahne, 2 Flügel, 2 zum Schiffchen verwachsen), zehn Staubblättern (alle zu einer Röhre verwachsen oder eins frei), einem Fruchtblatt.
Frucht eine Hülse, selten eine Nuss.
Laubblätter vielgestaltig, oft mit Nebenblättern, häufig gefiedert oder dreizählig.
Etwa 12 000 Arten. Viele Nutzpflanzen.

Vertreter: Erbse, Bohne, Erdnuss, Soja, Linse, Klee, Lupine, Luzerne, Goldregen, Wistarie, Blasenstrauch, Lupine, Steinklee, Besenginster, Wicke, Platterbse, Robinie.

Ausgewählte Familien der Zweikeimblättrigen

Korbblütengewächse

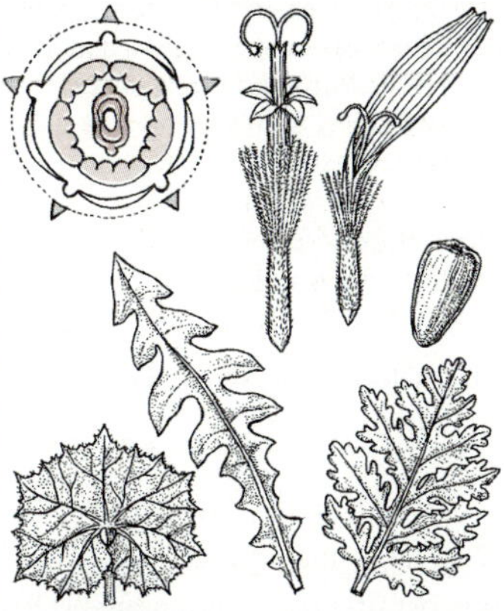

Ein- und mehrjährige Kräuter, selten Sträucher. Blüten zwittrig oder eingeschlechtig, in Körben oder Köpfen stehend.
Kelch zu Haarkranz, Schuppen oder Borsten umgebildet oder fehlend, fünf Kronblätter, zu einer Röhre oder Zunge verwachsen, fünf Staubblätter, die Staubbeutel zu einer Röhre verklebt, Fruchtknoten unterständig.
Frucht eine Nuss oder eine Achäne (Nuss, bei der Samen- und Fruchtwand verwachsen).
Laubblätter vielgestaltig, meist wechselständig.
Etwa 22 000 Arten. Viele Zier- und Arzneipflanzen.

Vertreter: Sonnenblume, Zichorie, Chicoree, Salat, Schwarzwurzel, Aster, Sonnenhut, Studentenblume, Cosmea, Arnika, Pestwurz, Schafgarbe, Kuhblume, Löwenzahn, Pippau, Kreuzkraut, Zweizahn.

Ausgewählte Familien der Einkeimblättrigen

Süßgräser

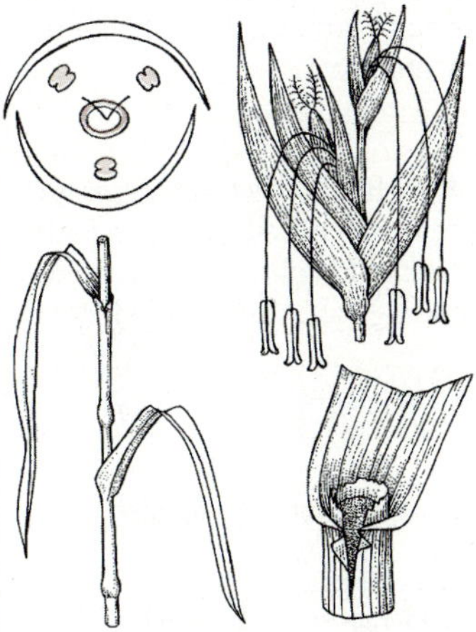

Ein- und mehrjährige Kräuter; Sprossachse hohl, nur an den Knoten mit Querwand (Halm).
Blüten zwittrig, in ein- bis mehrblütigen Ährchen, diese in Ähren oder Rispen, auch Kolben.
Blütenhülle nicht ausgebildet, Blüten von Deck- und Vorspelzen eingehüllt; drei Staubblätter mit langen Stielen, ein Fruchtknoten mit zwei fiederigen Narben, oberständig.
Frucht eine Karyopse (oberständig, Frucht- und Samenschale verwachsen, Körnerfrucht).
Laubblätter mit Blattgrund scheidenartig die Sprossachse umfassend, an der Übergangsstelle oft ein Blatthäutchen und Blattöhrchen.
Etwa 8000 Arten, viele Nutzpflanzen.

Vertreter: Weizen, Gerste, Hafer, Reis, Hirse, Zuckerrohr, Weidelgras, Rispengras, Fuchsschwanzgras, Honiggras, Straußgras, Schilf, Bambus.

Ausgewählte Familien der Einkeimblättrigen
Liliengewächse

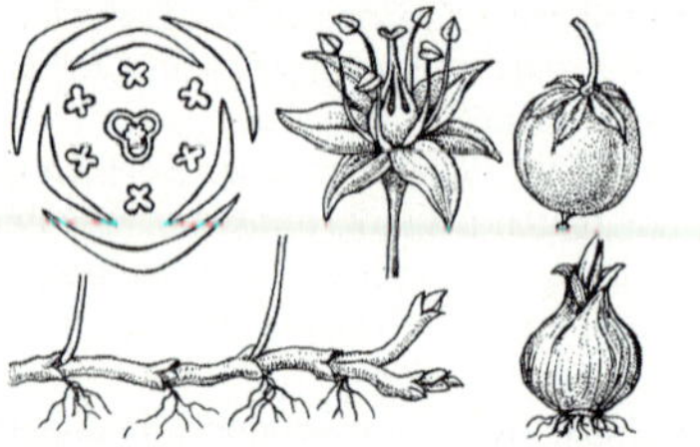

Meist mehrjährige Kräuter mit Knollen, Zwiebeln oder Rhizomen (Erdsprosse) zur Überdauerung. Blüten mit einfacher Blütenhülle aus sechs Blättern, mit meist sechs Staubblättern und drei verwachsenen Fruchtblättern, Fruchtknoten oberständig.
Frucht eine Kapsel oder Beere.
Laubblätter einfach, ganzrandig.
Etwa 3500 Arten, viele Nutzpflanzen.

Vertreter: Spargel, Zwiebel, Porree, Knoblauch, Tulpe, Lilie, Maiglöckchen, Goldstern, Graslilie.

Bau

Bedecktsamer haben holzige oder krautige Sprossachsen, ihre Gefäße bestehen aus Tracheen und Tracheiden. Die Laubblätter sind vielgestaltig und überwiegend flächig ausgebildet. Die Blüten sind meist zweigeschlechtig (zwittrig), die Fruchtblätter sind einzeln oder zu mehreren verwachsen und schließen die Samenanlagen ein. Der untere Teil der Fruchtblätter bildet den Fruchtknoten, der obere meist Griffel und Narbe, die den Pollen aufnimmt.

Fortpflanzung

Bedecktsamer pflanzen sich in der Regel geschlechtlich fort, zahlreiche Arten sind auch zu ungeschlechtlicher Fortpflanzung fähig.
Die Bestäubung erfolgt meist durch Insekten oder durch Wind, seltener auch durch Vögel, Fledermäuse oder durch Wasser. Relativ selten kommt Selbstbestäubung vor. In der Samenanlage findet eine doppelte Befruchtung statt.

Bedeutung

Bedecktsamer bilden neben den Nacktsamern den Hauptanteil der Vegetation. Sie haben als Primärproduzenten von Biomasse sowie durch die Abgabe von Sauerstoff und Verbrauch von Kohlenstoffdioxid eine Schlüsselstellung im Kohlenstoffkreislauf der Natur. Zahlreiche Arten werden vom Menschen genutzt und kultiviert.

Nutzungsart	Nutzpflanzenarten
Gewinnung von	
· Stärke	Getreide-Arten, Kartoffel, Süßkartoffel
· Öl	Erdnuss, Raps, Sonnenblume, Olive
· Eiweiß	Sojabohne, Bohne, Erbse
· Futter	Klee, Lupine, Süßgras-Arten, Luzerne
· Fasern	Flachs, Hanf, Baumwolle
· Genussmitteln	Tabak, Kaffee-, Tee-, Kakao-, Kolastrauch
· Arzneimitteln	Tollkirsche, Mohn, Chinarindenbaum

Schwämme

Allgemeine Merkmale

Schwämme *(Porifera)* sind fest sitzende Wassertiere mit äußerst einfachem Bau. Ihre Zellen sind weit gehend unspezialisiert und können verschiedene Funktionen übernehmen (ähnlich wie Protozoenzellen), Schwämme haben echte Deckgewebe (Epithelien) und werden deshalb den Vielzellern *(Metazoa)* zugeordnet.
Schwämme leben vorwiegend im Meer. Nur wenige Arten haben auch das Süßwasser besiedelt.
↗ Vielzeller, S. 141

Einteilung

Der Stamm Schwämme oder Porentiere *(Porifera)* umfasst etwa 5000 Arten. Nach dem Bau des Skeletts und der Nadeln werden beispielsweise folgende Klassen unterschieden:
Kalkschwämme *(Calcarea)*: Meeresbewohner des flacheren Wassers, Kalkskelett
Glasschwämme *(Hexactinellida)*: Im Tiefenwasser der Meere, Kieselskelett (z.B. Gießkannenschwamm, Venuskorb)
Hornkieselschwämme *(Demospongiae)*: Meeres- und Süßwasserbewohner, Skelett aus Kieselsäure, manchmal fehlend, und Spongin (z.B. Badeschwamm, Fluß-Süßwasserschwamm).

Bau

Schwämme sind sehr vielgestaltig (z.B. becher-, röhren-, kugel-, flächen- und baumförmig); sie erreichen Größen von wenigen Millimetern bis über drei Meter.
Der Schwammkörper besteht hauptsächlich aus zwei Zellschichten: dem äußeren Deckgewebe sowie der inneren Schicht aus Kragengeißelzellen, die der Atmung und Ernährung dienen. Zwischen beiden Zellschichten liegt eine gallertige Grundsubstanz (Mesogloea), in der sich unter anderem hornähnliche Einlagerungen (Spongin) oder Nadeln von Kalk- oder Kieselsäure befinden (Schutz- und Stützfunktion). In dieser Mittelschicht liegen auch die Geschlechtszellen und Nährzellen.

Bau eines Schwammes

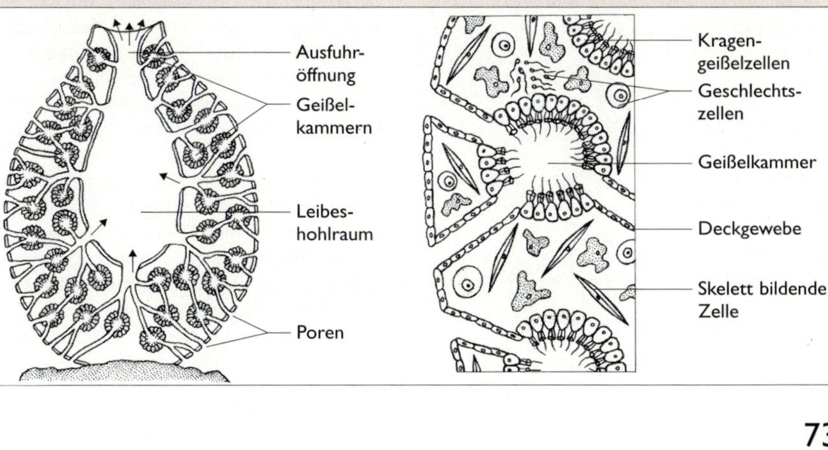

Lebensvorgänge

Ernährung. Magen- und darmlose Filtrierer. Die Kragengeißelzellen strudeln Nahrung (Kleinstlebewesen, Gewebeteilchen) über das Wasserleitungssystem aus Poren, Kanälen und Geißelkammern herbei und nehmen sie auf.

Fortpflanzung. Meist Zwitter. Geschlechtliche Fortpflanzung durch Bildung von weiblichen und männlichen Keimzellen. Aus befruchteten Eiern entstehen ovale Flimmerlarven. Diese werden ins offene Wasser gestrudelt, setzen sich dort bald fest und bilden neue Schwammkörper. Ungeschlechtliche Fortpflanzung erfolgt durch Knospenbildung (damit oft verbundene Tierstockbildung).

Bedeutung

Den Schwämmen besonders vergangener Zeitalter (Silur, Perm) kommt geologische Bedeutung als Gesteinsbildner zu. Hornschwämme werden als Badeschwämme genutzt.

Nesseltiere

Allgemeine Merkmale

Nesseltiere *(Cnidaria)* gehören zu den Hohltieren. Es sind einfach gebaute, aus zwei Schichten bestehende, radiär-symmetrische Vielzeller mit echtem Gewebe. Bis auf wenige Ausnahmen entspricht ihr Bauplan einem zweischichtigen Becherkeim (Gastrula). Der Name Nesseltiere leitet sich vom Vorhandensein der Nesselkapseln (Cniden) ab. Nesseltiere sind überwiegend Meeresbewohner und nur wenige Arten kommen im Süß- und Brackwasser vor.

Einteilung

Zu den Nesseltieren (etwa 10 000 Arten) gehören vier Klassen: Schirmquallen, Polypentiere, Korallentiere und Würfelquallen.

Ausgewählte Klassen der Nesseltiere *(Cnidaria)*		
Klasse: Schirmquallen *(Scyphozoa)*	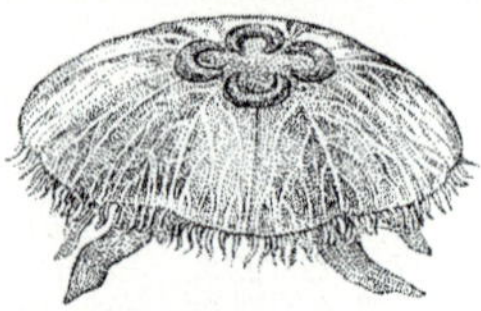 Ohrenqualle	Gestalt glocken- oder schirmförmig; Fangarme z.T. mit Nesselzellen; Stützlamelle durch Gallerte stark verdickt (Mesogloea); Generationswechsel (frei schwimmende große Medusen, kleine Polypen). Ausschließlich Meeresbewohner, z.B. Ohrenqualle, Kompassqualle, Feuerqualle
Klasse: Polypentiere *(Hydrozoa)*	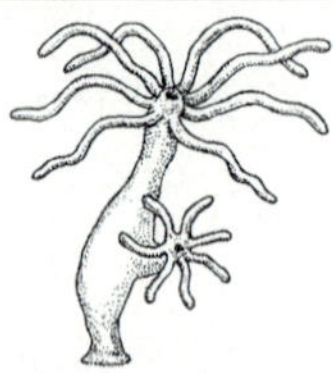 Süßwasserpolyp	Leben einzeln oder in Kolonien; meist fest sitzend; Stützlamelle schwach ausgebildet; Fangarme mit zahlreichen Nesselzellen; Magenhöhle ohne Scheidewände; Generationswechsel; z.T. große Regenerationsfähigkeit. Vorwiegend Meeresbewohner (z.B. Staatsquallen), einige Arten im Süßwasser (z.B. Grüner Süßwasserpolyp)

Ausgewählte Klassen der Nesseltiere *(Cnidaria)*	
Klasse: Korallentiere *(Anthozoa)* 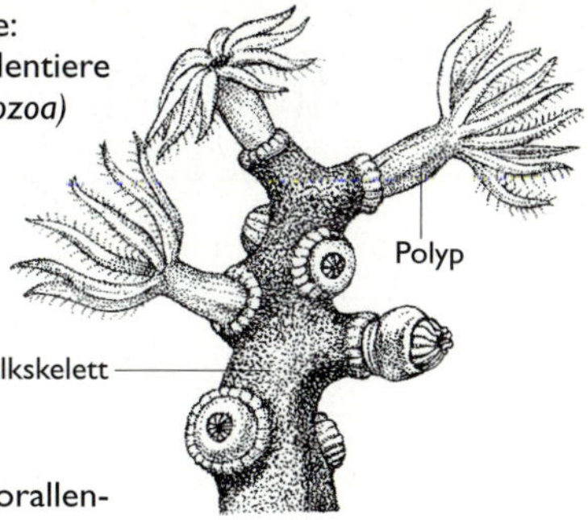 Edelkorallenkolonie	Oft prächtig gefärbt, deshalb auch die Bezeichnung Blumentiere; leben einzeln oder in Kolonien; Magenhöhle durch dünne Scheidewände gekammert; ohne Generationswechsel (keine Medusen-, nur Polypenform); bei vielen Arten (Korallen) erfolgen Kalkabscheidungen durch den Fuß (Kalkskelett), Riff- und Atollbildung. Ausschließlich Meeresbewohner (z.B. Seerosen, Steinkorallen, Lederkorallen, Hornkorallen)

Bau

Nesseltiere sind radiär-symmetrische, unsegmentierte Tiere mit zwei Zellschichten - dem Ektoderm (Außenschicht) und dem Entoderm (Innenschicht). Zwischen beiden Schichten liegt eine mehr oder weniger stark ausgebildete Stützlamelle. Das Entoderm umgibt die Magenhöhle (Gastralraum), deren einzige Öffnung gleichzeitig Mund- und Afteröffnung ist. Einige Arten der Korallentiere bilden Außen- beziehungsweise Innenskelette (z.B. aus Kalk oder Chitin).
Die Nesselkapseln befinden sich jeweils im Innern einer Nesselzelle, sie dienen sowohl dem Nahrungserwerb als auch dem Schutz der Tiere.
Nesseltiere besitzen einfache Gewebe aus verschiedenen Zellformen (z.B. Sinneszellen, Nervenzellen, Geschlechtszellen, Nähr- und Epithelmuskelzellen). Die Nesseltiere weisen gegenüber den Schwämmen in Bau und Funktion eine wesentlich stärkere Differenzierung auf.

↗ Keimblattbildung, S. 249

Bau (Längsschnitt) eines Polypen und einer Meduse

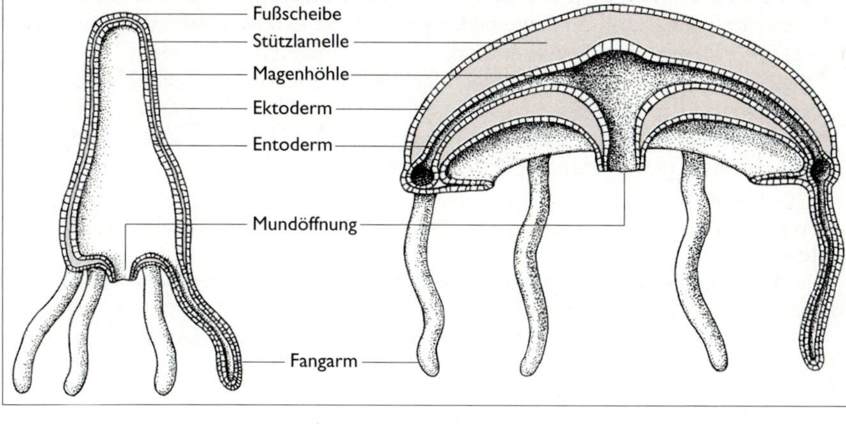

Süßwasserpolyp (Längsschnitt durch einen Fangarm; rechts diffuses Nervensystem)

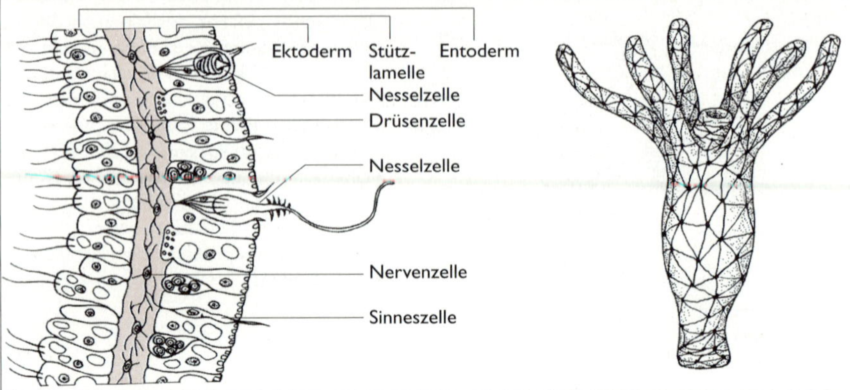

Lebensvorgänge

Fortbewegung. Fest sitzend (z.B. Steinkorallen) oder frei beweglich (z. B. Ohrenquallen). Fortbewegung erfolgt vor allem durch Epithelmuskelzellen, und zwar spannerraupenartig (Süßwasserpolyp) oder schwimmend durch Rückstoßprinzip.

Ernährung. Nesseltiere fangen ihre Beute (z.B. Plankton, kleine Wassertiere bis hin zu Fischen) vorwiegend mit den Fangarmen (Tentakeln) und führen sie der Magenhöhle zu. Dort wird die Nahrung durch Drüsensekrete extrazellulär verdaut. Beim Fang werden Beutetiere durch Gift aus den Nesselfäden gelähmt beziehungsweise von ihnen festgehalten.

Reizverarbeitung. Das Nervensystem der Nesseltiere besteht aus vielen Nervenzellen, die fast gleichmäßig über den ganzen Körper verteilt und untereinander netzartig (diffuses Nervennetz) verbunden sind. Sie haben Verbindung zu Epithelsinneszellen, die Reize aus der Umwelt (z.B. Berührung) erfassen; die Erregung wird an die in der Stützlamelle liegenden Nervenzellen weitergegeben; sie verläuft ungerichtet und klingt mit der Entfernung vom Entstehungsort rasch ab.

Fortpflanzung. Nesseltiere sind meist getrenntgeschlechtig. Die geschlechtliche Fortpflanzung durch Keimzellenbildung ist oft mit einem Generationswechsel (fest sitzende Polypen - frei schwimmende Medusenformen) verbunden.
Einige Arten können sich auch ungeschlechtlich (z.B. Knospung, Teilung, Abschnürung) fortpflanzen. Lösen sich die durch Knospung entstandenen Tochterpolypen nicht vom Muttertier, bilden sich Kolonien (Tierstöcke), die oft große Vielgestaltigkeit und Arbeitsteilung (z.B. Fresspolypen, Wehrpolypen) aufweisen.
↗ Symbiose, S. 352

Bedeutung

Als Bestandteile des marinen Planktons haben Eier und Jungquallen Bedeutung in aquatischen Nahrungsketten.
Die durch Skelett bildende Korallen entstandenen Korallenriffe bieten Lebensraum für viele Meerestiere. Die Skelette bestimmter Korallenarten werden industriell zu Schmuck (z.B. Edelkoralle) verarbeitet.

Plattwürmer

Allgemeine Merkmale

Plattwürmer *(Plathelminthes)* sind zweiseitig symmetrisch gebaute Wirbellose (Urmundtiere) mit einem stark abgeplatteten, bandförmigen und unsegmentierten Körper. Ihre stammesgeschichtliche Entwicklungsstufe ist insbesondere durch beginnende Konzentration von Nervenzellen zu Nervensträngen und -knoten sowie durch die Ausbildung eines dritten Keimblattes gekennzeichnet.
Plattwürmer leben im Meer, Süßwasser und in feuchten Landbiotopen oder sie sind Innenparasiten (Endoparasiten) oder Außenparasiten (Extoparasiten) an oder in höher entwickelten Organismen (z.B. Wirbeltieren).

↗ Urmundtiere, S. 250; ↗ Keimblattbildung, S. 249; ↗ Parasitismus, S. 350 ff.

Einteilung

Der Stamm Plattwürmer umfasst 3 Klassen: Strudelwürmer, Saugwürmer und Bandwürmer

Stamm: Plattwürmer *(Plathelminthes)* ca. 16 000 Arten	
Klasse	Merkmale
Strudelwürmer *(Turbellaria)* 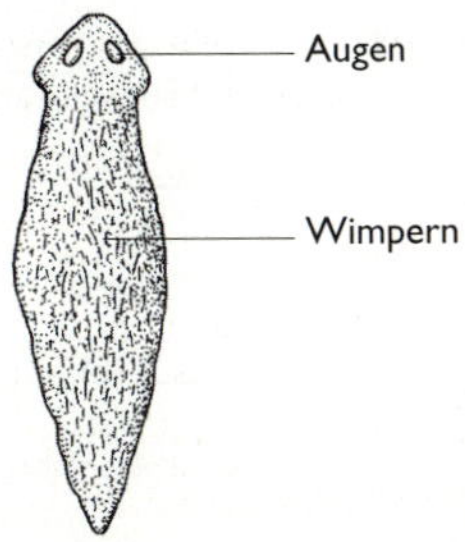 Weiße Planarie	Körper länglich, abgeplattet und ungegliedert, oft mit Wimpern bedeckt; am Kopf einfach gebaute Lichtsinnesorgane (Augen); vorwiegend räuberische Lebensweise, Ernährung aber auch von Aas. Im Meer, Süßwasser und auf dem Lande (besonders in den Tropen); die meisten frei lebend, wenige Parasiten. Strudelwürmer verfügen über ein großes Regenerationsvermögen. Vertreter: z.B. Milchweiße Bachplanarie, Tropische Landplanarie
Saugwürmer *(Trematoda)* 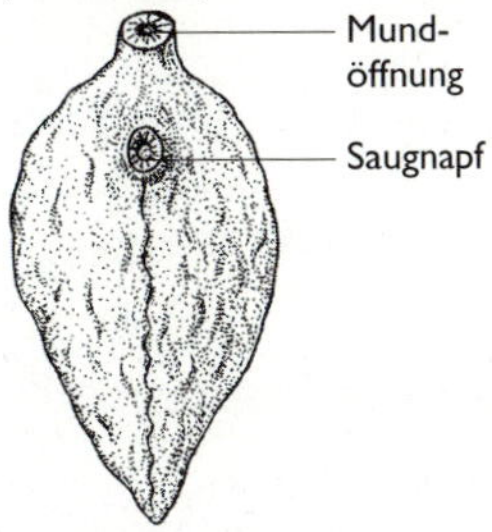 Großer Leberegel	Körper abgeplattet oder wurmförmig, mit glatter, dicker Kutikula; hoch entwickelte Haftorgane (Mund- und Bauchsaugnapf); meist gabeliger, afterloser Darm mit vielen Verästelungen; überwiegend Zwitter; geschlechtliche Fortpflanzung, oft mit Generations- und Wirtswechsel verbunden. Ausschließlich parasitische Lebensweise (Innen- und Außenparasiten), überwiegend in und an Wirbeltieren (einschließlich Mensch). Vertreter: z.B. Großer Leberegel, Katzenleberegel, Pärchenegel

<table>
<tr><th colspan="2">Stamm: Plattwürmer (Plathelminthes) ca. 16 000 Arten</th></tr>
<tr><th>Klasse</th><th>Merkmale</th></tr>
<tr><td>Bandwürmer
(Cestoda)
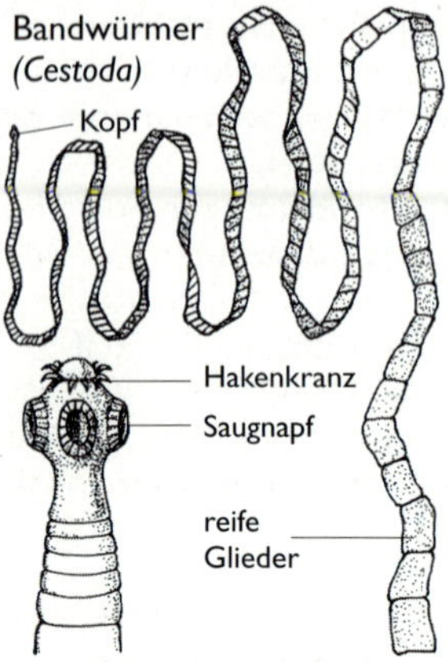

Schweinefinnenbandwurm</td><td>Körper bandförmig, abgeplattet, mit meist stecknadelkopfgroßem Kopf und drei - 4000 Gliedern (Proglottiden); Körpergröße von wenigen Millimetern bis über 12 Meter; am Kopf Ausbildung von unterschiedlichen Haftorganen (z.B. Saugnäpfe, Haken); Nahrungsaufnahme erfolgt osmotisch über gesamte Körperoberfläche; Darm, Mund und After in Angepasstheit an parasitische Lebensweise zurückgebildet; Zwitter mit Selbstbegattung; enorm große Anzahl von Eiern; Entwicklung meist ohne Generationswechsel.
Ausschließlich Endoparasiten.
Vertreter: z.B. Rinderfinnenbandwurm, Quesenbandwurm, Fischbandwurm</td></tr>
</table>

<table>
<tr><th>Strudelwurm</th><th>Hundebandwurm</th></tr>
<tr><td>Längsschnitt
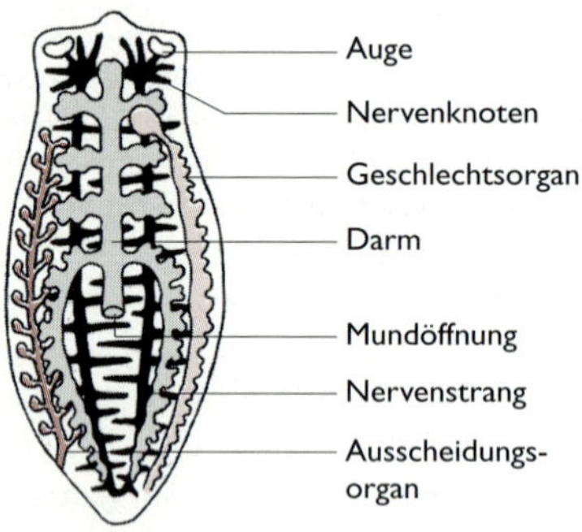
</td><td>Längsschnitt
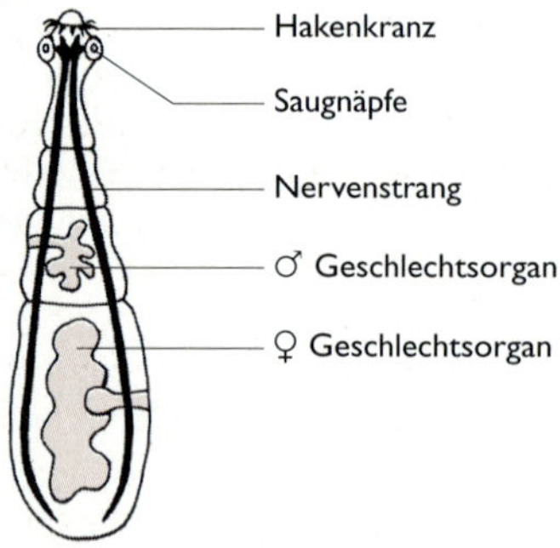
</td></tr>
<tr><td>Querschnitt
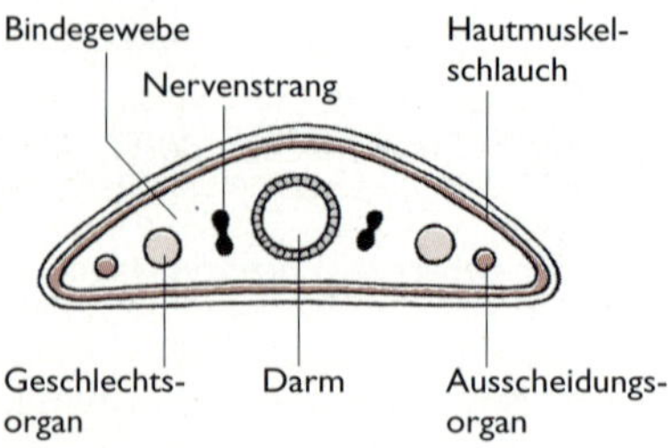
</td><td>Querschnitt
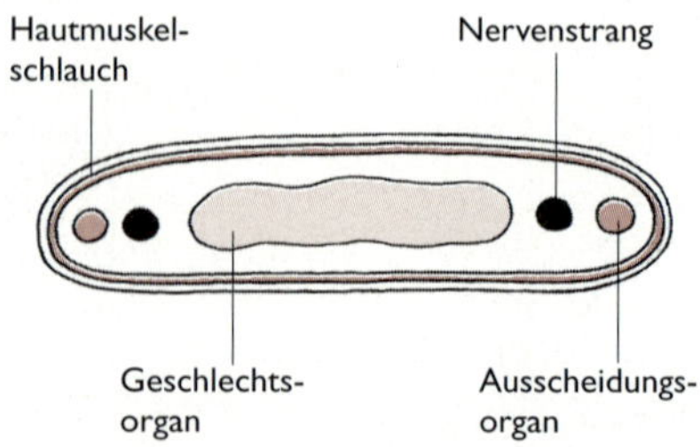
</td></tr>
</table>

Bau

Plattwürmer können Längen von wenigen Zehntelmillimetern bis zu vielen Metern erreichen. Ihr Körper ist von einer einschichtigen Epidermis bedeckt, die teils Wimpern (Strudelwürmer), teils eine glatte Beschaffenheit (Saug- und Bandwürmer) aufweist. Darunter liegt die Ring- und Längsmuskulatur, sie bildet zusammen mit der Epidermis den Hautmuskelschlauch.

Die inneren Organe (z.B. Nervensystem, Fortpflanzungsorgane) sind vom mesodermalen Füllgewebe (Parenchym) umgeben.

Verdauungssystem. Besteht aus Mundöffnung und oft stark verzweigtem Darmkanal, der ohne After blind im Körper endet. Bei parasitisch lebenden Plattwürmern (z. B. bei allen Bandwürmern) kann der Darm gänzlich oder teilweise zurückgebildet sein.

Nervensystem. Besteht aus mehreren, auf der Bauchseite liegenden Nervensträngen (Bauchmark), die durch feine Querstränge untereinander verbunden sind. In der Kopfregion kommt es zur Konzentration mehrerer Nervenknoten (Kopfganglion).

Lebensvorgänge

Fortbewegung. Frei lebende Plattwürmer bewegen sich kriechend oder schwimmend fort. Hautmuskelschlauch und Wimpern wirken dabei unterstützend. Parasitisch lebende Plattwürmer bewegen sich mit Hilfe ihrer Saugnäpfe spannerraupenartig (Saugwürmer) oder durch Peristaltik des Hautmuskelschlauchs (Bandwürmer) fort.

Ernährung. Frei lebende Plattwürmer (z.B. Vertreter der Strudelwürmer) ernähren sich vorwiegend räuberisch. Parasitische Plattwürmer nehmen die Nahrung saugend (Mundsaugnapf) oder über die gesamte Körperoberfläche durch Osmose auf.

Atmung. Austausch der Atemgase erfolgt über gesamte Körperoberfläche. Blutgefäße und Atemorgane sind nicht ausgebildet.

Reizverarbeitung. Reizaufnahme erfolgt bei freilebenden Arten über Sinneszellen in der Epidermis (z.B. für Tastsinn, Strömungssinn, Lichtsinn), bei parasitischen Arten sind in Anpassung an die Lebensweise Hautsinneszellen zurückgebildet. Erregungsleitung und Verarbeitung erfolgen in Nervensträngen und Kopfganglien.

Fortpflanzung. Geschlechtlich. Plattwürmer sind vorwiegend Zwitter. Die Entwicklung erfolgt entweder direkt oder über ein beziehungsweise mehrere Larvenstadien, oft verbunden mit einem Generations- und Wirtswechsel.

↗ Entwicklung des Schweinefinnenbandwurms, S. 80
↗ Parasitismus, S. 350
↗ Generationswechsel, S. 240 ff.

Bedeutung

Plattwürmer haben als Parasiten enorme Bedeutung, da sie weltweit gefährliche Krankheiten verursachen können (z.B. Bilharziose beim Menschen durch den Pärchenegel, „Leberfäule" bes. bei Wiederkäuern durch den Großen Leberegel, Drehkrankheit der Schafe durch den Quesenbandwurm).

Durch den Einsatz von Medikamenten und durch verschiedene seuchenhygienische Maßnahmen (z.B. Fleischbeschau zur Erkennung und Vernichtung von finnenhaltigem Fleisch, Ausschalten der Zwischenwirte) werden die Parasiten in ihrem Wirkungsfeld bekämpft beziehungsweise eingeschränkt.

Entwicklung des Schweinefinnenbandwurms

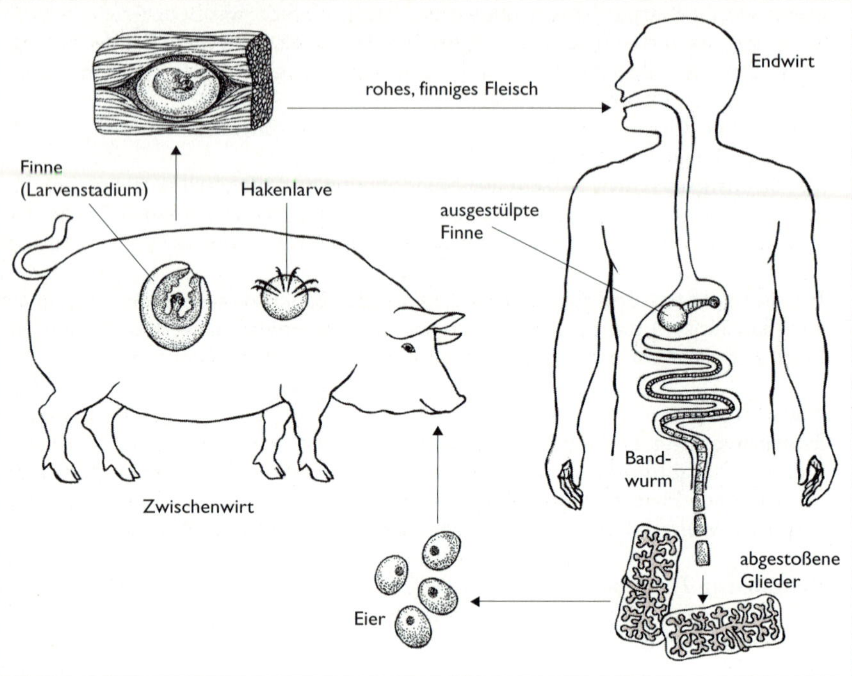

Rundwürmer

Allgemeine Merkmale

Rundwürmer *(Nemathelminthes)* sind zweiseitig symmetrisch gebaute Urmundtiere *(Protostomia)* mit einer primären Leibeshöhle.

Die kleinsten von ihnen sind weniger als 0,1 mm lang und die größten erreichen eine Länge von über einem Meter. Sie werden aufgrund ihres drehrunden, lang gestreckten und unsegmentierten Körpers auch als Schlauchwürmer bezeichnet.

Frei lebende Arten besiedeln nahezu alle Lebensräume der Erde (z.B. Meer, Süßwasser, Moos- und Flechtenrasen, feuchte Bodenschichten), parasitische Arten leben im Menschen, in Tieren und Pflanzen.

↗ Urmundtiere, S. 250

Einteilung

Der Stamm Rundwürmer *(Nemathelminthes* oder *Aschelminthes)* umfasst vielgestaltige und uneinheitliche Tierklassen (z.B. Rädertiere, Fadenwürmer, Bauchhärlinge, Saitenwürmer, Kratzer) mit insgesamt etwa 12 500 Arten. Die bei weitem artenreichste und wirtschaftlich bedeutendste Gruppe (Klasse) bilden die Fadenwürmer *(Nematoda)*.

Bau der Fadenwürmer

Der fadenförmige, glatte Körper ist von einer dicken Kutikula bedeckt und nicht segmentiert. Zwischen Hautmuskelschlauch und Darm liegt die mit Flüssigkeit angefüllte primäre Leibeshöhle. Das Nervensystem besteht aus zwei Nervensträngen und dem Schlundring. Blutgefäß- und Atmungssystem sind nicht ausgebildet.

Längsschnitt durch einen Fadenwurm, ♀

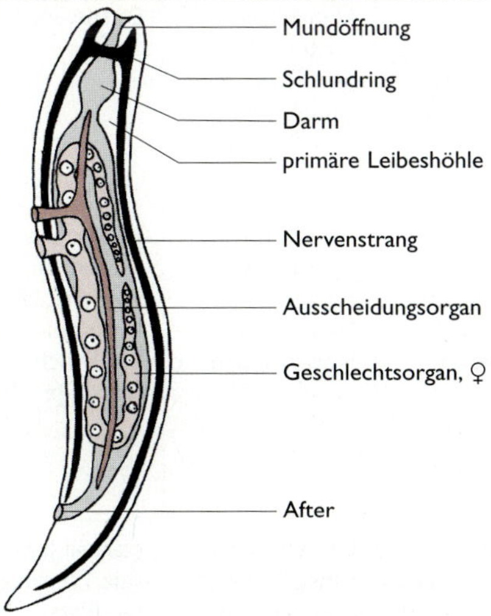

Querschnitt durch einen Fadenwurm, ♀

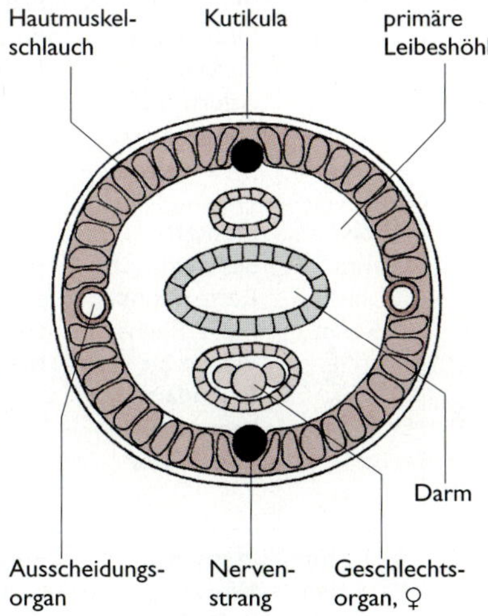

Lebensvorgänge der Fadenwürmer

Fortbewegung. Aktiv durch Schlängeln und Schwimmen oder passiv (z.B. bei Parasiten) durch Körpersäfte der Wirtsorganismen.

Atmung. Austausch der Atemgase erfolgt über die gesamte Körperoberfläche und den Darm.

Ernährung. Meist parasitisch (z.B. bei Trichinen, Spul- und Madenwürmern, Älchen); entnehmen ihren Wirten (Menschen, Tiere oder Pflanzen) als Nahrung Körperflüssigkeit oder Gewebeteilchen. Frei lebende Arten ernähren sich zum Beispiel von Bakterien oder leben als Räuber.

Fortpflanzung. Meist getrenntgeschlechtig; Fortpflanzung nur geschlechtlich, Entwicklung über Eier - Larve - geschlechtsreifes Tier, oft mit Wirtswechsel verbunden (bei Parasiten).

↗ Parasitismus, S. 350 f.
↗ Generationswechsel, S. 240 ff.

Bedeutung

Von den Rundwürmern haben insbesondere die parasitischen Fadenwürmer (Nematoden) große Bedeutung, sowohl als Krankheitserreger als auch als Pflanzenschädlinge. Frei lebende Fadenwürmer sind als Zersetzer an Stoffkreisläufen maßgeblich beteiligt.

Wichtige parasitisch lebende Fadenwürmer					
Art	Größe	Wirte, befallenes Organ	Infektion	Bekämpfung	Schadwirkung
Spulwurm	♀ bis 250 mm ♂ bis 170 mm	Mensch, Schwein: Wurm im Dünndarm, Larven in Adern und Lunge	durch Eier in verunreinigter Nahrung, durch Selbstinfektion (unsaubere Hände)	keine ungewaschenen Nahrungsmittel essen, peinliche Sauberkeit und Hygiene	Verdauungsstörungen, Darmverschluss
Trichine	♀ bis 4 mm ♂ bis 1,5 mm	Mensch, Schwein, Ratte, Hund, Nerz, Fuchs: Wurm im Dünndarm, Larven in Muskulatur	durch rohes oder ungenügend gekochtes trichinenhaltiges Fleisch	Fleischbeschau, Rattenbekämpfung, kein rohes Fleisch essen	Fieber, Darmstörungen, Muskelsteife, Kreislauf- und Stoffwechselstörungen, Tod
Madenwurm	♀ 10 mm ♂ 5 mm	Mensch: Wurm in Dickdarm und Enddarm, Eier Aftergegend	durch Verschlucken der an den Fingern haftenden oder mit dem Staub aufgewirbelten Eier	Waschen von Obst, Gemüse und Händen, Reinigen der Fingernägel	starker Juckreiz, Nervosität, Blässe
Weizenälchen	♀ bis 5 mm ♂ bis 2,5 mm	Weizen: Blätter, Ähren	über das Saatgut	gründliche Reinigung und Beizung des Saatgutes	buckelartige Erhebungen auf den eingerollten Blättern, Ähren mit grünen bis schwarzen Gallen
Kartoffelälchen	♀ bis 1 mm ♂ bis 1,2 mm	Kartoffeln: Knollen; Tomate: Wurzeln	durch Rundwürmer, die im Boden überwintern, durch infizierte Knollen	Einhaltung einer Fruchtfolge, chemische Behandlung des Steckgutes	Kümmerwuchs, stark verminderte Erträge

Weichtiere

Allgemeine Merkmale

Weichtiere *(Mollusca)* sind zweiseitig symmetrisch gebaute Wirbellose (Urmundtiere). Das Auftreten einer sekundären Leibeshöhle sowie Ähnlichkeiten im Bau der Larven weisen auf gemeinsame Abstammung mit den Ringelwürmern hin. Ihr Körper ist meist unsegmentiert und mit einer weichen, drüsenreichen Haut (Name: Weichtiere!) bedeckt, die bei vielen Weichtieren Schalen beziehungsweise Gehäuse abscheidet.

Weichtiere leben hauptsächlich im Meer; verschiedene Arten kommen im Süßwasser vor, viele Schnecken sind Landtiere.

↗ Urmundtiere, S. 250

Einteilung

Zu den Weichtieren gehören sieben Klassen, die bekanntesten sind Schnecken, Muscheln und Kopffüßer. Nach den Gliederfüßern sind die Weichtiere die artenreichste Tiergruppe.

Stamm: Weichtiere *(Mollusca)* etwa 130 000 Arten	
Klasse:	Merkmale
Schnecken *(Gastropoda)*  Weinbergschnecke	Artenreichste Molluskenklasse; Körper in Kopf mit Fühlern und Augen sowie den muskulösen Fuß und Eingeweidesack gegliedert; durch die Drehung des Eingeweidesackes um 180° in seiner zweiseitigen Symmetrie abgewandelt; bei vielen Schnecken Ausbildung eines spiralig gewundenen Gehäuses (Gehäuseschnecken); Nacktschnecken besitzen kein Gehäuse; nach Lage der Atmungsorgane und der Art der Atmung Unterscheidung in Vorderkiemer (z.B. Wellhornschnecke), Hinterkiemer (z.B. Flügelschnecken) und Lungenschnecken (z.B. Schnirkelschnecke).
Muscheln *(Bivalvia)* 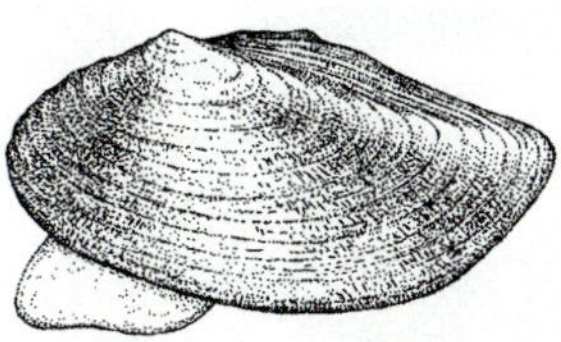 Teichmuschel	Weichtiere mit zweilappigem Mantel; Kopf nicht ausgebildet; Körper wird von zwei kalkhaltigen Schalenklappen umgeben, die durch kräftige Muskeln verbunden sind; Fortbewegung mit Hilfe des beilförmigen, muskulösen Fußes; Nahrung (Plankton) wird aus dem Wasser filtriert (z.B. filtriert eine Malermuschel am Tag ca. 300 bis 1000 l Wasser). Süßwassermuscheln (z.B. Teichmuschel, Flussperlmuschel) und Meeresmuscheln (z.B. Essbare Herzmuschel, Auster, Riesenmuschel)

2

Stamm: Weichtiere *(Mollusca)* etwa 130 000 Arten	
Klasse:	**Merkmale**
Kopffüßer *(Cephalopoda)* 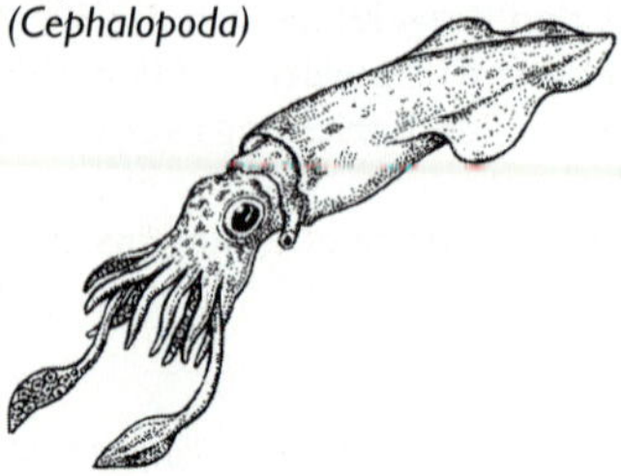 Gemeiner Kalmar	Auch Tintenschnecken oder Tintenfische genannt; Körper mit deutlich abgesetztem Kopf und Fangarmen, auf denen zahlreiche Saugnäpfe sitzen; hochentwickeltes Nervensystem mit Gehirn, das von einer Knorpelkapsel umgeben ist, leistungsstarke Linsenaugen ermöglichen Bild- und Farbsehen; Schale meist stark zurückgebildet; oft mit Tintenbeutel (Ausstoßen des schwarzbraunen Farbstoffs dient dem Schutz des Tieres). 2 Gruppen: Zehnarmige Tintenschnecken (z.B. Gemeiner Tintenfisch) und Achtarmige Tintenschnecken (z.B. Gemeiner Krake).

Bau verschiedener Weichtiere

Lungenschnecke

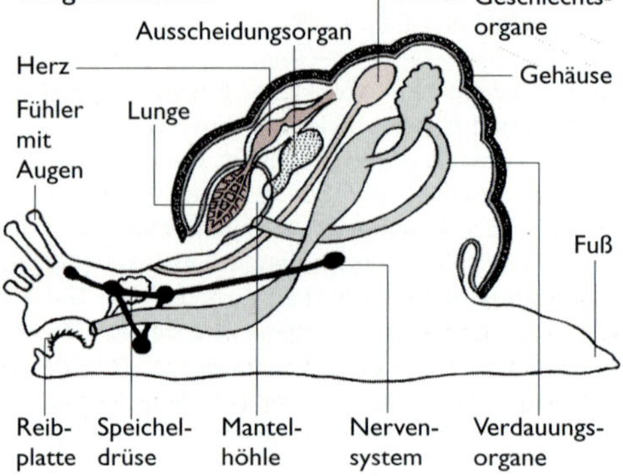

Muschel

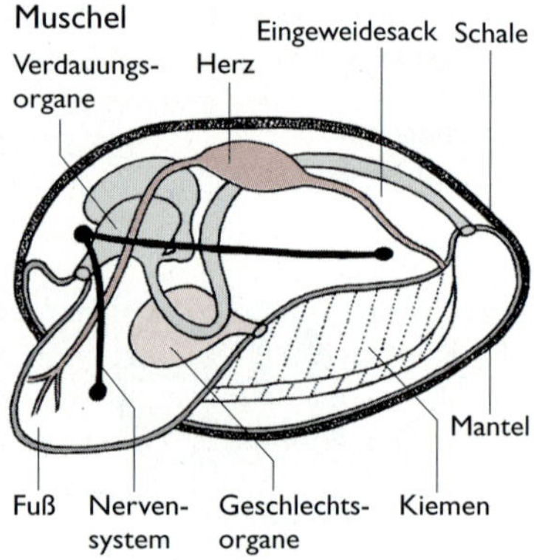

Kopffüßer

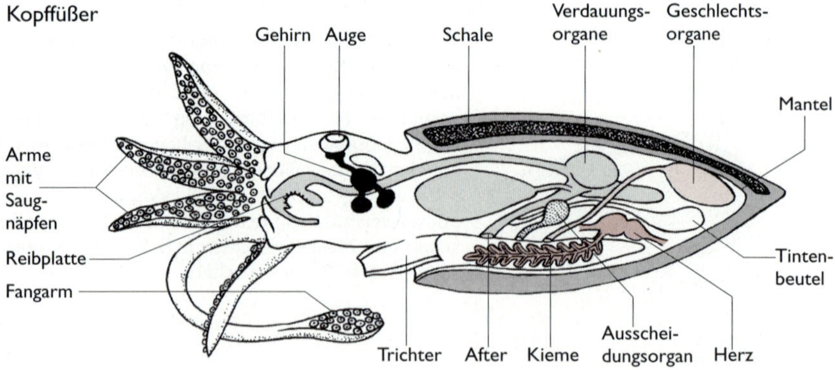

Bau

Der Körper der Weichtiere besteht aus dem Kopf (bei den Muscheln nicht ausgebildet), dem muskulösen, drüsenreichen Fuß, dem dünnwandigen Eingeweidesack und dem Mantel. Der Kopf trägt verschiedene Sinnesorgane (z.B. Fühler, Augen). Der Fuß dient vor allem der Fortbewegung. Im Eingeweidesack liegen die meisten inneren Organe (z.B. Herz, Nieren, Verdauungsorgane). Der Mantel bildet die Mantelhöhle, in der sich zum Beispiel die Atemorgane befinden und er scheidet bei den schalentragenden Mollusken die Schale ab.
Das Nervensystem besteht hauptsächlich aus drei paarigen Nervenknoten (Ganglien), die durch Nervenstränge miteinander verbunden sind. Weichtiere besitzen ein offenes Blutgefäßsystem; das Blut wird durch das Herz in den Körper gepumpt.

Lebensvorgänge

Fortbewegung. Weichtiere bewegen sich kriechend oder schwimmend fort. Als Bewegungsorgane dienen der muskulöse Fuß (z.B. Schnecken, Muscheln) oder Mantelrand beziehungsweise die Arme bei den Kopffüßern. Manche Molluskenarten nutzen beim Schwimmen das Rückstoßprinzip.
Ernährung. Weichtiere ernähren sich als
- Tierfresser (z.B. Gemeiner Tintenfisch),
- Pflanzenfresser (z.B. Gartenschnirkelschnecke, Weinbergschnecke)
- Planktonfresser (z.B. Gemeine Herzmuschel, Teichmuschel),
- Parasiten (wenige Arten).

Charakteristisch für viele Weichtiere (außer Muscheln) ist die in der Mundhöhle liegende Reibplatte oder -zunge (Radula), die dem Zerkleinern der Nahrung dient.
Atmung. Vorwiegend Kiemenatmung; bei einigen Arten (z.B. Lungenschnecken) erfolgt die Atmung über einen gefäßreichen, stark durchbluteten Abschnitt der inneren Mantelfläche („Lunge").
Reizverarbeitung. Aufnahme mechanischer und chemischer Reize durch Sinneszellen in der Haut, die bei Schnecken an den Fühlern konzentriert sind; Aufnahme optischer Reize durch mehr (Kopffüßer) oder weniger differenzierte Lichtsinnesorgane. Erregungsleitung und -verarbeitung durch das relativ stark zentralisierte Nervensystem.
Fortpflanzung. Geschlechtliche Fortpflanzung. Die Tiere sind meist getrenntgeschlechtig; aber auch Zwitter. Die Entwicklung verläuft über Eier, aus denen entweder Larven, die eine Metamorphose durchmachen, oder voll entwickelte Tiere hervorgehen.

Bedeutung

Verschiedene Arten dienen der menschlichen Ernährung (z.B. Zucht von Austern, Miesmuscheln und Weinbergschnecken). Wirtschaftlich bedeutsam ist auch die Perlen- und Perlmuttgewinnung (z.B. aus Muscheln) für die Schmuckherstellung.
Schnecken können erhebliche Fraßschäden im Gartenbau und in der Landwirtschaft anrichten. Ebenso sind sie Zwischenwirte für Wurmparasiten (z.B. Leberegel), die Mensch und Tier befallen.
Mollusken haben auch Bedeutung als Gesteinsbildner (Muschelkalk) und als Leitfossilien (z.B. Ammoniten)
↗ Fossilien, S. 281

Gliedertiere

Allgemeine Merkmale

Stammesgeschichtliche Stellung

Gliedertiere *(Articulata)* bilden eine vielgestaltige und umfangreiche Tiergruppe, in der Ringelwürmer *(Annelida)* und Gliederfüßer *(Arthropoda)* aufgrund einer Reihe gemeinsamer Merkmale und wohl auch einer gemeinsamen Stammart zusammengefasst werden. Gliedertiere sind gekennzeichnet durch relativ starke Differenzierung und Spezialisierung der Zellen und Gewebe mit Herausbildung leistungsfähiger Organsysteme (z.B. Blutgefäßsystem, Nervensystem).

2

Einteilung

Die Gliedertiere sind mit über 1 Million Arten die artenreichste Gruppe im Tierreich. Zu den Gliedertieren gehören die Ringelwürmer und die Gliederfüßer.

<table>
<tr><td colspan="3">Gliedertiere (Articulala)</td></tr>
<tr><td colspan="3">Ringelwürmer (Annelida)</td></tr>
<tr><td>Gürtelwürmer (Clitellata)
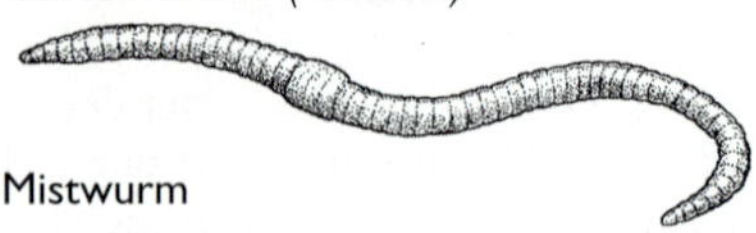
Mistwurm</td><td colspan="2">Vielborster (Polychaetea)
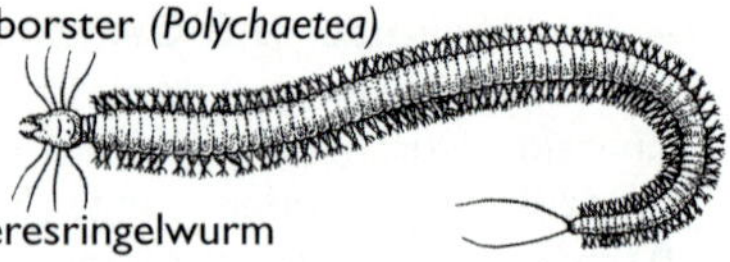
Meeresringelwurm</td></tr>
<tr><td colspan="3">Gliederfüßer (Arthropoda)</td></tr>
<tr><td>Urgliederfüßer (Proarthropoda)</td><td colspan="2">Echte Gliederfüßer (Euarthropoda)</td></tr>
<tr><td rowspan="3">Stummelfüßer
(Onychophora)
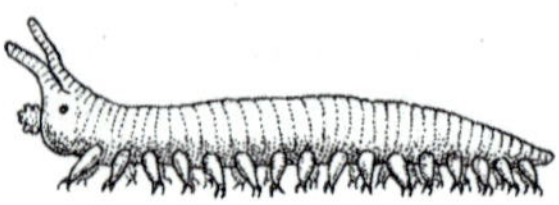
Peripatus</td><td>Spinnentiere
(Arachnida)
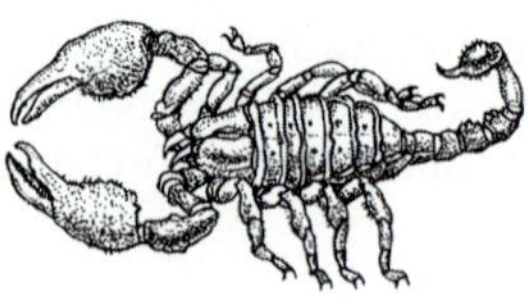
Skorpion</td><td>Hundertfüßer (Chilopoda)
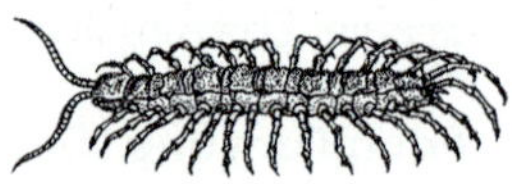
Steinläufer

Vielfüßer (Progoneata)
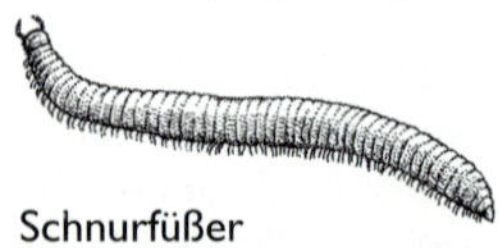
Schnurfüßer</td></tr>
<tr><td>Krebstiere
(Crustacea)
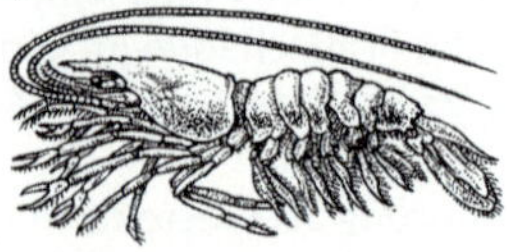
Garnele</td><td>Insekten (Insecta)
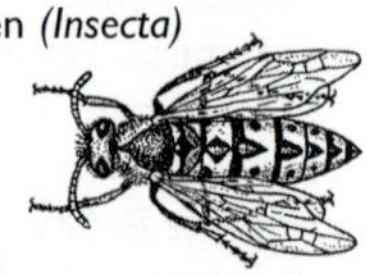
Wespe</td></tr>
</table>

Bau der Gliedertiere

Gliedertiere sind zweiseitig symmetrische Urmundtiere *(Protostomia)* mit einem äußerlich und innerlich in Segmente gegliederten Körper. Die Körpergliederung ist gleichmäßig (homonom), das heißt äußere und innere Segmentierung stimmen völlig überein und in jedem Segment wiederholen sich bestimmte Organe (z.B. Nervenknoten, Nephridien), oder sie ist ungleichmäßig (heteronom), äußere und innere Segmentierung stimmen nicht überein und die einzelnen Körperabschnitte sind unterschiedlich ausgebildet (z.B. Kopf, Brust, Hinterleib). An den Segmenten befinden sich meist Körperanhänge (z.B. Borsten, Beinpaare, Flügel) mit unterschiedlichen Funktionen.

Im Verlaufe der stammesgeschichtlichen Entwicklung erfolgte bei den Gliedertieren eine Zentralisierung des Nervensystems zum Strickleiternervensystem mit Ober- und Unterschlundganglion sowie der Bauchganglienkette (Bauchmark). Vergrößerung und Verschmelzung von Nervenknoten am Körpervorderende führten zur Herausbildung eines Gehirns.

Entwicklung eines zentralisierten Nervensystems bei Gliedertieren

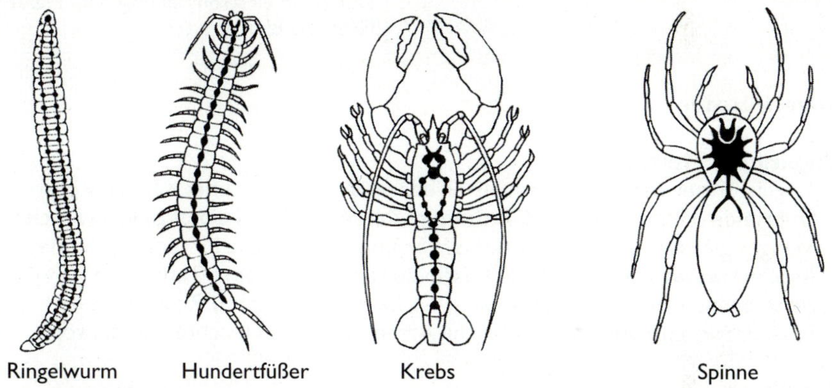

↗ Nervensystem der Wirbeltiere, S. 113 ff., ↗ Bau der Nerven, S. 116

Bau des Strickleiternervensystems

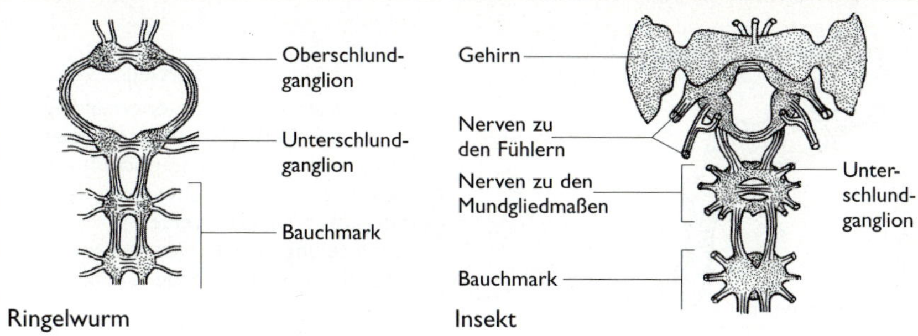

<table>
<tr><th colspan="2">Vergleich der Blutgefäßsysteme bei Gliedertieren</th></tr>
<tr><td>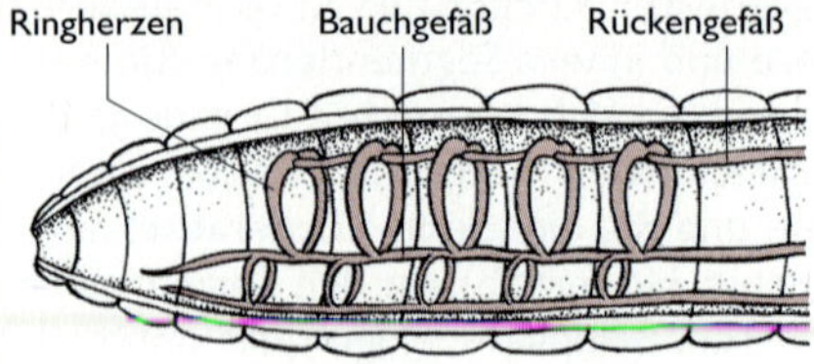
</td><td>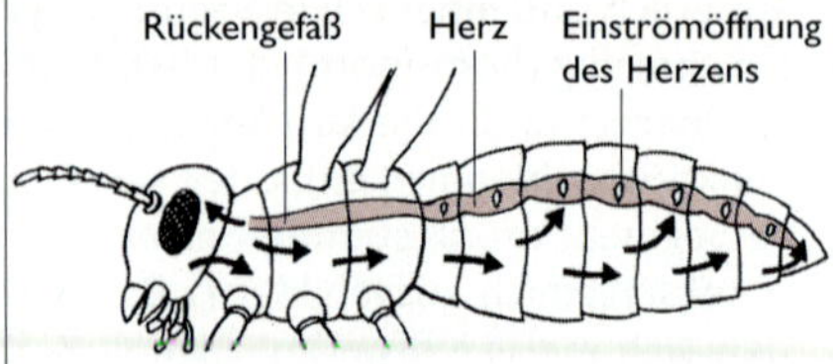
</td></tr>
<tr><td>Einfaches geschlossenes Blutgefäßsystem der Ringelwürmer (Beispiel Regenwurm).</td><td>Offenes Blutgefäßsystem der Insekten (Beispiel Honigbiene).</td></tr>
<tr><td>Ein geschlossenes Blutgefäßsystem besteht aus einem vollständig geschlossenen Röhrensystem, wobei das Blut durch kontraktile Abschnitte (Herzen) in die Gefäße (Adern) gepumpt wird.</td><td>Ein offenes Blutgefäßsystem besteht aus einem Herzen und nur einigen zu- und ableitenden Gefäßen, die nicht miteinander verbunden sind. Das Blut wird vom Herzen über die Blutgefäße in die Leibeshöhle gepumpt, wo es die inneren Organe umspült. Durch die Einströmöffnungen im Herzen fließt das Blut zurück.</td></tr>
</table>

Ringelwürmer

Allgemeine Merkmale

Ringelwürmer *(Annelida)*, auch als Gliederwürmer bezeichnet, sind lang gestreckte, drehrunde oder abgeflachte Gliedertiere mit sekundärer Leibeshöhle und mehr oder weniger gleichmäßiger (homonomer) Segmentierung. Die hintereinander liegenden Abschnitte (Segmente) sind durch Scheidewände getrennt und enthalten jeweils paarweise bestimmte Organe (z.B. Ganglien, Exkretionsorgane). Ringelwürmer leben im Salz-, Brack- und Süßwasser. Manche Arten bewohnen feuchte Landbiotope.

Einteilung

Der Stamm Ringelwürmer umfasst zwei Klassen: Vielborster *(Polychaeta)* sowie Gürtelwürmer *(Clitellata)* mit Wenigborstern und Egeln.

<table>
<tr><th colspan="2">Ringelwürmer (Annelida) ca. 17 000 Arten</th></tr>
<tr><th colspan="2">Vielborster (Polychaeta)</th></tr>
<tr><td>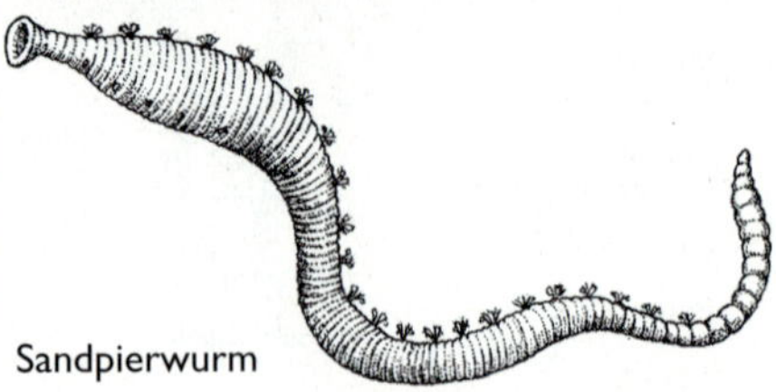
Sandpierwurm</td><td>Ringelwürmer mit homonomer Segmentierung; vielfach mit paarigen, ungegliederten Stummelfüßen (Parapodien) mit meist langen Borsten als Schwimmruder oder als Lauf- oder Wühlbeine.
Entwicklung über Larvenstadien.
Ausschließlich Meerestiere (z.B. Wattwurm, Seemaus)</td></tr>
</table>

Gürtelwürmer *(Clitellata)*	
Wenigborster *(Oligochaeta)*	Egel *(Hirudinae)*
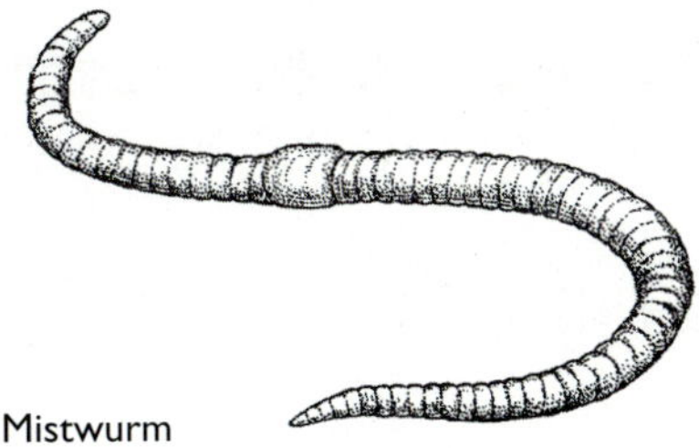 Mistwurm	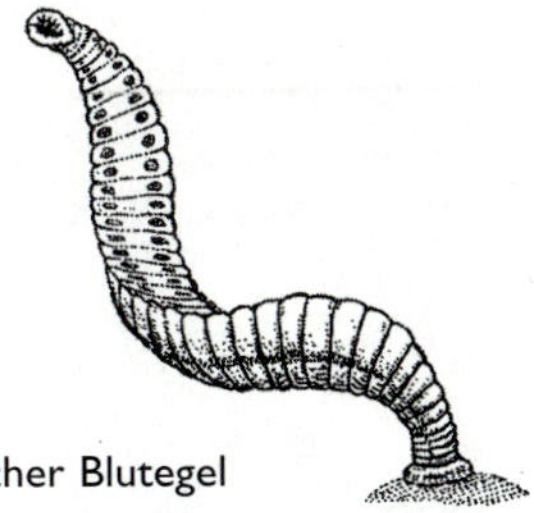 Medizinischer Blutegel
Ringelwürmer mit gürtelartiger, drüsenreicher Anschwellung, dem Clitellum, sowie mit homonomer Segmentierung; meist vier Paar Borsten in Hauttaschen. Vorwiegend im Süßwasser und in feuchten Landbiotopen (z.B. Regenwurm, Gemeiner Bachröhrenwurm)	Ringelwürmer mit heteronomer Segmentierung; meist ohne Borsten; an den Körperenden je ein Saugnapf; räuberische und parasitische (Blutsauger) Lebensweise. Wasser- und Landbewohner (z.B. Medizinischer Blutegel, Pferdeegel)

Bau

Ringelwürmer sind zweiseitig symmetrisch mit einer auch äußerlich sichtbaren Körpergliederung (Ringelfurchen). Die Körperwand besteht aus einer drüsenreichen Epithelschicht, die nach außen hin eine dünne Kutikula abscheidet, sowie dem Hautmuskelschlauch. Er stabilisiert durch Muskelspannung gegen den Flüssigkeitsdruck die Körperform, schützt den Körper und ermöglicht die Fortbewegung.
Zwischen Hautmuskelschlauch und Darm befindet sich die sekundäre Leibeshöhle (Zölom), die in jedem Segment ausgebildet und mit Flüssigkeit gefüllt ist.
Blutgefäßsystem. Ringelwürmer haben ein geschlossenes Blutgefäßsystem mit Rücken- und Bauchgefäß sowie den segmental angeordneten Ringgefäßen. Kontraktile Abschnitte pumpen das rot- oder gelb- bis grüngefärbte Blut durch das Gefäßsystem.

Längsschnitt durch einen Regenwurm

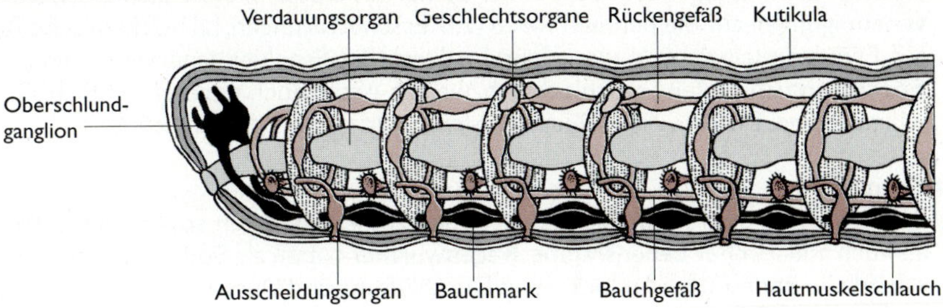

Querschnitt durch einen Regenwurm in zwei verschiedenen Schnittebenen

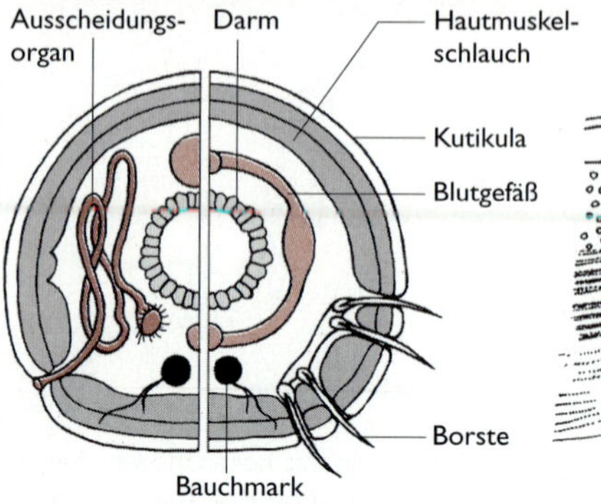

Längsschnitt durch den Hautmuskelschlauch

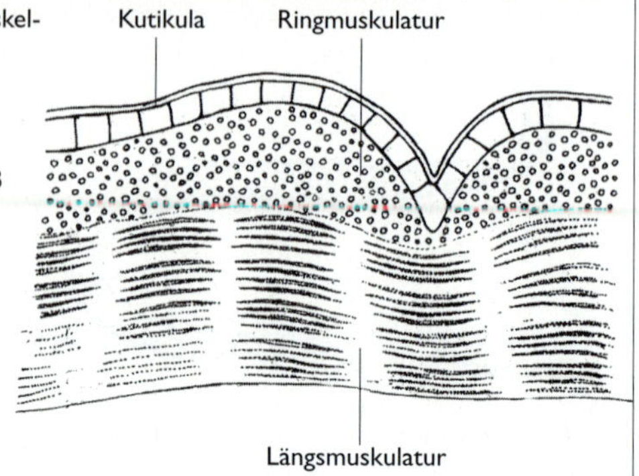

Nervensystem. Strickleiternervensystem, das aus dem Oberschlundganglion (Gehirn) und dem Bauchmark besteht.

Ausscheidungssystem. Als Ausscheidungsorgane sind Nierenkörperchen (Nephridien) ausgebildet. Sie sind paarig in jedem Körpersegment angelegt, nehmen über offene Wimpertrichter die Ausscheidungs- und Geschlechtsprodukte aus der Leibeshöhle (Zölom) auf und geben sie im nächsten Segment nach außen ab.
Fortpflanzungsorgane kommen häufig nur in bestimmten Körperabschnitten vor.

Lebensvorgänge

Fortbewegung. Meist kriechend oder schwimmend, aber auch spannerraupenartig mit Hilfe der Saugnäpfe. Es gibt auch Röhren bildende, fest sitzende Arten. Bei der Fortbewegung spielt der Hautmuskelschlauch eine wesentliche Rolle, indem sich die Längs- und Ringmuskulatur abwechselnd zusammenziehen. Unterstützend dabei wirken z.B. die schleimige Haut, Borsten und Stummelfüße (Parapodien).

Ernährung. Ringelwürmer ernähren sich sehr unterschiedlich als Tierfresser (z.B. Erdegel), Pflanzenfresser (z.B. Regenwurm), Aasfresser (z.B. Enchyträen) und Parasiten (z.B. Medizinischer Blutegel). Manche leben auch als Strudler und Filtrierer.

Atmung. Erfolgt über die gesamte Körperoberfläche (Hautatmung) oder durch stark durchblutete Kiemenanhänge an den Stummelfüßen (bei Vielborstern).

Reizverarbeitung. Besonders in der Epidermis treten Sinneszellen und freie Nervenendigungen auf. Sie nehmen Reize (z.B. Erschütterungen, Licht, chemische Reize) auf. Erregungsleitung und -verarbeitung durch das Strickleiternervensystem.

Fortpflanzung. Meist geschlechtlich, wenige Arten auch ungeschlechtlich. Gürtelwürmer sind Zwitter, die Vielborster sind meist getrenntgeschlechtig.

Bedeutung

Ringelwürmer sind wichtige Glieder in den Nahrungsketten sowohl terrestrischer als auch aquatischer Lebensräume. Regenwürmer haben als Bodenverbesserer wirtschaftliche Bedeutung (Auflockerung, Durchlüftung und Durchfeuchtung des Bodens, Bildung von Humus).

Gliederfüßer

Allgemeine Merkmale

Die Gliederfüßer *(Arthropoda)* sind mit mehr als 75 % aller gegenwärtig bekannten Tierarten die formenreichste Tiergruppe (etwa 1 Million Arten). Die Gliederfüßer sind die am höchsten entwickelten Urmundtiere (Protostomia). Sie sind in Bau und Entwicklung ideal an unterschiedliche Umweltbedingungen angepasst. Ihre Leistungen können in vieler Hinsicht mit denen der Wirbeltiere gleichgesetzt werden.
Stammesgeschichtlich schließen sie sich an die Ringelwürmer an, mit denen sie eine Reihe gemeinsamer Merkmale haben. Übergangsmerkmale zwischen beiden Gruppen zeigen die heute noch lebenden Stummelfüßer (Krallenträger).
Gliederfüßer haben alle Lebensräume (Land, Wasser, Luft) auf der Erde besiedelt.
↗ Urmundtiere, S. 250

Einteilung

Zum Stamm der Gliederfüßer gehören zum Beispiel Spinnentiere, Krebstiere, Hundertfüßer, Vielfüßer und Insekten.
Zu den zahlreichen Ordnungen der Insekten gehören beispielsweise Springschwänze, Eintagsfliegen, Libellen, Schaben, Termiten, Laubheuschrecken und Grillen, Feldheuschrecken, Tierläuse, Wanzen, Zikaden, Pflanzenläuse, Käfer, Hautflügler, Flöhe, Zweiflügler, Köcherfliegen, Schmetterlinge.

Stamm: Gliederfüßer *(Arthropoda)*			
Klasse	Körpergliederung	Extremitäten	Besonderheiten
Spinnentiere 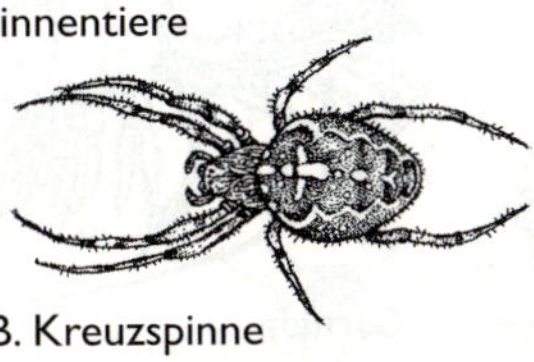 z.B. Kreuzspinne	Kopfbrust, Hinterleib	meist 4 Paar Laufbeine am Kopfbruststück	keine Fühler, zum Teil mit Fächertracheen
Krebstiere 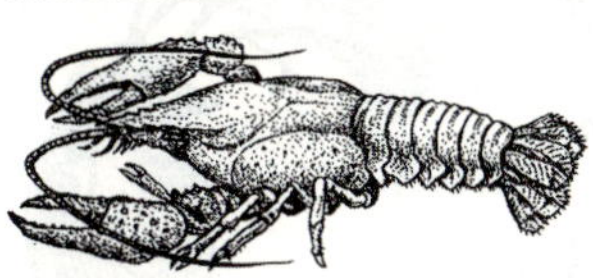 z.B. Flusskrebs	Kopfbrust, Hinterleib	1 Paar Lauf- und Schwimmbeine je Segment oder weniger	2 Paar Fühler, Atmung durch Kiemen
Vielfüßer 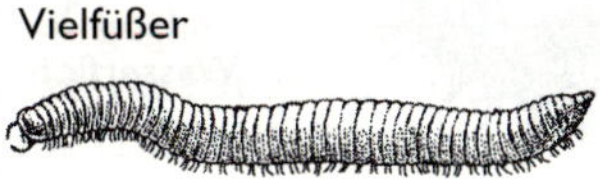 z.B. Schnurfüßer	Kopf, Hinterleib	2 Paar Laufbeine je Körpersegment	–

2

Leibeshöhle. Die Gliederfüßer besitzen eine tertiäre Leibeshöhle (Mixocoel), die aus der Verschmelzung von primärer und sekundärer Leibeshöhle entsteht und einen einheitlichen Hohlraum bildet, das heißt nicht segmentiert ist.

Atmungssystem. Die Mehrzahl der Gliederfüßer atmet durch Tracheen – röhren- oder sackförmige Einstülpungen der Außenhaut, die den ganzen Körper durchziehen, miteinander verbunden und durch Chitinspangen versteift sind.

Die Tracheen stehen über Atemöffnungen (Stigmen) mit der Außenluft in Verbindung. Einige Gliederfüßer (meist Wasserbewohner) atmen durch Hautkiemen.

Tracheensystem eines Insektes

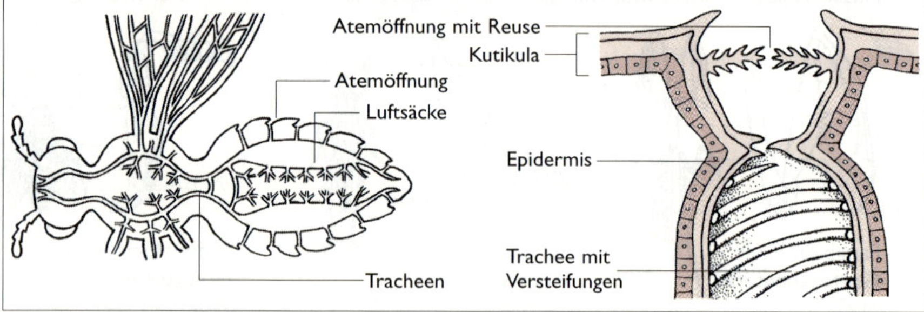

Blutgefäßsystem. Gliederfüßer besitzen im Gegensatz zu den Ringelwürmern ein offenes Blutgefäßsystem. Das auf der Rückenseite (dorsal) gelegene Herz (Rückengefäß) pumpt das Blut kopfwärts in den Körper.

Nervensystem. Das Zentralnervensystem der Gliederfüßer ist ein ventral (bauchseitig) gelegenes Strickleiternervensystem, mit, im Vergleich zu den Ringelwürmern, stärkerer Konzentration der Nervenzellen und Ganglienknoten im Kopfbereich (Gehirn) beziehungsweise im Brustbereich (Unterschlundganglion).

Bau des Insektenherzens

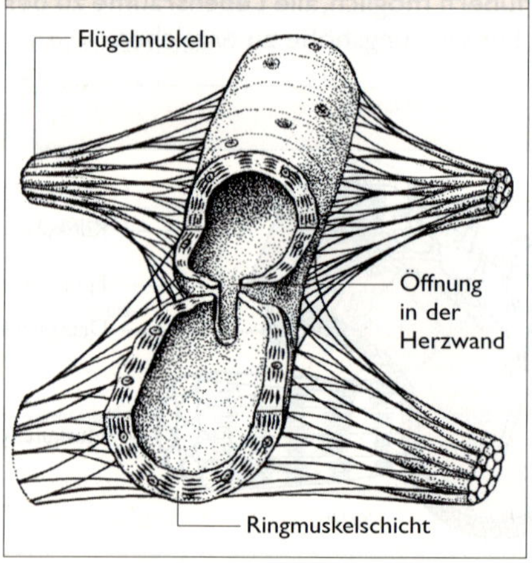

Schnitt durch ein Komplexauge

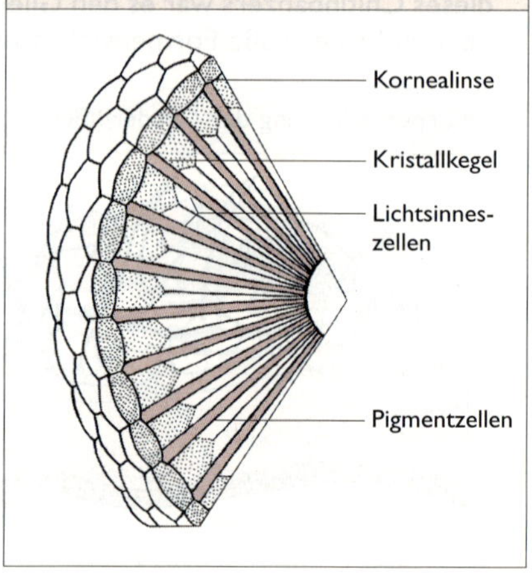

Fühlerformen bei Insekten

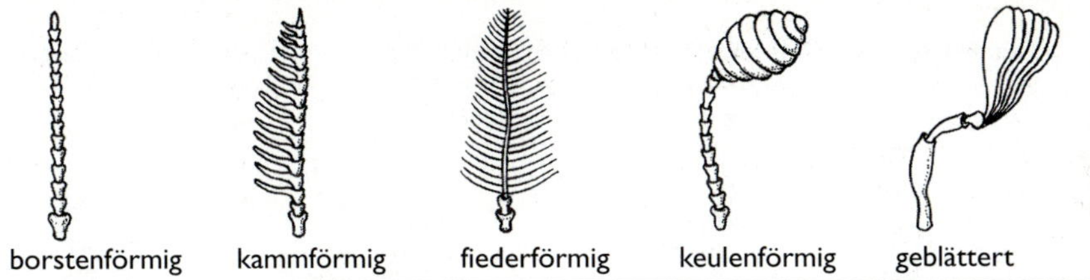

Sinnesorgane. Gliederfüßer haben außerordentlich leistungsfähige Sinnesorgane. Viele Arten besitzen hoch entwickelte Komplex- oder Facettenaugen, die sie befähigen, plastisch zu sehen sowie Farben und ultraviolettes Licht wahrzunehmen. Der Bau der Augen ermöglicht ein gleichzeitiges Sehen nach hinten, vorn, oben, unten und seitwärts. Auf den Fühlern - in der Regel ein Paar - befinden sich besonders viele Sinneszellen und -organe zur Aufnahme chemischer und mechanischer Reize. Bei manchen Gliederfüßern sind auch Gehörorgane ausgebildet.

Lebensvorgänge

Fortbewegung. Je nach Lebensraum und Lebensweise fliegend, laufend, kriechend und schwimmend; wenige Arten (z.B. bestimmte Kleinkrebse) sind fest sitzend.
Die Mehrzahl der Insekten verfügt über ein aktives Flugvermögen. Ihre Flügel bilden sich aus Hautfalten der Rückenplatten am zweiten und dritten Brustsegment. Bei vielen Insektenarten sind die ursprünglich gleichartigen Flügel abgewandelt. Geflügelte Insekten *(Pterygota)* können hohe Flugleistungen erreichen.

Flugleistungen einiger Insekten

Art	Zahl der Flügelschläge je Sekunde	Fluggeschwindigkeit in km je Stunde
Kohlweißling	9 - 12	8
Große Libellen	20 - 28	25 - 30
Maikäfer	50	9
Honigbiene	200 - 250	22,4
Hummel	130 - 250	3 - 9
Stubenfliege	150 - 330	6,4
Stechmücke	500	3,2

Ernährung. Sehr unterschiedliche Ernährungsweise, beispielsweise als
- Pflanzenfresser (z.B. Kellerassel, Bachflohkrebs),
- Tierfresser (z.B. Kreuzspinne, Strandkrabbe),
- Allesfresser (z.B. Flusskrebs),
- Aasfresser (z.B. Aaskäfer, Schmeißfliege),
- Detritusfresser (z.B. Seepocke, Wasserfloh),
- Parasiten (z.B. Flöhe, Zecken, Milben, Fischläuse).

Die Mundgliedmaßen sind hochspezialisiert und der Nahrung und Nahrungsaufnahme unterschiedlich angepasst.

Mundgliedmaßen bei Insekten in Anpassung an verschiedene Arten der Nahrungsaufnahme

Beißkiefer | Leckrüssel | Stechrüssel | Saugrüssel

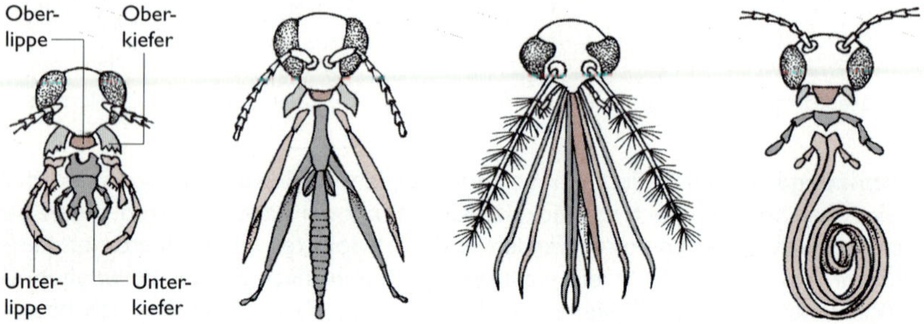

z.B. Grille | z.B. Honigbiene | z.B. Stechmücke | z.B. Kohlweißling

Atmung. Auf dem Land lebende Gliederfüßer atmen durch
- Fächertracheen (z.B. Wolfsspinne, Bücherskorpion),
- Röhrentracheen (z.B. Steinläufer, Blattlaus, Maikäfer).

Wasserbewohner unter den Gliederfüßern atmen durch
- Kiemen (z.B. Flusskrebs, Strandkrabbe),
- Tracheenkiemen (z.B. Larven der Eintagsfliegen),
- Tracheen (z.B. Wasserspinne, Gelbrandkäfer).

Reizverarbeitung. Reizaufnahme erfolgt über sehr differenzierte Rezeptoren in den hoch entwickelten und leistungsfähigen Sinnesorganen, deren Konzentration am Vorderende des Körpers der Gliederfüßer steht in engem Zusammenhang mit einer weit gehenden Vergrößerung und stärkeren Differenzierung des Gehirns. Daraus resultieren vielfältige Verhaltensweisen.

Die Weiterleitung und Verarbeitung der Erregung erfolgt im Strickleiternervensystem, wobei die Nervenfasern - mit Markscheiden - in den Quer- und Längssträngen verlaufen, während die Nervenzellen in den paarigen Ganglienknoten konzentriert sind und jeweils die Erfolgsorgane im entsprechenden Segment versorgen.

↗ Erregungsleitung, S. 216 ff.

Fortpflanzung. Gliederfüßer sind überwiegend getrenntgeschlechtig und pflanzen sich in der Regel geschlechtlich fort. Bei einigen Arten gibt es Jungfernzeugung (Parthenogenese), die oft mit einem Generationswechsel gekoppelt sein kann (z.B. Wasserfloh, Blattlaus).

Gliederfüßer entwickeln sich über Larvenstadien
- mit unvollständiger Metamorphose (z.B. Kreuzspinne, Libelle),
- mit vollständiger Metamorphose (z.B. Krabben, Schmetterling, Wespen).

↗ Direkte und indirekte Entwicklung, S. 251
↗ Generationswechsel bei Tieren, S. 244; ↗ Jungfernzeugung, S. 233

Larven- und Puppenstadien bei Gliederfüßern

Naupliuslarve (Ruderfußkrebs)

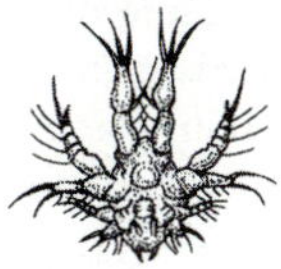

Zoelarve (Krabbe)

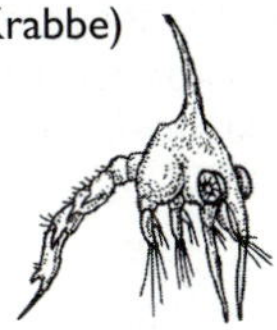

Raupe (Ligusterschwärmer)

Made (Stubenfliege)

Engerling (Maikäfer)

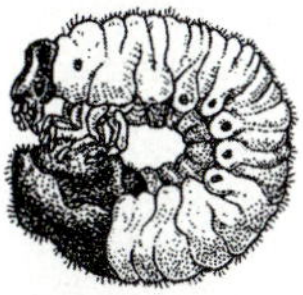

Mumienpuppe (Kohlweißling)

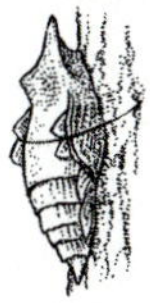

Tönnchenpuppe (Stubenfliege)

Gliederpuppe (Honigbiene)

2

Bedeutung

Durch den enormen Artenreichtum, die unwahrscheinlich große Anzahl von Individuen, die zum Teil rasche Vermehrungsfähigkeit und die vielfältigen Angepasstheiten der Gliederfüßer sind sie wichtige Glieder in Stoffkreisläufen und Nahrungsketten aller Biozönosen. Für den Menschen und seine Umwelt haben Gliederfüßer entscheidende Bedeutung. Viele Arten sind nützlich, andere dagegen richten Schaden an. Zahlreiche Arten der Gliederfüßer (insbesondere der Insekten) sind durch Umweltbelastungen ausgestorben oder vom Aussterben bedroht. Deshalb sind dringend Schutzmaßnahmen notwendig.

↗ Naturschutz, S. 376

Nutzen durch Gliederfüßer einschließlich ihrer Lebensprodukte	Schaden durch Gliederfüßer und ihrer Larven
– Nahrungsquelle für viele Tiere (z.B. Kleinkrebse, Mückenlarven), – Nahrungsmittel für den Menschen (z.B. Hummer, Krabben, Bienenhonig), – Bestäuber vieler Samenpflanzen (z.B. Bienen, Hummeln, Schmetterlinge), – Schädlingsvertilger (z.B. Kreuzspinne, Marienkäfer, Laufkäfer, Florfliege, Ameisen, Schlupfwespen), – Rohstoffe für die Industrie (z.B. Seide des Seidenspinners, Bienenwachs, Bienenhonig), – unentbehrlich für vielseitige Umwelt und damit für das Wohlbefinden des Menschen.	– Fressen an Pflanzen (z.B. Heuschrecken, Kartoffelkäfer, Borkenkäfer, Maikäfer, Kiefernspinner), – Saugen von Blut und Pflanzensäften (z.B. Milben, Zecken, Schild- und Blattläuse, Wanzen, Flöhe, Mücken, Fliegen), – Übertragen von Krankheitserregern (z.B. Stubenfliege, Stechmücke), – Fraß an Nahrungs- und Futtermitteln (z.B. Milben, Küchenschaben, Kornkäfer, Ameisen, Wespen), – Zerfressen von Wolle und Pelzen (z.B. Kleidermotte), – Stechen mit Giftstacheln (z.B. Skorpione, Hornissen, Wespen, Bienen).

Stachelhäuter

Allgemeine Merkmale

Stachelhäuter *(Echinodermata)* sind meist fünfstrahlige, radiärsymmetrische Neumundtiere *(Deuterostomia)* mit hohem Regenerationsvermögen. Im Laufe der Stammesgeschichte haben sich die *Echinodermata* aus zweiseitig symmetrischen Formen entwickelt. Stachelhäuter sind ausschließlich Meerestiere. Sie leben im Flachwasser (z.B. an den Küsten), kommen aber auch in der Tiefsee (bis 6000 m) vor. Es sind vorwiegend Bodenbewohner.

↗ Neumundtiere, S. 250

Einteilung

Zum Stamm Stachelhäuter *(Echinodermata)* gehören fünf Klassen mit rezenten Arten sowie einige Gruppen, die nur fossil bekannt sind.

Rezente Klassen der Stachelhäuter ca. 6000 Arten		
Klasse: Seelilien und Haarsterne *(Crinoidea)* 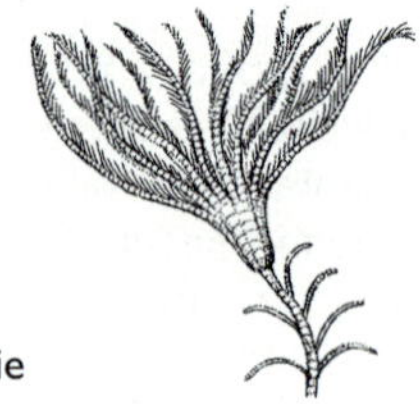 Seelilie	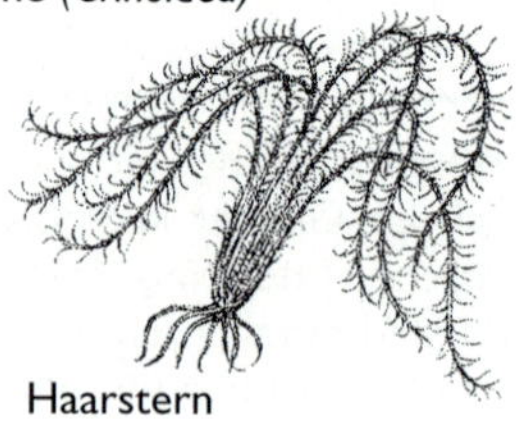 Haarstern	Klasse: Seewalzen *(Holothurioidea)* 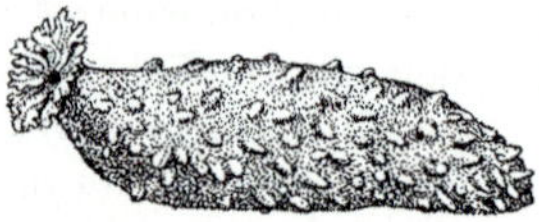 Seegurke
Klasse: Seeigel *(Echinoidea)* 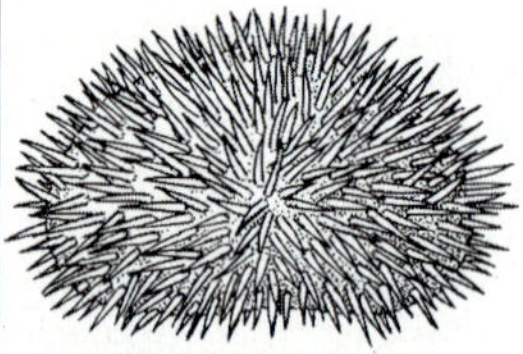 Seeigel	Klasse: Seesterne *(Asteroidea)* 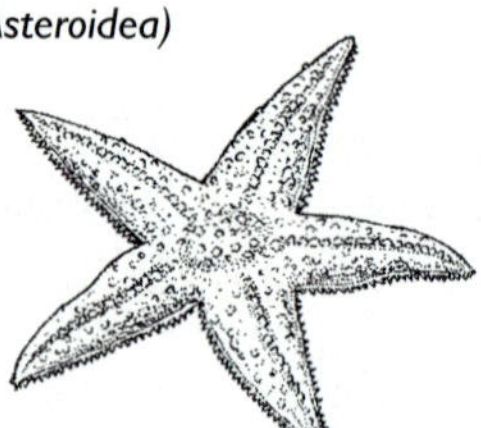 Seestern	Klasse: Schlangensterne *(Ophiuroidea)* 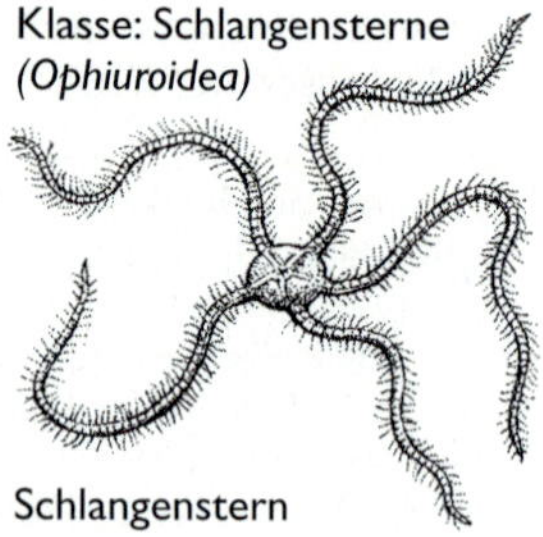 Schlangenstern

Bau

Der Körper der Stachelhäuter ist vorwiegend sternförmig abgeflacht, kugel- oder walzenförmig. Stachelhäuter haben ein in die Haut eingelagertes Skelett aus zahlreichen Kalkplatten. Die Kalkplatten sind frei beweglich oder fest miteinander verwachsen; meist tragen sie unbewegliche oder frei bewegliche Stacheln (Name: Stachelhäuter!).

Kennzeichnend nur für die Stachelhäuter ist das Wassergefäßsystem (Ambulacralsystem), das aus dem Ringkanal und den fünf Radiärgefäßen besteht. Über den Steinkanal ist es mit der Siebplatte verbunden. Von den Radiär- oder Ambulacralgefäßen gehen zahlreiche kurze Schläuche, die Saugfüßchen (Ambulacralfüßchen), ab.

Bau (Schema) eines Seeigels und eines Seesterns

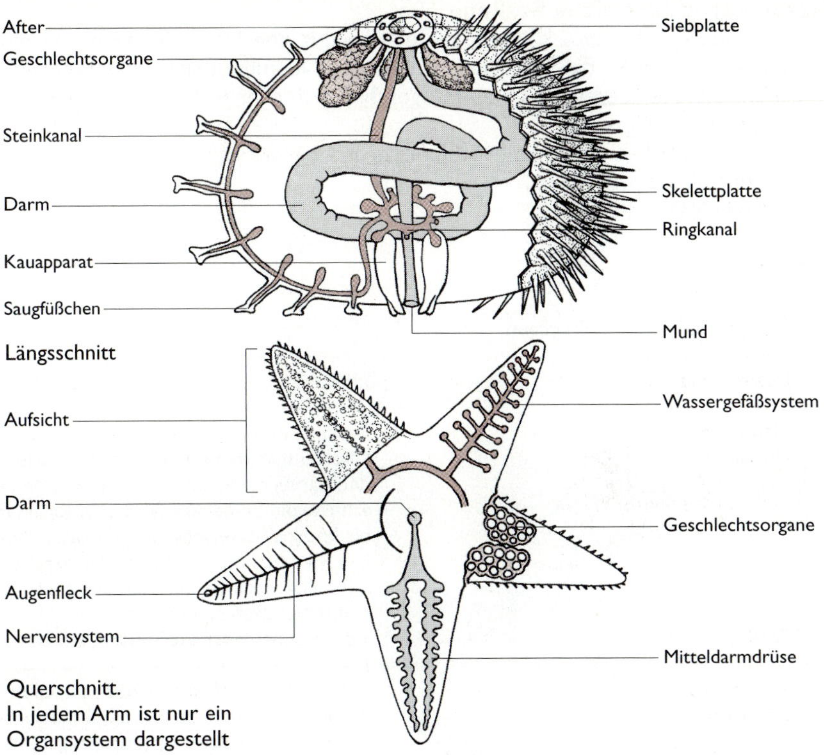

Lebensvorgänge

Fortbewegung. Kriechend, stelzend oder schwimmend; mit Hilfe der Saugfüßchen und/oder der Stacheln. Manche Arten sind zeitlebens fest sitzend (Seelilien).

Ernährung. Meist räuberisch von Muscheln, Schnecken, Würmern, Krebsen, Schwämmen und Fischen; zum Teil Detritus-, Schlamm- und Pflanzenfresser.

Atmung. Erfolgt über das Wassergefäßsystem.

Fortpflanzung. Geschlechtlich; Tiere sind meist getrenntgeschlechtig; Eier und Spermien werden meist ins Wasser abgegeben; Entwicklung über Larvenformen. Manche Vertreter treiben Brutpflege. Hohe Regenerationsfähigkeit ermöglicht manchen Vertretern (z.B. See- und Schlangensterne) auch ungeschlechtliche Vermehrung durch Teilung.

Bedeutung

Stachelhäuter haben Bedeutung als Gesteinsbildner und als Leitfossilien (z.B. in der Kreide). Einige Arten nutzt der Mensch als Nahrungsmittel. Seesterne können aufgrund ihrer räuberischen Lebensweise auf Muschelbänken erheblichen Schaden anrichten.

Chordatiere

Stammesgeschichtliche Stellung

Chordatiere *(Chordata)* bilden - gemeinsam mit den Stachelhäutern und einigen anderen Gruppen - die Entwicklungsreihe der Neumundtiere *(Deuterostomia)*, von denen Vertreter bereits aus stammesgeschichtlich sehr früher Zeit (vor etwa 600 Mill. Jahren) belegt sind.

Chordatiere haben ein achsiales Stützorgan und ein dorsal gelegenes Zentralnervensystem (Rückenmark).

↗ Neumundtiere, S. 250

Einteilung

Stamm: Chordatiere *(Chordata)*	
Unterstamm	**Merkmale**
Manteltiere *(Tunicata)* 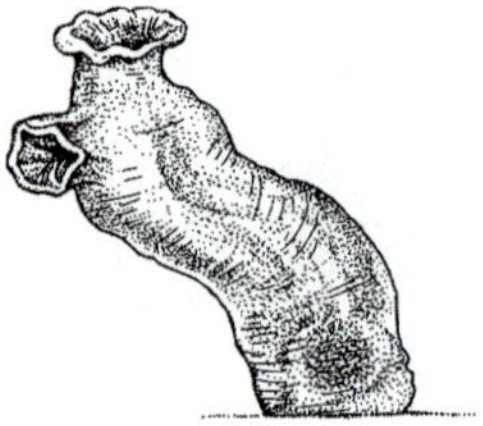 Seescheide	Meist in Rumpf und Schwanz gegliedert; Chorda nur im Embryonalzustand oder bei den Larvenstadien ausgebildet; von der einschichtigen Epidermis wird eine gallertartige bis knorpelharte, lederartige Körperumhüllung, der Mantel, ausgeschieden, der aus einer zelluloseähnlichen Substanz besteht. Manteltiere leben im Meer; z.B. Seescheiden, Feuerwalzen, Salpen
Schädellose *(Acrania)* 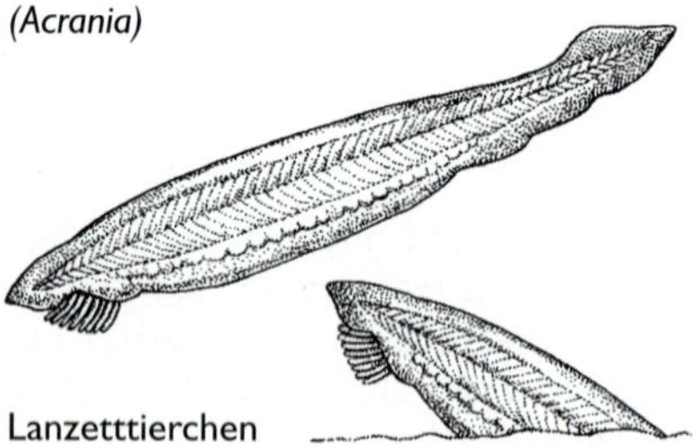 Lanzetttierchen	In Rumpf und Schwanz gegliedert; Chorda bleibt zeitlebens erhalten; am fischähnlichen, seitlich abgeflachten, lanzettförmigen, vorn und hinten zugespitzten Körper ist dorsal und ventral ein unpaarer durchgehender Flossensaum ausgebildet. Die Schädellosen werden aufgrund ihres Körperbaues stammesgeschichtlich als Urtyp der Wirbeltiere bezeichnet. Schädellose leben meist im Sand eingegraben am Meeresboden.
Wirbeltiere *(Vertebrata)* 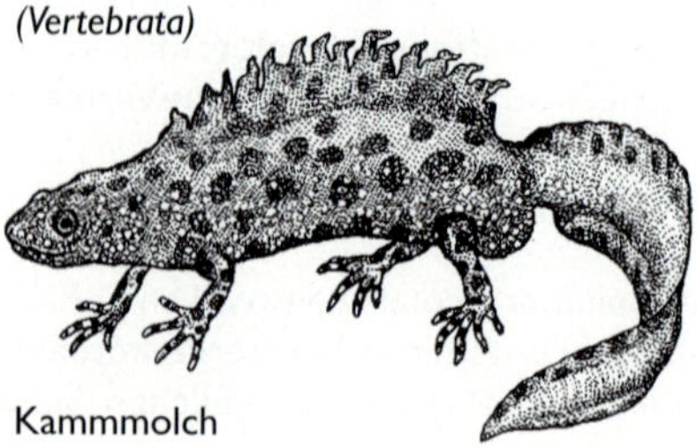 Kammmolch	Meist in Kopf, Rumpf, Schwanz und Gliedmaßen gegliedert; Chorda wird durch ein verknorpeltes oder verknöchertes Achsenskelett (Wirbelsäule) verdrängt, von der ursprünglichen Chorda bleiben nur geringe Reste in den Wirbelkörpern oder zwischen den Wirbeln erhalten.

Bau

Chordatiere besitzen einen dorsal gelegenen lang gestreckten elastischen Stützstrang, die Chorda dorsalis. Die Chorda wird aus dem Dach des Urdarmes gebildet, sie ist nur embryonal angelegt oder bleibt zeitlebens vorhanden und dient der Längsversteifung des Körpers.
Der Hauptnervenstrang der Chordatiere ist das Neuralrohr beziehungsweise das aus ihm hervorgehende Rückenmark. Es bildet sich aus dem Ektoderm.
Bei allen Chordatieren ist der Vorderdarm mit der Atmung verbunden; bei ursprünglichen Chordatieren (z.B. Lanzettierchen) dient er als Kiemendarm mit Kiemenspalten zur Atmung und Nahrungsaufnahme. Bei landlebenden Formen bilden sich aus ihm die Lungen; die paarigen Kiemenspalten werden dann nur noch embryonal angelegt.
Fast alle Chordatiere besitzen ein geschlossenes Blutgefäßsystem. Bei den ursprünglichen Formen wird die Blutflüssigkeit durch kontraktile Gefäßabschnitte in den Adern bewegt. Bei den höher entwickelten Wirbeltieren übernimmt diese Funktion das hoch spezialisierte, leistungsfähige Herz.

Gewebe, Organe, Organsysteme

Der Körper der Chordatiere ist, wie bei allen mehrzelligen Tieren, aus Zellen, Geweben und Organen aufgebaut.
Gewebe sind zu Zellverbänden vereinigte Zellen (einschließlich der von ihnen gebildeten Zellsubstanzen) mit gleichem Bau, gleicher Entwicklung und gleicher Funktion (z.B. Muskelgewebe, Bindegewebe).

Tierische Gewebe	
Deckgewebe *(Epithelgewebe)* 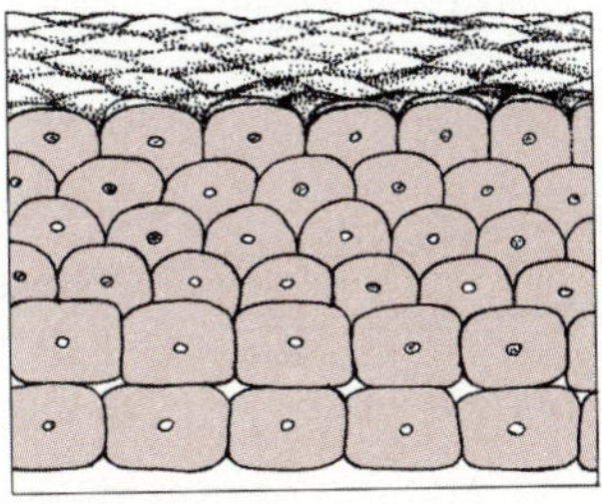	Ein- oder mehrschichtige Verbände aus dicht gelagerten Zellen; bedeckt Körperoberflächen und kleidet Körperhohlräume aus; schützt den Körper und vermittelt Stoffaustausch zwischen Körper und Umwelt sowie zwischen einzelnen Organen (z.B. Gasaustausch, Nährstoffresorption); enthält keine Blutgefäße, Stoffaustausch erfolgt durch Diffussion. z.B.: Einschichtiges Plattenepithel (z.B. Lunge), mehrschichtiges Plattenepithel (z.B. Wirbeltierhaut), Zylinderepithel (z.B. Darmwand).
Binde- und Stützgewebe 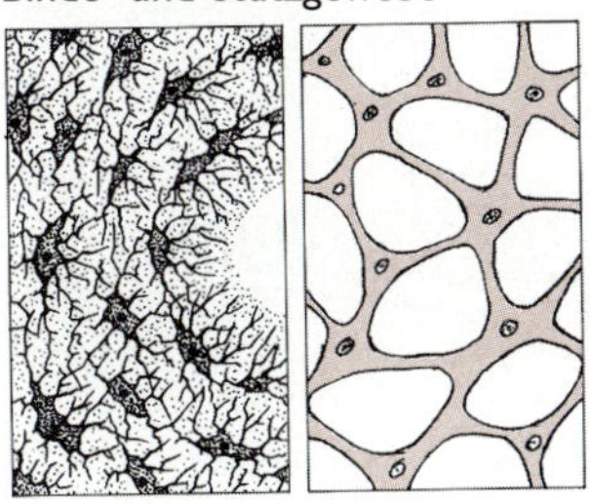	Umfasst sehr unterschiedlich ausgebildete Zellverbände; verbindet verschiedene Organe im Körper miteinander und baut das Skelett auf; kennzeichnend sind ausgedehnte Zwischenzellräume, häufig mit eingelagerten Substanzen (z.B. Kalksalze); bestimmte Bindegewebszellen bilden Blutzellen. z.B.: Lockeres Bindegewebe (z.B. Unterhaut), Fettgewebe, Knorpel und Knochen.

Tierische Gewebe	
Muskelgewebe 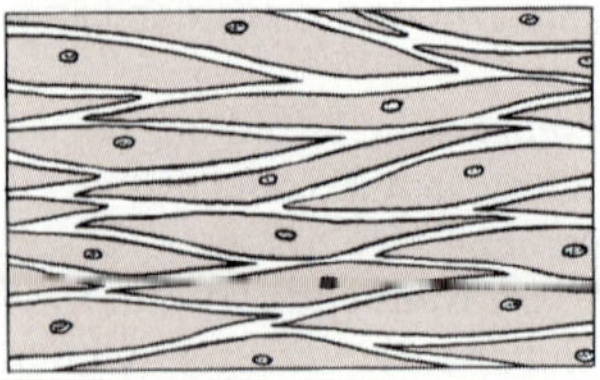	Besteht aus lang gestreckten, spindelförmigen Zellen, die sich aktiv verkürzen (kontrahieren) können und durch Gegenspieler passiv gestreckt werden; Kontraktilität beruht auf der parallelen Verschiebbarkeit der Myosin- und Actinfibrillien in der Muskelzelle. z.B.: Glatte Muskulatur (z.B. Magenwand), Gestreifte Muskulatur (z.B. Skelettmuskeln).
Nervengewebe 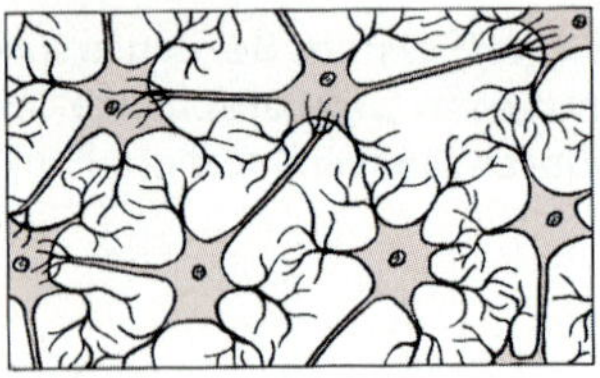	Besteht aus Nervenzellen (auch Ganglienzellen oder Neuronen genannt) und aus nichtnervösen Stütz- und Hüllelementen (Neuroglia); Nervenzellen mit ihren Fortsätzen vermitteln zwischen Empfangsorgan (Rezeptor) und Erfolgsorgan (Effektor).

Durch den Zusammenschluss unterschiedlicher Gewebe zu einer höheren funktionellen Einheit entstehen Organe (z.B. Lichtsinnesorgane, Verdauungsorgane) und Organsysteme (z.B. Nervensystem, Urogenitalsystem).
Je größer die funktionelle Spezialisierung der Zellen, Gewebe und Organe ist, desto weiter ist die Arbeitsteilung fortgeschritten und umso höher ist die Organisation des Lebewesens.

Ausgewählte Organsysteme eines Chordatiers (Längsschnitt Lanzetttierchen)

Verdauungssystem

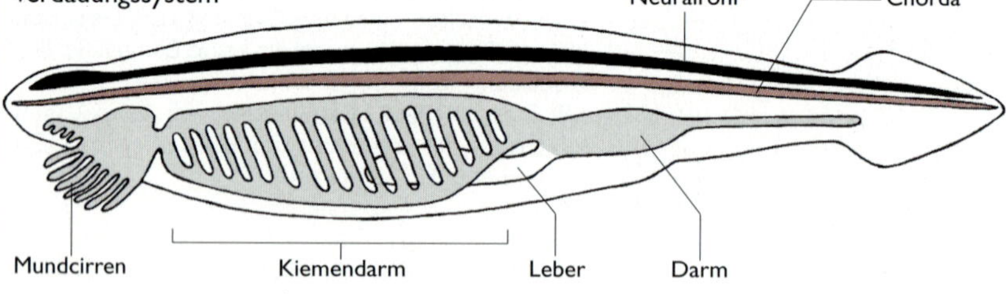

Blutgefäßsystem

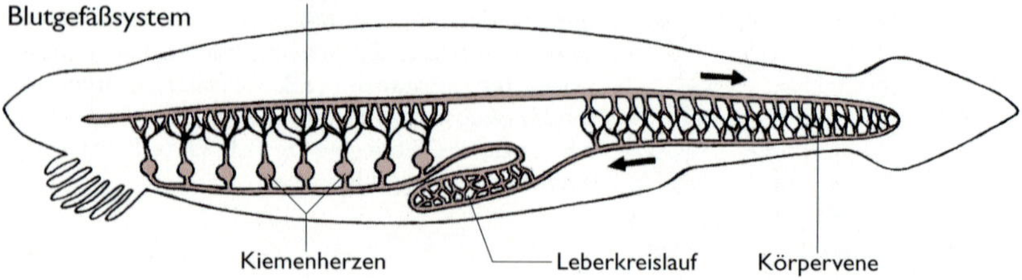

Wirbeltiere

Allgemeine Merkmale

Wirbeltiere *(Vertebrata)* sind hoch entwickelte Chordatiere, deren Achsenskelett von einer knorpeligen oder knöchernen Wirbelsäule gebildet wird. Sie sind meist in Kopf, Rumpf, Schwanz und Gliedmaßen gegliedert.

Aufgrund des hohen Differenzierungs- und Spezialisierungsgrades der Gewebe, Organe und Organsysteme und des effektiven Stoffwechsels sowie eines hoch entwickelten Gehirns stehen die Wirbeltiere an der Spitze aller Tiergruppen.

Sie bewohnen nahezu alle Lebensräume der Erde.

Einteilung

Die Wirbeltiere werden nach der unterschiedlichen Organisationshöhe, Ausbildung der Organsysteme und Lebensweise sowie weiterer Merkmale in sieben Klassen eingeteilt.

Unterstamm: Wirbeltiere *(Vertebrata)* ca. 42 000 Arten
Klasse: Rundmäuler *(Cyclostomata)* Wassertiere. Primitive Wirbeltiere mit einem schwach entwickelten Knorpelskelett und unpaarigen Flossen. Die Chorda dorsalis bleibt zeitlebens erhalten. Kiefer sind nicht vorhanden. Saugmund mit Hornzähnen. z.B. Schleimfische, Neunaugen
Klasse: Knorpelfische *(Chondrichthyes)* Wassertiere. Besitzen zeitlebens ein Knorpelskelett, das aus der kiefertragenden Schädelkapsel, Kiemenbögen, der Wirbelsäule mit großen Resten der Chorda dorsalis und den Stützen der paarigen Flossen besteht. Meist 5 Kiemenspalten; keine Schwimmblase. z.B. Haie, Rochen
Klasse: Knochenfische *(Osteichthyes)* Wassertiere. Haben ein verknöchertes Skelett mit nur noch geringen Resten der ursprünglichen Chorda dorsalis. Die Eier werden meist in das Wasser abgelegt und außerhalb des Körpers befruchtet. Knochenfische sind wechselwarm und besitzen einen einfachen geschlossenen Blutkreislauf. In die schleimige Oberhaut sind Knochenschuppen eingelagert. Meist mit Kiemenatmung und Schwimmblase. Für die Abstammung der Vierfüßer haben die Quastenflosser Bedeutung. z.B. Karpfen, Hering, Scholle, Aal, Seepferdchen, Rotfeuerfisch
Klasse: Lurche *(Amphibia)* Wechselwarme, an feuchten Stellen oder im Wasser lebende Wirbeltiere mit drüsenreicher, nackter Haut. Meist gut entwickelte Gliedmaßen mit 4 Fingern und 5 Zehen. Die mit einer Gallerthülle umgebenen Eier werden in das Wasser abgelegt (Laich) und außerhalb des Körpers befruchtet. Lurchlarven atmen mit äußeren oder inneren Kiemen, erwachsene Lurche atmen mit einfachen Lungen und durch die feuchte Haut. Die Klasse Lurche umfasst die Ordnungen – Schwanzlurche (z.B. Teichmolch, Kammmolch, Feuersalamander) – Froschlurche (z.B. Wasserfrosch, Grasfrosch, Erdkröte, Wechselkröte, Rotbauchunke)

Unterstamm: Wirbeltiere *(Vertebrata)* ca. 42 000 Arten

Klasse: Kriechtiere *(Reptilia)*
Wechselwarme, lungenatmende, meist landlebende Wirbeltiere mit trockener, von Hornschuppen bedeckter Haut. Außer bei Schlangen und Schleichen sind gut entwickelte, bekrallte fünfstrahlige Gliedmaßen ausgebildet. Nach innerer Befruchtung werden pergamentschalige Eier abgelegt oder voll entwickelte Jungtiere geboren.
Die Klasse Kriechtiere umfasst die Ordnungen
- Echsen (z.B. Zauneidechse, Blindschleiche, Grüner Leguan)
- Schlangen (z.B. Ringelnatter, Kreuzotter, Boa)
- Schildkröten (z.B. Sumpfschildkröte, Griechische Landschildkröte, Lederschildkröte)
- Krokodile (z.B. Nilkrokodil, Mohrenkaiman, Gangesgavial)

Klasse: Vögel *(Aves)*
Gleichwarme, lungenatmende Wirbeltiere, deren trockene Haut mit Federn bedeckt ist. Die Vordergliedmaßen sind zu Flügeln umgebildet. In Anpassung an das Flugvermögen ist der Brustkorb starr verwachsen, einige Knochen sind hohl. Die Lunge ist mit Luftsäcken verbunden. Nach innerer Befruchtung werden kalkschalige Eier abgelegt, die ausgebrütet werden. Vögel haben eine hoch entwickelte Brutpflege.
Die Klasse Vögel umfasst zahlreiche Ordnungen, beispielsweise
- Sperlingsvögel (z.B. Rabenvögel, Pirole, Lerchen, Kleiber, Meisen, Schwalben)
- Greifvögel (z.B. Falken, Adler, Bussarde)
- Hühnervögel (z.B. Fasan)
- Spechte (z.B. Buntspecht)
- Entenvögel (z.B. Stockente)

Klasse: Säuger *(Mammalia)*
Gleichwarme, lungenatmende Vierfüßer, deren trockene, drüsenreiche Haut mit wenigstens embryonal angelegten Haaren bedeckt ist. Nach innerer Befruchtung entwickeln sich - außer bei den Kloakentieren - in der Gebärmutter Embryonen, die über die Nabelschnur mit Nährstoffen und Sauerstoff versorgt werden. Der Austausch der Stoffe erfolgt in der stark entwickelten Gebärmutterschleimhaut. Nach der Geburt werden die Jungtiere eine bestimmte Zeit gesäugt.
Die Klasse Säuger umfasst zahlreiche Ordnungen, beispielsweise
- Insektenfresser (z.B. Spitzmaus)
- Nagetiere (z.B. Hausmaus)
- Wale (z.B. Buckelwal)
- Raubtiere (z.B. Tiger)
- Robben (z.B. Walross)
- Rüsseltiere (z.B. Elefant)
- Herrentiere (z.B. Rhesusaffe, Gorilla)

Bau

Wirbeltiere sind meist in Kopf, Rumpf, Schwanz und Gliedmaßen (Extremitäten) gegliedert. Die paarigen Gliedmaßen sind als Flossen, Flügel oder Beine ausgebildet. Die Organsysteme der Wirbeltiere sind in den einzelnen Klassen unterschiedlich stark differenziert.

2

Vereinfachte Darstellung des inneren Baus bei Wirbeltieren

Flussbarsch

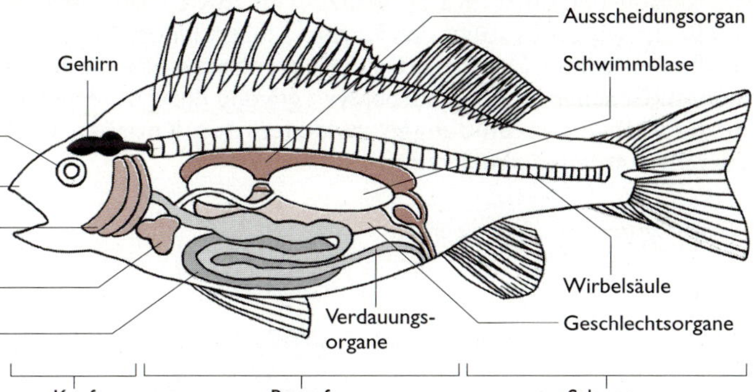

Haushuhn, ♀

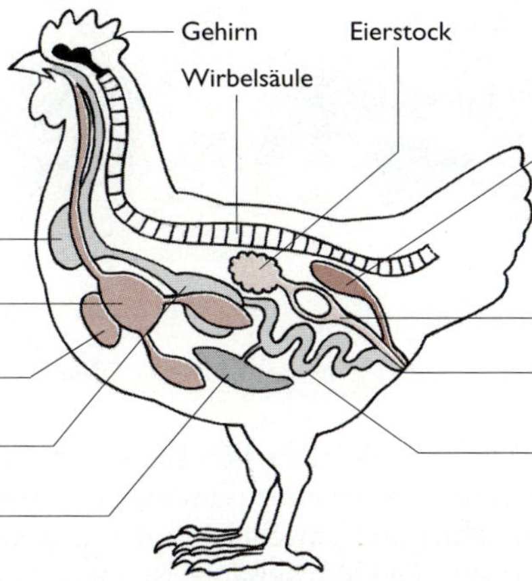

Hauskatze, ♀

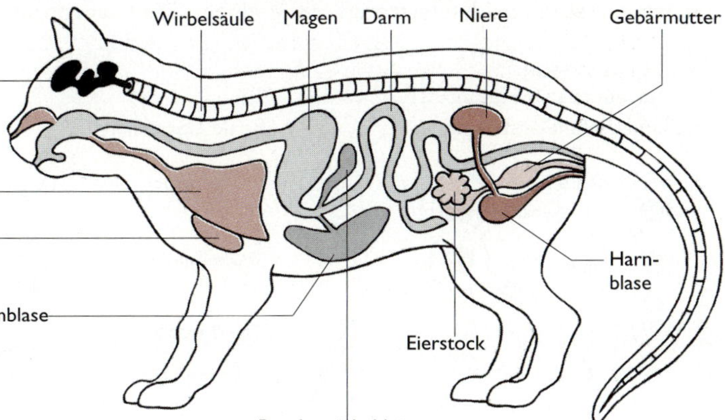

Skelett

Das Skelett gliedert sich in der Regel in Kopfskelett (Schädel), Rumpfskelett mit Wirbelsäule und Brustkorb, Schwanzskelett sowie Gliedmaßenskelett mit Schulter- und Beckengürtel. Es stützt den Körper, schützt innere Organe und ist Ansatzfläche für die Muskulatur. Das Skelett der Knorpelfische besteht nur aus Knorpel, in den anderen Gruppen ist der Knorpel weit gehend durch Knochen ersetzt und fast nur auf bewegliche Verbindungen zwischen den Knochen (z.B. Gelenkkapseln, Zwischenwirbelscheiben) reduziert.

Skelettsysteme bei Wirbeltieren

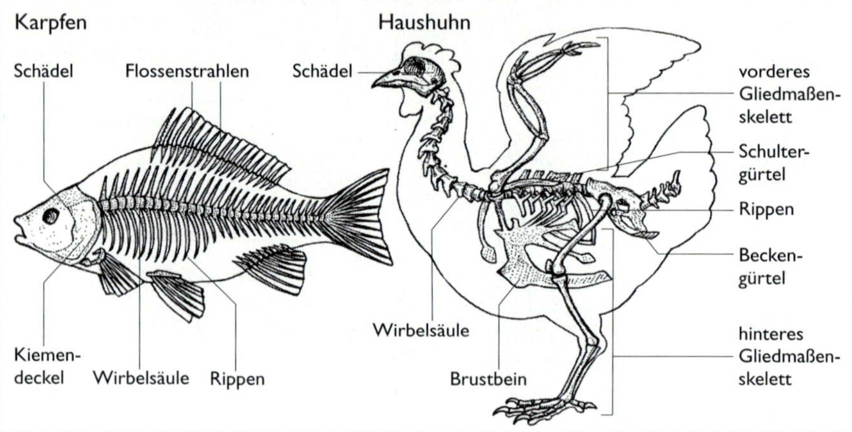

Wirbelsäule. Die Wirbelsäule setzt sich aus vielen segmental angeordneten und gegeneinander beweglichen Wirbeln zusammen. Die Wirbel sind zunächst knorpelig, später meist knöchern und umschließen die Chorda. Dabei wird diese bis auf geringe Reste verdrängt. Die Wirbelsäule ist mit Schädel, Rippen, Schulter- und Beckengürtel, die beiden letzteren mit je einem Gliedmaßenpaar, verbunden.

Bau eines Wirbels

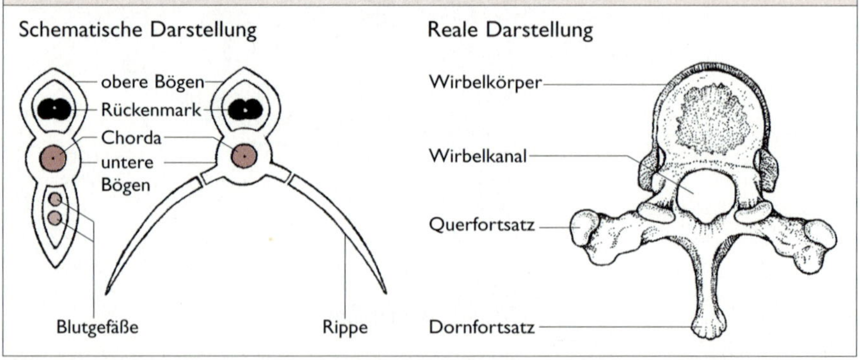

2

Skelett des Menschen (Vorderansicht)

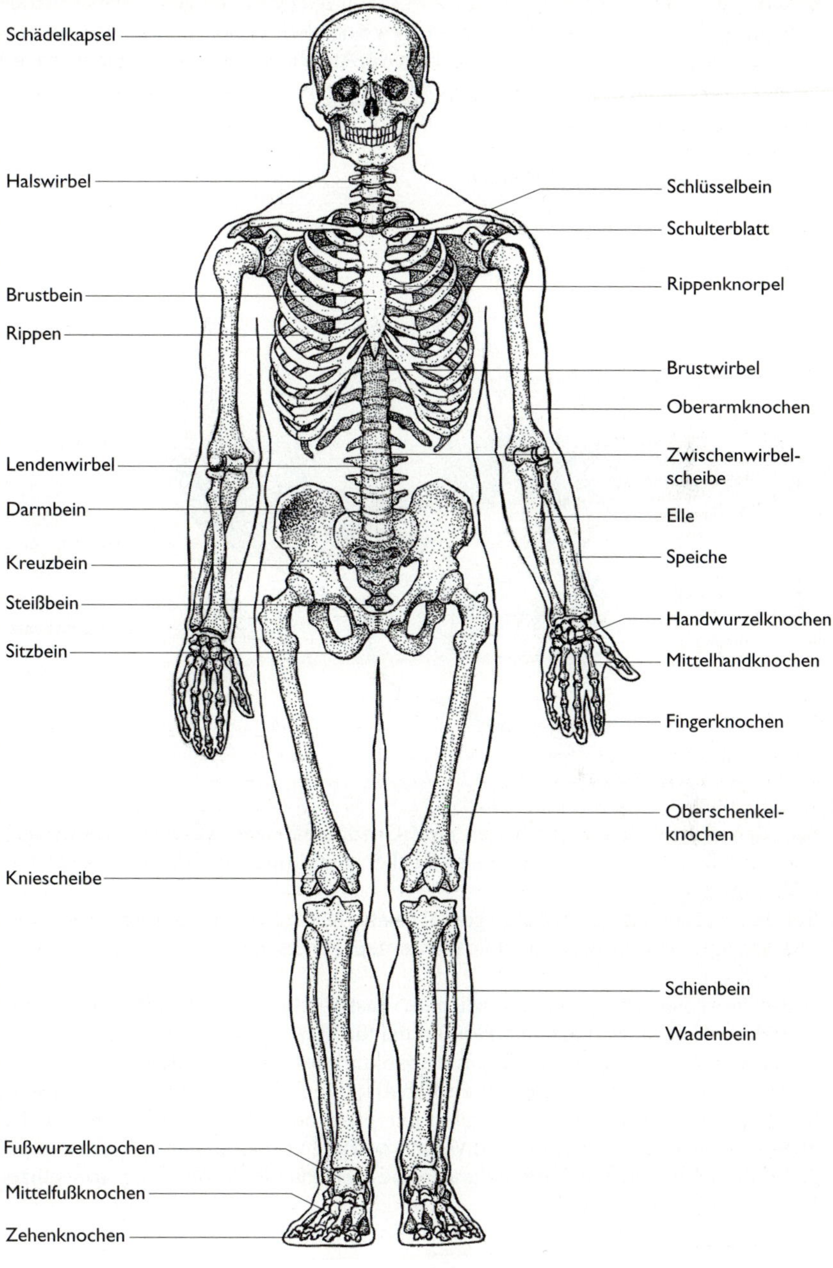

Schädel. Das Kopfskelett (Schädel) der Wirbeltiere besteht aus Knorpeln oder Knochen, die mehr oder weniger miteinander verwachsen sind und die Schädelkapsel bilden. Rundmäuler und Knorpelfische besitzen zeitlebens einen Knorpelschädel. Bei den übrigen Wirbeltiergruppen wird das Kopfskelett nur im Embryonalstadium knorpelig angelegt und verknöchert dann mit Abschluss der Entwicklungsphase. Der Schädel schützt das Gehirn, wichtige Sinnesorgane (z.B. Augen, Innenohr) und die Organe der Nahrungsaufnahme.

Schädel des Menschen (Seitenansicht)

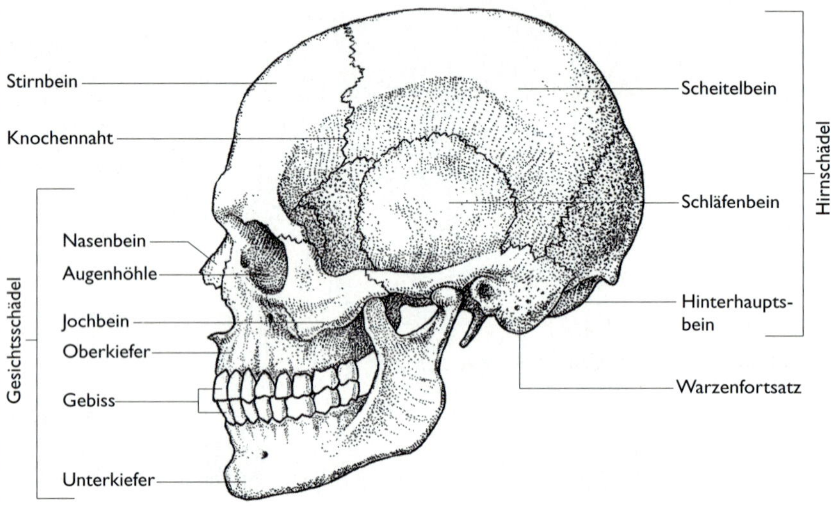

Gliedmaßen. Wirbeltiere haben zwei Gliedmaßenpaare (Extremitätenpaare), die über den Schulter- beziehungsweise Beckengürtel mit der Wirbelsäule relativ lose in Verbindung stehen.

Bei den Fischen ist der Schultergürtel relativ fest mit dem Kopfskelett verbunden. Die paarigen Brust- und Bauchflossen entsprechen den Gliedmaßen der anderen Wirbeltiere.

Beim Übergang von den ursprünglich im Wasser lebenden Wirbeltieren zu Landformen entwickelten sich aus den Flossen die fünfstrahligen Extremitäten. Sie gehören neben der Vierfüßigkeit zum Charakteristikum der Landwirbeltiere.

In Anpassung an die verschiedenen Lebensräume und Fortbewegungsweisen sind bei den Wirbeltieren die Gliedmaßen entsprechend ihrer Funktion zum Teil stark abgewandelt (z.B. Reduktion und Verschmelzung von Knochen, beispielsweise der Zehenknochen in der Entwicklungsreihe der Pferde, Umbildung von einzelnen Extremitätenabschnitten).

↗ Homologie, S. 283
↗ Progression und Regression, S. 292

Umbildungen der Extremitäten bei Wirbeltieren

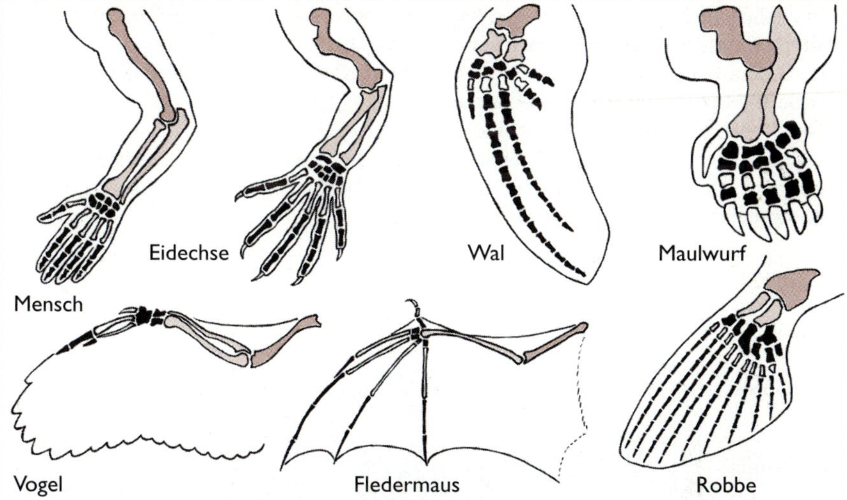

Bau der Knochen

Knochen bestehen in der Regel aus einer kompakten Rindenschicht und einer lockeren Schwammschicht, sie sind von der Knochenhaut umgeben. Die Hohlräume in den Knochen enthalten meist Knochenmark.

Die Knochenzellen scheiden eine organische Grundsubstanz mit eingelagerten Kalksalzen und Kollagenfasern ab; sie bilden in der Rindenschicht Knochensäulchen aus konzentrisch angelegten Lamellen, in der Schwammschicht verzweigte Knochenbälkchen.

Knochen sind fest miteinander verwachsen oder über Gelenke beziehungsweise andere Knochenverbindungen (z.B. Haften) miteinander verbunden.

Bau eines Knochens

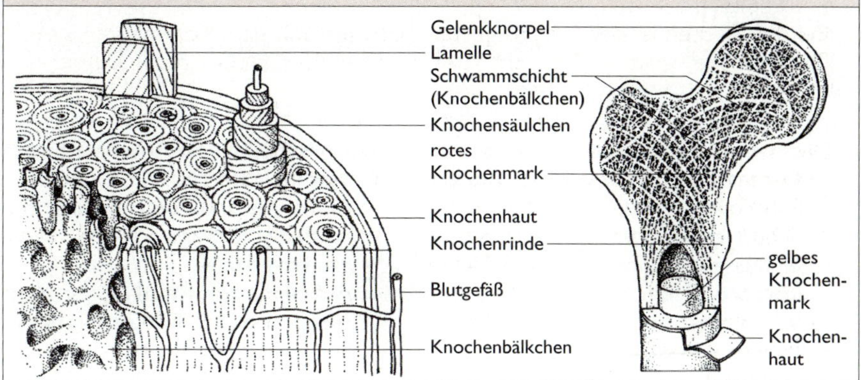

Haut

Die äußere Haut der Wirbeltiere besteht aus Deckgewebe und Bindegeweben, sie ist mehrschichtig und grenzt den Körper nach außen hin ab (z. B. Hornschuppen als Verdunstungsschutz bei Kriechtieren), stellt aber auch Verbindung zur Umwelt her (z. B. Sinneszellen). Hautumbildungen (Hautderivate) sind beispielsweise Haare, Federn, Hornschuppen, Nägel und Hufe.

Die innere Haut (Schleimhaut) kleidet die Körperhöhlen aus. Sie ist weich und drüsenreich und besteht weit gehend aus Epithelgewebe. Charakteristisch für viele Organe mit Schleimhäuten ist die starke Oberflächenvergrößerung zum Beispiel durch Falten- und Zottenbildung.

Bau der äußeren Haut des Menschen

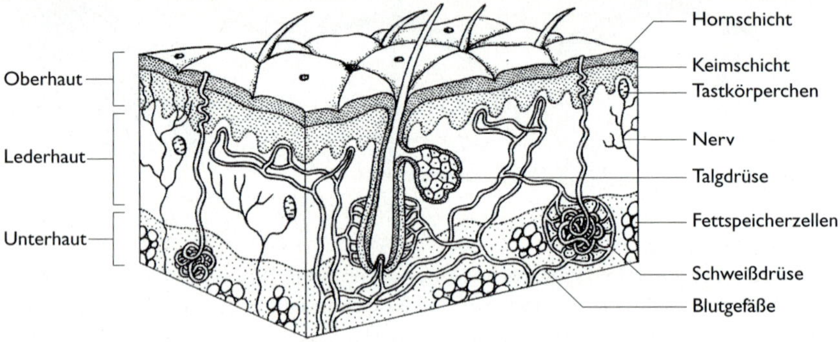

Oberflächenvergrößerung bei Schleimhäuten

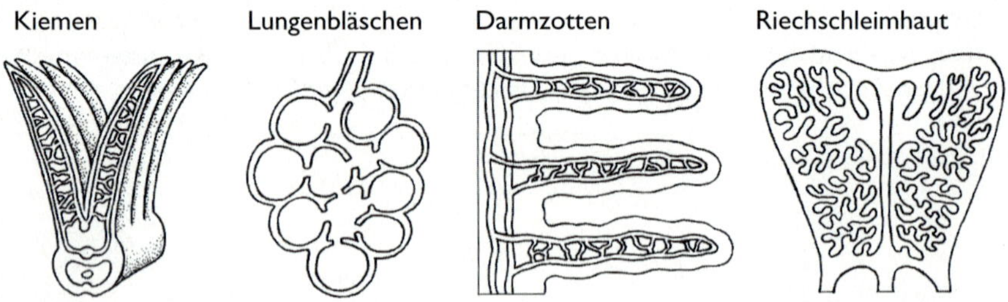

Die Haut hat verschiedene Funktionen, die entsprechend ihrer Angepasstheit (z.B. an Lebensraum, Lebensweise) unterschiedlich stark ausgeprägt sein können:

- äußere Abgrenzung des Organismus,
- Schutz gegen schädigende Umwelteinflüsse (z.B. Eindringen von Fremdkörpern, Giftstoffe),
- Wärmeregulation (z.B. durch Haare, Federn, eingelagertes Fett, ausgeprägtes Blutkapillarnetz),
- Aufnahme und Ausscheidung von Stoffen (z.B. Wasser, Sauerstoff, anorganische Salze),
- Aufnahme von Reizen (über Hautrezeptoren, z.B. Tastkörperchen),
- Speicherung von Fett.

Nervensystem

Wirbeltiere haben ein Zentralnervensystem mit Gehirn und Rückenmark. Es entsteht aus dem Neuralrohr als ektodermale Bildung.

Das Nervensystem besteht aus Nervenzellen sowie aus bindegewebigen Stützzellen. Durch ihre Fortsätze sind Nervenzellen mit anderen Nervenzellen, mit den Sinnesorganen oder mit den Erfolgsorganen verbunden. Das Zentralnervensystem nimmt Erregungen von den Sinneszellen auf, verarbeitet sie und leitet sie zu den entsprechenden Erfolgsorganen (z.B: Muskeln, Drüsen) weiter. Es steuert gemeinsam mit dem Hormonsystem die Tätigkeit aller Organsysteme und gewährleistet deren Koordinierung.

Übersicht über das Nervensystem | Vegetatives Nervensystem

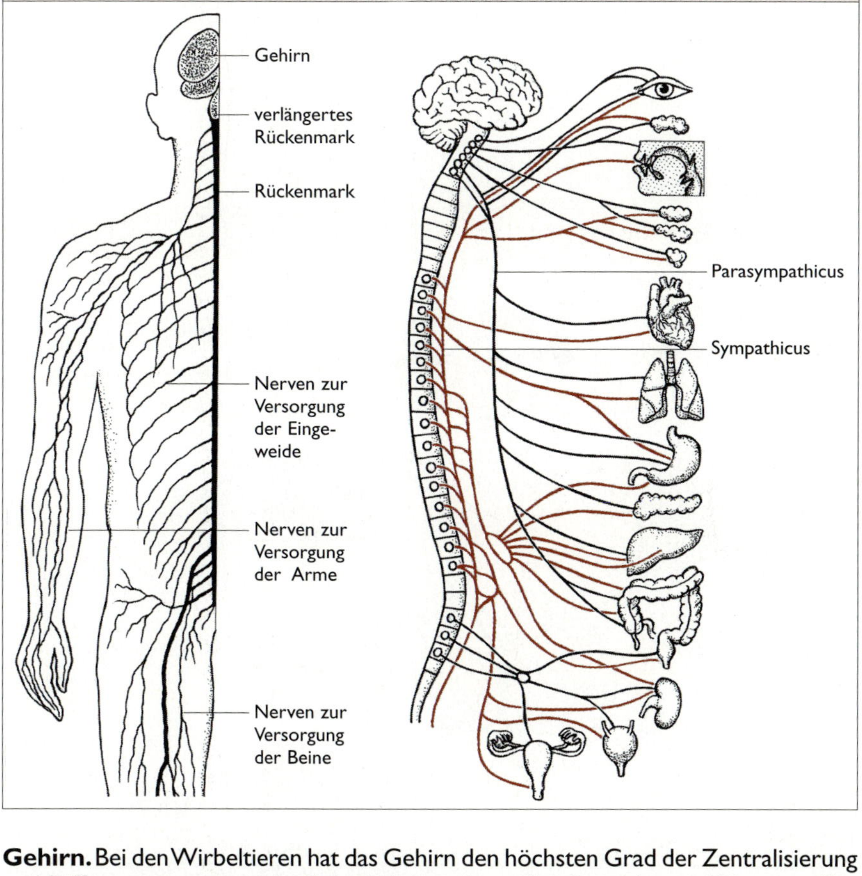

Gehirn. Bei den Wirbeltieren hat das Gehirn den höchsten Grad der Zentralisierung und Differenzierung erreicht. Es besteht aus der außen liegenden und Nervenzellen enthaltenden Hirnrinde (graue Substanz) sowie dem innen liegenden Mark (weiße Substanz), das aus Nervenfortsätzen gebildet wird. Das Gehirn gliedert sich in 5 Abschnitte: Vorderhirn, Zwischenhirn, Mittelhirn, Hinterhirn und Nachhirn. Innerhalb

2

Lage und Abschnitte des menschlichen Gehirns

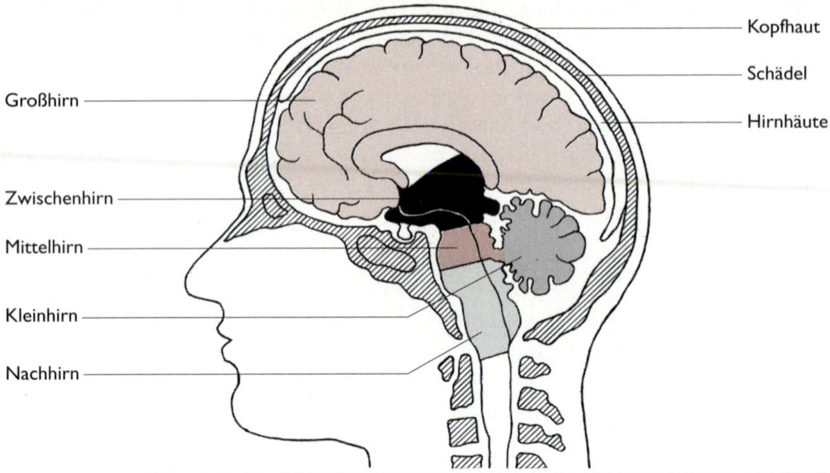

Entwicklung des Gehirns

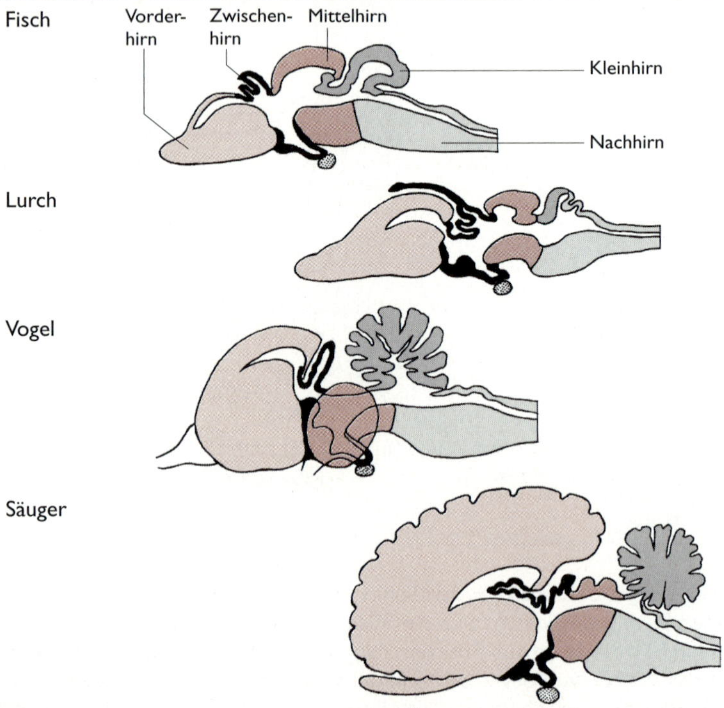

des Gehirns haben sich bestimmte motorische und sensible Zentren gebildet, die die Reize aus dem Körper (endogene Reize) und der Umwelt (exogene Reize) aufnehmen und verarbeiten. Damit funktioniert das Gehirn als Steuerzentrum des Organismus. Mit zunehmender Höherentwicklung der Wirbeltiere erfolgte eine immer stärkere Konzentration des Nervengewebes im vorderen Abschnitt des Zentralnervensystems.

Bau des Rückenmarks

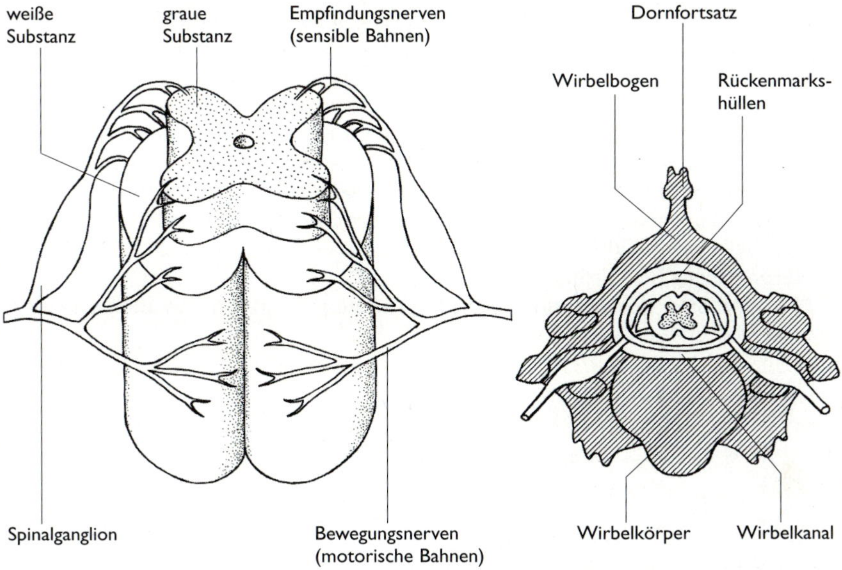

Rückenmark (Querschnitt) — Rückenmark im Wirbelkanal

Rückenmark. Das Rückenmark schließt sich strangförmig an das Gehirn an. Es liegt geschützt im Wirbelkanal. Die äußere Schicht des Rückenmarks besteht aus Nervenfasern (weiße Substanz), die innere aus Nervenzellkörpern (graue Substanz). Über das Rückenmark verlaufen weit gehend unabhängig vom Gehirn einfache und unbedingte Reflexe. Insbesondere bei niederen Wirbeltieren ist das Rückenmark Ausgangspunkt von Bewegungsvorgängen und einfachen Abwehrreaktionen.

Vegetatives Nervensystem. Steht mit dem Zentralnervensystem in Verbindung und steuert die Tätigkeit der inneren Organe. Es arbeitet unabhängig vom Willen. Das vegetative Nervensystem besteht aus zwei Nervensträngen, dem Sympathicus und dem Parasympathicus, die beide als Gegenspieler wirken.

↗ Reflexe, S. 223; ↗ Gliederung des Zentralnervensystem, S. 220

Peripheres Nervensystem. Wird von den Nerven gebildet, die Gehirn und Rückenmark mit den reizaufnehmenden Organen verbinden (afferente Fasern) beziehungsweise Impulse von Gehirn und Rückenmark zu den Erfolgsorganen (Muskeln, Drüsen) leiten (efferente Fasern).

Bau der Nerven

Nervenzellen haben unterschiedlich lange, verzweigte Fortsätze, die Dendriten und Neuriten.

Dendriten. Sind die meist zahlreichen, stark verzweigten, kurzen Fortsätze am Zellkörper der Nervenzellen. Sie verbinden die Nervenzellen untereinander oder die Nervenzellen mit bestimmten Rezeptoren.

Neuriten. Sind oft meterlange, nicht oder nur wenig verzweigte Fortsätze der Nervenzellen. Die Neuriten dienen der Erregungsleitung und -übertragung von den Rezeptoren zu den Nervenzellen (sensible Nerven) sowie von den Nervenzellen zu den Erfolgsorganen (motorische Nerven). Sie bilden das Axon der Nervenfasern.

Nervenfasern. Bestehen aus dem Axon und mehreren Hüllen (Markscheide, Schwannsche Scheide). Marklose Nervenfasern enthalten im Axon mehrere Neuriten; ihnen fehlt eine Myelinscheide (Markscheide). Sie kommen bei vielen Wirbellosen vor; bei Wirbeltieren bilden sie nur einen geringen Anteil des Nervensystems. Markhaltige Nervenfasern enthalten im Axon nur einen Neuriten, der von einer Myelinscheide (Markscheide) umgeben ist. In regelmäßigen Abständen wird die Markscheide von den Ranvierschen Schnürringen durchbrochen. Markhaltige Nervenfasern kommen bei einigen Wirbellosen (z.B. Gliedertieren) vor, sie bilden die Mehrzahl der Nervenfasern bei Wirbeltieren.

Nerven. Sind Bündel von Nervenfasern, die gemeinsam von Bindegewebshüllen umschlossen werden.

Bau eines Nervs

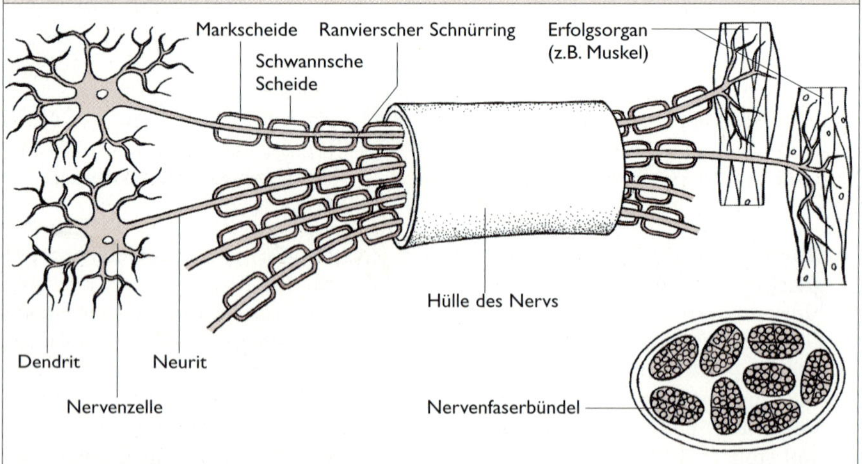

↗ Erregungsleitung, S. 217, ↗ Synapsenfunktionen, S. 219

Sinnesorgane

Die Sinnesorgane der Wirbeltiere sind je nach Entwicklungshöhe und Angepasstheit des Organismus an seine Umwelt mehr oder weniger stark differenziert beziehungsweise spezialisiert. Bei den meisten Wirbeltieren sind alle wichtigen Sinnesorgane am Kopf konzentriert (z.B. Augen, Ohren, Geruchsorgane).

Lichtsinnesorgane. Wirbeltiere haben hoch entwickelte Linsenaugen, die hinsichtlich der Bildschärfe allen anderen Augentypen überlegen sind. Sie bestehen aus Licht brechenden Teilen (dioptrischer Apparat), Pigmentabschirmungen sowie Schutz- und Hilfseinrichtungen.

Lichtsinnesorgane der Wirbeltiere	
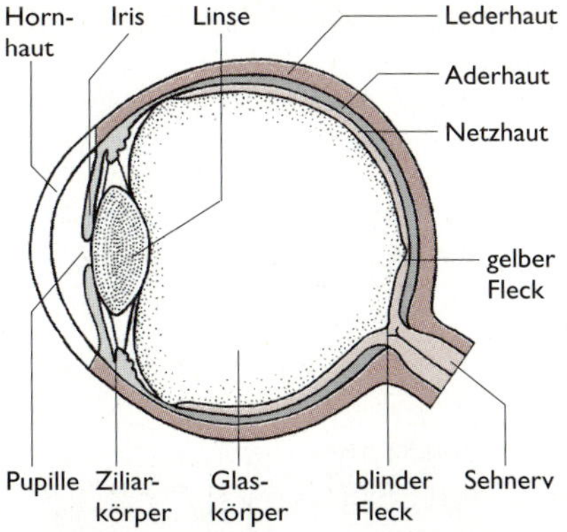	Linsenaugen bestehen aus der Netzhaut, die zahlreiche Lichtsinneszellen (Stäbchen, Zäpfchen) enthält, Häuten zum Schutz und zur Versorgung (z.B. Hornhaut, Aderhaut), der Linse, dem Glaskörper und dem Sehnerv. Zum Linsenauge gehören meist vielfältige Schutz- und Hilfseinrichtungen (z.B. Augenbrauen, Augenlid mit Wimpern, Augenmuskeln, Tränendrüsen), die in den einzelnen Wirbeltierklassen unterschiedlich ausgebildet sind. Linsenaugen erzeugen auf der Netzhaut ein umgekehrtes, verkleinertes, reelles Bild.

Hörsinnesorgane. Bei den Fischen ist das Gehörorgan mit der Schwimmblase verbunden, bei den Landwirbeltieren liegt es in der Kopfregion und besteht aus Innen- und Mittelohr, zum Teil auch Außenohr.
Vor allem bei den höher entwickelten Wirbeltieren spielt das Gehör für die Orientierung und die gegenseitige Kommunikation eine wesentliche Rolle.
Das Ohr des Menschen besteht aus dem Außenohr, dem Mittelohr und dem Innenohr. Das Hörorgan, die Schnecke, liegt zusammen mit den Organen des Lage- und Bewegungssinnes gut geschützt in der knöchernen Schädelkapsel.

Längsschnitt durch ein menschliches Ohr

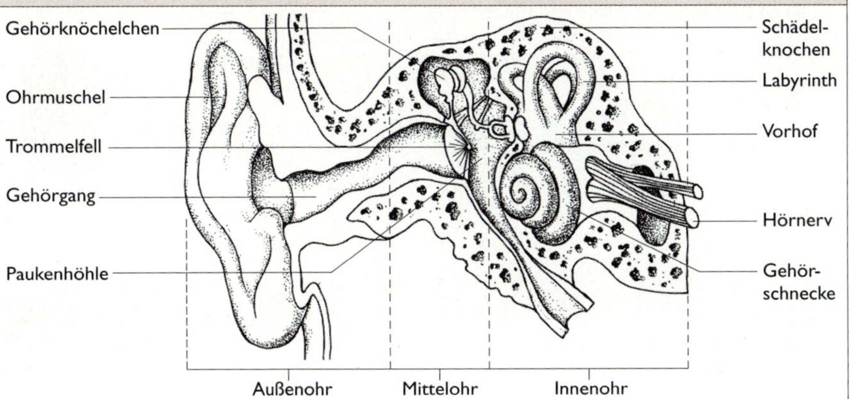

Die Teile des Außenohrs dienen der Aufnahme, Leitung und Komprimierung der Schallwellen sowie der Übertragung zum Mittelohr. Im Mittelohr werden die Luftschwingungen mechanisch verstärkt und zum Innenohr übertragen; im Innenohr wirken die Schwingungen als Reiz auf die Sinneszellen; die Erregung wird vom Hörnerv weitergeleitet.

Geruchs- und Geschmackssinnesorgane. Sie dienen der Aufnahme von Reizen durch gasförmige oder flüssige Stoffe und bestehen meist aus primären Sinneszellen (Geruchssinnesorgan) oder sekundären Sinneszellen (Geschmackssinnesorgan) ohne Hilfseinrichtungen. Geschmackssinneszellen sind in der Regel zu mehreren in Geschmacksknospen vereinigt; sie liegen bei den meisten Wirbeltieren in der Schleimhaut der Mundhöhle und der Zunge, bei einigen Fischen und Lurchen liegen sie in der Außenhaut.

Die Geruchsrezeptoren liegen in der Schleimhaut der Nasenhöhlen. In Angepasstheit an unterschiedliche Lebensweisen ist die Oberfläche der Riechschleimhaut durch Einfaltungen unterschiedlich stark ausgebildet.

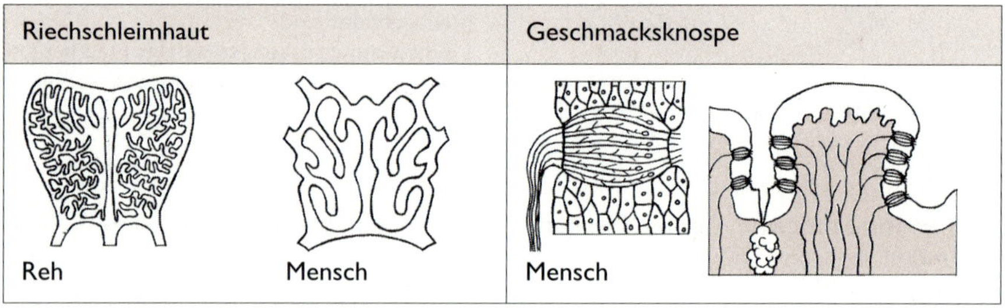

Sinneszellen in der Haut. Bei Wirbeltieren sind in der Haut zumeist Sinnesnervenzellen (freie Nervenendigungen), bei höheren Wirbeltieren außerdem sekundäre Sinneszellen (z.B. bei Säugern Vater-Pacinische Lamellenkörperchen, Meißnersche Tastkörperchen) vorhanden, die als Tast- und Temperatursinneskörperchen sowie als Schmerzsinneszellen ausgebildet sind.

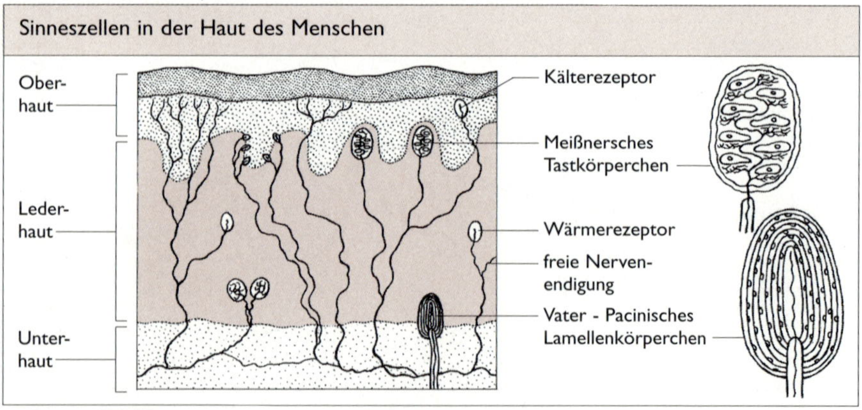

↗ Reize, S. 213

Blutgefäßsystem

Wirbeltiere haben ein geschlossenes Blutgefäßsystem, das aus Herz, Arterien, Venen und Kapillaren besteht.

Herz. Das Herz der Wirbeltiere ist eine ventral gelegene Pumpe, die durch rhythmisches Zusammenziehen und Erschlaffen die Bewegung des Blutes bewirkt und es in den Gefäßen zirkulieren lässt. Das Herz ist meist als ein kräftiger Hohlmuskel (Herzmuskulatur) ausgebildet.

Arterien. Sind Adern, die das Blut vom Herzen weg in alle Körperteile führen (z.B. Kopfarterien, Lungenarterien). Sie unterstützen durch Kontraktion die Pumpwirkung des Herzens.

Venen. Sind Adern, die aus dem Körper zum Herzen hinführen. Sie haben Venenklappen, die das Zurückfließen des Bluts verhindern.

Kapillaren. Sind feinste Haargefäße, durch deren dünne Wände der Austausch von Nährstoffen und Gasen zwischen Blut und Körper erfolgt.

Blutkreislauf

In Angepasstheit an unterschiedliche Lebensräume und Lebensweisen sind in den einzelnen Wirbeltierklassen unterschiedlich differenzierte, aber stets geschlossene Blutkreisläufe ausgebildet, vom einfachen Kreislauf der Fische bis zum doppelten, getrennten Kreislauf (Körperkreislauf und Lungenkreislauf) bei Vögeln und Säugern. Beim doppelten Kreislauf ist die Herzkammer durch die Herzscheidewand in zwei

Einfacher geschlossener Blutkreislauf bei Knochenfischen	Doppelter geschlossener Blutkreislauf bei Säugetieren
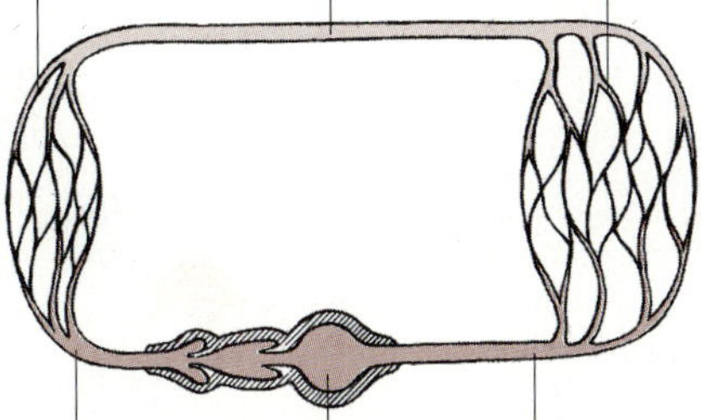	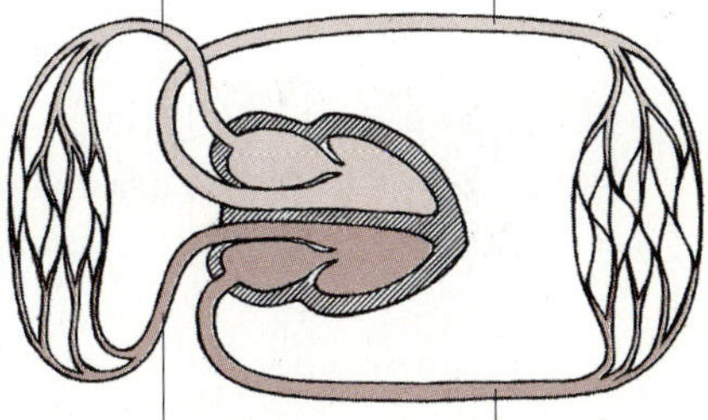
Das sauerstoffreiche (arterielle) Blut fließt nach Passieren der Kiemenkapillaren unter nur geringem Druck in den Körper. Der nur träge Blutkreislauf führt zu relativ geringer Sauerstoffversorgung der Organe, die zusammen mit dem fehlenden Wärmeschutz durch die Haut Ursachen für die wechselwarme Körpertemperatur sind.	Das sauerstoffreiche (arterielle) Blut fließt nach Passieren der Lungenkapillaren zur linken Herzhälfte und wird von dort direkt mit großem Druck in den Körper gepumpt. Die gute Versorgung des Körpers mit Sauerstoff und die isolierende Körperbedeckung sind Voraussetzungen für die gleichwarme Körpertemperatur.

völlig voneinander getrennte Kammern unterteilt. So wird die Sauerstoffversorgung des Körpers optimal gesichert und der Organismus ist zu höheren Leistungen (z.B. Flugleistung der Vögel) befähigt und unabhängiger von der Umwelt. Diese Differenzierung in Anpassung an das Landleben hat gleichzeitig auch Veränderungen in verschiedenen Körperfunktionen (z.B. Atmung, Wärmeregulation) zur Folge.

Blutgefäßsystem des Menschen	Bau und Funktion des menschlichen Herzens

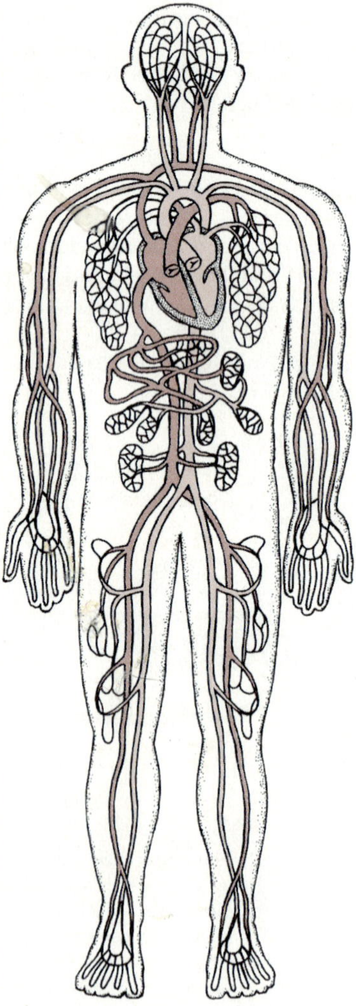

Schnitt durch ein Herz

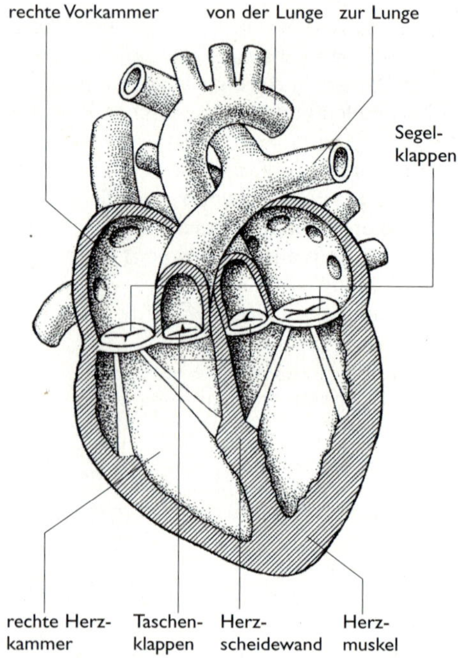

Arbeitsphasen des Herzens

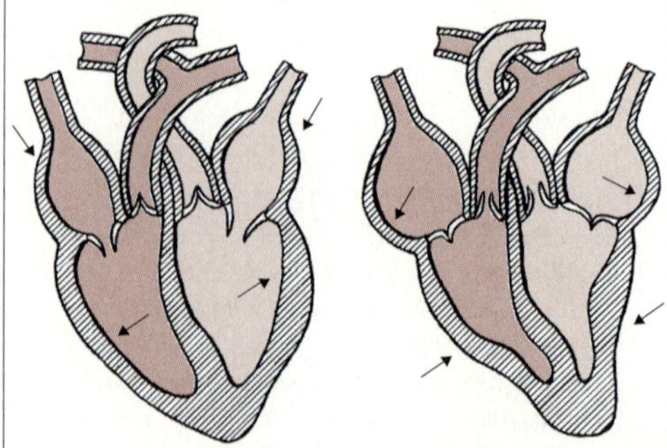

Blut

Das Blut der Wirbeltiere ist eine Körperflüssigkeit, die sich zusammensetzt aus
- Blutflüssigkeit (Blutplasma): Besteht aus Blutserum mit etwa 90 % Wasser und 10 % gelösten Stoffen (z.B. Salze, Hormone) und Fibrinogen (enthält Eiweiße),
- geformten Bestandteilen: Zu ihnen gehören
- rote Blutkörperchen (Erythrozyten), die hauptsächlich im roten Knochenmark gebildet werden und Hämoglobin (bindet den Sauerstoff) enthalten;
- weiße Blutkörperchen (Leukozyten), farblose Zellen, die im roten Knochenmark, in der Milz und den Lymphknoten gebildet werden und Abwehraufgaben im Körper erfüllen;
- Blutplättchen (Thrombozyten), unterschiedlich geformte, kernlose und leicht zerfallende Bestandteile des Blutes. Sie werden im Knochenmark gebildet und sind wichtig für die Blutgerinnung.

Das Blut hat Transportfunktion (z.B. Nährstoffe, Atemgase, Exkrete), Abwehrfunktion und bewirkt den Wundverschluss. Es dient aber auch der Wärmeregulation.

↗ Zellen des Immunsystems, S. 175

Lymphgefäßsystem

Das Lymphgefäßsystem ist ein nur bei Wirbeltieren vorkommendes offenes Gefäßsystem, das die Lymphe (meist farblose Flüssigkeit aus Serum, Lymphozyten und gelösten Stoffen, z.B. Nährstoffe) durch den gesamten Körper transportiert.

Von den Gewebsspalten gelangt die Lymphe in die Lymphgefäße und wird dort vor allem durch Muskelkontraktionen weiterbefördert. Nur Fische, Lurche und Kriechtiere besitzen dafür besondere kontraktile Abschnitte, die Lymphherzen.

Die Lymphgefäße vereinigen sich schließlich im Hauptlymphgefäß (Brustlymphgang), der in der Nähe des Herzens in die großen Körpervenen einmündet, sodass die Lymphe mit dem Blut in alle Gewebe des Körpers gelangt. Aus den Blutkapillaren tritt die Lymphe dann wieder in die Gewebsspalten aus.

Die Lymphe transportiert Nährstoffe (z.B. Fett) und hat eine Schutz- und Abwehrfunktion. Letztere erfolgt vor allem durch die Lymphknoten, die zum Beispiel als Filter gegen Krankheitserreger wirken.

↗ Lymphozyten, S. 175

Lymphgefäßsystem des Menschen

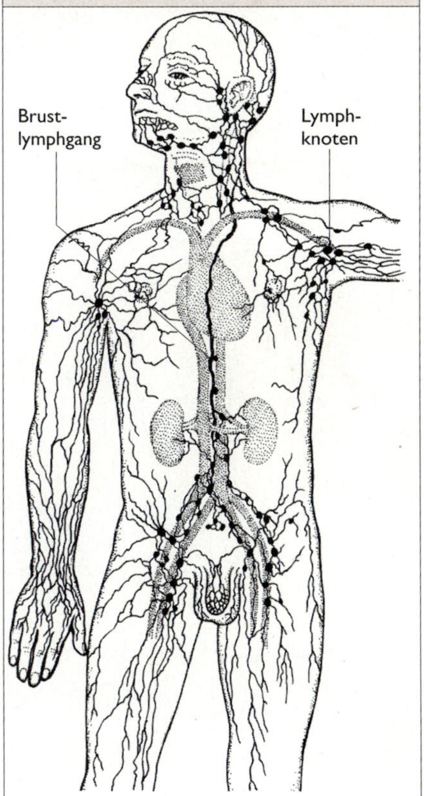

Verdauungssystem

Das Verdauungssystem der Wirbeltiere besteht aus mehreren, in Bau und Funktion sehr unterschiedlichen Organen; es dient der Aufnahme und Weiterleitung sowie der mechanischen Zerkleinerung und biochemischen Verdauung der Nahrung (Digestion), der Resorption der Nährstoffe sowie der Abgabe der unverdaulichen Nahrungsreste. Es ist meist mit dünnwandiger, drüsenreicher Haut zur Abgabe von Enzymen und zur Resorption der Nährstoffe ausgekleidet.

Entsprechend der Organisationshöhe und der Lebensweise sind die einzelnen Abschnitte des Verdauungssystems in den verschiedenen Wirbeltiergruppen unterschiedlich ausgebildet.

Lage der Verdauungsorgane des Menschen

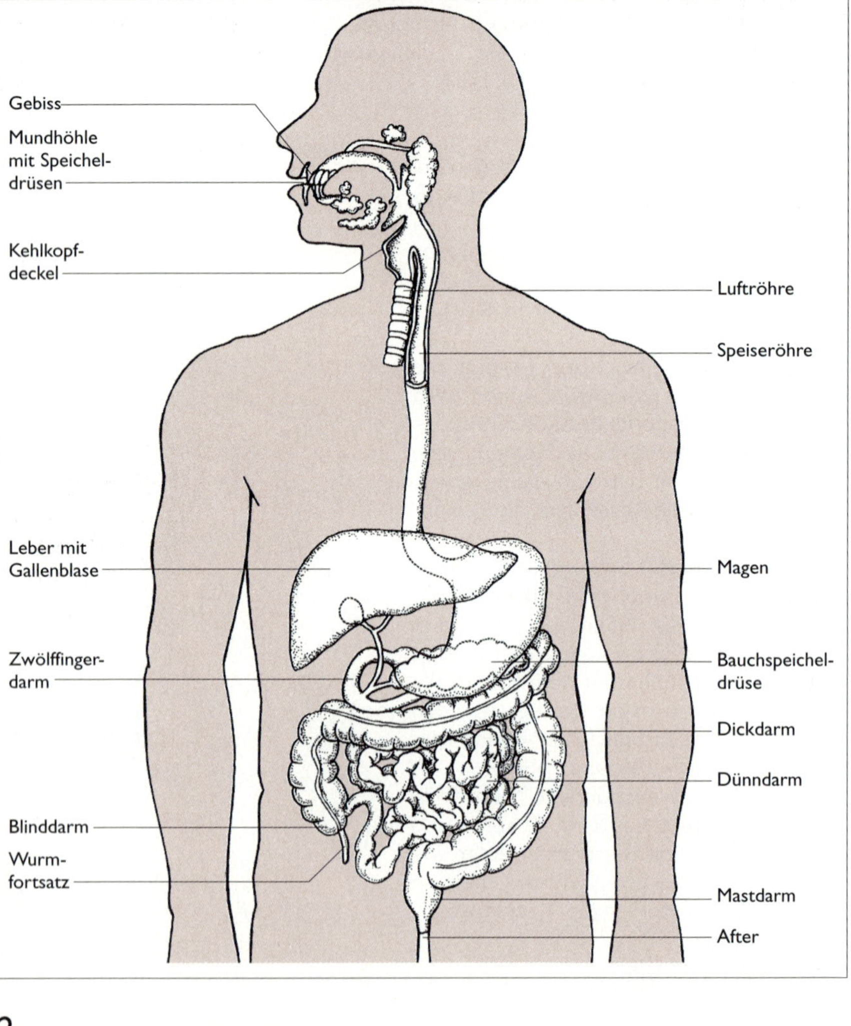

Abschnitte des Verdauungssystems beim Menschen

Mund- und Rachenhöhle. Die Mundhöhle enthält die Zähne zur Zerkleinerung der Nahrung. Sie ist mit Schleimhaut ausgekleidet, enthält Sinneszellen (Geschmacksknospen vor allem auf der Zunge) und Speicheldrüsen, die durch Absonderung des Mundspeichels die Verdauung einleiten und die Nahrung gleitfähig machen.

Speiseröhre. Die Speiseröhre ist ein mit Schleimhaut ausgekleideter, aus Ring- und Längsmuskeln bestehender Schlauch. Sie leitet durch peristaltische Bewegungen die Nahrung in den Magen weiter.

Magen. Der Magen ist eine muskulöse, mit drüsenreicher Schleimhaut ausgekleidete, sackartige Erweiterung des Verdauungskanals. In ihm werden die Nährstoffe durch Einwirken des Magensaftes (enthält Enzyme und schwach konzentrierte Salzsäure) weiter verdaut. Vermischung von Nahrung und Magensaft erfolgt durch peristaltische Bewegungen der Magenmuskulatur.

Darm. Der Darm besteht aus dem Dünndarm und dem Dickdarm mit Mastdarm und After. Der muskulöse Darmkanal ist mit Schleimhaut mit Drüsen ausgekleidet, die im Dünndarm verschiedene Enzyme abgeben. Eine Vielzahl von Zotten vergrößert die innere, resorbierende Oberfläche des Dünndarms.
In den Dünndarm münden die Ausführungsgänge von Leber und Bauchspeicheldrüse. Im Dünndarm werden die Nährstoffe zu löslichen, resorbierbaren Nährstoffen umgewandelt und in dieser Form von den Epithelzellen der Darmzotten resorbiert.
Der Dickdarm hat keine Zotten. In ihm werden die nicht verdauten Nahrungsreste durch Wasserentzug eingedickt und über Mastdarm und After nach außen abgegeben.
↗ Verdauung, S. 196 ff. ↗ Enzyme, S. 151 ff.

Zähne und Gebiss

Die Ausbildung von Zähnen kommt nur bei Wirbeltieren vor. Sie sind stammesgeschichtlich aus den Hautknochen (Placoidschuppen) der Knorpelfische hervorgegangen. Zähne dienen dem Festhalten und Zerkleinern der Nahrung sowie der Verteidigung. Vögel haben in der Regel keine Zähne. Bei Fischen, Lurchen und Kriechtieren sind die Zähne gleichgestaltet und sitzen häufig nur lose auf den Kieferknochen, sie unterliegen einem dauernden Wechsel. Bei Säugern sitzen die Zähne mit Wurzeln tief in den Kieferknochen. Sie werden in der Regel nur einmal gewechselt (Milchgebiss und Dauergebiss des Menschen) und sind in arttypischer Anzahl ausgebildet (Zahnformel). Ihre Gesamtheit bildet das Gebiss.

Bau des menschlichen Gebisses

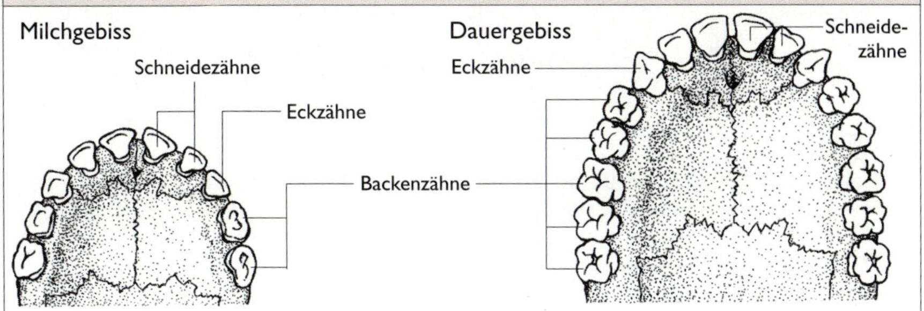

2

Schnitt durch einen Backenzahn und einen Schneidezahn

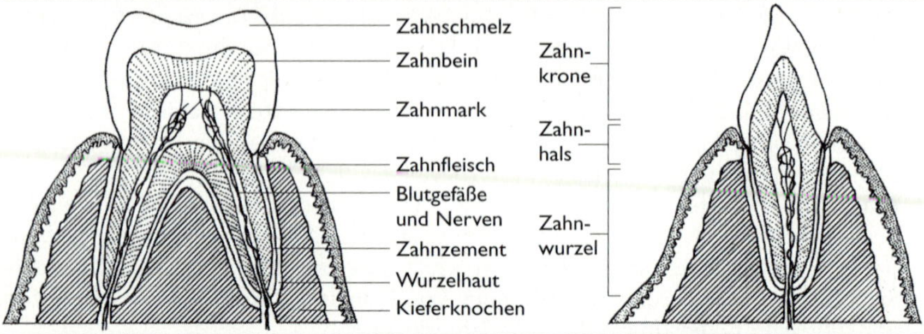

Gebisstypen von Säugern

Pflanzenfressergebisse

Nagergebiss (Nutria)

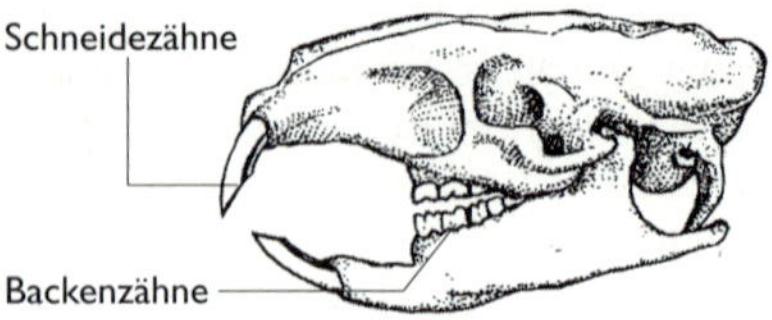

Je ein Paar untere und obere meißelförmige Schneidezähne (Nagezähne) wachsen zeitlebens nach; sie dienen dem Abnagen von Pflanzenteilen.
Eckzähne fehlen.
z.B. Biber, Hase, Kaninchen und Hausmaus

Wiederkäuergebiss (Hausrind)

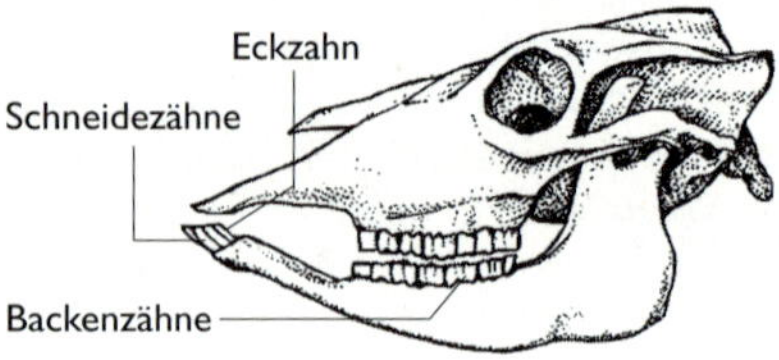

Oberkiefer ohne Schneide- und Eckzähne. Die Backenzähne besitzen eine breite Kaufläche (Mahlzähne).Nahrung wird mit Zunge und Maul abgerupft und zwischen den Backenzähnen zermahlen.
z.B. Reh, Schaf, Ziege

Fleischfressergebiss

Hauskatze

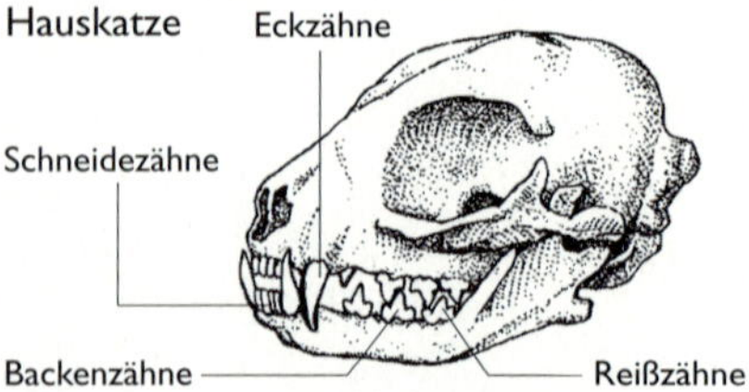

Spitze Schneidezähne, große, dolchartige Eckzähne, Backenzähne mit scharfen Kanten und Zacken. Die hinteren, größten Backenzähne sind die Reißzähne.
z.B. Hund, Marder, Fuchs

Allesfressergebiss

Schwein

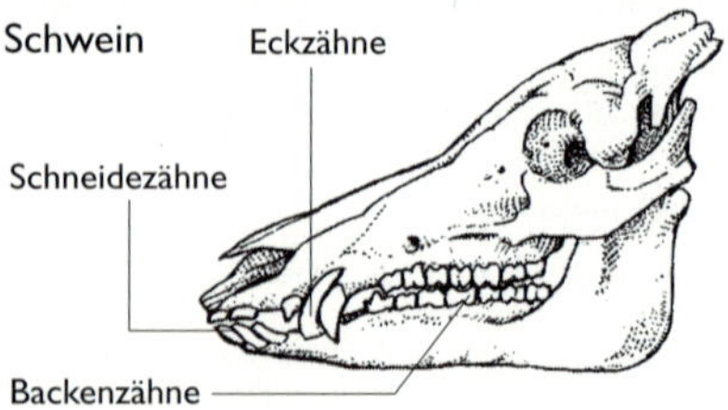

Kleine Schneidezähne, starke Eckzähne, Backenzähne mit breiter Kaufläche, die die Nahrung zermahlen.
z.B. Bär, Affe, Mensch

Atmungssystem. Das Atmungssystem der Wirbeltiere besteht aus Organen, die entwicklungsgeschichtlich aus dem Kiemendarm hervorgegangen sind. Sie regeln den Gasaustausch zwischen dem Organismus und seiner Umwelt. Zu den Atmungsorganen gehören Lungen und Kiemen; sie sind in der Regel dünnhäutig, diffusionsfähig und mit relativ großer Oberfläche, die meist sehr gut durchblutet ist.
Ein - in den einzelnen Wirbeltierklassen unterschiedlich großer - Anteil des Gasaustausches wird auch über die Haut realisiert.

Kiemen. Dienen dem Gasaustausch zwischen Organismus und Wasser; es sind stark verzweigte und gut durchblutete Hautfalten. Büschelförmige Außenkiemen treten vor allem bei Larven (z.B. Lurchlarven) auf. Die meisten primär wasserlebenden Wirbeltiere haben blattförmige Innenkiemen (z.B. Fische).
Einige Fische können über andere Organe (z.B. Labyrinthorgan, Schwimmblase) auch aus der Luft Sauerstoff aufnehmen beziehungsweise Kohlenstoffdioxid abgeben.

Kiemenformen bei Wirbeltieren

innere Kiemen	äußere Kiemen
Knochenfische	Lurche

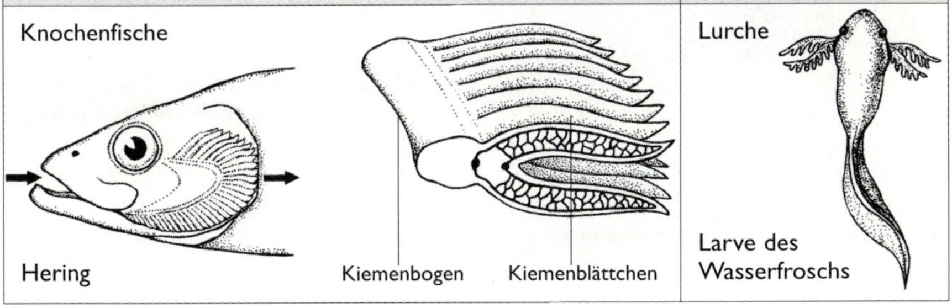

Lungen. Dienen dem Gasaustausch zwischen Organismus und atmosphärischer Luft; es sind paarige Atmungsorgane.
Ihre respiratorische Oberfläche ist entsprechend der Entwicklungsstufe und Lebensweise unterschiedlich stark vergrößert. Die Vögel besitzen das leistungsfähigste Atmungssystem, ihre Lungen sind mit 5 Paar Lungensäcken verbunden, die in Röhrenknochen und zwischen den Eingeweiden liegen.

Entwicklung der Lungen bei Wirbeltieren

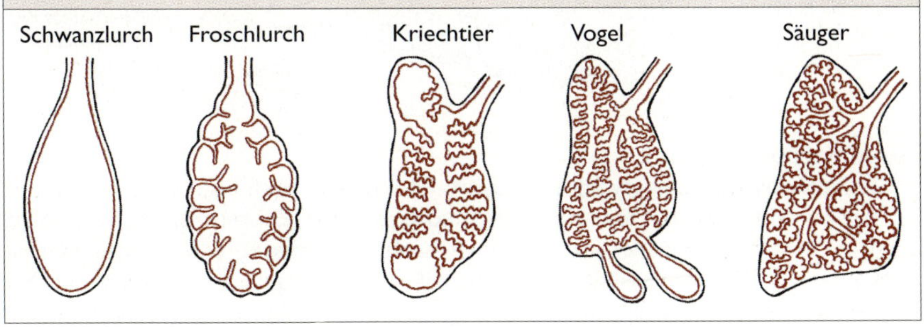

Lage und Funktion der Atmungsorgane beim Menschen		
Lage der Atmungsorgane	Organ	Funktion
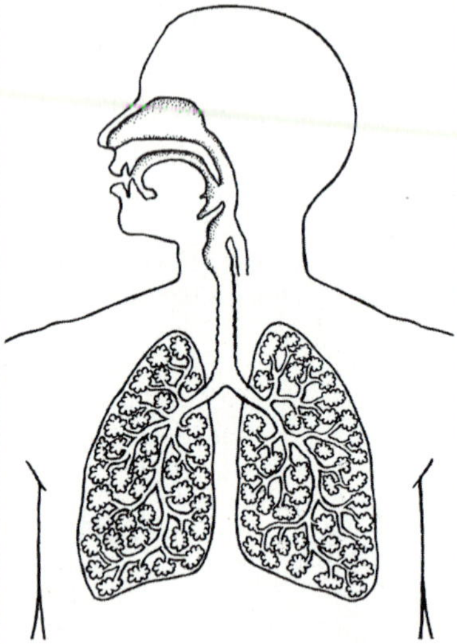	Nasenhöhle Rachenraum	Reinigen, Erwärmen und Anfeuchten der Atemluft durch stark durchblutete Schleimhäute und durch feine Härchen
	Kehlkopf	Kreuzung von Luft- und Speiseweg. Reflektorischer Verschluss der Luftröhre durch den Kehldeckel beim Schlucken. Stimmbänder ermöglichen die Stimmbildung.
	Luftröhre Bronchien	Leitung der Atemluft durch die Bronchien und zunehmend feiner verästelter Bronchienzweige zu den Lungenbläschen.
	Lungenflügel mit Lungenbläschen	Austausch der Atemgase zwischen Atemluft und Blut

Schema des Gasaustausches in einem Lungenbläschen

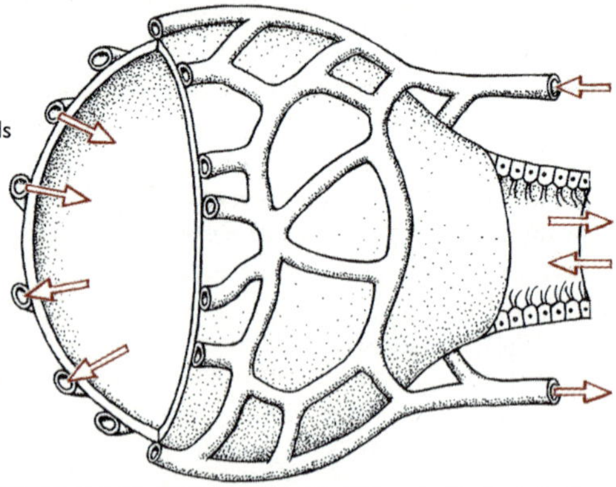

Ausscheidungssystem

Zu den Ausscheidungssystemen gehören bei den Wirbeltieren die Haut, Atmungsorgane und Nieren. Über die Ausscheidungs- oder Exkretionsorgane erfolgt die Ausscheidung (Exkretion) von Stoffwechselendprodukten (z.B. Wasser, Harnstoff, Kohlenstoffdioxid). Gleichzeitig werden durch die Abgabe von Wasser und Salzen die osmotischen Verhältnisse (Osmoregulation) im Organismus konstant gehalten.

2

Urogenitalsystem eines männlichen und eines weiblichen Säugetieres

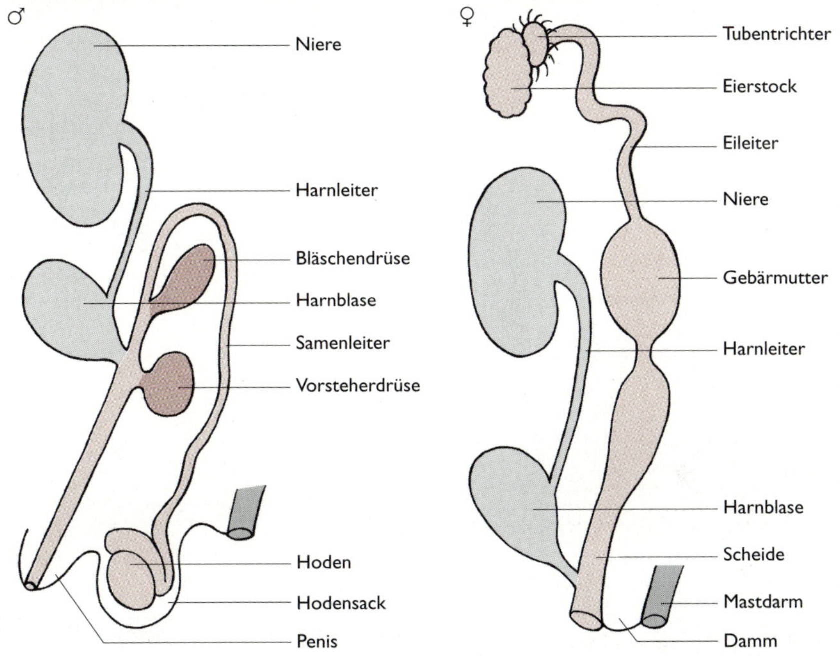

Die Nieren dienen - anders als Haut und Lungen - nur der Ausscheidung. Sie bestehen aus der Nierenrinde mit den Nierenkörperchen und dem Nierenmark mit den ableitenden Gefäßen (z.B. Nierenkanälchen, Nierenbecken, Harnleiter), die in die Harnblase einmünden. Einige Wirbeltiere (z.B. Amphibien, Reptilien, Vögel) scheiden Harn und Kot nicht gesondert von den Geschlechtsprodukten aus, sondern Exkretions- und Geschlechtsorgane münden in einen gemeinsamen Abschnitt des Enddarmes, die Kloake.
Da bei den Wirbeltieren die Ausscheidungs- und Geschlechtsorgane den gleichen entwicklungsgeschichtlichen Ursprung aus dem Mesoderm (mittleres Keimblatt) haben, werden sie auch zusammenfassend als Urogenitalsystem bezeichnet.
↗ Ausscheidungsorgane und Harnbildung in der Niere, S. 212

Fortpflanzungssystem

Das Fortpflanzungssystem der Wirbeltiere besteht aus den inneren Geschlechtsorganen (Keimdrüsen, ableitende Geschlechtswege und Geschlechtsanhangsdrüsen) und aus den äußeren Geschlechtsorganen (Scheide und Penis). In den meist paarigen Keimdrüsen, den Eierstöcken beziehungsweise Hoden werden die Geschlechtszellen (Eizellen bzw. Spermien) gebildet. Die Eierstöcke sind bei Vögeln unpaarig ausgebildet; bei manchen Fischarten (z.B. Hering, Kabeljau) nehmen die Eierstöcke nahezu die ganze Bauchhöhle ein.

2

Männliche Geschlechtsorgane des Menschen

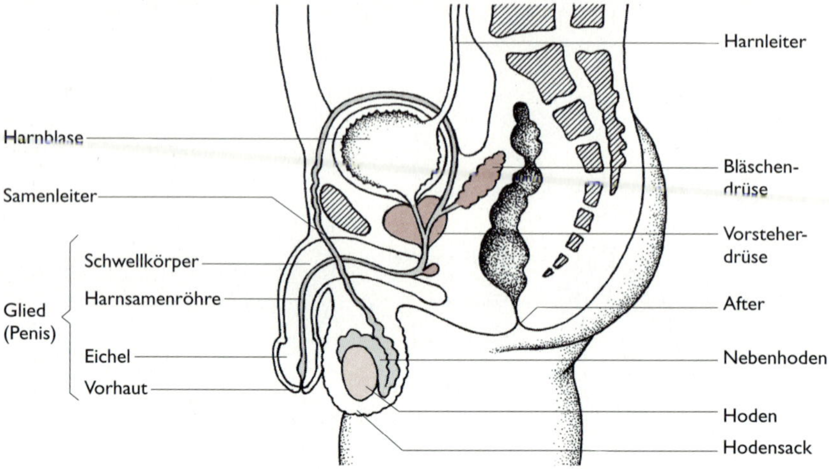

Funktion der männlichen Geschlechtsorgane

Organ	Funktion
Hoden und Nebenhoden	Bildung und Speicherung der männlichen Geschlechtszellen (Spermien), Sekretbildung
Hodensack	Schutz der Hoden
Samenleiter	Transport der männlichen Geschlechtszellen
Vorsteherdrüse, Bläschendrüse, Cowpersche Drüse	Absondern von Sekreten, die unter anderem die Eigenbeweglichkeit der Spermien ermöglichen (Samenflüssigkeit)
Glied (Penis), mit Schwellkörpern, Eichel und Vorhaut	Versteifung des Gliedes durch mit Blut gefüllte Schwellkörper ermöglicht bei sexueller Erregung den Geschlechtsverkehr (Einführen des Gliedes in die Scheide, Ausstoßen der Samenflüssigkeit)

Bau einer männlichen Geschlechtszelle (Spermium)

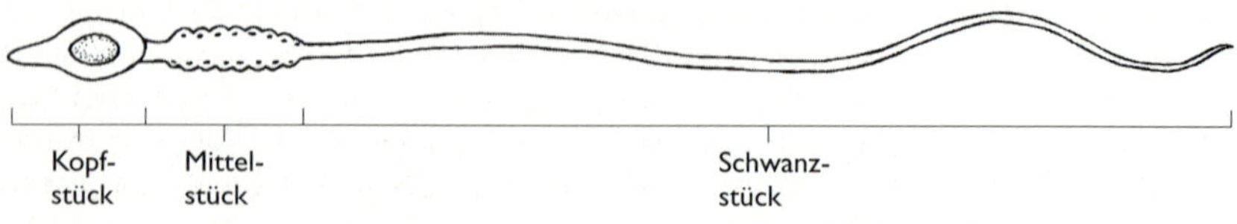

Weibliche Geschlechtsorgane des Menschen

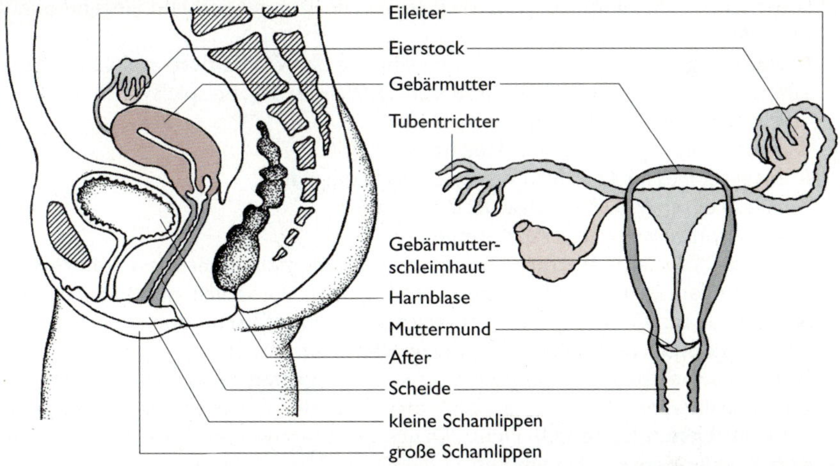

Funktion der weiblichen Geschlechtsorgane

Organ	Funktion
Eierstöcke (Ovarien)	Bildung der Eizellen aus Eianlagen (hormonelle Steuerung durch Hirnanhangdrüse), Follikelreifung, Follikelsprung, Bildung des Gelbkörpers und Produktion von Gelbkörperhormon
Eileiter mit Flimmertrichter	Aufnahme und Weiterleitung des reifen Eies zur Gebärmutter; Aufnahme der Spermien zur Befruchtung des Eies
Gebärmutter (Uterus)	Ausbildung der Gebärmutterschleimhaut, Aufnahme des befruchteten Eies; Nährstoff-, Gas- und Exkretaustausch zwischen Mutter und Embryo beziehungsweise Fötus über Gebärmutterschleimhaut und Nabelschnur; Austreibung des reifen Fötus durch starke Kontraktionen (Wehen) der muskulösen Gebärmutterwand (Geburt)
Scheide (Vagina)	Herstellung der Verbindung von der Gebärmutter zur Außenwelt; Absonderung eines Scheidensekretes zum Abtöten von Bakterien; Aufnahme des männlichen Gliedes und der Spermien beim Geschlechtsverkehr
Kitzler	Sexuelles Erregungszentrum
Schamlippen	Schutz der inneren Geschlechtsorgane

↗ Ontogenese beim Menschen, S. 252 f.

Lebensvorgänge

Fortbewegung. Wirbeltiere bewegen sich entsprechend der Anpassung an ihren Lebensraum schwimmend, kriechend, springend, laufend, grabend, fliegend oder kletternd fort.

Ernährung. Die unterschiedliche Ernährung der Wirbeltiere steht in engem Zusammenhang mit dem hohen Grad der Spezialisierung, beispielsweise als
- Pflanzenfresser (z.B. Kaninchen, Elefant),
- Fleischfresser (z.B. Löwe, Habicht, Hecht),
- Insektenfresser (z.B. Blaumeise, Zwergfledermaus),
- Allesfresser (z.B. Wildschwein, Braunbär),
- Planktonfresser (z.B. Wal, Karpfen).

Atmung. Wirbeltiere atmen entweder durch Kiemen (innere bzw. äußere Kiemen) oder Lungen. Manche Wirbeltiere atmen noch zusätzlich durch die Haut (z.B. Amphibien ca. 35 % der Gesamtrespiration). Einige Fische benutzen auch andere Organe (z.B. Schwimmblase, Labyrinthorgan) zum Atmen.

Reizverarbeitung. Wirbeltiere sind in der Lage, mit Hilfe von mehr oder weniger spezialisierten Rezeptoren (z.B. Foto-, Thermo-, Chemo-, Mechanorezeptoren) die vielfältigsten Reize (z.B. Licht-, Druck-, chemische Reize) aus der Umwelt und dem Körperinnern aufzunehmen.

Die in der Haut und in den zum Teil hochspezialisierten Sinnesorganen lokalisierten Rezeptoren nehmen die Reize auf (Perzeption), wenn sie eine bestimmte Stärke (Reizschwelle) erreicht haben, und leiten die Erregung über Schaltkoordination zum Zentralnervensystem. Die Leitung erfolgt über sensible oder afferente Leitungsbahnen. Die Erregung, die auf ein Erfolgsorgan (Effektor) übertragen wird, verläuft über motorische oder efferente Leitungsbahnen.

↗ Reize, S. 213 f.; ↗ Erregungsleitung, S. 217 f.

Fortpflanzung. Wirbeltiere sind in der Regel getrenntgeschlechtig. Die Fortpflanzung erfolgt geschlechtlich. Es tritt äußere oder innere Befruchtung auf. Manche Wirbeltiergruppen legen Eier (z.B. Vögel, fast alle Fische), andere sind lebengebärend (z.B. Säuger). Männchen und Weibchen einer Art unterscheiden sich häufig in Bau und Größe (Geschlechtsdimorphismus).

Bedeutung

Wirbeltiere haben für den Menschen große Bedeutung. Sie bringen Nutzen als
- Haupteiweißlieferanten für die Ernährung (z.B. Rind, Schwein, Gans, Forelle),
- Lieferanten von Häuten, Leder, Pelzen, Knochen, Federn, Fetten (z.B. Rind, Schwein, Schaf, Nerz, Gans),
- Versuchstiere in der Forschung (z.B. Ratten, Mäuse),
- Zugtiere und Lastenträger (z.B. Esel, Kamel, Pferd),
- Schädlingsvertilger (z.B. Erdkröte, Kohlmeise, Igel),
- Haustiere/Hausgenossen des Menschen (z.B. Hund, Katze, Wellensittich).

Sie bringen Schaden als
- Überträger von Krankheitserregern (z.B. Ratte, Fuchs),
- Vertilger von Vorräten (z.B. Mäuse, Ratten).

Zahlreiche Wirbeltierarten sind bereits ausgestorben (z.B. Auerochse, Beutelwolf, Riesenalk); viele Arten stehen unter Naturschutz (z.B. Feuersalamander, Kreuzotter, Eisvogel, Biber).

Flechten

Allgemeine Merkmale

Flechten stellen keine systematische, sondern eine ökologische Gruppe dar. Sie sind Doppelorganismen, eine symbiontische Vereinigung von Pilzzellen mit Algen- oder Zyanobakterienzellen zu einem äußerlich einheitlichen Organismus. Beide Partner können aber auch als jeweils selbstständige Organismen leben.

Flechten bilden keine einheitliche systematische Abstammungsgemeinschaft, an ihnen sind Pilze aus unterschiedlichen Gruppen beteiligt. Ihr phylogenetisches Alter ist unklar, einige Fossilien sind aus 150 Mill. bis 200 Mill. Jahre alten Schichten bekannt.

Bau

Der Pilz einer Flechte (Schlauch- oder Ständerpilz) bildet ein Myzel, das der Flechte ihre Wuchsform gibt; im Inneren des Myzels sind in Hohlräumen die Algen oder Zyanobakterien eingelagert.

Beispiele für Bau und Wuchsformen bei Flechten		
Alge und Pilz in Flechten 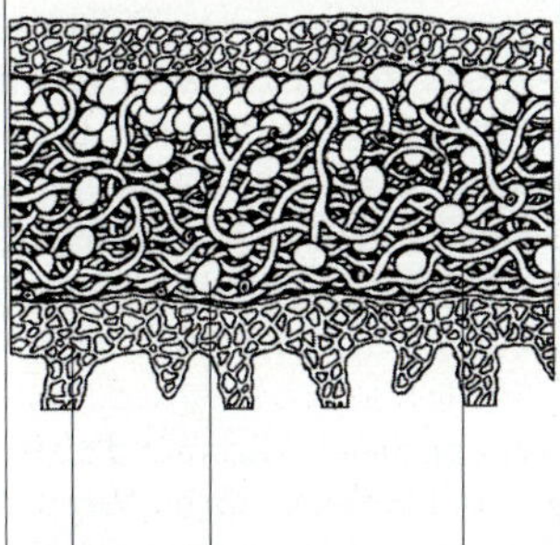	Krustenflechte 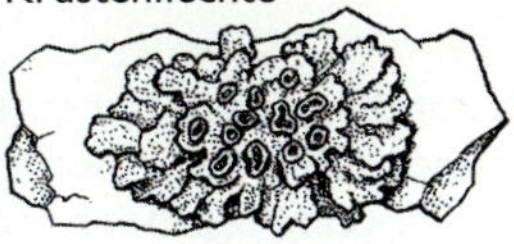 z. B. Wandflechte *(Xanthoria parietina)*	Strauchflechte  z. B. Isländisches Moos *(Cetraria islandica)*
	Bartflechte 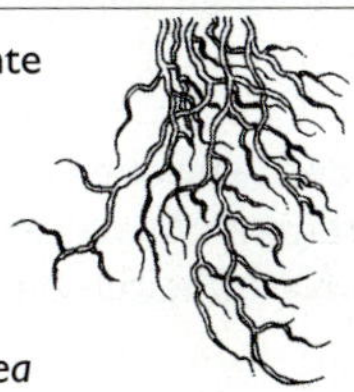 z. B. *Usnea*	Laubflechte 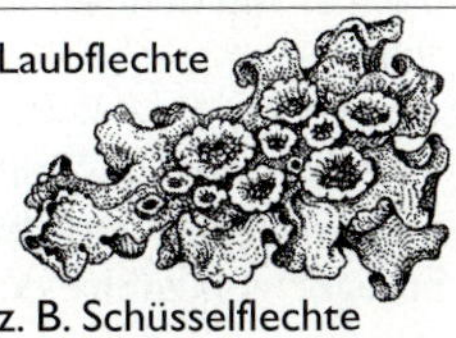 z. B. Schüsselflechte *(Parmelia)*

Lebensweise

Ernährung. Algen und Zyanobakterien ernähren sich autotroph, sie entnehmen Wasser und Ionen wahrscheinlich dem Pilz. Pilze ernähren sich heterotroph von den Assimilaten der Symbiosepartner.

In ihrem Stoffwechsel scheiden Flechten Säuren ab, die gesteinsauflösend wirken; sie sind wesentlich an Verwitterungsvorgängen beteiligt.

Fortpflanzung. Flechten pflanzen sich überwiegend ungeschlechtlich durch Abtrennung von Thallusstückchen fort.

Vorkommen. Flechten sind weltweit verbreitet; sie gedeihen besonders gut bei hoher Luftfeuchtigkeit. Sie besiedeln nährstoffarme Standorte und Gesteine sowie Baumrinden; sie sind häufig Pionierpflanzen. In Gebieten mit geringem Pflanzenwuchs (z. B. Tundra) sind sie Nahrung für viele Tiere.

↗ Symbiosen, S. 352, ↗ Prokaryoten, S. 36; ↗ Pilze, S. 42; ↗ Algen, S. 44

Viren

Allgemeines

Viren sind keine Organismen; sie sind Partikel aus Eiweißen (Proteine und Lipide) und Nucleinsäuren. Viren sind etwa 10 nm bis 400 nm groß und haben eine jeweils spezifische Form.

Virusformen			
nacktes stäbchenförmiges Virus	kugeliges Virus mit Hülle	nacktes kubisches Virus	Bakteriophage
		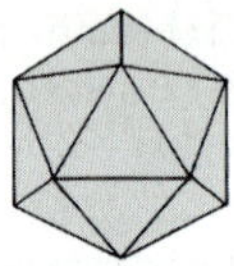	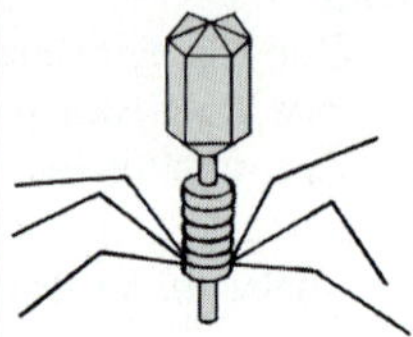

Lebenserscheinungen

Viren sind nicht zu selbstständigen Lebenserscheinungen fähig; nur im Zellinneren von Wirtsorganismen können sie unter Ausnutzung des Wirtsstoffwechsels ihre Nucleinsäuren und ihre Hülleiweiße reproduzieren und sich so vermehren. Eigenen Stoffwechsel, Reizbarkeit und Bewegung zeigen sie nicht.

Die Vermehrung der Viren führt zu Schädigungen bis zur Zerstörung der Wirtszelle, die frei werdenden Tochterviren befallen neue Zellen.

Bedeutung

Viren können die Zellen der befallenen Organismen erheblich schädigen und zu mehr oder weniger stark begrenzten Ausfallserscheinungen beim Wirt führen. Viren sind Erreger von zahlreichen Krankheiten bei Pflanzen, Tieren und Menschen.

Überblick über einige Viruskrankheiten (Virosen)			
bei Menschen		bei Tieren	bei Pflanzen
Pocken Masern Grippe Schnupfen Kinderlähmung Röteln	Windpocken Mundfäule Gürtelrose Ziegenpeter	Rinderpest Schweinepest Geflügelpest Maul- und Klauenseuche Tollwut	Blattrollkrankheit Mosaikkrankheit Strichelkrankheit Obstbaumvirosen

Viren stellen wichtige Forschungsobjekte in der Genetik dar, an ihnen wurden wesentliche Erkenntnisse über Struktur und Funktionen der Nucleinsäuren gewonnen.

↗ Zusammensetzung und Struktur der Nucleinsäuren, S. 301
↗ Übertragung von Erbinformationen bei Bakterien, S. 318, ↗ Aids, S. 184

Die Zelle

Bau und Funktion

Allgemeines

Die Zelle ist die kleinste lebens- und vermehrungsfähige Einheit der Organismen. Sie stellt damit das kleinste lebende System, also einen Elementarorganismus, dar. Alle Organismen bestehen aus Zellen. Je nach Anzahl der Zellen werden ein-, wenig- und vielzellige Lebewesen unterschieden.

3

Jede einzelne Zelle weist in der Regel alle Merkmale des Lebens auf. In den Zellen vielzelliger Organismen können einzelne dieser Merkmale infolge Spezialisierung eine Änderung oder Einschränkung ihrer Funktion(en) erfahren.

Formen und Größen von Zellen

Zellformen. Gleichartige Zellen haben meist eine typische äußere Form, die häufig mit Funktion und Lage der Zelle im Organismus im Zusammenhang steht.

Typische Zellformen

kugelförmig	kubisch	isodiametrisch	polyedrisch	spindelförmig

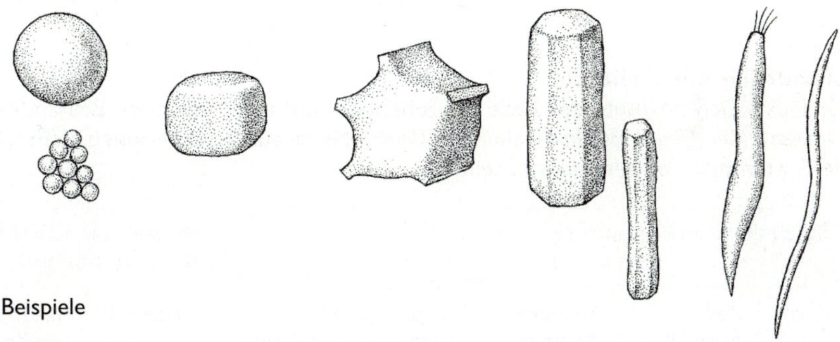

Beispiele

Eizelle Bakterienzelle	Epidermiszelle Parenchymzelle	Steinzelle Parenchymzelle	Speicherzelle Assimiliations-zelle	glatte Muskelzelle Sinneszelle Tracheide

Zellgrößen. Zellen sind nur in Einzelfällen mit dem bloßen Auge zu erkennen, zum Beispiel Vogeleier, Milchröhren und Sklerenchymfasern von Pflanzen. Die meisten Zellen sind mikroskopisch klein. Kugelförmige Bakterien (Mikrokokken) sind mit 0,5 mm (0,0005 µm) die kleinsten Zellen. Als Durchschnittsgrößen von tierischen und pflanzlichen Zellen gelten Abmessungen von 10 µm bis 100 µm.

Beispiele für die Größe von Zellen (Angaben in Mikrometer = µm)		
Menschliche Samenzelle		5 (Kopf) 60 (Schwanz)
Geißelalge Chlamydomonas		20
Euglena		60 bis 500
Menschliche Eizelle		150
Parenchymzelle von Holunder	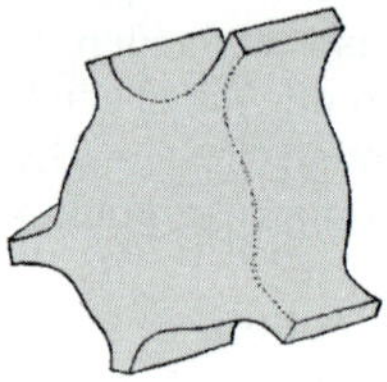	200
Tracheide der Kiefer	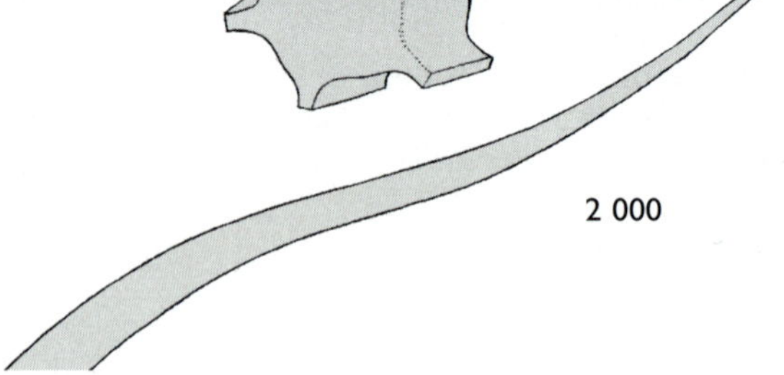	2 000

Bestandteile der Zelle

Grundsätzlich besteht eine Zelle aus lebenden und nicht lebenden Bestandteilen. Die lebenden Bestandteile machen das Protoplasma aus; in ihm können nicht lebende Bestandteile eingeschlossen sein.

Bestandteile im Protoplasma					Bestandteile außerhalb des Protoplasmas	
Kern	Zellorganellen: Mitochondrien Ribosomen Plastiden Dictysomen Lysosomen Zentrosom	Membransysteme: Zellmembranen Endoplasmatisches Retikulum (ER)	Grundplasma	Einschlüsse: Stärkekörner Proteinkörner Fetttropfen Kristalle	Zellwand	Vakuolen mit Zellsaft

Protozyte und Euzyte

Protozyte und Euzyte sind Zelltypen, deren Hauptunterschied im Nichtvorhandensein beziehungsweise Vorhandensein eines abgegrenzten Zellkerns besteht.
Die Protozyte ist die Lebenseinheit der Prokaryoten. Die Euzyte ist der Baustein aller anderen Organismen, der Eukaryoten.
↗ Übersicht über die Organismenreiche, S. 32

Vergleich von Protozyte und Euzyte		
Merkmal/Bestandteil	Protozyte	Euzyte
Grundbaustein	der Bakterien (im weitesten Sinne)	aller übrigen Organismen (Eukaryoten)
Entstehung	vor 4...3 Mrd. Jahren	vor 3...1 Mrd. Jahren
Kern	nicht vorhanden	vorhanden
Mitochondrien	nicht vorhanden	vorhanden
Kompartimentierung	kaum ausgeprägt	stärker ausgeprägt
Zellvolumen	um 3 μm^3	100 bis 1 000 mal größer
Inneres Membransystem	kaum ausgeprägt	ausgeprägt
Zytoskelett	nicht vorhanden	vorhanden
Meiose	läuft nicht ab	als Grundlage für Sexualvorgänge vorhanden
DNA-Menge	1 (Vergleichsgröße)	1 000 (im Vergleich)
DNA-Form	ringförmig	Lokalisation in Chromosomen, zusätzlich in Chloroplasten und Mitochondrien
Proteinbestand	etwa 3 000 verschiedene Proteine	etwa 30 000 verschiedene Proteine
Ribosomen	vom 70 S-Typ (Prokaryoten-Typ)	80 S-Typ (Eukaryoten-Typ) im Zytoplasma, 70 S-Typ in Chloroplasten, um 70 S-Typ in Mitochondrien

3

Bakterienzelle

Die Bakterienzelle ist eine typische Protozyte. Sie besitzt also keinen Zellkern und ist kaum kompartimentiert. Die meisten Bakterienzellen besitzen Zellwände, die anders gebaut sind, als die der pflanzlichen Zellen. Bakterienzellwände bestehen aus Heteropolymeren, die von Zuckerderivaten und Peptiden gebildet werden.

Bau einer Bakterienzelle

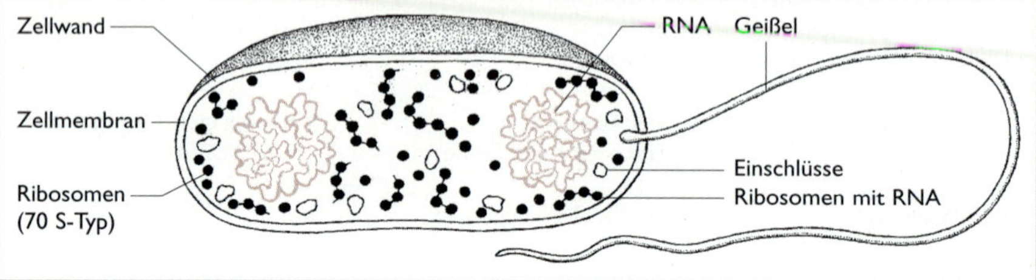

Aufgrund eines unterschiedlichen Wandbaus lassen sich die Bakterien nach einer von GRAM 1884 eingeführten Färbung in zwei Gruppen untergliedern, in die grampositiven und die gramnegativen Bakterien.
Viele Bakterienzellen tragen auf ihren Oberflächen Proteinfilamente wie Flagellen, Fimbrien und Pili (Geißeln, Wimpern und haarähnliche Gebilde). Manche Zellen sind von dicken, aus sauren Polysacchariden bestehenden Kapseln umgeben.

Pflanzenzelle und Tierzelle

Pflanzliche und tierische Zellen sind typische Euzyten, sie sind im wesentlichen Bau gleich, unterscheiden sich aber durch einige Besonderheiten. So hat die pflanzliche Zelle in der Regel Plastiden, sie bildet eine Cellulosewand und eine oder mehrere Zellsaftvakuolen aus.

Vergleich der Struktur einer pflanzlichen und einer tierischen Zelle

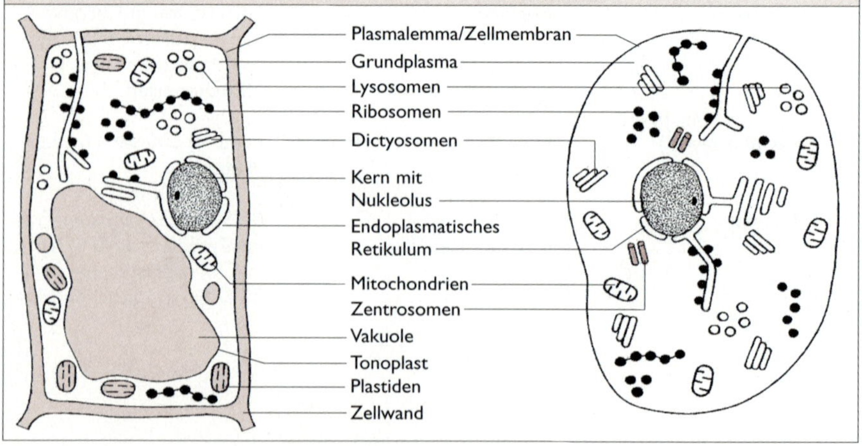

Entwicklung von jungen zu ausdifferenzierten Zellen

Unmittelbar nach der Mitose sind die Tochterzellen untereinander hinsichtlich Gestalt und Struktur weit gehend einheitlich. Während der weiteren Entwicklung differenzieren sich äußerer Bau und zelluläre Strukturen. Damit spezialisiert sich bei vielzelligen Organismen die Zelle für die Erfüllung bestimmter Aufgaben.

Vergleich von jungen und bereits ausdifferenzierten Zellen		
Merkmal	Jugendliche Zelle	Ausdifferenzierte Zelle
Größe	klein	groß
Form	häufig isodiametrisch	polyedrisch, lang gestreckt
Kern-Plasma-Volumenverhältnis	eng	weit
Vakuolen	nicht ausgeprägt	wenn vorhanden, voll ausgebildet
Reservestoffe	selten	häufig
Bei Pflanzenzellen:		
Lage im Zellverband	lückenlos	mit Interzellularen
Zellbegrenzung	durch Membran	durch Zellwand
Plastiden	höchstens Proplastiden	meist voll entwickelte Plastiden
Begrenzung des Protoplasmas	durch Plasmalemma nach außen	durch Plasmalemma nach außen und Tonoplast nach innen

Kompartimentierung

Eine Euzyte ist in starkem Maße in physiologisch-biochemische Reaktionsräume gegliedert, zwischen denen vielfältige funktionelle und strukturelle Beziehungen bestehen. Die Reaktionsräume werden als Kompartimente bezeichnet. Sie sind durch Biomembranen voneinander getrennt und ermöglichen einen geordneten Ablauf der zellulären Prozesse.

Entsprechend ihren Funktionen können in einer Euzyte folgende Kompartimente unterschieden werden:

- Grundplasma
- Plasmamembranen
- Endoplasmatisches Retikulum (ER)
- Mitochondrien
- Plastiden
- Dictyosomen/GOLGI-Apparat
- Lytisches Kompartiment (Lysosomen und Vakuolen)
- Zellkern

Die Biomembran

Biomembranen sind grundsätzliche Strukturelemente der Euzyte, sie gliedern die Zelle in eine Vielzahl von Reaktionsräumen. Typische Biomembranen sind die Zellmembran, das Endoplasmatische Retikulum, Kern-, Mitochondrien- und Plastidenmembranen.

Die biologischen Membranen bestehen aus Lipiden und Proteinen. Die Mengenverhältnisse variieren beachtlich. Wichtige Membranlipide stellen die Phospholipide dar, die hydrophile Kopfgruppen und hydrophobe Schwänze enthalten und somit Grenzschichten gegenüber wässrigen Flüssigkeiten bilden. Biomembranen enthalten als Kernstück eine Lipiddoppelschicht. Diese ist von Proteinen durchzogen und mit ihnen besetzt (integrale und aufgelagerte Proteine).

3

Neben der Abgrenzung erfüllen Biomembranen wichtige Funktionen beim passiven und aktiven Stofftransport.

Schematische Darstellung einer Biomembran

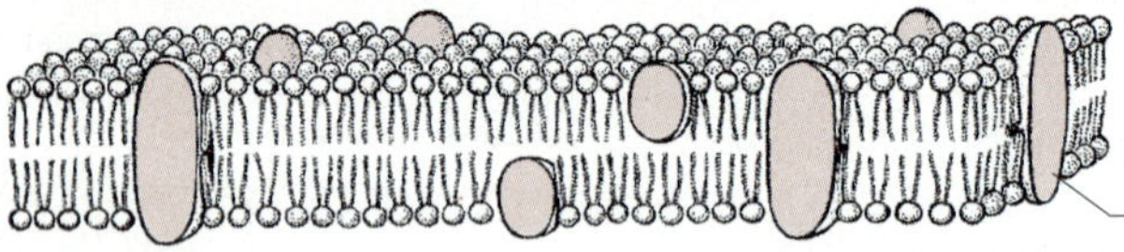

Bau und Funktion wichtiger Zellbestandteile

Protoplasma. Die Gesamtheit der von der Zellmembran nach außen abgegrenzten lebenden Substanz einer Zelle.

Grundplasma (Zytoplasma). Membranfreie, zäh- oder dünnflüssige Grundsubstanz, die vorwiegend aus Wasser (über 60 %) besteht und Proteine, Lipide, Fette, Kohlenhydrate, ionisierte anorganische Verbindungen enthält. Das Grundplasma stellt ein Kolloidsystem dar, das zwischen dem Sol- und Gel-Zustand wechseln kann. Es erfüllt wichtige Funktionen im allgemeinen Stoffwechsel, in der Protein- und Glykogensynthese. Das Wasser im Grundplasma dient als Lösungsmittel und zur Aufrechterhaltung des osmotischen Druckes.

Zellmembranen. Doppelmembranen aus Eiweißen und Lipiden, die das Grundplasma nach außen (Plasmalemma) beziehungsweise nach innen (Tonoplast) abgrenzen. Die Plasmamembranen ermöglichen Stoffaustausch und nehmen Signale aus der Umwelt auf. Sie werden auch, da sie charakteristisch für lebende Zellen sind, als Biomembranen bezeichnet.

Endoplasmatisches Retikulum (ER). Netzwerk verzweigter Biomembranen. Es verbindet unter anderem die Zellmembranen mit der Kernmembran und trägt in starkem Maße zur Bildung von Reaktionsräumen in der Zelle bei. Das ER hat wesentlichen Anteil an der Synthese von Lipiden und Proteinen.

Zellkern (Nukleus). Annähernd kugelförmiges, größtes Zellorganell. Die meisten Zellen sind einkernig. Die wichtigsten Strukturen des Kerns sind die Kernhülle, das Chromatin, die Kernkörperchen (Nukleolen) und das Kern-Grundplasma.

Die Kernhülle, eine Biomembran, grenzt das Kern-Grundplasma gegen das Zytoplasma ab. Durch zahlreiche Kernporen in der Membran wird der Stoffaustausch aufrechterhalten.

Das Chromatin erscheint als ein wirres Fadenwerk aus DNA und mit dieser verknüpften Proteinen. Die Kernkörperchen sind RNA-haltige Kerneinschlüsse.

Der Zellkern stellt die Steuer- und Informationszentrale in der Zelle dar. Er enthält mehr als 90 Prozent des Erbgutes einer Zelle in Form der DNA und unterliegt mannigfachen Veränderungen bei der Mitose und Meiose.

↗ Speicherung der Erbinformation, S. 301 ff.
↗ Mitose, S. 310, ↗ Meiose S. 311

Zentrosom. Kleine, paarige, oftmals zylinderförmige Strukturen in der Nähe des Zellkerns, die aktiv beim Auseinanderweichen der Chromosomen bei der Zellteilung beteiligt sind.

Plastiden. Für pflanzliche Organismen typische Zellorganelle, die als Chloroplasten, Chromoplasten und Leukoplasten vorkommen. Plastiden entwickeln sich aus Vorstufen, den Proplastiden, und sind ineinander umwandelbar. Sie treten in Ein- oder Vielzahl in einer Zelle auf.

Chloroplasten sind von einer Doppelmembran umgeben. Die innere Membran bildet zahlreiche lamellenartige Verzweigungen, die Thylakoide. Diese füllen den Plastideninnenraum aus und bilden häufig geldrollenartige Stapel, die Grana. In den Thylakoidmembranen liegen die Fotosynthesepigmente, die Chlorophylle. Außerdem enthalten die Chloroplasten DNA, in der Erbinformation verschlüsselt ist.

Chromoplasten sind durch den Besitz von Carotinoiden gelb bis rot gefärbt. Sie geben insbesondere Blütenblättern und Früchten eine typische Färbung.

Leukoplasten enthalten keine Farbstoffe. Sie kommen bevorzugt in gelblich weißen Blatt- und Sprossteilen und in unterirdischen Pflanzenteilen vor. Sie dienen der Stärkebildung und -speicherung. Außerdem finden sich in ihnen gelegentlich Eiweißkristalle und Lipidtropfen.

↗ Nichtchromosomale Erbinformation, S. 317
↗ Fotosynthese, S. 187

Mitochondrien. Wenige Mikrometer große, kugel- oder stäbchenförmige, DNA-haltige Zellorganellen. Sie sind von einer Biomembran umgeben. Die innere Membran ist in vielfacher Weise eingestülpt. Mitochondrien enthalten Atmungsenzyme und sind die Orte der Bildung von ATP (Energieumwandlung, biologische Oxidation).

Chloroplast

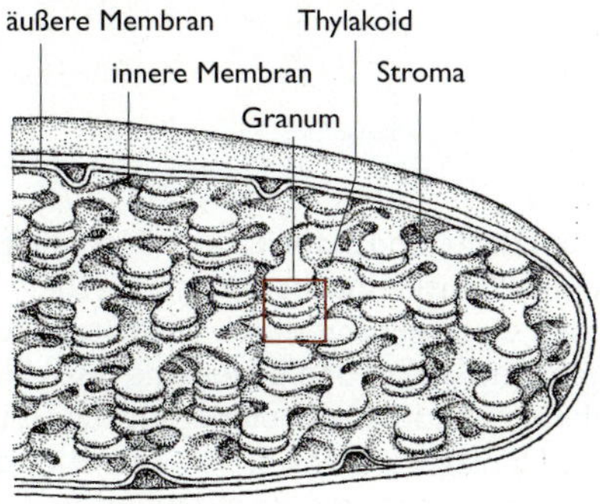

Mitochondrium

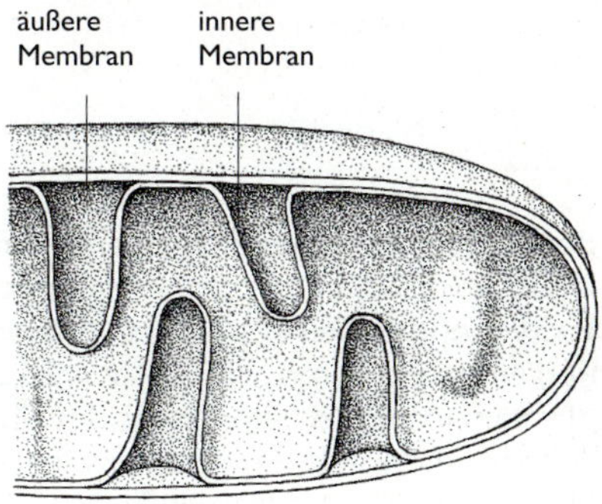

Dictyosomen. Stapel von abgeflachten Zisternen, die am Rande Bläschen (Vesikel) abschnüren. Die Gesamtheit der Dictyosomen in einer Zelle wird als Golgi-Apparat bezeichnet. Dictyosomen dienen der Polysaccharidsynthese.

Ribosomen. Sehr kleine, kugelförmige Strukturen, die frei im Zytoplasma liegen und/oder an den Membranen des Endoplasmatischen Retikulums sitzen. Ribosomen können durch RNA-Moleküle zu Ketten verbunden sein (Polysomen). An den Ribosomen findet die Proteinsynthese entsprechend der im Zellkern verschlüsselten genetischen Information statt.

Lysosomen. Enzymhaltige Bläschen, die die Verdauungsorganellen der Zelle darstellen.

Vakuolen. Plasmafreie, mit Proteinen, Fetten oder wässriger Flüssigkeit gefüllte Räume, die durch eine Membran zum Grundplasma hin abgegrenzt sind. In pflanzlichen Zellen nehmen die Zellsaftvakuolen einen beachtlichen Raum ein. Sie speichern Wasser, Salze, organische Säuren, Kohlenhydrate, Alkaloide, Gerb- und Farbstoffe und dienen der Aufrechterhaltung des Turgors in der Zelle.

Einschlüsse. Zeitweise oder endgültig aus dem Stoffwechsel ausscheidende und in der Zelle abgelagerte Produkte. Einschlüsse stellen Reservestoffe (z.B. Stärkekörner, Proteinkörner) oder Stoffwechselendprodukte (z.B. Kristalle aus anorganischen Verbindungen) dar. Einschlüsse werden in Vakuolen, im Grundplasma oder in der Zellwand abgelagert.

Zellwand. Zellwände sind für die Zellen der Bakterien im weitesten Sinne (Prokaryoten), der Pilze und der Pflanzen typisch. Sie unterscheiden sich für die einzelnen Gruppen in ihrer chemischen Zusammensetzung.

Phasen der Zellwandbildung

Bildung der Mittellamelle am Ende der Zellteilung	Auflagerung der Primärwand	Auflagerung der in sich geschichteten Sekundärwand mit Tüpfeln

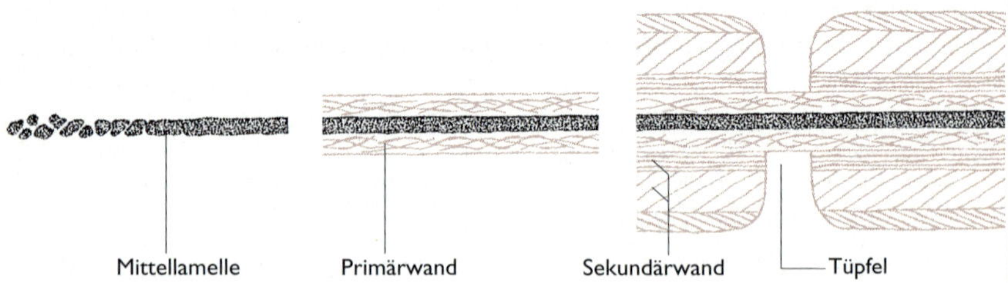

Bei Pflanzenzellen verleihen Cellulosefibrillen der Wand Stabilität und Elastizität, die häufig vorhandenen Protopectine und Hemicellulosen machen sie plastisch.

Im Verlauf des Zellwachstums verändert sich die Zellwand durch Schichtenbildung und Einlagerung von Stoffen. Sie wird zunehmend dicker und bildet eine feste Hülle, die dem osmotischen Druck des Zellinhaltes Widerstand entgegensetzt. Durch Auflagerung von Kutin (Kutikulabildung) und Einlagerung von Kork- (Suberin) oder Holzstoff (Lignin) wird die Zellwand weiter verfestigt und weit gehend undurchlässig gemacht.

Vom Einzeller zum Vielzeller

Einzeller

Organismen, die nur aus einer einzigen Zelle bestehen, sind Einzeller. Zu ihnen zählen Prokaryoten und Protisten sowie einzellige Pilze und Algen.

Übergang von einzelligen zu vielzelligen Organismen

Der Übergang von Einzellern zu Vielzellern erfolgte in der Stammesgeschichte vermutlich auf zwei Wegen:

- durch Kernteilung entstehen vielkernige Zellen mit einheitlichem Plasma,
- durch Zellteilung ohne Trennung der Tochterzellen oder durch Zusammenlagerungen gleichartiger Zellen zu Kolonien entsteht durch spätere Zelldifferenzierung ein vielzelliger Organismus.

↗ Grünalgen, S. 44

Zellkolonien

Zellkolonien sind Zusammenlagerungen einer meist arttypischen Anzahl von Einzelzellen, die häufig durch eine Gallerthülle miteinander verbunden sind. Bei den einfachsten Kolonien ist jede Zelle für sich selbstständig lebensfähig. Die Bildung der Kolonie gewährt lediglich einen gewissen Schutz für die Einzelzelle.
Bei hoch organisierten Zellkolonien (z.B. Kugelalge *Volvox* aus etwa 20 000 Einzelzellen) sind die einzelnen Zellen für bestimmte Aufgaben spezialisiert. Damit stellen diese Kolonien Zwischenglieder zwischen Ein- und Vielzellern dar.

Zellkolonien

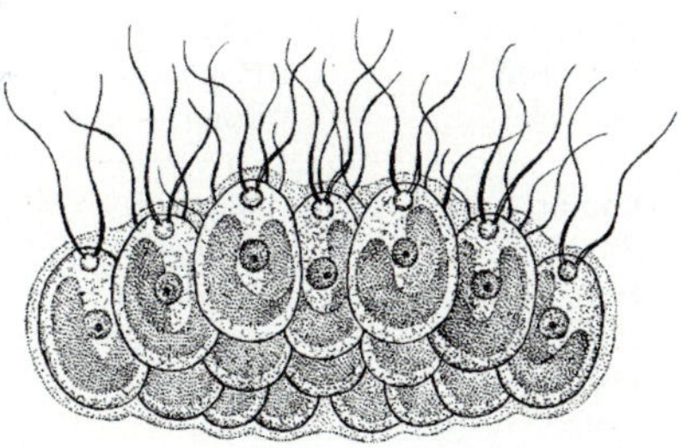

Gonium

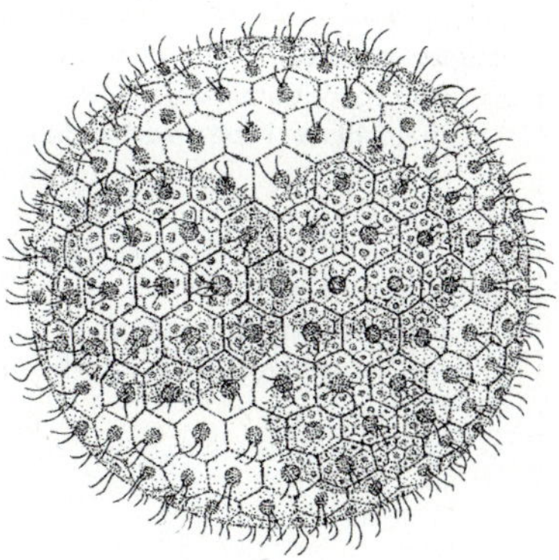

Volvox mit Tochterkolonien

Vielzeller

Zu den Vielzellern gehören alle Organismen, deren Körper aus mehreren oder vielen differenzierten und spezialisierten Zellen besteht.

↗ Pflanzengewebe, S. 52 ff.; ↗ Tierische Gewebe, S. 103;
↗ Überblick über die Organismenreiche, S. 32

Stoffliche Zusammensetzung der Zelle

Überblick über die chemischen Verbindungen in der Zelle

Chemische Hauptbestandteile

Die hauptsächlichen Stoffe aller lebenden Zellen sind Wasser, die organischen Verbindungen Kohlenhydrate, Fette und Eiweiße sowie verschiedene anorganische Salze. Die Gehalte an diesen Stoffen hängen in starkem Maße von den Funktionen und dem Alter der Zelle ab.

Übersicht über chemische Hauptbestandteile der Pflanzen- und Tierzelle

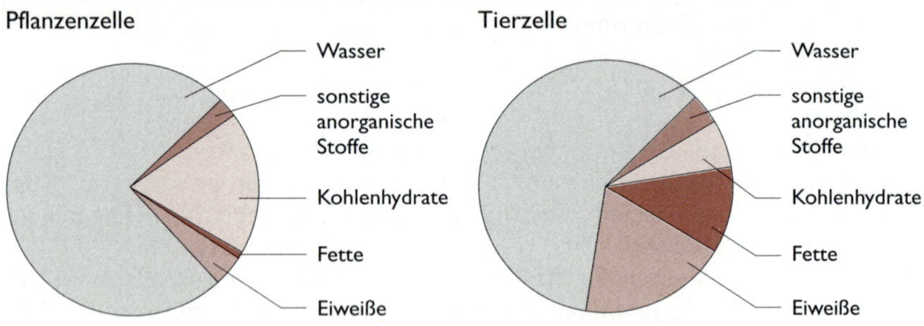

Übersicht über die wichtigsten chemischen Elemente der Zelle

Hauptelemente: im Protoplasma stets in größerer Masse vorhanden	Kohlenstoff Sauerstoff Wasserstoff Stickstoff Schwefel	Phosphor Kalium Calcium Magnesium Eisen
Spurenelemente: im Protoplasma meist, aber in sehr geringer Masse vorhanden	Kupfer Zink Bor Molybdän Mangan Chlor	Natrium Silicium Strontium Aluminium Fluor Brom

Wasser

Wirkungsweise. Das Wassermolekül ist ein Dipol mit einem negativen und einem positiven Pol. Wassermoleküle ziehen sich gegenseitig an und bilden Wasserstoffbrücken. Sie ziehen aber auch Ionen anderer polar gebauter Stoffe an und bilden Hydrathüllen um die Ionen, die umso größer sind, je kleiner der Ionenradius ist. Auf diesem Vorgang beruht die Wirkung des Wassers als Lösungs- und/oder Quellungsmittel. Nichtpolare Stoffe (z.B. Fette) sind nicht in Wasser löslich.

Bei der Quellung rücken die Teilchen makromolekularer Verbindungen (z.B. von Eiweißen) durch die Wirkung der Wassermoleküle mehr oder weniger weit auseinander. Der Quellungsgrad wird durch die Anwesenheit von Kationen und Anionen im Wasser beeinflusst. Man unterscheidet begrenzt und unbegrenzt quellfähige Körper. Nach der Größe der gelösten Teilchen werden echte und kolloidale Lösungen unterschieden. Eine typische kolloidale Lösung bilden die Eiweiße im Plasma.

Bezeichnung der Lösung	Teilchen	Teilchendurchmesser (in cm)
echte Lösung	Moleküle, Ionen	10^{-7}
kolloidale Lösung (Kolloid)	Makromoleküle	10^{-7} bis 10^{-5}

Wassermolekül als Dipol

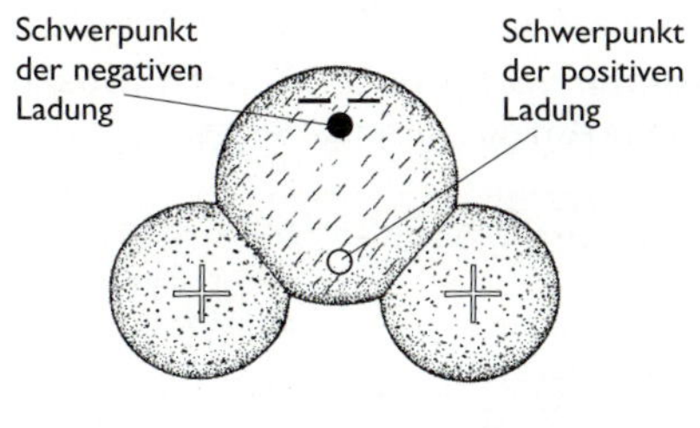

Hydtrathülle einiger Ionen

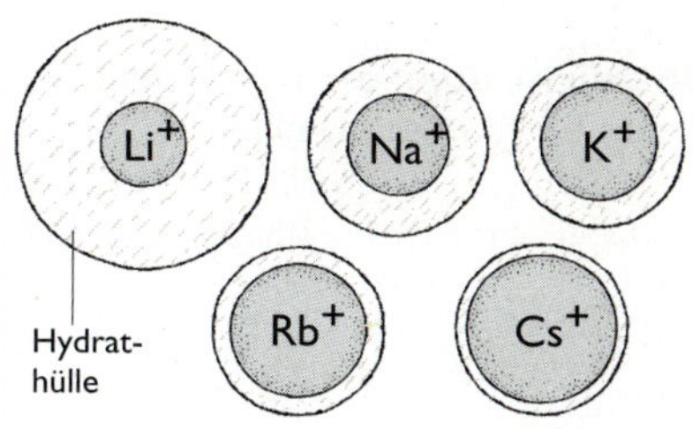

Bedeutung des Wassers in der Zelle. Jede lebende Zelle und der gesamte Organismus sind auf Wasser angewiesen. Die Wassergehalte schwanken stark.

Wassergehalt verschiedener Organismen und Organe (in %)			
Pflanzen oder Pflanzenteile		**Tiere oder tierische Organe**	
Algen	bis 98	Quallen	bis 95
höhere Pflanzen	70 bis 80	Weinbergschnecke	80
Laubblätter	50 bis 97	menschlicher Körper	60
Kartoffelknolle	75	menschliches Blut	79
saftige Früchte	bis 95	menschlicher Muskel	77 bis 83
holzige Pflanzenteile	40 bis 80	menschliches Herz	70
trockene Samen	5 bis 9		

Die hauptsächlichen Funktionen des Wassers sind
- Lösungsmittel für die Umsetzung von Stoffen,
- Quellungsmittel für Kolloide,
- Transportmittel für gelöste Stoffe,
- Reaktionspartner bei biochemischen Prozessen,
- Mittel zur Temperaturregulation.

Aminosäuren und Eiweiße

Struktur der 2-Aminosäuren

2-Aminosäuren sind die Bausteine der Eiweiße. Sie sind Abkömmlinge von Carbonsäuren, in denen ein oder zwei Wasserstoffatom(e) durch die Aminogruppe $-NH_2$ ersetzt werden. Als optisch aktive Verbindung haben sie L-Konfiguration.

Aminogruppe 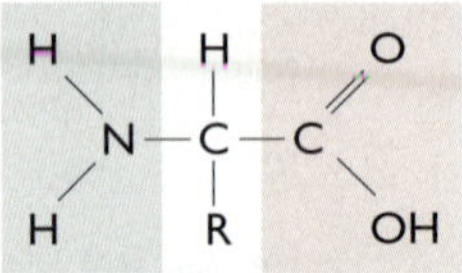 Carboxylgruppe

3

Eigenschaften der Aminosäuren

Aminosäuren weisen amphoteren Charakter auf und bilden in Abhängigkeit vom *p*H-Wert Kationen, Anionen oder Zwitter-Ionen. Beide Eigenschaften spielen eine große Rolle für die Eigenschaften der Eiweiße in der lebenden Zelle.

Übersicht über die in natürlichen Eiweißen vorkommenden Aminosäuren

Am Aufbau der Eiweiße sind 20 verschiedene Aminosäuren beteiligt.

Übersicht über die am Aufbau der Eiweiße beteiligten 2-Aminosäuren			
Einteilungsgruppe	Name	international gebräuchliche Abkürzung	Strukturformel
Monoaminomono-carbonsäuren	Glycin	Gly	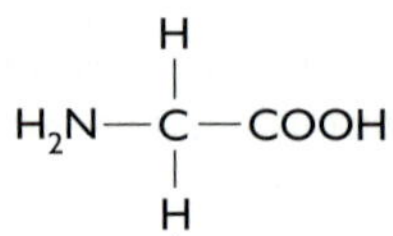
	Alanin	Ala	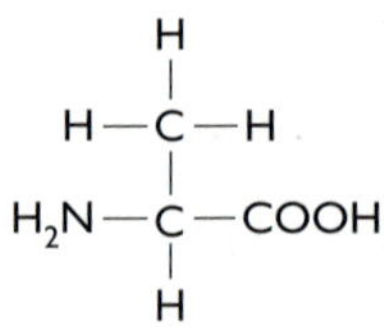
	Valin	Val	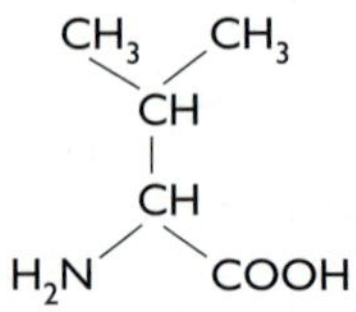

Übersicht über die am Aufbau der Eiweiße beteiligten 2-Aminosäuren			
Einteilungsgruppe	Name	international gebräuchliche Abkürzung	Strukturformel
Monoaminomono-carbonsäuren	Leucin	Leu	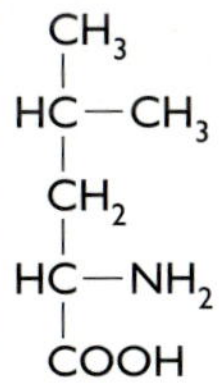
	Isoleucin	Ile	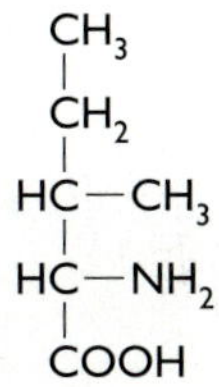
Hydroxymono-aminomono-carbonsäuren	Serin	Ser	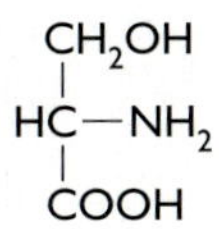
	Threonin	Thr	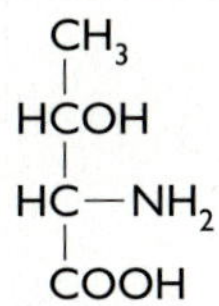
Schwefelhaltige Monoamino-monocarbonsäuren	Cystein	Cys	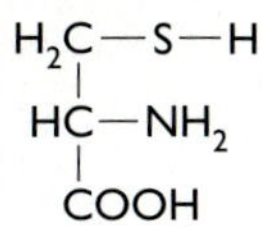
	Methionin	Met	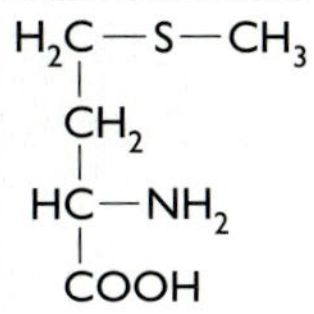

Übersicht über die am Aufbau der Eiweiße beteiligten 2-Aminosäuren			
Einteilungsgruppe	Name	international gebräuchliche Abkürzung	Strukturformel
Monoamino-dicarbonsäuren	Glutaminsäure	Glu	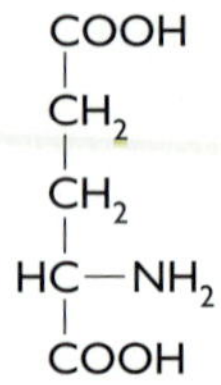
	Asparaginsäure	Asp	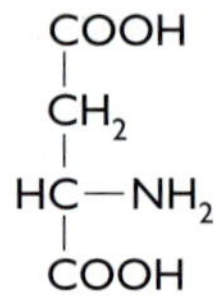
Monoamino-dicarbonsäure-monoamide	Glutamin	Gln	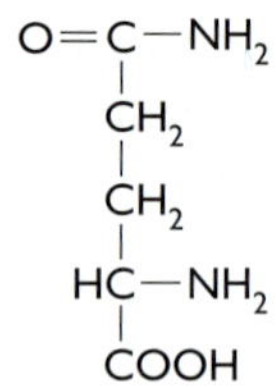
	Asparagin	Asn	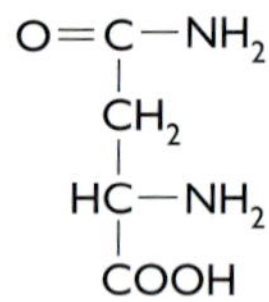
Diamino-dicarbon-säuren	Arginin	Arg	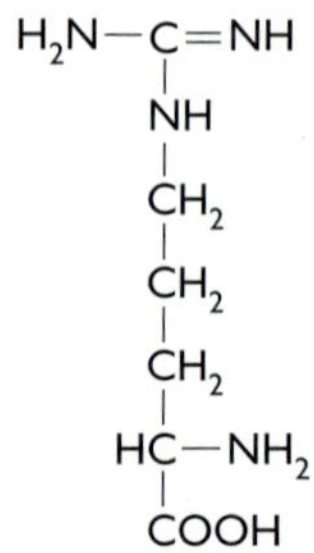

Übersicht über die am Aufbau der Eiweiße beteiligten 2-Aminosäuren			
Einteilungsgruppe	Name	international gebräuchliche Abkürzung	Strukturformel
Diamino-monocarbon-säuren	Lysin	Lys	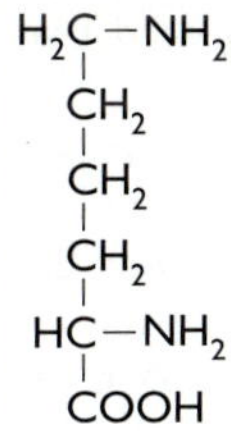
Aromatische Aminosäuren	Phenylalanin	Phe	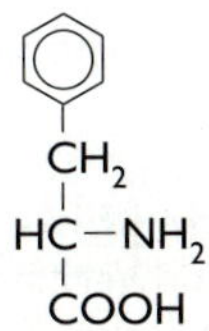
	Tyrosin	Tyr	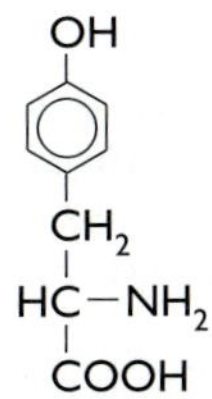
Heterozyklische Aminosäuren	Prolin	Pro	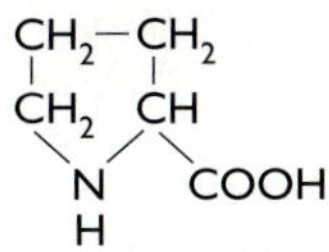
	Histidin	His	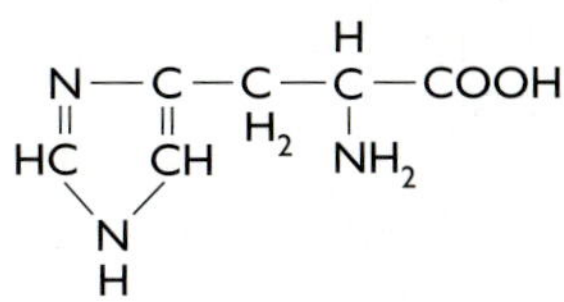
	Tryptophan	Trp	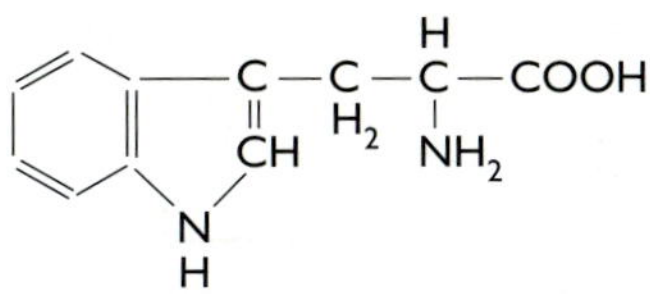

Einteilung der Aminosäuren nach biologischen Gesichtspunkten

Die Pflanze kann alle Aminosäuren für den Eiweißaufbau (proteinogen) durch Aminierung von Ketosäuren synthetisieren. Entsprechend den Synthesewegen in der Zelle werden verschiedene Gruppen (Aminosäurefamilien) unterschieden.

Dem tierischen Organismus müssen einige Aminosäuren mit der Nahrung zugeführt werden (essentielle Aminosäuren). Essentiell für Tier und Mensch sind Threonin, Methionin, Valin, Leucin, Isoleucin, Phenylalanin, Tryptophan und Lysin.

Einteilung der Eiweiße nach ihrer Funktion

Eiweiße erfüllen in der Zelle verschiedene Funktionen. Sie sind

- Baustoffe des Grundplasmas und der Zellorganellen,
- Gerüstsubstanz (Strukturproteine),
- Reservestoffe (Speicherproteine),
- Biokatalysatoren (Enzyme) für Stoffwechselprozesse.

Bezeichnungen von Proteinen basieren auf der jeweiligen Funktion (z.B. Speicherproteine, Transportproteine) oder auf dem Vorkommen (z.B. Membranproteine, Virusproteine).

Einteilung der Eiweiße nach ihrer chemischen Zusammensetzung

Eiweiße sind Verbindungen aus unterschiedlich vielen Aminosäureresten, die über Peptidbindungen miteinander verknüpft sind. Bei der Verknüpfung von 2 bis 100 Aminosäuren spricht man von Peptiden, bei einem höheren Polymerisationsgrad von Proteinen.

Man unterscheidet einfache Eiweiße (Proteine), die nur aus Aminosäuren bestehen und zusammengesetzte Eiweiße (Proteide) die aus einem Protein- und einem Nichtproteinanteil bestehen. Einfache Eiweiße (Proteine) werden nach der Struktur und ihrem Löslichkeitsverhalten unterschieden.

Einteilung der Proteine		
Name	charakteristisches Merkmal	Bedeutung und Vorkommen im Organismus
fibrilläre Proteine (Skleroproteine)	Polypeptidkette, meist fadenförmig oder schraubenförmig, in Wasser schwer löslich	Keratin der Haare und des Horns, Myosin im Muskel, Kollagen im Knochen, Fibrinogen im Blut
globuläre Proteine (Sphäroproteine)	Polypeptidkette fast kugelförmig gefaltet, meist wasserlöslich	Mehrzahl der Plasmaproteine, Enzyme

Zusammengesetzte Eiweiße (Proteide) werden nach den peptidfremden Anteilen unterschieden und benannt.

Einteilung der Proteide		
Name des Proteids	peptidfremder Anteil	Bedeutung und Vorkommen im Organismus
Chromoproteide	Farbstoffe (meist eisenhaltig)	Hämoglobin: Sauerstofftransport im Blut, Cytochrome: Atmungsenzyme, Chloroplastin (Chlorophyll, Eiweiß): Lichtabsorption
Lipoproteide	Lipoide	einige Enzyme der Plasmamembranen
Nucleoproteide	Nucleinsäuren	Aufbau der Chromosomen
Glycoproteide	Kohlenhydrate	einige Enzyme, Membranproteine
Metallproteide	Metalle	einige Enzyme

Struktur der Eiweiße

Die Vielfalt der Proteine beruht auf ihren mehrfachen Strukturformen. Es werden vier Proteinstrukturen unterschieden:

Primärstruktur. Ergibt sich aus der Reihenfolge der Aminosäurereste (Aminosäuresequenz) in einem Proteinmolekül. Die Aminosäuresequenz ist genetisch festgelegt. Bei 20 Aminosäuren, die in der Regel am Aufbau eines Eiweißes beteiligt sind, und mehr als 100 Aminosäureresten, die in einem Proteinmolekül vereinigt sind, ergibt sich eine sehr große Anzahl von Möglichkeiten für die unterschiedliche Reihenfolge der Aminosäurereste. Daraus lässt sich die große Vielfalt der Eiweiße in der Natur erklären.

Durch Vergleich von Primärstrukturen gleichartiger Proteine bei verschiedenen Organismen erhält man Hinweise auf verwandtschaftliche Beziehungen während der Evolution. Je geringer die Unterschiede in der Aminosäuresequenz sind, desto näher verwandt sind die Organismenarten.

Sekundärstruktur. Ergibt sich aus der räumlichen Struktur von Polypeptidketten (faltblatt- oder schraubenförmig). Wasserstoffbrücken verleihen den Molekülen Stabilität.

Tertiärstruktur. Ergibt sich aus der dreidimensionalen Anordnung der fadenförmigen oder schraubenförmigen Polypeptidketten innerhalb eines Proteinmoleküls, wobei Wasserstoffbrücken- und Disulfidbindungen zwischen den einzelnen Polypeptidketten auftreten.

Quartärstruktur. Bezeichnet die Zusammenlagerung von Untereinheiten zu Proteinaggregaten.

Enzymhemmung. Geringe Abweichungen in der Struktur von Substratmolekülen können dazu führen, dass das Substrat zwar an das aktive Zentrum des Enzyms gebunden, aber nicht umgesetzt wird. Für die tatsächlichen Substratmoleküle sind die Enzymmoleküle dann blockiert. Die Enzymwirkung ist vermindert. Diese Hemmung, die durch eine mit dem Substrat konkurrierende Verbindung hervorgerufen wird, bezeichnet man als kompetitive Hemmung. Neben dieser spezifischen Form der Enzymhemmung gibt es auch wenig spezifische, sogenannte nicht kompetitive Hemmungen. Bei ihnen werden, zum Beispiel durch Schwermetall-Ionen, Enzymmoleküle irreversibel inaktiviert.

Benennung und Einteilung der Enzyme

Bislang sind etwa 3 000 Enzyme bekannt. Ihre tatsächlich vorkommende Anzahl wird um vieles höher geschätzt.
Seit 1961 werden Enzyme nach international festgelegten Regeln benannt und klassifiziert. Neben einer Klassifizierungsnummer hat jedes Enzym noch einen meist ziemlich langen systematischen Namen. Gebräuchlich sind auch Trivialnamen (z.B. Amylase = stärkespaltenes Enzym), indem die Endung "ase" an die katalysierte Reaktion beziehungsweise an das Substrat angehängt wird, und ältere Bezeichnungen (Pepsin, Trypsin).

Einteilung der Enzyme		
Enzymgruppe	Katalysierte Reaktion	Beispiele
Oxidoreduktasen	Redoxreaktionen: Das Enzym überträgt oder entnimmt dem Substrat Wasserstoff oder Elektronen	Cytochrome Ferredoxin
Transferasen	Übertragung von Atom- oder Molekülgruppen von einem Substrat auf ein anderes	Aminotransferasen: Übertragung von Aminogruppen von einer Aminosäure auf eine Ketosäure (Aminierung) Phosphotransferasen: Übertragung von Phosphatresten
Hydrolasen	Hydrolytische Spaltungen von Makromolekülen	Carbohydrasen: Spaltung der Kohlenhydrate z. B. Ptyalin, Amylase Proteasen: Spaltung der Proteine z. B. Pepsin, Trypsin Lipasen: Spaltung der Fette

Einteilung der Enzyme		
Enzymgruppe	**Katalysierte Reaktion**	**Beispiele**
Lyasen	Spaltungen von chemischen Bindungen unter Ausbildung von Doppelbindungen ohne Hydrolyse oder die Synthese der Moleküle	Decarboxylasen: Abspaltung von Kohlenstoffdioxid (z. B. aus der Brenztraubensäure)
Isomerasen	Umwandlung einer Verbindung in ihre isomere Form	Hexosephosphatisomerase: Umwandlung von Glucose-6-phosphat in Fructose-6-phosphat
Ligasen	Verknüpfung von zwei Molekülen unter Mitwirkung von ATP	Acetyl-CoA-Ligase: Kopplung des Acetylrestes an das Coenzym A im Dissimilationsprozess

3

Nucleotide und Nucleinsäuren

Nucleotide

Nucleotide sind biologisch wichtige Verbindungen im zellulären Stoffwechsel (z.B. ADP – ATP, NAD – NADP, Coenzym A) und monomere Bausteine der Nucleinsäuren.

Jedes Nucleotid besteht aus drei Bausteinen: einer Purin- oder Pyrimidinbase, einem Zuckerrest (Pentose) und einem Phophorsäurerest. Mononucleotide können zu langen Ketten verknüpft werden.

Schematischer Aufbau von miteinander verknüpften Nucleotiden

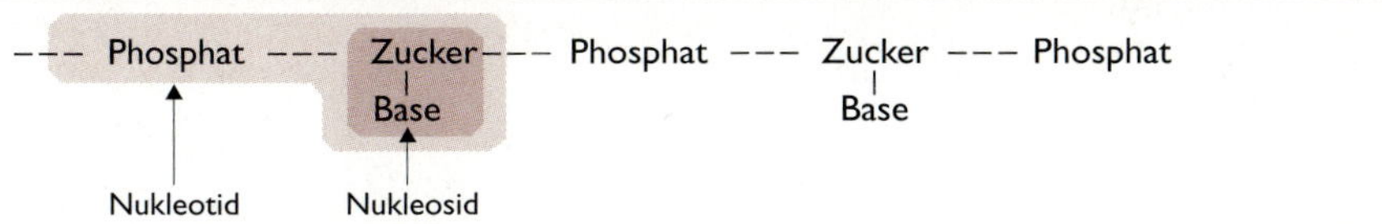

Bausteine der Nucleotide

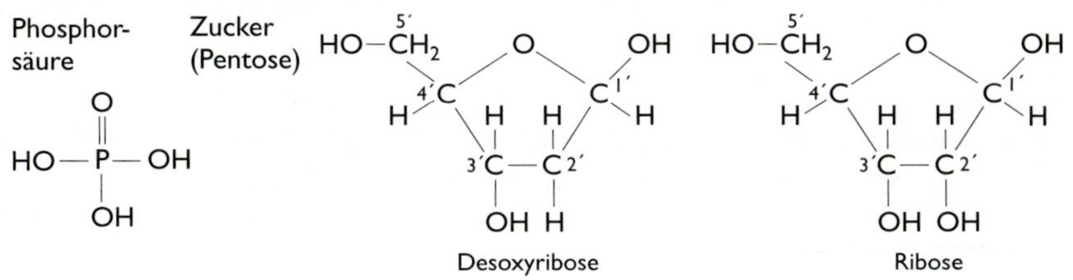

Wichtige Purin- und Pyrimidinbasen

Purin- und Pyrimidinbasen		
Basengruppe	**Name**	**Formel**
Purinbasen	Adenin	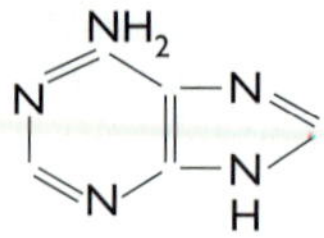
	Guanin	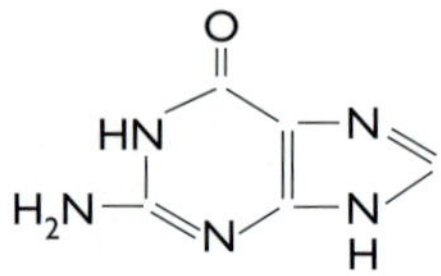
	Hypoxanthin	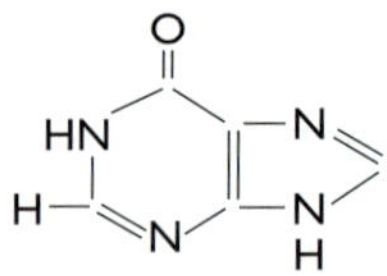
Pyrimidinbasen	Uracil	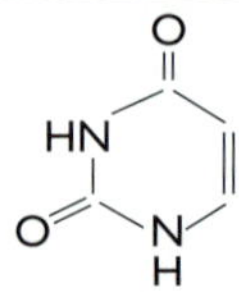
	Cytosin	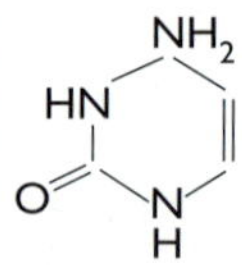
	Thymin	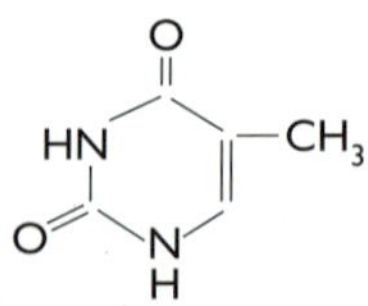

Adenosindiphosphat und Adenosintriphosphat (ADP - ATP)

Adenosindi- und Adenosintriphosphat sind universelle Energieüberträger in der Zelle. Bei der Überführung von Diphosphat in das Triphosphat werden etwa 30 $kJ \cdot mol^{-1}$ benötigt. Wird ein Phosphatrest aus dem Triphosphat auf eine andere Verbindung (z.B. ein Monosaccharid) übertragen, so wird dieselbe Energiemenge für zelluläre Prozesse freigesetzt.

Umwandlung von ADP in ATP

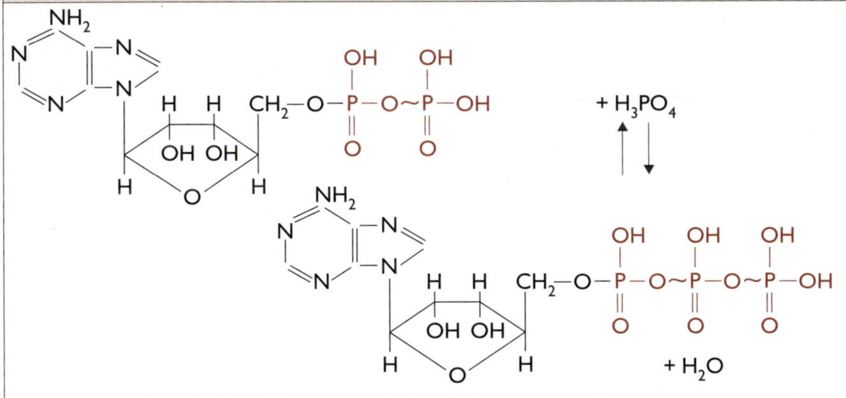

↗ ATP - ADP-System, S. 185

Nicotinamid-Adenin-Dinucleotid (NAD) und
Nicotinamid-Adenin-Dinucleotidphosphat (NADP)

Nicotinamid-Adenin-Dinucleotid und Nicotinamid-Adenin-Dinucleotidphosphat sind Überträger von Wasserstoff im Stoffwechselgeschehen. Die reduzierten Formen sind NADH + H^+ und NADPH + H^+.

Die pflanzliche Zelle synthetisiert beide Verbindungen. Dem tierischen Organismus müssen sie mit der Nahrung zugeführt werden.

Coenzym A

Coenzym A überträgt Acetylreste. Es setzt sich aus Adenosindiphosphat, einer organischen Säure und einer schwefelwasserstoffhaltigen Verbindung zusammen.

↗ Biologische Oxidation, S. 200

Nucleinsäuren

Nucleinsäuren sind Polynucleotidketten, in denen durch eine festgelegte Aufeinanderfolge von Purin- und Pyrimidinbasen Erbinformationen verschlüsselt sind. Es gibt zwei Hauptgruppen von Nucleinsäuren:

– Desoxyribonucleinsäure (DNS) beziehungsweise deoxyribonucleic acid (DNA)
– Ribonucleinsäure (RNS) beziehungsweise ribonucleic acid (RNA)

Beide Nucleinsäuretypen unterscheiden sich unter anderem durch ihren Zuckeranteil und in ihrer Funktion.

↗ Struktur der Nucleinsäuren, S. 301 f; ↗ Eiweißsynthese, S. 305 ff.

Vorkommen von Nucleinsäuren in der Zelle	
DNA	Zellkern, Mitochondrien, Chloroplasten, Nukleoid und Plasmid der Prokaryoten
RNA	Kernkörperchen, Ribosomen, Zytoplasma

Kohlenhydrate

Allgemeines

Kohlenhydrate stellen eine sehr umfangreiche Klasse von Naturstoffen dar. Ihre allgemeine chemische Zusammensetzung entspricht der Formel $(C)_n(H_2O)_n$. Mengenmäßig liefern sie den größten Anteil organischer Verbindungen auf der Erde.
Kohlenhydrate kommen in sehr unterschiedlicher chemischer Struktur und mit vielfältigen Funktionen in der Zelle vor (z.B. Baustoff, Energielieferant). Aufgrund der Molekülgröße unterscheidet man Monosaccharide (einfache Kohlenhydrate), Oligosaccharide (Verbindungen von zwei bis zehn Monosacchariden) und Polysaccharide (zehn und mehr Monosaccharide).

↗ Assimilation, S. 185 und S. 186 ff.
↗ Dissimilation, S. 185 und S. 199 ff.
↗ Zusammenhang von Kohlenhydrat- und Fettstoffwechsel, S. 207

Übersicht über wichtige Kohlenhydrate im Organismus

Struktur der Kohlenhydrate, Vorkommen und Bedeutung		
Einteilungs-gruppe	Name, Gruppe und Strukturformel	Vorkommen und Bedeutung
Mono-saccharide	Glucose Hexose 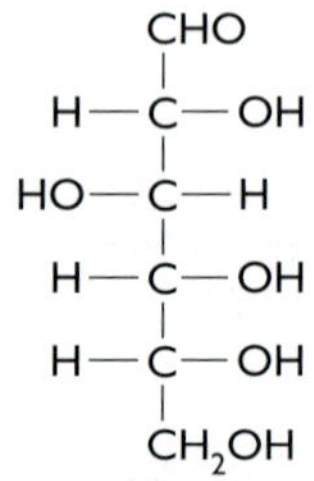 D-Glucose (Kettenform) 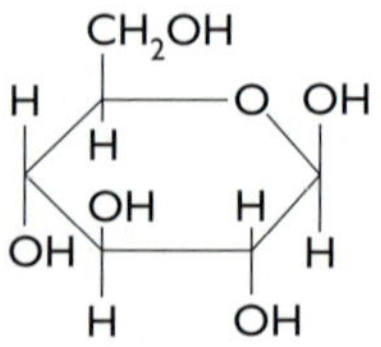 β-D-Glucose (Ringform) 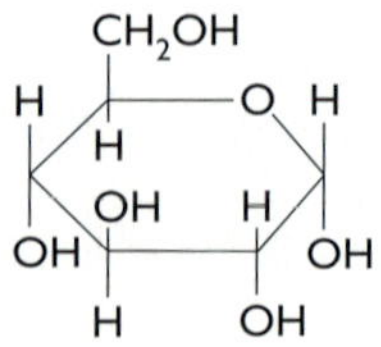 α-D-Glucose (Ringform)	Zentrale Bedeutung im Kohlenhydrat-stoffwechsel als Energiespender und als Ausgangsstoff für Di- und Polysaccharide; liegt meist als Phosphorsäureester vor

Struktur der Kohlenhydrate, Vorkommen und Bedeutung		
Einteilungsgruppe	Name, Gruppe und Strukturformel	Vorkommen und Bedeutung
Monosaccharide	Fructose Hexose 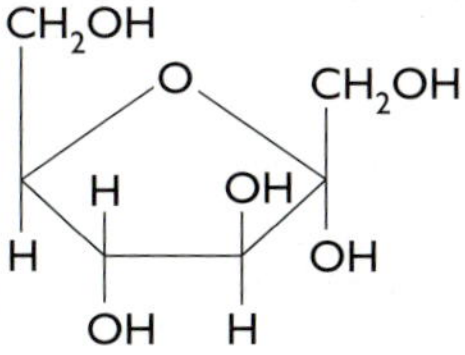 β-D-Fructose (Ringform) 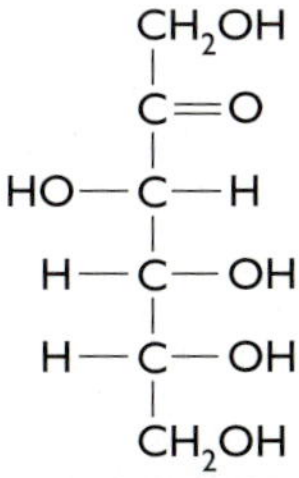 D-Fructose (Kettenform)	Wichtige Verbindung im Kohlenhydratstoffwechsel; liegt meist als Phosphorsäureester vor
	Ribose Pentose 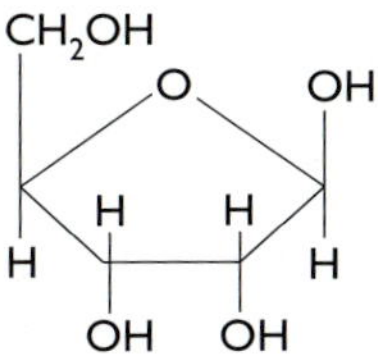 β-D-Ribose (Ringform) 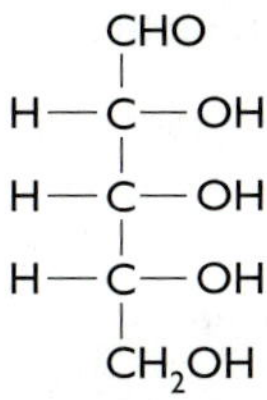 D-Ribose (Kettenform)	Bestandteil der Ribonucleinsäure (RNA)
	Desoxyribose Pentose 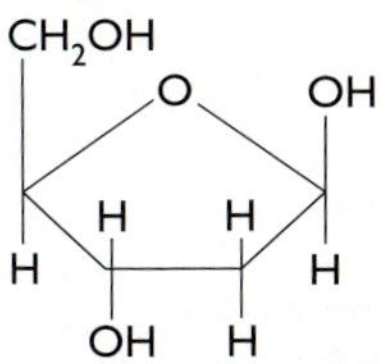 β-D-Desoxyribose (Ringform) 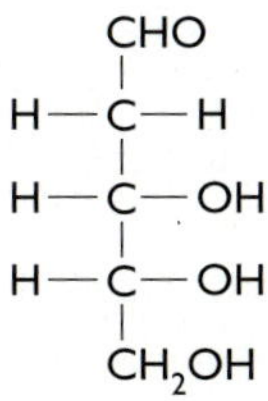 D-Desoxyribose (Kettenform)	Bestandteil der Desoxyribonucleinsäure (DNA)

3

Struktur der Kohlenhydrate, Vorkommen und Bedeutung		
Einteilungsgruppe	Name, Gruppe und Strukturformel	Vorkommen und Bedeutung
Monosaccharide	Ribulose Pentose 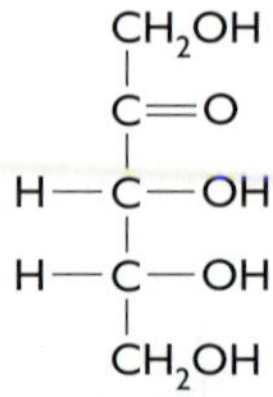 D-Ribulose (Kettenform)	Akzeptor für Kohlenstoffdioxid in der Dunkelreaktion der Fotosynthese; liegt meist als Phosphorsäureester vor
	Glycerinaldehyd (2,3-Dihydroxypropanol) Triose 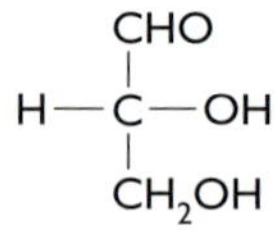 D-Glycerinaldehyd (Kettenform)	Zwischenprodukt des Kohlenhydratstoffwechsels; liegt meist als Phosphorsäureester vor
Disaccharide	Maltose (Malzzucker) 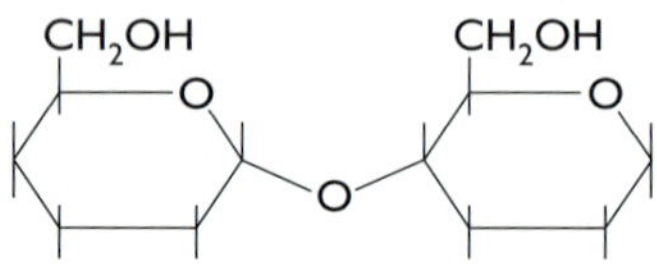 Maltosemolekül besteht aus 2 Molekülresten der α–Glucose	wichtigstes Produkt der hydrolytischen Stärkespaltung
	Lactose (Milchzucker) 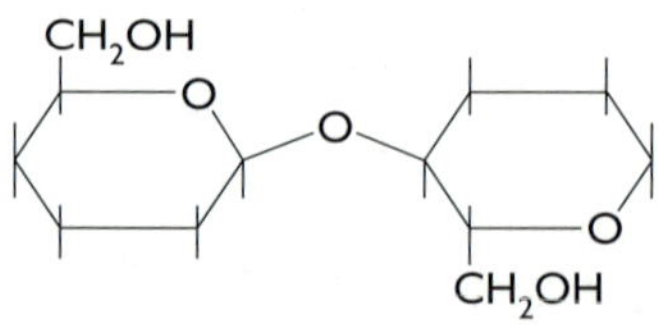 Lactosemolekül besteht aus einem Molekülrest Glucose und einem Molekülrest Galactose	in der Milch der Säugetiere enthalten

Struktur der Kohlenhydrate, Vorkommen und Bedeutung		
Einteilungs-gruppe	Name, Gruppe und Strukturformel	Vorkommen und Bedeutung
Disaccharide	Saccharose (Rüben-, Rohrzucker) 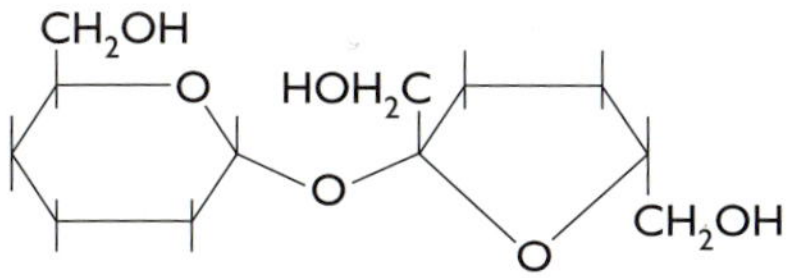 Saccharosemolekül besteht aus einem Molekülrest α-D-Glucose und einem Molekülrest β-Fructose	wirtschaftlich wichtigstes Disaccharid; Speicherstoff einiger Pflanzen; wichtige Transportform der Kohlenhydrate in der Pflanze
Polysaccharide	Stärke (Bestandteile: Amylose, Amylopectin) 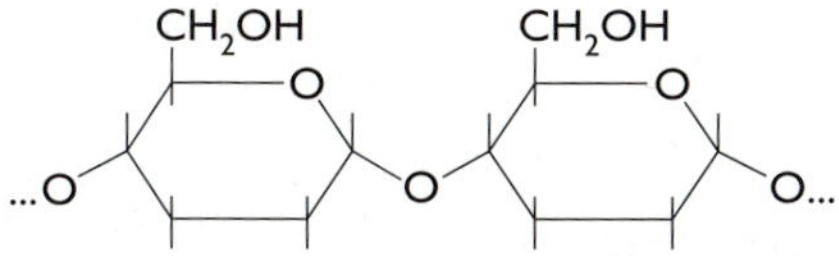 Ausschnitt aus dem Amylosemolekül, zusammengesetzt aus α-Glucosemolekülresten	wichtigster Reservestoff pflanzlicher Zellen; Nahrungsmittel
	Glycogen – ähnlich der Stärke, häufigere Verzweigungen im Molekül als bei Amylopectin	Speicherstoff tierischer Zellen, auch bei Bakterien und Pilzen

Struktur der Kohlenhydrate, Vorkommen und Bedeutung		
Einteilungsgruppe	Name, Gruppe und Strukturformel	Vorkommen und Bedeutung
Polysaccharide	Cellulose 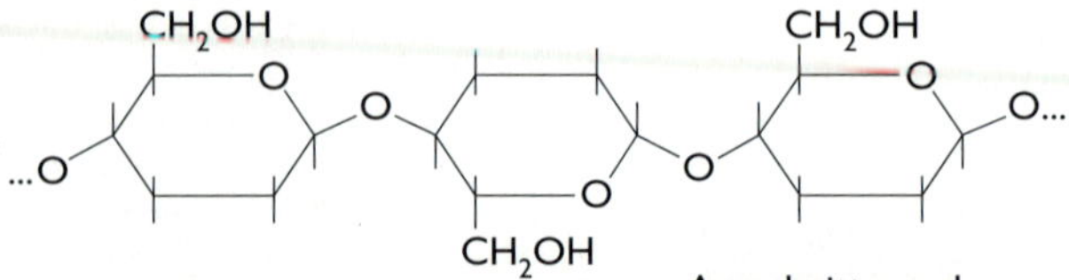 Ausschnitt aus dem Cellulosemolekül, zusammengesetzt aus β-Glucosemolekülresten	Grundbaustein pflanzlicher Zellwände; große wirtschaftliche Bedeutung
	Protopectine 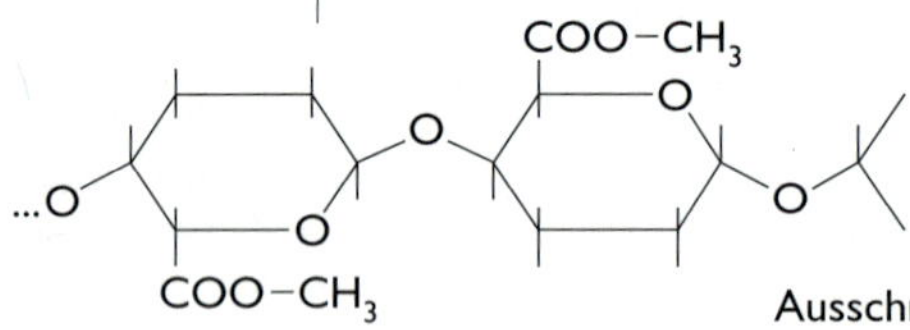 Ausschnitt aus dem Polykondensationsprodukt der Galacturonsäurereste, die Methylgruppen tragen	Bestandteil der Mittellamellen in den Zellwänden (Calciumpectinat)
	Chitin 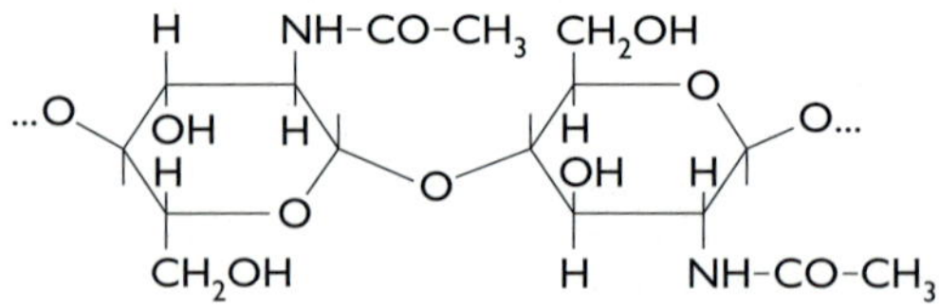 Ausschnitt aus einem Chitinmolekül, bestehend aus Glucosemolekülresten, bei denen am C-Atom 2 die Hydroxylgruppe durch eine Aminogruppe ersetzt ist. Diese ist mit einem Acetylrest verbunden.	Bestandteil der Zellwände bei Pilzen, Baustoff des Panzers der Gliederfüßer

Übersicht über einige Säuren im Kohlenhydratstoffwechsel

Eine Reihe von organischen Säuren, die im Gesamtstoffwechsel eine zentrale Rolle spielen, bilden Zwischenstufen im Kohlenhydratstoffwechsel; sie sind oft Ausgangsstoff für die Synthese anderer Stoffwechselprodukte wie Fette und Eiweiße.

Organische Säuren im Kohlenhydratstoffwechsel		
Name	Formel	Bedeutung/Vorkommen
Glycerinsäure (2.3-Dihydroxypropansäure)	$CH_2OH - CHOH - COOH$	Wichtiges Zwischenprodukt in der Dunkelreaktion der Fotosynthese und in der Glykolyse der Dissimilation
Milchsäure (2-Hydroxypropansäure)	$CH_3 - CHOH - COOH$	Endprodukt der Milchsäuregärung, dient als Konservierungsmittel in Lebensmittel- und Futtermittelindustrie
Brenztraubensäure (2-Oxopropansäure)	$CH_3 - CO - COOH$	Endglied der Glykolyse bei der Atmung und Gärung; Schlüsselstellung im Stoffwechsel, kann durch Aminierung in die Aminosäure Alanin übergeführt werden
Oxalessigsäure (2-Oxobutandisäure)	$COOH - CO - CH_2 - COOH$	Zwischenprodukt im Säurezyklus der Atmung, kann durch Aminierung in die Aminosäure Asparaginsäure übergeführt werden
2-Ketoglutarsäure (2-Oxopentandisäure)	$COOH - CO - CH_2 - CH_2 - COOH$	Zwischenprodukt aus dem Säurezyklus der Atmung, kann durch Aminierung in die Aminosäure Glutaminsäure übergeführt werden
Essigsäure (Ethansäure)	$CH_3 - COOH$	Endprodukt der Essigsäuregärung. Zwischenprodukt im Atmungsstoffwechsel und Ausgangsstoff für die Synthese der Fettsäuren, in der Zelle an das Coenzym A gebunden

3

3

Lipide

Allgemeines

Lipide sind Fette und fettähnliche Stoffe (Lipoide). Sie sind wasserunlöslich und von unterschiedlicher chemischer Struktur. Lipide lassen sich in zwei Gruppen untergliedern:
- einfache Lipide (Fette und Wachse),
- komplexe Lipide (Lipoide).

Fette

Fette sind Ester des Glycerins und höherer Monocarbonsäuren (Fettsäuren). Die Synthese der Fettsäuren erfolgt hauptsächlich im Zytoplasma unter Mitwirkung des Multienzymkomplexes Fettsäuresynthetase.
Fette sind Reservestoffe in tierischen, pflanzlichen und mikrobiellen Zellen. Besonders fettreich sind tierische Fettgewebe und pflanzliche Speichergewebe von Samen oder Früchten (z.B. Raps, Olive, Sonnenblume).
Der Abbau der Fette im Rahmen der Atmung erfolgt in den Mitochondrien. Die fettspaltenden Enzyme heißen Lipasen.
↗ Fettstoffwechsel, S. 206

Lipoide

In Lipoiden ist eine Fettsäure durch eine Phosphorsäure ersetzt, an dieser Stelle ist die Verbindung polar. Lipoide sind insbesondere als Membranbausteine von Bedeutung, sie stellen etwa 45 % der Trockenmasse einer Biomembran. Lipoide (polare Lipide) bilden an ihrem hydrophilen („Wasser liebenden") Ende eine Hydrathülle aus. Der hydrophobe („Wasser meidende") Teil des Moleküls wird von den beiden Fett-säuren gebildet.

Struktur eines polaren Lipids

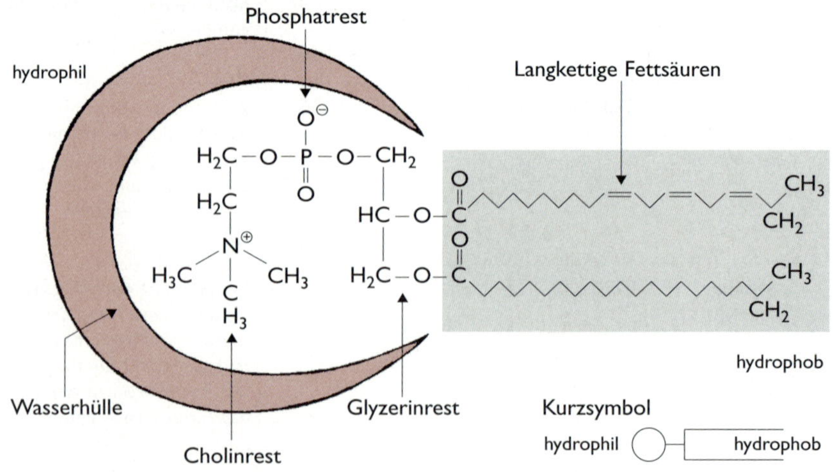

Porphyrine und Isoprenoide

Porphyrine

Porphyrine mit 4 Pyrrolringen besitzen zum Teil hohe biologische Aktivität.
Pyrrol ist eine heterozyklische stickstoffhaltige organische Verbindung, ein Baustein für wichtige Naturstoffe.

Übersicht über biologisch wichtige Porphyrine

Porphyrine		
Verbindungen	Strukturformel	Bedeutung
Hämoglobin (besteht aus dem Farbstoff Häm und einem Protein)	Häm 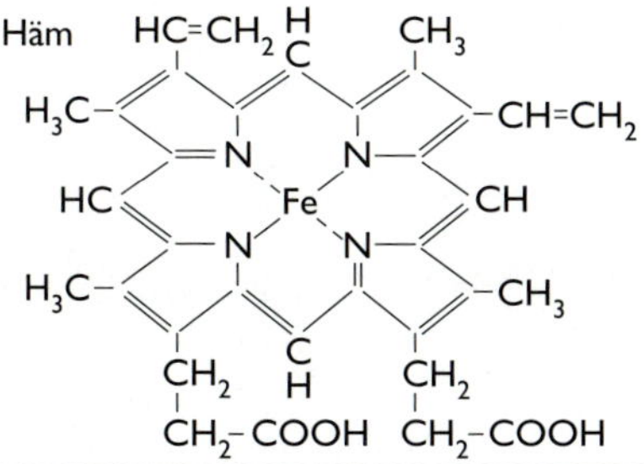	roter Blutfarbstoff, dient dem Sauerstofftransport
Chlorophylle	Chlorophyll a 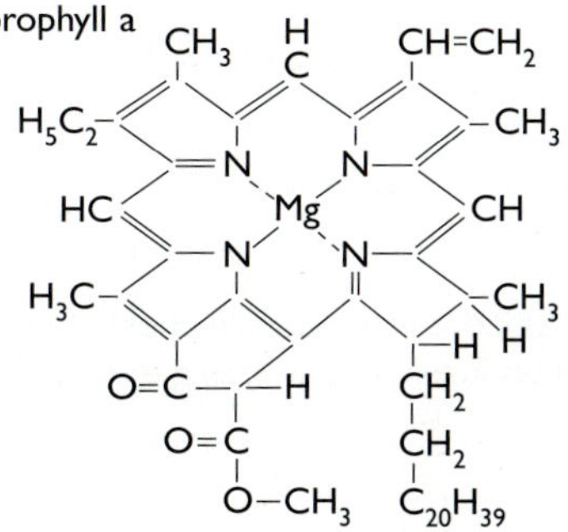	grüne Farbstoffe der Chloroplasten; kommen in verschiedenen Formen vor: Chlorophyll a und Chlorophyll b; Chlorophyll absorbiert das Licht für die Fotosynthese
Cytochrome	Cytochrom c 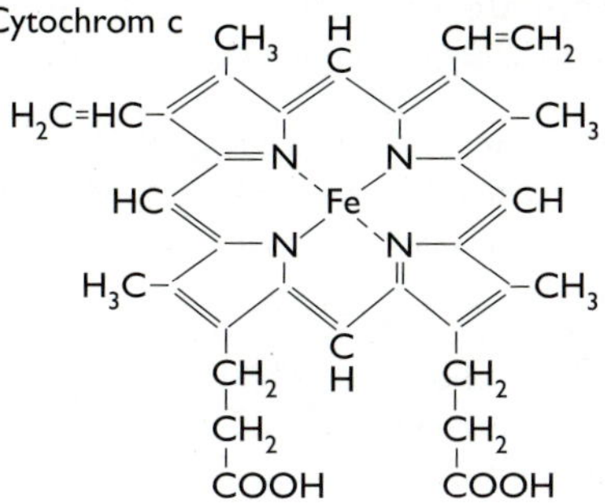	Cytochrome umfassen eine Gruppe ähnlicher Verbindungen, die als Oxidoreduktasen im Atmungprozess wirken

Isoprenoide

Als Isoprenoide fasst man eine sehr uneinheitliche Gruppe von zellulären Inhaltsstoffen zusammen, die das Kohlenstoffgerüst des Isoprens enthalten. Sie kommen sowohl im Tier- als auch im Pflanzenreich vor.

$$CH_2=C(CH_3)-CH=CH_2$$

Struktur des Isoprens

Übersicht über einige Isoprenoide		
Inhaltsstoffe	Strukturformel	Bedeutung
α-Carotin	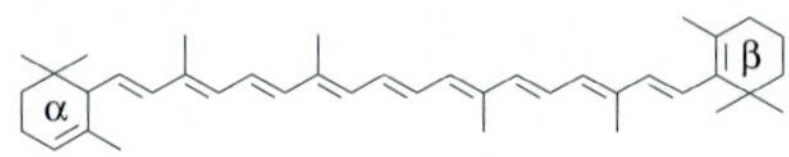	roter pflanzlicher Farbstoff, Provitamin A
β-Carotin	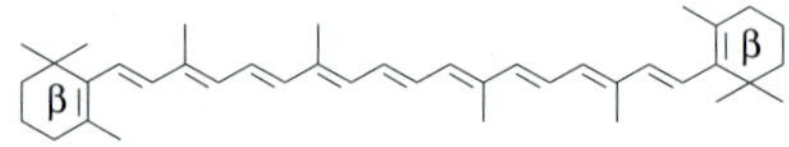	roter pflanzlicher Farbstoff, Provitamin A
Lutein, ein Xanthophyll	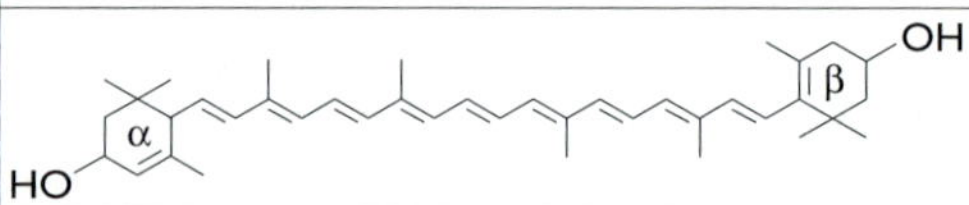	gelber Blatt- und Blütenfarbstoff
Kautschuk	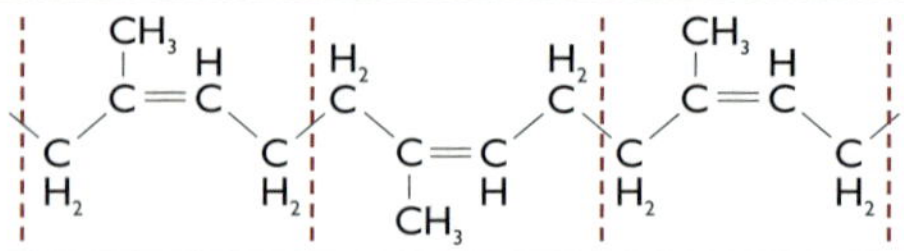	Milchröhrensaft, technisch nutzbar

Wirtschaftlich bedeutsame Zellinhaltsstoffe

Allgemeines

Von der Zelle synthetisierte oder in ihr angereicherte Inhaltsstoffe werden vom Menschen unter wirtschaftlichen Gesichtspunkten genutzt. Nutzbar sind sowohl Grund- als auch Sekundärstoffe.

Grundstoffe

Grundstoffe sind Kohlenhydrate, Proteine und Lipide; sie werden im Primärstoffwechsel synthetisiert und sind für das Leben der Zelle von grundsätzlicher Bedeutung.

Grundstoffe werden insbesondere aus pflanzlichen Speicherorganen (Samen, Früchte, Knollen, Rüben) und tierischen Produkten (Milch, Eier, Fleisch) als Nahrungsmittel für Mensch und Tier sowie als Rohstoffe genutzt.

Sekundäre Pflanzenstoffe

Sekundäre Pflanzenstoffe sind chemisch sehr unterschiedliche Verbindungen (z.B. Alkaloide, ätherische Öle, Salzkristalle), die für den Grundstoffwechsel nicht erforderlich sind. Ihre Anzahl ist sehr groß und ständig werden neue entdeckt. Allein aus der Gruppe der Alkaloide kennt man heute über 3 000 Verbindungen.

Vorkommen und Wirkung einiger Alkaloide		
Alkaloid	Vorkommen	Wirkung/Verwendung
Nicotin	Tabakpflanze	Gefäßverengung
Coffein	Kaffeesamen	Blutdrucksteigerung, Genussmittel
Theophyllin	Teeblätter	Blutdrucksteigerung, Genussmittel
Atropin	Frucht der Tollkirsche	Pupillenerweiterung, Mittel der Augenheilkunde
Colchicin	Frucht der Herbstzeitlose	Mitosegift, Anwendung bei Gicht
Cocain	Blätter des Koka-Strauches	Rauschgift

Aufnahme, Speicherung und Abgabe von Stoffen durch Zellen

Allgemeines

Von einer Zelle können alle Stoffe aufgenommen werden, die die Zellmembran passieren können. Die Menge eines aufzunehmenden Stoffes hängt in gewissen Grenzen vom Bedarf in der Zelle und im gesamten Organismus ab.

An die Aufnahme eines Stoffes schließt sich im allgemeinen dessen Einbeziehung in den Stoffwechsel oder der Transport in benachbarte Zellen an. Nur in Ausnahmefällen reichert sich ein aufgenommener Stoff ohne Teilnahme am Stoffwechselgeschehen in der Zelle an.

Aufnahmeformen

Die Zelle ist in der Lage, Gase, Wasser und gelöste Stoffe in Form von Molekülen oder Ionen aufzunehmen.

Der für alle Zellen notwendige Sauerstoff wird als O_2, die für die fotosynthetisch aktive Pflanzenzelle erforderliche Kohlenstoffverbindung wird als CO_2 aufgenommen. Die Aufnahme der Nährstoffe Kohlenhydrate, Eiweiße und Fette in heterotrophe Zellen erfolgt in Form ihrer Bausteinmoleküle als Monosaccharide, Aminosäuren sowie Fettsäuren und Glycerin.

Salze werden als Ionen in hydratisierter Form aufgenommen. Besonders die autotrophe Pflanzenzelle ist auf ein umfangreiches Angebot an Nährsalz-Ionen angewiesen.

Aufnahmeformen einiger mineralischer Nährstoffe für die Pflanzenzelle					
Nährstoff	Stickstoff	Phosphor	Schwefel	Kalium	Calcium
Aufnahme-form(en)	NO_3^- NH_4^+	$H_2PO_4^-$	SO_4^{2-}	K^+	Ca^{2+}

Aufnahmevorgänge

Die Aufnahme von Stoffen in die Zelle läuft über Transportsysteme an Membranen ab. Es gibt

passiven Transport durch
- Permeation
- Katalysierte Diffusion

und aktiven Transport durch
- Aktive Aufnahme und Abgabe

(Katalysierte Diffusion, aktiver Transport: } Spezifischer Transport)

Permeation

Permeation ist die Diffusion kleiner beziehungsweise lipophiler Moleküle; Voraussetzung für die Permeation ist die Semipermeabilität (Halbdurchlässigkeit) der Zellmembran. Sie ist an das Vorhandensein von Poren in der Membran gebunden und verantwortlich für alle osmotischen Vorgänge. Die treibenden Kräfte bei der Permeation sind die Konzentrationsunterschiede auf beiden Seiten der Membran.

Diffusion

Diffusion ist die wechselseitige Durchdringung zweier aneinander grenzender Flüssigkeiten oder Gase auf Grund der Bewegungsenergie ihrer Teilchen. Die Diffusion erfolgt entlang eines Konzentrationsgefälles und führt zum Konzentrationsausgleich. Dabei ist die Geschwindigkeit der Diffusion vom Konzentrationsgefälle, von der Temperatur und der Teilchenart abhängig.

Darstellung der Diffusion

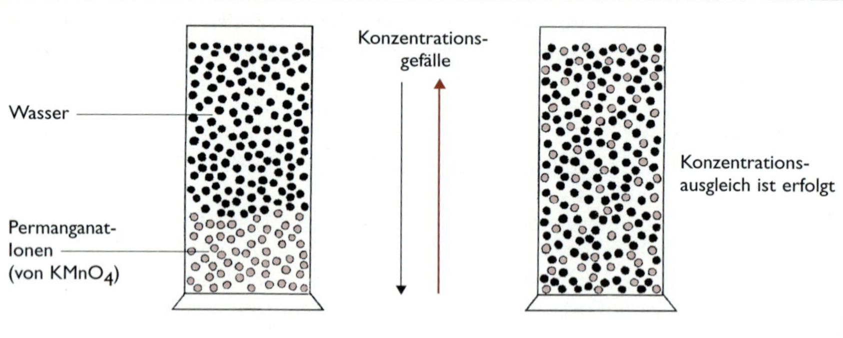

Osmose

Osmose ist Diffusion durch eine semipermeable (halbdurchlässige) Membran. Semipermeable Membranen lassen Wassermoleküle und eine Reihe von gelösten Substanzen (z.B. Salze) passieren, andere gelöste Substanzen aufgrund ihrer Teilchengröße jedoch nicht.

Wassermoleküle diffundieren vom Ort der höheren Wassermolekülkonzentration zum Ort der niederen Wassermolekülkonzentration (z.B. Wasseraufnahme aus dem Boden in die Wurzelhaarzelle). Die Intensität der Osmose - der osmotische Druck - ist abhängig vom Konzentrationsgefälle.

Darstellung der Osmose

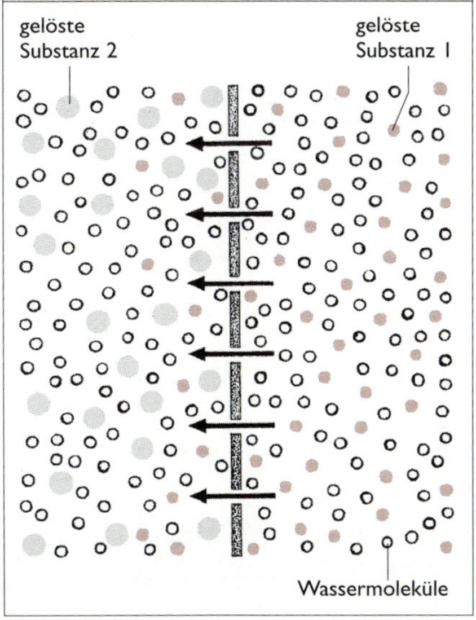

Änderung der Saugspannung

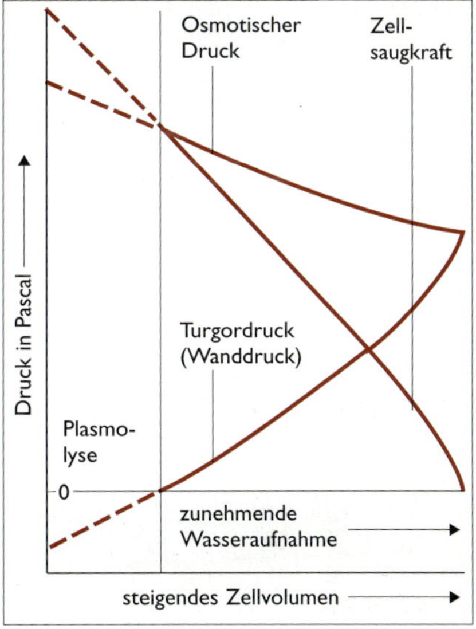

Die Zelle als osmotisches System

Die Zelle ist ein osmotisches System, das infolge der Saugspannung Wasser aufnehmen kann. Die Höhe der Zellsaugkraft hängt vom osmotischen Druck des Zellinhaltes und dem der Wasseraufnahme entgegengerichteten Turgordruck ab. Der osmotische Druck ist um so stärker, je größer der Konzentrationsunterschied zwischen dem Zellsaft und dem Außenmedium ist.

Der Turgor ist der Druck, den das Zellsaftvolumen auf die Zellwand ausübt, er wird durch Wasseraufnahme und -abgabe beeinflusst. Der Turgor verleiht unverholzten Pflanzenteilen und Einzellern ohne Stützeinrichtungen Stabilität (z.B. Aufrichten welkender Zweige bei Wasserzufuhr).

Plasmolyse

Plasmolyse ist das Abheben des Protoplasten von der Zellwand infolge osmotischen Wasseraustritts aus der Vakuole, wenn sich die Zelle in hypertonischer Umgebung befindet (Konzentration der Wassermoleküle in der Zelle höher als in der Umgebung der Zelle), sie wird aufgehoben, wenn die Zelle in hypotonische Umgebung gelangt.

Spezifischer Transport

Im Gegensatz zur freien Diffusion gelangen beim spezifischen Transport ganz bestimmte Moleküle oder Ionen mit Hilfe von Translokatoren (Transportproteine, Carrier) durch die Membranen. Der spezifische Transport erfolgt im allgemeinen schneller als die freie Diffusion. Er kann als passiver oder aktiver Transport erfolgen. Im letzteren Fall benötigt er Energie (ATP) und verläuft entgegen einem Konzentrationsgradienten.

Beispiele für die Funktion von Translokatoren

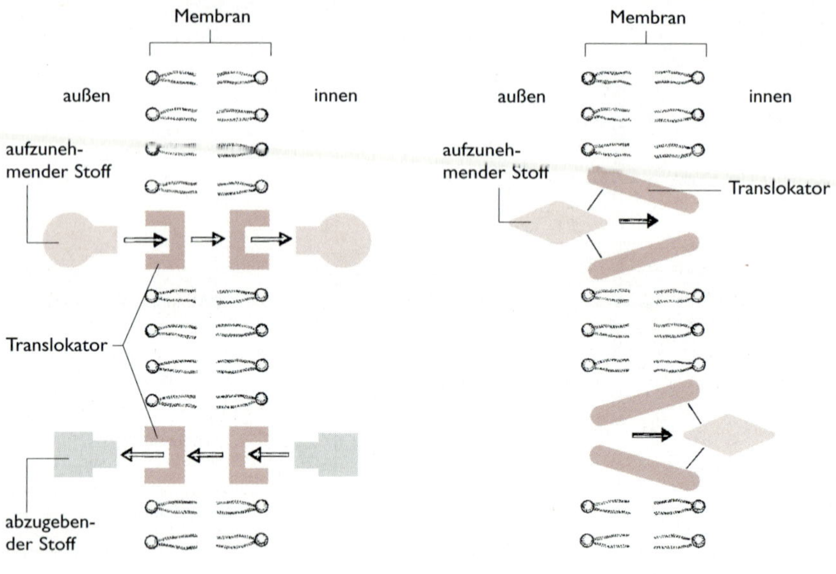

↗ Erregung und Hemmung, S. 217

Endozytosen

Endozytose ist die aktive Aufnahme von Partikeln (Phagozytose) oder Flüssigkeiten (Pinozytose) durch Bläschenbildung der Membran in eine Zelle. Sie spielt eine Rolle beispielsweise bei der Nahrungsaufnahme heterotropher Einzeller sowie beim Eindringen von körperfremden Partikeln in eine Zelle.

Stoffspeicherung

Stoffe, die in großen Mengen in eine Zelle gelangen, ohne dass diese sie im Stoffwechsel verarbeiten oder an Nachbarzellen weitergeben kann, häufen sich in der Zelle an. Dabei entstehen spezielle, mit Reservestoffen angefüllte Kompartimente (Amyloplasten, Aleuronkörner, Fettvakuolen) oder Ablagerungen von Endprodukten (z.B. Kristalle) im Zytoplasma, in den Zellsaftvakuolen oder der Zellwand.
Auch die Anhäufung giftiger chemischer Verbindungen (z.B. Schwermetalle) in Zellen ist möglich. Diese Stoffe führen nicht selten zu Zellschädigungen.

Stoffabgabe

Viele von einer Zelle aufgenommene Stoffe werden in der Aufnahmeform oder nach Einbeziehung in den Stoffwechsel an benachbarte Zellen oder im Ferntransport an andere Zellen, Gewebe oder Organe abgegeben. Spezialisierte Zellen (z.B. Drüsenzellen) sind in der Lage, Stoffe (Hormone, Sekrete) mit regulatorischer oder Schutzfunktion zu bilden und bei Bedarf abzugeben.
↗ Stoffausscheidung, S. 212

Schädigungen von Zellen

Allgemeines

Das Leben von Zellen ist an bestimmte Bedingungen geknüpft. Als offenes System steht eine Zelle in ständiger Wechselwirkung mit ihrer Umgebung (z.B. benachbarte Zellen, Außenwelt). Alle ihre Funktionen erfüllt die Zelle in der Auseinandersetzung mit ihrer Umwelt. Ungünstige Umwelteinflüsse oder der Befall mit pathogenen Organismen führen zur Schädigung oder zum Absterben von Zellen. In einem gewissen Umfang können Organismen schädigenden Faktoren durch Resistenz- und Abwehrverhalten entgegenwirken. Resistenzen sind genetisch bedingt.

Schädigende abiotische Umwelteinflüsse

Verletzungen. Mechanische Einwirkungen, wie Bisse, Schnitte oder Druck führen zur Zerstörung von Zellen und Geweben. Wunden sind stets Eintrittspforten für Krankheitserreger. Durch Bildung neuer Zellen erfolgt ein Wundverschluss und die Abgrenzung der zerstörten Zellen vom unbeschädigten Gewebe.
Extreme Temperaturen. Zellstrukturen werden zerstört, wenn durch zu hohe Temperaturen, die das artspezifische Maximum übersteigen, Eiweiße denaturiert werden oder wenn durch Gefrieren des Wassers die Zelle zerreißt.
Strahlen. Hohe Dosen an UV- oder ionisierenden Strahlen können Zellen schädigen, ihre Eigenschaften verändern und sie vollständig zerstören.
Die Einwirkung schädigender Strahlen kann eine Reaktionskette auslösen, wobei die Veränderung der DNA als Träger der Erbinformation oft nachhaltig wirkt. Zytologische Veränderungen durch Strahlen sind häufig die Ursache für auffällige morphologische und physiologische Defekte (z.B Missbildungen).
↗ Mutationen, S. 319 ff.

Vollständige Reaktionskette nach einem primären Strahlenereignis
Strahlung ↓ Physikalische Veränderungen von Atomen und Molekülen in der Zelle ↓ Chemisch veränderte Molekülstrukturen ↓ Biochemische Schäden ↓ Zytologische Veränderungen ↓ Organismische Veränderungen ↓ Zelltod ↓ Tod des Organismus

Wasser- und Nährstoffmangel. Starker Wasserentzug und das Fehlen von Nährstoffen schränken Zellfunktionen ein. In extremen Fällen können auch die Strukturen einer Zelle verfallen (z.B. Plasmolyse).
Gifte. Zahlreiche chemische Verbindungen wirken als Zellgift; so ist das Alkaloid der Herbstzeitlose (Colchicin) ein Mitosegift, Schwermetalle stören enzymatische Abläufe und zu hohe Schwefeldioxidkonzentrationen schädigen die Fotosynthese.

Schädigungen durch Krankheitserreger

Zellen können durch Viren, pathogene Mikroorganismen und Parasiten (z.B. *Plasmodium* u.a. Protozoen) befallen werden, die die Strukturen und den Stoffwechsel der Zelle für ihre Stoffwechselprozesse und zu ihrer Vermehrung nutzen. In der Auseinandersetzung zwischen befallener Zelle (Wirtszelle) und dem pathogenen Organismus (Pathogen) haben sich zwei Strategien herausgebildet: Manche Krankheitserreger töten die Zelle ab, um ihren Inhalt zu verwerten, andere nutzen nur die von ihr synthetisierten Stoffe.

3

Zellteilung

Allgemeines

Zellteilungen sind Voraussetzung für viele Fortpflanzungs-, Entwicklungs- und Wachstumsvorgänge. Aus einer Zelle entstehen zwei oder mehr meist annähernd gleiche Zellen. Zellteilungen beginnen mit einer Kernteilung beziehungsweise mit der Teilung des Kernäquivalents. Sie können als Mitose oder als Meiose ablaufen.

Mitose

Mitose ist die Form der Kern- und Zellteilung, bei der genetisch gleiche Zellen entstehen, deren Chromosomensatz dem der Ausgangszelle entspricht. Mitotische Teilungen treten bei der Bildung aller Körperzellen und bei der ungeschlechtlichen Fortpflanzung auf. Die Mitose verläuft in mehreren Phasen.
↗ Mitose, S. 310

Zellzyklus

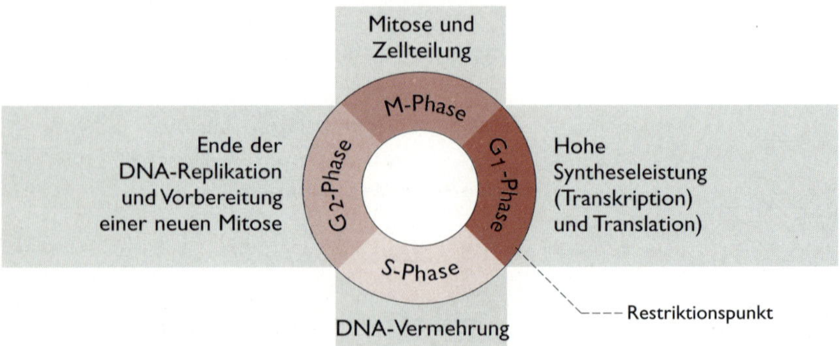

Zellzyklus

Mit der Mitose und Zellteilung beginnt für die Tochterzelle ihr Lebenszyklus (Zellzyklus). Dieser besteht in der Regel aus vier Phasen. In der G1-Phase führt die Zelle wesentliche physiologische Funktionen aus. Nach dem Ende dieser Phase (Restriktionspunkt) kann die Zelle in einen neuen Zellzyklus eintreten.

Meiose

Meiose ist die Form der Kern- und Zellteilung, bei der genetisch ungleiche Tochterzellen mit haploidem (reduziertem) Chromosomensatz entstehen. Meiotische Teilungen treten in der Regel bei der Bildung von Keimzellen auf. Die Meiose verläuft in zwei Teilungsprozessen, die beide in Pro-, Meta-, Ana- und Telophase eingeteilt werden.

↗ Meiose, S. 311

Zellwachstum und Zelldifferenzierung

Zellwachstum

Wachstum gehört zu den Lebensmerkmalen aller Zellen.

Der Begriff 'Zellwachstum' wird allerdings unterschiedlich gebraucht. Man kann darunter die volumenmäßigen Veränderungen einer Zelle nach der Mitose bis hin zum völlig ausdifferenzierten Stadium verstehen. Zellwachstum wird oftmals aber auch als Volumenzunahme oder Zellteilung einer Einzelzelle oder einer homogenen Zellpopulation verstanden.

Je nach dem konkreten Entwicklungsvorgang wird von Zellteilungs-, Zellstreckungs- oder Zelldifferenzierungswachstum gesprochen.

↗ Wachstum, S. 230
↗ Wachstum bei Samenpflanzen, S. 246

Wachstumskurve für eine Zellpopulation

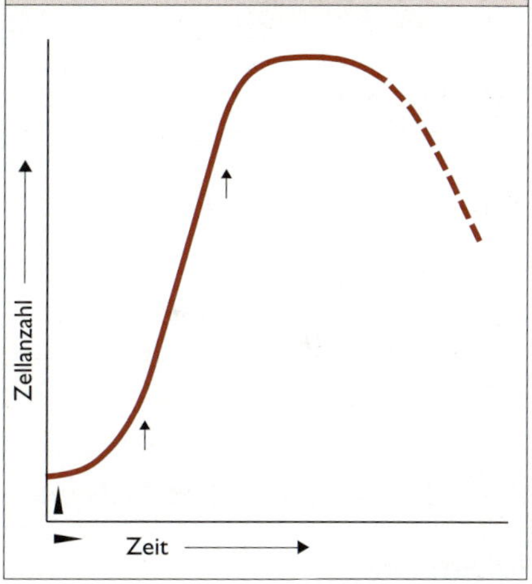

Entartetes Wachstum

Zellen können das geordnete Teilungs- und Wachstumsverhalten verlieren. In solchen Fällen wachsen und teilen sie sich ständig. Der Zellzyklus wird ununterbrochen durchlaufen. Man spricht von entartetem Wachstum. Es ist typisch für Tumorzellen (auch: Krebszellen oder transformierte Zellen). Tumorzellen können am Entstehungsort verbleiben oder wandern. Im letzteren Fall haben sie auch die Positionskontrolle verloren.

Entartetes Wachstum kann genetisch bedingt sein, durch manche Viren oder die Einwirkung bestimmter Außenfaktoren verursacht werden. Manche chemischen Verbindungen begünstigen die Tumorbildung. Zu ihnen gehört das Nicotin.

3

Determination

Die Determination stellt die Festlegung der Zelle oder eines Gewebes auf eine später auszuübende Funktion dar. Sie spielt sich im molekularen Bereich ab und drückt sich zunächst nicht in morphologischen Veränderungen aus. Der Determination folgt die Differenzierung.

Differenzierung

Differenzierung ist jener Entwicklungsprozess, in dem sich ursprünglich gleichartige Zellen strukturell und funktionell spezialisieren. Es entstehen damit verschiedene Zelltypen. Wie die Determination wird auch die Differenzierung durch bestimmte Gene in der Zelle gesteuert.

Zelldifferenzierung bei Pflanzen

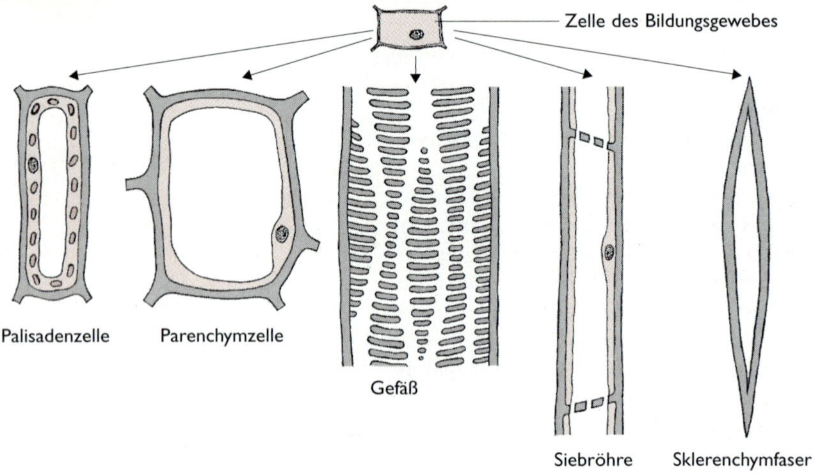

Evolution der Zelle und Zellsymbiosen

Allgemeines

Die Zelle ist ein Produkt der Evolution. Erste Urzellen sind vermutlich vor 4 Mrd. bis 3 Mrd. Jahren entstanden. Ihr Aussehen ist weit gehend unbekannt.
In Sedimenten und Gesteinen, die vor 3 Mrd. bis 2 Mrd. Jahren abgelagert worden sind, fand man Mikrofossilien. Sie ähneln heute vorkommenden Prokaryoten.

Verwandtschaftsbestimmung

Durch Untersuchungen bestimmter Zellbestandteile, beispielsweise der Basensequenz in Eiweißen, können mögliche Verwandtschaften festgestellt werden. Hohe Übereinstimmungen der Basen- oder Aminosäurefolge (Sequenz) spricht für eine enge verwandtschaftliche Beziehung während der Evolution. Auf diese Weise lassen sich sogenannte Sequenzstammbäume aufstellen.

Vereinfachter Sequenzstammbaum, erstellt auf der Basis der Analyse von Cytochrom c, von Ferredoxin und einer RNA

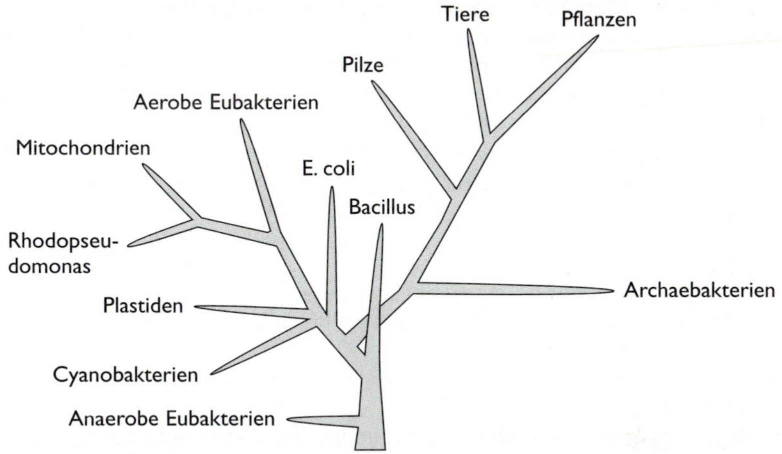

Evolution der Euzyte

Die Evolution der Euzyte ist noch weit gehend ungeklärt. Von den heute vorkommenden Eukaryoten weisen die Amöben und die Dinoflagellaten besonders ursprüngliche Merkmale auf. Sie könnten den Urformen der Euzyte nahe stehen.
Wesentliche Schritte in der Euzyten-Evolution sind die Ausbildung eines Zytoskeletts und die Kompartimentierung des Zellinneren.

Kompartimentierung der Eukaryotenzelle

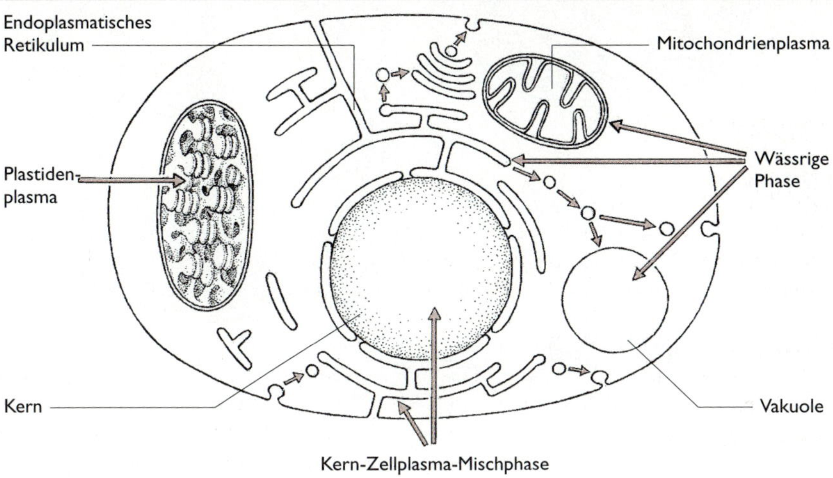

Endosymbionten-Theorie

Endosymbionten sind in einer Symbiose die kleineren Partner, die im Körper des größeren leben. In der Zellbiologie werden im Hinblick auf die Zellevolution Plastiden und Mitochondrien als Endosymbionten aufgefasst.

Als Endosymbionten dürften zunächst Protozyten durch Endozytose aufgenommen worden sein, die sich dann zu Mitochondrien umgebildet haben. Wesentlich später entstand auf gleichem Wege eine dauerhafte Symbiose zwischen Chlorophyll tragenden Einzellern und Euzyten.

Der heute allgemein akzeptierten Endosymbionten-Theorie steht die Kompartimentierungs-Hypothese (auch Plasmid-Hypothese) gegenüber, die vom Einschluss von Plasmiden durch die eukaryotische Zelle ausgeht.

Die Endosymbionten-Theorie wird unter anderem durch folgende Tatsachen gestützt:

- Zellsymbiosen sind häufig zu beobachtende Vorgänge.
- Mitochondrien und Chloroplasten sind beide von nicht fusionierenden Doppelmembranen umgeben.
- Mitochondrien und Plastiden besitzen eigene genetische Information in Form von DNA.
- Sequenzanalysen von Nucleinsäuren und Proteinen deuten darauf hin, dass Mitochondrien und Plastiden den Prokaryoten nahe stehen.

Die in den drei Kompartimenten einer Pflanzenzelle vorhandene genetische Information kann ausgetauscht werden.

Möglichkeiten des Austauschs genetischer Information in einer Pflanzenzelle

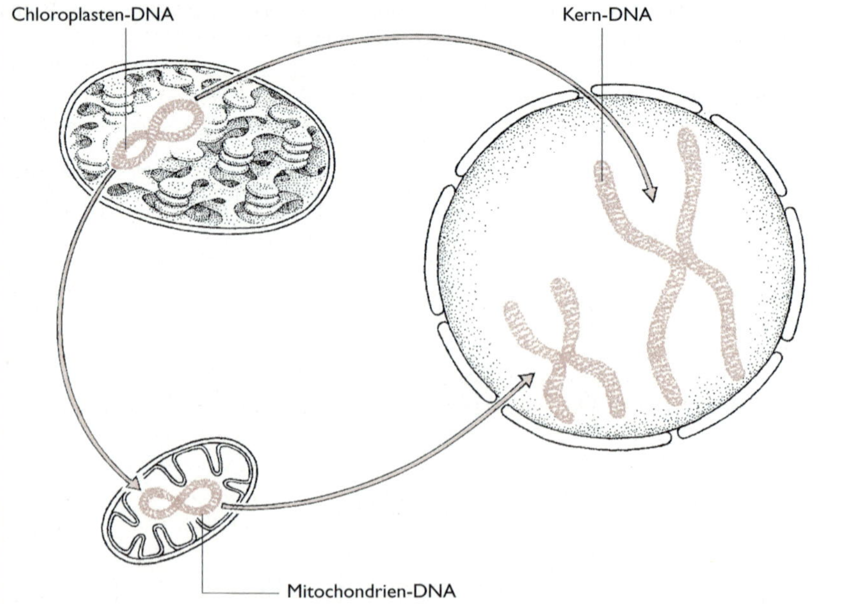

Immunbiologie

Immunität

Immunität umfasst die Gesamtheit der Abwehrreaktionen eines Organismus gegen Krankheitserreger, wie Bakterien, Pilze oder Viren sowie gegen andere Fremdeiweiße (z.B. Transplantate, übertragene Blutzellen, Toxine); sie liegt als humorale oder als zellvermittelte Immunität vor.

Immunität beruht einerseits auf angeborenen, unspezifisch wirkenden Mechanismen, die bei allen Tieren nachgewiesen werden können und andererseits auf spezifisch erworbenen Mechanismen, die jeweils fast immer nur gegen einen definierten Krankheitserreger gerichtet sind und nur bei Wirbeltieren auftreten.

Im Verlauf der Ontogenese wie auch der Phylogenese ist eine zunehmende Komplexität der Immunreaktionen nachweisbar.

Antigen

Antigene sind alle natürlich vorkommenden oder künstlich erzeugten löslichen oder partikulären Stoffe, die als körperfremde Strukturen die Fähigkeit besitzen, mit Antikörpern oder speziellen Zellen des Immunsystems zu reagieren.

Äußere Schutzfaktoren

Äußere Schutzfaktoren mehrzelliger Tiere einschließlich des Menschen sind die Haut und ihre Bildungen (Horn, Schuppen, Haare), die mechanisch vor dem Eindringen von Fremdkörpern in den Organismus schützen, sowie chemische Barrieren, zu denen beispielsweise der Säureschutzmantel der Haut, Lysozym, Schleim und Magensäure zählen. Zu den äußeren Schutzfaktoren gehört auch die bakterielle Darmflora.

Säureschutzmantel. Fettsäuren beziehungsweise Milchsäure, die in Drüsenzellen der Haut oder Schleimhaut gebildet werden, unterdrücken die Vermehrung und Ausbreitung unerwünschter Mikroorganismen.

Lysozym. Ein Enzym, das die Zellwand grampositiver Bakterien zerstört und so zu ihrer Abtötung beiträgt (kommt u.a. in Tränenflüssigkeit und Nasenschleim vor).

Zellen des Immunsystems

Die Zellen des Immunsystems gehören zu den Blutzellen. Sie werden von undifferenzierten Stammzellen im Knochenmark gebildet. Die Stammzellen differenzieren in zwei Hauptlinien, die lymphatische Reihe, aus der die Lymphozyten hervorgehen und die myeloische Reihe, aus der sich Monozyten und Granulozyten entwickeln.

Lymphozyten. Entsprechend ihrer Herkunft und Funktion unterscheidet man zwischen T- und B-Lymphozyten, sowie einer kleinen Anzahl sogenannter Natürlicher Killerzellen (NK-Zellen). Die T-Lymphozyten durchlaufen während ihrer Reifung den Thymus (daher T-Lymphozyten), wo sie die Festlegung auf ihre spätere Funktion als Helfer-, Suppressor- oder Zytotoxzelle erhalten und sich unter Antigeneinfluss

Schema der Differenzierung von Blutzellen

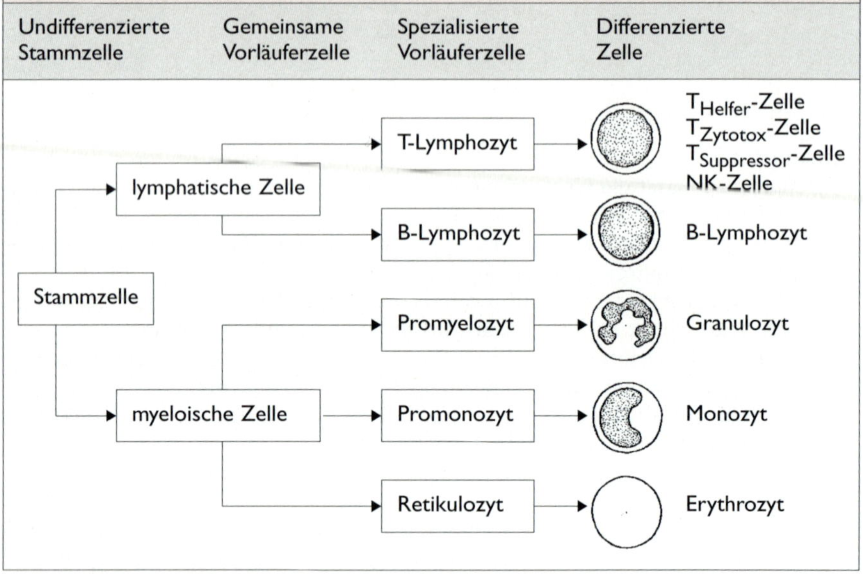

vermehren. T-Lymphozyten bilden die Basis für die zelluläre Immunität. Ihr Anteil an der Gesamtpopulation der Lymphozyten beträgt etwa 90 %.

B-Lymphozyten bilden die Grundlage für die humorale Immunität. Bei Kontakt mit Antigenen entstehen aus ihnen unter Mitwirkung von speziellen T-Zellen (T-Helferzellen) und besonderen Signalstoffen, den Zytokinen, Antikörper produzierende Plasmazellen (etwa 10 % der reifen Lymphozyten).

Sowohl B- als auch T-Lymphozyten haben nur eine begrenzte Lebensdauer, jedoch existieren im Organismus stets langlebige Zellen (Gedächtniszellen), die die spezifische Antigenerkennung über lange Zeiträume garantieren.

Granulozyten und Monozyten. Verhindern hauptsächlich durch Phagozytose Eindringen und Ausbreitung von Krankheitserregern oder Fremdeiweißen. Sie gehören mit 60 % ... 70 % beziehungsweise 2 % ... 8 % zusammen mit den Lymphozyten (25 % ... 33 %) zur Gruppe der Leukozyten (weiße Blutkörperchen).

Humorale Immunität

Humorale Immunität umfasst alle Abwehrreaktionen, die von humoralen Faktoren ausgelöst werden, das heißt von bestimmten Proteinen, die in der Körperflüssigkeit von Tieren, beim Menschen im Blut und in der Lymphe, gelöst sind. Zu den humoralen Faktoren gehören unter anderen

- Antikörper (Immunglobuline), spezifisch wirkende Schutzmoleküle, die zur Beseitigung körperfremder Strukturen beitragen, sowie
- Lysozym, ein Enzym, das zum Beispiel im Blut, dem Speichel und der Tränenflüssigkeit auftritt und einen unspezifischen Schutz vor bakteriellen Infektionen bewirkt.

Antikörper

Antikörper, auch Immunglobuline genannt, sind globuläre Proteine, die im Serum der Wirbeltiere vorkommen.
Das Serum des Menschen enthält 1000 mg ... 2100 mg/100 ml verschiedene Antikörper. Jedes Antikörpermolekül besitzt eine Region, die es zur spezifischen Bindung an eine körperfremde Struktur, das sogenannte Antigen befähigt.
Die Bildung von bestimmten Antikörpern wird durch die Bindung des Antigens an ein Erkennungsmolekül (Rezeptor) in der Membran eines B-Lymphozyten eingeleitet. Unter Beteiligung von Signalstoffen, die von T-Lymphozyten (T-Helferzellen) gebildet werden, entstehen aus den B-Lymphozyten Plasmazellen. Diese Zellen produzieren dann die Antikörper und zwar ausschließlich solche, die das gleiche Antigen binden wie der Rezeptor des ursprünglich aktivierten B-Lymphozyten.
Antikörper bestehen aus zwei Paaren unterschiedlicher Peptidketten, die wiederum aus vier beziehungsweise zwei untereinander sehr ähnlichen Bereichen (Domänen) aufgebaut sind. Die Peptidketten sind über Disulfidbrücken miteinander verknüpft. Die Bindungsfähigkeit der Antikörper für Antigene beruht auf der jeweiligen Aminosäuresequenz in den endständigen Bereichen der vier Peptidketten (variable Regionen).
Entsprechend der Struktur der größeren Peptidkette, die als γ-, μ-, α-, δ- und ε-Kette bezeichnet wird, werden die Antikörper in fünf Immunglobulinklassen eingeteilt (IgG, IgM, IgA, IgD, IgE).

Schematischer Aufbau eines Antikörpermoleküls

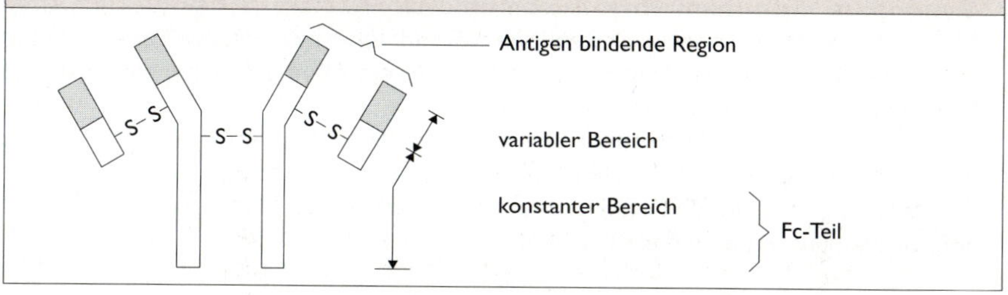

Funktionell können in Immunglobulinmolekülen zwei Bereiche unterschieden werden, das Antigen bindende Fragment (Fab-Fragment) und der sogenannte Fc-Teil, der für die Bindung an Rezeptoren von Zellen und die Wechselwirkung mit dem Komplementsystem aber auch für die Fähigkeit zur Plazentapassage verantwortlich ist.
Immunglobulin G (IgG): Mengenmäßig das häufigste Immunglobulin (80 %) im Serum des Menschen, dessen Bildung insbesondere durch Fremdproteine und Virusantigene ausgelöst wird. Es wird während der Schwangerschaft über die Plazentabarriere auf den Fetus übertragen, wodurch ein passiver Schutz des Neugeborenen erreicht wird.
Immunglobulin E (IgE): Es tritt im Serum gesunder Menschen nur in äußerst geringer Menge auf. Bei allergischen Erkrankungen und Parasitenbefall (besonders Darmnematoden) werden jedoch deutlich erhöhte Konzentrationen gemessen. IgE haben für die Ausbildung allergischer Reaktionen vom Soforttyp eine besondere Bedeutung.

Primäre und sekundäre humorale Immunantwort

Primäre Immunantwort. Ist die Reaktion eines Organismus auf erstmaligen Kontakt mit einem Antigen. Es entstehen im Verlauf von Tagen Antikörper produzierende Plasmazellen. Zunächst nimmt die Menge der gebildeten Antikörper zu und fällt nach etwa 3 Wochen wieder ab.

Schematischer Verlauf der Antikörperbildung in der Primär- und Sekundärreaktion

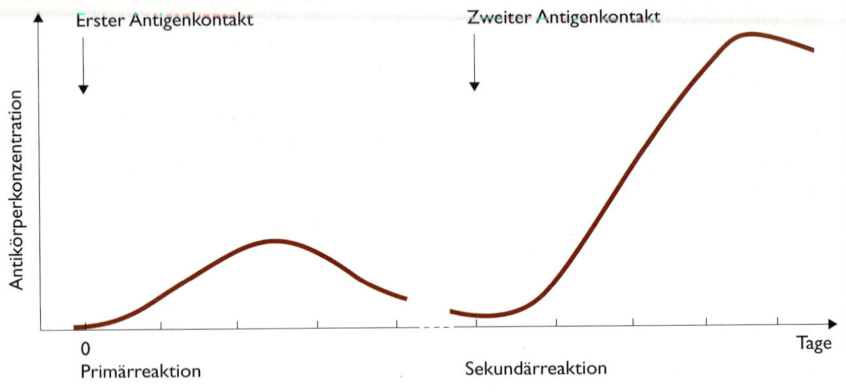

Sekundäre Immunantwort. Tritt bei erneutem Kontakt mit dem gleichen Antigen auf, zeigt jedoch einen anderen Reaktionsverlauf: Innerhalb von zwei oder drei Tagen steigt die Antikörperkonzentration im Blut auf ein Mehrfaches an und bleibt über einen längeren Zeitraum erhöht.

Offensichtlich hat der Erstkontakt mit dem Antigen zusätzlich zur Antikörperbildung im Körper eine Information hinterlassen, die es ihm ermöglicht, bei erneutem Kontakt mit dem Antigen effektiver zu reagieren, er ist immunisiert. Träger dieser Information sind die Gedächtniszellen.

Aktive und passive Immunisierung

Immunisierung ist die künstlich - in der Regel durch Injektionen - herbeigeführte Widerstandsfähigkeit eines Organismus gegen jeweils bestimmte Krankheitserreger (Antigene).

Passive Immunisierung. Beruht auf der Übertragung von Seren, die geeignete Antikörper oder immunkompetente Lymphozyten enthalten. Die Übertragung mütterlicher Antikörper auf den Feten ist eine natürliche passive Immunisierung.

Die passive Immunisierung vermittelt einen sofortigen Schutz vor dem jeweiligen Krankheitserreger beziehungsweise dessen Giften, der aber nur für eine begrenzte Zeit wirksam ist, da die Immunglobuline im Organismus rasch abgebaut werden.

Aktive Immunisierung. Beruht auf der bewussten Zufuhr von Antigenen (z.B. durch Injektion, Verschlucken) in Form von partiell geschädigten lebenden Krankheitserregern oder als entgiftete Formen ihrer Toxine. Der Organismus reagiert mit der Ausbildung einer zellulären und/oder humoralen Immunität und erwirbt durch die gleichzeitig gebildeten Gedächtniszellen einen lang anhaltenden Schutz, der

ihn bei erneutem Kontakt mit dem Antigen zu einer raschen und massiven Reaktion befähigt. Aktive Immunisierung nimmt als Schutzimpfung breiten Raum in der Prophylaxe ein.
Die lebenslange Auseinandersetzung des Körpers mit den Antigenen seiner Umwelt ist ebenfalls eine aktive Immunisierung.

Impfempfehlungen der ständigen Impfkommission des Bundesgesundheitsamtes	
Impfung gegen	Bemerkungen
Wundstarrkrampf	Ab 3. Lebensmonat zweimal im Abstand von mindestens 6 Wochen, dritte Impfung ab 15. Monat. Auffrischung im 6. ... 8. Lebensjahr und dann nach jeweils 10 Jahren.
Diphtherie	Ab 3. Lebensmonat zweimal im Abstand von mindestens 6 Wochen, dritte Impfung ab 15. Monat. Auffrischung im 6. ... 8. Lebensjahr und dann nach jeweils 10 Jahren.
Kinderlähmung	Ab 3. Monat zweimal im Abstand von mindestens 6 Wochen, dritte Impfung ab 15. Monat. Wiederimpfung im 10. Lebensjahr.
Masern – Mumps – Röteln	Ab 15. Lebensmonat

4

Antigen-Antikörper Reaktion

Bei der Reaktion von Antigenen mit Antikörpern (Immunglobulinen) werden Immunkomplexe gebildet. Häufig sind das dreidimensional vernetzte Gebilde aus vielen Antigen- und Antikörpermolekülen. Die jeweilige Größe dieser Komplexe hängt von der relativen Konzentration der Reaktionspartner ab.

Veränderung der Zusammensetzung der Immunkomplexe bei unterschiedlichen Mengenverhältnissen von Antikörper und Antigen

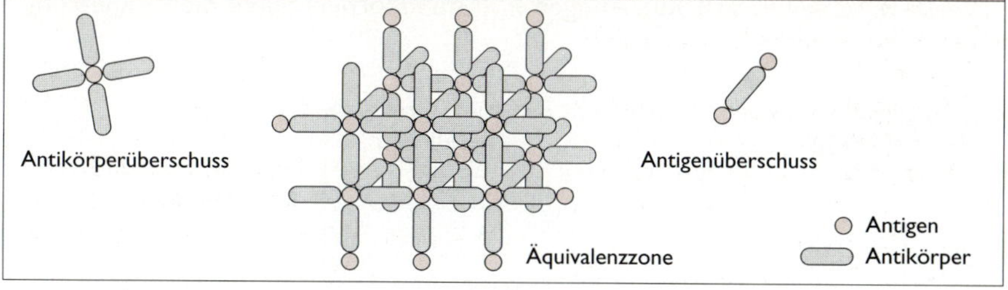

Die Bildung von Immunkomplexen beruht auf der Tatsache, dass einerseits auf partikulären Antigenen (Bakterien, Viren) ein bestimmter Bereich, der durch einen dazu passenden Antikörper erkannt werden kann, stets mehrfach vorkommt und dass andererseits die Antikörper als Folge ihrer molekularen Struktur befähigt sind gleichzeitig zwei Antigene zu binden. Häufig werden die Immunkomplexe so groß, dass sie nicht mehr löslich sind, sie bilden Präzipitate.

Antigen-Antikörper-Reaktionen werden in der Diagnostik und im Bereich der Forschung vielfältig ausgenutzt. So können qualitative oder quantitative Aussagen zur Art oder Menge der an der Präzipitationsreaktion beteiligten Reaktionspartner gewonnen werden.
Die chemische Kopplung des Antikörpers (bzw. des Antigens) mit einem Enzym gestattet die Bestimmung des komplementären Antigens (bzw. Antikörpers) anhand der Menge des gebundenen Enzyms.
In isolierten Zellen oder in Gewebeschnitten können einzelne biochemisch gut charakterisierte Strukturen (z.B. des Zytoskeletts) durch den Einsatz von markierten Antikörpern qualitativ nachgewiesen und exakt lokalisiert werden.
↗ Zytoskelett, S. 135 und S. 173

Komplementsystem und seine Aktivierung

Komplement ist ein System, das aus mindestens neun Proteinen besteht und sich im Serum von Wirbeltiere nachweisen lässt. Bei seiner Aktivierung werden enzymatisch inaktive Proteine in einem mehrstufigen Prozess in eiweißspaltende Formen (Proteasen) umgewandelt. Im Verlauf dieses Prozesses werden kleine Peptide von den Proteinen des Komplementsystems abgespalten. Die großen Proteinbruchstücke werden kovalent an die Oberfläche von partikulären Antigenen oder gelösten Immunkomplexen gebunden und erleichtern deren Beseitigung aus dem Organismus.

Blutgruppen

Blut unterschiedlicher Individuen ist nur bedingt mischbar. Die biochemischen Grundlagen dieser Unverträglichkeit hat LANDSTEINER 1901 erkannt und daraus abgeleitet, dass verschiedene Blutgruppen existieren.
Das AB0-System. Ist das wichtigste Blutgruppensystem; die Klassifikation beruht auf Blutgruppensubstanzen in den Membranen der roten Blutkörperchen (Erythrozyten) und anderer Blutzellen. Sie bestehen aus Proteinen, die zusätzlich charakteristische Oligosaccharide gebunden haben und sich wie Antigene verhalten. In den Membranen der Erythrozyten der Blutgruppe 0 findet man das Antigen H und in denen der Blutgruppen A beziehungsweise B die Antigene A beziehungsweise B. Sie leiten sich vom Antigen H (Grundkörper) durch die Verknüpfung mit weiteren Zuckermolekülen ab.

Antigene der Erythrozytenmembran bilden die Grundlage des AB0-Systems

Blutgruppe	Antigen auf den Erythrozyten	Antikörper	Agglutiniert Erythrozyten der Blutgruppen A	B	AB	0
A	A	Anti-B	-	+	+	-
B	B	Anti-A	+	-	+	-
AB	A + B	-	-	-	-	-
0	H	Anti-A + Anti-B	+	+	+	-

In Blut mit Erythrozyten, die das Antigen A tragen, sind Anti-B Antikörper vorhanden, während beim Vorliegen von Antigen B Anti-A Antikörper vorkommen. Das gemeinsame Auftreten der Antigene A und B (Blutgruppe AB) schließt sowohl Anti-A als auch Anti-B Antikörper aus. Dagegen werden in Blut der Blutgruppe 0, in dem die Erythrozyten weder A- noch B-Antigen tragen, sowohl Anti-A als auch Anti-B Antikörper gebildet.
Anti-A beziehungsweise Anti-B Antikörper bilden mit Erythrozyten, die das Antigen A beziehungsweise B tragen, Antigen-Antikörperkomplexe (Agglutinate) und verursachen das Verklumpen der Erythrozyten.
Rhesusfaktor. An Rhesusaffen wurde ein weiteres Blutgruppenmerkmal entdeckt und deshalb als Rhesusfaktor bezeichnet. Menschen mit Rhesusfaktor-Antigen in ihrer Erythrozytenmembran (ca. 85 % der Mitteleuropäer) werden als Rh-positiv (Rh) und solche, denen dieses Merkmal fehlt, als Rh-negativ (rh) bezeichnet.
Der Rhesusfaktor spielt nicht nur in der Transfusionsmedizin eine Rolle, sondern ist auch in der Geburtskunde von Bedeutung, wenn eine Rh-negative Mutter von einem Rh-positiven Kind (Vater Rh-positiv) entbunden wird, da im Körper der Mutter nach der Entbindung Antikörper gegen das Merkmal Rh gebildet werden. Bei einer erneuten Schwangerschaft (Rh-positiver Vater) würden Anti-Rh Antikörper über die Plazenta in den kindlichen Organismus gelangen, dort die Zerstörung der Rh-positiven Erythrozyten bewirken und zu einer Schädigung des Feten oder zum Abbruch der Schwangerschaft führen. Deshalb wird die Bildung der Anti-Rh Antikörper im Rh-negativen mütterlichen Organismus nach der ersten Entbindung eines Rh-positiven Kindes durch passive Immunisierung mit einem Anti-Rh Antiserum unterdrückt (Rh-Prophylaxe).
↗ Vererbung des Rhesusfaktors, S. 325

4

Zellvermittelte Immunität

Zellvermittelte Immunität im engeren Sinn (zelluläre Immunität) umfasst alle spezifischen Reaktionen, an denen T-Lymphozyten beteiligt sind.
Im weiteren Sinn ist auch die Phagozytose von Krankheitserregern durch Granulozyten und Makrophagen zu den zellulären Reaktionen zu rechnen.

Phagozytose

Die Phagozytose ist ein Vorgang, bei dem Partikel (z.B. Bakterien, Viren) zunächst an die Membran von Phagozyten gebunden, anschließend in einem zweiten Schritt in das Zellinnere transportiert und dort schließlich enzymatisch abgebaut werden.
Eine entscheidende Voraussetzung für diese Reaktionsfolge bildet die Existenz von Erkennungsmolekülen (Rezeptoren) in der Plasmamembran der Phagozyten, die die Anlagerung von Bakterien und Viren möglich machen. Außerdem sind an der Bindung der Partikel Opsonine beteiligt. Das sind entweder Antikörper, die im Organismus bei einem früheren Kontakt mit dem betreffenden Antigen gebildet wurden oder Proteinbruchstücke, die bei der Wechselwirkung des Komplementsystems mit den Krankheitserregern entstehen.
Phagozytose ist ein phylogenetisch sehr alter Mechanismus, der ursprünglich der Nahrungsaufnahme einzelliger Organismen diente. Im Zuge der Differenzierung der Zellen der höher organisierten Tiere wurde diese Fähigkeit in den Dienst der Fremdabwehr gestellt und auf bestimmte Zellen, die Phagozyten, eingeschränkt.

Schematische Darstellung der Einzelschritte des Phagozytosevorganges

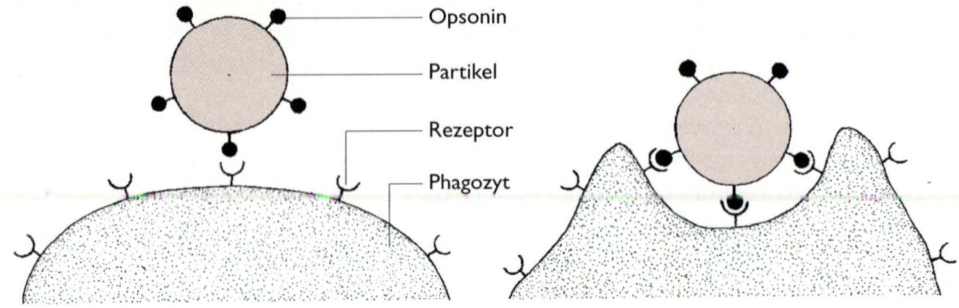

1. Die Partikel wird über Opsonine an Rezeptoren in der Membran des Phagozyten gebunden.
2. Die Partikel wird vom Plasma der Zelle umflossen. Dabei entstehen zusätzliche Bindungen zwischen Opsonin und Rezeptoren.

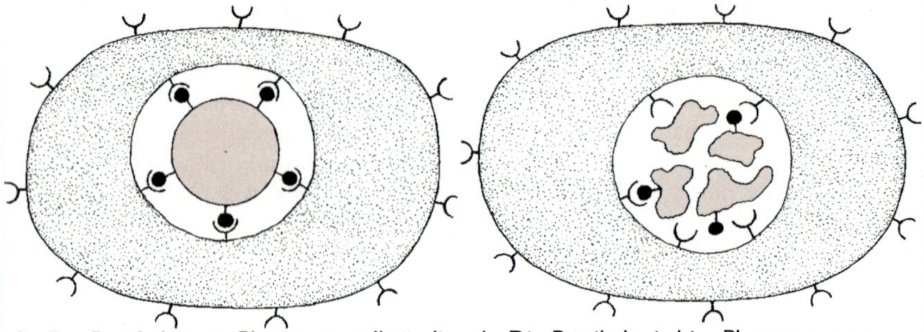

3. Die Partikel ist im Phagosom vollständig von einer Membran eingehüllt und befindet sich im Zytoplasma.
4. Die Partikel wird im Phagosom unter Mitwirkung lysosomaler Enzyme abgebaut.

Zelluläre Immunität

T-Lymphozyten mit zytotoxischen Eigenschaften (T-Zytotoxzellen) besitzen in ihrer Membran ebenfalls antigenspezifische Rezeptoren, mit deren Hilfe sie körperfremde Zellen (z.B. Tuberkelbakterien oder virustransformierte Zellen) erkennen können. Bei ihrer Bindung an die fremde Oberfläche geben sie Inhaltstoffe ab, die in der Membran der fremden Zelle Poren bilden und den schnellen Tod der betroffenen Zelle induzieren.

Transplantation. Ist die Übertragung (Verpflanzung) von lebendem Gewebe an eine andere Stelle des selben Körpers (Autotransplantation) oder in einen anderen Organismus. Der Erfolg einer Transplantation (Einheilung oder Abstoßung) wird durch die genetisch bedingten Differenzen zwischen Spender und Empfänger bestimmt. An der Transplantatabstoßung sind sowohl zelluläre Reaktionen (zytotoxische T-Lymphozyten) als auch humorale Faktoren (Antikörper gegen Antigene des übertragenen Organs) beteiligt. Durch Behandlung mit Immunsuppressiva, das sind Arzneimittel, die die Reaktionsfähigkeit des Immunsystems unterdrücken, kann die Überlebenszeit von Transplantaten deutlich verlängert werden.

Einfluss der genetischen Verwandtschaft von Spender und Empfänger auf das Transplantationsergebnis		
Genetische Konstitution des Spenders	Genetische Konstitution des Empfängers	Transplantat wird
A/A 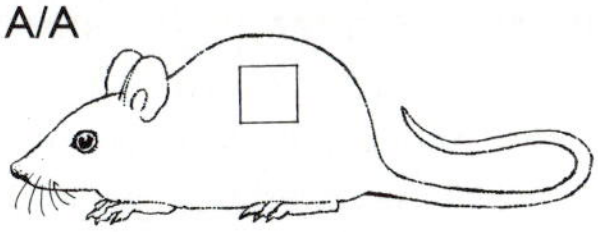	A/A 	angenommen
B/B 	A/A 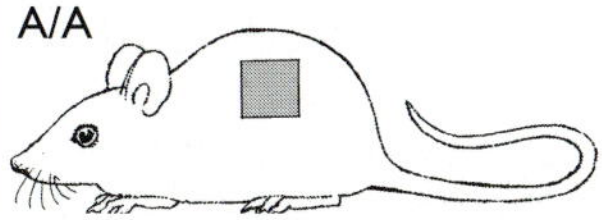	abgestoßen
B/B 	A/B 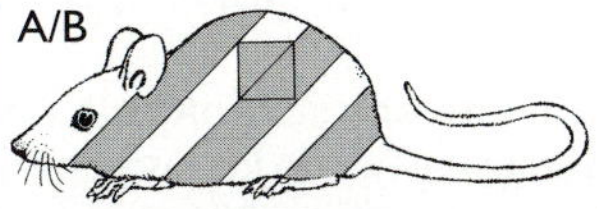	angenommen
A/B 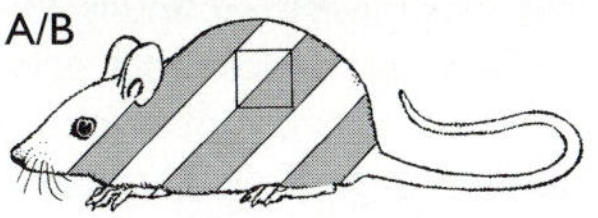	B/B 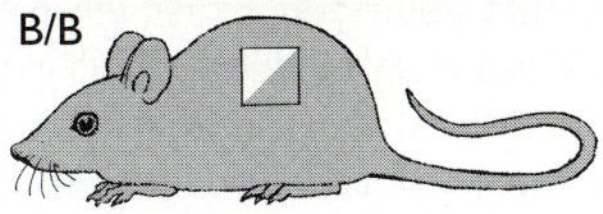	abgestoßen

Immuntoleranz

Immuntoleranz ist die Reaktionslosigkeit eines Organismus gegenüber einem bestimmten Antigen. Besondere Bedeutung kommt ihr bei der Toleranz gegen körpereigene Strukturen zu. Sie beruht auf unterschiedlichen Mechanismen, zum Beispiel:

- im Verlauf der Embryonalentwicklung werden T-Zellen, die körpereigene Antigene erkennen, eliminiert, das heißt „selbst"-reaktive Zellen unterliegen einer negativen Selektion,
- körpereigene Antigene werden zwar erkannt, die weitere Immunantwort wird aber unterdrückt, das heißt es wird eine antigenspezifische Reaktionslosigkeit erzeugt, die ebenfalls zur Toleranz führt.

Autoimmunkrankheiten. Sind medizinisch bedeutungsvolle Störungen des Immunsystems. Sie treten dann auf, wenn der Organismus die Toleranz gegen Antigene des eigenen Körpers durchbricht und Antikörper oder sensibilisierte T-Zellen gegen sie bildet.

Myasthenia gravis. Ist eine schwere Muskelerkrankung, die zu einer Lähmung führt. Sie beruht darauf, dass im Organismus des Patienten Antikörper gegen den Acetylcholinrezeptor der motorischen Endplatte gebildet werden. Diese Antikörper binden sich an den Rezeptor und verhindern dadurch die Übertragung des Nervenimpulses auf die Muskelzelle, das führt zu einer dauernden Nichtbenutzung des Muskels, sodass er allmählich degeneriert.

↗ Erregungsübertragung, S. 219

Allergische Reaktionen

Allergie ist eine Überempfindlichkeitsreaktion, die immer eine Sensibilisierung durch ein bestimmtes Antigen voraussetzt und im Laufe des Lebens erworben wird. Dabei kann der Organismus gleichzeitig gegen mehrere Antigene eine Allergie entwickeln. Allergieauslösend können beispielsweise Pollen von Gräsern und Blüten, Hausstaub, Tierhaare, Insektengifte aber auch Metalle wie Nickel und Chrom wirken.

Allergischen Reaktionen liegen unterschiedliche Mechanismen zugrunde. Beim Soforttyp werden gegen das Allergen IgE-Antikörper gebildet, die an Mastzellen (Gewebsmakrophagen) und basophile Granulozyten gebunden werden und bei erneutem Kontakt des Organismus mit dem Allergen zu einer massiven Freisetzung von Histamin und anderen kreislaufaktiven Substanzen führen. Als typische Symptome treten starke Schwellungen der Schleimhäute, asthmatische Beschwerden, Blutdruckabfall sowie in schweren Fällen Kreislaufversagen auf.

An den Spättyp-Reaktionen sind sensibilisierte T-Lymphozyten beteiligt. Bekannte Beispiele sind die Kontaktekzeme gegen Modeschmuck, die häufig als Folge einer Sensibilisierung durch Chrom, Nickel oder Kobalt ausgelöst werden.

Erworbene Immunschwächekrankheit (AIDS)

Die ersten Fälle der erworbenen Immunschwächekrankheit AIDS (Acquired Immune Deficiency Syndrome) wurden 1981 in den USA beschrieben. Bereits 1983 wurde der Erreger von AIDS gefunden. Es ist ein Retrovirus, das die Bezeichnung Human Immundeficiency Virus (HIV) erhielt. Das Virus ist im Blut und in Sekreten erkrankter Personen vorhanden und kann nur durch direkten Kontakt (Intimbeziehungen), in Ausnahmefällen auch durch Applikation unzureichend geprüfter Blutpräparate, übertragen werden. Kinder HIV-positiver Mütter sind ebenfalls gefährdet, da das HIV-Virus die Plazenta durchdringen kann. Gegenwärtig spielt die Übertragung des HIV-Virus bei Drogenabhängigen durch die gemeinsame Benutzung von Injektionsnadeln eine erhebliche Rolle bei der Ausbreitung von AIDS.

Die Schwächung des Immunsystems durch das HIV-Virus beruht auf der Zerstörung von T-Helferzellen (Abkömmlinge der T-Lymphozyten). Unmittelbar nach dem Eindringen von HIV-Viren in die Blutbahn werden sie an einen für die T-Helferzellen typischen Membranrezeptor gebunden und anschließend in das Zellinnere befördert, wo ihre genetische Information durch eine reverse Transkriptase in die komplementäre DNA übersetzt und anschließend in das Genom der Wirtszelle integriert wird. Zunächst wird ein latenter Zustand erreicht, der unter günstigen Umständen lange andauern kann. Die Neubildung des Virus wird bei einer Aktivierung der infizierten T-Helferzelle (z.B. durch eine Infektion) ausgelöst und führt zum Untergang der Wirtszelle. Das hat zur Folge, dass sowohl die Antikörperbildung als auch die Ausbildung einer zellulären Immunität erheblich eingeschränkt sind beziehungsweise im fortgeschrittenen Stadium der Erkrankung (AIDS-Vollbild) völlig zum Erliegen kommen.

Bisher gibt es für AIDS keine Therapie, die zu einer Genesung des Patienten führt. Allerdings konnten durch die Einführung von Arzneimitteln, die die reverse Transkription des Virusgenoms verhindern, erste Erfolge erzielt werden.

Stoff- und Energiewechsel

Grundbegriffe

Stoff- und Energiewechsel

Der Stoff- und Energiewechsel umfasst alle Prozesse der Stoff- und Energieaufnahme, -umwandlung und -abgabe; er ist verbunden mit Transport- und Speichervorgängen. Stoff- und Energieaustausch erfolgen zwischen Organismus und Umwelt sowie innerhalb des Organismus zwischen den Zellen. In den Zellen laufen biochemische Vorgänge unter Energiebindung oder Energiefreisetzung ab. Die Prozesse sind bei allen Lebewesen in ihrer allgemeinen Form ähnlich. Sie sind gebunden an

- lebendes Protoplasma,
- spezielle Reaktionsräume der Zellen (Kompartimente),
- die Steuerung durch Enzyme.

Die Stoff- und Energiewechselprozesse sind eng miteinander verbunden und bilden durch Verknüpfungen ganze Reaktionsketten.

5

Assimilation

Assimilation ist ein Stoff- und Energiewechselvorgang, bei dem aus der Umwelt aufgenommene Stoffe unter Energiezufuhr in körper- beziehungsweise zelleigene Stoffe umgewandelt werden. Durch Assimilation werden in den Zellen ständig die in Stoffwechselprozessen verbrauchten Stoffe ergänzt. Bei wachsenden Zellen wird die Masse an organischen Stoffen durch assimilatorische Vorgänge erhöht.

Dissimilation

Dissimilation ist ein Stoff- und Energiewechselvorgang, bei dem durch Abbau körper- und zelleigener energiereicher Stoffe Energie freigesetzt wird, die dem Organismus für Lebensprozesse zur Verfügung steht oder die an die Umwelt als Wärmeenergie abgegeben wird. Dissimilation wird realisiert durch Atmung und/oder Gärung.

ADP/ATP-System

Das ADP/ATP-System ist ein Energieübertragungs- und Energiespeichersystem für die Überbrückung räumlich und zeitlich oft getrennt ablaufender Energie freisetzender und Energie bindender Prozesse in der Zelle. Die Lösung der energiereichen Bindung zwischen ADP und Phosphatrest im ATP liefert in Zellen durchschnittlich 30 kJ/mol. Die gleiche Energiemenge wird gebunden, wenn aus ADP und einem Phosphatrest ATP aufgebaut wird. ATP ist ein für Zellen aller Organismen typischer Stoff.

↗ Umwandlung von ADP in ATP, S. 155

Wasserstoff übertragende Coenzyme

Bei allen Stoffwechselreaktionen sind Wasserstoff übertragende Coenzyme beteiligt. Die wichtigsten sind Nicotinamid-Adenin-Dinucleotid und Nicotinamid-Adenin-

Dinucleotidphosphat. Beide Coenzyme können in den Zellen von Eukaryoten in oxidierter (NAD^+ bzw. $NADP^+$) oder in reduzierter Form ($NADH + H^+$ bzw. $NADPH + H^+$) vorliegen.

$NAD^+/NADH + H^+$

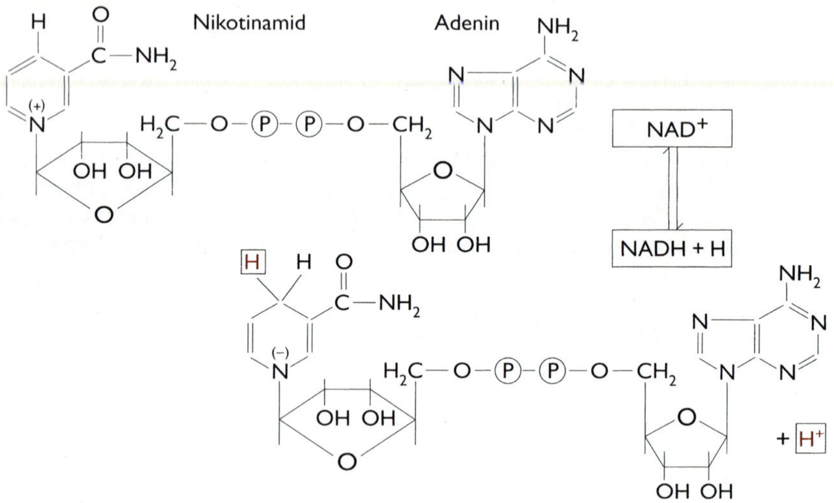

Assimilation

Autotrophe Assimilation

Autotrophe Assimilation

Autotrophe Assimilation ist die Aufnahme energiearmer, anorganischer Stoffe und deren Umwandlung in energiereiche, organische zelleigene Stoffe unter Zufuhr von Energie.

Formen der autotrophen Assimilation. Nach dem aufgenommenen Stoff unterscheidet man Kohlenstoffassimilation, Stickstoffassimilation und Mineralstoffassimilation. Die autotrophe Kohlenstoffassimilation läuft je nach der für den Prozess genutzten Energiequelle als Fotosynthese oder als Chemosynthese ab.

Formen der autotrophen Kohlenstoffassimilation

Prozess	Energiequelle	C-Quelle	H-Quelle
Fotosynthese	Licht	CO_2	H_2O, H_2S
Chemosynthese	Oxidationsprozesse	CO_2	H_2O und einige organische Verbindungen

Fotosynthese

Fotosynthese ist die autotrophe Kohlenstoffassimilation einiger Bakterien und aller chlorophyllhaltigen Zellen der grünen Pflanzen. Unter Nutzung der Lichtenergie der Sonne beziehungsweise entsprechender anderer Lichtquellen werden aus Kohlenstoffdioxid und Wasserstoff organische Kohlenstoffverbindungen aufgebaut. Ihr Ablauf ist an das Vorhandensein von Energie übertragenden Reduktionsmitteln und von Fotosynthesepigmenten gebunden. Für die Fotosynthese der grünen Pflanzen gilt die Summengleichung

$$6\ CO_2 + 12\ H_2O \longrightarrow C_6H_{12}O_6 + 6\ O_2 + 6\ H_2O \qquad \Delta_R H = 2822\ kJ/mol$$

Fotosynthesepigmente

Fotosynthesepigmente absorbieren Lichtquanten und stellen damit die Voraussetzung für den Ablauf der Fotosynthese dar. Neben fotosyntheseaktiven Pigmenten (z. B. Chlorophyll a, Bacteriochlorophyll) nehmen andere Pigmente (z. B. Chlorophyll b, Carotine, Cyanine) nur Lichtquanten auf und leiten sie an Chlorophyll a weiter.

Absorptionsspektren einiger Fotosynthesepigmente

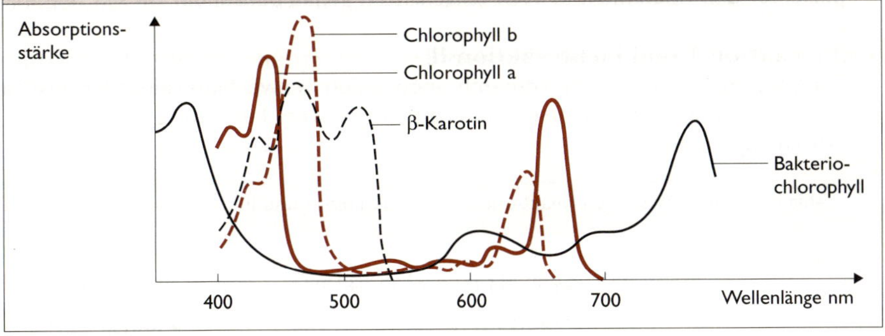

Ablauf der Fotosynthese bei grünen Pflanzen

Die Fotosynthese läuft in zwei eng miteinander verbundenen Prozessen ab, den lichtabhängigen Reaktionen und den lichtunabhängigen Reaktionen.

Lichtabhängige Reaktionen	Lichtunabhängige Reaktionen
Absorption des Lichtes durch Fotosynthesepigmente	Aufnahme des Kohlenstoffdioxids durch einen Akzeptor
Bildung des Reduktionsmittels in Form von $NADPH + H^+$ ($NADPH_2$)	Reduktion des Kohlenstoffdioxids
Freisetzung von Sauerstoff aus Wasser	Aufbau energiereicher organischer Stoffe (Fructose, Glucose)
Bereitstellung des Energieüberträgers ATP	Regeneration des Akzeptors

5

Reduktion des Kohlenstoffdioxids zu Fructose sind die Produkte der Lichtreaktionen ATP und NADPH + H^+ beteiligt.

Die lichtunabhängigen Reaktionen laufen in drei Teilschritten ab. Der Prozess wird nach seinem Entdecker CALVIN-Zyklus genannt. Die Teilschritte umfassen

– die Bindung des Kohlenstoffdioxids an einen in den Chloroplasten vorhandenen Akzeptor (Ribulose $C_5H_{10}O_5$). Die dadurch entstehende Zwischenverbindung mit 6 C-Atomen ist instabil und zerfällt in Glycerinsäure CH_2OH-CHOH-COOH (Carboxylierende Phase).
– die Reduktion der Glycerinsäure mit Hilfe der Energie aus ATP und des Wasserstoffs aus NADPH + H^+ aus den Lichtreaktionen zu Glycerinaldehyd CH_2OH-CHOH-CHO (Reduzierende Phase).
– die Regeneration des Akzeptors über viele Zwischenverbindungen (Regenerierende Phase) sowie die Bildung eines Moleküls Fructose als Fotosyntheseprodukt, das weiter zu Glucose und anderen Kohlenhydraten umgebildet werden kann.

Alle Zwischenprodukte des CALVIN-Zyklus liegen in phosphoryliertem Zustand als Phosphorsäureester vor. In diesem Zustand sind die Verbindungen unter den Temperaturbedingungen der Zelle stärker reaktionsfähig.

Einbau des CO_2 in eine organische Verbindung und Reduktion in Form der Carboxylgruppe

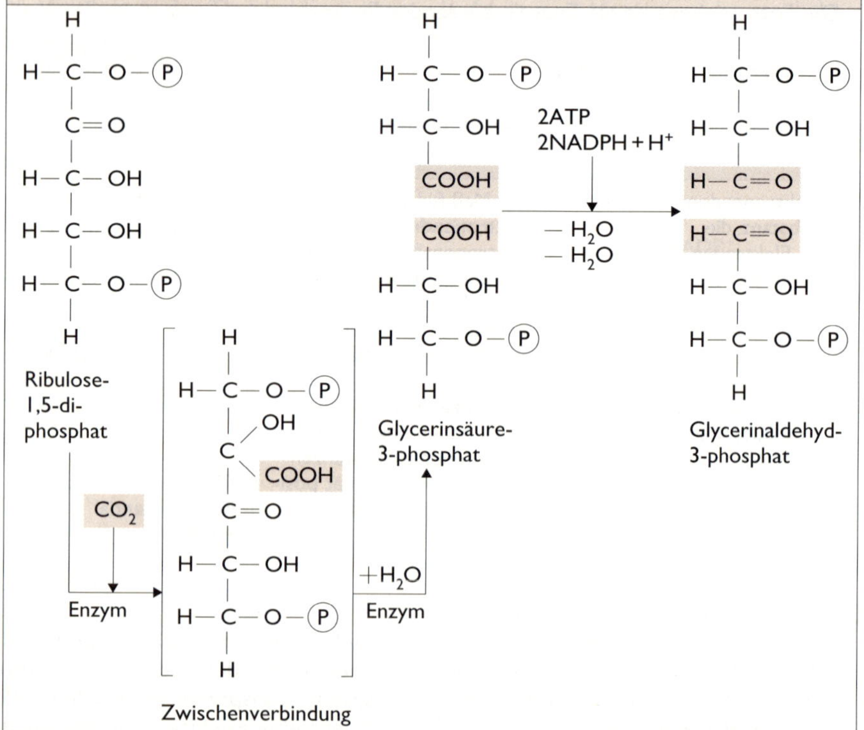

Vereinfachtes Schema der lichtunabhängigen Reaktionen

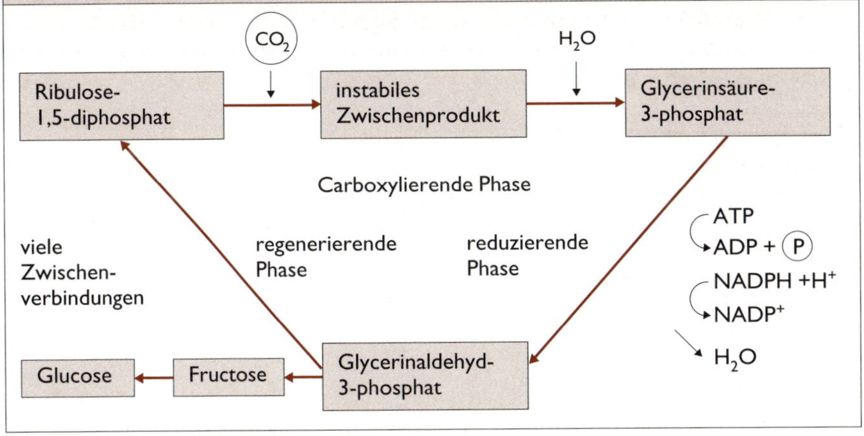

Überblick über die Fotosynthese

Gesamtreaktion und Teilreaktionen der Fotosynthese	
Gesamtreaktion	$12\ H_2O + 6\ CO_2 \xrightarrow{\text{Lichtenergie}} C_6H_{12}O_6 + 6\ O_2 + 6\ H_2O$
Fotolyse	$12\ H_2O \xrightarrow{\text{Lichtenergie}} 6\ O_2 + 24\ H^+ + 24\ e^-$
Bildung des Reduktionsmittels	$12\ NADP^+ + 24\ H^+ + 24\ e^- \xrightarrow{\text{Lichtenergie}} 12\ NADPH{+}H^+$
Photophosphorylierung	$18\ ADP + 18\ ⓟ \xrightarrow{\text{Lichtenergie}} 18\ ATP$
Lichtabhängige Reaktionen (gesamt)	$12\ H_2O + 12\ NADP^+ + 18\ ADP + 18\ ⓟ \xrightarrow{\text{Lichtenergie}} 6\ O_2 + 12\ NADPH{+}H^+ + 18\ ATP$
Lichtunabhängige Reaktionen (gesamt)	$6\ CO_2 + 12\ NADPH{+}H^+ + 18\ ATP \longrightarrow C_6H_{12}O_6 + 12\ NADP^+ + 18\ ADP + 18\ ⓟ + 6\ H_2O$

Fotosynthese bei C_3- und C_4-Pflanzen

C_3-Pflanzen bilden nach Bindung des Kohlenstoffdioxids an Ribulosephosphat die C_3-Verbindung Glycerinsäurephosphat. C_4-Pflanzen binden auf einem zusätzlichen Weg Kohlenstoffdioxid an den Akzeptor Brenztraubensäurephosphat und bilden daraus über Zwischenprodukte Äpfelsäure, eine C_4-Verbindung. Erst von dieser Verbindung wird Kohlenstoffdioxid über Ribulosephosphat übertragen und in den CALVIN-Zyklus geführt.

Brenztraubensäure bindet auch geringste Mengen Kohlenstoffdioxid, dadurch können Pflanzen auch bei geringem Kohlenstoffdioxid-Angebot (z. B. bei fast geschlossenen Spaltöffnungen an extrem trockenen Standorten) assimilieren. Die Kohlenstoffdioxid-Bindung an Brenztraubensäure findet oft in anderen Zellen als den Zellen mit CALVIN-Zyklus statt.

C_4-Pflanzen

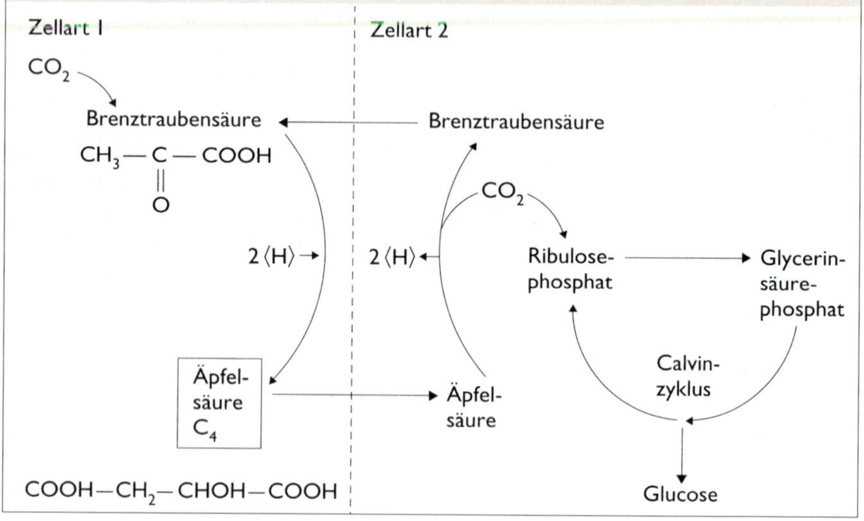

5

Fotosynthese bei Bakterien

Einige Bakteriengruppen besitzen Fotosynthesepigmente und ernähren sich photoautotroph. Ihre Fotosynthesevorgänge unterscheiden sich zum Teil durch die Farbstoffe - wie Bacteriochlorophyll und Bacteriorhodopsin - und die genutzte Wasserstoffquelle, zum Beispiel Schwefelwasserstoff, Alkohole und andere organische Verbindungen, von denen der grünen Pflanzen.
Die Fotosynthese der Bakteriengruppen mit Bakteriochlorophyll läuft unter anaeroben (ohne freien Sauerstoff) Bedingungen ab. Sie ist ein stammesgeschichtlich alter Typ der Fotosynthese und kann Aufschluss über die Evolution dieses Energie bindenden Prozesses geben.
↗ Evolution des Stoffwechsels, S. 210

Assimilate

Assimilate sind die Produkte der Fotosynthese; das primäre Produkt ist Fructose, die zu weiteren Kohlenhydratverbindungen in der Zelle umgewandelt wird. Bereits während der Fotosynthese wird Fructose in wasserunlösliche Assimilationsstärke umgesetzt und vorübergehend in den Chloroplasten eingelagert. Bei Dunkelheit, in der Regel in der Nacht, wird die Assimilationsstärke in lösliche Saccharose umgewandelt und durch die Siebröhren zu den Orten des Verbrauchs beziehungsweise zu den Speicherorganen der Pflanze transportiert und als Speicherstärke abgelagert.

Die Gesamtmasse der in der Fotosynthese gebildeten organischen Substanz stellt das Bruttoprimärprodukt dar. Von dieser Substanzmasse dient ein großer Teil zur Gewinnung der für den pflanzlichen Stoffwechsel notwendigen Energie. Der verbleibende Anteil, das Nettoprimärprodukt, dient der Regeneration von Zellen und dem Wachstum der Pflanze. Aus Glucose wird auch Cellulose, der Baustoff der pflanzlichen Zellwände, synthetisiert.

Einfluß äußerer Faktoren auf die Fotosynthese

Die Intensität der Fotosynthese wird von mehreren äußeren Faktoren beeinflusst, die als Komplex wirken. Der jeweils im Minimum vorliegende Faktor wirkt begrenzend auf die Menge der gebildeten organischen Substanz.

↗ Wirkung abiotischer Umweltfaktoren, S. 339 ff.

Äußere Faktoren der Fotosynthese	
Licht	Bestimmt als Energiequelle maßgeblich den Ablauf der Fotosynthese. Die Anzahl der aufgenommenen Lichtquanten, nicht ihr Energiegehalt, beeinflussen die Intensität des Prozesses. Der rote Bereich des Lichtspektrums ist fotosynthetisch besonders wirksam.
Kohlenstoffdioxid	Ausgangsstoff für die Bildung der Fructose. Mit 0,03 Vol.-% in der Luft ist das Kohlenstoffdioxid in der Regel der begrenzende Faktor.
Wasser	Voraussetzung für die Bildung organischer Verbindungen. Wasser steht in der Regel in den Zellen ausreichend zur Verfügung.
Temperatur	Die Temperatur beeinflusst vor allem die lichtunabhängigen Reaktionen. Dabei ist das jeweilige Temperaturoptimum für jede Pflanzenart typisch.

Einfluss der Kohlenstoffdioxid-Konzentration auf die Fotosyntheseleistung

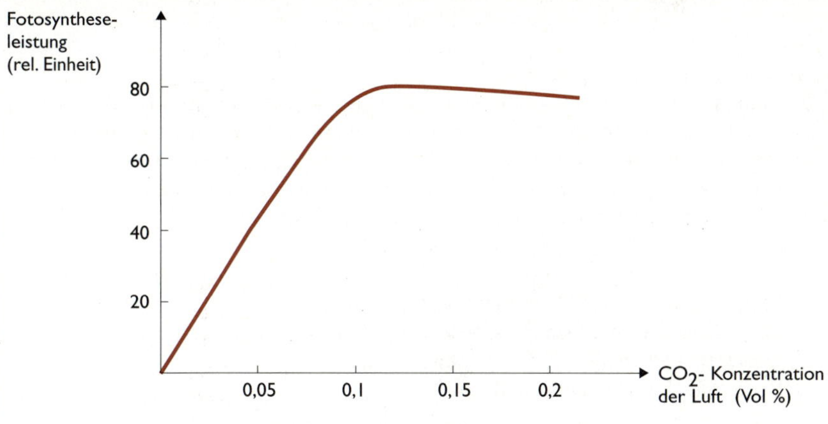

5

Licht- (unten) und Schattenblatt (oben)

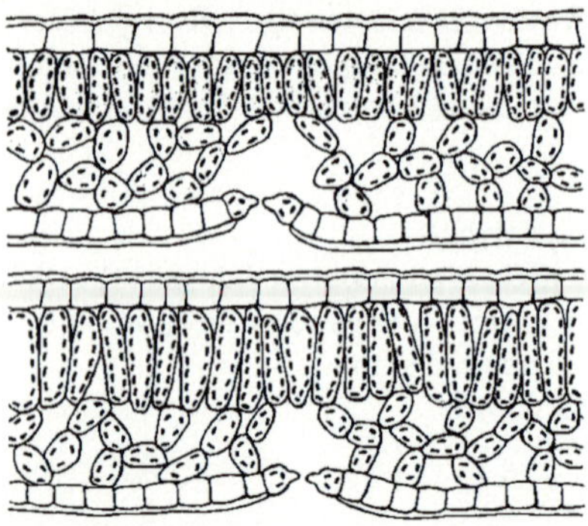

Licht-Fotosynthesekurven von Licht- und Schattenblättern

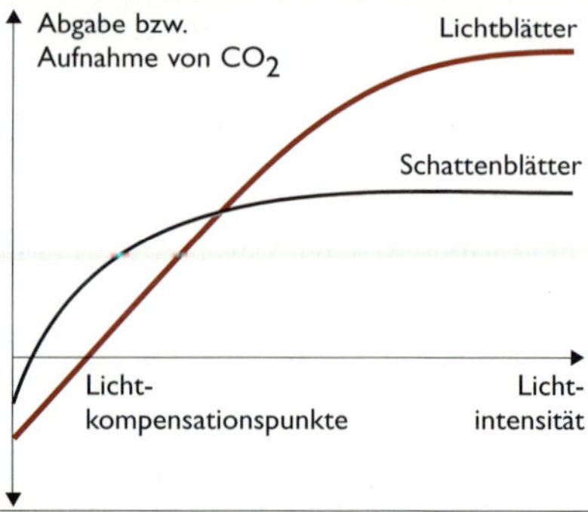

5

Maßnahmen des Menschen zur Gestaltung optimaler Fotosynthesefaktoren beim Anbau von Pflanzen

Faktor	Maßnahmen in Landwirtschaft und Gartenbau
Licht	Optimale Standweite; Verschnitt von Obstbäumen; Zusatzbelichtung in Gewächshäusern.
Kohlenstoffdioxid	Zusatzbegasung mit Kohlenstoffdioxid in Gewächshäusern; Anreicherung des Bodens mit organischem Dünger (Bakterien geben Kohlenstoffdioxid ab).
Wasser	Beregnen, Be- und Entwässern; Anlage von Windschutzwaldstreifen (Verhinderung der Verdunstung).
Temperatur	Beheizen von Gewächshäusern; Anbau entsprechend den Temperaturbedürfnissen der Pflanzen.

Bedeutung der Fotosynthese

Die Fotosynthese ist der grundlegende Prozess in der lebenden Natur, bei dem aus den anorganischen Stoffen Kohlenstoffdioxid und Wasser unter Nutzung der Sonnenenergie organische Stoffe synthetisiert werden. Bei Cyanobakterien und allen grünen Pflanzen wird dabei Sauerstoff an die Atmosphäre abgegeben. Die Fotosynthese schafft damit die Voraussetzung für das Leben auf der Erde.

Die organischen Fotosyntheseprodukte sind

- Substanzen zum Aufbau von Zellen sowie Energie liefernde Stoffe für die Pflanzen;
- Nahrungsgrundlage für alle heterotrophen Lebewesen;
- Grundlage für wichtige Produktionsbereiche, wie
  Energieträger: Kohle, Erdöl, Erdgas;
  Rohstoffe: Holz, Cellulose, Kohle;
  Ausgangsstoffe für die Nahrungsmittelproduktion.

Chemosynthese

Chemosynthese ist die Form der autotrophen Kohlenstoffassimilation, bei der die zur Assimilation benötigte Energie aus der Oxidation meist anorganischer Verbindungen freigesetzt wird. Sie kommt bei einigen Bakteriengruppen vor.

Chemosynthese		
Bakteriengruppe	Energiegewinnung	Energieausbeute (kJ/Mol)
Eisenbakterien	$4\,Fe^{2+} + 4\,H^+ + O_2 \rightarrow 4\,Fe^{3+} + 2\,H_2O$	67
Schwefelbakterien	$S^{2-} + 2\,O_2 \rightarrow SO_4^{2-}$	209
	$S + H_2O + 1\frac{1}{2}\,O_2 \rightarrow SO_4^{2-} + 2\,H^+$	498
Nitritbakterien	$NH_4^+ + 1\frac{1}{2}\,O_2 \rightarrow NO_2^- + 2\,H^+ + H_2O$	272
Nitratbakterien (Nitrifikation)	$NO_2^- + \frac{1}{2}\,O_2 \rightarrow NO_3^-$	75

5

Die Chemosynthese läuft in zwei Teilprozessen ab:

- Freisetzung von Energie aus der Oxidation anorganischer Verbindungen und Aufbau von ATP aus ADP und Phosphat. Bei der Oxidation freiwerdende Elektronen dienen zusammen mit Protonen zur Reduktion von $NADP^+$ oder NAD^+ zu $NADPH + H^+$ oder $NADH + H^+$
- Reduktion des Kohlenstoffdioxids zu einer Kohlenhydratverbindung durch $NADPH + H^+$ und der Energie aus ATP (CALVIN-Zyklus).

Wirtschaftliche Nutzung der Chemosynthese

Chemosynthesebakterien leben im Erdboden und in Gewässern. Sie haben unter anderem Bedeutung beim Abbau giftiger Verbindungen (z. B. Schwefelwasserstoff, Ammoniak) und bei der Anreicherung wertvoller Pflanzennährstoffe im Boden (z. B. Nitrationen). Chemosynthesebakterien werden auch bei der Abwasseraufbereitung genutzt.

Heterotrophe Assimilation

Allgemeines

Heterotrophe Assimilation ist die Aufnahme körperfremder, organischer Stoffe und deren Umwandlung in körpereigene Stoffe unter Nutzung der in den Stoffen enthaltenen Energie. Dieser Vorgang schließt meistens den Abbau der aufgenommenen Stoffe in ihre Grundbausteine ein (Verdauung).

Alle Tiere, der Mensch, Pilze, die meisten Bakterien, chlorophylllose Pflanzen und nicht grüne Pflanzenteile sind heterotroph.

Heterotrophe Assimilation bei Mensch und Tier

Die heterotrophe Assimilation bei Mensch und Tier umfasst die Vorgänge

- Nahrungsaufnahme, Verdauung, Resorption, Synthese körpereigener Stoffe in den Zellen.

Zusammensetzung der Nahrung

Die Nahrung besteht aus mehreren Stoffgruppen mit jeweils unterschiedlichen Funktionen: Nährstoffe, Ergänzungsstoffe, Ballaststoffe, Wasser.

Zusammensetzung der Nahrung beim Menschen. Eine vollwertige Ernährung gewährleistet die tägliche Zufuhr von Nährstoffen in ausreichender Menge und in einem richtigen Verhältnis der Stoffe zueinander. Sie ermöglicht den normalen Ablauf der Körperfunktionen.

Nährstoffe in der Nahrung des Menschen und ihre Bedeutung

Nährstoff Nahrungsmittel	empfohlene tägliche Menge	Erscheinungen bei Überdosierung	Folgen bei Mangelversorgung
Kohlenhydrate Getreide-erzeugnisse Kartoffeln Zucker Obst, Gemüse	50 % der Tages-energiemenge	Überernährung Fettleibigkeit Zahnfäule	mangelnde Leistungsfähigkeit Müdigkeit
Eiweiße Fleischwaren Fischwaren Milchprodukte Getreide-erzeugnisse Hülsenfrüchte	1 g je kg Körper-masse 15 % der Tages-energiemenge	Überbelastung des Eiweißstoffwechsels	Wachstums-störungen Unterentwicklung der Muskulatur und der Skelettbildung Blutarmut Müdigkeit
Fette Pflanzliche und tierische Fette Fleisch- und Fischwaren konzentrierte Milchprodukte Nüsse	35 % der Tages-energiemenge	Fettleibigkeit Herz-Kreislauf-Krankheiten Darmerkrankungen	kaum Mangeler-scheinungen, da Fett-mangel durch Kohlen-hydratzufuhr weit gehend ausgeglichen werden kann

Verdauung

Verdauung ist die schrittweise Aufspaltung hochmolekularer, wasserunlöslicher Nahrungsstoffe in niedrigmolekulare, wasserlösliche Bausteine, die vom Körper resorbierbar sind. Sie erfolgt durch physikalische und chemische Prozesse und wird maßgeblich durch Enzyme gesteuert.

Intrazelluläre Verdauung. Die Nahrung wird in das Zellplasma aufgenommen und in Nahrungsvakuolen unter Enzymwirkung zerlegt (tierische Einzeller).

Extrazelluläre Verdauung. Die Nahrung wird in Hohlräumen des Körpers (Verdauungsorgane) oder außerhalb des Organismus (z. B. bei Spinnen) unter Einwirkung von Enzymen zerlegt.

↗ Zellorganellen, S. 40

Verdauungsenzyme

Verdauungsenzyme katalysieren dic Spaltung der hochmolekularen Nahrungsstoffe in ihre wasserlöslichen niedrigmolekularen Bausteine. Die Zerlegung der Nahrungsstoffe erfolgt durch hydrolytische Spaltung, die Enzyme sind Hydrolasen. Ihre Wirkung ist vom *p*H-Wert abhängig.

↗ Enzyme, S. 151 ff.

Verdauungsvorgänge beim Menschen

Die Verdauung der Nährstoffe läuft in spezialisierten Abschnitten des Verdauungssystems ab, in denen die schrittweise physikalische und chemische Zerlegung der Nährstoffe erfolgt.

Für die chemische Zerlegung werden in Drüsen enzymhaltige Verdauungssekrete gebildet, die bei Anwesenheit des zu verändernden Substrates - der Nahrung - in die Hohlräume des Verdauungssystems ausgeschüttet werden.

Überblick über die Verdauungsvorgänge in den Abschnitten des Verdauungssystems des Menschen

Teilschritte	physikalische Zerlegung	Drüsen	Sekret - menge - *p*H-Wert	Enzyme	Abbau von	Abbau zu
Vorverdauung in der Mundhöhle	Zerkleinern der Nahrung durch Zähne	Mundspeicheldrüsen	Mundspeichel 1-2 l/Tag *p*H 6,8	Ptyalin (Amylase)	Stärke	Maltose
Vorverdauung im Magen		Magenwanddrüsen	Magensaft 1,5-2 l/Tag *p*H 2	Pepsin (Protease) Kathepsin	Eiweiß	Polypeptiden
Hauptverdauung im Zwölffingerdarm	Emulgierung der Fette durch Galle	Bauchspeicheldrüse	Bauchspeichel 1 l/Tag *p*H 8-9	Trypsin Amylase Lipase	Eiweiß Stärke Fett	Polypeptiden Maltose Glycerin Fettsäure
Nachverdauung Resorption im Dünndarm		Dünndarmwanddrüsen	Darmsaft 2-3 l/Tag *p*H 8	Erepsin Lipase Amylase Maltase	Peptiden Fett Stärke Maltose	Aminosäuren Glycerin Fettsäure Maltose Glucose
Resorption von Wasser im Dickdarm Ausscheidung						

5

Steuerung der Verdauungsvorgänge

Die Absonderung der Verdauungssekrete (z. B. Mundspeichel, Magensaft, Darmsaft, Bauchspeichel) erfolgt durch:

- unbedingte Reflexe: Direkte Reizung der Schleimhäute des Magen-Darmkanals durch die Nahrung löst reflektorische Sekretion aus
- bedingte Reflexe: Reizung von Sinnesorganen durch Aussehen, Geschmack oder Geruch der Nahrung sowie Reizung des Großhirns durch sprachlichen Ausdruck beim Menschen bewirkt durch Informationsleitung über entsprechende Nervenbahnen die Drüsentätigkeit
- Hormone: Chemische Reizung von Zellen in den Wänden des Verdauungskanals bewirkt Ausschüttung von Hormonen aus den Geweben, die über die Blutbahnen zu den Verdauungsdrüsen gelangen und die Sekretion der Verdauungssäfte bewirken

↗ Hormone, S. 228

Resorption

Resorption ist die Aufnahme von gelösten Endprodukten der Verdauung sowie von Vitaminen, Mineralstoffen und Flüssigkeiten durch die Zellen von Dünn- und Dickdarm in Blut, Lymphe oder Zellplasma.

5

Resorption ist ein komplexer Vorgang, der einfache physikalische und elektrochemische Vorgänge wie Filtration, Osmose (z. B. von Wasser), Diffusion (z. B. von Aminosäuren, kurzkettigen Fettsäuren) und aktive Transportvorgänge (z. B. von Aminosäuren, Ionen) über Trägereiweiße (Carrier) umfasst.

↗ Biomembranen, S. 138; ↗ Aufnahme von Stoffen, S. 165 ff.

Synthese körpereigener Stoffe in den Zellen

In den Zellen werden aus den niedrigmolekularen Nährstoffen, die im Darm resorbiert und von Blut und Lymphe transportiert werden, körpereigene Stoffe aufgebaut. Für den Eiweißaufbau aus Aminosäuren liefert die DNA die Information über die Reihenfolge der Aminosäuren.

↗ Polypeptidsynthese, S. 305 ff.

Heterotrophe Assimilation bei Pflanzen, Pilzen und Bakterien

Heterotrophe Assimilation ist bei Organismen weit verbreitet. Außer Menschen und Tieren ernähren sich heterotroph:

- Grüne Pflanzenteile bei Dunkelheit und chlorophyllfreie Organteile autotropher Pflanzen; sie erhalten die Nährstoffe über die Leitgewebe aus den grünen Zellen beziehungsweise aus den Speichergeweben.
- Chlorophyllfreie Samenpflanzen (z. B. Sommerwurz, Kleeseide); sie leben parasitisch und ernähren sich von organischen Stoffen, die sie mit oft speziell gestalteten Saugorganen aus autotrophen Wirtspflanzen aufnehmen.
- Pilze; sie leben parasitisch und entziehen lebenden Wirtsorganismen organische Stoffe oder saprophytisch und gewinnen ihre Nährstoffe aus abgestorbenem organischem Material.
- die meisten Bakterien; sie leben parasitisch oder saprophytisch; sie befallen lebende Organismen und ernähren sich von deren körpereigenen Stoffen oder sie nutzen organische Stoffe toter Pflanzen und Tiere.

↗ Stoffkreisläufe, S. 364; ↗ Symbiose, S. 352

Dissimilation

Atmung

Die Atmung ist die Hauptform der Dissimilation bei Mensch, Tier, Pflanze und vielen Mikroorganismen. Bei der Atmung werden energiereiche körpereigene Stoffe unter Nutzung von molekularem Sauerstoff vollständig zu den energiearmen anorganischen Endprodukten Kohlenstoffdioxid und Wasser abgebaut. Die in den organischen Stoffen gebundene Energie wird freigesetzt.

Äußere Atmung. Die äußere Atmung umfasst den Gasaustausch - Aufnahme von Sauerstoff sowie Abgabe von Kohlenstoffdioxid - zwischen Organismus und Umwelt und den Transport der Atemgase bis zu den Zellen.

Innere Atmung (Zellatmung). Die innere Atmung umfasst die biochemischen Vorgänge im Zellplasma und in den Mitochondrien, die zur Freisetzung der Energie führen.

Transport der Atemgase. Bei Organismen, die große Kontaktflächen mit der äußeren Umwelt haben, diffundieren die Atemgase durch Hohlräume und von Zelle zu Zelle (z. B. bei Algenthalli, Laubblättern, Hohltieren). Bei größeren Tieren übernimmt das im Blutkreislauf strömende Blut den Transport zwischen Atmungsorganen und Zellen.

Atmungssubstrate. Organismen können verschiedene energiereiche Stoffe veratmen. In erster Linie dienen Kohlenhydrate und Fette als Atmungssubstrate. Diese Verbindungen werden in den Zellen unter Wirkung von Enzymen hydrolytisch in ihre Bausteine (Glucose, Glycerin, Fettsäuren) gespalten.

↗ Blut, S. 121; ↗ Atmungssystem, S. 96 und S. 125

Vorgänge bei der inneren Atmung

Die innere Atmung umfasst den Substratabbau mit den Teilschritten Glykolyse und Citronensäurezyklus zur Freisetzung von Wasserstoff sowie die biologische Oxidation des Wasserstoffs, bei der Energie freigesetzt wird.

Teilreaktionen und Gesamtreaktion bei der Atmung sind

Substratabbau: $C_6H_{12}O_6 + 6\ H_2O \longrightarrow 6\ CO_2 + 24\ [H]$

Biologische Oxidation: $24\ [H] + 6\ O_2 \longrightarrow 12\ H_2O$

Gesamtgleichung: $C_6H_{12}O_6 + 6\ H_2O + 6\ O_2 \longrightarrow 6\ CO_2 + 12\ H_2O$

Glykolyse. Die Glykolyse läuft im Zellplasma ab.

- Enzymatisch gesteuerter Abbau von Glucose über Zwischenschritte zur Brenztraubensäure, wobei alle Zwischenprodukte in phosphoryliertem Zustand vorliegen und dadurch reaktionsfähiger sind. Dazu werden je Mol Glucose 2 Mol ATP in ADP und Phosphatreste zerlegt.
- Oxidation der Brenztraubensäure (Abspaltung von [H]) und Decarboxylierung (Abspaltung von CO_2).
- Verknüpfung des Acetylrestes mit dem Coenzym A (aktivierte Essigsäure).

Summengleichung:

$$C_6H_{12}O_6 \longrightarrow \underbrace{2\ CH_3-CO-COOH}_{\text{Brenztraubensäure}} + 2\ CO_2 + 4\ [H]$$

$$2\ CH_3\text{-}CO\text{-}COOH + 2\ CoA \longrightarrow 2\ CH_3-CO\text{-}CoA + 2\ CO_2 + 4\ [H]$$

5

Citronensäurezyklus (KREBS-Zyklus). Diese Teilschritte laufen in der Matrix der Mitochondrien ab.
- Der Acetylrest wird an Oxalessigsäure gebunden. Unter Aufnahme von Wasser werden verschiedene organische Säuren gebildet, aus denen Kohlenstoffdioxid und [H] abgespalten werden.
- Oxalessigsäure wird als Akzeptor für den Acetylrest in einem Kreislauf zurückgebildet.
- Summengleichung $2[CH_3CO] + 6\ H_2O \longrightarrow 4\ CO_2 + 18\ [H]$

Gesamtprozess des Substratabbaus. Im Substratabbau bilden sich aus 1 Mol Glucose 6 Mol Kohlenstoffdioxid, die an die Umwelt abgegeben werden, und 24 Protonen, die jeweils sofort bei ihrer Freisetzung an die Coenzyme NAD^+ und FAD gebunden werden.
Im Substratabbau freigesetzte Energie wird in 4 Mol ATP gebunden.
Biologische Oxidation. Die biologische Oxidation ist die Oxidation des Wasserstoffs mit molekularem Sauerstoff in den inneren Membranen der Mitochondrien. Aus Wasserstoff freigesetzte Elektronen durchlaufen in der Atmungskette eine Reihe von Enzymen (Oxidoreductasen, z. B. Cytochrome) und gelangen dabei schrittweise von einem hohen Energieniveau auf ein niedrigeres. Die freiwerdende Energie wird im ATP gebunden (Oxidative Phosphorylierung).

5

$12\ NADH + H^+ + 6\ O_2 + n\ ADP + Ⓟ \longrightarrow 12\ H_2O + 12\ NAD^+ + n\ ATP$

Energiegewinn. Aus einem Mol Glucose gewinnt die Zelle die in 38 Mol ATP gebundene Energie. Bei der Umsetzung von 1 Mol ATP zu ADP + Ⓟ werden etwa 30 kJ frei. 38 Mol ATP liefern 1140 kJ. Im Vergleich zur Glucoseoxidation in einem Kalorimeter – $\Delta_R H = -2822$ kJ/mol – erreicht der Wirkungsgrad der Zelle 40 %.

Energiegewinnung			
Teilprozess	Bildung von ATP	Bildung von coenzymgebundenem Wasserstoff	entsprechende Anzahl von ATP-Molen in der biologischen Oxidation
Glykolyse Bildung von Acetyl-Coenzym A	2 Mol	2 Mol $NADH + H^+$ 2 Mol $NADH + H^+$	6 Mol 6 Mol
Citronensäurezyklus	2 Mol	8 Mol $NADH + H^+$ 2 Mol $FADH_2$	18 Mol 4 Mol
Summe	4 Mol ATP		34 Mol ATP

Energieumsatz

Der Organismus setzt während der inneren Atmung Energie aus den energiereichen Stoffen frei und bindet einen Teil im ATP; der verbleibende Teil wird als Wärmeenergie frei. Ein Teil dieser Energie dient bei gleichwarmen Tieren zur Aufrechterhaltung der Körpertemperatur, bei anderen Organismen wird diese Energie ganz an die Umwelt abgestrahlt.

Schema zur inneren Atmung

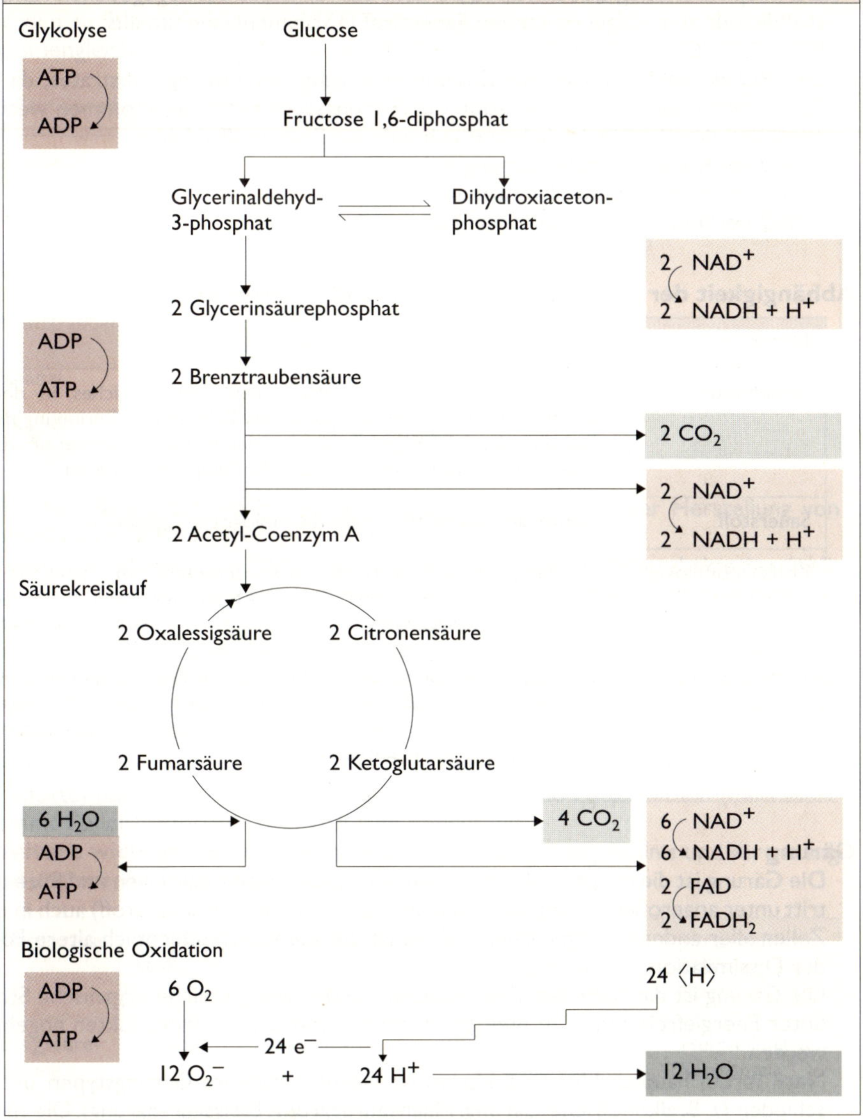

↗ Benennung und Einteilung der Enzyme, S. 152

Es gilt der 1. Hauptsatz der Thermodynamik (Energieerhaltungssatz):
Nährstoffenergie (Energie der organischen Stoffe) =
im ATP gebundene Energie + Wärmeproduktion + Energiebetrag in energiehaltigen Endprodukten.

Fettstoffwechsel

Fette sind energiereiche Stoffe, die in pflanzlichen und tierischen Geweben in speziellen Speicherzellen abgelagert werden. Sie dienen als

- Speicherstoff und Energieträger (Samen, tierische Gewebe),
- Kälteschutz (bei Polartieren und wasserlebenden Säugetieren als Unterhautfettgewebe),
- Polstersubstanz (viele tierische Organe sind in Fettpolster eingelagert).

Fette werden im Assimilationsstoffwechsel ständig synthetisiert und bei Bedarf während der Dissimilationsvorgänge abgebaut.

Fettaufnahme. Heterotrophe Organismen nehmen Fette mit der Nahrung auf. Fettreiche Nahrungsmittel des Menschen sind zum Beispiel Fleisch und Fleischwaren, tierische Fette (Talg, Schmalz), Milch und Milchprodukte, Nüsse, pflanzliche Öle und Margarine. Maßvoll zugeführtes Fett ist wichtiger Ernährungsbestandteil. Fett löst viele Geschmacksstoffe der Nahrung und die Vitamine A, D und E.

Verdauung und Resorption der Fette. Fette werden in mehreren Schritten verdaut und resorbiert.

Schematischer Überblick über Verdauung und Resorption		
Dünndarm	Darmwand	Lymphe und Blut
Zerlegung der Fettmoleküle	Resynthese von Fetten und Bildung von Lipoproteiden	Resorption und Transport

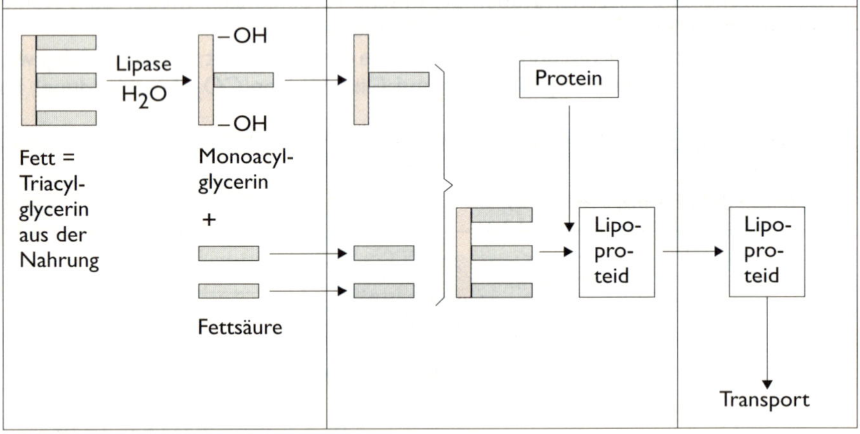

Abbau der Fette. Der Fettstoffwechsel ist eng mit dem Kohlenhydratstoffwechsel in den Zellen verbunden:

- Hydrolytische Spaltung des gespeicherten Fetts in Glycerin und Fettsäuren.
- Phosphorylierung des Glycerins und Einbau in den Glykolyseweg.
- Schrittweiser Abbau von Fettsäuremolekülen vom Carboxylgruppenende beginnend um jeweils ein Molekül mit zwei C-Atomen, das als Acetylrest an das Coenzym A gebunden ist (ß-Oxidation).
- Abbau des Acetylrestes über den Citronensäurezyklus.

Zusammenhang zwischen Kohlenhydrat- und Fettstoffwechsel

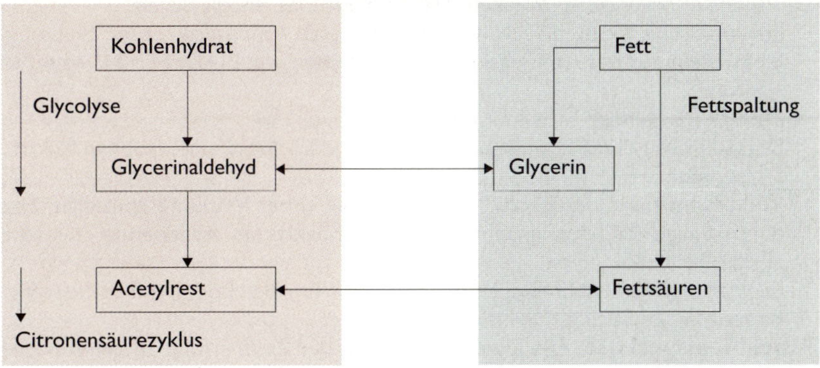

Aufbau der Fette. Der Fettaufbau erfolgt in umgekehrter Reihenfolge zu den Abbaureaktionsschritten ausgehend von den Acetylresten und Dihydroxyaceton aus der Glykolyse. Acetylreste werden schrittweise zur Fettsäurekette synthetisiert, wobei NADPH + H^+ (bzw. NADH + H^+) das Reduktionsmittel liefert.

↗ Lipide, S. 162

5

Eiweißstoffwechsel

Eiweiße sind als Struktureiweiße am Aufbau aller lebenden Zellbestandteile beteiligt (Zytoplasma, Kernplasma). Sie haben als Funktionseiweiße große Bedeutung für die Lebensabläufe in Zellen (Enzyme, Immunstoffe, Carrierproteine). Eiweiße können auch Energiereserven der Zellen darstellen. Sie unterliegen in den Zellen einem ständigen Aufbau, Abbau und Strukturumbau.

Eiweißabbau. Hochmolekulare Proteine werden in Verdauungsorganen und in Zellen durch Einwirkung spezieller Enzyme (Proteasen, Peptidasen) in ihre Grundbausteine, 2-Aminosäuren, hydrolytisch gespalten und in dieser Form resorbiert.

Aminosäureabbau und -umbau. Aminosäuren werden nach Abspaltung stickstoffhaltiger Molekülreste (NH_2-Gruppen, NH_3) über den Kohlenhydratstoffwechsel abgebaut:

- Aus Aminosäuren können durch Desaminierung (Abspaltung von NH_2-Gruppen) Ketosäuren entstehen.
- Ketosäuren (Brenztraubensäure, Oxalessigsäure, Ketoglutarsäure) werden über den Säurezyklus zu CO_2 und H_2O abgebaut.
- Zwischen den Aminosäuren aus dem Eiweißabbau und den Ketosäuren aus dem Säurezyklus können Transaminierungen (Übertragung von NH_2-Gruppen) erfolgen.
- Die abgespaltenen stickstoffhaltigen Moleküle oder Molekülreste werden bei einigen Mikroorganismen als Ammoniak ausgeschieden. Bei Mensch und Tier werden sie durch die Bildung von Harnstoff oder Harnsäure entgiftet und als Ausscheidungsprodukte dem Stoffwechsel entzogen. Pflanzen und die meisten Mikroorganismen („Stickstoffsparer“) bauen sie dagegen erneut in Ketosäuren ein.

Bildung primärer organischer Stickstoffverbindungen. Zur Synthese stickstoffhaltiger Verbindungen (Proteine, Nucleinsäuren) ist der Einbau anorganischen Stickstoffs in organische Moleküle erforderlich. Das erfolgt durch:

- Enzymatische Reduktion von Nitrat-Ionen zu Ammoniak unter Nutzung von Elektronen aus der Atmungskette. Sie stammen von NADPH + H^+ bzw. NADH + H^+.

  Nitrat $\xrightarrow{2e^-}$ Nitrit $\xrightarrow{6e^-}$ Ammoniak

  Diese Umwandlung kommt bei Pflanzen und stickstoff-autotrophen Mikroorganismen vor.
- Reduktion von Luftstickstoff zu Ammoniak unter Wirkung spezieller Enzyme durch einige Bakteriengruppen (Knöllchenbakterien, freilebende stickstoffbindende Bodenbakterien).

  Diese Bakterien haben wegen der Anreicherung der Böden mit Stickstoff große Bedeutung im Stickstoffkreislauf.

Proteinbiosynthese. Die Eiweißsynthese in der Zelle erfolgt an den Ribosomen. Die dazu notwendigen Aminosäuren entstehen im Stoffwechsel der Zelle durch:

- Aminierung (Anlagerung von NH_2-Gruppen) an einige Ketosäuren aus der Glykolyse und dem Säurezyklus (Ketoglutarsäure, Oxalessigsäure, Brenztraubensäure).
- Transaminierung (Übertragung von NH_2-Gruppen von einer Aminosäure auf eine Ketosäure, die dadurch zur entsprechenden Aminosäure wird).
- Abbau von Eiweißen durch hydrolytische Spaltung.

↗ Aminosäuren und Eiweiße, S. 144 ff.; ↗ Polypeptidsynthese, S. 305

Zusammenhänge zwischen Eiweißabbau und Kohlenhydratstoffwechsel

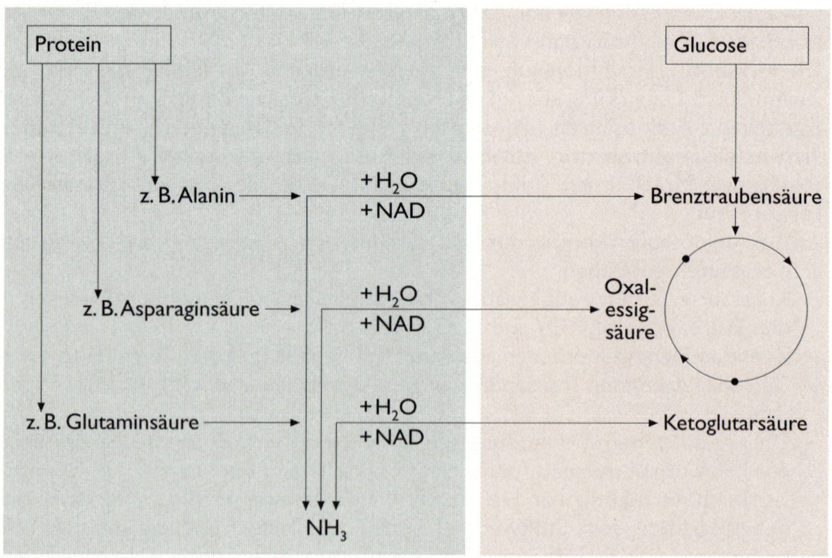

5

Bindung des Luftstickstoffs durch stickstoff-autotrophe Bakterien

Wenige Bakterienarten sind stickstoff-autotroph. Sie leben frei in Erdböden (*Azetobacter, Clostridium*), in Gewässern (einige Cyanobakterien) oder in Symbiose mit Pflanzenwurzeln (z. B. Knöllchenbakterien mit Schmetterlingsblütengewächsen). Die Stickstoffbindung erfolgt bei Knöllchenbakterien in den knöllchenförmigen Anschwellungen der Pflanzenwurzeln unter Mitwirkung des Enzyms Nitrogenase. Sie erfordert einen hohen Energieaufwand (hoher Sauerstoffverbrauch und ATP-Vorrat) und das Vorhandensein von Elektronen und Protonen für Reduktionsvorgänge. Das Reduktionsprodukt Ammoniak (bzw. Ammonium-Ionen) wird an die Ketoglutarsäure gebunden, wobei Glutaminsäure (Aminosäure) entsteht. Die autotrophe Stickstoffbindung durch Mikroorganismen hat sehr große Bedeutung für die Anreicherung der Böden mit Stickstoffverbindungen.

↗ Symbiose, S. 352

Kreislauf des Stickstoffs

Stickstoff ist ein für alle Lebewesen wichtiges Element zum Aufbau körpereigener Stoffe (Eiweiße, Nucleinsäuren, Pyrrolverbindungen). Er ist in der Natur in einen Kreislauf eingebunden.

Kreislauf des Stickstoffs

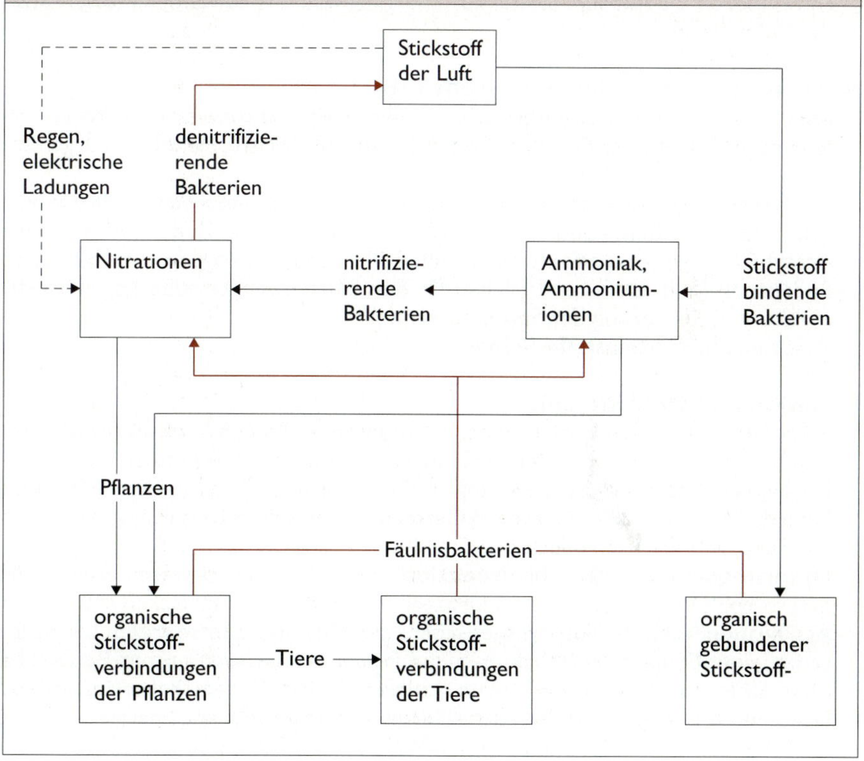

Der Stickstoffkreislauf ist an unterschiedliche Organismengruppen und zahlreiche Prozesse gebunden.

- Stickstoff der Luft (78 Vol.-%) kann nur von wenigen Stickstoff bindenden Bakterien direkt zur Bildung von Ammonium-Ionen und organischen Verbindungen genutzt werden. Sie reichern Böden mit Stickstoff an.
- Ammoniak kann direkt von Pflanzen aufgenommen werden oder wird von nitrifizierenden Bakterien (Chemosynthesebakterien) zu Nitrat oxidiert.
- Nitrate sind die Hauptstickstoffquelle der Pflanzen.
- Aus organischen Stickstoffverbindungen der Pflanzen gelangt Stickstoff über die Nahrungsstoffe in den Stoffwechsel der Tiere und des Menschen.
- Abgestorbene Reste von Pflanzen und Tieren werden von Mikroorganismen (Fäulnisbakterien, Pilzen) zu Ammoniak abgebaut.
- Nitrate können durch denitrifizierende Bakterien zu Ammoniak und Luftstickstoff reduziert werden. Sie gehen so dem Boden als Pflanzennährstoffe verloren.
- Außer über Stoffwechselvorgänge der lebenden Natur kann Luftstickstoff auch durch atmosphärische Prozesse in den Boden gelangen.

Grundstoffwechsel - Primärstoffwechsel

Zum Grundstoffwechsel gehören alle Stoffwechselvorgänge, die zu den bei allen Organismen weit gehend übereinstimmenden Baustoffen (Kohlenhydrate, Eiweiße, Fette) führen, die Abbauprozesse zur Energiegewinnung sowie der Wasserhaushalt der Organismen.

Nebenstoffwechsel - Sekundärstoffwechsel

Zum Nebenstoffwechsel gehören die Stoffwechselprozesse, die die Weiterverarbeitung der Produkte des Grundstoffwechsels zu spezifischen, nicht allen Organismen eigenen Stoffen umfassen.

Produkte des Sekundärstoffwechsels entstehen besonders bei Pflanzen. Ihre Synthese geht von Zwischenprodukten des Grundstoffwechsels (Zucker, Aminosäuren, Acetyl-Coenzym A) aus. Sie haben zum Teil wichtige physiologische und ökologische Bedeutung (z. B. Duft- und Farbstoffe der Blüten, Schutzstoffe gegen Tierfraß, Holzstoff zur Festigung der Sprossachsen).

↗ Sekundäre Pflanzenstoffe, S. 164

Evolution des Stoffwechsels

Erkenntnisse über die Evolution der Fotosynthese und der Dissimilationsprozesse sind besonders an verschiedenen Gruppen von Bakterien gewonnen worden.

Da bei der Fotosynthese bevorzugt ^{12}C gegenüber ^{14}C assimiliert wird, ist am Mengenverhältnis beider Isotope in Gesteinen organischen Ursprungs das Auftreten von Fotosynthese nachweisbar.

Ursprüngliche Stoffwechselreaktionen. Die ersten Lebewesen waren primär heterotroph und nutzten die im Urozean vorhandenen organischen Moleküle zur Assimilation. Vorläufer fotosynthetischer Assimilationsprozesse treten bei Salzbakterien, einer Gruppe der Urbakterien, auf. *Halobacterium halobium* zum Beispiel kann ohne Chlorophyll, aber mit einem anderen Farbstoff, dem Bakteriorhodopsin, Lichtenergie binden und damit ATP aufbauen. Die so gewonnene Energie reicht nicht zur Freisetzung von Elektronen und damit nicht zur Oxidation eines Substrats aus.

Herausbildung der Fotosynthese. Bei einigen Gruppen der Echten Bakterien entwickelten sich vor etwa 3,3 bis 3,5 Milliarden Jahren grüne Farbstoffe (Bakteriochlorophyll, Chlorophyll a, zunächst als Fotosystem I, später zusätzlich als Fotosystem II), mit denen Fotosyntheseprozesse möglich wurden. Bei Fotosynthese mit Bakteriochlorophyll wird Schwefelwasserstoff als Wasserstoffdonator genutzt. Erst mit dem Vorhandensein von Chlorophyll a und zwei getrennten Fotosystemen kann durch starken Elektronensog Fotolyse ablaufen und Wasser als Reduktionsmittel genutzt werden. Der CALVIN-Zyklus (lichtunabhängige Reaktionen) kann sich aus Reaktionsschritten des frühen Pentosephosphatzyklus (einer Form des Glucoseabbaus) der primären Heterotrophie entwickelt haben.
Weiterentwicklung der Dissimilationsvorgänge. Die ursprünglichen Dissimilationsprozesse waren Gärungen, die Gärsubstrate zunächst vielleicht Aldehyde, Ketone und organische Säuren. Aus diesen Anfängen ohne Glykolyse können sich nach Entstehung von Kohlenhydraten aus ersten Fotosyntheseprozessen anaerobe Abbauprozesse über Glykolyse parallel zum nicht reduktiven Pentosephosphatzyklus herausgebildet haben.
Nachdem Fotosyntheseprozesse in größerem Umfang Sauerstoff freisetzten, entstand als oxidativer Abbauweg die Atmung mit oxidativem Säurezyklus und Elektronentransportketten, die denen der Fotosynthese sehr ähnlich und vielleicht von ihnen abgeleitet sind.
Weiterentwicklung der heterotrophen Assimilation. Die durch Fotosynthesevorgänge in großem Umfang gebildeten organischen Stoffe waren die Grundlage für die Weiterentwicklung der primären Heterotrophie. So entwickelten sich seit etwa 2 Milliarden Jahren neben autotrophen Prokaryoten und Eukaryoten heterotrophe Bakterien, Pilze und Tiere.

Stofftransport, Stoffspeicherung, Stoffausscheidung

Stofftransport

Für die Aufrechterhaltung der Lebensfunktionen ist in jedem Organismus ein ständiger Stofftransport zwischen den Zellen, Geweben und Organen erforderlich.
Der Transport über längere Strecken erfolgt in speziellen Transportsystemen (Blut- und Lymphkreislauf, Hohlorgane, Leitbündel). Die Stoffe werden in gelöster Form (Nährsalz-Ionen bei Pflanzen), chemisch gebunden an das Transportsystem (Sauerstoff im Blut) oder gasförmig durch Diffusion (Atemgase) transportiert.
↗ Aufnahme, Speicherung und Abgabe von Stoffen, S. 165 ff.

Stoffspeicherung

Im Stoffwechsel vorübergehend nicht genutzte Stoffe können gespeichert werden. Sie werden bei Bedarf wieder in den Stoffwechsel einbezogen. Gespeicherte Stoffe sind Reservestoffe für

- Zeiten intensiven Stoffwechsels und hohen Energiebedarfs (z. B. Samenkeimung, Auswachsen von Pflanzenteilen aus Überdauerungsorganen, Tierwanderungen),
- die Überbrückung vorübergehend ungünstiger Umweltbedingungen (z. B. Wassermangel, Fehlen von Licht für die Fotosynthese in der Nacht, Nahrungsmangel bei Winterschläfern).

Stoffausscheidung

Stoffausscheidung betrifft solche Stoffwechselendprodukte, die für den Organismus unverwertbar oder giftig sind und in der Regel nach außen ausgeschieden werden (Exkretion).

Sie bezieht außerdem Stoffe ein, die der Organismus an Körperstellen nutzt, an denen sie nicht synthetisiert werden. Solche Stoffe werden in andere Zellen, in Hohlorgane oder in Transportsysteme ausgeschieden (Sekretion).

Exkrete. Stoffwechselendprodukte der Dissimilation, die im Organismus nicht mehr verwertet und nach außen abgegeben werden (z. B. CO_2, Harn, Salze).

Sekrete. Stoffwechselprodukte der Assimilation, die der Organismus für bestimmte Lebensfunktionen nutzt (Enzyme, Hormone, Nektar). Teilweise sind die Grenzen zwischen Sekreten und Exkreten fließend.

Bildung des Harns bei Säugetieren

Giftige Endprodukte des Eiweißstoffwechsels werden in Form von Harnsäure oder Harnstoff zusammen mit Wasser als Harn ausgeschieden.

Säugetiere bilden wie alle Wirbeltiere Harn in den Nieren.

5

- In den Glomeruli (Blutkapillarknäule) wird ein Primärharn aus Wasser, Glucose, Aminosäuren, Natrium-Ionen und Harnstoff gebildet.
- In den anschließenden Nierenkanälchen wird ein Großteil von Wasser, Glucose, Aminosäuren und Natrium-Ionen in das umliegende Gewebe resorbiert und der Harn konzentriert.
- Über den Sammelkanal fließt dem Harnleiter der Endharn zu.

Der Mensch scheidet täglich rund 1,5 l Endharn aus.

Ausscheidungsorgane und Harnbildung in der Niere

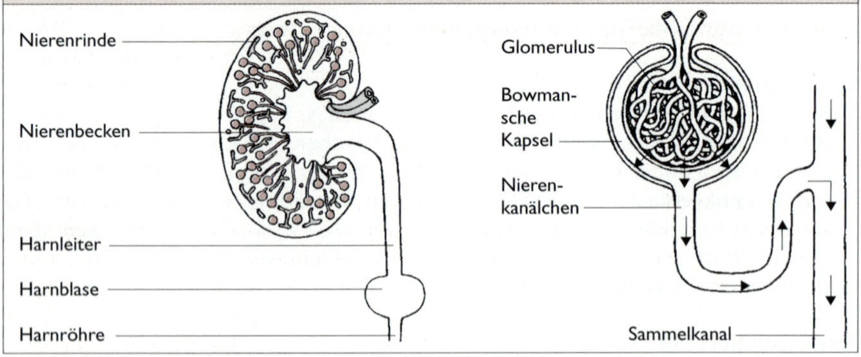

Bedeutung der Stoffausscheidung

Die Stoffausscheidung hat für Organismen mehrfache Bedeutung:

- Entgiftung des Organismus,
- Entlastung des Stoffwechsels (Abgabe nicht verwertbarer Stoffe),
- Aufrechterhaltung der Ionenkonzentration in Körperflüssigkeiten.

Reiz- und Bewegungsphysiologie

Reizbarkeit und Erregbarkeit

Allgemeines

Jedes lebende System (Zelle oder Organismus) befindet sich mit seiner Umwelt im Stoffwechsel, Energiewechsel und Informationswechsel. Sowohl der Organismus als auch die Umwelt verändern dabei ihre Wirkungen aufeinander und ihre Eigenschaften. Beide wechseln zwischen stabilen und instabilen Zuständen, die Lebewesen messen und auswerten können. Reizbarkeit und Erregbarkeit sind Eigenschaften aller Lebewesen, wenn auch Tiere und Pflanzen, Einzeller und Vielzeller in ihren Bau- und Funktionsmerkmalen sehr verschieden sind.

Tier und Mensch steuern und regeln ihre Umweltbeziehungen unter Nutzung von Informationen, die während der Phylogenese gespeichert wurden und aus dem genetischen Programm der Art abgerufen werden (Erbgedächtnis). Wenn zusätzliche Informationen in der Ontogenese gespeichert wurden, werden sie aus dem Nervensystem abgerufen (Erwerbgedächtnis). So entstehen im Organismus Umweltmodelle, mit denen die aktuelle Informationsaufnahme und -verarbeitung bereits vorbereitet ist. Deshalb sind Lebewesen innerhalb ihres Organisations- und Leistungsniveaus zur Selbstoptimierung ihrer Existenz und Existenzbedingungen fähig. Da Nahrungspflanzen und Beutetiere, Schutzzonen oder Sozialpartner nicht überall vorhanden sind, besitzen heterotrophe Organismen zur Informationsaufnahme Rezeptorzellen (Sinnesorgane), zur Verarbeitung und Speicherung Neuronen (Nervensysteme) sowie Muskelzellen und -fasern (Skelettmuskulatur) und Drüsen zur Informationsausgabe. Einzeller haben Organellen mit entsprechenden Funktionen.

↗ Umwelt, Informationen und Verhalten, S. 256

6

Reize

Reize sind Änderungen des Energie- und Informationsniveaus in der Umwelt, die den energetischen und informationellen Zustand eines Zellorganells oder einer Sinneszelle beeinflussen. Reize wirken nach ihrer Qualität, Dauer und Intensität auf Rezeptorzellmembranen unterschiedlich.

Adäquate Reize. Reize für Sinneszellen, die auf solche Reizarten spezialisiert sind (rezeptorspezifische Reize, reizspezifische Rezeptoren). Sie lösen die Erregung mit geringsten Energien aus (z. B. ist Licht mit einer Wellenlänge von 440 nm ein adäquater Reiz für Blau-, mit einer Wellenlänge von 530 nm für Grünrezeptoren).

Inadäquate Reize. Entsprechen der Sinneszelle nicht und lösen eine Erregung nur mit hohen Energien oder gar nicht aus (z. B. Hörschall für Lichtsinneszellen).

Schwellenwert. Der Schwellenwert ist die Energiemenge eines adäquaten Reizes, die an Sinneszellen eine Erregung auslöst. Sie wird als Energiebetrag in Joule (J) oder als Leistung in Joule $\cdot$ sec^{-1} angegeben. Der Energiebetrag von $4 \cdot 10^{-19}$ J ist der Schwellenwert für die Erregung einer Stäbchenzelle in der menschlichen Netzhaut.

Unterschwellige Reize. Reize, deren Energiemenge nicht zur Erregung der Sinneszelle ausreicht; treffen sie in geringen zeitlichen oder räumlichen Abständen ein, können sie durch Summation zum **überschwelligen** Reiz werden und den Rezeptor erregen.

Rezeptoren

Rezeptoren nehmen als spezialisierte Zellorganellen oder Sinneszellen aus der Umwelt Reize (Einwirkungen extrazellulärer Energie und Information) auf und setzen sie in Erregung um. In der Regel sind Rezeptoren auf spezifische Reize (Druckänderungen, elektromagnetische Schwingungen) eingestellt. Ihre Leistungsgrenzen sind artspezifisch und oft altersabhängig (obere Hörgrenzen beim Menschen: 5 Jahre 20 000 Hz, 70 Jahre 5 000 Hz).

Rezeptorarten

Primäre Sinneszellen. Kommen bei Wirbellosen und bei Wirbeltieren vor. Sie haben wie Nervenzellen ein Axon als einen eigenen ableitenden Fortsatz (z. B. Gelenkrezeptoren an feinen Chitinborsten der Insektenkutikula).

Sekundäre Sinneszellen. Sind zusätzlich nur bei Wirbeltieren entwickelt. Ihnen fehlt das Axon, ihre Zellmembran hat direkt Kontakt mit den Dendriten einer zugeordneten Nervenzelle (z.B. Geschmacksrezeptoren, Hörsinneszellen und Bogengangrezeptoren).

Sinnesnervenzellen. Bestehen aus dem verzweigten Dendritenbaum einer Nervenzelle, deren Ausläufer zwischen anderen Zellen frei enden (z. B. zwischen den Zellpolstern der MEISSNERschen Tastkörperchen oder in den Lamellen der VATER-PACINIschen Druckkörperchen).

↗ Sinneszellen in der Haut, S. 118

Sinneszellen, Sinnesepithelien, Sinnesorgane

Sinneszellen. Durch andere Körperzellen (z. B. Epidermis, Muskel) voneinander isolierte Rezeptoren, wie die Fotorezeptoren bei Regenwürmern, Tastkörperchen bei Primaten.

Sinnesepithelien. Einschichtige Zellverbände (z. B. Riechschleimhaut bei Säugern, Retina bei Wirbeltieren), in denen die Zellen funktionell verschieden sein können (z. B. Stäbchen und Zapfen der Retina).

Sinnesorgane. Organe zur Reizaufnahme aus Sinneszellen sowie aus anderen Zell- und Gewebetypen, die als Hilfsstrukturen zum Schutz oder zur Reizübertragung dienen. Sinnesorgane ermöglichen Leistungen, die von einzelnen Sinneszellen oder Sinnesepithelien nicht erreicht werden.

↗ Sinnesorgane der Wirbeltiere, S. 116

Vergleich der Ionenverteilung zwischen dem Inneren und Äußeren einer Nervenfaser, angegeben in mmol · l^{-1}

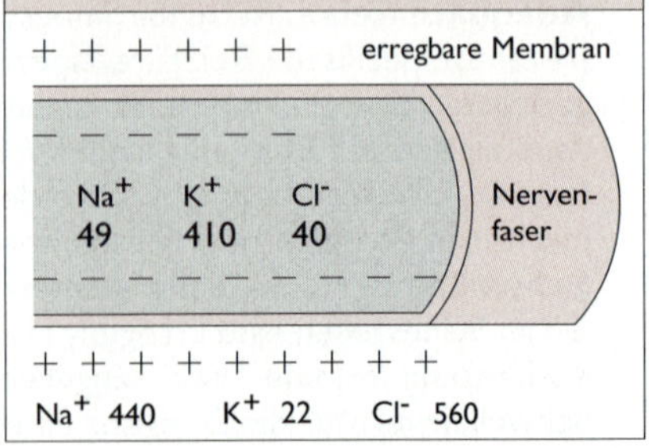

Ruhe-Membranpotential

Das Ruhe-Membranpotential ist das elektrische Potential der ungereizten (nicht

erregten) Zelle. Es beruht auf der Polarisation der Membran, die durch eine Ungleichverteilung von Ionen (K^+, Na^+, Cl^-, Eiweiß$^-$) zwischen dem Zellplasma und dem extrazellulären Raum bestimmt ist. Die Potentialdifferenz an der Innen- und Außenseite der Membran beträgt etwa -70 mV, sie wird durch Diffusionsgleichgewichte und aktiven Ionentransport unter Energiebindung gesichert.
↗ Spezifischer Transport, S. 167

Rezeptorpotential.

Durch eintreffende Reizenergie wird momentan der Stoffwechsel der Sinneszelle angeregt, damit ändern sich Ionendurchlässigkeit und Ladungsverteilung an der Membran. Das veränderte Membranpotential heißt Rezeptorpotential. Seine Höhe (-70 bis -40 mV) und Dauer sind abhängig von Intensität und Dauer der Reizwirkung. Wird eine zellspezifische Potentialschwelle von etwa -40 mV nicht erreicht, so entsteht die ursprüngliche Ionenverteilung und damit das Ruhemembranpotential (Repolarisation nach lokaler Antwort).
Führen überschwellige Reize zu einem Rezeptorpotential in der Größe der Potentialschwelle (Depolarisation) und breitet sich das Rezeptorpotential über die Membran bis zur ableitenden Faser aus, so erzeugt es dort als Generatorpotential mindestens ein Aktionspotential.

Aktionspotential

Das Aktionspotential ist das Potential an einer stark depolarisierten Membran; es entsteht kurzzeitig bei Sinnes- und Nervenzellen am Übergang vom Zellkörper zur ableitenden Faser. Die Membran wird für Na^+ verstärkt durchlässig: Damit ist eine ionenbedingte Ladungsumkehr auf +40 bis +120 mV verbunden.
Nach 1 msec wird die ursprüngliche Polarität der Ionen- und Ladungsverteilung erneut hergestellt. Auf eine Refraktärzeit, in der die Membran für 1 msec unerregbar ist, folgt ein weiteres Aktionspotential, wenn die Ausgangsbedingungen am Entstehungsort noch vorliegen. Aktionspotentiale werden gebildet und über die Axonmembran fortgeleitet, solange die Potentialschwelle erhalten bleibt. Es werden um so mehr Aktionspotentiale gebildet, je schneller die Schwelle erreicht wird und je länger diese Potentialdifferenz anhält. Sowohl die Amplitude des veränderten Ruhepotentials als auch die Frequenz der Aktionspotentiale je Sekunde verschlüsseln die Intensität des sinneszellspezifischen Reizes oder der nervenzellspezifischen Erregung. Die Grundprozesse sind an beiden Zelltypen gleichartig:

↓ Reizintensitäten
↓ Rezeptorpotentiale (Amplituden)
↓ Aktionspotentiale (Frequenzen)

↓ Erregungsintensitäten
↓ Neuronpotentiale (Amplituden)
↓ Aktionspotentiale (Frequenzen)

Kennlinien

Kennlinien kennzeichnen die Beziehung zwischen der Reizintensität und der Impulsfrequenz eines Rezeptors und verlaufen wegen der morphologischen und funktionellen Vielfalt der Rezeptorzellen und der Variabilität der Reizintensität sehr unterschiedlich. Bei Sinneszellen mit linearer Kennlinie zum Beispiel nimmt die Anzahl der Aktionspotentiale (Impulse · sec^{-1}) linear mit der Reizintensität zu (Muskelspindeln), bei Zellen mit logarithmischer Kennlinie ändert sie sich linear mit dem Logarithmus der Reizintensität (Lichtsinneszellen).

Sprungreiz

Überschwelliger Reiz, dessen Intensität sich stark und akut ändert. Die Häufigkeit der nachfolgenden Aktionspotentiale und ihre Verteilung in der Zeit wird durch die schon bestehende Zellerregung, durch Höhe und Richtung der Intensitätsänderung (z. B. Temperatursenkung, Temperaturanstieg) sowie ihre Geschwindigkeit bestimmt. So halten Rezeptoren eine Impulsfrequenz proportional zur Reizintensität auf einem konstanten Niveau oder sie bilden die Geschwindigkeit der Intensitätsänderung ab; manche Rezeptoren leisten beides.

Erregung

Erregung ist die unter Reizeinwirkung ausgelöste Aktivierung des Stoffwechsels von Sinnes-, Nerven- und Muskeleinheiten. Sie äußert sich als

- zunehmender Sauerstoffverbrauch,
- Änderung der Membrandurchlässigkeit,
- Änderung der Ionenverteilung an Membranen,
- Veränderung elektrischer Ladungen sowie
- Informationsverarbeitung und -weitergabe.

Reaktivität

Reaktivität ist die Änderung des Zellstoffwechsels mit der Wirkung überschwelliger Reize in Sinneszellen oder - nach vorausgehender Erregung - in Nervenzellen sowie die daran gebundene Entstehung von fortgeleiteten Aktionspotentialen. Sie hat exogene Ursachen.

Spontanaktivität

Spontanaktivität ist die Bildung von Aktionspotentialen ohne die Auslösung durch Reizwirkung oder Erregung. Die Aktivität der Zellen beruht auf spontaner Stoffwechseländerung und ist endogen verursacht (z. B. in Chemorezeptoren zur Bestimmung des CO_2-Gehalts in der Halsschlagader, in Druckrezeptoren im Seitenlinienorgan der Fische). Spontan aktive Nervenzellen funktionieren oft als Schrittmacher für andere Zellverbände (Einatemzentrum der Landwirbeltiere).

Erregungsleitung

Allgemeines

Erregungsleitung ist an die Strukturen des Nervengewebes gebunden; dieses enthält zwei Zelltypen: Neuronen (Nervenzellen) für den Informationswechsel mit der Außenwelt und im Nervensystem sowie Gliazellen (Stütz- und Hüllzellen) für den Stoffwechsel der hochaktiven Neuronen.

Jedem Neuron sind Rezeptoren oder andere Neuronen vorgeschaltet. Es hat über Synapsen mit 1 000 bis 10 000 anderen Nervenzellen Kontakt. Die Gesamtanzahl der Neuronen ist in den Typen der Nervensysteme unterschiedlich.

Das Axon und seine Verzweigungen liefern identische Muster von Aktionspotentialen (Information) an nachfolgende Zellen. Durch **Divergenz**schaltungen und **Konvergenz**schaltungen werden Informationen weiträumig verteilt oder auf wenige Zellen projiziert.

Divergenzschaltungen und Konvergenzschaltungen zwischen Nervenzellen

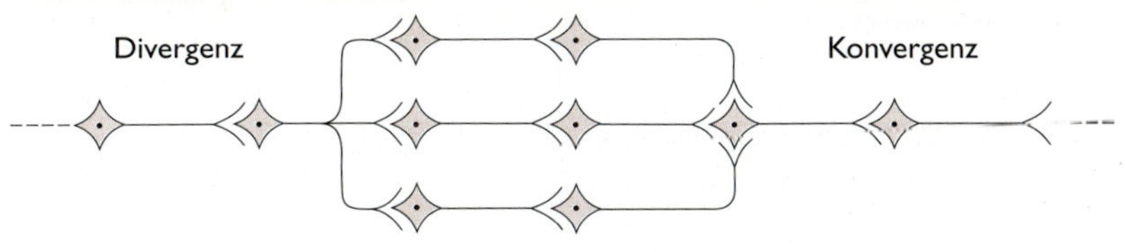

Konvergenzschaltungen im Auge projizieren beim Menschen Information von 125 Mio Stäbchen und 5 Mio Zapfen auf 1 Mio nachgeschaltete Nervenzellen (130 : 1). Divergenzschaltungen versorgen verschiedene, zum Teil weit auseinander liegende Hirnregionen mit optischer Information aus den Neuriten des Augennervs.
↗ Bau der Nerven, S. 116; ↗ Nervensystem, S. 113 ff.

Erregung und Hemmung

Erregung und Hemmung sind Grundvorgänge in den Zellkomplexen aller Nervensysteme. Sie beruhen auf der Veränderung des Zellstoffwechsels, der an der Membran neue Ionenverteilungen und elektrische Potentiale erzeugt.

Erregung. Ist die Aktivierung der Membran einer nachgeordneten Zelle durch Änderung der Permeabilität für Na^+ und K^+. Der Überträgerstoff (z. B. Acetylcholin) wirkt an mehr als einer Synapse. Die Depolarisation führt zum erregenden postsynaptischen Potential.

Hemmung. Ist die Aktivierung der Membran einer nachgeordneten Zelle durch Erhöhung der Permeabilität für K^+ und/oder Cl^-. Der Überträgerstoff (z. B. Dopamin) wirkt an mehr als einer Synapse. Die Hyperpolarisation führt zu einem hemmenden postsynaptischen Potential.

Die unter vielen Synapsen gleichzeitig entstehenden erregenden und hemmenden Potentiale werden gegeneinander verrechnet. Sie bestimmen, ob ein Neuron schweigt oder Aktionspotentiale bildet.

Alles-oder-Nichts-Gesetz

Prinzip der Bildung von Aktionspotentialen. Diese Bildung ist abhängig von Amplitude und Dauer einer reiz- oder erregungsbedingten Depolarisation der Membran; dabei wird das Aktionspotential entweder maximal ausgebildet oder es kommt gar nicht zustande (Alles oder Nichts).

Erregungsleitung

Erregungsleitung ist die andauernde Änderung der Ionenverteilungen und Potentialdifferenzen (Depolarisation) an der Innen- und Außenseite der Axonmembran. Aus dem Ruhe-Membranpotential wird an jedem Ort der einheitlichen Membran ein Aktionspotential neu gebildet und anschließend das Ruhepotential wieder hergestellt. Die Leitungsrichtung ist festgelegt und nicht umkehrbar, weil die Membran unmittelbar nach dem Aktionspotential an diesem Ort kurzzeitig nicht erregbar ist (Refraktärzeit). Da Axonmembranen voneinander abgegrenzt sind, können Erregungen auch in gebündelten Nervenfasern die Bahn und das Ziel nicht wechseln.

Kontinuierliche Erregungsleitung

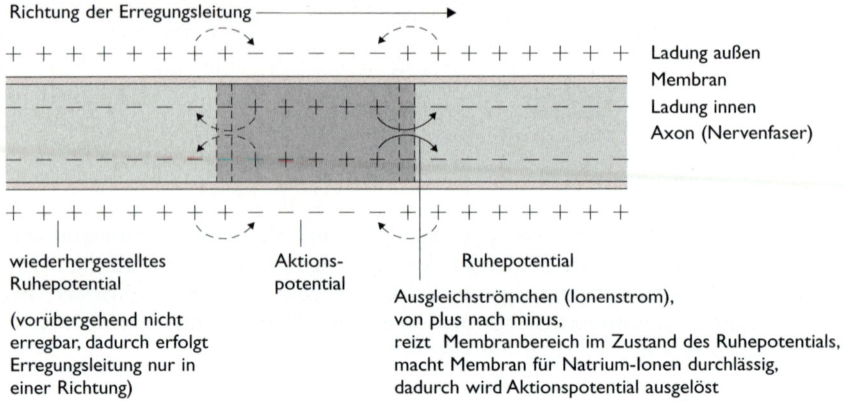

Kontinuierliche (gleitende) Erregungsleitung. Besteht in der fortlaufenden Depolarisation (Umpolung der Ladungsverteilung) an der Axonmembran und ist für marklose Fasern typisch, deren Membran nicht perlschnurartig von vielen Hüllzellen umgeben ist.

6

Saltatorische (sprunghafte) Erregungsleitung. Eine besonders schnelle Erregungsleitung an den markhaltigen Nervenfasern der Wirbeltiere. Die Axone sind von Hüllzellen (Markscheide) aus Protein-Lipidschichten umgeben, die als elektrischer Isolator wirken. Zwischen ihnen liegt nach jeweils ein bis drei Millimeter ein nackter Axonabschnitt (Schnürring) frei. Die Erregung springt am Axon von Schnürring zu Schnürring. Das ermöglicht bei gleichem Faserdurchmesser etwa 10 mal höhere Leistungsgeschwindigkeiten als entlang der nicht isolierten Membran.
↗ Bau der Nerven, S. 116

Saltatorische Erregungsleitung

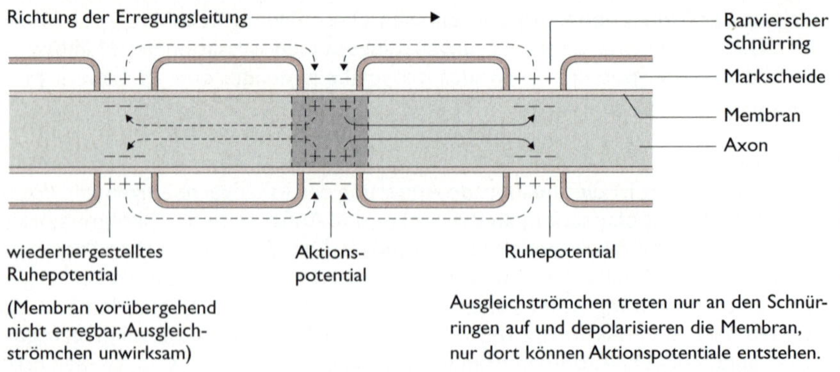

Kodierung der nervösen Information

Die Informationsverschlüsselung erfolgt in allen Nervensystemen chemisch (Moleküle der Überträgerstoffe) und/oder elektrisch (Amplitudenänderung und Frequenzänderung). Die reiz- oder erregungsbedingt fortgeleitete Nachricht ist durch die Anzahl der Moleküle, die Höhe der Amplitude oder die Häufigkeit der Aktionspotentiale pro Zeiteinheit angegeben.

Erregungsübertragung

Die Übertragung einer Erregung erfolgt an Kontaktstellen (Synapsen) zwischen Rezeptor und Neuron, Neuron und Neuron sowie Neuron und Effektor (z. B. Muskelzelle). Die meisten Neuronen haben viele Synapsen (polysynaptisch), nur wenige eine einzige Synapse (monosynaptisch).

Bei elektrischer Erregungsübertragung liegen zwei Membranen dicht aneinander (Abstand bis 15 nm), bei chemischer Erregungsübertragung ist der Synapsenspalt 20 nm bis 40 nm weit. Die erregende oder hemmende Wirkung der Überträgerstoffe (Transmitter) wird zusätzlich von den Eigenschaften der postsynaptischen Membran bestimmt. Beispielsweise wirkt Acetylcholin auf Nervenzellen und Skelettmuskelfasern erregend, auf Eingeweidemuskelzellen und Herzmuskulatur hemmend.

Synapsenfunktionen

Chemische Synapsen sichern die Erregungsübertragung proportional zur Frequenz der eintreffenden Aktionspotentiale, indem im präsynaptischen Element aus Transmitterspeichern Moleküle freigesetzt werden. Sie diffundieren durch den Synapsenspalt zur postsynaptischen Membran und werden an Rezeptormoleküle angedockt. Das ändert die Ionendurchlässigkeit der Membran.

Ein erregender Transmitter (z. B. Acetylcholin) lässt am zweiten Neuron durch Depolarisation erregende postsynaptische Potentiale entstehen, ein hemmender Transmitter (z. B. Noradrenalin) durch Hyperpolarisation hemmende postsynaptische Potentiale. Der Abgleich aller aktuellen Potentiale bestimmt die momentane Funktion eines Neurons in einem Verband aus Millionen Zellen.

An elektrischen Synapsen wird der Übergang der elektrischen Impulse direkt ermöglicht. Die Erregung kann prinzipiell in beide Richtungen übertragen werden.

Schema der Erregungsübertragung an einer Synapse

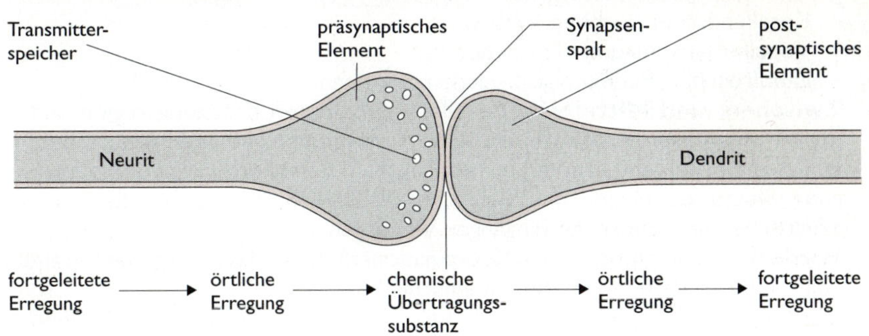

Erregungsverarbeitung und Reaktionen

Tiere und Menschen

Allgemeines

Die Verarbeitung von Umweltreizen in den Zellen der Sinnes-Nerven-Muskel-Systeme oder in Zellorganellen führt zu Effekten, die Reaktionen genannt werden. Die Informationsverarbeitung ist im Organismus so komplex, dass die Formel „ein Reiz - eine Reaktion" die realen Beziehungen nicht wiedergibt. Die meisten Tiere können in ein und derselben Reizsituation sehr verschiedene Reaktionen zeigen.
↗ Verhalten, S. 256

Funktionelle Gliederung des Zentralnervensystems

Rückenmark. Enthält aufsteigende sensible und absteigende motorische Bahnen sowie zugeordnete Zellkörper, die über Schaltneuronen in Beziehung treten.
Im Rückenmark liegen lebensnotwendige Reflexzentren; sie koordinieren beispielsweise Darm- und Blasentätigkeit, Muskelkontraktionen, Tränensekretion und sind an höhere Zentren angekoppelt.
Verletzungen des Rückenmarks (Querschnittslähmung) vermindern die Lebensqualität ebenso einschneidend wie altersbedingte Ausfälle und Erkrankungen des Gehirns.

Hirnstamm. Der phylogenetisch älteste Hirnteil bei Wirbeltieren. Er beginnt mit dem verlängerten Mark und enthält viele Zentren zur Steuerung und Regelung der Lebensfunktionen wie Atmung, Blutkreislauf und Herzaktivität, Muskeltätigkeit, Grundstoffwechsel. Die automatisch und oft rhythmisch ablaufenden Funktionen im Hirnstamm werden von Informationen aus sensiblen und motorischen Bahnen modifiziert.
Kriechtiere, Vögel und Säuger besitzen hier ein netzförmiges Neuronen-Schaltwerk, das Antriebe und Aufmerksamkeit organisiert und die Schlaf-Rhythmik reguliert (Wirkungsort für Psychopharmaka, Schlaf- und Narkosemittel).
Kleinhirn. Enthält Schaltstationen für Bewegungsmuster. Sie dienen der Gleichgewichtsregulation (Störungen unter Alkohol) und der Bewegungskoordination in Verbindung mit den motorischen Rindenfeldern des Vorderhirns. Bei Wirbeltieren, die dreidimensional gegliederte Lebensräume nutzen, ist das Kleinhirn besonders groß und differenziert; beispielsweise bei

- Korallenfischen, Robben, Walen;
- Vögeln, Fledermäusen, Flughunden;
- Laubfröschen, Baumsteigerfröschen, Primaten.

Zwischen- und Mittelhirn. Bei allen Wirbeltieren Kreuzungsregion und erstes Projektionsgebiet der Sehbahnen. Beide Hirnregionen enthalten Regulationszentren (z. B. für Körpertemperatur, Hormonhaushalt, Ionenkonzentration, Wasserversorgung, Blutzuckerspiegel) und viele Umschaltstellen, die motorische Zentren mit akustischen und optischen Eingängen versorgen.
Vorderhirn. Integrations- und Koordinationszentrum, das phylogenetisch ältere und jüngere Bereiche und Funktionen einschließt.
Die Rinde enthält Gliazellen mit Hüll-, Stütz- und Ernährungsfunktionen sowie Nervenzellen und ihre anfangs marklosen Axone.

Das Mark enthält die markhaltigen (von Scheiden umhüllten) Nervenfasern. In der Evolution erhöhte sich mit zunehmender Anzahl von Furchen und Windungen die Leistungsfähigkeit und funktionelle Differenzierung.
Nach Umschaltung und Verarbeitung in Nervenzellen anderer Regionen gehen zum Beispiel bei Säugern Informationen aus allen Rezeptoren in die sensorischen Projektionsfelder geordnet ein (Geschmackszentren, Hör- und Sehzentren). Von den motorischen Projektionsfeldern (Sprachzentrum, Zentren der Willkürmotorik) gehen Meldungen für die peripheren Muskeleinheiten aus.
Beim Menschen ist die gesamte Peripherie (Rezeptoren und Effektoren) im Großhirn repräsentiert. Die Assoziationsfelder erreichen bei den Säugern und speziell bei den Primaten die größte Ausdehnung. Diese Rindenzellen setzen Informationen aus der Peripherie mit Informationen für die Peripherie in Beziehung, indem sie Verbindungen herstellen (assoziieren) und weitere höhere Hirnleistungen ermöglichen: Wiedererkennen, Vergleichen, Abstrahieren, Lernen, Behalten, Koordinieren, Voraussehen.
↗ Nervensystem, S. 113 ff.

Funktionelle Gliederung des Großhirns

Das Großhirn des Menschen besitzt eine funktionelle und topographische Zuordnung. Die linke Hemisphäre erhält Sinnesmeldungen aus der rechten Körperhälfte und liefert dorthin motorische Programme. Die rechte Hirnhälfte repräsentiert aufgrund der Bahnkreuzungen die linke Peripherie. Mehr als 200 Millionen querlaufende Fasern vermitteln wechselseitig Informationen zwischen beiden Teilen, die eigenständig und unabhängig voneinander funktionieren können. Bewusstsein und Sprache sind nur an die linke Hemisphäre gebunden.

Leistungen der Großhirnrinde

Bei den Vögeln und Säugern hat die Rinde zusätzliche Kopplungs-, Kontroll- und Ordnungsfunktionen (bis zu 80 % der Zellen haben assoziative Aufgaben). Zu den Leistungen der Großhirnrinde gehören beispielsweise Spracherkennung und Sprachmotorik, Lernfähigkeit und Gedächtnis.
Lernen. Ist eine adaptive Verhaltensänderung aufgrund von Erfahrungen, sie beruht auf artspezifischen Lernfähigkeiten und Lernbereitschaften. Mittels verschiedener Lernprozesse werden in der Ontogenese Umweltinformationen erworben und abgespeichert, die über genetisch verankerte Anpassungen hinausgehen und die individuellen Umweltbeziehungen optimieren. Lernen hat nach Zeitpunkt und Geschwindigkeit, Inhalt und Zusammenhang, Lernbereitschaft und -fähigkeit sowie Ergebnis sehr verschiedene Effekte, es ist im Nahrungsverhalten, Schutz- und Partnerverhalten besonders wichtig.
↗ Lernen, S. 262 ff.
Gedächtnis. Fähigkeit, in früheren Lernprozessen erworbene Informationen zur Unterscheidung von Objekteigenschaften (z. B. Düfte, Farben, Formen) und Objekten (z. B. Individuen in einem Sozialverband) beziehungsweise zum Ablauf komplexer Bewegungen (Greifen, Manipulieren) abzuspeichern.
Das **Sofortgedächtnis** speichert Informationen nur über 10 bis 20 Sekunden.
Das **Kurzzeitgedächtnis** benötigt Wiederholungen des Lernprozesses zur Festigung der erworbenen Information, die bis zu zwei Stunden gespeichert bleibt.
Das **Langzeitgedächtnis** übernimmt die nach Stunden erhalten gebliebenen Inhalte.

Erinnerung. Fähigkeit, über gespeicherte Informationen in neuen Zusammenhängen zu verfügen und sie zu nutzen. Diese Informationen sind oft nur unvollständig, modifiziert und nicht jederzeit abzurufen.

Vergessen. Ergebnis einer unzureichenden Informationsspeicherung beziehungsweise Lernleistung. Der Speicherinhalt ist nicht mehr vorhanden oder zur Zeit und in diesem Zusammenhang nicht nutzbar. Vergessen wird durch das Fehlen von Wiederholungen bedingt, die zum Behalten erforderlich sind, es wird durch Antriebsverluste und nachlassende Aufmerksamkeit bestimmt.

Informationsverarbeitung und Regulierung

Steuerung und Regelung sind zwei Grundprozesse im Stoff-, Energie- und Informationswechsel mit der Umwelt. Gesteuerte Vorgänge sind von außerhalb gerichtet beeinflusst und durch einen offenen Wirkungszusammenhang bestimmt (Reflexbogen). Geregelte Prozesse organisieren sich selbst nach einem vorgegebenen Sollwert. Sie sind mehrseitig gerichtet und durch einen geschlossenen Wirkungszusammenhang bestimmt (Regelkreis).

Biologische Steuerung und Regelung (Schema)

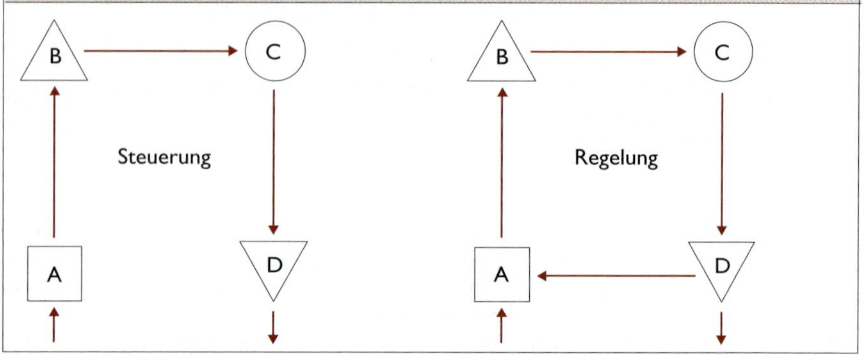

Die Veränderung der Atemfrequenz und Atemtiefe, des CO_2-Gehalts im Blut, des Herzschlagvolumens, der Hautdurchblutung, der Wasser- und Salzausscheidung durch Exkretionsorgane, die Änderung der Hormonproduktion, der Wechsel von Ruhe und Schlaf oder der Informationsfluss in vielzelligen Nervensystemen sind Beispiele für biologische Regelung.

Regelkreis

Die Kontrolle und Abstimmung von physiologischen Prozessen erfolgt in Regelkreisen, die aus Elementen mit speziellen Funktionen bestehen: Jedes Glied hat einen Eingang und einen Ausgang, damit werden Nachrichten in der Wirkungsrichtung weitergegeben. Im Regelkreis gibt es Messglieder - was nicht gemessen werden kann, ist nicht regelbar. Ein gemessener Ist-Wert wird unter Einfluss eines zentralen Soll-Wertes zu einem geregelten Stell-Wert, der erneut als Ist-Wert gemessen wird.
Wesentlich ist die Rückkopplung, bei der Schaltungen beziehungsweise Nachrichten auf den Informationsfluss zurückwirken und ihn modulieren. Bei **positiver** Rück-

Unterschiedliche Schaltungen von Neuronen

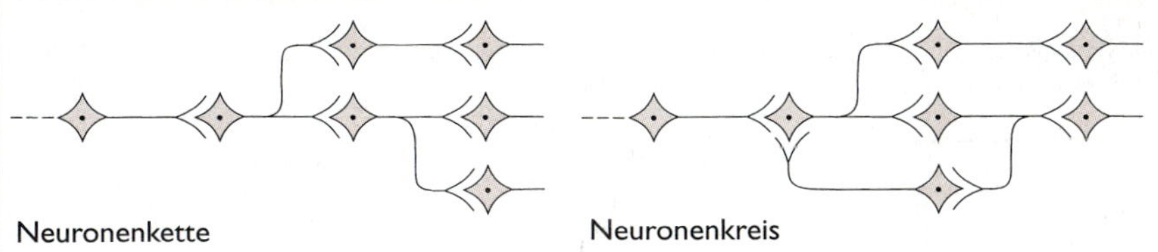

kopplung wird zum Beispiel die Produktion eines Enzyms oder eines Molekülaggregats ebenso verstärkt wie die Bildung von Aktionspotentialen an einem erregenden Neuron. Bei **negativer** Rückkopplung wird der Vorgang kontrolliert und äußeren Störungen entgegengewirkt.

Regelung der Lichtstärke im Augapfel

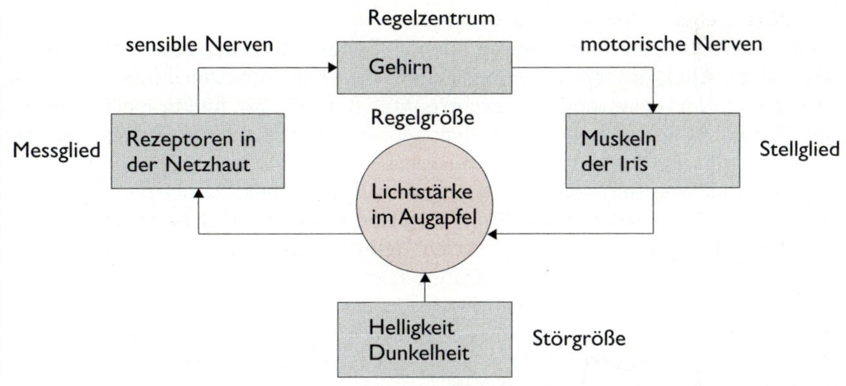

Bei der Regelung des Pupillendurchmessers garantiert die Schaltung, dass die Lichtintensität im Augenhintergrund trotz wechselnder Lichtintensität in der Außenwelt weit gehend konstant gehalten wird. Unter Verrechnung der Lichteffekte und der aktuellen Erregungszustände in den beiden Regelzentren des Gehirns gehen Stellbefehle an die Irismuskulatur. Die Verringerung der Beleuchtungsstärke führt zu einer Vergrößerung des Pupillendurchmessers und umgekehrt die Erhöhung der Lichtintensität zur Verkleinerung des Durchmessers (negative Rückkopplung).

Reflexe

Reflexe sind basale, an einzelne Zellen und Schaltungen gebundene Funktionszusammenhänge zwischen Reiz und Reaktion (z. B. führt die mechanische Reizung der Riechschleimhaut zum Niesreflex), die in Reflexbögen ablaufen.

Reflexbogen. Besteht aus mindestens 5 Elementen. Er ist primär im Rückenmark lokalisiert und kann Leitungsbahnen zu höheren Zentren (Nachhirn, Großhirn) einbeziehen.

6

Reflexzentrum im ZNS

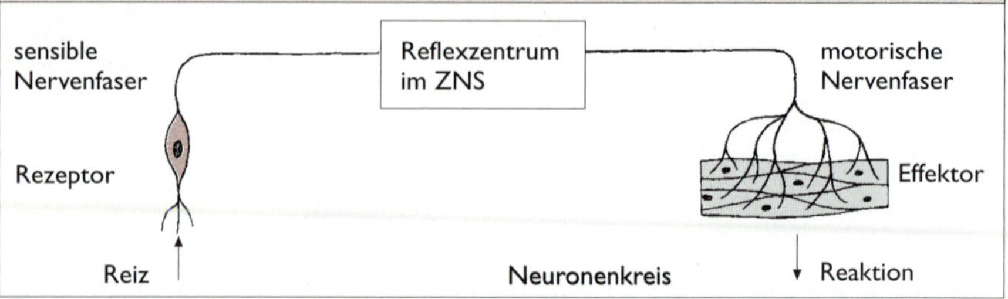

Unbedingte Reflexe. Angeborene, sehr gleichartig ablaufende Antworten auf einen Reiz; sie bilden die Grundkoordinationen für komplexe Verhaltensmuster, beispielsweise

– Saugreflex - Saugverhalten,
– Greifreflex - Greifverhalten,
– Schreitreflex - Bewegungskoordination.

Unbedingte Reflexe funktionieren auch im Schock oder bei Bewusstlosigkeit. Der Ausfall der Effektorantwort kennzeichnet einen Krankheitsherd oder die verletzte Region im Nervensystem; ein durchtrennter Reflexbogen funktioniert nicht mehr.

6

Bedingte Reflexe. Erworbene, durch Lernen mitbestimmte Reflexe, die immer wieder geübt (bekräftigt) werden müssen; sie beruhen auf der Ankopplung eines bedingten (indifferenten) Reizes an einen unbedingten Reflex. Da sich die zugeordneten einfachen Lernvorgänge im Großhirn abspielen, heißen sie auch bedingte Reaktionen.
Der unbedingte Lidschlussreflex ist ein Schutzreflex; er beruht auf mechanischer Reizung (Luftströmung) der Hornhaut beziehungsweise Bindehaut.
Der bedingte Lidschluss entsteht, wenn in einem Übungsvorgang der unbedingte Reiz (Luftströmung) stets unmittelbar nach einem bedingten Reiz (Klingelsignal) wirkt. Schließlich bewirkt der bedingte Reiz allein die Antwort.

↗ Klassische Konditionierung, S. 263

Reaktionsformen bei Tieren

Die wesentlichen Reaktionsformen sind Drüsensekretion und Bewegung.

Drüsensekretion. Freisetzung akut gebildeter oder gespeicherter Zellprodukte aufgrund nervöser oder hormonaler Anregung (z. B. Speichelsekretion, Schweißsekretion, Pheromonsekretion).
Die Ausscheidung des Lockstoffes Bombykol aus Duftdrüsen bei den Weibchen des Seidenspinners erfolgt nach inneren Programmen.

Bewegung. Bewegung ist aktive Form- oder Ortsänderung von Organellen, Organen oder Organismen. Sie erfolgt durch Plasmaströmung oder mit kontraktilen Fibrillen.

Formänderung. Bei manchen Einzellern (Amöben) und Zelltypen (Leukozyten, Fresszellen) erfolgt die Formänderung mittels Plasmaströmung. Sie ist zugleich mit Fortbewegung verbunden. Bei fest sitzenden Protozoen (Trompetentierchen) und bei Mehrzellern mit Muskelzellen oder Muskelfasern kommt die Formänderung durch Kontraktion zustande.

Plasmaströmung in Tier- und Pflanzenzellen	
Objekt	Geschwindigkeit
Pollenschläuche	2 bis 12 µm . sec-1
Wurzelhaare	2 bis 16 µm . sec-1
Nervenzellen	1 bis 10 µm . sec-1
Amöben	4 bis 24 µm . sec-1
Schleimpilze	20 bis 100 µm . sec-1
Grünalgen	80 bis 100 µm . sec-1

Ortsveränderung. Ist charakteristisch für tierische Organismen, sie erfolgt durch Plasmabewegung, Zilien- und Geißelbewegung sowie Muskelbewegung; die damit erreichten Ortsveränderungen schließen Richtungsänderungen ein (z. B. Beutefinden, Nachwuchsbetreuung, Partnersuche, Vogelzug).

↗ Raumorientierung, S. 266

Plasmabewegung. Kommt in allen Zellen vor. Beteiligt sind Struktureiweiße (Actin- und Myosinnetze), eine wechselnde Wasserbindung von Ekto- und Endoplasma (Gel-Sol-Zustand) und veränderliche Ionenkonzentrationen (Ca^{2+}). Plasmabewegung als Ortsveränderung kommt bei einigen Einzellern und Schleimpilzen sowie bei bestimmten Zelltypen von Mehrzellern (weiße Blutkörperchen der Wirbeltiere, Fresszellen bei Schwämmen, Hohltieren oder Strudelwürmern) vor.

Zilien- und Geißelbewegung. Ermöglichen in flüssigen Medien eine aktive Fortbewegung. Geißeln kommen einzeln vor (z. B. Flagellaten, Spermien). Zilien (Wimpern) bedecken oft die ganze Körperoberfläche (z. B. *Paramecium*, Larven verschiedener Schnecken und Ringelwürmer).

Manche Gewebe der Mehrzeller bilden zilientragende Schichten (Flimmerepithelien) zum Herbeistrudeln von Atemwasser und Nahrungspartikeln oder zum Stofftransport (Verdauung, Ausscheidung).

Zilien und Geißeln sind aus Fibrillen aufgebaut, sie enthalten das Struktureiweiß Dynein, das ähnlich wie Myosin wirkt (ATP-spaltend, Energie freisetzend). Die bewegungsauslösenden Aktionspotentiale entstehen durch Spontanaktivität.

Muskelbewegung. Geordnete Kontraktion von längsgestreckten Muskelzellen (Eingeweidemuskulatur) oder Muskelfasern (Skelett- und Herzmuskulatur). Die auslösende Erregung kommt aus muskulären Schrittmacherzentren mit zusätzlicher nervöser Erregung und Hemmung (z. B. Herz der Mollusken und Wirbeltiere), aus nervösen Schrittmacherzentren (Herz der Krebstiere, Eingeweidemuskulatur) oder über motorische Fasern aus dem Zentralnervensystem.

Die notwendige mechanische Energie wird aus chemisch gebundener Energie (ATP, Glykogen) in der Bewegungsmuskulatur (Kriechsohle, Hautmuskelschlauch, Skelettmuskulatur) nach Eingang von erregenden Aktionspotentialen über neuromuskuläre Synapsen freigesetzt.

Muskelbewegung läuft ab als

- Einzelzuckung: kurze einmalige Kontraktion von 0,01 bis 0,2 s Dauer (z. B. Lidschlag);
- Tetanus: Dauerkontraktion durch Überlagerung von Einzelkontraktionen bei kurzen Abständen der Aktionspotentiale (z. B. in der Skelettmuskulatur);
- tetanischer Tonus: Anhaltender Spannungszustand der Muskulatur durch andauernde Erregung jeweils einiger Muskelfasern (z. B. Körperhaltung, Kieferschluss);
- plastischer Tonus (Sperrtonus): Kontraktionszustand, der kaum Energie benötigt und bei Muscheln und Schnecken den Schalenschluss oder das Zurückhalten der ausstreckbaren Fühler sichert.

Muskelfaser

Die Muskelfasern der Skelettmuskulatur sind gestreckte Einheiten, die aus mehreren Zellen entstehen und deshalb vielkernig sind. In ihrem Plasma liegen als kontraktile Elemente die Myofibrillen. Sie bestehen aus vier Eiweißtypen in spezifischer Anordnung, von denen die Actin- und Myosinmoleküle gestreckt als Myofilamente vorliegen. Längenänderungen einer Muskelfaser entstehen durch mechanische Gleitbewegungen dieser Filamente, die auf Lücke ineinander greifen. Dafür sind Nervenimpulse, Ca^{2+}-Transport und ATP als Energiequelle erforderlich. Muskeln, die als Beuger und Strecker große Kräfte entwickeln, bestehen aus Fasern mit dicht gepackten Myofibrillen.

Stoffwechsel bei der Muskelbewegung

Zum Energiegewinn wird im Stoffwechsel Adenosintriphosphat hydrolytisch gespalten:

ATP + H_2O ⟶ ADP + Phosphatrest + Energie.

Der niedrige ATP-Gehalt einer Muskelfaser wird ständig durch Abbau von energiereichen Verbindungen mittels Atmung oder Gärung regeneriert.

Stoff- und Energiewechselvorgänge bei der Muskelbewegung

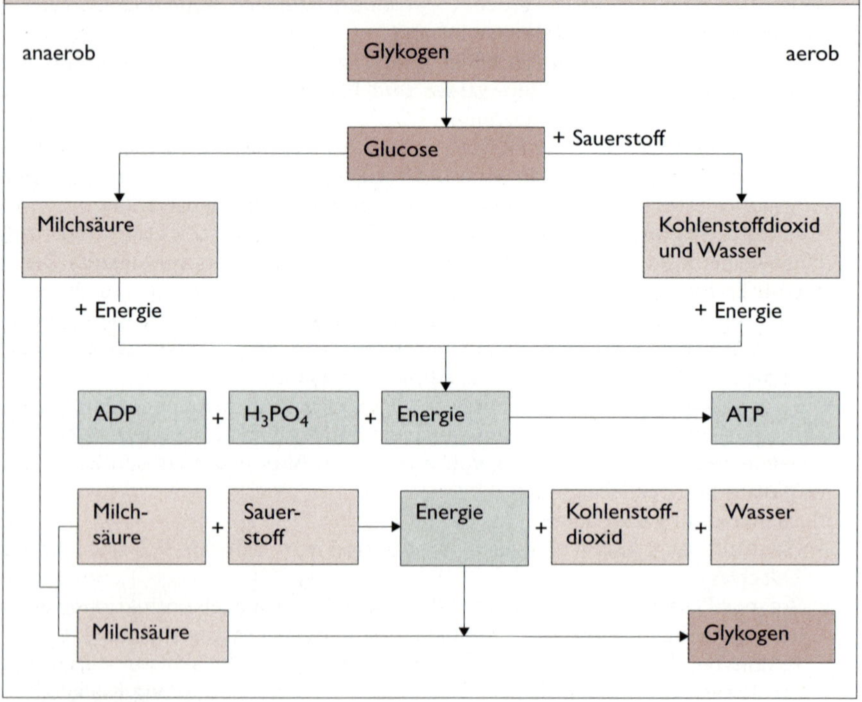

↗ Dissimilation, S. 185
↗ Vorgänge bei der inneren Atmung, S. 199
↗ Gärung, S. 202

Pflanzen

Allgemeines

Pflanzen haben keine Sinnesorgane, Nervensysteme und muskulären Bewegungsapparate. Ihr Zellplasma wird aber durch zahlreiche exogene und endogene Faktoren (z. B. Licht, Schwerkraft, chemische Stoffe, Entwicklungszustände) beeinflusst und ist zur unspezifischen Reizbeantwortung fähig. Dabei verändert sich mit der Ionenverteilung auch das bestehende Ruhepotential. Eine Übertragung der Erregung auf andere Zellen ist aber nur in seltenen Fällen möglich (z. B. Mimose).

Reaktionsformen

Pflanzen reagieren in der Regel mit Bewegungen, seltener mit Drüsensekretion.

Drüsensekretion. Ausscheidung von Duftstoffen (z. B. Lockmittel für bestäubende Insekten) und die Absonderung von Klebsäften (z. B. zum Beutefang beim Sonnentau) sind die wichtigsten Formen.

Bewegungen. Äußern sich selten als Ortsveränderungen (Taxien), meist als Form- oder Positionsänderungen (Tropismen und Nastien), die auf Wachstumsvorgängen oder Turgoränderungen basieren.

- Taxien kommen als Richtungseinstellung oder Richtungsänderung bei geißeltragenden Pflanzenzellen vor.
  Nichtsessile Grünalgen und einige Fortpflanzungszellen (z. B. Moose, Farne) bewegen sich in einem Reizgefälle fototaktisch oder chemotaktisch gerichtet.
- Tropismen sind in Beziehung auf einen Außenfaktor gerichtete Wachstumsbewegungen der ganzen Pflanze oder ihrer Teile. Fototropismus wird durch Licht ausgelöst, die Krümmungsbewegungen beruhen auf einer unterschiedlichen Verteilung von Wachstumshormon (Auxin) in den Zellen der Licht- und Schattenseite und auf der Verteilung der Lichtabsorbtion in den Spitzenzellen. Als Fotorezeptor werden spezielle Eiweißmoleküle angesehen. Geotropismus wird durch Erdschwerkraft ausgelöst. Rezeptoren sind Abschnitte des Endoplasmatischen Retikulums, auf die Stärkekörner Druck ausüben.
- Nastien sind Turgorbewegungen, die ohne Beziehung zur Wirkungsrichtung des Außenfaktors ablaufen und durch den Bau vorgegeben sind. Sie beruhen auf schnellen und reversiblen Änderungen der Saugspannung (Turgor).
  Die Mimose reagiert auf Erschütterungsreize mit Einfalten von Fiederblättchen und Absenken der Blattstiele, verursacht durch eine Umverteilung von K^+-Ionen und Wasser; die Ausbreitungsgeschwindigkeit kann 100 mm · sec^{-1} erreichen, nach 20 min ist das Blatt erneut in Ausgangsstellung. Die Venusfliegenfalle klappt die Blätter beim Insektenfang in 10 msec bis 20 msec zusammen. Aktiv ansteigender Turgor der Schließzellen in der unteren Epidermis von Laubblättern führt zum Öffnen, abfallender Turgor zum Schließen von Spaltöffnungen. Ihre Öffnungsweite ist der Lichtintensität und dem CO_2-Umsatz bei der Fotosynthese proportional. Zu den Nastien gehören auch „Schlafbewegungen", das Senken der Blätter beispielsweise bei Sauerklee. Sie sind Beginn und Ende der Fotoperiode zugeordnet, finden aber auch im künstlichen Dauerlicht oder Dauerdunkel statt.

Nervensystem und Hormonsystem

Allgemeines

In Verbindung mit dem Nervensystem werden Lebensfunktionen (z. B. Stoffwechselaktivität, Wachstum, Entwicklung) auch von Sekreten aus dem Hormonsystem geregelt und koordiniert.

Hormone

Hormone sind Wirkstoffe, die meist in Hormondrüsen gebildet werden. Viele Hormone sind wirkungsspezifisch und können bei verschiedenen Arten verwandter Tiergruppen gleiche Wirkungen hervorrufen (Insulin der Bauchspeicheldrüse zur Regulierung des Blutzuckerspiegels, Tyroxin der Schilddrüse zur Regulierung der Stoffwechselaktivitäten).

↗ Regelkreis, S. 222

Hormondrüsen bei Wirbeltieren

Hormondrüsen bei Wirbeltieren sind von vielen Kapillaren umgebene Drüsen mit innerer Sekretion; sie geben die von ihnen gebildeten Sekrete, die Hormone, direkt in die Blutbahn ab.

Wichtige Orte und Effekte der Hormonproduktion beim Menschen			
Produktionsorte	Hormoneffekte	Produktionsorte	Hormoneffekte
Hirnanhangsdrüse	Geburtswehen Milchproduktion Blutdrucksteigerung Wasserrückgewinnung Reifung von Geschlechtszellen Produktion von Sexualhormonen und von Wachstumshormon Längenwachstum der Knochen Eiweiß- und Fettabbau	Nebennieren Bauchspeicheldrüse	Blutdrucksteigerung Blutzuckererhöhung Regelung des Wasserhaushalts und des Mineralstoffwechsels Glucose- und Glykogenbildung Blutzuckersenkung Blutzuckererhöhung
Schilddrüse	Wachstum Regelung der Stoffwechselintensität	Keimdrüsen	Ausbildung sekundärer Geschlechtsmerkmale Keimzellenreifung Sexualverhalten Zyklus der Gebärmutterschleimhaut
Nebenschilddrüse	Regelung des Mineralstoffwechsels (Ca^{2+}, PO_4^{3-})		

Hormondrüsen bei Wirbellosen

Bau und Lage der Hormondrüsen bei Wirbellosen sind noch wenig erforscht. Die Wirkungsweise von Hormonen ist aber bei einer Reihe von Sippen nachgewiesen (z. B. Verpuppungshormone bei Insekten, Häutungshormon bei Insekten, Geschlechtshormone bei Krebsen).

Fortpflanzung und Individualentwicklung

Grundbegriffe

Fortpflanzung

Fortpflanzung ist ein Merkmal des Lebens. Bei der Fortpflanzung werden durch Organismen (Elter oder Eltern) artgleiche Nachkommen hervorgebracht (Reproduktion). Dabei werden genetische Informationen von der Elterngeneration an die Tochtergeneration weitergegeben. Durch Fortpflanzung ist sowohl die Erhaltung der Arten gewährleistet als auch die Entstehung neuer Arten möglich.

↗ Weitergabe der Erbinformationen, S. 308 ff.

Fortpflanzung	
ungeschlechtlich (vegetativ):	geschlechtlich (generativ; sexuell):
Die Nachkommen entwickeln sich aus einer Zelle oder aus Zellkomplexen (Teilstücken) eines Elters. Sie sind daher mit dem Mutterorganismus erbgleich und werden auch als Klone bezeichnet.	Die Nachkommen entwickeln sich aus jeweils einer befruchteten Eizelle (Zygote), die aus der Verschmelzung zweier geschlechtlich differenzierter Fortpflanzungszellen (meist Samen- und Eizellen) hervorgehen. Die Zygote enthält die Erbanlagen beider Eltern; durch Neukombination können die Nachkommen neue Erbanlagen erhalten.
Prokaryoten, alle Pflanzen außer Nacktsamern, zahlreiche Wirbellose	alle Eukaryoten

↗ Konjugation, S. 236

Vermehrung

Vermehrung ist die Erhöhung der Individuenanzahl in der Tochtergeneration gegenüber der Elterngeneration. Die Vermehrung sichert den Fortbestand einer Population. Die Vermehrungsrate ist umso niedriger, je unabhängiger der Organismus vom Einfluss der Umweltfaktoren beziehungsweise je ausgeprägter sein Brutpflegeverhalten ist (z.B. Anzahl der Eier pro Jahr beim Stichling 60 bis 120, beim Kabeljau bis zu 6,5 Millionen).

Befruchtung

Befruchtung ist die Verschmelzung zweier geschlechtlich differenzierter Fortpflanzungszellen (Gameten). Dabei entsteht aus den haploiden Gameten (z.B. Ei- und Samenzelle) eine diploide Zygote.

↗ Gametogamie, S. 235

Individualentwicklung (Ontogenese)
Die Individualentwicklung umfasst die gesamte Entwicklung eines Individuums, unabhängig von der Fortpflanzungsweise. Bei der geschlechtlichen Fortpflanzung verläuft sie von der befruchteten Eizelle (Zygote) über die Keimesentwicklung, das Heranwachsen bis zur Fortpflanzungsfähigkeit und das Altern bis zum Tod des Individuums.

Zellteilung
Zellteilung ist die Teilung einer Mutterzelle in Tochterzellen. Sie ist die Voraussetzung für die Fortpflanzung und Individualentwicklung der Organismen. Eingeleitet wird die Zellteilung durch eine Kernteilung, die als Mitose oder als Meiose ablaufen kann. Bei Prokaryoten teilt sich zunächst das Kernäquivalent. Die Tochterzellen sind in der Regel untereinander und mit der Mutterzelle annähernd gleich.
↗ Mitose, S. 310, ↗ Meiose, S. 311

Wachstum
Wachstum ist ein Merkmal des Lebens. Es ist ein mit Substanzzunahme (Plasmawachstum durch Aufbau körpereigener Stoffe) und Volumenvergrößerung verbundener, nicht umkehrbarer Lebensvorgang, der durch Hormone gesteuert wird.
↗ Zellwachstum und Zelldifferenzierung, S. 171

Fortpflanzung und Entwicklung bei Bakterien

7

Fortpflanzung
Zellteilung. Bakterien pflanzen sich ungeschlechtlich durch Zellteilung fort. Das Kernäquivalent lagert sich an die Zellmembran an, verdoppelt sich und wird an die Pole der Zelle verteilt. Die weitere Teilung der Bakterienzelle (Prokaryotenzelle) erfolgt durch die Bildung einer Querwand vom Rand zur Mitte der Zelle, die sich dann der Fläche nach spaltet („Spaltpflanzen"). Die Zellorganellen werden etwa gleichmäßig auf die Tochterzellen verteilt.
Die so entstandenen Tochterzellen können sich trennen oder in verschiedener Weise miteinander verbunden bleiben (paarig, ketten- oder paketförmig).

Teilung einer Bakterienzelle (schematisch)

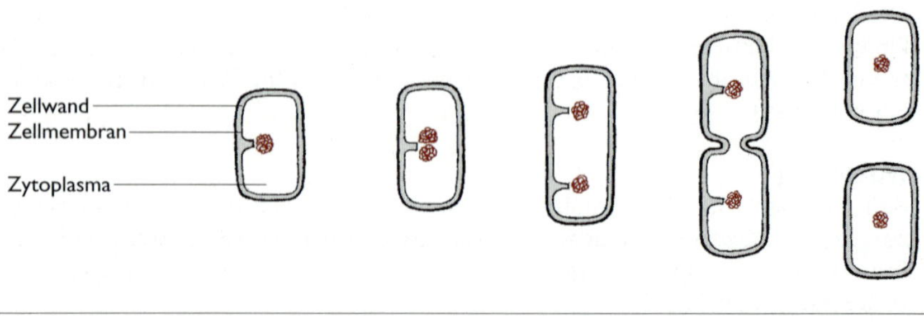

Vermehrung einer Bakterienzelle	kettenförmige Bakterienkolonien
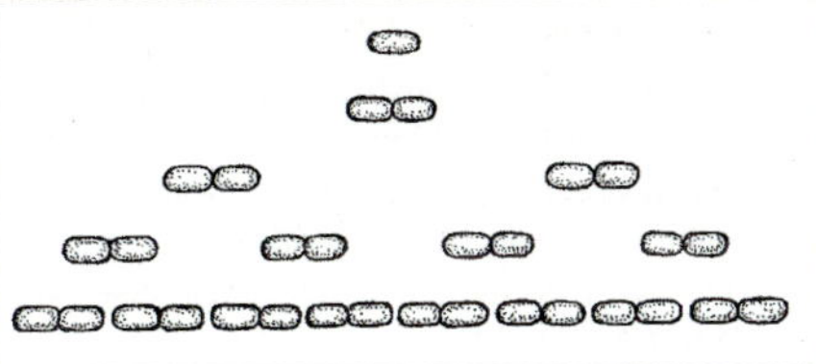	

Vermehrung. Die Tochterzellen wachsen durch Substanz- und Volumenzunahme zur Größe der Mutterzelle heran und teilen sich dann ihrerseits. Bei günstigen Bedingungen, besonders des Nährstoffangebots und der Temperaturen, kann sich dieser Vorgang innerhalb einer Stunde mehrmals wiederholen. Dadurch wird eine sehr hohe Vermehrungsrate erreicht.
↗ Prokaryoten, S. 36

Dauerzellen (Dauersporen)

Dauerzellen sind Überdauerungsformen, die bei ungünstigen Lebensbedingungen (z.B. Nahrungsmangel) gebildet werden. Sporen bildende Bakterien bezeichnet man als Bazillen.
Die Sporenbildung beginnt mit Stoffumwandlungsprozessen, zum Beispiel Proteinabbau. Es folgt die Teilung der Mutterzelle in eine größere und eine kleinere Tochterzelle. Letztere wird mit einer dicken Zellwand umhüllt, die bis zu 50 % ihres Volumens ausmachen kann. Dauersporen sind besonders hitzeresistent.

Austausch genetischer Informationen

Bakterien können unabhängig von ihrer ungeschlechtlichen Fortpflanzung genetisches Material austauschen (Parasexualität); dabei können neue Eigenschaften (z.B. Resistenz gegen Antibiotika) entstehen. Möglichkeiten hierfür sind: Konjugation, Transformation und Transduktion.
↗ Konjugation, S. 236;
↗ Transformation, S. 318; ↗ Transduktion, S. 319

Ungeschlechtliche Fortpflanzung

Allgemeines

Bei der ungeschlechtlichen Fortpflanzung entstehen die Nachkommen aus Zellen eines Organismus ohne Befruchtung. Dadurch werden die Erbanlagen unverändert von der Elterngeneration an die Tochtergeneration weitergegeben. Die Nachkommen entstehen aus Einzelzellen oder aus Zellkomplexen.

Zellteilung

Pflanzliche und tierische Einzeller (kernhaltige einzellige Organismen) teilen sich zu zwei selbstständigen, neuen Individuen. Die Tochterzellen haben die gleichen Erbanlagen wie die Mutterzelle.

Formen der Zellteilung	
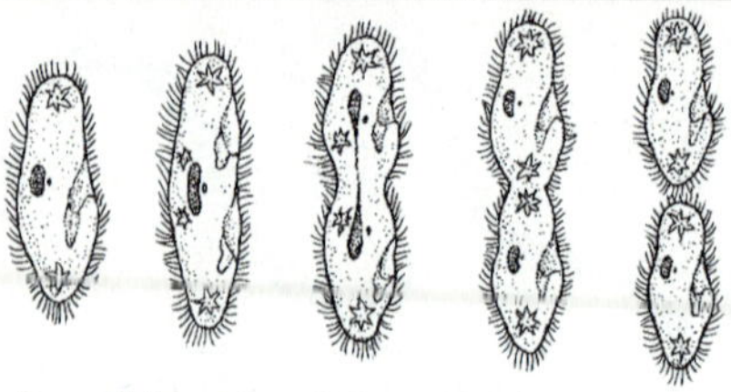 Pantoffeltierchen *(Paramecium)*	Querteilung Die Zellteilung wird mit einer Teilung des großen und des kleinen Zellkerns eingeleitet. Danach teilt sich die Zelle in eine vordere und eine hintere Hälfte. Die den Hälften jeweils fehlenden Organellen werden neu gebildet.
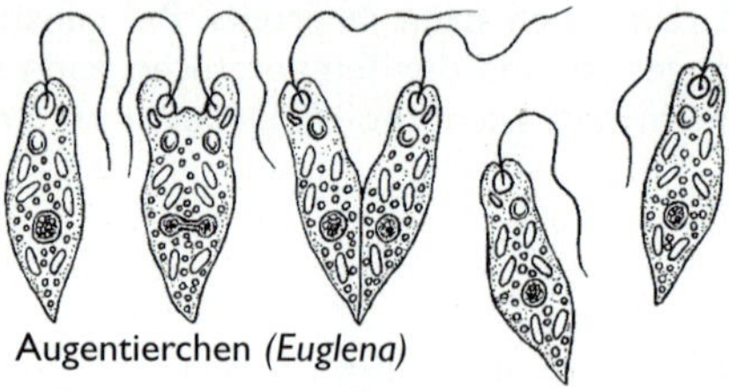 Augentierchen *(Euglena)*	Längsteilung Die Zellteilung beginnt mit der Kernteilung und meist auch mit der Teilung der Basalkörper der Geißeln. Die Geißeln selbst können sich nicht teilen. Die Teilungsebene verläuft durch die Geißelregion, sodass es zu einer Längsteilung kommt.
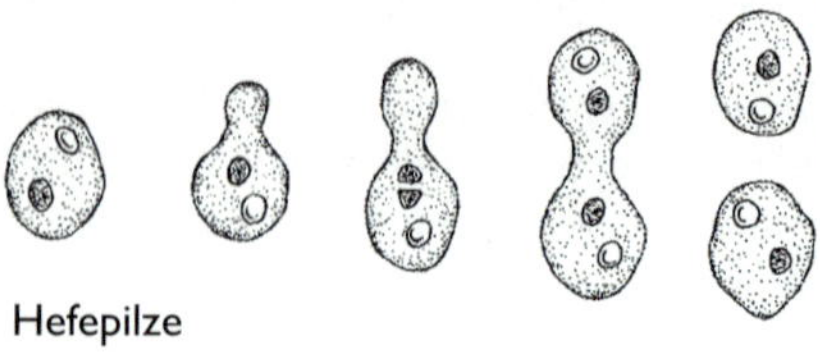 Hefepilze	Zellsprossung Die Zellsprossung wird mit einer Ausstülpung der Zelle eingeleitet. Es folgt eine Kernverdopplung mit anschließender Zellteilung. Die Tochterzellen können sich loslösen oder zu einem Zellverband vereinigt bleiben.

Sporenbildung

Sporen sind einzellige Keime, die zu neuen Organismen heranwachsen können. Sie entstehen meist in großer Anzahl durch zahlreiche aufeinander folgende Zellteilungen. Sporenbildung kommt bei Algen, Pilzen, Moosen und Farnen vor.

Beispiele für Sporenbildung	
Bei den meisten Schimmelpilzen werden unbewegliche Sporen nach außen abgeschnürt: „Exosporen" 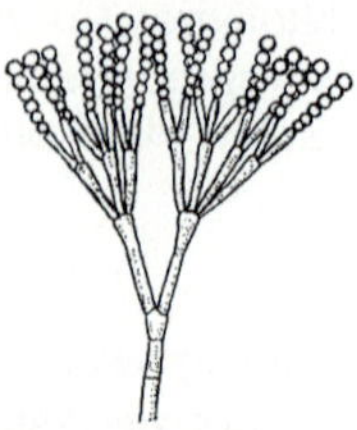 Pinselschimmel 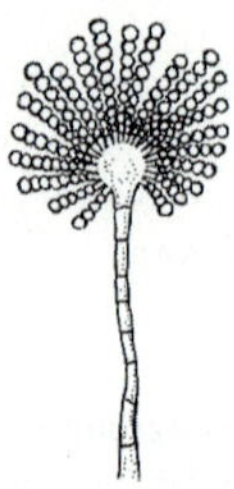 Gießkannenschimmel	Bei einigen Formen der Grünalge *Ulothrix* entstehen Sporen, die durch Geißeln frei beweglich sind 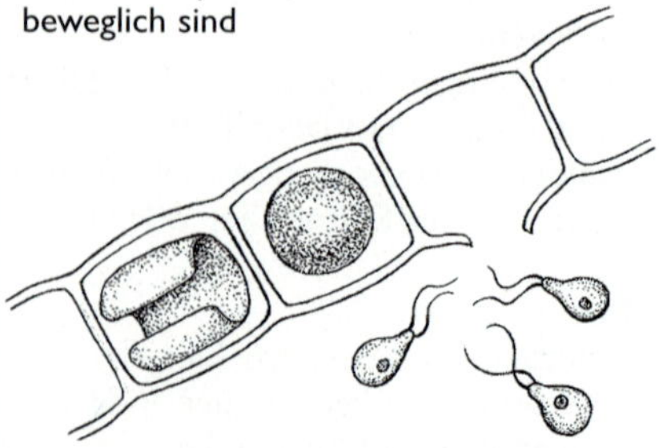

Bildung von Tochterkugeln

Im Innern einer Zellkolonie bilden Fortpflanzungszellen durch wiederholte Zellteilungen Tochterkugeln aus. Haben diese eine bestimmte Größe erreicht, reißt die Mutterkugel auf, die Tochterkugeln beginnen ein selbstständiges Leben.

Bildung von Tochterkugeln bei *Volvox*

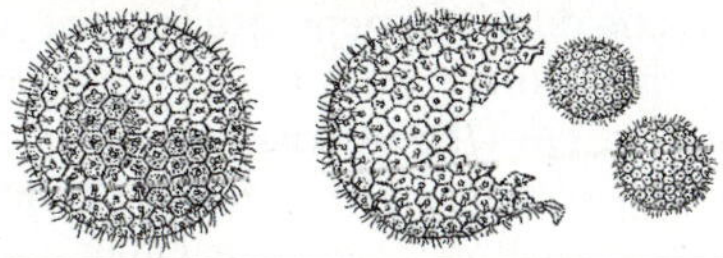

Jungfernzeugung

Jungfernzeugung (Parthenogenese, Apomixie) ist die Entstehung von Nachkommen aus unbefruchteten Eizellen. Sie kommt bei einigen wirbellosen Tieren sowie bei einigen Arten der Farne und Samenpflanzen (z.B. Habichtskraut) vor.

Beispiele für Jungfernzeugung

Bei Blattläusen entwickeln sich aus unbefruchteten Eiern Weibchen

Bei Honigbienen entwickeln sich aus den unbefruchteten Eiern die Männchen (Drohnen)

7

Künstliche Vermehrung durch Einzelzellkulturen

Aus einem Organismus isolierte Zellen lassen sich in einem Nährsubstrat kultivieren. Aus solchen Zellkulturen können beispielsweise bei einigen Pflanzenarten intakte Individuen erzeugt werden. Diese sind mit der Ausgangspflanze identisch.

↗ Klonierung, S. 331

Entwicklung von Pflanzen aus Einzelzellkulturen

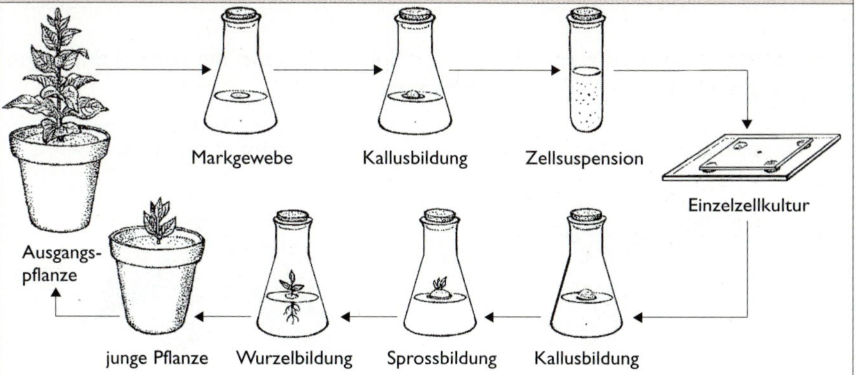

Ungeschlechtliche Fortpflanzung durch Zellkomplexe

Bei einigen Samenpflanzen ermöglichen bestimmte Zellkomplexe unterschiedlicher Organe durch ausgeprägte Teilungs- und Differenzierungsfähigkeit ungeschlechtliche Fortpflanzung.

Brutkörper/Brutknospen. Zellkomplexe vielzelliger Pflanzen, die für die Abgliederung von der Mutterpflanze und für ihre selbstständige Weiterentwicklung besonders spezialisiert sind. Aus ihnen entwickeln sich neue Pflanzen.

Brutbrecher	Brutknospen
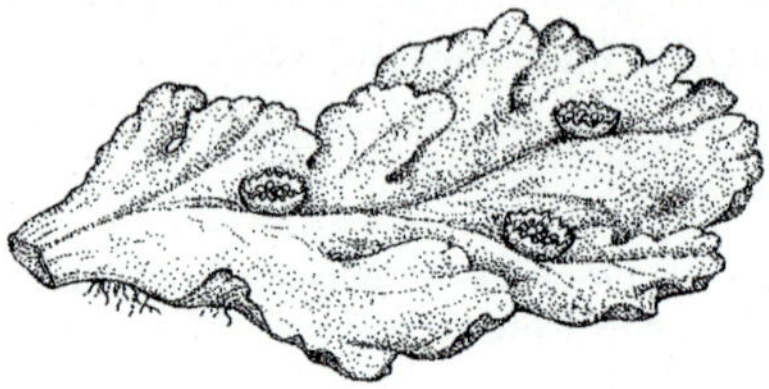 In den Brutbechern des Brunnenlebermooses entwickeln sich die Brutkörper, die zu neuen Pflanzen auswachsen.	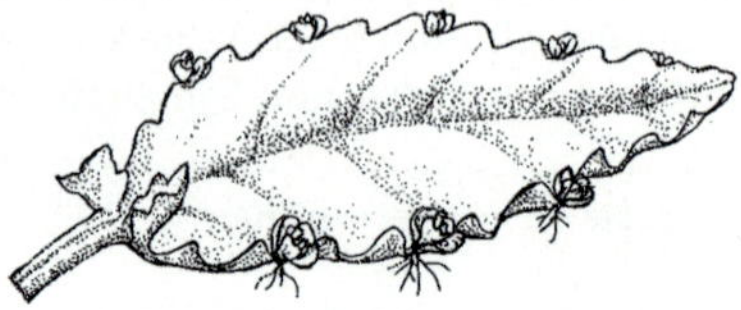 Die Brutknospen des Brutblattes *(Bryophyllum)* entwickeln sich an den Zähnen des Blattrandes. Sie entwickeln sich bereits an der Mutterpflanze zu kleinen Pflänzchen mit Spross, Blättern und Wurzeln, die dann von den Blättern abfallen.

Ausläufer. Waagerecht wachsende Spross- oder Wurzelteile, an deren Ende sich jeweils eine neue Pflanze entwickeln kann.

Sprossausläufer einer Erdbeerpflanze	Wurzelausläufer einer Kratzdistel
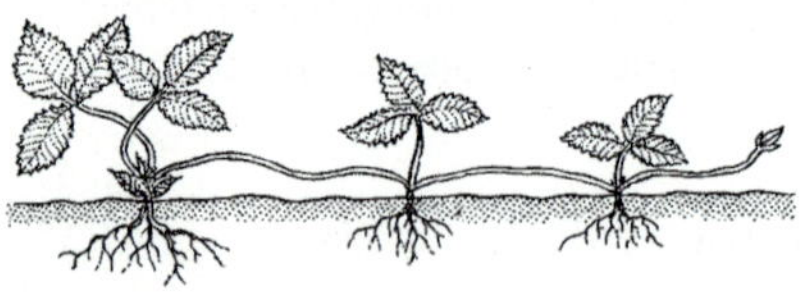	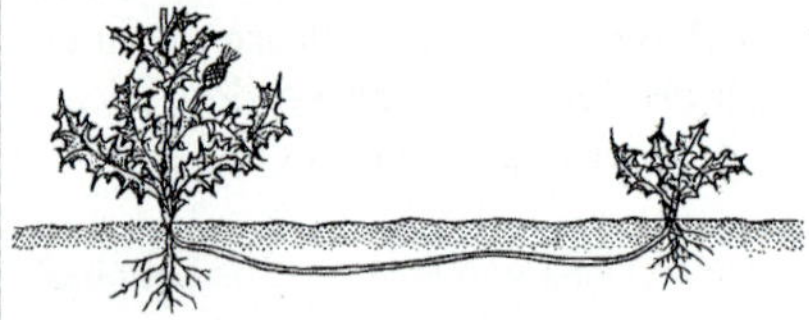

Knollen. Vegetative Vermehrungs- und Speicherorgane, die sowohl Bildungen des Sprosses als auch der Wurzel sein können.

Sprossknollen einer Kartoffelpflanze	Wurzelknollen einer Dahlie
	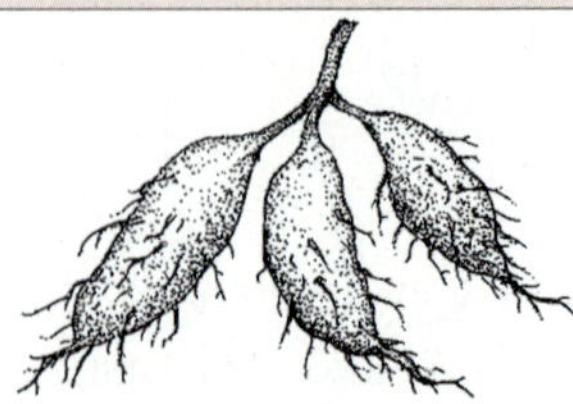

Teilung und Knospung. Formen der ungeschlechtlichen Fortpflanzung bei vielzelligen tierischen Organismen. Diese Vermehrung ist bei fest sitzenden und einfach organisierten Tieren verbreitet.

Quer- und Längsteilung bei Polypen	Knospung beim Süßwasserpolypen
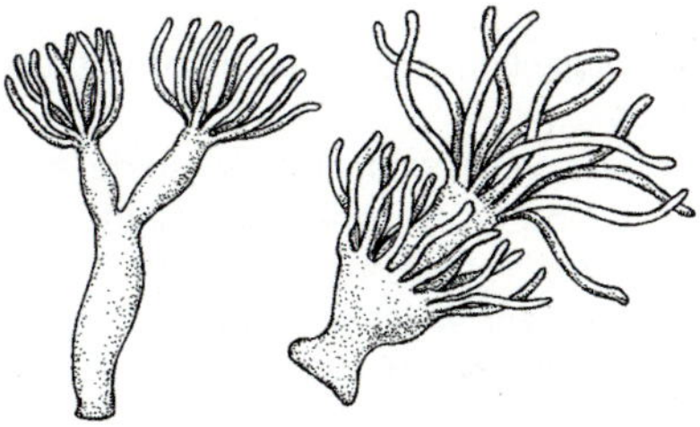	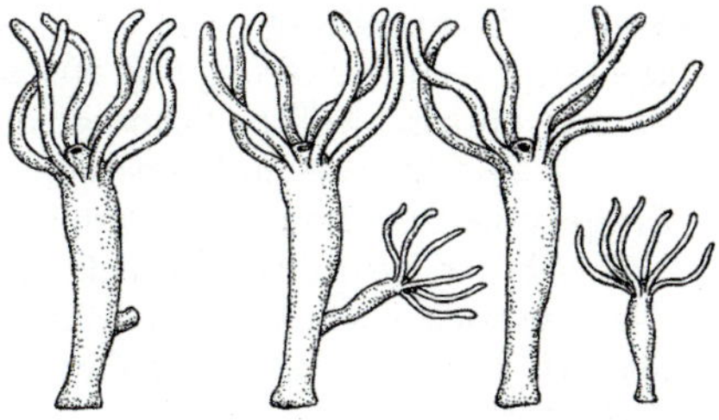

Künstliche Vermehrung durch Zellkomplexe

Stecklinge. Pflanzenteile, die sich nach dem Abtrennen von der Mutterpflanze im Erdboden beziehungsweise in einer Nährlösung bewurzeln und zu einer neuen Pflanze entwickeln.

Gewebekulturen. Aus Zellkomplexen einer Pflanze können, ähnlich wie aus Einzelzellen, Pflanzen herangezogen werden.

Geschlechtliche Fortpflanzung

Allgemeines

Bei der geschlechtlichen Fortpflanzung entstehen die Nachkommen aus befruchteten Zellen, die genetisches Material der beiden zur Zygote verschmolzenen Keimzellen enthalten.

Formen der geschlechtlichen Fortpflanzung sind Gametogamie und Konjugation.

Gametogamie

Gametogamie ist die häufigste Form der geschlechtlichen Fortpflanzung. Bei ihr verschmelzen zwei Keimzellen, die Gameten, zur befruchteten Eizelle, der Zygote.

Formen der Gametogamie sind:

Isogamie. Die Gameten sind morphologisch gleich ausgebildet, sie sind jedoch physiologisch in „weiblich“ und „männlich“ differenziert. Beide sind frei beweglich. (Algen)

Anisogamie. Die Gameten sind morphologisch und physiologisch differenziert, beide sind frei beweglich. (Algen)

Oogamie. Die Gameten sind stark differenziert. Der weibliche Gamet ist eine unbewegliche Eizelle, der männliche Gamet meist eine durch Geißeln bewegliche „Schwärmerzelle“ (Spermatozoid, Spermium). Bei Samenpflanzen werden die männlichen Gameten in den Pollenkörnern als nicht frei bewegliche Spermazellen ausgebildet. (Algen, Moose, Farne, Samenpflanzen, alle mehrzelligen Tiere, Menschen)

Konjugation

Konjugation ist eine Form der geschlechtlichen Fortpflanzung, bei der die Befruchtung durch Austausch eines Wanderkernes über eine Plasmabrücke erfolgt, die zwischen zwei Individuen ausgebildet wird. Mit den Wanderkernen wird genetisches Material ausgetauscht, dadurch ist eine Neukombination der elterlichen Erbanlagen möglich. Konjugation ist typisch für die Wimpertierchen (z.B. Pantoffeltierchen).

Geschlechtsverteilung

Die Geschlechtsverteilung sagt aus, ob ein Organismus oder eine Blüte gleichartige oder unterschiedliche Gameten ausbildet.
Danach sind Organismen eingeschlechtig oder zweigeschlechtig (zwittrig).

Eingeschlechtigkeit. Ein Organismus oder eine Blüte bildet nur männliche oder nur weibliche Keimzellen aus (z.B. Kiefer, Weide, Honigbiene, Delphin).
Wenn sich männliche und weibliche Organismen der gleichen Art in Bau und Größe deutlich unterscheiden, liegt Geschlechtsdimorphismus vor (z.B. bei Rothirsch, Hirschkäfer).

Zweigeschlechtigkeit (Zwittrigkeit). Ein Organismus oder eine Blüte bildet stets sowohl weibliche als auch männliche Keimzellen aus (z.B. Linde, Erdbeere, Regenwurm, Weinbergschnecke).

Sexuelle Zwischenstufen. Bei höheren Tieren und beim Menschen können sexuelle Zwischenstufen auftreten, es werden weibliche und männliche Geschlechtsmerkmale ausgebildet (Intersexe; Hermaphrodite; Transvestite).
Die Geschlechtsorgane der Intersexe sind nicht voll funktionstüchtig. Intersexe sind daher unfruchtbar beziehungsweise schwach fruchtbar.

Geschlechtsumwandlung

Die Umwandlung eines Tieres von einem Geschlecht zum anderen wird als Geschlechtsumwandlung bezeichnet. Häufig sind hormonelle Störungen die Ursache. Geschlechtsumwandlungen sind auch beim Menschen beschrieben. Sie können durch medizinische Eingriffe verstärkt beziehungsweise abgeschwächt werden.

Einhäusigkeit und Zweihäusigkeit bei eingeschlechtigen Samenpflanzen

Einhäusige Pflanzen	Zweihäusige Pflanzen
Auf einer Pflanze befinden sich männliche und weibliche Blüten. 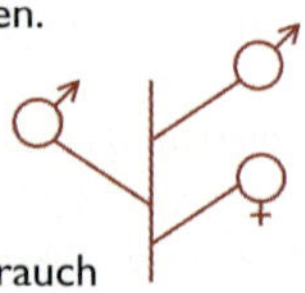 z. B. Kiefer, Haselstrauch	Auf einer Pflanze befinden sich männliche oder weibliche Blüten. 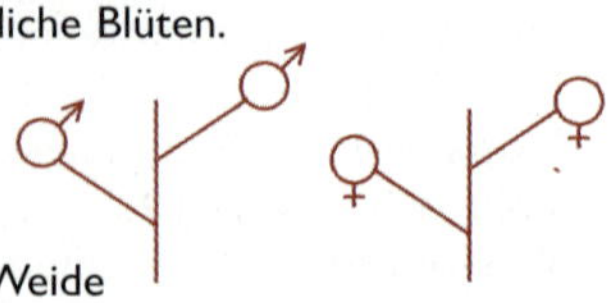 z. B. Eibe, Weide

Bildung von Geschlechtszellen

Die Bildung der Geschlechtszellen erfolgt durch meiotische Zellteilung, die Geschlechtszellen enthalten einen haploiden Chromosomensatz. Bei vielzelligen Organismen werden die Gameten in den Fortpflanzungsorganen gebildet.

Orte der Gametenbildung		
Gruppe	**Männliche Fortpflanzungsorgane und Gameten**	**Weibliche Fortpflanzungsorgane und Gameten**
Moose, Farne	Antheridien mit vielen Spermazellen 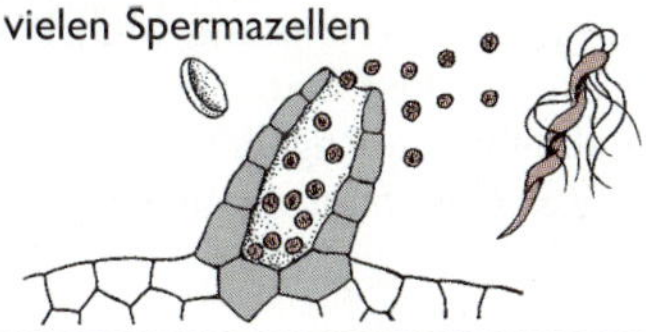	Archegonien mit je einer Eizelle 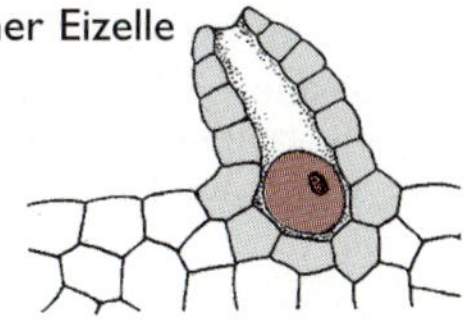
Samenpflanzen	Pollenkorn mit Spermazellen 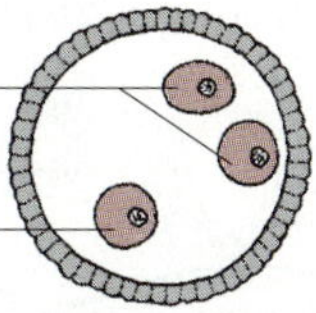	Embryosack des Fruchtblattes mit Eizelle 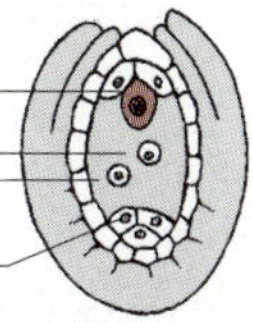
Ringelwürmer	Hoden (Testes) mit Spermazellen 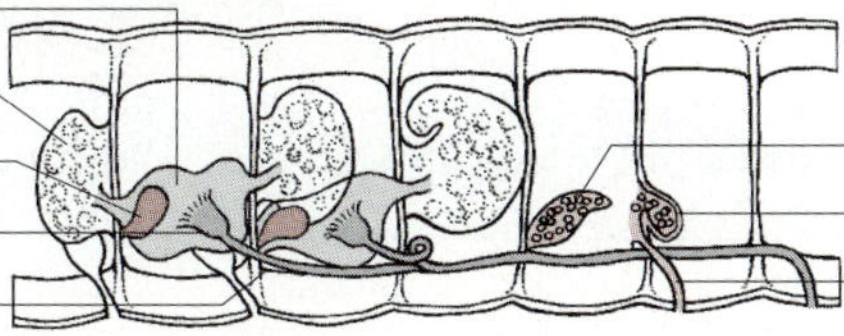	Eierstöcke (Ovarien) mit Eizellen
Säuger, Mensch	Hoden mit Spermazellen 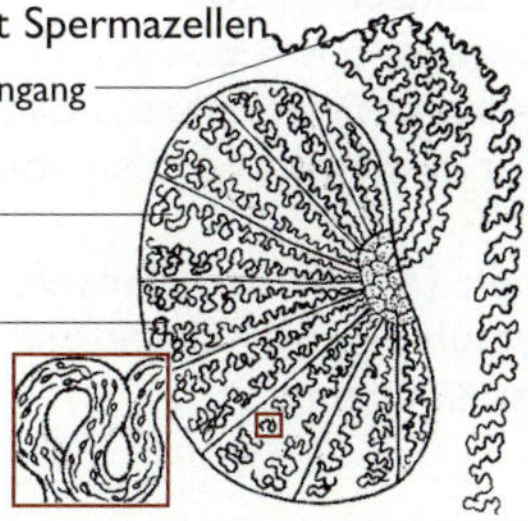	Eierstöcke mit Eizellen 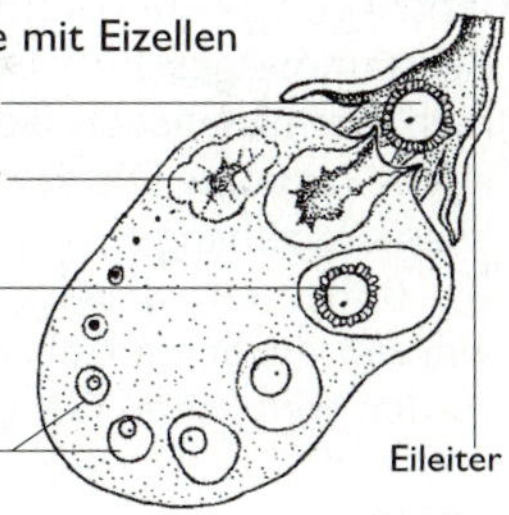

Bildung der Keimzellen beim Menschen

Weibliche Keimzellen. Die Eizellen werden während der Embryonalentwicklung in den Eierstöcken (Ovarien) gebildet. Von ihnen reifen im fortpflanzungsfähigen Alter einer Frau (etwa zwischen dem 12. und 50. Lebensjahr) annähernd 400 Eier in einem Abstand von durchschnittlich 28 Tagen (Menstruationszyklus) heran.

Männliche Keimzellen. Die Bildung der Samenzellen (Spermien) findet in den Hoden statt. Speziell in den Hodenkanälchen werden bis zu 12 Billionen Spermien im Laufe des Lebens eines Mannes produziert. Pro Tag werden etwa 500 Millionen Samenzellen in den Nebenhoden bereit gehalten.

Menstruationszyklus beim Menschen

Der Menstruationszyklus umfasst die Eireifung (im Follikel), den Eisprung (Follikelsprung), die Bildung des Gelbkörpers aus dem Follikel und bei Nichtbefruchtung das Absterben der Eizelle und das Abstoßen der Gebärmutterschleimhaut. Diese Vorgänge werden durch Hormone gesteuert. Nach dem Abstoßen der Gebärmutterschleimhaut erfolgt die Reifung einer neuen Eizelle, der Zyklus beginnt von Neuem. Die Menstruation (Regelblutung, Monatsblutung, Mensis u.a.) tritt normalerweise alle 28 Tage auf und dauert drei bis fünf Tage.

Erfolgt eine Befruchtung der Eizelle, bleibt die Regelblutung aus. Die befruchtete Eizelle kann sich in die nährstoffreiche Schleimhaut einnisten.

Ablauf des Menstruationszyklus

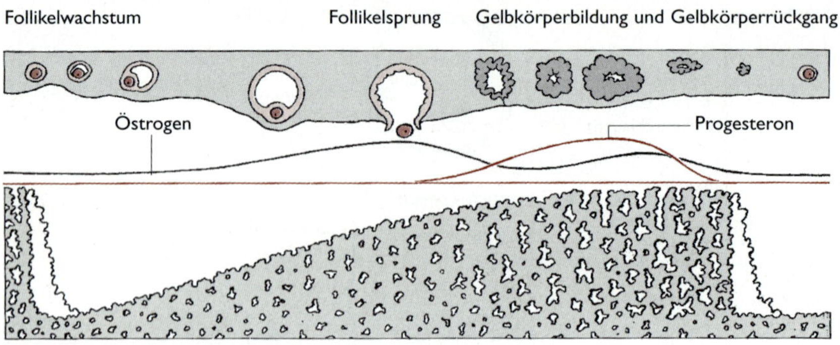

Übertragung der männlichen Geschlechtszellen

Bei stammesgeschichtlich älteren Organismen (z.B. Algen, Farne, Hohltiere) schwimmen die männlichen Geschlechtszellen aktiv von ihrem Bildungsort zu den weiblichen Gameten. Die Fortpflanzung ist in diesem Fall also vom Vorhandensein freien Wassers abhängig.

Bei höher entwickelten Organismen (z.B. Samenpflanzen, Insekten, Säugetieren) werden die Samenzellen durch Bestäubung oder Begattung von ihrem Bildungsort zu den weiblichen Geschlechtsorganen übertragen.

Begattung

Begattung (Kopulation) ist die Übertragung der Samenzellen in den weiblichen Körper durch meist körperliche Vereinigung. Danach bewegen sich die Samenzellen aktiv zum Ort der Befruchtung.

Manche Tiere (z. B. Lurche oder Kriechtiere) pressen bei der Begattung ihre Kloaken aufeinander, die meisten männlichen Tiere haben jedoch ein Begattungsorgan.

Bestäubung

Bestäubung (Pollination) ist die Übertragung der Pollenkörner auf die Narben der bedecktsamigen beziehungsweise auf die frei liegenden Samenanlagen der nacktsamigen Pflanzen.

Selbstbestäubung. Erfolgt innerhalb einer Blüte beziehungsweise zwischen zwei Blüten ein und desselben Individuums.

Fremdbestäubung. Erfolgt zwischen Blüten verschiedener Individuen einer Sippe.

↗ Blütenteile, S. 63

Übertragungsformen des Pollens		
Windblütigkeit (Anemogamie): Übertragung des Pollens durch den Wind. Zum Beispiel bei Roggen, Kiefer	Wasserblütigkeit (Hydrogamie): Übertragung des Pollens durch das Wasser (bei Wasserpflanzen). Zum Beispiel bei Wasserpest, Seegras	Tierblütigkeit (Zoogamie): Übertragung des Pollens durch Tiere (z.B. Insekten, Vögel). Zum Beispiel bei Kirsche, Sonnenblume

Befruchtung

Befruchtung ist die Verschmelzung von zwei geschlechtlich differenzierten haploiden Keimzellen (Gameten) zur diploiden Zygote.

↗ Chromosomensatz, S. 309

Befruchtung bei Samenpflanzen

Die Befruchtung wird durch das Wachsen des Pollenschlauches von der Narbe zu den Samenanlagen eingeleitet. Der Pollenschlauch enthält die Spermazellen. Eine Spermazelle befruchtet die Eizelle, aus der Zygote entwickelt sich der pflanzliche Embryo. Dieser Vorgang ist die einfache Befruchtung.

Bei Bedecktsamern verschmilzt eine zweite Spermazelle mit dem sekundären Embryosackkern. Hieraus entwickelt sich Nährgewebe für den Samen. Dieser Vorgang ist die doppelte Befruchtung.

↗ Nacktsamer, S. 67 f.
↗ Bedecktsamer, S. 69 ff.

Befruchtung bei Bedecktsamern

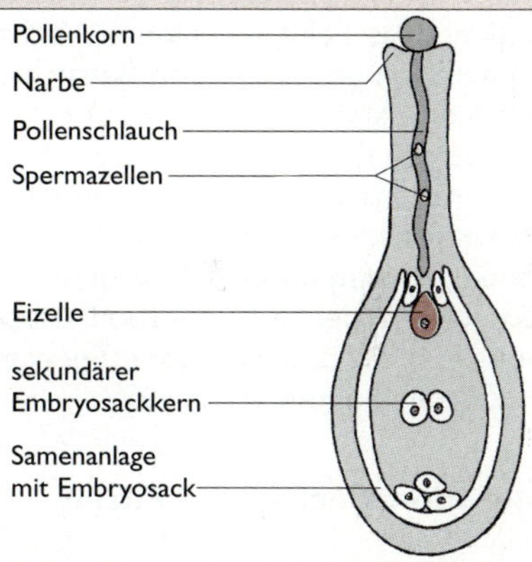

Befruchtung bei Tieren

Äußere Befruchtung	Innere Befruchtung
Findet bei niederen wasserlebenden Tieren sowie bei den meisten Fischen und Lurchen statt. Samen- und Eizellen werden ins Wasser entleert; die Spermien schwimmen zu den Eizellen und die Befruchtung findet im Wasser statt.	Findet bei den Landtieren statt. Die Befruchtung erfolgt innerhalb der weiblichen Geschlechtsorgane, dorthin gelangen die Spermien durch den Begattungsvorgang. Durch ihre Eigenbewegung erreichen sie die Eizelle.

Befruchtung bei Säugetieren

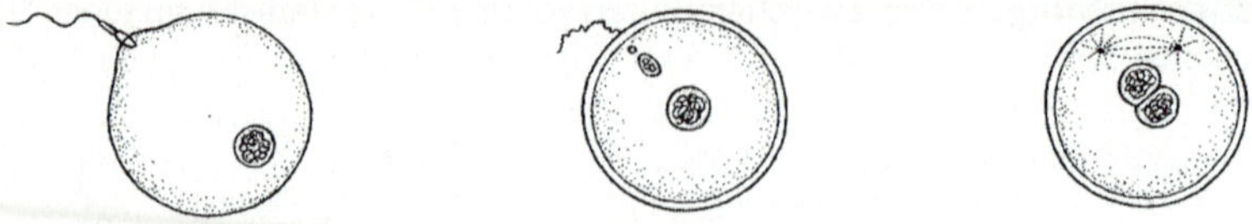

Die erste Spermazelle, die das Ei erreicht, dringt mit Kopf und Mittelstück in das Ei ein. Das Schwanzstück wird abgestoßen.

Nach Eindringen der ersten Spermazelle bildet sich eine Membran um das Ei, die das Eindringen weiterer Spermazellen verhindert.

Der männliche Kern vereinigt sich mit dem Kern der Eizelle zur Zygote. Damit ist der Befruchtungsvorgang abgeschlossen. Es beginnen die Teilungsvorgänge der Zygote.

Generationswechsel

Allgemeines

Generationswechsel ist der Wechsel einer sich geschlechtlich fortpflanzenden Generation und einer oder mehrerer sich ungeschlechtlich fortpflanzender Generationen einer Art. Meist ist Generationswechsel mit einem Kernphasenwechsel verbunden, das heißt mit einem Wechsel des haploiden Chromosomensatzes einer Generation und des durch Befruchtung diploiden Chromosomensatzes der anderen Generation.

7

Die beiden Generationen unterscheiden sich meistens auch in der äußeren Gestalt. Generationswechsel kommt bei Pilzen, Pflanzen und bei wirbellosen Tieren vor.

Die aufeinander folgenden unterschiedlichen Generationen werden nach den von ihnen gebildeten Keimen benannt:

Gameten-bildende Generation: Gametophyt

Sporen-bildende Generation: Sporophyt

↗ Chromosomensatz, S. 309

Generationswechsel bei Pilzen

Generationswechsel bei Ständerpilzen (Basidiomyzeten)

Entwicklung eines Basidiomyzetenfruchtkörpers

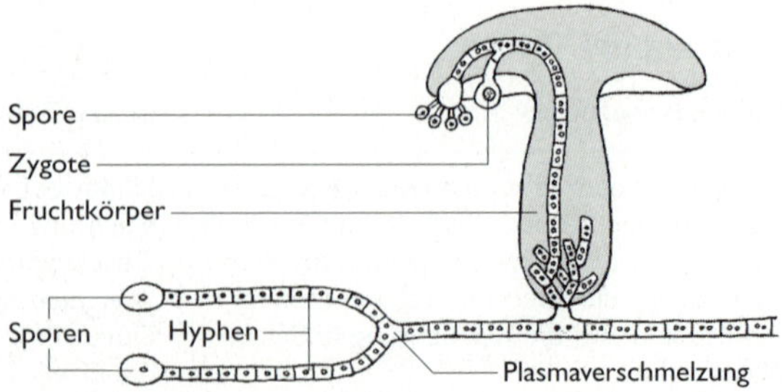

Bildung des Gametophyten. Haploide Sporen keimen aus, durch Zellteilung bilden sich Zellfäden (Hyphen). Treffen zwei kompatible Zellen zusammen, verschmilzt ihr Plasma, es entstehen Zellen mit je zwei haploiden Zellkernen, die sich wiederum durch Zellteilung vermehren. Diese Zellfäden bilden das Myzel, das sich je nach Pilzart im Boden, im Holz oder in anderen organischen Substanzen befinden kann. Unter dem Einfluss äußerer Faktoren (z.B. Nährstoffmangel oder jahreszeitliche Einflüsse) bildet dieses Myzel Fruchtkörper aus.
Bildung des Sporophyten. Im Fruchtkörper entwickeln sich Basidien (Ständer); das sind besondere Zellen an den Enden der Hyphen, in denen die beiden Kerne verschmelzen. Die diploide Basidie entspricht damit einer Zygote, sie ist der Sporophyt der Ständerpilze. In ihr erfolgt die Reduktionsteilung, in deren Ergebnis letztendlich die haploiden Sporen (Basidiosporen) entstehen.

Generationswechsel bei einem Laubmoos

Entwicklungszyklus bei Laubmoosen

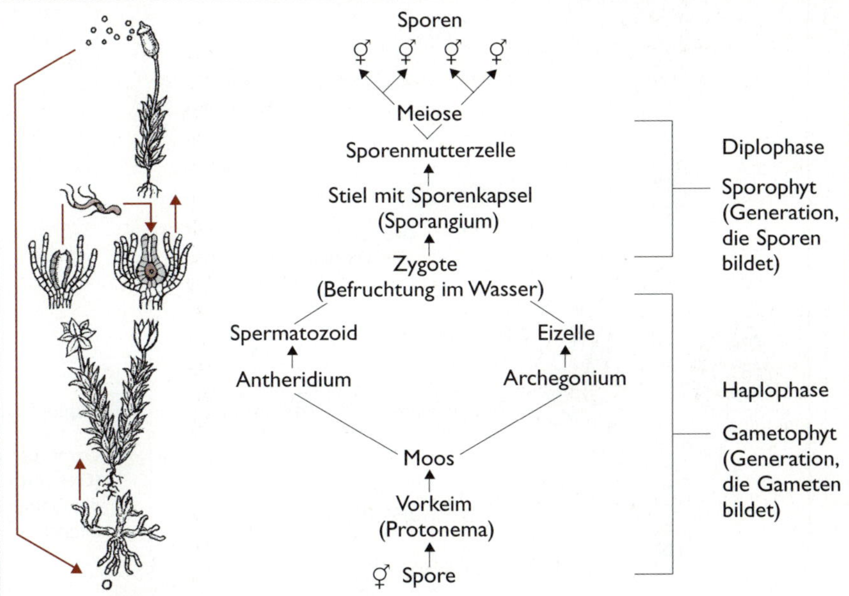

Gametophyt. Der haploide Gametophyt ist die grüne Moospflanze mit den endständigen Fortpflanzungsorganen (Archegonien, ♀, und Antheridien, ♂). Im Archegonium erfolgt die Befruchtung der Eizelle durch ein Spermatozoid. Die Befruchtung ist wasserabhängig.
Sporophyt. Der diploide Sporophyt entwickelt sich nach der Befruchtung der Eizelle aus dem Embryo. Er besteht aus dem Fuß (Stiel) und der Kapsel. Der Sporophyt verbleibt auf dem Gametophyten und wird von diesem ernährt. Die Sporen entstehen durch Meiose.

Generationswechsel beim Wurmfarn

Entwicklungszyklus beim Wurmfarn

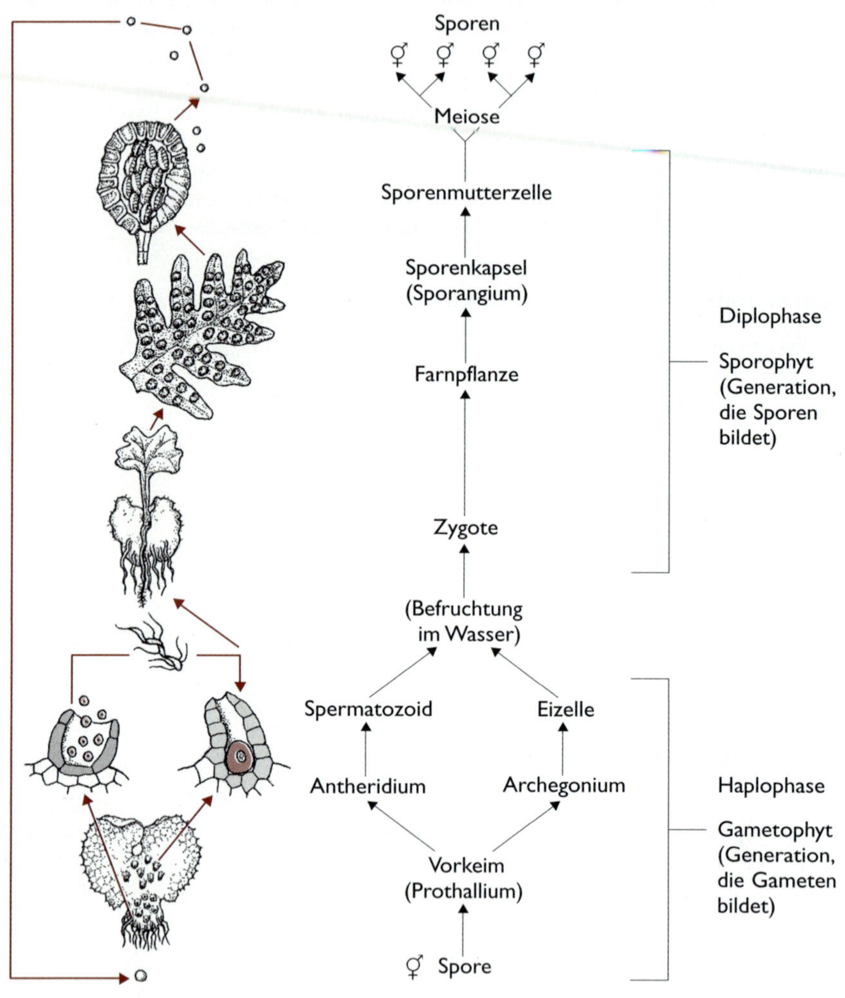

Gametophyt. Der Gametophyt ist der sich aus einer Spore entwickelnde Vorkeim (Prothallium). Auf ihm befinden sich die Fortpflanzungsorgane (Antheridien, ♂, und Archegonien, ♀). Die Eizelle wird von einer Spermazelle befruchtet. Dieser Vorgang ist wasserabhängig.

Sporophyt. Der Sporophyt ist die grüne Farnpflanze. In den Sporenkapseln (Sporangien) an der Unterseite der Blätter entstehen durch Meiose haploide Sporen.
↗ Farnpflanzen, Fortpflanzung, S. 50

Generationswechsel bei Bedecktsamern

Entwicklungszyklus bei Bedecktsamern

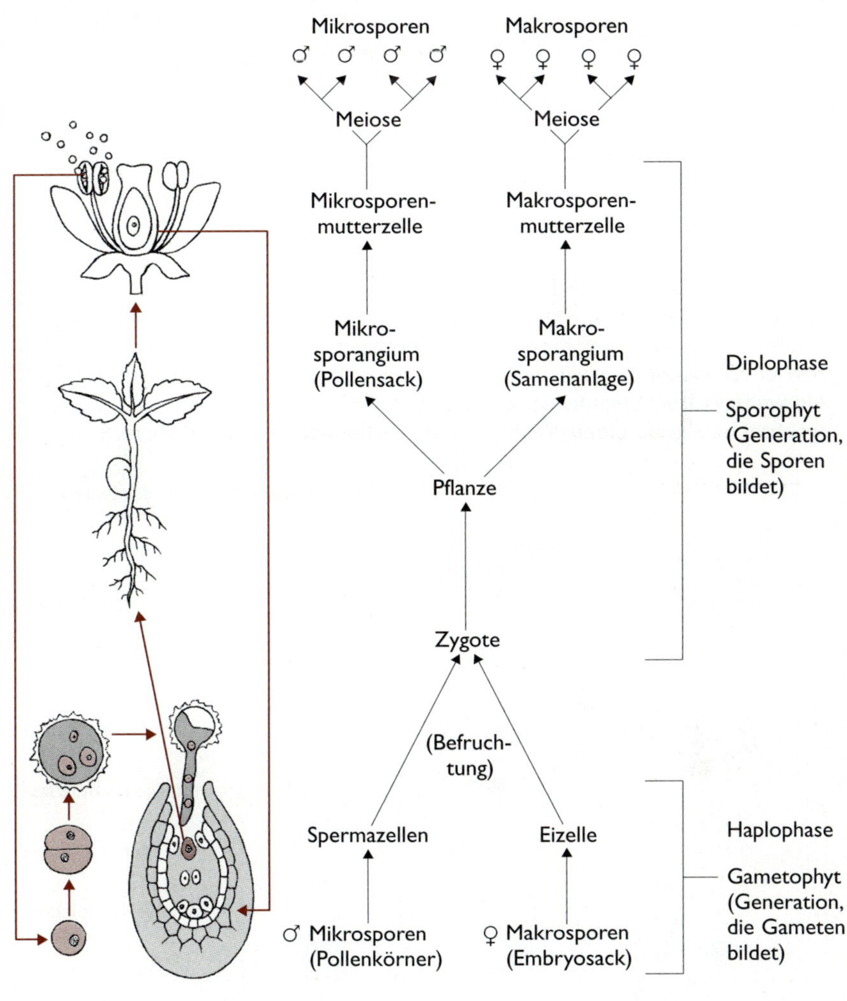

Gametophyt. Der Gametophyt ist stark reduziert. Der männliche Gametophyt ist der Pollen (Mikrospore) mit Pollenschlauch und Spermazellen. Der weibliche Gametophyt ist die Samenanlage mit Embryosack und Eizelle. Der Befruchtungsvorgang ist nicht vom Wasser abhängig. Aus der befruchteten Eizelle entwickelt sich der Embryo im Samen.

Sporophyt. Der diploide Sporophyt ist die grüne Samenpflanze.

↗ Blütenteile, S. 63

Der Generationswechsel bei Pflanzen im Vergleich

Pflanzengruppe	Sporophyt	Gametophyt
Laubmoose z.B. Frauenhaar	Fuß und Kapsel (auf der Moospflanze)	Die grüne Moospflanze
Farne z.B. Wurmfarn	Die grüne Farnpflanze	Der Vorkeim (Prothallium)
Bedecktsamer z.B. Kirsche	Die grüne Pflanze	Pollen und Samenanlage

Generationswechsel bei Tieren

Generationswechsel kommt bei tierischen Einzellern und vielzelligen wirbellosen Tieren vor. Die geschlechtlichen und ungeschlechtlichen Generationen einer Art können unterschiedlich stark differenziert sein. Der Generationswechsel kann durch Umweltfaktoren beeinflusst werden. Bei parasitischen Formen ist Generationswechsel häufig mit einem Wirtswechsel verbunden (z. B. Bandwurm, S. 80).

7

Generationswechsel bei Hohltieren

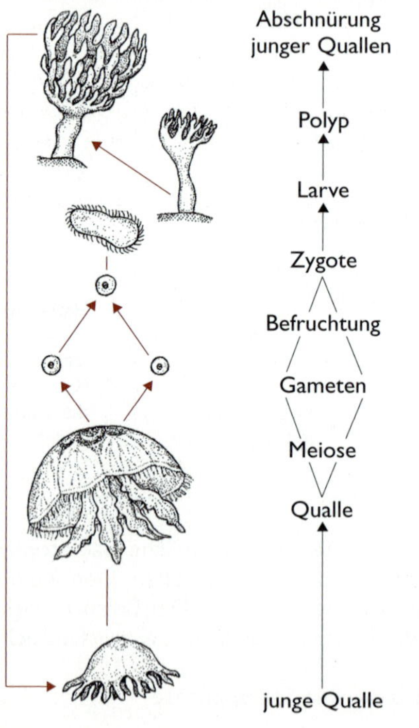

Generationswechsel bei Blattläusen

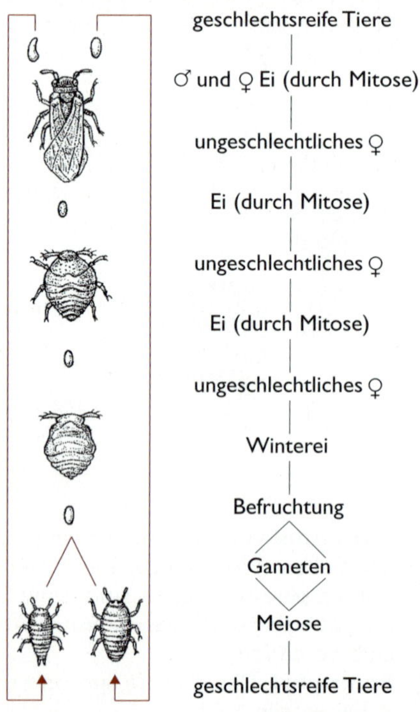

Individualentwicklung

Individualentwicklung bei Samenpflanzen

Entwicklungsphasen

Die Individualentwicklung der Samenpflanzen beginnt bei geschlechtlicher Fortpflanzung mit der Befruchtung der Eizelle durch eine Spermazelle, die mit dem Pollenschlauch zur Samenanlage gelangt ist.
Bei Bedecktsamern findet eine doppelte Befruchtung statt, es verschmilzt eine zweite Spermazelle mit dem Embryosackkern (doppelte Befruchtung), hieraus entsteht das Nährgewebe des Samens.
Aus der befruchteten Eizelle entwickelt sich der Embryo, aus der Samenanlage der Samen. Bei Bedecktsamern bildet sich der Fruchtknoten - allein oder mit anderen Teilen der Blüte beziehungsweise auch des Sprosses - zur Frucht um.
Weitere Entwicklungsphasen sind: Keimung – vegetative Phase – generative Phase – Altern und Tod.

↗ Samen, S. 65
↗ Frucht, S. 66

Keimung

Keimung ist die Beendigung der Samenruhe. Bei Vorhandensein entsprechender Bedingungen (Wasser, Sauerstoff, Wärme) beginnt der Samen unter Wasseraufnahme zu quellen. Dann beginnt der Keimling zu wachsen. Er ernährt sich vom Nährgewebe (heterotrophe Ernährung) und durchbricht die Samenschale. Zuerst streckt sich die Keimwurzel, kurz danach beginnt die Keimachse zu wachsen. Die Keimblätter können entweder im Boden verbleiben (hypogäische Keimung, z.B. bei Feuerbohne, Garten-Erbse) oder über die Bodenoberfläche hervortreten (epigäische Keimung, z.B. bei Garten-Bohne, Kohlarten).
Mit der Entfaltung der grünen Laubblätter und dem Übergang zur autotrophen Ernährung ist die Keimung abgeschlossen.

hypogäische Keimung	epigäische Keimung

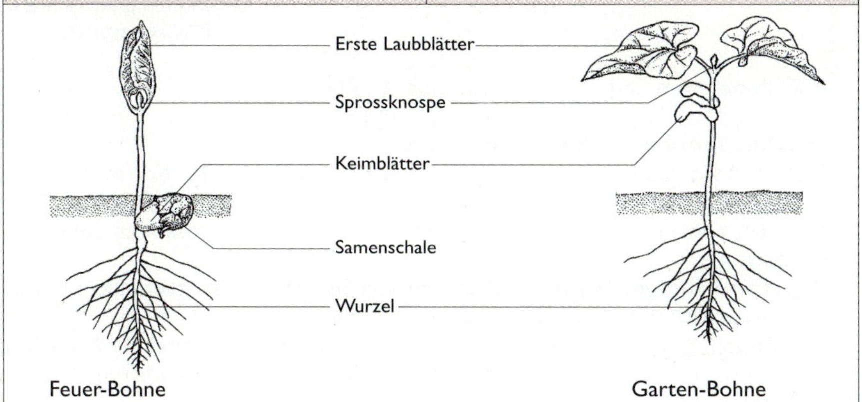

Vegetative Phase

Die vegetative Phase ist gekennzeichnet durch das Wachstum der Pflanze und die Differenzierung von jungen Zellen zu Zellen der Dauergewebe (z.B. Festigungsgewebe, Leitgewebe).

Im Ergebnis dieser Vorgänge sind Wurzel, Sprossachse und Laubblätter der Samenpflanze ausgebildet.

Generative Phase

Zur generativen Phase gehören

– Blütenbildung mit Ausbildung und Reifung der Keimzellen sowie
– Befruchtung, Samenentwicklung und Samenreife.

Wachstum bei Samenpflanzen

Wachstumsformen bei Pflanzenzellen		
Plasmawachstum	Zellteilungswachstum	Zellstreckungswachstum
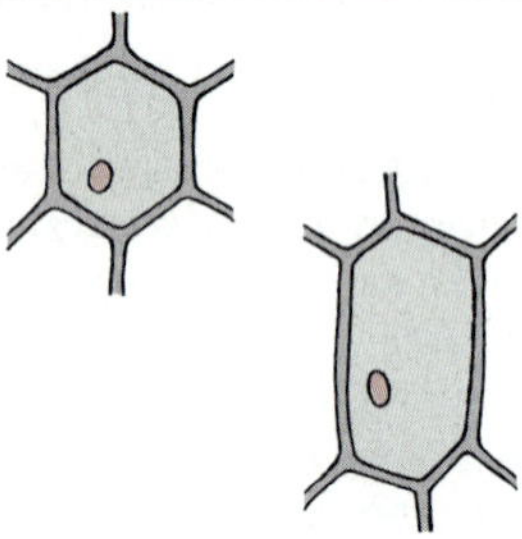	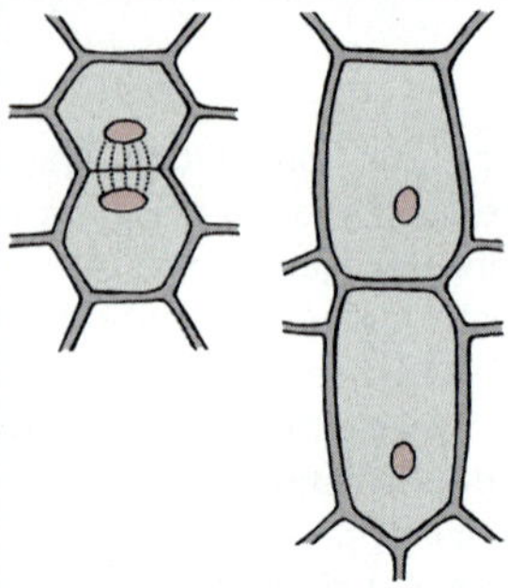	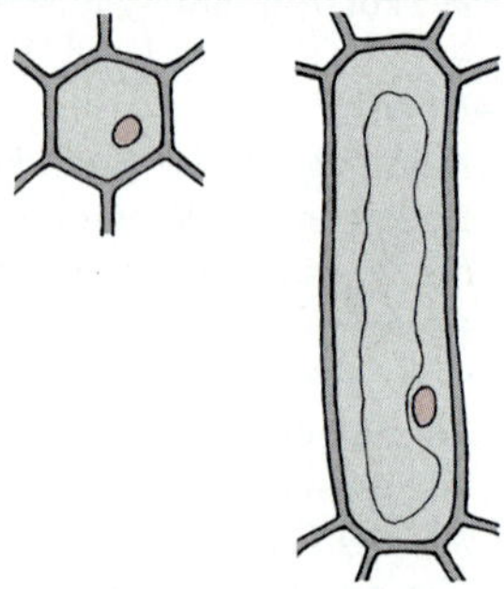
Erfolgt durch die Zunahme des Plasmas innerhalb einer Zelle durch Aufbau körpereigener Stoffe.	Erfolgt durch rasch wiederholte Zellteilungen bei gleichzeitiger Plasmazunahme.	Erfolgt durch Streckung der Zelle ohne wesentliche Plasmazunahme, es vergrößert sich besonders die Vakuole durch Wasseraufnahme. Ist für Pflanzen typisch.

↗ Zellwachstum und Zelldifferenzierung, S. 171

Wachstumszonen bei Samenpflanzen

Die Wachstumszonen der Samenpflanzen sind durch starke Konzentration von Bildungsgeweben ausgezeichnet. In ihnen können Wachstumsvorgänge ständig oder periodisch ablaufen. Samenpflanzen können während ihrer gesamten Lebensdauer wachsen.

Vegetationskegel. Vegetationskegel an den Spross- und Wurzelspitzen bewirken Längenwachstum und primäres Dickenwachstum.

Kambium. Kambium in den Leitbündeln von Spross und Wurzel der Nadelhölzer und vieler Zweikeimblättriger bewirkt das sekundäre Dickenwachstum.

↗ Bau der Sprossachse, S. 57 f.

Altern und Tod bei Samenpflanzen

Bei vielzelligen Pflanzen altern die einzelnen Zellen. Einzelne Organe (z.B. Blätter, Blüten, Früchte) haben oft eine viel kürzere Lebensdauer als die Gesamtpflanze.

Altern und Tod treten bei ein- und zweijährigen Pflanzen nach Abschluss der generativen Phase ein; mehrjährige Pflanzen durchlaufen meist mehrere generative Phasen.

Bäume können ein sehr hohes Alter erreichen. Ihr Absterben ist wahrscheinlich eine Folge der für sie immer schwieriger werdenden Versorgung mit Wasser, Nähr- und Wirkstoffen durch physiologisches Altern.

Die zunehmenden Umweltbelastungen durch menschlichen Einfluss (z.B. Luft- und Grundwasserverschmutzung) wirken hier zusätzlich hemmend, die Lebensdauer der Bäume verringert sich.

Individualentwicklung bei Tieren und Menschen

Allgemeines

Die Individualentwicklung (Ontogenese) der vielzelligen Tiere umfasst komplexe Umwandlungsprozesse, die Zellteilungen, Wachstumsvorgänge, Zellverlagerungen, Zelldifferenzierungen, Organbildungen und im Prozess des Alterns Abbauprozesse umfassen. Auf diese Prozesse wirken auch äußere Faktoren.

Entwicklungsphasen		
1. Phase	Befruchtung Embryonalentwicklung Schlupf/Geburt	intensives Wachstum Zelldifferenzierungen Organbildungen
2. Phase	Jugendentwicklung	Wachstum Ausbildung sekundärer Geschlechtsmerkmale
3. Phase	Erwachsenenstadium	Bildung und Reifung der Geschlechtszellen, Fortpflanzung
4. Phase	Altern (Seneszens) und Tod	Abbauprozesse

7

Embryonalentwicklung

Die Embryonalentwicklung beginnt mit der Befruchtung der Eizelle (Ausnahme: Parthenogenese, s. S. 233) und umfasst die Furchung der Zygote, die Gastrulation mit der Keimblattbildung, die Organbildung sowie das Schlüpfen aus der Eihülle oder die Geburt.

Die Furchung erfolgt durch rasch verlaufende Zellteilungen. Art und Weise der Furchung sind von der Dottermenge des Eies abhängig. Sie kann entweder das ganze Ei erfassen (vollständige oder totale Furchung; z.B. bei Säugern und beim Menschen) oder nur Teile desselben (unvollständige oder partielle Furchung; z.B. bei Reptilien, Vögeln, Insekten). Die Furchung ist mit der Ausbildung des Blasenkeimes (Blastula) abgeschlossen.

Furchungstypen				
Dottergehalt des Eies	dotterarm	dotterreich	sehr dotterreich	im Zentrum dotterreich
Furchungstyp	vollständig gleichmäßig	vollständig ungleichmäßig	Keimscheiben-furchung	Oberflächen-furchung
Gruppe (Beispiel)	Lanzetttier, Seeigel	Lurche	Vögel, Kopffüßer	Insekten
Zygote	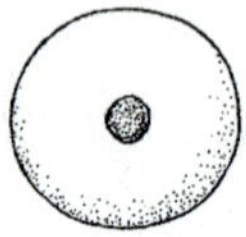	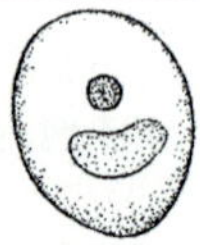	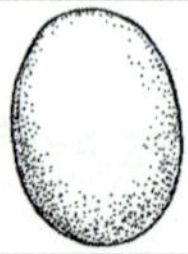	
Zweizellen-stadium	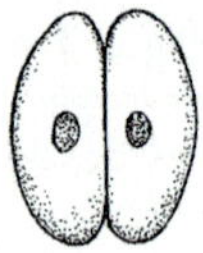	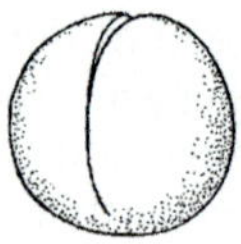	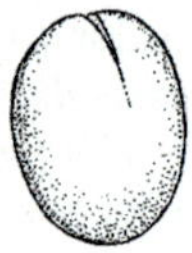	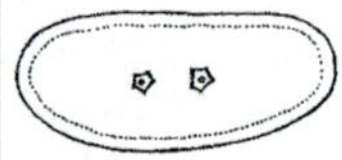
Vierzellen-stadium	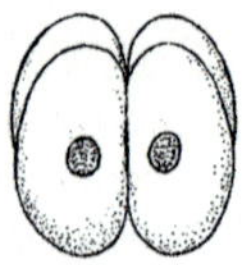			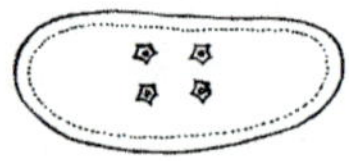
Achtzellen-stadium			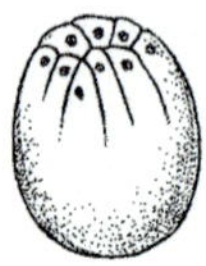	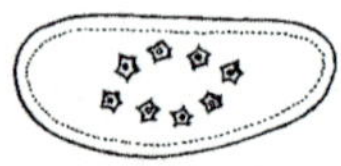
Morula (Maulbeer-keim)	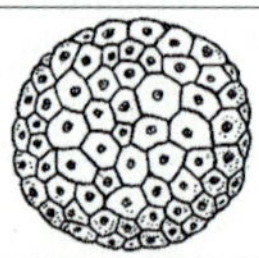	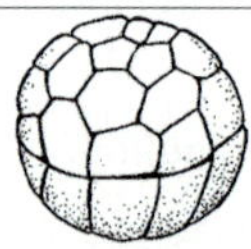	keine typische Morula	keine typische Morula
Blastula (Blasen-keim)		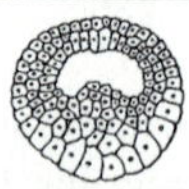	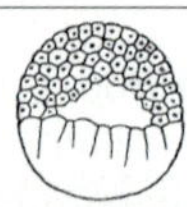	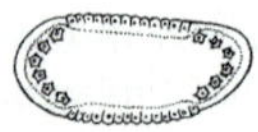
Besonder-heiten des Furchungs-typs	Furchungs-zellen annähernd gleich groß	Furchungs-zellen am unteren (vegetativen) Pol größer, dort mehr Dotter	Furchungs-teilungen nur am oberen (animalen) Pol	Die im Inneren entstehenden Kerne wandern an die Ober-fläche, bilden mit Plasma Zellen, diese um-schließen Dotter

Gastrulation und Keimblattbildung

Bei der Gastrulation bildet sich aus dem einschichtigen Blasenkeim der zweischichtige Becherkeim (Gastrula). Je nach der Dottermenge gibt es unterschiedliche Gastrulationstypen.

Furchungs- und Gastrulationstypen			
Furchungstyp	vollständig gleichmäßig	vollständig gleichmäßig	vollständig ungleichmäßig
Gastrulationstyp	Einstülpung 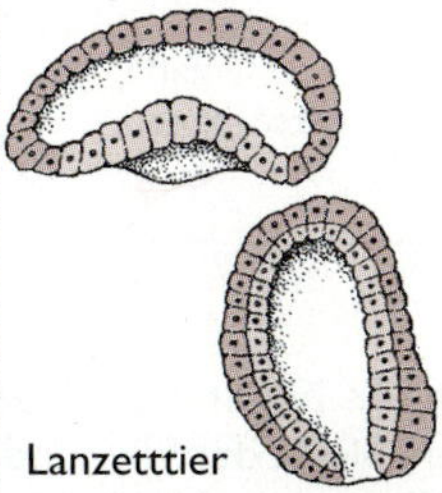 Lanzetttier	Einwanderung 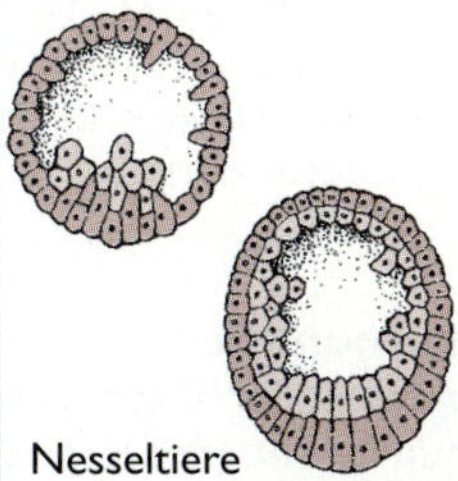 Nesseltiere	Umwachsung 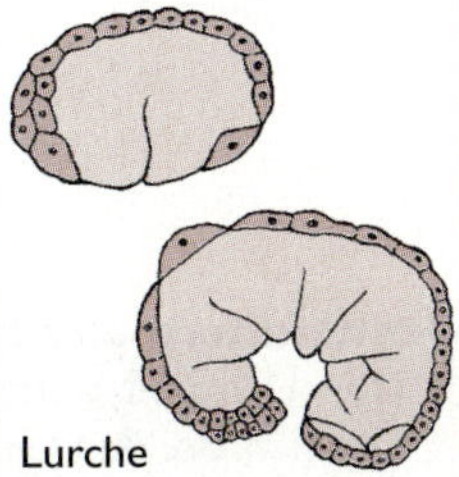 Lurche

Im Ergebnis der Gastrulation sind das Ektoderm (die äußere Zellschicht beziehungsweise das äußere Keimblatt), das Entoderm (die innere Zellschicht beziehungsweise das innere Keimblatt) sowie bei den höheren Tiergruppen das Mesoderm (das mittlere Keimblatt) entstanden. Aus den Keimblättern entwickeln sich die Organe.

Stadien der Organbildung

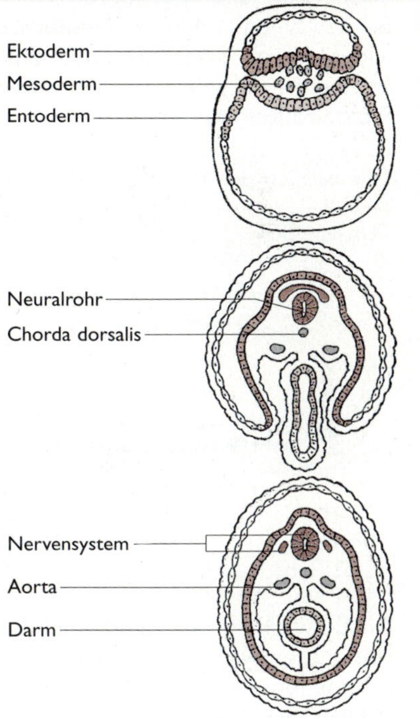

Neurulation und Organbildung bei Chordatieren

Neurulation ist die Bildung des Neuralrohres aus dem Ektoderm. Das Neuralrohr ist die Anlage des späteren Zentralnervensystems und wird ins Innere des Keimes verlagert.

Die Keimblätter bilden die Ausgangspunkte für die Anlage der Organe.

Aus dem Teil des Mesoderms, das über dem Urdarm liegt, bildet sich die Chorda dorsalis. Sie ist zusammen mit dem Neuralrohr das kennzeichnende Merkmal für die Chordatiere. Bei den Wirbeltieren ist die Chorda im Inneren der Zwischenwirbelscheiben erhalten.

Organbildung	
Keimblatt	**Organ**
Ektoderm	Oberhaut mit Drüsen und Anhangsgebilden wie Nägel, Anfang und Ende des Darmkanals mit Drüsen, Nervensystem und Sinneszellen
Entoderm	Mitteldarmepithel mit Drüsen, Leber, Bauchspeicheldrüse, Schwimmblase, Lunge, Kiemen, Schilddrüse
Mesoderm	Innenskelett, Muskeln, Bindegewebe, Blut, Lymphe und entsprechende Gefäße, Ausscheidungs- und Geschlechtsorgane, Chorda dorsalis

Urmundtiere und Neumundtiere

Der Urmund entsteht bei der Gastrulation. Er bildet die Eingangsöffnung zum Urdarm. Bei den Urmundtieren (Protostomier) bleibt der Urmund als Mundöffnung erhalten, der After entsteht als sekundärer Durchbruch. Wichtige Merkmale der meisten Urmundtiere sind ein ventral (bauchwärts) gelegenes Nervensystem und ein Außenskelett. Zu den Urmundtieren gehören Plattwürmer, Ringelwürmer, Gliedertiere und Weichtiere.

Bei den Neumundtieren (Deuterostomier) wird der Urmund zum After, der Mund bildet sich als sekundärer Durchbruch heraus. Neumundtiere haben ein dorsal (rückenwärts) gelegenes Nervensystem und ein Innenskelett; zu ihnen gehören Stachelhäuter und Chordatiere.

Entwicklung der Mund- und Afteröffnung	
Urmundtiere	Neumundtiere
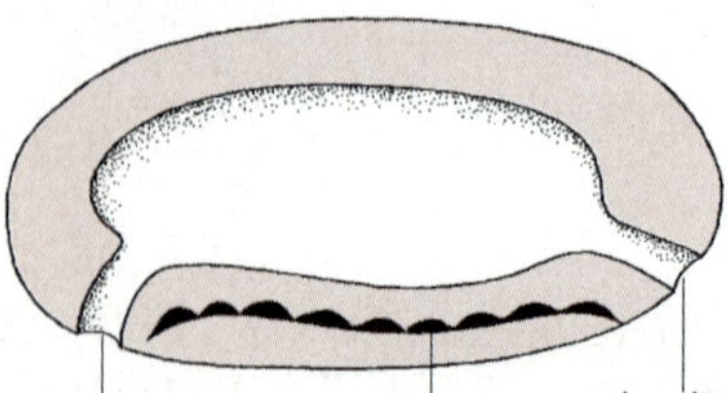	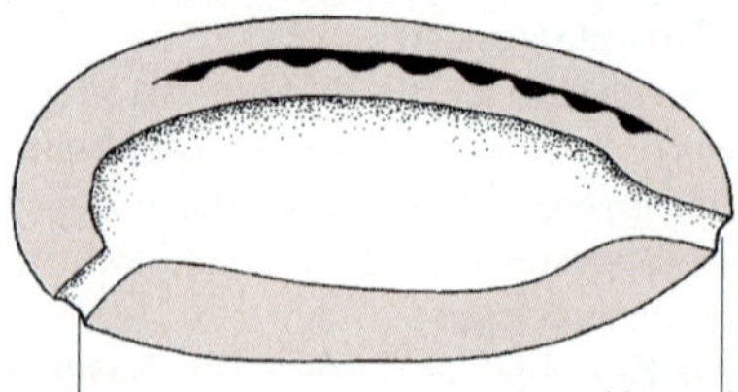

Die Entwicklung der Mund- und Afteröffnung widerspiegelt eine wichtige Phase der Stammesentwicklung der Tiere. In ihrem Ergebnis haben sich Urmundtiere und Neumundtiere voneinander getrennt entwickelt.

↗ Überblick über Gruppen von Organismen, S. 34 f.

Direkte und indirekte Entwicklung bei Tieren

Bei der direkten Entwicklung gleichen die Jugendstadien in Gestalt und Lebensweise weit gehend den erwachsenen Tieren (z.B. Säugetiere).

Bei der indirekten Entwicklung treten Larvenstadien auf, die sich in Gestalt und Lebensweise wesentlich von erwachsenen Tieren unterscheiden. In ihrer Individualentwicklung tritt ein mehr oder weniger stark ausgeprägter Gestaltwechsel (Metamorphose) auf (z.B. Lurche, Insekten). Die Metamorphose kann unvollkommen oder vollkommen sein. Eine vollkommene Metamorphose schließt ein Ruhestadium (Puppe) ein.

Metamorphosen bei Insekten

Unvollkommene Metamorphose einer Heuschrecke

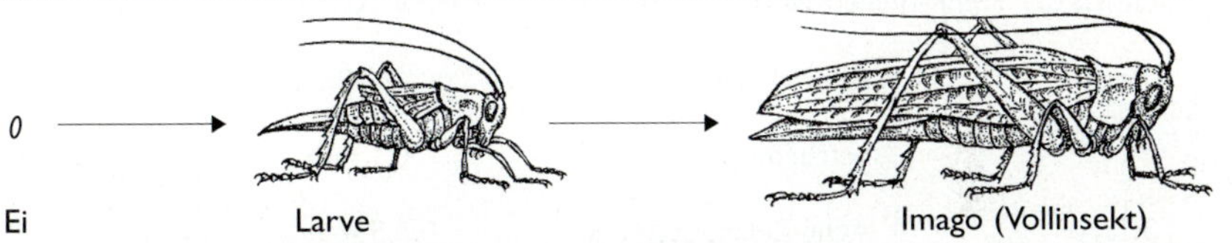

Vollkommene Metamorphose eines Schmetterlings

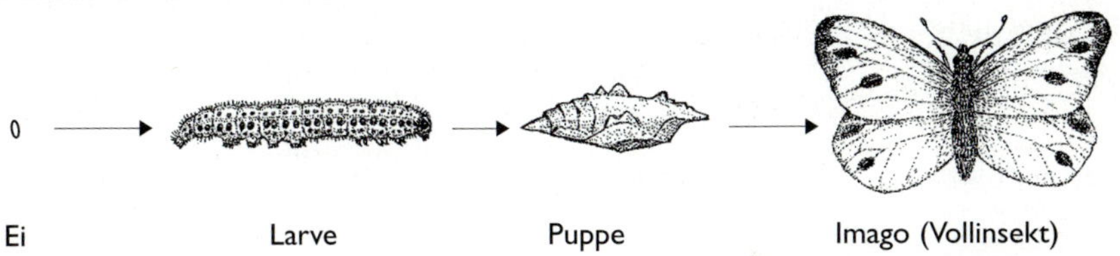

Metamorphose bei Lurchen

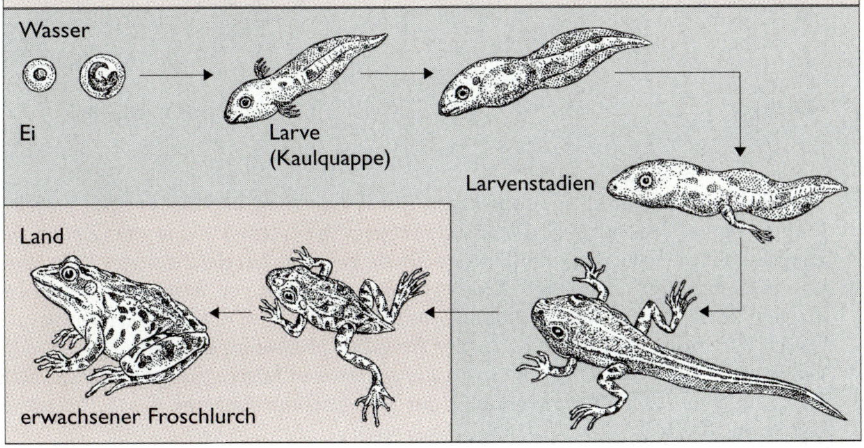

Ontogenese beim Menschen

Die Ontogenese (Individualentwicklung) des Menschen umfasst sowohl die biologische als auch die psychische Entwicklung. Die biologischen Vorgänge und Entwicklungsstufen (Begattung, Befruchtung, Embryonalentwicklung, Geburt, Säuglingsalter, Kindesalter, Jugendalter, Leistungsalter, Alter, Tod) sind mit tiefgreifenden psychischen Prozessen und Entwicklungen verbunden.

Begattung und Befruchtung. Bei der Begattung (Geschlechtsverkehr) erfolgt die Übertragung der Spermazellen durch das männliche Glied (Penis) in die Scheide (Vagina). Dieser Vorgang kann auch durch ärztlichen Eingriff auf künstlichem Wege erfolgen.

Zur Befruchtung (Fertilisation) wandern die Spermien durch die Gebärmutter (Uterus) in die Eileiter, dort vereinigt sich in der Regel ein Spermium mit der Eizelle.

Stadien der Embryonalentwicklung (vorgeburtliche Entwicklung)			
Alter	Entwicklungsstadium	Größe	Masse
0	befruchtete Eizelle	0,1 mm	
3 Tage	Acht-Zellen-Stadium	0,3 mm	
8 Tage	Keimblase (Blastula)	1 mm	
28 Tage	Embryo	2,5 cm	
4 Monate	Fötus	18 cm	100 g
9 Monate	neugeborenes Kind	50 cm	3300 g

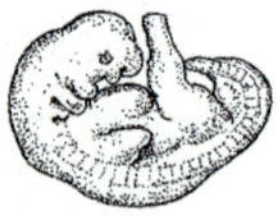

Embryo

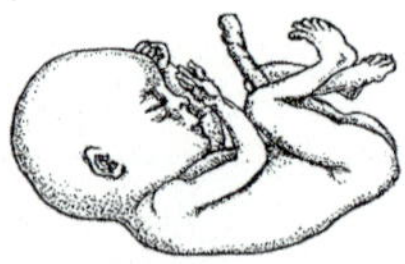

Fötus

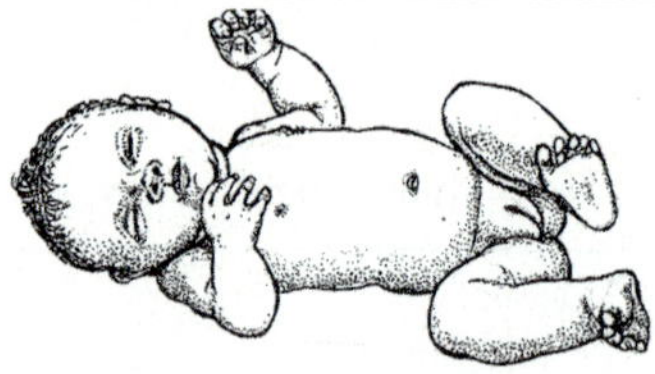

neugeborenes Kind

Zwillings- und Mehrlingsgeburten. Zur Entwicklung und Geburt von Zwillingen kommt es bei Trennung und selbstständiger Weiterentwicklung der Zellen einer Zygote im Zweizellenstadium (Eineiige Zwillinge) oder bei gleichzeitiger Befruchtung von zwei Eizellen (Zweieiige Zwillinge). Bei gleichzeitiger Befruchtung mehrerer Eizellen kommt es zur Entwicklung von Mehrlingen (z.B. Drillinge, Vierlinge usw.). Durch Hormongaben erhöht sich der Anteil an Mehrlingsgeburten.

Geburt. Geburt ist die durch Hormone gesteuerte Austreibung des Fötus aus der Gebärmutter; nach Durchtrennung der Nabelschnur beginnt das selbstständige Leben des Kindes.

Phasen des Geburtsvorganges	
Phasen	Vorgänge
Eröffnung	Regelmäßige Kontraktionen der Gebärmuttermuskulatur (Wehen) erweitern den Geburtsweg, die Fruchtblase springt, das Fruchtwasser fließt aus.
Austreibung	Durch Wehen wird der Kopf des Kindes gegen die Scheide gedrückt, dadurch erweitert sich diese. Normalerweise kommt zuerst der Kopf, dann folgt der Körper leicht nach. Die Nabelschnur wird abgebunden und durchtrennt.
Nachgeburt	Nachwehen sorgen dafür, dass Plazenta, Fruchtblase und der Rest der Nabelschnur ausgestoßen werden.

Nachgeburtliche Entwicklung. Diese beginnt mit der Geburt und endet mit dem Tod. Sie umfasst mehrere Phasen, deren Dauer von biologischen und psychischen Bedingungen, aber auch von Umwelteinflüssen abhängig ist.

Entwicklungsabschnitte	Merkmale
Säuglingsalter 0 - 1 Jahr	schnellste Längen- und Gewichtszunahme, Beginn der Gebissentwicklung, erste Schritte und erste Wortnachahmung.
Kindesalter 1 - 13 Jahre	schnelles Wachstum vom Kleinkind zum Schulkind (1. Gestaltwandel), Zahnwechsel, Fortschritte in der geistigen Entwicklung in Verbindung mit dem bewussten Gebrauch der Sprache.
Jugendalter 13 - 18 Jahre	Abschluss des Längenwachstums, starke Ausbildung von Muskulatur und Skelett (2. Gestaltwandel), Ausbildung der sekundären Geschlechtsmerkmale, Pubertät.
Erwachsenenalter – Leistungsphase	volle Entfaltung der körperlichen und geistigen Kräfte, soziale Reife, Familiengründung und -planung;
– Seniorenphase	im höheren Alter Veränderungen im Hormonhaushalt (z.B. Nachlassen der Fortpflanzungsfunktionen), Verminderung des Stoffwechsels der Gewebe, Geweberückbildungen durch Wasserverlust, Nachlassen der körperlichen Leistungsfähigkeit.
Tod	Ausfall lebenswichtiger Organfunktionen durch Alter oder schwere Erkrankung. Der Tod tritt durch Erlöschen der Funktionen des Blutkreislaufes (Herzstillstand), der Atmungsorgane (Atemstillstand) sowie des Zentralnervensystems (Hirntod, „0-Linie" im EEG) ein. Für die Feststellung des Todes ist der Ausfall der Gehirnfunktionen ausschlaggebend.

7

Einfluss von Faktoren auf die Individualentwicklung der Organismen

Allgemeines

Die Ontogenese wird sowohl bei Pflanzen als auch bei Tieren und Menschen durch äußere und innere Entwicklungsbedingungen bestimmt (determiniert).

Äußere Entwicklungsbedingungen sind: Licht, Temperatur, Wasser, Nahrung, jahreszeitliche Einflüsse.

Innere Entwicklungsbedingungen sind: genetische Information, determinierende Stoffe in der Zygote und in den Embryonen (z.B. bei Mosaikkeimen), wechselseitige Beeinflussung der Keimteile (z.B. bei Regulationskeimen), Hormone.

Entwicklung von Mosaikkeimen

Bei Mosaikkeimen steuern Stoffe, die schon im Zytoplasma der Eizelle vorhanden sind, die Entwicklung des Keimes nach einem festen, detaillierten „Programm". Aus bestimmten Plasmabezirken des Keimes entwickeln sich nach einem festgelegten Schema die entsprechenden Gewebe beziehungsweise Organe. Bei Trennung der Zellen nach der ersten Furchung entwickelt sich aus jeder der beiden Zellen jeweils nur ein halber Keimling. Durch die streng festgelegte Mosaikentwicklung kann die Embryonalentwicklung sehr schnell ablaufen (z.B. Seescheide, Fadenwurm).

Entwicklung eines Mosaikkeimes

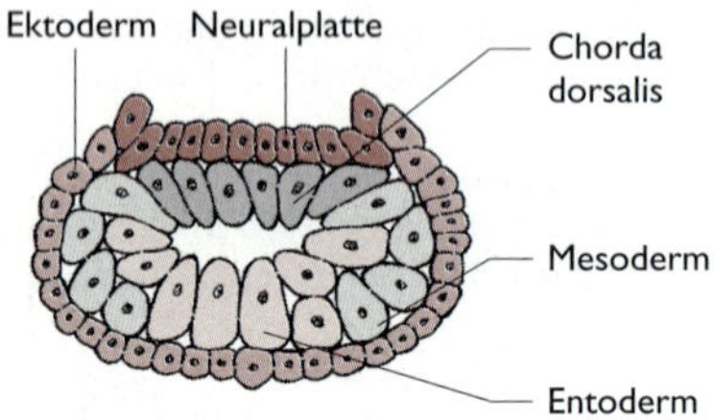

Seescheide

Entwicklung eines Regulationskeimes

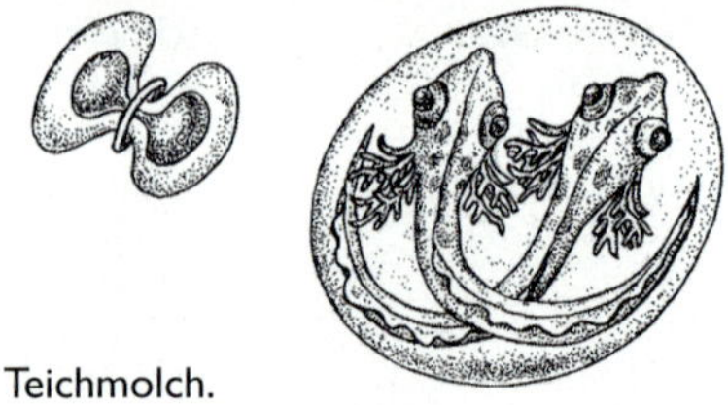

Teichmolch.
Nach der Durchschnürung entwickeln sich zwei komplette Larven.

Entwicklung von Regulationskeimen

Bei Regulationskeimen sind Stoffe der Eizelle für die Determination von Zelltypen wichtig. Die Regulationsmöglichkeiten sind während der Keimesentwicklung größer als bei Mosaikkeimen. So kann sich bei Trennung der Zellen nach der ersten Furchung aus jeder Zelle jeweils ein vollständiger Keimling entwickeln (z.B. Entwicklung eineiiger Zwillinge). Regulationsentwicklung verläuft langsamer als Mosaikentwicklung (z.B. Insekten, Amphibien, Säugetiere).

Hormonale Regulation

Bei der hormonalen Regulation werden beispielsweise Wachstums- und Differenzierungsprozesse durch Hormone beeinflusst. Hormonale Regulation gibt es bei Pflanzen, Tieren und Menschen, sie erfolgt vor allem in späteren Phasen der Ontogenese.

↗ Hormone, S. 228

Verhaltensbiologie

Grundlagen

Allgemeines

Die Verhaltensbiologie (Verhaltensforschung, Ethologie) ist die Lehre vom Verhalten der Tiere und den biologischen Grundlagen des menschlichen Verhaltens. Untersuchsobjekte der Verhaltensbiologen sind Individuen und soziale Gruppen (Sozietäten). Damit verbindet die Verhaltensbiologie Physiologie und Ökologie; die Übergänge zwischen diesen Teilwissenschaften sind fließend.

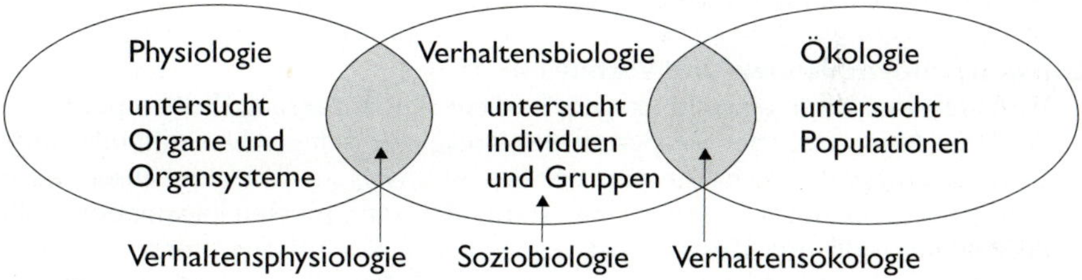

Ethogramm

Ein Ethogramm ist die umfassende Beschreibung des Verhaltens eines Tieres oder einer Art unter natürlichen und/oder experimentellen Bedingungen. Bei der Deutung des Verhaltens der Tiere müssen Vermenschlichungen (Anthropomorphismen) wie klug, dumm, listig, hinterhältig, feige, diebisch, stolz, treu vermieden werden.

Phasen aus dem Fortpflanzungsverhalten bei Goldhamstern

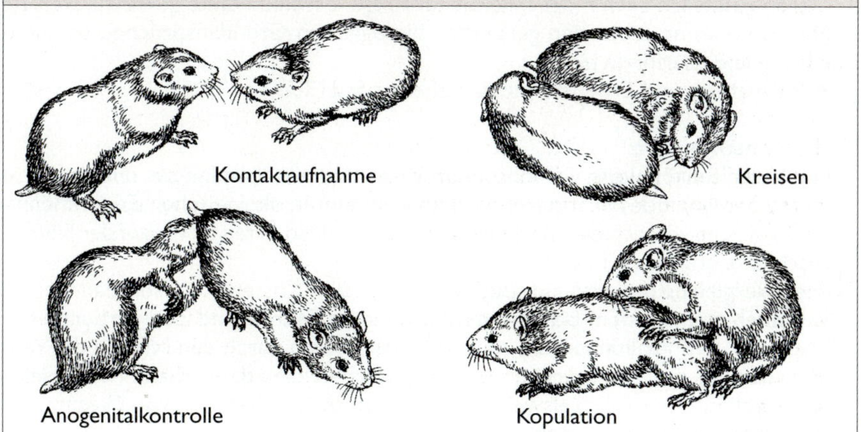

Verhalten

Verhalten ist die Gesamtheit aller Handlungen eines Individuums und deren inneren Ursachen. Es besteht aus Aktionen (intern verursachtes, spontanes Verhalten) und Reaktionen (durch Umweltreize verursachtes Verhalten).
Zum Verhalten gehören als „äußeres Verhalten" alle direkt wahrnehmbaren
- Bewegungen und Stellungen des Körpers (z.B. Laufen, Fliegen, Schwimmen, Klettern, Graben, Putzen, Winken, Schlafen, Sich-tot-stellen),
- Farb- und Formänderungen, die kurzzeitig und reversibel sind (z.B. Erröten, aber keine Sommerbräune; Gefiedersträuben, aber nicht die Mauser),
- Lautäußerungen und andere Formen der Signalgabe (z.B. Gesänge, Trommeln, Leuchtsignale, elektrische Signale),
- Formen der Abgabe von körpereigenen Produkten (z.B. Pheromone, Körperflüssigkeiten, Sekrete, Harn, Kot, Spermien, Eier, Nachkommen),

und als „inneres Verhalten" deren interne Ursachen wie
- Motivation, Emotionen, Biorhythmen sowie
- das gesamte physiologische Milieu.

Umwelt, Informationen und Verhalten

Verhalten ist immer umweltbezogen. Es dient der Anpassung (Selbstoptimierung) des Individuums oder der Gruppe an die ständig wechselnden Umweltbedingungen. Grundlagen für das Verhalten sind der Stoffwechsel, der Energiewechsel und der Informationswechsel. Damit Verhalten stattfinden kann, müssen Informationen über die Umwelt und den Zustand des eigenen Körpers aufgenommen, verarbeitet, bewertet und abgegeben werden.

8

Umwelt. Die verhaltensrelevante Umwelt eines Individuums ist der Teil der realen (objektiven) Welt, mit dem es durch den Informationswechsel verbunden ist und den es wahrnehmen kann. Die Leistungsfähigkeit der Sinnes- und Nervensysteme ist artspezifisch unterschiedlich, deshalb sind auch die Umwelten unterschiedlich.

Umweltansprüche. Organismen stellen unterschiedliche Ansprüche an ihre artspezifische Umwelt. Eine verhaltensgerechte Umwelt muss ausreichend Raum, Nahrung, Schutz, Fortpflanzungs- und Informationsmöglichkeiten sowie bei sozialen Tieren zusätzlich auch Möglichkeiten für Artgenossenkontakte gewährleisten. Beim Menschen kommen zu den genannten biologischen Grundansprüchen soziale und kulturelle Bedürfnisse hinzu.

↗ Reizbarkeit und Erregbarkeit, Allgemeines S. 213

Verhaltensökologie

Die Verhaltensökologie ist eine neue Wissenschaftsdisziplin; sie untersucht den Überlebenswert des Verhaltens in einem bestimmten ökologischen Zusammenhang. Sie vergleicht, wie sich die Individuen und die einzelnen Arten im Verlauf der Stammesgeschichte angepasst haben.
Diese Vergleiche basieren auf sogenannten Nutzen-Kosten-Analysen, denn jegliches Verhalten ist mit einem bestimmten Aufwand an Energie und Zeit verbunden.
Nach dem Optimalitätsprinzip müssen diese Kosten durch den Nutzen des Verhaltens mehr als nur ausgeglichen werden, ansonsten kann das Verhalten der Selektion nicht widerstehen. Beispielsweise ernähren Strandkrabben sich von Miesmuscheln, sie können wählen zwischen

– kleinen Muscheln: wenig Kraft zum Öffnen der Schale nötig, wenig Fleisch, viel Zeit bis zur Sättigung;
– mittleren Muscheln: es wird mit relativ wenig Kraft in kürzester Zeit ausreichend Fleisch erbeutet;
– großen Muscheln: viel Kraft zum Öffnen einer Schale nötig, viel Fleisch, schnelle Sättigung.

Untersuchungen haben ergeben, dass Strandkrabben bevorzugt die mittelgroßen Miesmuscheln öffnen.

Verhalten des Menschen

Das Verhalten des Menschen wird durch biologische, psychologische (seelische) und soziale (gesellschaftliche) Faktoren bestimmt. Im Gegensatz zum Tier kann er seine angeborenen und erworbenen Verhaltensweisen mit Hilfe des Bewusstseins weit gehend kontrollieren. Nur in Ausnahmesituationen oder bei Erkrankungen (Verhaltensstörungen) kann die Selbstkontrolle entfallen und es zu unkontrollierten „Affekthandlungen" kommen.

Humanethologie

Gegenstand der Humanethologie ist die Erforschung der biologischen Grundlagen des menschlichen Verhaltens. Im besonderen untersuchen Humanethologen
– das noch überwiegend biologisch bestimmte Verhalten von Säuglingen und Kleinkindern oder das taubblind geborener Kinder,
– das Verhalten von Angehörigen unterschiedlicher Kulturstufen (Kulturenvergleich), zum Beispiel von sehr alten Kulturen der Buschleute, Eipos, Waika-Indianer, aber auch asiatischer, afrikanischer, europäischer und amerikanischer Bevölkerungsgruppen,
– den Vergleich menschlicher Verhaltensweisen mit dem Verhalten der höheren Säugetiere, insbesondere der Menschenaffen (Tier-Mensch-Vergleich).

↗ Evolution der Hominiden, S. 294; ↗ Soziokulturelle Evolution, S. 294

8

Programmierung des Verhaltens

Allgemeines

Verhalten ist programmiert und basiert auf gespeicherten Erfahrungen (Informationen). Diese Erfahrungen können im Verlauf der Stammesgeschichte (Phylogenese) und während der Individualentwicklung (Ontogenese) erworben werden. Man unterscheidet zwischen angeborenem und erworbenem Verhalten.

Verhaltensprogramme

Verhaltensprogramme sind im Genom oder Gedächtnis gespeicherte Erfahrungen. Verhaltensprogramme können geschlossen und offen sein, dem entsprechend ist das dazugehörige Verhalten formstarr oder variabel. Die Verhaltensprogramme der niederen Tiere sind häufig geschlossen, sodass diese gar nicht oder nur wenig dazulernen können. Höher entwickelte Tiere verfügen über geschlossene und offene Programme und sie können unter Umständen Teile aus verschiedenen Programmen frei kombinieren. So haben sie mehr Möglichkeiten der Anpassung an die Umwelt.

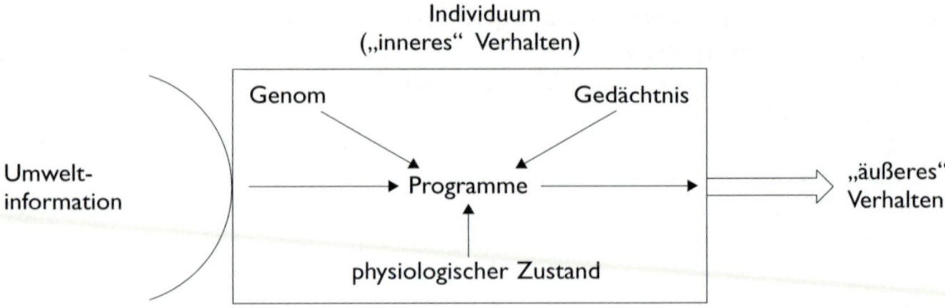

Angeborenes Verhalten

Angeborenes Verhalten ist im Genom fixiert und wird von den Eltern auf die Nachkommen vererbt. Es ist in seinem Ablauf relativ starr und kann durch Lernen kaum verändert werden.

Angeboren sind beispielsweise artspezifische Bewegungsmuster (Laufen, Fliegen, Schwimmen, Klettern, Graben, Greifen, Putzen usw.), Verhaltensweisen der Ernährung (z.B. Schlucken, Saugen, Beutegreifen), der Fortpflanzung (Balz und Kopulation) und des Schutzes (Verteidigung und Flucht).

Instinkt. Instinktives Verhalten oder Instinkte sind angeborene Verhaltensweisen, die keine oder nur geringfügige Variationen zulassen.

Universalien. Universalien sind angeborene Verhaltensweisen des Menschen, die von Angehörigen aller Kulturen und aller Rassen verstanden werden. Zu ihnen gehören Ausdrucksformen wie Lächeln, Weinen, Drohen, Handreichen, Erstaunen und auch das Fremdeln oder die Achtmonats-Angst (ein etwa ab dem achten Lebensmonat auftretendes ablehnendes Verhalten der Kleinkinder gegenüber unbekannten Personen).

8

Erworbenes Verhalten

Das erworbene Verhalten wird während der Individualentwicklung erlernt und in einem Gedächtnis gespeichert. Es wird ausschließlich durch Tradierung (Tradition) weitergegeben. Dabei werden Erfahrungen nicht nur von den Eltern an die Nachkommen, sondern gleichzeitig an zahlreiche andere Artangehörige, an unterschiedliche Generationen übermittelt.

Diese Möglichkeit nutzt vor allem der Mensch, sie stellt die Grundlage unserer kulturellen Entwicklung dar.

Verhaltensmerkmale	überwiegend angeborenes Verhalten	überwiegend erworbenes Verhalten
Informationsherkunft	ererbt	erlernt
Informationsspeicherung	Phylogenese	Ontogenese
Informationsspeicher	Genom	Gedächtnis
Informationsbesitzer	Art	Individuum
Informationsweitergabe	Vererbung	Tradierung
Eigenschaften	häufig formstarr, seltener plastisch	seltener formstarr, häufiger plastisch

Angeborenes-Erworbenes Verhalten

Mit wenigen Ausnahmen enthalten alle Verhaltensweisen in unterschiedlichem Maße angeborene und erlernte (erworbene) Anteile. Überwiegend angeboren sind zum Beispiel Schutzreflexe; überwiegend erworben ist beispielsweise die menschliche Sprache. In der Regel ist ein Verhalten in seinen Grundzügen angeboren und muss durch Üben (Lernen) vervollkommnet werden.

Undifferenziertes (angeboren) und gerichtetes (erworben) Sperren

Kaspar-Hauser-Experiment

Das Kaspar-Hauser-Experiment beinhaltet eine Methode, mit der eine Auftrennung in angeborene und erworbene Verhaltensanteile versucht wird. Tieren werden während der frühen Entwicklung bestimmte Erfahrungen vorenthalten, in dem man sie beispielsweise isoliert aufzieht. Später wird ihr Verhalten mit dem normal aufgewachsener Artgenossen verglichen. Gibt es keine Verhaltensunterschiede zwischen beiden, dann gilt das Verhalten als angeboren. Weicht das Verhalten ab oder fehlen Verhaltensweisen, dann muss dieses Verhalten erlernt werden, oder es handelt sich aufgrund der unnatürlichen Entwicklungsbedingungen um eine Verhaltensstörung.
Mit Menschen dürfen derartige Experimente aus ethischen und humanistischen Gründen nicht gemacht werden. Aber es gibt taubblind geborene Kinder, die beispielsweise lächeln und weinen beziehungsweise über Trotz- und Wutreaktionen verfügen. Verhaltensweisen, die sie nicht abgeschaut oder abgehört haben können, sondern die angeboren sind.

Reifung des Verhaltens

Reifung ist die Vervollkommnung angeborenen Verhaltens ohne Lernen. Verhalten unterliegt wie auch die morphologischen Strukturen und physiologischen Funktionen der ontogenetischen Entwicklung (Reifung). Dabei reifen die Verhaltensweisen mit ihren ausführenden Organen (z.B. Flügel und Fliegen). Bei Säugern und Vögeln kann die Reifung durch Spielverhalten beschleunigt werden.

Verhaltensstörungen

Eine Verhaltensstörung ist eine kurzzeitige oder andauernde deutliche Abweichung vom normalen, artspezifischen Verhalten. Verhaltensstörungen können angeboren sein (Ethopathien) oder sie werden durch Störungen während der Jugendentwicklung (z.B. Fehlprägungen), durch Krankheiten oder durch ungeeignete Umweltbedingungen (milieubedingte Verhaltensstörungen) verursacht.

Zu den Verhaltensstörungen des Menschen gehören Bettnässen, Stottern, nervöses Blinzeln, Nägelkauen und komplizierte psychische Störungen. Die Ursachen sind vielfältig, ihre Behandlung muss durch Fachärzte erfolgen.

Ethopathie. Ethopathien sind angeborene (genetisch) oder organisch bedingte Verhaltensstörungen, die sich gar nicht oder nur sehr schwer beseitigen lassen. Ursachen sind häufig Mutationen, die bei mangelndem Selektionsdruck oder im Zusammenhang mit der Domestikation auftreten. Ein gut untersuchtes Beispiel ist die sogenannte Tanz- oder Walzermaus, eine 80 v.d.Z. im alten China zur „Unterhaltung" gezüchtete Hausmausmutante, die besonders bei Erregung infolge gestörter Bewegungskoordination im Kreis läuft.

Milieubedingte Verhaltensstörung. Treten bei nicht passenden (inadäquaten) Umweltbedingungen oder Überforderungen jeglicher Art auf. Sie werden in der Regel mit dem Abstellen der Mangelbedingungen beseitigt. Milieubedingte Verhaltensstörungen treten besonders bei nicht artgerecht gehaltenen Zoo- und Zirkustieren oder landwirtschaftlichen Nutztieren auf (z.B. Schwanzabbeißen der Schweine, Feder- und Eierfressen der Hühner bei mangelnder Einstreu zum Wühlen oder Scharren).

Verhaltensphysiologie

Allgemeines

Die Verhaltensphysiologie untersucht die physiologischen Grundlagen des Verhaltens, insbesondere die Leistungen des Nerven- und Hormonsystems. Geklärt werden soll beispielsweise: Wie werden die Umwelt- und körpereigenen Reize verarbeitet? Welche Rolle spielen Hormone beim Aufbau einer Motivation?

↗ Erregungsverarbeitung und Reaktionen, S. 220 ff.

Kennreize und Signalreize

Kennreize (Schlüsselreize) sind aus der Umwelt kommende Reize, die ein bestimmtes Verhalten auslösen. Signalreize oder Auslöser sind Umweltreize, die von einem Artgenossen ausgehen und der Kommunikation dienen. Die Wirksamkeit der Kenn- und Signalreize ist abhängig von der Reizschwelle (Schwellenwert), die je nach Alter, Tageszeit, Motivation und anderen inneren und äußeren Faktoren wechseln kann.

↗ Reize, S. 213; ↗ Schwellenwert, S. 213

Auslösemechanismus

Auslösemechanismen (AM) sind besondere Filtermechanismen im Nervensystem, die aus der Vielzahl der Umweltreize die Kenn- und Signalreize herausfiltern und so das passende Verhalten auslösen. Die Auslösemechanismen können angeboren oder erworben sein. Mit Hilfe **a**ngeborener **A**uslöse**m**echanismen (AAM) und **e**rworbener **A**uslöse**m**echanismen (EAM) werden zum Beispiel Raubfeinde, Nahrung oder Geschlechtspartner erkannt.

Kindchenschema. Über einen AAM erkannte Kombination von optischen Kennreizen (relativ großer Kopf, hohe Stirn, Pausbäckchen, große Augen, kurze Extremitäten, täppische Bewegungen und anderes), die auch bei Menschen sehr wirksam sind und Lächeln, Zuwendung sowie vor allem Pflegeverhalten auslösen.

Attrappen

Attrappen sind künstliche, vereinfachte Nachbildungen der Kenn- oder Signalreizsituation. Mit ihrer Hilfe lassen sich die Merkmale der verhaltensrelevanten Reize beurteilen. Von einer Attrappe können im Gegensatz zur natürlichen Situation weniger oder sogar mehr Reize (übernormale Attrappe) ausgehen.

Motiviertes Verhalten

Motivationen oder Verhaltensbereitschaften (Stimmung, Drang, Trieb) sind in der Regel Voraussetzung für das Wirksamwerden der Reize. Sie werden durch innere Ungleichgewichte verursacht. Das können stoffliche, energetische oder informationelle Ungleichgewichte sein (z.B. ein leerer Magen, Anstieg von Sexualhormonen). Die Motivation erniedrigt die Reizschwelle für das entsprechende Verhalten, sodass das Ungleichgewicht leichter beseitigt werden kann.
Dazu löst die Motivation zuerst das Appetenz- oder Suchverhalten aus. Es ist eine Suche nach passenden Kenn- oder Signalreizen. Sind diese gefunden, so kommt es in der Regel zur Endhandlung. Sie beseitigt das Ungleichgewicht, baut die Motivation ab und erhöht die Reizschwelle, sodass das entsprechende Verhalten nicht mehr oder nur sehr schwer ausgelöst werden kann.

Motivation ⟶ Appetenzverhalten ⟶ Endhandlung

Leerlaufverhalten

Leerlaufverhalten wird ohne erkennbare Reizsituation vollzogen. Ursache kann eine angestaute Motivation sein, die zur Senkung der Reizschwelle führt, sodass das Verhalten im „Leerlauf" abläuft.

Motivationsstau ⟶ Leerlaufverhalten

8

Übersprungverhalten

Werden zwei Motivationen gleichzeitig und gleichstark aufgebaut (z.B. für Kampf- und für Fluchtverhalten), dann kann plötzlich ein nicht situationsgerechtes, deplaziertes Verhalten oder Übersprungverhalten (z.B. Futterpicken) auftreten, weil eine dritte Motivation aktiviert oder enthemmt wird.

Motivation 1 + Motivation 2 ⟶ Motivation 3 ⟶ Übersprungverhalten

Emotion

Emotionen oder Gefühle sind Zustandsformen, die wesentlich am Aufbau von Motivationen beteiligt sein können. Sie führen zu einer subjektiven, das heißt individuell sehr unterschiedlichen, Bewertung des eigenen physiologischen Zustandes und der Umweltinformationen. Emotionen treten nur bei Wirbeltieren (Vögel, Säuger) mit einem hoch entwickelten vegetativen Nervensystem auf. Sie können positiv oder negativ sein und so Zuwendung oder Abwendung auslösen.
Zu den menschlichen Emotionen gehören beispielsweise Lust, Freude, Befriedigung, Enttäuschung, Kummer, Ekel, Scham, Furcht, Angst.

Lernen

Allgemeines

Lernen ist ein Vorgang der Informationsverarbeitung, der zur Verbesserung der individuellen Anpassung an die Umweltbedingungen dient. Lernen setzt Mechanismen der Informationsaufnahme, Informationsbewertung, Informationsspeicherung und des Informationsabrufes voraus.

Lernen findet während des gesamten Lebens statt. Dabei werden alle erworbenen Erfahrungen in einem Gedächtnis gespeichert.

↗ Leistungen der Großhirnrinde, S. 221

Lerndisposition

Die Lerndisposition beschreibt Art und Umfang des Lernvermögens. Sie ist vor allem von der stammesgeschichtlichen Entwicklungshöhe und vom individuellen Entwicklungszustand abhängig. Tiere mit einem großen Lernvermögen - wie zum Beispiel Papageien, Ratten, Delphine, Affen und wir Menschen - besitzen immer ein gut entwickeltes Erkundungs- oder Neugierverhalten.

Lernkurve

Lernen erfolgt in der Regel schrittweise durch Übung und Wiederholung, bis nach einer Lernphase die Kannphase eintritt; es ist darstellbar in einer Kurve.

Möglich ist aber auch ein schneller einmaliger Lernvorgang (one-trial-learning), bei dem eine Erfahrung sofort zu einem stabilen Resultat führt.

Lernkurve

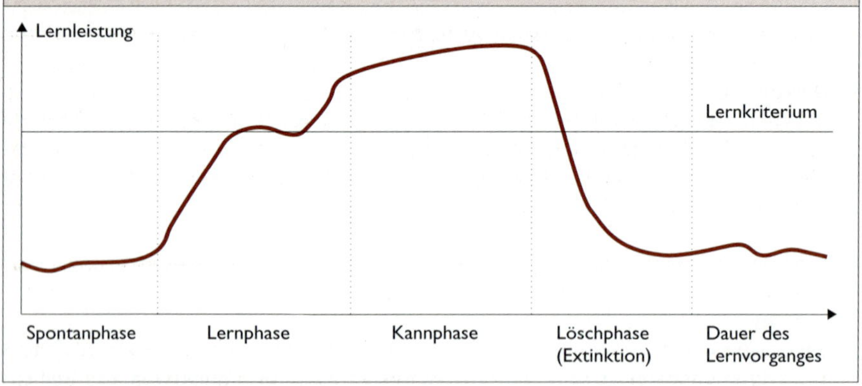

Obligatorisches und fakultatives Lernen

Obligatorisches Lernen ist lebensnotwendig und ergänzt die angeborenen Verhaltensprogramme. So müssen zum Beispiel Jungtiere lernen ihre Nahrung, Artgenossen, Geschlechtspartner oder auch Feinde zu erkennen.

Fakultatives Lernen ist nicht unbedingt lebensnotwendig, aber es erweitert die Verhaltensmöglichkeiten eines Individuums beachtlich und verbessert die Anpassungsmöglichkeiten.

Lernformen

Lernformen werden meist unter Laborbedingungen untersucht. Unter natürlichen Lebensbedingungen ist, besonders bei Wirbeltieren, eine klare Abgrenzung nicht immer möglich, denn häufig werden verschiedene Lernformen gleichzeitig genutzt.

Gewöhnung (Habituation)

Gewöhnung ist die stammesgeschichtlich älteste Lernform, bei der die angeborene Reaktion auf einen immer wiederkehrenden Reiz allmählich wegfällt. Der verhaltensauslösende Reiz wird durch die Gewöhnung zum neutralen Reiz.
Ändert sich jedoch dieser Reiz geringfügig, dann wird das Verhalten wieder vollständig ausgelöst; ein Beweis dafür, dass eine reizspezifische Ermüdung und keine physiologische Ermüdung (etwa durch Erschöpfung der Energiereserven) eingetreten ist.

Klassische Konditionierung

Die klassische Konditionierung (bedingter Reflex) ist ein Lernvorgang, durch den ein neutraler Reiz durch zeitweilige Koppelung mit einem auslösenden Reiz schließlich selbst zum reaktions- oder verhaltensauslösenden (bedingten) Reiz wird. Das bekannteste Beispiel einer klassischen Konditionierung ist die auf einen Licht- oder Tonreiz hin erfolgende Speicheldrüsensekretion des Hundes (Versuch von PAWLOW, 1927).
Das durch klassische Konditionierung erworbene Verhalten muss immer wieder geübt werden, denn es unterliegt sehr schnell der Auslöschung (Extinktion).
↗ Bedingter Reflex, S. 224

Operante oder instrumentelle Konditionierung

Voraussetzung für eine operante Konditionierung ist eine Lern-Motivation, die ein sehr variables Appetenz- sowie Lernverhalten in Gang setzt, das auf die Problemlösung gerichtet ist. So wird das Verhalten zum „Instrument" des Lernerfolges.
Die Lern-Motivation kann durch eine Bekräftigung (Verstärkung) erhöht werden. Die positive Bekräftigung wird Belohnung und die negative Bekräftigung Bestrafung genannt. Zur Lernform der operanten Konditionierung gehören beispielsweise die Tierdressuren, das Labyrinth-Lernen, das Skinner-Box-Lernen, das Versuch-und Irrtum-Lernen und das Lernen am Erfolg.

Lernen durch Beobachtung und Nachahmung

Durch Beobachten und Nachahmen werden Verhaltensweisen von Artgenossen oder auch Artfremden übernommen.
Bei der motorischen Nachahmung werden Bewegungen nachgeahmt. So lernen junge Menschenaffen den Bau der Schlafnester oder das Pflücken von Früchten.
Akustische Nachahmung besteht im Imitieren von Lauten und kommt bei Singvögeln (Spottdrossel, Gelbspötter) und Papageien („Sprechen") vor.

Einsichtslernen

Einsichtslernen ist die höchste Lernform. Sie ist nur für Menschenaffen und Menschen nachgewiesen und setzt Denken, Bewusstsein und beim Menschen auch die Sprache voraus. Es werden komplizierte Probleme in der Regel ohne langes Probieren gelöst, indem unterschiedliche frühere Erfahrungen gedanklich verknüpft werden.

Bewusstsein und Denken

Bewusstsein (Selbsterkenntnis). Die Fähigkeit, über sich, das eigene Verhalten und die Umwelt nachzudenken, um so Einsichten für das weitere Verhalten zu gewinnen.
Das Ich-Bewusstsein entwickelt sich beim Menschen im Kleinkindalter, lässt sich aber auch für Menschenaffen durch Spiegelversuche und andere Tests nachweisen.
Denken. Ein erkenntnisgewinnender (kognitiver) Informationsverarbeitungsprozess, der auf das Lösen von Problemen und Situationen gerichtet ist. Denken vollzieht sich als gedankliche Simulation. Die Grundform ist ein unbenanntes, nichtsprachliches Denken, es ist für hoch entwickelte Tiere und Menschen nachgewiesen.
Sprachliches Denken. Hauptsächliche Denkform beim Menschen; es nutzt Sprachsymbole und ermöglicht so eine Aufteilung des Problems beziehungsweise der Situation in verschiedene Bestandteile. Bei Tieren lassen sich Ansätze des sprachlichen Denkens nur für durch Menschen aufgezogene und besonders trainierte Menschenaffen belegen.
↗ Sprache, S. 269

Werkzeuggebrauch

Werkzeuge sind Gegenstände oder andere körperfremde Hilfsmittel, die zur Effektivität des Verhaltens bei der Nahrungsaufnahme, Körperpflege und Verteidigung genutzt werden. Tiere bearbeiten ihre Werkzeuge mit körpereigenen Mitteln (z.B. Hände, Füße, Zähne). Nur Menschen können zur Werkzeugherstellung Werkzeuge benutzen, das heißt einen Naturgegenstand mit einem anderen bearbeiten.

Beispiele für Werkzeuggebrauch bei Tieren		
Tierart	Werkzeug	Nutzung
Spechtfink	abgebrochener Kaktusstachel oder Hölzchen	Stochert damit nach Holz bewohnenden Insekten
Schmutzgeier	Steine 	hält sie im Schnabel und schleudert sie auf Straußeneier
Seeotter	platte Steine	legt sie rücklingsschwimmend auf die Brust, um daran Muscheln u.a. zu zerschlagen

Beispiele für Werkzeuggebrauch bei Tieren		
Tierart	Werkzeug	Nutzung
Schützenfisch	Wasserstrahl	spuckt Wasser auf Insekten, die sich außerhalb des Wassers aufhalten
Schimpanse	entlaubte Zweige	angelt damit Termiten
	zerkaute Blätter	saugt mit diesem „Schwamm" Wasser aus Baumhöhlen u.a., nutzt sie zur Wundreinigung
	Steine und Stöcke	vertreibt damit Leoparden

Prägung

Prägung ist ein besonderer, obligatorischer Lernvorgang, der
– an eine sensible Periode gebunden ist und
– zu einem unumkehrbaren Resultat führt.

Grundlage ist ein angeborenes Programm, das zu einer bestimmten Zeit durch spezielle Erfahrungen (Lernen) erweitert werden muss.

Nachfolgeprägung kommt bei Nestflüchtern vor. Ihnen ist angeboren, dass sie nach dem Schlupf, beziehungsweise der Geburt ihrer Mutter oder beiden Eltern folgen. Gestalt, Stimme und andere Merkmale der Eltern werden sehr schnell, innerhalb von Stunden, während der sogenannten sensiblen Periode erlernt. Bei der Geschlechtspartnerprägung beträgt die sensible Periode Wochen und Monate.

Ist während der sensiblen Periode kein artspezifisches Prägungsobjekt vorhanden, dann kann es zu Verhaltensstörungen kommen, die Fehlprägungen genannt werden.

Spielverhalten

Spielen ist ein lustbetontes Ausprobieren von Verhaltensweisen ohne Ernstbezug. Es kommt vor allem bei Säugetieren und bei einigen Vögeln vor. Es ist ein typisches Verhalten der Jungtiere, bleibt aber auch bei erwachsenen Nagern, Raubtieren, Delphinen und Affen erhalten. Beim Spielen werden Erfahrungen über den eigenen Körper (Körperspiele), über das Verhalten gegenüber Artgenossen (Sozialspiele) und über die Umgebung (Objektspiele) gesammelt. Im Spiel können auch Verhaltensweisen geübt werden, die erst im Erwachsenenalter voll ausreifen (z.B. Sexual- und Beutefangverhalten).

Verhalten und Orientierung

Allgemeines

Verhalten ist räumlich und zeitlich geordnet, das heißt Raum- und Zeitorientierung sind wesentliche Bedingungen für das Verhalten. Die Fähigkeiten dazu sind artspezifisch. Sie sind ererbt und erlernt. Nur so kann ein Individuum zur rechten Zeit am rechten Ort das passende Verhalten ausführen.

Raumorientierung

Raumorientierung beschreibt die Orientierung des Körpers und des Verhaltens im Raum. Dabei werden Raumpositions-, Richtungs- und Entfernungsinformationen benötigt, die vom Körper (Eigeninformationen) und aus der Umwelt (Fremdinformationen) stammen. Nach dem Bezug zur Informationsquelle werden unterschieden:

Tropismus. Richtungsorientierung fest sitzender Tiere (Protozoen, Korallen).
Der Körper wird zur Reizquelle gewandt (positiver Tropismus) oder von ihr abgewandt (negativer Tropismus).

Taxis. Richtungsorientierung frei beweglicher Tiere.
Das Individuum bewegt sich auf die Reizquelle zu (positive Taxis) oder von ihr weg (negative Taxis).
Nach Art des Reizes werden zum Beispiel unterschieden:
Fototaxis, Phonotaxis, Geotaxis, Magnetotaxis, Thermotaxis, Thigmotaxis.

Elasis. Entfernungsorientierung frei beweglicher Tiere.
Das Individuum schätzt die Entfernung von der eigenen Position bis zum Ziel (Beute, Unterschlupf). Es gibt Nah- und Fernorientierung.

Nahorientierung. Das Orientierungsziel kann mit den Sinnesorganen direkt wahrgenommen werden.

Fernorientierung. Das Orientierungsziel ist mit den Sinnesorganen nicht wahrnehmbar, es kann nur wenige Meter (Ameise auf dem Heimweg) oder Tausende von Kilometern (Zugvogel) entfernt sein.

Tierwanderungen

Die Orientierungsmechanismen bei den großen Tierwanderungen über weite Strecken sind noch nicht geklärt. In der Regel sind die Zugrichtung, die Streckenlänge und ein Zeitsinn angeboren, erlernt werden müssen Orientierungsmarken (Landmarken) und Richtungsanzeiger (Kompass).

Mechanismen zur Festlegung der Vogelzugrichtung

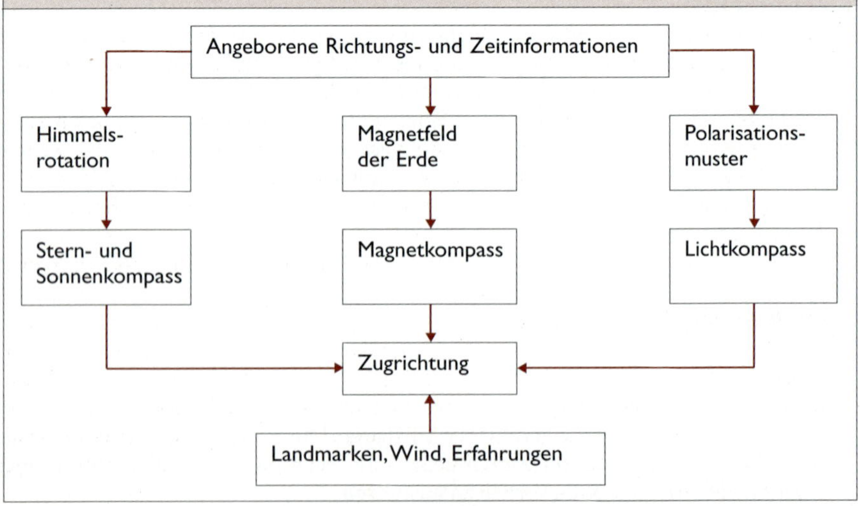

Beispielsweise nutzen zahlreiche Insekten (z.B. Bienen) und Vögel (z.B. Tauben) auffällige optische Merkmale des Geländes als Landmarken, die sie sich beim ersten Verlassen des Stocks oder Nestes einprägen.

Zeitorientierung

Die Zeitorientierung setzt einen Zeitsinn voraus, mit dem Zeitpunkte, wie Tages- und Jahreszeiten, sowie Zeitintervalle bestimmt werden können.

Biorhythmen. Maßgeblich beteiligt an der Zeitorientierung sind innere oder biologische Uhren, die die biologischen Rhythmen hervorrufen. Aus der Vielzahl der biologischen Rhythmen sind es vor allem die Tagesrhythmen und Jahresrhythmen, die für die Orientierung und das tages- und jahresperiodische Verhalten von besonderer Bedeutung sind. Diese Rhythmen weisen eine angeborene Spontanperiode von etwa einem Tag beziehungsweise etwa einem Jahr auf und müssen durch den Tag-Nacht-Wechsel auf exakt 24 Stunden beziehungsweise durch den jahresperiodischen Wechsel der Tag-Nacht-Länge auf 1 Jahr synchronisiert werden.

Zeitgeber. Zeitgeber sind Umweltperiodizitäten, die die biologischen Rhythmen synchronisieren können. Sie gewährleisten eine physiologisch sinnvolle Abstimmung der Biorhythmen untereinander (interne Synchronisation) und mit ihrer Umwelt (externe Synchronisation).

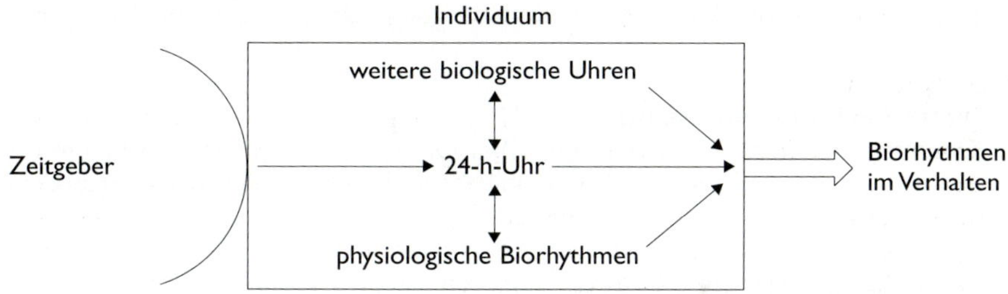

8

Aktivitätstypen

Organismen haben im Verlauf der Evolution unterschiedliche Zeitnischen besetzt und entsprechende Aktivitätstypen herausgebildet:

- tagaktive Tiere (viele Insekten, die Mehrzahl der Reptilien und Vögel, einige Säuger) nutzen besonders die visuelle Kommunikation, können Farbensehen und sind bunt
- nachtaktive Tiere (zahlreiche Würmer, Schnecken und Gliedertiere, Eulen und viele Säuger) nutzen vor allem die chemische oder akustische Kommunikation und sind unauffällig gefärbt
- dämmerungsaktive Tiere: sind sehr selten, sie beginnen ihre Aktivität in der Morgen- und Abenddämmerung.

Der Mensch gilt als tagaktiv mit zwei Leistungsmaxima (morgens und abends) und zwei Leistungsminima (während der frühen Nachmittagsstunden und nach Mitternacht) sowie einer großen Plastizität in seinem Zeitverhalten. Das heißt, er ist sowohl stabil als auch anpassungsfähig. Manche sind als genetisch fixierte „Morgentypen" (20 - 25 %) am Morgen und andere als „Abendtypen" (15 %) am Abend leistungsfähiger. Die Mehrzahl gehört jedoch zum „Indifferenztyp" (60 - 65 %), mit ausgeglichener Leistungsfähigkeit am Morgen und Abend.

Kommunikation

Allgemeines

Kommunikation ist der Austausch von Informationen (= Nachrichten) zwischen Artgenossen und in einzelnen Fällen auch zwischen artfremden Individuen.
Die Kommunikation kann bei der Signalübertragung durch Umwelteinflüsse gestört werden. Durch auffällige, nicht zu verwechselnde Signale, die mehrfach wiederholt werden, lassen sich Störungen und Missverständnisse vermeiden.

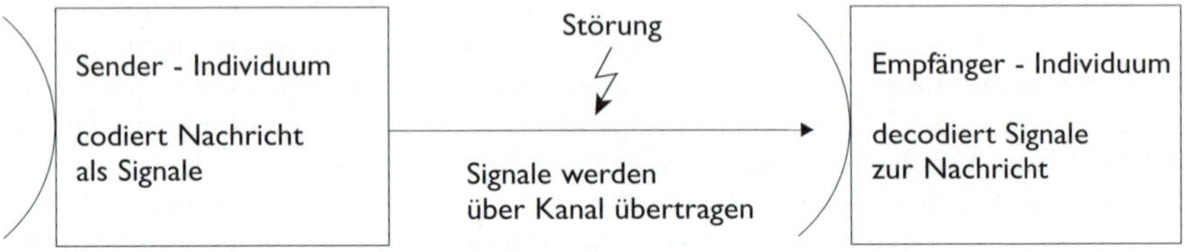

Signalhandlungen und Ritualisation

Signalhandlungen sind Verhaltensweisen im Dienste der Kommunikation. Sie entstehen im Verlauf der Evolution durch den Prozess der Ritualisation aus Gebrauchshandlungen (Verhaltensweisen der Fortbewegung, Nahrungsaufnahme, Körperpflege u.a.).

Chemische Kommunikation

Chemische Kommunikation oder Chemokommunikation ist die stammesgeschichtlich älteste Form der Kommunikation, die hauptsächlich bei nachtaktiven Säugern und bei Insekten verbreitet ist.

8

Chemokommunikation erfolgt mittels flüchtiger Substanzen (Chemosignale), die in Harn, Kot und Sekreten enthalten sein können oder die in speziellen Drüsen als Pheromone gebildet werden. Entsprechend der Funktion lassen sich Sexual-, Markierungs-, Erkennungs-, Aggregations- (Zusammenschluss-) und Alarmpheromone unterscheiden.
Durch die chemische Kommunikation können im Vergleich mit den anderen Kommunikationsformen nur relativ wenige verschiedenartige Nachrichten übermittelt werden. Von Vorteil bei dieser Form ist jedoch, dass die Chemosignale oft lange vorhanden sind und wirken und dass der Absender zur Nachrichtenübermittlung nicht anwesend sein muss.

Visuelle (optische) Kommunikation

Die visuelle (Opto-) Kommunikation erfolgt durch Bewegungen und durch Farben- oder Formenwechsel. Es ist die wesentliche Kommunikationsform tagaktiver Arten, die über leistungsfähige Sehorgane verfügen. Es ist die schnellste Form der Nachrichtenübertragung. Notwendig ist dabei aber immer Sichtkontakt.
Beim Menschen erfolgt diese Kommunikation über die Mimik (Gesichtsausdruck) und Gestik (Hand- und Körperbewegungen) als Körpersprache. Dabei wird beispielsweise in allen menschlichen Kulturkreisen das Lächeln und der Augengruß zur freundlichen Begrüßung und beim Flirten verwendet.

Akustische Kommunikation

Die akustische Kommunikation basiert auf Schallwellen unterschiedlicher Frequenz, die vom Wasser oder der Luft auf Hörorgane übertragen werden. Akustische Signale werden durch

- spezialisierte morphologische Strukturen (Schrillleisten der Heuschrecken, Schallblasen der Frösche, Kehlkopf der Vögel und Säuger) oder
- spezialisierte Verhaltensweisen (Trommeln der Spechte, Flügelklatschen der Tauben, Hinterpfotenschlagen der Kaninchen) erzeugt bzw. verstärkt.

Akustische Signale breiten sich rasch aus ($333\ m \cdot s^{-1}$ in der Luft u. $1\,440\ m \cdot s^{-1}$ im Wasser) und ermöglichen so eine schnelle Kommunikation über große Entfernungen, auch in unübersichtlichen Geländeabschnitten und trüben Gewässern und um Hindernisse herum.

Sprache

Sprache ist die effektivste Kommunikationsform. Sprache ist immer eine Wortsprache, die mittels akustischer Signale erfolgt. Sie setzt Bewusstsein und Denken voraus. Mit ihr können Gegenstände und Sachverhalte in Symbolen ausgedrückt werden, kann über Vergangenes und Gegenwärtiges berichtet und über Zukünftiges spekuliert werden. Mit der Sprache lassen sich Erfahrungen weitergeben, die man selbst nicht gemacht hat. Nur der Mensch verfügt über eine hoch entwickelte und komplexe Sprache.

Der Begriff „Tiersprache" kann für jede Form der Kommunikation stehen, ist aber nicht mit der Wortsprache des Menschen vergleichbar. In Einzelfällen übermitteln auch Tiere durch ihr Verhalten Nachrichten in Form von Symbolen (z.B. Tanzsprache der Bienen). Das heißt, die Nachrichtenübermittlung ist wie bei der Sprache des Menschen nicht an den Ort und die Zeit des Geschehens gebunden. Mehr ist im Tierreich jedoch nicht möglich.

Sozialverhalten

Allgemeines

Zum Sozialverhalten gehören alle Verhaltensweisen, die zwischen Artgenossen stattfinden. Art, Intensität und Vielfalt des Sozialverhaltens sind von der Organisationsstufe und der sozialen Appetenz, dem Partneranspruch, abhängig. Sie ist bei Tieren mit solitärer Lebensweise („Einzelgänger") geringer ausgeprägt als bei denen mit sozialer (geselliger) oder eusozialer Lebensweise.

Eusoziale Tiere leben in besonderen Gemeinschaften, in denen sich die Mehrzahl der Gemeinschaftsmitglieder nicht fortpflanzt, sondern Pflege-, Bau-, Schutz- und Ernährungsfunktionen für die Nachkommen eines anderen Weibchens („Königin") übernimmt (z.B. in Bienen-, Termiten- und Ameisenstaaten, Nacktmull- und Graumullkolonien).

Wachsen Tiere mit ausgeprägter sozialer Appetenz (z.B. Affen, Delphine, auch Menschen) ohne Kontaktmöglichkeiten zu Artgenossen auf, dann kommt es unter Umständen zu umfangreichen Verhaltensstörungen.

Kinder, die in frühen Phasen ihrer Entwicklung und über längere Zeit ohne eine vertraute Bezugsperson bleiben (beispielsweise in zerrütteten Familien, Heimen oder

Krankenhäusern), können später besonders in ihrem Sozialverhalten gestört sein. Besonders schwere Folgen wie fehlende Kontaktbereitschaft, Vermeidung von Blickkontakt und Partnerzuwendung, soziale Isolation und Aggressivität werden unter dem Begriff Hospitalismus zusammengefasst.

Fortpflanzungsverhalten

Zum Fortpflanzungsverhalten gehören alle Verhaltensweisen, die der Vermehrung und damit der Arterhaltung dienen. Es wird unterteilt in Sexual- und Brutpflegeverhalten.

Sexualverhalten

Das Sexualverhalten besteht aus der Balz, der Paarbindung und der Kopulation. Durch die Balz werden Geschlechtspartner angelockt, erfolgt die Art- und Geschlechtserkennung und die Partnerwahl. Gleichzeitig kommt es zur wechselseitigen Synchronisation der beiden Partner und bei manchen Tieren zu einer kurzzeitigen oder dauerhaften Partnerbindung. Die einzelnen Balzhandlungen der Partner können fest aufeinander abgestimmt – sodass eine Balzkette als typische Form einer Handlungskette vorliegt – oder in der Abfolge variabel sein. Am Ende der Balz gestatten auch solitäre Tiere Körperkontakte. Die Balz endet mit der sexuellen Vereinigung (Kopulation).

Beim Menschen dient das Sexualverhalten nicht nur der Fortpflanzung, sondern es hat hauptsächlich eine partnerbindende Funktion.

Menschliches Sexualverhalten	Tierisches Sexualverhalten
dient der Partnerbindung und der Fortpflanzung	dient der Fortpflanzung
ganzjährig möglich	an artspezifische Fortpflanzungsperioden gebunden
nur eine vergleichsweise geringe Anzahl von Kopulationen führt zur Befruchtung	in der Mehrzahl der Fälle führt jede Kopulation zur Befruchtung
Orgasmusfähigkeit vorhanden	Orgasmen konnten nicht nachgewiesen werden
Kopulationsposition variabel	eine artspezifische Kopulationsposition
auch während der Schwangerschaft und im nicht mehr fortpflanzungsfähigen Alter	„Schwangerschafts-“ und „Alterssexualität“ kommen in freier Natur nicht vor

Brutpflegeverhalten

Zum Brutpflegeverhalten zählen alle Verhaltensweisen der Brut- und Nachwuchspflege. Dabei kann der Pflegeaufwand recht unterschiedlich sein.

Brut- oder Nachwuchsvorsorge. Pflegeaufwand gering, Eltern-Jungtier-Kontakte gibt es nicht. Alle Pflegehandlungen finden vor dem Schlupf aus dem Ei beziehungsweise vor der Geburt statt (z.B. die Wahl eines geeigneten Eiablage- oder Geburtsortes, der Bau von Höhlen oder Nestern, das Anlegen von Nahrungsvorräten für den Nachwuchs).

Brut- oder Nachwuchsfürsorge. Umfangreicher Pflegeaufwand, Ausbildung von Eltern-Jungtier-Beziehungen. Die Pflegeleistungen werden hauptsächlich nach dem Schlupf beziehungsweise der Geburt erbracht (z.B. Füttern, Schützen, Wärmen und Reinigen der Jungen).

Nesthocker	Nestflüchter	Platzhocker	Tragling
Singvögel, Tauben, Papageien, Taggreifvögel, Eulen, Igel, Mäuse, Ratten, Hamster, Kaninchen, Hunde, Katzen	Hühner, Gänse, Enten, Kraniche, Taucher, Meerschweinchen, Huftiere	Möwen, Pinguine, Hasen, Schweine	Affen, Fledermäuse, Beuteltiere, einzelne Faultierarten, menschlicher Säugling
hilflos	ziemlich selbstständig, können schwimmen bzw. laufen und folgen den Eltern (Prägung)	relativ selbstständig, bleiben aber an einem Ort und werden täglich ein- oder mehrmals von der Mutter versorgt	relativ hilflos, gut ausgebildet sind Hand- und Fußgreifreflexe zum Festklammern im Fell
Augenlider und Gehörgänge geschlossen	funktionstüchtige Sinnesorgane	funktionstüchtige Sinnesorgane	funktionstüchtige Sinnesorgane
kaum befiedert oder behaart	gut befiedert oder behaart	gut befiedert oder behaart	behaart
unvollkommene Thermoregulation	Thermoregulation funktioniert	Thermoregulation funktioniert	Thermoregulation ± stabil

8

Nachkommenanzahl und Pflegeaufwand

Nachkommenanzahl und Pflegeaufwand stehen in direkter Beziehung. Dabei wird zwischen der r- und K-Strategie unterschieden.

Tiere mit vielen Nachkommen im Verlauf ihres Lebens betreiben keine Brutpflege (r-Strategen).

Tiere mit wenigen Nachkommen leisten umfangreiche Brutpflege und können echte Mutter-Kind-Beziehungen entwickeln (K-Strategen). Ihre Jungtiere durchleben eine relativ lange Kindheit und benötigen für eine ungestörte Entwicklung stabile soziale Verhältnisse.

Beim Menschen sollte mindestens eine feste und individuell bekannte Bezugsperson da sein, das muss nicht unbedingt die leibliche Mutter sein.

Beide Strategien und die sich daraus ergebenden zahlreichen Mischstrategien sind erfolgreich, denn für die Evolution ist allein die reproduktive Fitness, die Anzahl der sich erfolgreich fortpflanzenden Nachkommen entscheidend.

Agonistisches Verhalten

Agonistisches Verhalten ist eine Sammelbezeichnung für alle Verhaltensweisen, die gegen Artgenossen gerichtet werden, sobald diese das eigene Verhalten störend beeinflussen. Es besteht aus zwei gegensätzlichen Anteilen, dem Flucht- oder defensiven Verhalten und dem Kampf- oder aggressiven Verhalten. Beide Verhaltensweisen sind wertfrei zu betrachten und dürfen nicht etwa als Niederlage und Sieg angesehen werden. Durch beide Strategien lassen sich Störungen beseitigen und lebensnotwendige Ansprüche sichern.

Defensives Verhalten. Zum defensiven Verhalten gehören alle Elemente, die in der Auseinandersetzung beschwichtigen, Unterordnung und Unterlegenheit anzeigen, die umstimmen oder Distanz schaffen (z.B. durch Fluchtverhalten). So werden Kämpfe vermieden, die Aggressivität des störenden Artgenossen gedämpft und soziale Spannungen reduziert.

Aggressives Verhalten und „Aggressionstrieb". Aggressives Verhalten ist ein natürliches, unbedingt notwendiges Verhalten für den eigenen Schutz sowie den Schutz der Nachkommen und Partner. Es ist in den Grundzügen angeboren, kann

Drohverhalten und Imponieren bei Schimpansenmännchen

durch Lernen vervollkommnet werden und unterliegt der Regulation durch das Hormon- und Nervensystem.

Wissenschaftliche Beweise für einen „angeborenen Aggressionstrieb" gibt es nicht. Aggressionen entstehen hauptsächlich durch Frustrationen, durch die Verhinderung der Befriedigung von Ansprüchen.

Intraspezifische Aggressionen. Richten sich gegen Artgenossen um sie zu verdrängen, abzuschrecken oder zu unterwerfen. Es ist in der Regel ritualisiertes Verhalten (z. B. Imponierverhalten) zum mehr oder weniger friedlichen Kräftemessen, ohne dass die zur Tötung geeigneten körpereigenen Waffen (Zähne, Krallen, Hufe, Giftdrüsen usw.) zum Einsatz kommen.

Interspezifische Aggressionen. Richten sich gegen Artfremde und sind in der Regel auf Verletzungen und Tötung ausgerichtet. Sie gehören hauptsächlich zum Beutefang-, Schutz- oder Verteidigungsverhalten. Sie sind mit den innerartlichen (intraspezifischen) Aggressionen nicht identisch.

Territorialverhalten

Territorien oder Reviere sind gegen Artgenossen abgegrenzte und verteidigte Lebensräume. Sie dienen als Nahrungs- oder Fortpflanzungsterritorien und werden durch aggressives Verhalten errichtet und gesichert. Territoriumsinhaber können einzelne Tiere, Paare, Familien oder Gruppen sein. Territorien sichern Nahrung, reduzieren Auseinandersetzungen (bestehende Territorien werden akzeptiert) und verhindern ein übermäßiges Populationswachstum (Tiere ohne Territorium sind in der Regel von der Fortpflanzung ausgeschlossen). Territorien werden durch optische (Körperfarben), akustische (Gesänge) oder chemische (Pheromone) Signale markiert.

Gruppenverhalten

Gruppenbildungen sind bei Tieren weit verbreitet. Zu unterscheiden ist zwischen Ansammlungen und Sozietäten.

Ansammlungen (Aggregationen). Allein durch ökologische Faktoren (z.B. Wasserstelle in Trockengebieten, optimale Temperatur- und Feuchtebedingungen an einem Überwinterungsplatz, optimales Nahrungsangebot) bedingt. Tiere einer Ansammlung zeigen keinerlei Sozialverhalten.

Sozietäten (Sozialverbände, echte Gruppen). Werden von sozialen und eusozialen Tieren gebildet. Sie basieren auf einem angeborenen Sozialverhalten, dem Gruppenverhalten. Vorteile des Gruppenverhaltens bestehen in

- einer verbesserten Leistungsfähigkeit durch die Arbeitsteilung,
- besseren Überlebenschancen,
- der Einschränkung des aggressiven Verhaltens,
- der schnelleren Erschließung neuer Nahrungsquellen und
- der Synchronisation des Fortpflanzungsverhaltens.

Anonyme Gruppen. In anonymen Gruppen (z.B. Fisch- und Vogelschwärme, Insektenstaaten) gibt es kein individuelles (persönliches) Erkennen. Die Gruppenmitglieder erkennen einander am gemeinsamen Duft oder Aussehen.

Nicht-anonyme Gruppen. Die Angehörigen einer nicht-anonymen Gruppe (z.B. Hühnergruppen, Gänseherden, Wolfsrudel, Affenhorden) kennen sich mehr oder weniger individuell. Sie entwickeln eine Gruppenstruktur, z.B. eine Rangordnung.

Rangordnungen

Rangordnung oder Hierarchie beschreibt die Struktur einer nicht-anonymen Gruppe. Das Tier an der Spitze der Rangordnung wird Alpha-Tier genannt, gefolgt vom Beta-Tier und so weiter bis zum Omega-Tier, das am Ende steht. Die Positionen sind wertfrei zu betrachten, alle Gruppenmitglieder haben spezifische „Rechte und Pflichten". Abweichend von dieser linearen Rangordnung oder Hackordnung ist der Despotismus, bei dem ein Tier die Alpha-Position und alle anderen gleichberechtigt die Omega-Position einnehmen. Zwischen diesen beiden Rangordnungssystemen gibt es zahlreiche Übergänge.

Soziobiologie

Soziobiologie ist eine junge Wissenschaftsdisziplin, die den stammesgeschichtlichen Anpassungswert des Sozialverhaltens bei Tieren und Menschen untersucht.

Individuelle Fitness

Individuelle Fitness (Eignung, Tauglichkeit) steht für den Fortpflanzungserfolg eines Individuums und ist somit ein Maß für den Erfolg in der phylogenetischen Anpassung. Die Fitness hängt hauptsächlich von der körperlichen Verfassung, der Überlebensfähigkeit und der Fruchtbarkeit ab, also von Faktoren, die den Fortpflanzungserfolg eines Individuums mitbestimmen.

Der Fortpflanzungserfolg drückt sich in der Anzahl der sich erfolgreich fortpflanzenden Nachkommen aus, denn entscheidend für die Selektion ist, dass möglichst oft das eigene genetische Material (Genom) in die nächste Generation gelangt. Das kann auf zwei Wegen erreicht werden:

- direkte Fitness-Steigerung:
  allein oder mit einem Geschlechtspartner werden möglichst viele eigene Nachkommen aufgezogen;
- indirekte Fitness-Steigerung:
  nahen Verwandten wird bei der Betreuung ihrer Nachkommen geholfen (Helfer), um so deren Fortpflanzungserfolg zu steigern.

Helfer und Altruismus

Helfer sind Tiere, die keine eigenen Nachkommen haben, weil nicht genügend Geschlechtspartner, Territorien oder Brutmöglichkeiten zur Verfügung stehen. Sie unterstützen jedoch ihre Verwandten (Eltern, Geschwister u.a.) bei der Brutpflege. Sie verhalten sich altruistisch (gemeinnützig). Es ist jedoch ein mehr „eigennütziges" Verhalten, denn nur so sorgen sie unter Mangelbedingungen für den Fortbestand der Gene, die sie mit Verwandten gemeinsam haben. Deshalb stehen altruistisches Verhalten und Verwandtschaftsgrad in direkter Beziehung: je größer der Verwandtschaftsgrad, desto größer die Übereinstimmung im Genom und desto umfangreicher das altruistische Verhalten.

Evolution

Geschichte der Erde und des Lebens

Phasen der Erdgeschichte

Die Erde und das Leben auf der Erde haben eine gemeinsame Geschichte. Sie kann in drei große Phasen unterteilt werden:

Die abiotische Phase (protoplanetare Etappe und Katarchäozoikum). In dieser Phase entstanden die geophysikalischen und geochemischen Voraussetzungen für die Entstehung des Lebens. Es ist die Phase der chemischen Evolution.

Die biotische Phase. Sie beginnt mit der Entstehung des Lebens am Anfang des Archäozoikums. In ihr nehmen Organismen durch ihre Lebenstätigkeit in unterschiedlicher Weise auf die weitere Entwicklung der Atmosphäre, Hydrosphäre und Lithosphäre Einfluss und beteiligen sich so selbst an der Veränderung der Bedingungen für ihre weitere Existenz und Evolution.

Die anthropische Phase. Sie beginnt am Ausgang des Tertiärs mit dem Auftreten des Menschen. Mit seiner Verbreitung auf der Erde und mit der Ausweitung seiner Produktions- und Lebenstätigkeit beeinflusst er zunehmend die biotische und oberflächennahe geologische Evolution.

Biotische und anthropische Einflüsse auf geologische Prozesse und Strukturen

Organismen, insbesondere Menschen, beeinflussten und beeinflussen geomorphologische, geophysikalische und geochemische Mikro- und Makroprozesse und -strukturen. Ohne ihre Existenz und Lebenstätigkeit würden viele Prozesse anders verlaufen. Biogener Natur sind Prozesse und Strukturen, die erst durch die Tätigkeit von Organismen zustande kommen, anthropogener Natur solche, die gewollt oder ungewollt von Menschen geschaffen wurden.

Biotische Einflüsse. Organismen hemmen, fördern oder modifizieren vor allem Bodenbildung, Verwitterung, Verdunstung, Verteilung chemischer Elemente in Luft, Gewässern und in der Erdrinde, Makro- und Mikroklimaabläufe, Wind- und Wassererosion, Sedimentbildungen, Ablagerungen.

Anthropische Einflüsse. Menschen beeinflussen gewollt oder ungewollt, direkt oder indirekt (durch ihre Einwirkung auf Organismen) die gleichen Prozesse, in neuerer Zeit jedoch in kürzeren Zeiträumen und größeren Dimensionen. Das kann zu Verbesserungen, scheinbaren Verbesserungen oder zu Verschlechterungen der natürlichen Lebensbedingungen für Mensch, Tier und Pflanze führen.

↗ Umwelt- und Naturschutz, S. 371 ff.

Strukturen biogener Natur. Biotischer Herkunft sind einige Gesteinsbildungen (z. B. Muschelkalke, Kreide, Korallen), Lagerstätten (z. B. Stein- und Braunkohle, Eisenerze, Torf, Erdöl und -gas), Sedimente (z. B. Schlick), Versteinerungen (z. B. Bernstein), Sande (z. B. Kiesel- und Muschelsande).

Strukturen anthropogener Natur. Anthropischer Herkunft sind einige Gewässer (z. B. Stauseen, Kanäle), Landflächen (z. B. Polder, entwässerte Moore, Aufschüttungen), unterirdische Hohlräume (z. B. Schächte, Stollen, Tunnel), Bodenreliefveränderungen (z. B. Tagebaue, Kiesgruben, Dämme und Deiche, Halden), lebende und nicht lebende Bodenbedeckungen (z. B. Agrarflächen und Forstflächen, Gebäude, Verkehrsflächen).

Auftreten und Verbreitung von Organismen in der Erdgeschichte

vor etwa Millionen Jahre	Erdzeitalter		Hauptgruppe		Entwicklung und Verbreitung von Organismengruppen	erstes Auftreten
	Ära	Periode	Pflanzen	Tiere		
1,5	Känozoikum	Quartär	Bedecktsamer	Säuger und Vögel	menschliche Gesellschaft	Kulturpflanzen, Haustiere Mensch
70		Tertiär			rezente Pflanzen- und Tierformen	
135	Mesozoikum	Kreide	Nacktsamer		Ein- und Zweikeimblättrige, letzte Blüte der Ammoniten, Aussterben der Saurier	Bedecktsamer, immergrüner Laubwald
180		Jura		Saurier	Nacktsamer, Saurier und Insekten, Wiederaufblühen der Ammoniten	Vögel, Säuger, Ginkgoarten
220		Trias			Reptilien (Saurier, Schildkröten, Krokodile) und Nacktsamer	Schmetterlinge, Dinosaurier
270	Paläozoikum	Perm	Farnpflanzen		Insekten mit vollkommener Metamorphose, Reptilien mit trockenschaligen Eiern	Käfer, Nadelbäume, Cycadeen

vor etwa Millionen Jahre	Erdzeitalter		Hauptgruppe		Entwicklung und Verbreitung von Organismengruppen	erstes Auftreten
	Ära	Periode	Pflanzen	Tiere		
350	Paläozoikum	Karbon	Farnpflanzen	Lurche	Besiedlung des Festlandes durch Lungenschnecken, Insekten und Panzerlurche, Waldvegetation durch Farnpflanzen	Samenfarne, Cordaiten, Reptilien, Süßwassermuscheln
400		Devon		Fische	Besiedlung des Festlandes durch Farne, Bärlappgewächse, Schachtelhalme; im Meer Panzerfische, Weichtiere, Krebse	Insekten, Ammoniten, Knorpelfische, Lurche
440		Silur	Lagerpflanzen	Wirbellose	Besiedlung der Flachmeere durch Korallen, Seelilien, Muscheln, Schnecken, Kopffüßer und Algenarten	Knochen- und Panzerfische, Skorpione, Nacktfarne
500		Ordovizium			Nautiliden, Trilobiten, Graptolithen, Korallen, Süßwasseralgen	Muscheln, Kieferlose
600		Kambrium			am Meerboden Schwämme, Trilobiten, Graptolithen	Weichtiere, frühe Chordatiere
1900	Proterozoikum				Entstehung der Vielzeller	Schwämme, Würmer
2700	Archäozoikum		Bakterien, Algen, Urtiere, Urorganismen; Differenzierung in Pflanzen und Tiere			Zu Beginn der Ära Urorganismen

Biogenese

Die Erforschung der Entstehung des Lebens

Bis Anfang des 20. Jh. gab es über die Herkunft des Lebens auf der Erde nur allgemeine Vermutungen. Die Erkenntnisfortschritte der geologischen Wissenschaften, der Biochemie und Biophysik, besonders die experimentellen Arbeiten und Hypothesen des Biochemikers A. I. OPARIN (seit 1924) und die durch S. L. MILLER (seit 1953) und viele andere durchgeführten Modellversuche, haben zu einigen relativ gut gesicherten Vorstellungen über die Entstehung des Lebens geführt. Sie ebneten der weiteren Forschung den Weg durch genauere Fragestellungen an die Natur, um die Entstehung des Lebens aus natürlichen Ursachen zu erklären.

↗ Leben, S. 9

Stufen der chemischen Evolution

Der mindestens eine Milliarde Jahre dauernde Prozess der chemischen Evolution bis zur Herausbildung der ersten Organismen (Urorganismen) wird in aufeinander folgende Stufen eingeteilt: – abiogene Bildung niedermolekularer organischer Stoffe – abiogene Bildung hochmolekularer organischer Stoffe – Bildung von Polymeraggregaten – Entstehung von Urorganismen (Protobionten), mit denen neue Gesetzmäßigkeiten auftreten.

Ausgangsstoffe

Ausgangsstoffe für die chemische Evolution waren zur Zeit der Bildung der festen Erdkruste chemische Elemente und anorganische Moleküle, die in Atmosphäre, Hydrosphäre und Lithosphäre vorhanden waren.

Herkunft wichtiger Ausgangsstoffe		
Atmosphäre	Hydrosphäre	Lithosphäre
Wasserstoff Wasserdampf Ammoniak Methan Schwefelwasserstoff Helium u.a. Edelgase geringe Mengen Kohlenstoffmonoxid und Kohlenstoffdioxid	Wasser Anionen und Kationen der wasserlöslichen Verbindungen aus der Lithosphäre, absorbierte Gase bzw. Radikale aus der Atmosphäre	Carbide Nitride Sulfide Metalloxide Nichtmetalloxide Chloride Wasser

Energiequellen

Für chemische Reaktionen vor allem in der kohlenstoffdioxid- und sauerstoffarmen oder -freien Atmosphäre standen als Energiequellen hauptsächlich zur Verfügung:

- aus dem Kosmos: Sonnenlicht einschl. UV-Strahlung, kosmische Strahlen
- aus dem Erdinnern: Radioaktivität der Gesteine, Wärme aus Vulkanen u. Quellen
- aus der Atmosphäre: elektrische Entladungen

Abiogene Bildung niedermolekularer organischer Stoffe

Eine abiogene Bildung vielfältiger organischer Stoffe kann sich in Austauschprozessen zwischen Atmosphäre und Hydrosphäre vollziehen, wenn

- die dafür erforderlichen Ausgangsstoffe und Energiequellen vorhanden sind,
- kein freier Sauerstoff vorhanden ist, der zu einer sofortigen Oxidation führen würde, und
- keine lebenden Systeme existieren, die organische Stoffe sofort wieder vernichten oder verwerten.

Diese Bedingungen waren in der frühen Geschichte der Erde gegeben. Sie führten durch fotochemische und andere chemische Reaktionen über die Zwischenprodukte Formaldehyd und Cyanwasserstoff zur Bildung relativ stabiler organischer Verbindungen (z. B. Aminosäuren, Monosaccharide, Purine, Pyrimidine). Auch heute entstehen bei Verwitterung magmatischer Gesteine (z. B. Olivin) neben Kohlenstoffdioxid und Methan kurzfristig höhere Kohlenwasserstoffe, Aminosäuren und Nukleotidbasen. Solche Bedingungen treten auch außerhalb der Erde auf. Die Existenz verschiedener einfacher organischer Verbindungen in kosmischen Gas- und Staubwolken, in Meteoriten und in der Gashülle von Planeten (z. B. Venusatmosphäre) ist nachgewiesen.

Beispiele für den Nachweis abiogener Bildung niedermolekularer organischer Stoffe		
Ausgangsstoffe	Reaktionsbedingungen	Reaktionsprodukte
Methan, Ammoniak, Wasser, Wasserstoff	Gasgemisch, elektrische Entladungen, wässrige Lösung	Aminosäuren (Glycin, Alanin), Essigsäure, Milchsäure
Methan, Ammoniak, Wasser	Gasgemisch, UV-Strahlen (1000-2000 Å)	einfache Aminosäuren, Fettsäuren
Kohlenstoffdioxid, Wasser	Gasgemisch, UV-Strahlen	Formaldehyd, Glyoxal
Methan, Ammoniak, Wasser, Wasserstoff	wässrige Lösung, UV-Strahlen	Aminosäuren (Glycin, Alanin)
Cyanwasserstoff, Ammoniak, Wasser	60° C, wässrige Lösung	Purinbasen (Adenin)
Formaldehyd, Ammoniak, Wasser	wässrige Lösung, 185° C, 8 Stunden	bis zu 10 Aminosäuren
Formaldehyd	flüssig über Kaolin erhitzt	Triosen, Tetrosen, Pentosen und Hexosen
Formaldehyd (Methanal), Wasser	wässrige Lösung, Calciumcarbonat als Katalysator	Monosaccharide (Glucose, Ribose, Desoxyribose)

Abiogene Bildung hochmolekularer organischer Stoffe (Polymere)

Im Urozean und in Seen konnten aus niedermolekularen organischen Stoffen unter wechselnder Anwesenheit anderer Stoffe und schwankenden Konzentrationen kompliziertere makromolekulare organische Verbindungen durch Polymerisation entstehen (z. B. Polypeptide, eiweißartige Stoffe, Nucleotide). Im Wechselspiel von Zerfall und Neubildung ergaben sich unterschiedliche Konzentrationen und Mischungen.

Beispiele für den Nachweis abiogener Bildung hochmolekularer Stoffe		
Ausgangsstoffe	Reaktionsbedingungen	Reaktionsprodukte
Aminosäuren	65° C, Phosphorsäure	Polypeptide
Ribose, Purinbasen, Phosphorsäure	50 - 60° C, Autokatalyse	verschiedene Nucleinsäuren
Glycin	Feucht-Trockenwechsel, Ton und Histidindipeptid als Katalysator	Polyglycinketten
Aminosäuren	über Tonmineralien als Katalysator	verschieden lange Aminosäureketten (eiweißartige Stoffe)

Bildung von Polymer-Aggregaten

Die in der „Ursuppe" vorhandenen organischen Polymere haben die Eigenschaft, sich zu mehr oder minder stabilen Komplexen aus verschiedenen Polymeren zu aggregieren (vereinigen). Über ihre Bildung gibt es verschiedene Hypothesen, die auf Modellversuchen aufbauen:

9

Koazervattröpfchen. In Lösungen von zwei oder mehr Komponenten hochmolekularer Stoffe (z. B. Gelatine und Gummiarabicum; RNA und Histon) bilden sich mikroskopisch sichtbare Gebilde. In diesen Koazervattröpfchen vollziehen sich Polymerisationsprozesse schneller als in der umgebenden Lösung. Sie nehmen aus der Lösung Stoffe auf, wandeln sie um und geben sie ab. Je nach Zusammensetzung und Milieu sind sie unterschiedlich stabil.

Mikrosphären. Beim Einbringen von Proteinoid in warmes Wasser bilden sich Gel-Kügelchen in der Größe von 1 µm bis 5 µm. Sie sind stabil, haben eine dichtere Haut, lagern weiteres Proteinoid an, bilden durch Knospung neue Mikrosphären und sind enzymatisch aktiv.

Andere mögliche Formen der Aggregation und Trennung von der Lösung sind
- an Tonpartikel angelagerte Polymere
- polymergefüllte Poren in Sand
- polymergefüllte Poren in Schlamm.

Es ist wissenschaftlich noch umstritten, ob sich der Replikations-Translations-Mechanismus des Nucleinsäurekomplexes, das heißt die Entstehung und Nutzung der genetischen Information, bereits vor oder erst nach der Aggregatbildung der entsprechenden Polymere herausgebildet hat.

Entstehung von Urorganismen (Protobionten)

Aus einer Vielzahl verschiedener Polymer-Aggregate bildeten nur diejenigen den Ursprung für die Evolution des Lebens, die

- sich die organischen Stoffe aus der wässrigen Umwelt aneignen und sie zu systemeigenen Stoffen umformen konnten (heterotrophe Ernährung),
- gegenüber schädigenden Einwirkungen genügend stabil waren,
- in einem Nucleinsäure-Eiweiß-Komplex ihre Bestandteile selbst reproduzierten, das heißt, in elementarer Form alle Merkmale des Lebens aufwiesen und vererben konnten.

↗ Leben, S. 9

Differenzierung der Urorganismen

Eine erste Differenzierung der Urorganismen erfolgte, als einige von ihnen durch die Ausbildung von Assimilationsfarbstoffen die Fähigkeit erwarben, organische Stoffe fotosynthetisch zu gewinnen und dabei Sauerstoff abzugeben, womit sie zur autotrophen Ernährung übergingen. Sie veränderten die Zusammensetzung der Atmosphäre bis zu ihrer heutigen Beschaffenheit.

↗ Evolution der Zelle und Zellsymbiose, S. 172;
↗ Evolution des Stoffwechsels, S. 210

Entstehung neuer Gesetzmäßigkeiten

Mit der Entstehung der Protobionten geht die chemische Evolution in die biotische Evolution über. Mit den ersten sehr primitiven lebenden Systemen entstehen abgegrenzte Gebilde, die sich durch Individualität, Stoff-, Energie- und Informationsaustausch mit der Umwelt, durch Wachstum und Fortpflanzung auszeichnen. Ihre Erhaltung und Veränderung unterliegt nun dem Zusammenspiel von Mutation, Selektion und Isolation, die erst jetzt wirksam werden können.

Phylogenie

Systematik und Stammesgeschichte

Die Stammesgeschichte (Phylogenie) beschreibt die Abstammung der Arten und Organismengruppen, ihre nahe oder entferntere Verwandtschaft, das heißt, ihre Herkunft von gemeinsamen Vorfahren in näherer oder fernerer Vergangenheit. Die Abstammung wird durch Befunde unterschiedlicher Art rekonstruiert. Jeder weitere Fortschritt in der Aufklärung der Verwandtschaftsverhältnisse führte und führt zu entsprechenden Veränderungen in der Darstellung von Stammbäumen und der Systematik von Organismengruppen.

↗ Übersicht über Organismengruppen, S. 33 ff.

Fossilien als Urkunden über Vorfahren

Fossilien. Fossilien sind unter bestimmten Bedingungen erhaltengebliebene Reste oder Spuren von Lebensformen früherer Zeiten, aus denen Schlussfolgerungen über deren Bau und Lebensweise gezogen werden können. Die Herkunftszeit wird durch die Altersbestimmung der betreffenden geologischen Schicht gefunden (z. B. radiometrische Altersbestimmung).

Leitfossilien. Fossilien, die zahlreich nur in bestimmten geologischen Schichten vorkommen, sodass ihr Vorkommen als Merkmal für diese Schicht gilt, heißen Leitfossilien.

Lebende Fossilien. Rezente (heute lebende) Arten werden lebende Fossilien genannt, wenn sie über geologische Zeiträume hinweg relativ unverändert geblieben sind. Sie sind meist die einzigen Vertreter einer früher artenreichen Organismengruppe wie beispielsweise *Ginkgo, Sequoia,* der Quastenflosser *(Latimeria)*, die Nautilus-Tintenschnecke.

Folgerungen aus fossilen Funden

Aus fossilen Funden lässt sich auf andere Merkmale schlussfolgern, beispielsweise

- aus Zähnen: auf Ernährung (Pflanzenfresser, Fleischfresser), Körpergröße
- aus Becken-, Glieder- und Halswirbelknochen: auf Bewegungsweise
- aus Knochenform: auf Form und Größe der Muskeln
- aus der Dicke von Muschelschalen: auf Lebensweise in Brandungszone, Fließ- oder Stillwasser
- aus Pollen: auf Zusammensetzung der Vegetation.

Entstehung von Fossilien

Fossilienform	Entstehungsmodus	Beispiel für Funde
originale Hartteile	Erhaltung anorganischer Strukturen des Organismenkörpers	Knochenreste von Wirbeltieren, Schalen von Weichtieren, Schuppenpanzer von Reptilien
Versteinerung	Mineralisation a) poröser Hartteile b) von Körperhohlräumen c) ganzer Organismenkörper	 a) Holz, Muschelschalen b) Steinkern: Seeigel, Ammoniten c) Abguss: Korallenstöcke, Seelilien
Abdruck	Relieferhaltung von Organismen oder Fährten in Sedimenten (z. B. Schlamm, Ton) oder durch Inkohlung	Abdruck von Insekten, Laubblättern, Farnen, Vogelgefieder, Steinkohlenfarnen
Einschlüsse (Inklusionen)	Einschlüsse durch Harze, Kieselsäure	Insekten in Bernstein
Mumifizierung, Konservierung	Konservierung ganzer Organismen durch Gerbstoffe, Austrocknung, Einfrieren, Luftabschluss	Pollen, Tiere, Menschen in Mooren, Mammut in Frostboden, Tiere in Trockenhöhlen

9

Verwandtschaftshinweise aus Morphologie und Anatomie

Mehr oder weniger viele Ähnlichkeiten und Unterschiede im Bau bei verschiedenen Arten weisen auf nähere oder entferntere Verwandtschaft hin, wenn sie auf Homologie und nicht auf Analogie beruhen.

Homologie. Homolog sind Organe, Strukturen und Formen gleicher Herkunft (Abstammung). Sie haben einen gleichen allgemeinen Bauplan (z. B. das Skelett der Gliedmaßen der Wirbeltiere), auch wenn durch Anpassung an unterschiedliche Umweltverhältnisse beträchtliche Veränderungen erfolgt sein können.
Analogie. Analog sind Organe, Strukturen und Formen unterschiedlicher Herkunft, die in Anpassung an gleiche Umweltbedingungen gleiche Funktionen erfüllen. Sie weisen auf Konvergenzen in der Evolution hin (z. B. Vogel- und Insektenflügel; Körperform von Fisch, Wal, Pinguin; Sukkulenz bei Kakteen und Wolfsmilchgewächsen).
↗ Umbildungen der Extremitäten bei Wirbeltieren, S. 111

Verwandtschaftsnachweise aus der Embryologie

Frühe ontogenetische Entwicklungsstadien weisen bei verwandten Arten und Organismenformen bedeutend mehr Ähnlichkeiten untereinander und mit gemeinsamen Vorfahren auf als die erwachsenen Organismen. Der Verlauf der Ontogenese weist so auf die Phylogenese hin.
Biogenetische Grundregel (biogenetisches Grundgesetz). Von ERNST HAECKEL und FRITZ MÜLLER zuerst entdeckter Zusammenhang von Ontogenese und Phylogenese: Die Ontogenese ist eine kurze Rekapitulation der Phylogenese.
Diese strenge Formulierung gilt bei vielen Tieren nur für frühe Entwicklungsstadien. In anderen Fällen trifft sie nur für wenige Merkmale zu.
Rudimentäre Organe. Rudimentär sind Organe oder Organanlagen, die bei erwachsenen Organismen oder auf bestimmten ontogenetischen Entwicklungsstadien funktionslos auftreten. Sie weisen auf Vorfahren hin, bei denen sie voll ausgebildet eine Funktion hatten (z. B. Reste von Beckenknochen beim Wal).
Atavismen. Gelegentliches Wiederauftreten von Merkmalen bei Individuen rezenter Arten, die bei Vorfahren dieser Art anzutreffen waren (z. B. überzählige Brustwarzen oder fellartige Körperbehaarung beim Menschen).

Verwandtschaftsnachweise aus Molekularbiologie und Serologie

Vergleichende Sequenzanalysen von Eiweißen und Nucleinsäuren weisen auf den Verwandtschaftsgrad verschiedener Arten und Formengruppen hin. Je mehr Sequenzen übereinstimmen, um so näher ist die Verwandtschaft.
Serologische Untersuchungen beruhen auf den Immunreaktionen gegen artfremdes Eiweiß. Aus dem Verhältnis von im Serum ausgefällten und nicht ausgefällten Eiweißen wird auf die Nähe der Verwandtschaft geschlossen.
↗ Struktur der DNA, S. 301 f.; ↗ Sequenzstammbaum, S. 173 und S. 30;
↗ Antigen-Antikörperreaktion, S. 179 f.

Verwandtschaftsindizien aus der Parasitologie

Sehr nahe miteinander verwandte Arten werden von den gleichen Parasiten befallen (z. B. Läuse im Wollhaar von Lama und Kamelen).

Verwandtschaftshinweise aus der Biogeographie

Aus der Untersuchung der Formenentfaltung in verschiedenen geographisch getrennten Gebieten können Schlussfolgerungen für den Verlauf der Evolution und damit über Bestehen oder Ausschluss von Verwandtschaft gezogen werden. Besonders gut untersucht sind endemische Formen.

Endemische Formen. Endemisch sind Arten und Organismengruppen, die nur in einem abgegrenzten Gebiet vorkommen, obwohl sie ihren Umweltansprüchen nach auch anderenorts vorkommen könnten.

- Als Reliktendemiten werden Formen bezeichnet, die früher größere Gebiete besiedelt haben, aber durch andere Arten oder klimatische Veränderungen verdrängt wurden (z. B. Beuteltiere in Australien und Südamerika, früher artenreich auch in Eurasien und Afrika).
- Entstehungsendemiten sind Arten- oder Rassengruppen, die durch evolutive Entfaltung (adaptive Radiation) aus meist wenigen Individuen einer Art hervorgegangen sind, denen einmal die Besiedlung dieses Gebiets gelang (Finken-Arten der Galapagos-Inseln, Kleidervögel-Arten der Hawaii-Inseln, Fliegenschnäpper-Arten der Salomonen-Inseln).

Übergangsformen (Brückentiere und Brückenpflanzen)

Übergangsformen sind fossile oder rezente Arten, die Merkmale verschiedener systematischer Gruppen aufweisen. Sie weisen auf die gemeinsame Herkunft dieser Formengruppen hin.

- Der rezente Quastenflosser *(Latimeria)* hat als Knochenfisch auch Merkmale landlebender urtümlicher Lurche;
- die fossilen landlebenden Nacktfarne *(Psilophyta)* haben auch Merkmale von im Meer lebenden Grünalgen;
- der fossile Urvogel *(Archaeopterix)* hat Vogel- und Reptilienmerkmale.

Reptilien- und Vogelmerkmale des Urvogels

Abgeleitete Merkmale, die die Zugehörigkeit zu den Vögeln zeigen:
- Ausbildung von Federn,
- Ausbildung hohler Knochen,
- Ausbildung der Vordergliedmaßen als Flügel,
- Ausbildung eines Gabelbeins.

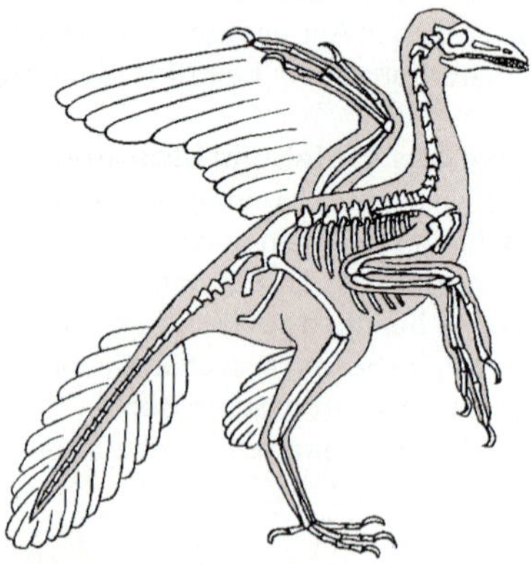

Urtümliche Merkmale, die auf die Verwandtschaft mit Reptilien hinweisen:
- relativ schwach ausgebildetes Gehirn,
- bezahnter Kiefer,
- Ausbildung langer Schwanzwirbel,
- nicht verwachsene Mittelhandknochen.

Darstellung von Verwandtschaft

Verwandtschaftsbeziehungen werden durch Stammbäume, die „Ahnentafeln" für Organismengruppen, übersichtlich dargestellt. Sie sind Ergebnis der Untersuchungen verschiedener Forschungsgebiete und geben stets den jeweils erreichten Erkenntnisstand wieder. Der erste Versuch einer Stammbaumdarstellung erfolgte durch JEAN-BAPTISTE DE LAMARCK, die ersten umfassenden Stammbaum-Darstellungen auf der Grundlage der DARWINschen Theorie unternahm ERNST HAECKEL.

Stammbaum der Wirbeltiere

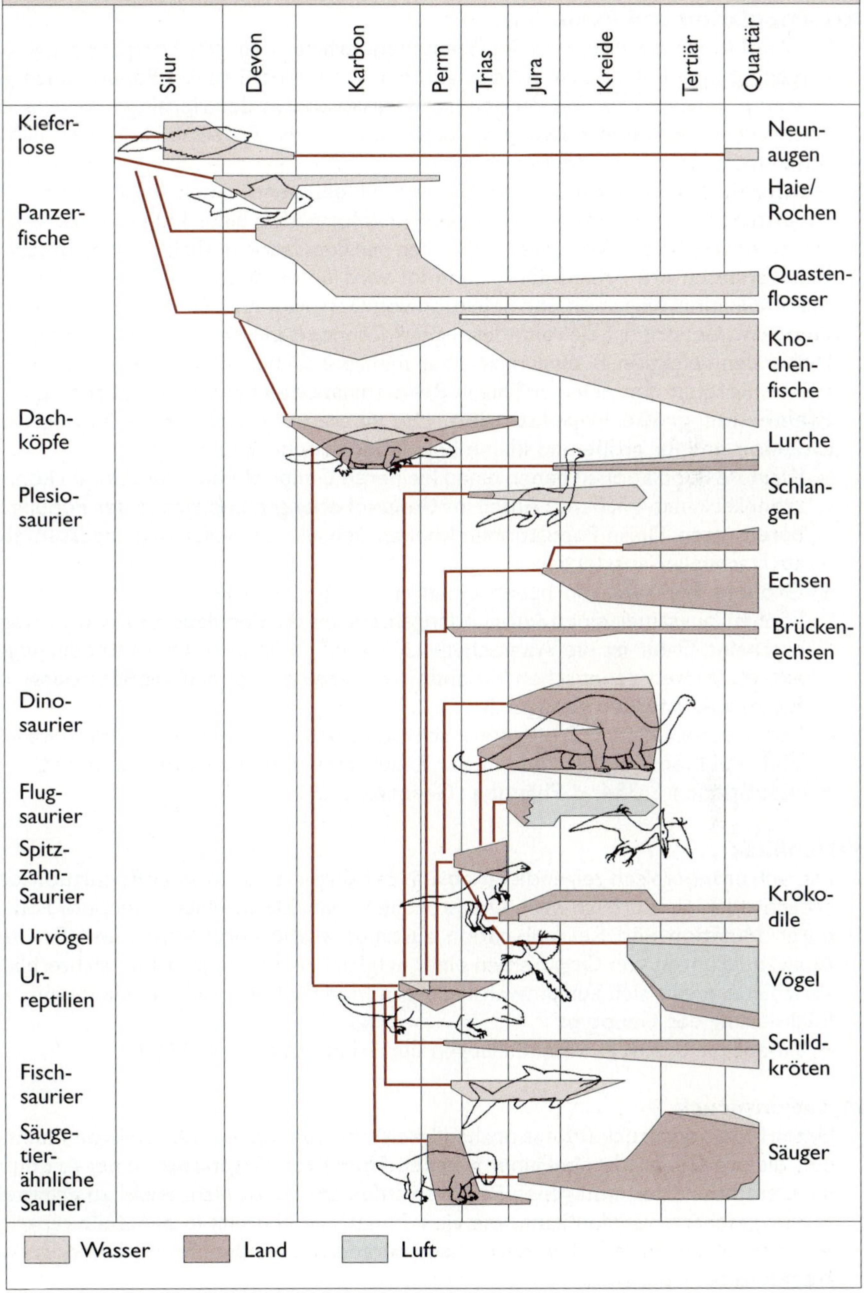

Entstehen, Erhalten und Vergehen von Arten

Art, Population und Evolution

Die Evolution von Arten ist ihr Entstehen, Erhalten (durch Fortpflanzung) und Vergehen; sie vollzieht sich in Populationen. In allen natürlichen Populationen gibt es eine phänotypische und genotypische Variabilität, in der vielfältige Formen von Selektion und Isolation wirksam werden können. Diese Prozesse realisieren sich als Zusammenspiel der Evolutionsfaktoren.

Genpool. Der Genpool ist die Gesamtheit der genetischen Information einer Population. Sie ist größer als die genetische Information eines Individuums, weil sie die unterschiedlichen Allele aller Individuen der Population enthält und entsprechend viele Varianten ermöglicht. Der Genpool wird unter dem Einfluss von Mutation, Rekombination, Migration und Selektion von Generation zu Generation verändert.

Gendrift. Gendrift ist die Veränderung des Genpools in einer Richtung unter gleichbleibenden Selektionsbedingungen über mehrere Generationen hinweg. Sie ergibt sich als Resultat der vielen zufälligen Rekombinationen bei der Fortpflanzung.

Kleine und große Populationen. Die inneren und äußeren Bedingungen für Evolution sind für große und kleine Populationen sehr unterschiedlich.

- Kleinere Populationen haben einen kleineren Genpool, neue Mutationen können schneller einen größeren Anteil im Genpool erlangen und sich in der Population durchsetzen. Diese Populationen können sich also schneller neu anpassen, aber auch schneller aussterben.
- Größere Populationen haben einen reicheren Genpool, einzelne Mutationen können langsamer einen Anteil erlangen, sodass die Population evolutionsträger erscheint. Dafür ist die Wahrscheinlichkeit auf veränderte Umweltbedingungen mit geeigneten genetischen Varianten reagieren zu können größer, sodass das Risiko auszusterben geringer ist.
- Populationen, deren Größe stark schwankt (Auftreten von Populationswellen), sind evolutionsfreudiger und in der Regel kaum vom Aussterben bedroht.

↗ Populationen, S. 354; ↗ Phänotyp, Genotyp, S. 299

9

Variabilität

Die sich phänotypisch zeigende Variabilität der Organismen in einer Population kann erblich oder nichterblich sein. Die erbliche Variabilität in einem Genpool kommt durch Mutation und Rekombination zustande sowie durch Migration (Ein- und Auswanderungen von Organismen einer artgleichen Population). Die nichterbliche Variabilität ergibt sich aus umweltbedingten Modifikationen in der phänotypischen Realisierung des Genotyps.

↗ Variabilität, S. 299; ↗ Veränderungen der Erbinformation, S. 319 ff.

Mutationsdruck

Unter Mutationsdruck (Mutationshäufigkeit) versteht man die Anzahl von Mutationen, die pro Generation bei einer gleichen Anzahl von Organismen einer Art durch die Gesamtheit der mutagenen Faktoren auftreten. Sie ist nicht leicht zu ermitteln, da nur geschätzt werden kann, wie viele Mutationen bereits in der Zelle repariert werden und wie viele Zellen durch Letalmutationen aus dem Reproduktionszyklus ausgeschaltet wurden.

Selektion

Selektion und Leben. Selektion (Auswahl) findet bei allen Lebensprozessen auf allen Organisationsstufen lebender Systeme statt. Jede für die Lebenserhaltung notwendige Stoff-, Energie- und Informationsaufnahme aus der Umwelt und -abgabe in die Umwelt erfolgt selektiv. Ein Versagen oder fehlerhaftes Funktionieren von Selektionsmechanismen führt zur Beeinträchtigung oder zum Absterben des lebenden Systems.

Selektion und Organismus. Organismen selektieren ihre biotische und abiotische Umwelt und ebenso selektiert Umwelt unter den Organismen. Mit steigender Organisationshöhe lebender Systeme nimmt deren Fähigkeit Umwelt zu selektieren zu.

Sexuelle Selektion. Alle bisexuellen Tiere zeigen bei ihrer Fortpflanzung verschiedene Formen der Partnerwahl, der „geschlechtlichen Zuchtwahl" (Darwins „selection in relation to sex"). Sie kann sowohl als stabilisierende als auch als transformierende Selektion auftreten.

Stabilisierende Selektion. Bei relativ unveränderten Umweltbedingungen werden von einer gut angepassten Art abweichende Varianten ausgesondert oder benachteiligt, sodass der Artcharakter erhalten bleibt.

Transformierende Selektion. Bei Veränderung der Umweltbedingungen kommen für diese vorteilhaftere Mutanten oder Rekombinanten allein oder bevorzugt zur Fortpflanzung, sodass der Artcharakter sich verändert.

Selektionsdruck. Die Bezeichnung für die Stärke, mit der die Gesamtheit selektierender Faktoren in einer Population wirksam ist.

- Niedriger Selektionsdruck erhöht die Populationsgröße und -dichte, vergrößert den Genpool und führt bei transformierender Selektion zu einer niedrigeren Evolutionsgeschwindigkeit.
- Hoher Selektionsdruck verringert die Populationsgröße und -dichte, verkleinert den Genpool und führt bei transformierender Selektion zu einer höheren Evolutionsgeschwindigkeit. Mit steigendem Selektionsdruck vergrößert sich besonders bei kleinen Populationen die Gefahr, dass Populationen und Arten aussterben.

Isolation

Isolation ist der Ausschluss von Individuen einer Population aus dieser Fortpflanzungsgemeinschaft, sodass sie entweder eine gesonderte Fortpflanzungsgruppe bilden oder nachkommenlos aussterben. Isolation kann zur Aufspaltung einer Art in verschiedene Rassen und Arten führen und tritt durch unterschiedliche Ursachen in verschiedenen Formen auf, die fließend ineinander übergehen können.

Geographische Isolation. Physiko-geographische und geologische Veränderungen können das bisher zusammenhängende Verbreitungsgebiet einer Population zerteilen, sodass Teilpopulationen mit voneinander isolierten Genpools entstehen.

- Meereseinbrüche machen Landzungen oder Erhebungen zu Inseln,
- das Vordringen von Eiswüsten oder Gletschern unterteilt eisfreie Lebensräume,
- das Vordringen von Sandwüsten reduziert das Verbreitungsgebiet einer Population auf einige Oasen,
- die Verwandlung eines Gewässers durch Verlanden oder Austrocknen in kleinere, voneinander getrennte Gewässer kann ebenfalls zur Bildung getrennter Populationen mit unterschiedlichen Genpools führen.

Ökologische Isolation. Unterschiedliche physikalisch-geographische Bedingungen im Verbreitungsgebiet einer Population können den Genaustausch zwischen Teilen der Population unterbinden (z. B. unterschiedliche Blühtermine von Blütenpflanzen an Nord- und Südhanglagen oder in Wald- und Wiesenbiotopen).

Fortpflanzungsbiologische Isolation. Im Fortpflanzungsprozess treten durch Mutation, Rekombination oder Verhaltensänderungen Barrieren auf, die den Erfolg des Fortpflanzungsprozesses verhindern (z. B. unterschiedliches Paarungsverhalten; Paarungs-(Brunst-)zeitendifferenzen; Veränderungen an Fortpflanzungsorganen).

Genetische Isolation. Genetische Isolation beruht auf Veränderungen in der DNA, die zu Unvereinbarkeiten bei der Vereinigung von DNA-Strängen und damit zur Sterilität führen.

Konkurrenz und Kooperation

Konkurrenz und Kooperation gibt es sowohl innerhalb einer Population (intraspezifisch) als auch zwischen den verschiedenen Arten (interspezifisch) innerhalb einer Biozönose in vielfältigen Formen. Je nachdem, mit welchen anderen Faktoren und Umständen sie auftreten, können sie zur stabilisierenden oder transformierenden Selektion führen. Interspezifische Konkurrenz, vor allem Nahrungskonkurrenz, reduziert die Populationsgrößen konkurrierender Arten. Sie kann bis zur völligen Verdrängung einer Art aus dem Biotop führen.

↗ Konkurrenz, S. 348 f.; ↗ Sozialverhalten, S. 269 ff.

Domestikation

Domestikation ist die Umwandlung von Wildformen zu Haustieren und Kulturpflanzen durch den Menschen. Sie begann bei Tieren (Wolf zu Hund) auf der Entwicklungsstufe der Jäger und Sammler vor mehreren 10 000 Jahren, bei Pflanzen mit dem Übergang zum frühen Ackerbau vor etwa 18 000-15 000 Jahren. Damit begann eine neue Phase der Evolution, die anthropische Etappe. Sie wird vor allem charakterisiert durch:

- Bestimmung der Evolutionsrichtung der Haustiere und Kulturpflanzen durch den Menschen. Dabei kann es zur Herausbildung von Formen kommen, die nur noch in von Menschen geschaffenen und unterhaltenen Biozönosen (z. B. Agrozönosen, Hortozönosen) lebensfähig sind.
- Reduzierung der Populationsgrößen von Wildformen und damit ihres Genpools durch Verdrängung aus Arealen, die aus Naturlandschaften zu Kulturlandschaften mit Agrozönosen u. ä. umgewandelt werden, sodass die Bedingungen für Erhaltung und Evolution oder Aussterben grundlegend verändert werden.
- Schaffen von günstigeren Ausbreitungsbedingungen für bestimmte Arten, den „Kulturfolgern", und ungünstigeren für andere Arten, den „Kulturflüchtern", wodurch sich das Artengefüge der Biozönosen und damit ihre Evolutionsbedingungen verändern.
- Gewolltes oder ungewolltes Einführen oder Einschleppen von Arten in Biozönosen, die dadurch aus dem Gleichgewicht geraten können bis zur Auslösung ökologischer Krisen.

Neue Domestikationen erfolgten auch in den letzten Jahrzehnten (z. B. Forelle, Seelachs, sibirischer Silberfuchs). Es ist umstritten, ob und ab wann man die Nachzucht von Zootieren als Domestikation ansehen muss.

Züchtung

Züchtung von Mikroorganismen, Pflanzen und Tieren erfolgt, wenn Menschen bestimmen, ob, wann und wo sie aufwachsen und sich fortpflanzen. Hierbei wird bewusst oder unbewusst immer auch eine Selektion vorgenommen, die entweder auf die Erhaltung der bestehenden Sorten- bzw. Rasseneigenschaften gerichtet ist oder auf eine Veränderung von Eigenschaften (in Richtung auf eine Verstärkung der einen, Verringerung der anderen, der Erhaltung oder Beseitigung aufgetretener Mutanten und Rekombinanten).

Eine Unterbrechung der menschlichen Tätigkeit in der Aufzucht bestimmter Pflanzensorten oder Tierrassen kann zum unwiederbringlichen Verlust dieser Formen führen. Vielfach wird nur noch dann von Züchtung gesprochen, wenn bewusst auf die Sorten- bzw. Rasseneigenschaften Einfluss genommen wird mit dem Ziel der Erhaltung („Erhaltungszüchtung") oder Veränderung („Neuzüchtung").

↗ Anwendung der Erkenntnisse genetischer Forschung, S. 328 ff.

Sorten und Rassen

Domestikation und Züchtung haben eine außerordentlich große Vielfalt an Pflanzen und Tieren hervorgebracht. Es sind bei aller Verschiedenheit meistens Sorten (bei Pflanzen) oder Rassen (bei Tieren) innerhalb der jeweiligen Ausgangsart (z. B. Möhrensorten, Hunderassen, Hauskatzenrassen). In einigen Fällen ist umstritten, ob wir es mit Unterarten oder bereits mit Arten zu tun haben (z. B. bei den Kohlmutanten).

Resultate züchterischer Beeinflussung unterschiedlicher Mutanten des Wildkohls

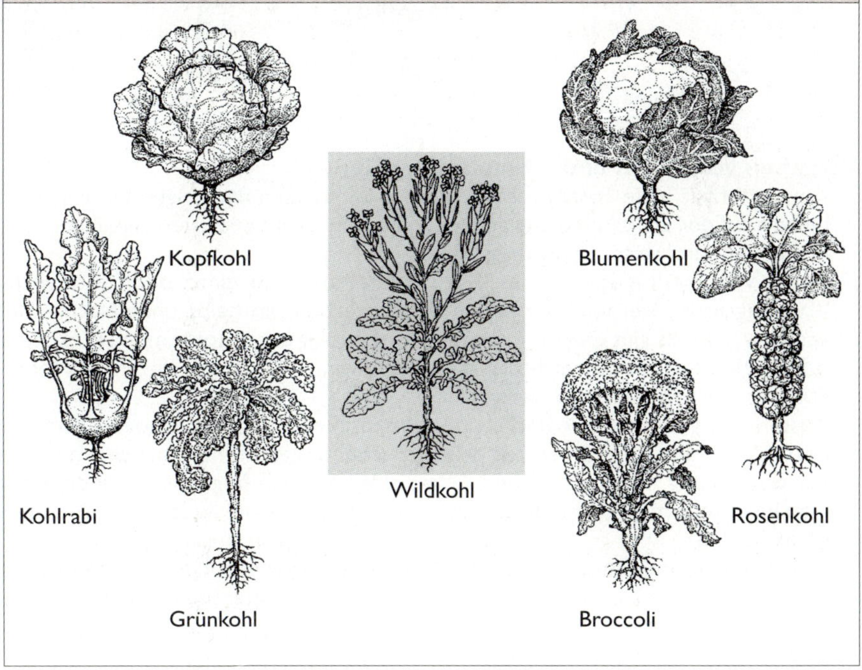

9

Resultate züchterischer Beeinflussung des Wolfes

9

Vergehen von Arten und Organismengruppen

Unübersehbar viele Fossilien belegen, dass im Verlaufe der langen Geschichte des Lebens auf der Erde Arten und ganze Organismengruppen zu verschiedenen Zeiten entstanden und wieder vergangen sind.

Arten vergehen, indem sie im Evolutionssprozess zu einer oder zu mehreren Nachfolgearten werden oder indem sie aussterben, das heißt, ohne Nachkommen verschwinden. Es gibt Organismengruppen, die völlig ausgestorben sind (z. B. Saurier) oder von deren Artenreichtum nur noch wenige Vertreter rezent als lebende Fossilien vorkommen (z. B. *Ginkgo*).

Kosmische, geomorphologische und klimatische Umbruchsperioden sind durch besonders hohe Aussterberaten gekennzeichnet, worauf meistens eine hohe Rate der Entstehung neuer Arten und Organismengruppen folgt. Geschwindigkeit und Umfang von Umweltveränderungen bestimmen, wie viel Arten vom Aussterben bedroht sind.

Dimensionen und Tempo heute von Menschen ausgelöster Umweltveränderungen schaffen hohe Gefährdungen für viele Arten, für die menschliches Handeln oder Unterlassen verantwortlich sind.

↗ Naturschutz, S. 376

Richtungen der Evolution

Erhaltung des Lebens und Evolution

Das Leben auf der Erde hat sich nur erhalten können durch ständiges Wiederanpassen an sich verändernde Umweltbedingungen, die sich sowohl durch abiotische Prozesse als auch durch die Lebenstätigkeit der Organismen ergeben haben und ergeben. Der Mannigfaltigkeit der Lebensbedingungen in Luft, Wasser und Boden entspricht die Mannigfaltigkeit der Lebensformen, der Arten. Evolution ist das Ergebnis einer Vielzahl von Anpassungsprozessen in unterschiedlicher Richtung, ist das Ergebnis von Erhaltensreaktionen lebender Systeme. Hierbei haben Lebensformen verschiedene Richtungen eingeschlagen, die zu unterschiedlichen Ergebnissen führten.

Gerichtetheit der Evolution

Evolutionäre Veränderungen sind irreversibel (nicht umkehrbar): Durch Anpassung an veränderte Umweltbedingungen umgewandelte oder verlorengegangene Merkmale treten nicht wieder in der früheren Form auf, wenn eine Rückkehr in die ursprünglichen Umweltbedingungen erfolgt (z. B. Rückkehr landlebender lungenatmender Säuger ins Wasser - Wale, Robben - führte nicht wieder zur Kiemenatmung). Folge der Irreversibilität ist die Gerichtetheit der Evolution. Evolutionsrichtungen werden durch eine Reihe allgemeiner Begriffe beschrieben (z. B. Höherentwicklung, Differenzierung, Spezialisierung), die verschiedene Seiten oder Aspekte derselben Evolutionsprozesse charakterisieren.

Höherentwicklung

Höherentwicklung ist der Übergang lebender Systeme zu neuen Organisationsstufen (z. B. von Einzellern zu Vielzellern; vom Wasserleben zum Landleben; Übergang zur Warmblütigkeit), die meist mit der Eroberung von neuen Lebensräumen zusammenhängen.

Höherentwicklung ist in der Regel mit einer stärkeren Differenzierung und Spezialisierung innerhalb des Organismus verbunden, mit einer Zunahme der Aktivität und der Anzahl der Wechselwirkungen mit der Umwelt.

Es können nur größere Organismengruppen als „niedriger" und „höher" eingestuft werden. „Niedriger" bedeutet früher entstanden und einfacher gebaut (ursprünglich), „höher" bedeutet später entstanden (abgeleitet) und in der Regel komplizierter gebaut.

Differenzierung und Divergenz

Differenzierung ist das Entstehen von Differenzen, von Unterschieden, zwischen ursprünglich gleichartigen Zellen, Geweben, Organen mehrzelliger Organismen sowohl in der Ontogenese als auch in der Phylogenese.

Differenzierungen innerhalb einer Population, die zur Herausbildung von Rassen führen und weiter zur Aufspaltung in Arten führen können, heißen Divergenzen.

Spezialisierung

Spezialisierung ist die Konzentration der Leistungsfähigkeit lebender Systeme (Zellen, Gewebe, Organe, Organismen einer Art) auf eine oder wenige Leistungen (Funktionen). Sie führt zur Leistungssteigerung dieser Funktionen und gleichzeitig zu

Leistungsminderung oder -ausfall anderer Funktionen. Sie ist meist mit morphologischen Rückbildungen, Vereinfachungen im Bau, verbunden (z. B. vereinfachter Bau spezialisierter Zellen).
Spezialisierung und Leistung sind immer auf das jeweils umfassendere lebende System (Organismus, Biozönose) bezogen, in dessen Rahmen das Spezialisierte lebensfähig ist und „funktioniert".

Zentralisierung

Zentralisierung ist die Vereinigung auf die gleiche Funktion spezialisierter Zellen oder Gewebe eines Organismus zu einem einheitlichen Funktionssystem. Damit ist eine weitere Leistungssteigerung verbunden.
↗ Zentralnervensystem, S. 113 ff. und S. 87

Progression und Regression

Schrittweise Veränderungen eines Organs oder Organsystems nennt man Progression, wenn sie zu einem Ausbau oder einer Vervollkommung führen, und Regression (Rückbildung), wenn bereits Vorhandenes verschwindet oder auf Rudimente verringert wird. Regressionen treten oft bei Spezialisierungen auf, besonders beim Übergang zu parasitärer Lebensweise.
Mehrere Schritte in derselben Richtung bilden Progressions- bzw. Regressionsreihen (z. B. Progressionsreihe der zunehmenden Körpergröße in der Reihe der Pferdeartigen; zugleich Regressionsreihe der abnehmenden Zehenzahl).

Ko-Evolution

Ko-Evolution ist die evolutive Veränderung zweier oder mehrerer nicht verwandter Arten durch wechselseitige Beeinflussung (z. B. Ko-Evolution von Blütenpflanze und bestäubendem Insekt; von Räuber und Beute, von Parasit und Wirt). In einem erweiterten Sinn kann von der Ko-Evolution aller Arten einer Biozönose gesprochen werden.

Konvergenz

Konvergenz liegt vor, wenn unter gleich wirksamen Selektionsbedingungen nicht verwandte Arten sich in gleicher oder ähnlicher Weise anpassen, sodass es unabhängig voneinander zur Ausbildung analoger Organe oder Strukturen kommt (z. B. Stromlinienform guter Schwimmer).

Radiation

Radiation (auch adaptive Radiation) ist die meist vielfache Verzweigung in der Rassen- und Artenbildung aus einer zunächst wenig differenzierten und spezialisierten Ursprungsform. Dadurch können unterschiedliche ökologische Nischen in einer Biozönose besetzt werden (z. B. Galapagos-Finken, Hawaii-Kleidervögel).
Radiationen in allen Etappen der Geschichte des Lebens führten zu der großen Mannigfaltigkeit der Lebensformen.

Anthropogenese

Der Mensch im System der Organismen

Auf der Grundlage seiner Abstammung und seiner biologischen Eigenschaften wird der Mensch in das System der Organismen eingeordnet. Er gehört zu den Chordaten, darin zu den Wirbeltieren, zu den Säugern (Mammalia).

↗ Übersicht über Organismengruppen, S. 35

Einordnung des rezenten Menschen ins System		
Ordnung:	Primaten *(Primates)*	
Unterordnung:	echte Affen *(Simae)*	Halbaffen *(Prosimae)* (z. B. Lemur, Lori)
Infraordnung:	Schmalnasenaffen der alten Welt *(Catarrhina)*	Breitnasenaffen der neuen Welt *(Platyrrhina)*
Überfamilie:	Menschenähnliche *(Hominoidea)*	Niedere Affen *(Cercopithecoides)* (z. B. Makake, Pavian) *Hylobatoidea* (z. B. Gibbon)
Familie:	Menschenartige *(Hominidae* - rezent und fossil)	*Dryopithecidae* (fossil) *Pongidae* (z. B. Orang-Utan, Gorilla, Schimpanse)
Unterfamilie:	Menschen *(Homininae* - rezent und fossil)	*Australopithecinae* (fossil)
Gattung:	Mensch *(Homo* - rezent und fossil)	
Art:	*Homo sapiens*	*Homo habilis* (fossil) *Homo erectus* (fossil)
Unterart:	*Homo sapiens sapiens*	*Homo sapiens praeneanderthalensis* (fossil) *Homo sapiens neanderthalensis* (fossil) *Homo sapiens praesapiens* (fossil)

Biotische Evolution des Menschen

Die biotische Evolution umfasst die genetisch fixierten morphologischen und physiologischen Veränderungen und die darauf beruhenden Verhaltensweisen des Menschen. Sie bleiben mit der Weitergabe der genetischen Information an die nachfolgende Generation erhalten. Die biotische Evolution des Menschen verläuft in relativ großen Zeiträumen.

↗ Vererbungsvorgänge beim Menschen, S. 323 ff.

Soziokulturelle Evolution

Die soziokulturelle Evolution umfasst die Veränderungen, die sich in der Sphäre der gesamten Lebensweise des Menschen abspielen. Sie verläuft wesentlich schneller als die biotische Evolution. Diese Veränderungen werden nicht genetisch fixiert und müssen von der nachfolgenden Generation durch Lernen in ihrer Lebensgemeinschaft erworben werden. Darauf aufbauend können sie weiter verändert, ergänzt und entwickelt werden. So bilden sich spezielle soziokulturelle Eigenheiten (ethnisch- kulturelle Züge oder „Besonderheiten") der einzelnen Gemeinschaften heraus.

Elemente der soziokulturellen Evolution gibt es bereits im Tierreich (z. B. Jagdverhalten, Informationstechniken, Gruppenverhalten). Auch hier bleiben einmal erworbene Verhaltensweisen in der Population nur bestehen, wenn jede neue Generation sie von der jeweiligen Elterngeneration erlernt.

↗ Programmierung des Verhaltens, S. 257 ff.

Tier-Mensch-Übergangsfeld

„Tier-Mensch-Übergangsfeld" ist ein Begriff, mit dem in der Forschung der Zeitraum bezeichnet wird (meist von vor 16 bis vor 3 Millionen Jahren), in dem sich in der Evolution der Übergang von der tierischen Population zur menschlichen Gemeinschaft durch das Zusammenwirken von biotischer und soziokultureller Evolution vollzogen hat.

Im Tier-Mensch-Übergangsfeld vollzog sich nicht nur die Herausbildung der typischen biologischen Merkmale des Menschen, sondern auch der Übergang von der spontanen Benutzung von Naturgegenständen als „Werkzeug" zur planvollen Werkzeugherstellung und -verwendung, von der gegenseitigen Information durch Gestik und Laute zum reichhaltigeren Informationsaustausch durch die Sprache.

Einige Forscher sind der Auffassung, dass die Menschenaffen, besonders Gorilla und Schimpanse, sich im Unterschied zu allen anderen Affen in einem frühen Stadium dieses Übergangsfeldes befinden.

Evolution der Hominiden

In der Evolution der Hominiden erlangten Merkmale der soziokulturellen Evolution ein immer größeres Gewicht. Die Vervollkommnung biotischer Merkmale erfolgte offensichtlich auch unter dem Einfluss soziokultureller Auslesekriterien. Mit dem Erwerb der Feuererzeugung und -verwendung wurde die Besiedelung weiter Regionen der Erde ermöglicht, ohne dass eine biotische Anpassung, etwa durch eine entsprechende Behaarung, erforderlich war. Die fossilen Funde lassen gegenwärtig noch keine eindeutige Zuordnung zu, welche Formen direkte Vorfahren und welche Formen „Nebenzweige" sind. Als sicher kann nur angesehen werden, dass der Neandertaler kein direkter Vorfahre des Jetztmenschen ist.

Auswahl fossiler Funde von Hominoiden-Formen				
Fossilgruppe Auftreten (Mio Jahre)	Vertreter	Fundorte	Merkmale	
			biologische	soziokulturelle
Älteste Hominoiden etwa 30	*Propliopithecus*	Afrika	kleiner Greifkletterer, vierfüßige Fortbewegung	wahrscheinlich Verwandtengruppe
Baumaffen *(Dryopithecinen)* 22 bis 18	*Dryopithecus* *Proconsuliden* *Sivapithecus*	Asien Afrika	menschenaffenähnliche Formen, Stammgreifkletterer oder Hangler	wahrscheinlich Verwandtengruppe
Tier-Mensch-Übergangsformen 16 bis 3	*Keniapithecus*	Afrika	aufrechter Gang, kleine Eckzähne, hominide Zahnbögen	„Urhorde", Naturgegenstände als „Werkzeug" benutzt
Australopithecinen (Urmenschen) 4 2 2 erste *Homo*-Form 2,0 bis 1,8	*Australopithecus afarensis* *A. africanus* *A. robustus* *Homo habilis*	Afrika Afrika Afrika Afrika	kleine Allesfresser, aufrechter Gang, menschliches Becken und Gebiss, große Pflanzenfresser, alle fliehende Stirn Hirnvolumen 450-700 cm^3	Stein- und Holzgeräteherstellung, Jagd in Horden, Laute werden zur Sprache
Frühmenschen *(Archanthropinen)* 0,8 bis 0,3	*Homo erectus (= Pithecanthropus)* *H. e. pekinensis* *H. e. heidelbergensis*	Afrika, Europa, Asien	flacher Schädel, Überaugenwülste, fliehendes Kinn, schlank, hochwüchsig, Hirnvolumen 800-1300 cm^3	Jäger- und Sammlergruppen, Werkzeugherstellung, Höhlenbewohner, Feuerverwendung; Feuererzeugung ?
Altmenschen *(Paläoanthropinen)* 0,45 bis 0,035	*H. sapiens praeneanderthalensis, H. s. neanderthalensis, H. s. praesapiens*	Afrika, Europa, Asien	gedrungener Körperbau, niedrige fliehende Stirn, Überaugenwülste, großer Hinterkopf, Hirnvolumen 1200-1700 cm^3	Bohrer u.a. Werkzeuge, Feuererzeugung und -gebrauch, Totenbestattung, Jagdkult, Höhlen- u. Hüttenbewohner
Jetztmenschen *(Neanthropinen)* 0,25	*Homo sapiens sapiens* (Bildung von Rassen)	Afrika, Europa, Asien, Australien; seit etwa 40 000 Jahren Amerika	schlanker Körperbau, hohe Stirn, kaum Überaugenwulst, großer Hirnschädel, Kinnvorsprung, Hirnvolumen 1200-1600 cm^3	gesellschaftliche Arbeitsteilung, kompliziertere Werkzeuge und entwickeltere Sprache; Ackerbau und Tierhaltung; Wohnungsbau

Stammbaum der Hominoiden

Der Stammbaum der Hominoiden ist - wie alle Stammbäume - eine Rekonstruktion der Abstammung auf der Grundlage der wissenschaftlich gewonnenen Befunde aus fossilen Funden, vergleichender Anatomie, Morphologie und Embryologie sowie molekularbiologischen und immunbiologischen Untersuchungen. Er enthält sowohl relativ gut gesicherte Linien (als Doppellinien gekennzeichnet) als auch hypothetische Annahmen (einfache Linien), die im Verlaufe der weiteren Erforschung entweder bekräftigt oder korrigiert, durch neue fossile Funde auch ergänzt werden können.

Stammbaum der Hominoiden

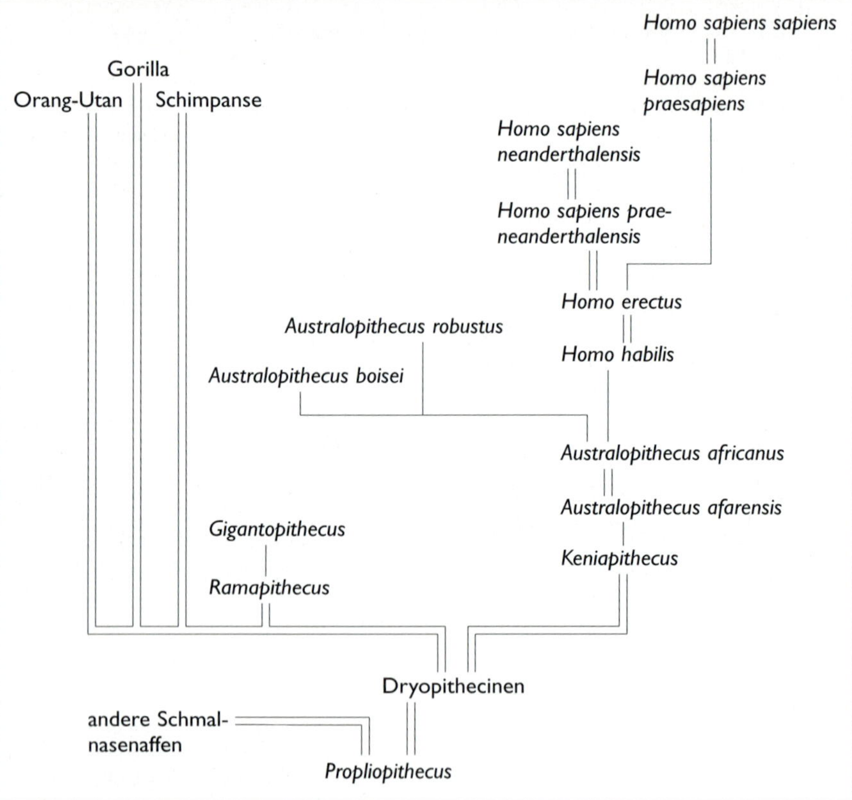

Menschenrassen

Entstehung der Rassen. Wie bei vielen wild lebenden weit verbreiteten Tier- und Pflanzenarten, domestizierten Tieren (z. B. Rinderrassen) und Pflanzen (z. B. Weizensorten) haben sich auch nach der Entstehung des *Homo sapiens* und seiner Ausbreitung über die Erde Rassen herausgebildet durch geographische und soziokulturelle Isolation (Sprache, Religion) von Populationen. Sie unterscheiden sich durch eine Reihe morphologischer Merkmale, aber mit fließenden Übergängen. Alle

Rassen sind in ihren spezifisch menschlichen Eigenschaften und in ihrer Leistungsfähigkeit gleichwertig und in gleicher Weise entwicklungsfähig. Sie sind genetisch uneingeschränkt miteinander kreuzbar, haben die gleichen Blutgruppen und können die gleichen Krankheiten und Parasiten bekommen. Sie werden in drei Hauptrassen (Großrassen, Rassenkreise) eingeteilt.

Europide Hauptrasse. Zu ihr gehört die Stammbevölkerung Europas, Südasiens und Nordafrikas. Schmales Gesicht mit stark hervortretender Nase, weiches schlichtes bis welliges Haar von blond bis schwarz, meist relativ starke Körperbehaarung, Hautfarbe bei Nordeuropiden hell, bei den Südeuropiden meist braun.

Mongolide Hauptrasse. Zu ihr gehört die Stammbevölkerung Mittel- und Ostasiens, Indonesiens, Sibiriens und Amerikas. Großes, breitflächiges Gesicht, Augenlidfalte, schwarzes dickes glattes Haar, schwache Körperbehaarung, Hautfarbe gelblich- bis rötlich-braun.

Australonegride Hauptrasse. Zu ihr gehört die Urbevölkerung des größten Teils von Afrika, von Australien, Neu-Guinea und Melanesien. Gesichtsform unterschiedlich, Nase meist breit und flach, oft krauses bis spiraliges dunkles Haar, sehr schwache Körperbehaarung, meist sehr dunkle Hautfarbe.

Rezenter Zustand der Rassen. Eine weitere Untergliederung der Hauptrassen ist für die überwiegende Mehrheit der heutigen Bevölkerung der Welt nicht mehr einwandfrei möglich, weil bereits in vergangenen historischen Epochen Vermischungen mit benachbarten Völkern erfolgt sind, nach Eroberungen Reste unterworfener Völker vereinnahmt wurden und ähnliches. Besonders seit der Epoche der großen geographischen Entdeckungen haben durch koloniale Eroberung, Umsiedlung großer Bevölkerungsgruppen unterschiedlicher ethnisch-rassischer Zugehörigkeit, durch Kriege oder wirtschaftliche Nöte ausgelöste Ein- und Auswanderungen in allen Regionen der Welt so viele Durchmischungen stattgefunden, dass jede Untergliederung und Einordnung wissenschaftlich fragwürdig wäre. Im 19. und 20. Jahrhundert verschiedentlich unternommene Versuche, die Menschenrassen detailliert zu differenzieren und zu klassifizieren, dienten fast immer dazu, kolonialistischen und rassistischen Herrschafts- und Machtansprüchen ein (schein-)wissenschaftliches Gesicht zu verleihen, Menschenrechtsverletzungen und sogar Verbrechen zu rechtfertigen.

Theorien über die Evolution

Allgemeines

Um sich in ihrer Umwelt zurechtzufinden, haben Menschen zu allen Zeiten nach ihrer Herkunft, der Herkunft von Pflanzen und Tieren sowie des Lebens überhaupt gefragt. Entsprechend ihrem überlieferten und selbst gewonnenen Wissen haben sie sich, meist in Analogie zu ihren Alltagserfahrungen, unterschiedliche Antworten darauf gesucht. Erst in der neueren Zeit hat die wissenschaftliche Erkenntnis der Natur einen Stand erreicht, der eine Antwort durch wissenschaftliche Theorien ermöglichte. Aus früheren Zeiten stammende, meist in religiöser Form überlieferte Vorstellungen befinden sich seitdem entweder in Abwehrstellung zur wissenschaftlichen Erklärung („Fundamentalisten") oder versuchen in verschiedenen Formen, einen mehr oder minder verträglichen Kompromiss zu finden. Nicht mehr bestreitbare wissenschaftliche Tatsachen können dann anerkannt werden.

Übersicht über einige Hauptaussagen zur Herkunft des Lebens, der Arten und des Menschen

wer/wann	Herkunft des Lebens	Herkunft der Arten	Herkunft des Menschen
Naturreligionen und Mythen verschiedener Völker (z.B. griechische Mythologie)	im Wasser durch Sonnengott oder andere übermächtige Wesen geschaffen (Analogie zum Schaffen durch Menschen)	durch einen oder mehrere Götter geschaffen, dann in der Regel unveränderlich	durch einen oder mehrere Götter als Urahn geschaffen (Analogie zur Zeugung von Kindern)
altindische Philosophie (ältere Upanishaden) um 6. Jh. v.u.Z.	ewiges Entstehen und Vergehen von Welten mit allem, was sich darauf befindet in Analogie zum Zyklus des Entstehens und Vergehens der einzelnen Pflanzen, Tiere und Menschen		
christliche Religion, 1. Jh. oder früher	göttlicher Schöpfungsakt (vor etwa 6000 Jahren)	einmaliger göttlicher Schöpfungsakt, dann Konstanz der Arten	göttlicher Schöpfungsakt
GEORGES CUVIER (1769-1832)	Wiederholte Schöpfungsakte nach Katastrophen bei Wechsel geologischer Epochen (Kataklysmentheorie); durch seine vergleichend-anatomischen Arbeiten in der Paläontologie wichtige Grundlage für Evolutionstheorie geschaffen		
JEAN BAPTISTE DE LAMARCK (1744-1829)	Urzeugung aus noch zu entdeckenden natürlichen Ursachen	Veränderung der Arten durch Gebrauch oder Nichtgebrauch in der Wechselwirkung mit der Umwelt, Vererbung so erworbener Eigenschaften (1809)	
CHARLES DARWIN (1809-1882)	keine Aussage	Veränderung der Arten durch Variation und Selektion (1859)	Abstammung von menschenaffenähnlichen Vorfahren (1871)
ERNST HAECKEL (1834-1919)	Urzeugung (Moneren)	wie Darwin; Anpassung und Vererbung, biogenetisches Grundgesetz, Stammbäume	wie Darwin; Stammbaumentwurf
moderne synthetische Theorie * der Evolution seit 1920-30	Entstehung unter den Bedingungen der frühen Erde als Ergebnis der chemischen Evolution	Evolution durch Wechselspiel von Mutation, Selektion und der anderen Evolutionsfaktoren	durch Evolution, gemeinsamer Stammbaum mit Menschenaffen, Primaten Säugetieren usw.

* Synthese (Vereinigung) von Selektionstheorie (Darwins) und Genetik (Mutationstheorie) und Spezialisierung innerhalb des Organismus, verbunden mit einer Zunahme der Aktivität

Genetik

Vererbung und Umwelt

Vererbung

Vererbung umfasst die Verdopplung (Replikation), Weitergabe und Realisierung der Erbinformation der Zelle. Sie gewährleistet eine weit gehend gleiche Grundlage der Merkmalsausbildung in Eltern- und Tochtergenerationen.

Erbinformation

Erbinformation (genetische Information) ist an Nucleinsäuren gebunden. Sie befähigt den Organismus, in den verschiedenen Entwicklungsphasen spezifische Stoffe (z.B. RNA, Enzyme, Struktureiweiße) zu synthetisieren, welche die Ausbildung von Merkmalen und Eigenschaften des Organismus bewirken.
Die Erbinformation ist relativ stabil, sie kann jedoch durch innere und äußere Faktoren beeinflusst werden.
↗ Mutationen, S. 319 ff.

Phänotyp

Der Phänotyp ist die Gesamtheit aller Merkmale eines Individuums vom primären Genprodukt bis zum äußeren Erscheinungsbild, das sich sowohl aus morphologischen als auch aus physiologischen Merkmalen zusammensetzt. Der Phänotyp wird in seiner Ausprägung von der Umwelt beeinflusst.

Genotyp

Der Genotyp ist die Gesamtheit der in den Genen (der DNA) eines Individuums gespeicherten Erbinformation.

Variabilität

Variabilität ist die Veränderlichkeit in der Ausbildung von Merkmalen bei Organismen einer Art. Die Merkmalsänderungen können genetisch bedingt sein und an die Nachkommen weitergegeben werden oder sie können nicht genetisch bedingt sein.

Ursachen der Variabilität	
Umwelteinflüsse während der Individualentwicklung	veränderte Erbinformation
Modifikation (nicht genetisch bedingt)	beispielsweise Mutation, Rekombination (genetisch bedingt)

Modifikation

Modifikationen sind phänotypische, innerhalb der genetisch festgelegten Reaktionsnorm veränderte Merkmalsausbildungen eines Individuums, die durch Umwelteinflüsse wie Temperatur, Licht, Wasser, Nahrungsangebot sowie durch Entwicklungsbedingungen beeinflusst werden. Die Umweltfaktoren verändern dabei nicht die Erbinformation. Modifikationen sind zum Beispiel die unterschiedliche Färbung einer Insektenart, unterschiedliche Ausbildung der untergetauchten und schwimmenden Blätter beim Wasserhahnenfuß.

Modifikationen beim Wasserhahnenfuß

untergetauchtes Blatt — Schwimmblatt — Übergangsformen

Reaktionsnorm. Die Reaktionsnorm ist die phänotypische Merkmalsausbildung in Anpassung an wechselnde Umweltverhältnisse innerhalb genetisch fixierter Grenzen.
GAUSSsche Verteilungskurve (Zufallsverteilung). Stellt man die Variationsbreite für ein Merkmal von erbgleichen Individuen in einem Diagramm dar, so ergibt sich eine glockenförmige Kurve: eine zu beiden Seiten gleichmäßige Abweichung vom Mittelwert.

Modifikationskurve

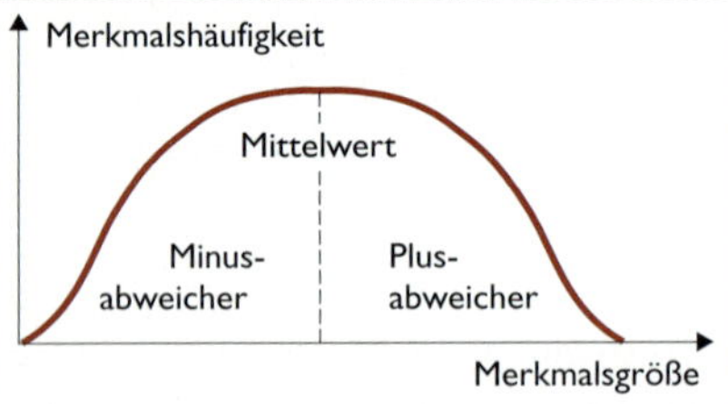

Häufigkeitsverteilung eines Merkmals

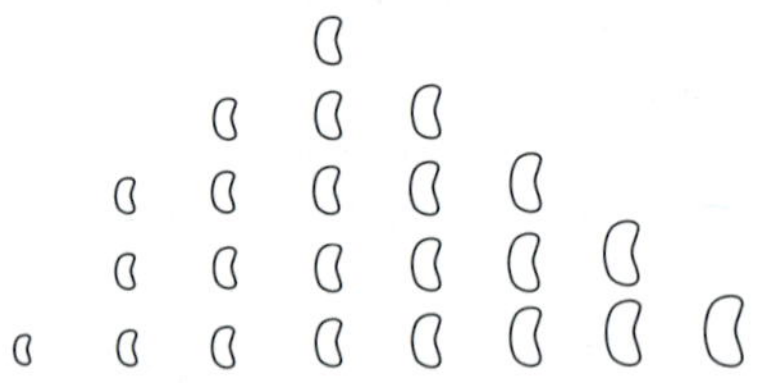

z. B. Größe von Bohnensamen

Umweltstabile Merkmale. Einige Merkmale werden unabhängig von den Umweltfaktoren ausgeprägt; es treten keine Modifikationen auf (z.B. Blutgruppen).

Bedeutung der Modifikationen

Modifikationen ermöglichen den Organismen mehr oder weniger starke Anpassungen an Umwelteinflüsse (z.B. Ausbildung von Licht- und Schattenblättern bei Pflanzen) und können so zum Überleben des Individuums und der Art beitragen.
Durch Schaffung optimaler Bedingungen für Kulturpflanzen und Haustiere können Modifikationen zu besseren Erträgen und höheren Leistungen innerhalb der Reaktionsnorm führen.

Speicherung und Verdopplung der Erbinformation

Informationsgehalt der Zelle

Die Erbinformation ist in den fadenförmigen Makromolekülen der Nucleinsäuren DNA und RNA gespeichert.

Zusammensetzung der Nucleinsäuren		
Nucleinsäuren	DNA	RNA
Zucker	Desoxyribose	Ribose
Säure	Phosphorsäure	Phosphorsäure
organische Basen	Adenin A	Adenin A
	Cytosin C	Cytosin C
	Guanin G	Guanin G
	Thymin T	Uracil U

Nukleotide

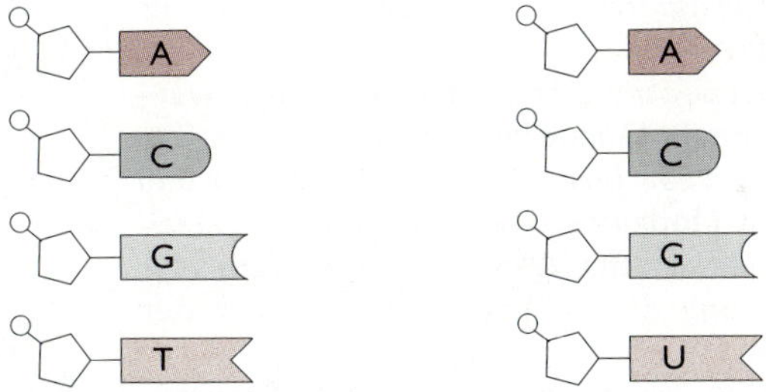

↗ Nucleotide und Nucleinsäuren, S. 153 ff.

Struktur der Nucleinsäuren

Die Aufeinanderfolge der Nucleotide in den Nucleinsäuremolekülen, die Basensequenz, bestimmt die Eigenschaften der Nucleinsäuren.

DNA (Watson-Crick-Modell). In der DNA bilden zwei Nucleinsäurestränge einen Doppelstrang; dabei stehen sich die Basen
Adenin (A) und Thymin (T) sowie Guanin (G) und Cytosin (C)
jeweils gegenüber (Basenpaarung).

Schematische Darstellung der Basenpaarung

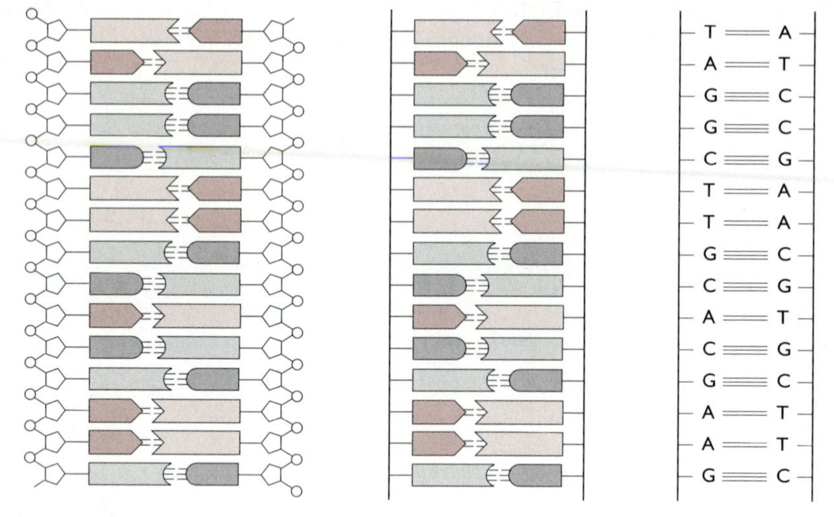

DNA-Doppelstrang

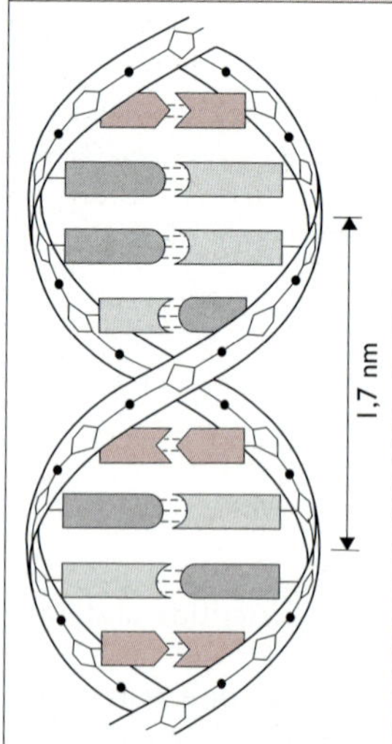

Zwischen den komplementären Basen sind Wasserstoffbrücken ausgebildet. Die Wasserstoffbrücken verbinden beide Ketten zu einem Doppelstrang mit entgegengesetzter Polarität. Das 3'Hydroxyl-Ende der einen Kette steht dem 5'Phosphat-Ende der anderen Kette gegenüber. Die Reihenfolge der Basen in der einen Kette bestimmt die Basenreihenfolge in der anderen Kette.

Der DNA-Doppelstrang ist schraubenförmig gewunden (Doppelspirale, Doppelhelix, WATSON-CRICK-Spirale). Im Jahre 1953 beschrieben J. D. WATSON und F. CRICK dieses Modell der DNA-Struktur. Sie erhielten 1962 gemeinsam mit WILKINS den Nobelpreis für ihre Entdeckung der molekularen Struktur der Nucleinsäuren.

RNA. Die RNA besteht nur aus einem Polynucleotidstrang. Sie ist an der Realisierung der Erbinformation bei allen Organismen beteiligt. Bei einigen Bakteriophagen und Viren ist sie Träger der genetischen Information.

Verdopplung der DNA (Identische Replikation)

Bei Zellteilungen wird die Erbinformation der Mutterzelle an jede der beiden Tochterzellen weitergegeben. Es erfolgt eine originalgetreue Verdopplung der DNA (identische Replikation). Der DNA-Doppelstrang wird durch Enzyme partiell in zwei

Einzelstränge gespalten, die durch neu gebildete Tochterstränge über komplementäre Basenpaarung der Nucleotide unter Mitwirkung von Enzymen (DNA-Polymerase) jeweils wieder zu Doppelsträngen ergänzt werden. Dabei dienen die vorliegenden Einzelstränge jeweils als Matrize für die Bildung des komplementären Stranges. Die Replikation erfolgt nur vom 5' zum 3' Ende. So entstehen an einem der Elternstränge nur jeweils kurze Stücke des Tochterstranges, die dann enzymatisch (DNA-Ligase) zum vollständigen Tochterstrang verknüpft werden.
Es entstehen zwei völlig gleiche (identische) DNA-Moleküle.

Replikation der DNA

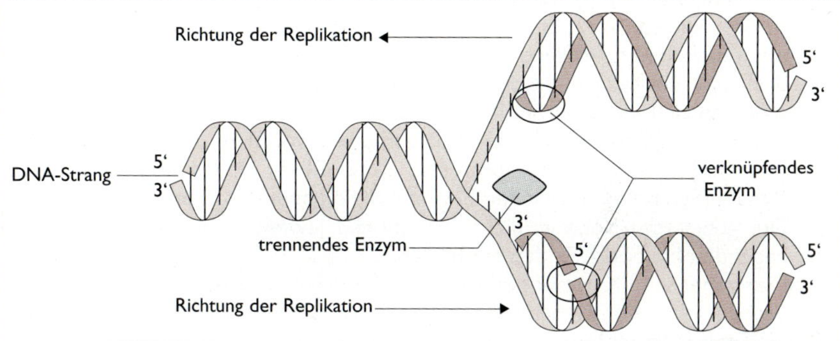

Basenpaarung bei der Replikation

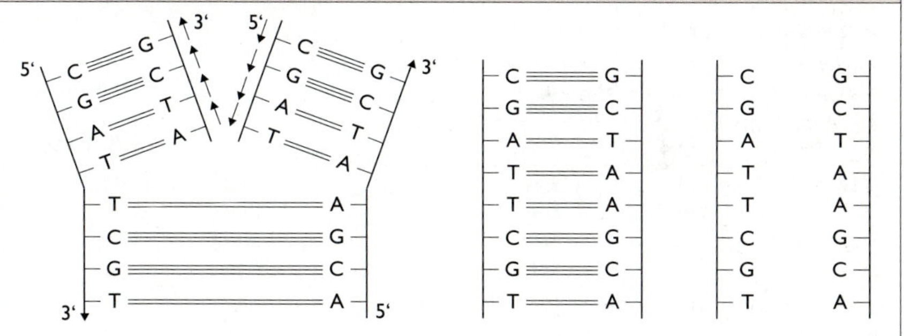

Realisierung der Erbinformation

Verschlüsselung der Erbinformation

Die Verschlüsselung (Kodierung) der Erbinformation in der DNA beruht auf der Reihenfolge ihrer linear angeordneten vier verschiedenen Nucleotide. Diese Basensequenz innerhalb eines DNA-Moleküls enthält die Information zur identischen Verdopplung sowie für die Synthese von RNA und Polypeptiden, wobei die Polypeptide zum Ausgangspunkt für die Merkmalsausbildung werden.

Der genetische Kode

Im genetischen Kode ist die Information zur Festlegung der Reihenfolge der verschiedenen Aminosäuren (Aminosäuresequenz) eines Polypeptids verschlüsselt. Für die Kodierung der 20 Aminosäuren stehen - ähnlich dem Prinzip des Morsealphabets - in der DNA vier verschiedene Nucleotidbasen zur Verfügung. Jede Aminosäure wird durch mindestens eine Dreiergruppe (Triplett) dieser Nucleotidbasen kodiert. Der genetische Kode wird durch folgende Merkmale charakterisiert:

- Der genetische Kode ist ein Triplett-Kode. Ein Triplett (jeweils drei Nucleotide) stellt eine Kodierungseinheit, ein Kodon, dar; bei der Verschlüsselung der Aminosäuren durch vier Basen in Dreiergruppen ergeben sich 43 Kombinationsmöglichkeiten = 64 Tripletts.
- Bei der Verschlüsselung von 20 Aminosäuren werden viele Aminosäuren durch mehrere Tripletts kodiert, diese Erscheinung wird als "Degeneration" des genetischen Kodes bezeichnet; die verschiedenen Kodonen für eine Aminosäure unterscheiden sich meist nur in der dritten Base.
- Drei Kodonen dienen als Stop-Signale (Punkt-Kodon) für die Polypeptidsynthese; zwei Kodonen für Aminosäuren (AUG und GUG) dienen gleichzeitig als Start-Signale (Start-Kodon) für den Beginn der Polypeptidsynthese.
- Der genetische Kode ist nicht überlappend, jeweils immer drei nebeneinander liegende Nucleotide bilden ein Triplett.
- Der genetische Kode ist kommafrei, bei der Polypeptidsynthese wird die genetische Information zwischen Start- und Punktkodonen ohne Auslassungen Triplett für Triplett abgelesen.
- Der genetische Kode ist weit gehend universell; bei allen Organismen werden die 20 Aminosäuren im Prinzip durch die gleichen Tripletts verschlüsselt.

Genetischer Kode					
Erste Base	Zweite Base				Dritte Base
5′-Ende	U	C	A	G	3′-Ende
U	Phe	Ser	Tyr	Cys	U
	Phe	Ser	Tyr	Cys	C
	Leu	Ser	„Stop“	„Stop“	A
	Leu	Ser	„Stop“	Trp	G
C	Leu	Pro	His	Arg	U
	Leu	Pro	His	Arg	C
	Leu	Pro	Gln	Arg	A
	Leu	Pro	Gln	Arg	G
A	Ile	Thr	Asn	Ser	U
	Ile	Thr	Asn	Ser	C
	Ile	Thr	Lys	Arg	A
	Met (Start)	Thr	Lys	Arg	G
G	Val	Ala	Asp	Gly	U
	Val	Ala	Asp	Gly	C
	Val	Ala	Glu	Gly	A
	Val	Ala	Glu	Gly	G

Gen

Ein Gen ist ein Abschnitt im DNA-Molekül, der die Information für die Synthese eines spezifischen RNA-Moleküls beziehungsweise eines bestimmten Polypeptidmoleküls enthält. Gene für das gleiche Produkt haben innerhalb einer Art, aber auch innerhalb des Organismenreichs, durch die Universalität des genetischen Kodes prinzipiell die gleiche Struktur.

Genkarten

Genkarten verdeutlichen die Lage der Gene in den Chromosomen. Entsprechend der Genanordnung im DNA-Molekül können auf den Chromosomen Abschnitte lokalisiert werden, die für die Ausbildung bestimmter Merkmale verantwortlich sind.

Merkmalsausbildung

An der Ausbildung eines Merkmals sind Eiweiße beteiligt, deren Bildung jeweils durch viele Gene bestimmt wird. In der Regel greifen die Eiweiße als Enzym in den Stoffwechsel ein.

Da viele Enzyme aus mehreren Polypeptiden bestehen, wirken bei ihrer Synthese mehrere Gene. Die Ein-Gen-ein-Polypeptid-Hypothese besagt, dass ein Gen jeweils die Bildung eines Polypeptids bestimmt.

Genwirkung bei der Merkmalsausbildung, vereinfacht

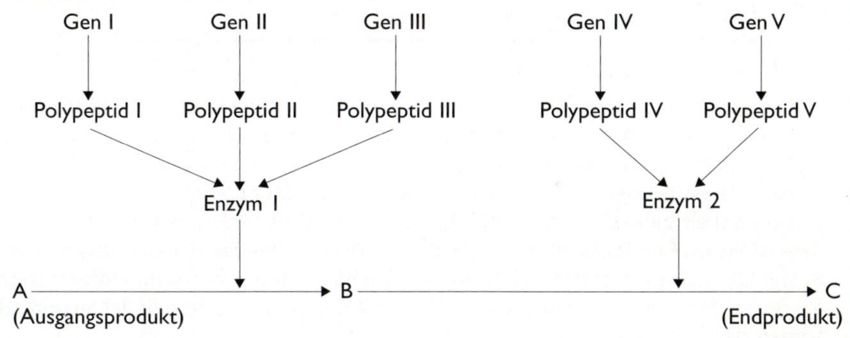

10

Polypeptidsynthese (Proteinsynthese)

Die Polypeptidsynthese ist der wichtigste Schritt bei der Umsetzung der Erbinformation bis zur Ausbildung des Merkmals. Sie erfolgt in zwei Teilprozessen: der Transkription (Informationsabgabe) und der Translation (Informationsübertragung).

Transkription. Die Transkription ist das Umkopieren der in der DNA verschlüsselten Information auf RNA-Moleküle. Sie verläuft ähnlich wie die Verdopplung der DNA; es lassen sich vier Teilschritte unterscheiden:

- Der DNA-Doppelstrang wird durch Enzyme teilweise aufgetrennt.
- An die frei gewordenen Nucleotidbasen eines Stranges lagern sich Nucleotide der RNA mit komplementären Basen an. Der Kode eines Gens wird vom Start-Triplett aus kommafrei und nicht überlappend bis zum Stop-Triplett abgelesen. Die neu gebildete Nucleotidkette ist die Boten-RNA (m-RNA = messenger-RNA).

Schematische Darstellung der Transkription

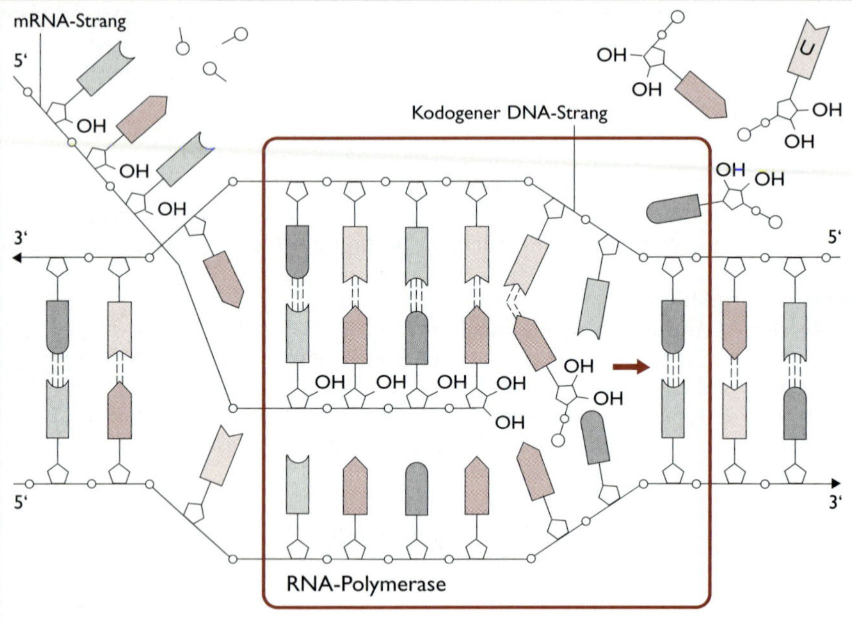

- Die einsträngige m-RNA löst sich von der DNA und verlässt durch die Poren der Kernmembran den Zellkern. (Die Membran ist für die DNA selbst undurchlässig.)
- Die vorherige Basenpaarung der DNA wird wieder hergestellt; die DNA liegt nach Beendigung der Transkription wieder als Doppelhelix vor. Der Informationsgehalt eines Teils der DNA ist auf die m-RNA umkopiert worden.

Translation. Die Translation ist der zweite Prozess bei der Polypeptidsynthese, sie ist die Übersetzung der in der m-RNA verschlüsselten genetischen Information in die Reihenfolge der Aminosäuren der Polypeptide. Die Translation findet an den Ribosomen der Zelle statt:

- Im Zellplasma treten RNA-Moleküle auf, die zu einer Kleeblattstruktur gefaltet sind und an einer Stelle ein „Antikodon", jeweils drei organische Basen in bestimmter Reihenfolge, enthalten. An jedes dieser RNA-Moleküle wird entsprechend dem Basentriplett des genetischen Kodes eine bestimmte Aminosäure gebunden und von dem RNA-Molekül zu den Ribosomen transportiert. Deshalb wird diese RNA als t-RNA (Transport-RNA) bezeichnet.
- An den Ribosomen treffen t-RNA einschließlich „transportierter" Aminosäuren und m-RNA zusammen. Die genetische Information der m-RNA wird von der t-RNA in eine Reihenfolge der Aminosäuren übertragen, indem sich die Basentripletts der t-RNA, die Antikodonen, kurzzeitig an die komplementären Basentripletts der m-RNA anheften.
- Die Ribosomen wandern am m-RNA-Strang entlang und die einzelnen, noch an die t-RNA-Moleküle gebundenen Aminosäuren werden zu Ketten verknüpft.

Schematische Darstellung der Translation

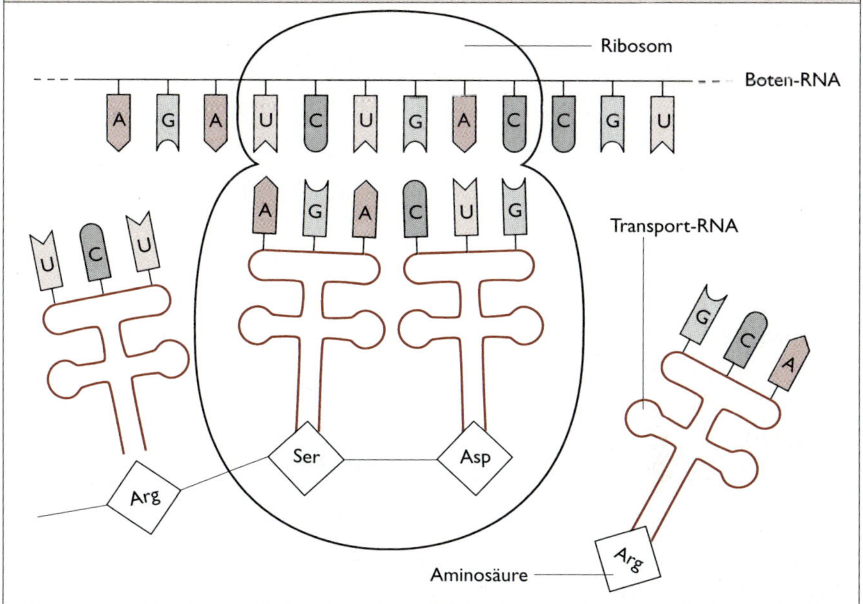

Damit ist ein Polypeptid entsprechend dem Informationsgehalt des „abgelesenen" DNA-Abschnitts entstanden. Ein solches Polypeptid wirkt allein oder mit anderen Polypeptiden als Enzym- oder Struktureiweiß. Die folgenden Stoffwechselprozesse bewirken die Ausbildung der zugehörigen Merkmale.

Regulation der Genaktivität

Die Regulation der jeweiligen Aktivität der einzelnen Gene ist bedeutsam für die Entwicklung eines Organismus, damit die erforderlichen Eiweiße zum richtigen Zeitpunkt und in der benötigten Menge zur Verfügung stehen. Die verschiedenen Funktionen einer Zelle unterliegen Regelmechanismen, die die Aktivität der verschiedenen Gene steuern (z.B. bei Differenzierungsprozessen).

Die Franzosen F. JACOB und J. MONOD haben 1961 ein Modell für die Steuerung der Proteinsynthese entwickelt und erhielten zusammen mit A. LWOFF 1965 den Nobelpreis für ihre Untersuchungsergebnisse. Das JACOB-MONOD-Modell gilt für die Steuerung der Enzymsynthese des Darmbakteriums *Escherichia coli.*

Bei der Regulation bewirken Regulatorgene die Bildung von Repressormolekülen; die Repressoren wirken auf Operatorgene ein und regulieren so den Transkriptionsprozess. Die Regulationsmechanismen können im einzelnen sehr verschieden sein. Bei der Regulation durch Enzym-Repression aktiviert der Überschuss eines Genproduktes in der Zelle den vorhandenen inaktiven Repressor. Der aktivierte Repressor lagert sich an das Operator-Gen an und blockiert damit die Wirksamkeit der Gene, die für die Synthese des im Überschuss vorhandenen Produkts verantwortlich sind. Die Regulation der Genaktivität bei Eukaryoten ist bisher kaum bekannt.

Schematische Darstellung der Regulation durch Enzym-Repression

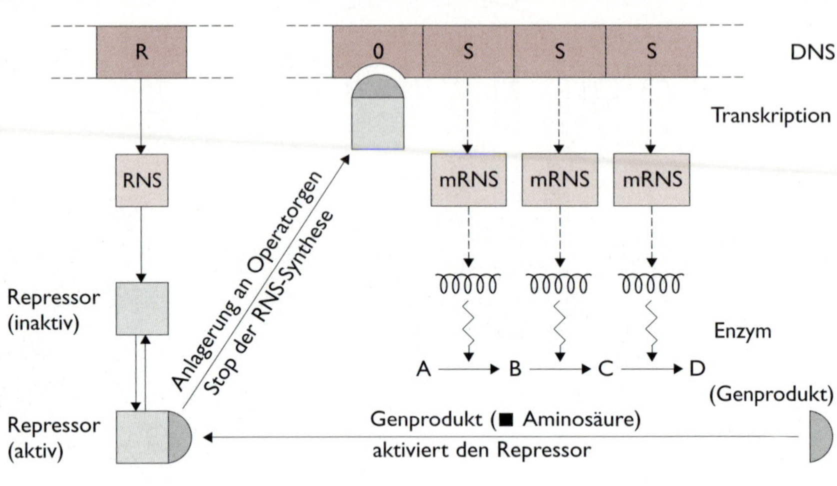

Puff. Ein Puff ist ein zeitweilig aufgeblähter Chromosomenabschnitt in bestimmten Zellen von Insekten mit zeitlich begrenzter hoher genetischer Aktivität. In diesen Bereichen sind die DNA-Stränge aufgelockert und an den dort befindlichen Genen findet die Transkription statt.

Puffmuster. Puffmuster treten in Abhängigkeit von Entwicklungsstadien bei Insektenlarven in verschiedenen, wechselnden Bereichen der Chromosomen auf. Sie zeigen zu einem bestimmten Zeitpunkt der Entwicklung des Tieres immer die gleiche Ausbildung. Wird zum Beispiel die Häutung durch das Hormon Ecdyson experimentell ausgelöst, ist ebenfalls das gleiche charakteristische Puffmuster wie bei natürlicher Häutung zu erkennen.

10 Weitergabe der Erbinformation

Weitergabe der Erbinformation bei Zellteilungen

Allgemeines

Bei jeder Zellteilung und Befruchtung erfolgt die Weitergabe der Erbinformation. Die Zellteilung kernhaltiger Zellen ist meist mit Kernteilungsprozessen verknüpft. Während die Erbanlagen in den Plastiden und Mitochondrien nur mehr oder weniger gleichmäßig auf die Tochterzellen verteilt werden, erfolgt die Weitergabe der Erbinformation des Zellkerns mit großer Präzision bei der Kernteilung. Dabei werden aus dem Chromatin des Zellkerns fädige Strukturen, die Chromosomen, sichtbar. Nach der Art der Verteilung der Chromosomen wird zwischen der Mitose und der Meiose unterschieden.

↗ Zellteilung, S. 170 f.

Chromosomen

Chromosomen bestehen chemisch aus Eiweißen und Nucleinsäuren. Sie enthalten in der DNA die Gene für die Ausbildung von Merkmalen. Chromosomen unterliegen einem typischen Formenwechsel,

- während der Zellteilung existieren sie als mikroskopisch sichtbare „Transportform",

Chromosomenmodell

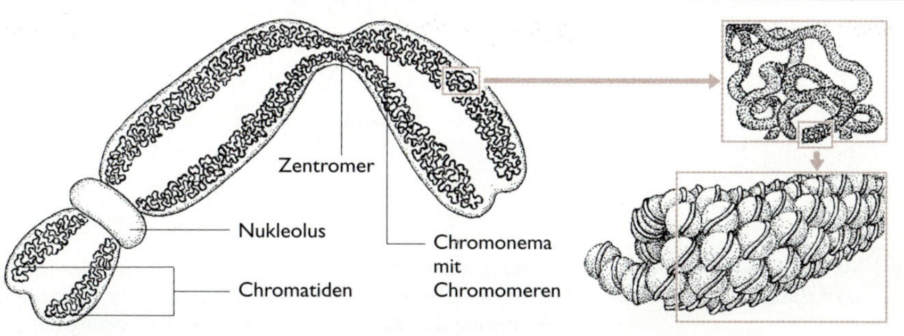

- während der Ruhephase des Zellkerns (Interphase) lösen sie ihre Struktur auf, die DNA liegt wieder als nicht sichtbare „Funktionsform" vor.

In ihrer „Transportform" bestehen die Chromosomen morphologisch aus jeweils zwei Längsstrukturen, den Chromatiden, die am Zentromer zusammengehalten werden.

Chromosomensatz

Der Chromosomensatz ist die Gesamtheit aller Chromosomen in der Zelle. Anzahl und Form der Chromosomen in jeder Zelle eines Organismus sind artspezifisch.

Homologe Chromosomen. Homologe Chromosomen sind paarweise auftretende Chromosomen, meist in gleicher Form und gleicher Größe, von denen jeweils eins vom väterlichen, eins vom mütterlichen Elter stammt. Mit Ausnahme der Geschlechtschromosomen haben sie den jeweils gleichen Genbestand.

Diploider Chromosomensatz. Die Chromosomen einer Zelle liegen paarweise - und zwar mit jeweils einem Paar - vor. Die Körperzellen der meisten Organismen enthalten einen diploiden Chromosomensatz, sie sind diploid (2 n).

Haploider Chromosomensatz. Die Chromosomen einer Zelle liegen einzeln (einfach) vor. Die Keimzellen von Organismen haben in der Regel einen haploiden Chromosomensatz, sie sind haploid (n).

Karyogramme

Das Karyogramm ist eine bildliche Darstellung der während der Kernteilung sichtbar vorliegenden Chromosomen eines Organismus. Die Chromosomenabbilder (Foto, Computererfassung) werden nach Größe, Form und Bänderung als homologe Chromosomen paarweise geordnet. Karyogramme sind eine Grundlage für Chromosomenanalysen.

Mitose

Die Mitose ist ein Teilungsvorgang, bei dem aus einer Zelle mit einem diploiden Chromosomensatz zwei wiederum diploide, genetisch völlig gleiche Tochterzellen entstehen. Der eigentlichen Zellteilung geht immer eine Kernteilung voraus.

Verlauf der Mitose

Interphase	Prophase	Metaphase
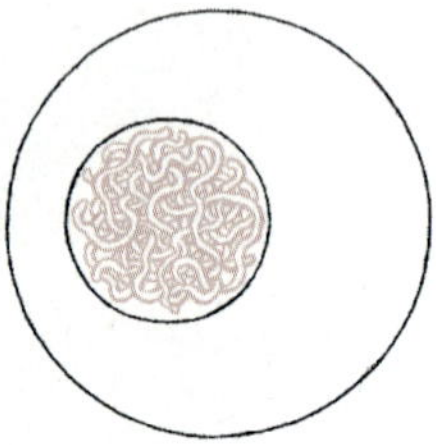	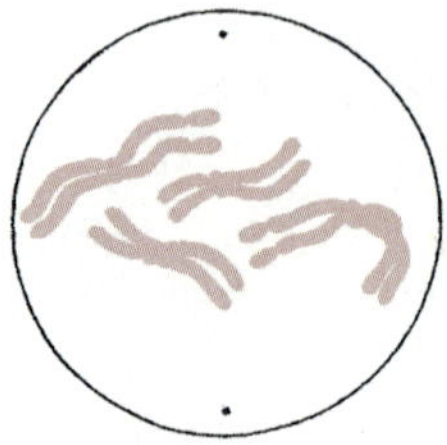	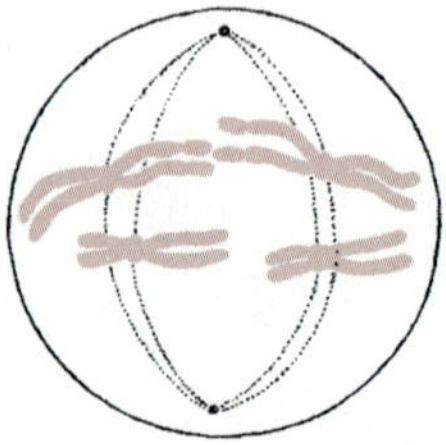
Verdopplung der DNA im Arbeitskern	Bildung der Chromosomen mit zwei Chromatiden, Auflösung der Kernmembran	Ausbildung der Kernspindel, Verkürzung der Chromosomen, Anordnung der Chromosomen in der Äquatorialebene
Anaphase	**Telophase**	
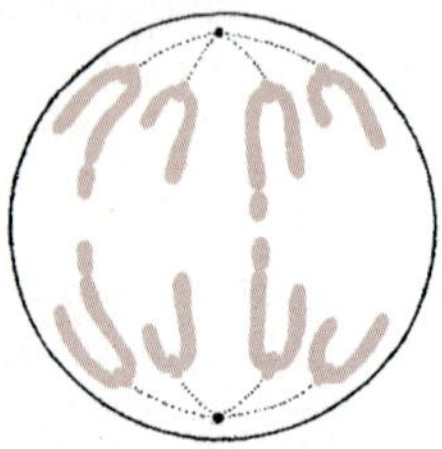	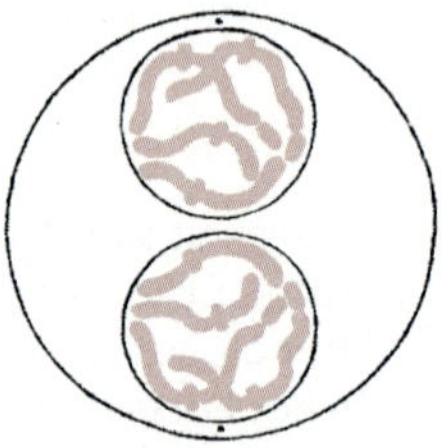	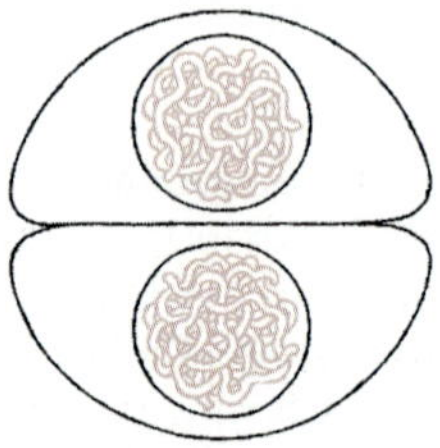
Trennung der Chromatiden und Wanderung zu den Polen entlang der Spindelfasern	Auflösung der Spindel, Bildung einer neuen Kernmembran, Auflösung der Chromosomenstruktur	Bildung zweier identischer Tochterkerne Plasmateilung und Bildung neuer Zellmembranen

Bedeutung der Mitose

Die Mitose läuft bei der Teilung der Körperzellen ab. Sie gewährleistet die Weitergabe der Erbinformation an alle neu gebildeten Zellen, unabhängig von der später einsetzenden Differenzierung.

Auch die ungeschlechtliche Fortpflanzung von Mehrzellern erfolgt durch mitotische Teilungen, dabei enthält die gesamte Nachkommenschaft die gleichen Gene; diese Nachkommen bilden einen Klon (z.B. Sprossknollen der Kartoffeln, Knospen eines Süßwasserpolyps).

Meiose

Bei der Meiose wird der diploide Chromosomensatz der Ausgangszelle reduziert (Reduktionsteilung), es entstehen in zwei Teilungsschritten (der 1. und 2. Reifeteilung) vier Zellen mit jeweils haploidem Chromosomensatz.

Verlauf der Meiose

Prophase I	Metaphase I/Anaphase I	Telophase I
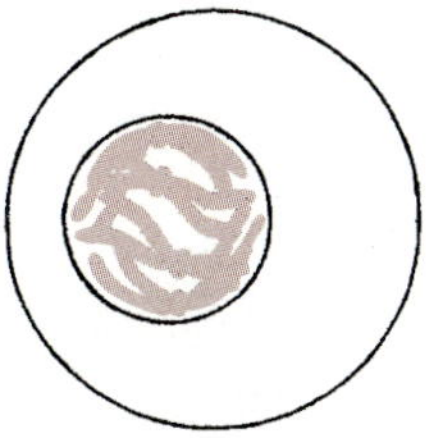	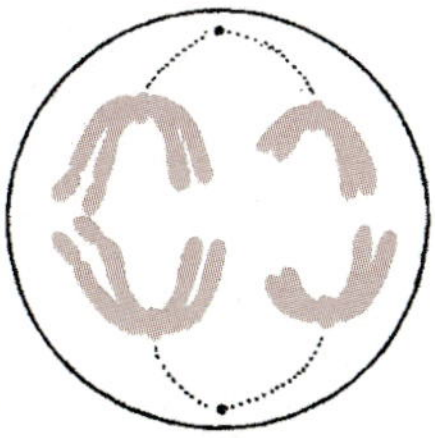	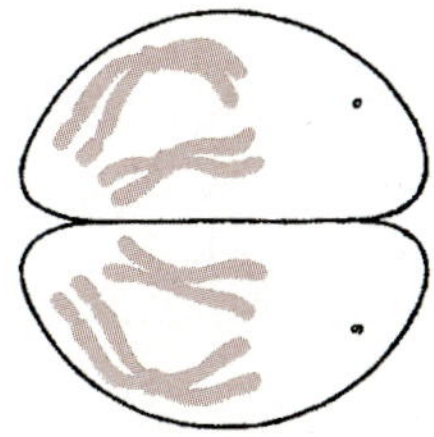
Paarung der homologen Chromosomen	Paarweises Anordnen und nachfolgende Trennung der homologen Chromosomen, Wanderung zu den Polen	Anordnung eines haploiden Chromosomensatzes an jedem Pol: **Reduktionsteilung**
Prophase II/Metaphase II	**Anaphase II**	**Telophase II**
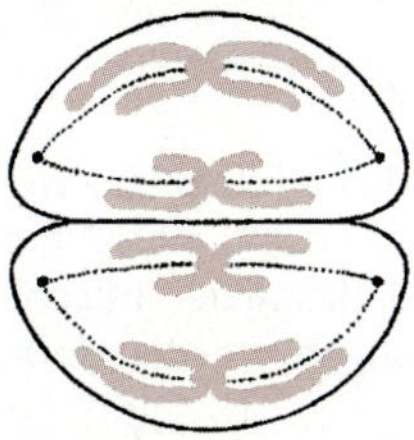	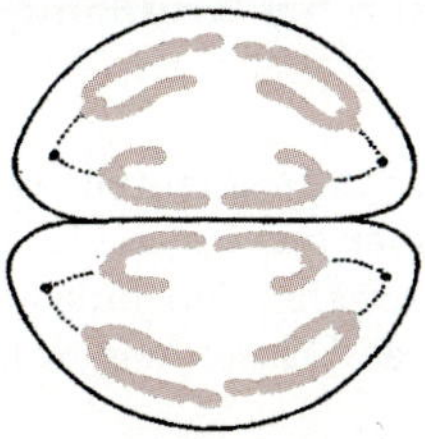	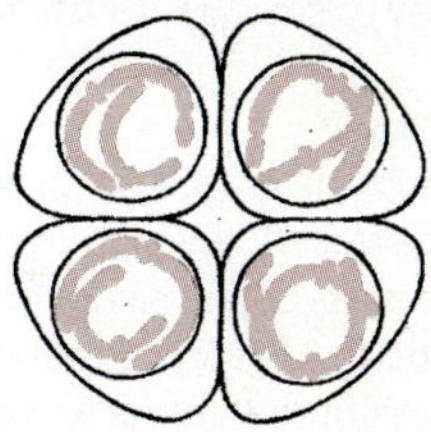
Trennung der homologen Chromosomen Anordnung der Chromosomen in den Äquatorialebenen beider Zellhälften	Trennung der Chromatiden und Wanderung zu den Polen	Bildung der neuen Kernmembranen und Kerne Teilung der Zellen

Bedeutung der Meiose

Die Meiose läuft bei der Bildung der Keimzellen ab.

- Durch die Reduktion der Chromosomenanzahl auf die Hälfte bleibt die artspezifische Chromosomenanzahl auch nach der Verschmelzung der Ei- und Samenzelle erhalten.
- Durch Neukombination väterlicher und mütterlicher Gene bei der Verschmelzung der Kerne von Ei- und Samenzelle entstehen die individuellen Unterschiede bei den Lebewesen einer Art.

Crossing over

Crossing over ist der Kontakt von Chromatiden benachbarter Chromosomen, zwischen denen bei überkreuzender Aneinanderlagerung während der Zellteilung ein Austausch von Chromosomenbruchstücken stattfindet. Damit verbunden ist ein Austausch von Genen. Die Häufigkeit eines Crossing over zwischen zwei Genen eines Chromosoms nimmt mit dem Abstand der Gene voneinander zu.

Crossing over

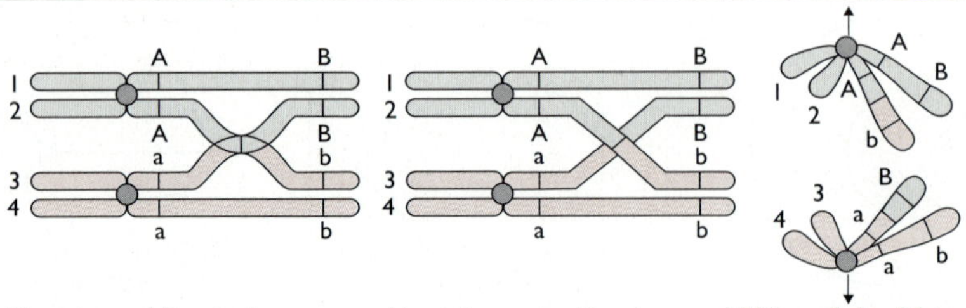

Kontakt und Bruch der Chromatiden 2 und 3 an homologen Stellen

Vereinigung der Bruchstücke der Chromatiden 2 und 3. Die neuen Chromatiden 2 und 3 enthalten jetzt die Gene A und b bzw. a und B

Während der Meiose wandern je zwei Chromatidenpaare zu einem Pol. In den Chromatiden 2 und 3 sind die Gene A bzw. a und B bzw. b neu kombiniert

Weitergabe der Erbinformation bei Kreuzungen

Kreuzung

Kreuzung ist die natürliche oder experimentelle geschlechtliche Fortpflanzung von Lebewesen, die sich in einem oder mehreren Merkmalen genetisch unterscheiden. Die aus einer Kreuzung hervorgehenden Individuen sind Bastarde (Mischlinge, Hybride, Heterozygote). Bei der Darstellung von Kreuzungen werden folgende Bezeichnungen verwendet:

Symbol	Bedeutung	Symbol	Bedeutung
X	Kreuzung	großer Buchstabe (A)	dominantes Allel (merkmalsbestimmend)
P	Elterngeneration (Parentalgeneration)	kleiner Buchstabe (a)	rezessives Allel (merkmalsunterlegen)
F_1	1. Tochtergeneration (1. Filialgeneration)	oder hochgestelltes + Zeichen	
F_2	2. Tochtergeneration (2. Filialgeneration)	a+	dominantes Normalallel
		a	rezessives Mutantenallel

Allele

Allele sind verschiedene Zustandsformen eines Gens; sie liegen in homologen Chromosomen an gleicher Stelle. Die Allele der homologen Chromosomen in den Körperzellen bestimmen die Merkmalsausbildung.

Beispiele für Merkmalsausprägungen durch Allele		
Merkmal	**Ausprägung durch ein Allel**	**das andere Allel**
Haarlänge des Kaninchenfells	kurzhaarig	langhaarig
Form von Erbsensamen	glatt	runzlig
Menschliche Blutgruppe	A	B

Reinerbigkeit. Sind die beiden Allele für die Ausbildung eines Merkmals auf den homologen Chromosomen gleich, so ist das Individuum in Bezug auf dieses Merkmal reinerbig (homozygot).
Mischerbigkeit. Sind die beiden Allele für die Ausbildung eines Merkmals auf den homologen Chromosomen unterschiedlich, so ist das Individuum in Bezug auf dieses Merkmal mischerbig (heterozygot) und es können durch unterschiedliche Wirkung der Allele unterschiedliche Phänotypen ausgebildet werden.
Dominant-rezessive Merkmalsausbildung. Die Merkmalsausbildung ist dominant-rezessiv, wenn bei Mischerbigkeit nur eines der beiden Allele die Merkmalsausbildung bestimmt; das bestimmende Allel ist dominant (vorherrschend), das bei der Merkmalsausbildung nicht in Erscheinung tretende Allel ist rezessiv (zurückweichend).
Intermediäre Merkmalsausbildung. Die Merkmalsausbildung ist intermediär, wenn bei Mischerbigkeit beide Allele die Merkmalsausbildung beeinflussen, sie liegt zwischen den Ausprägungen beider Ausgangsformen (Eltern).

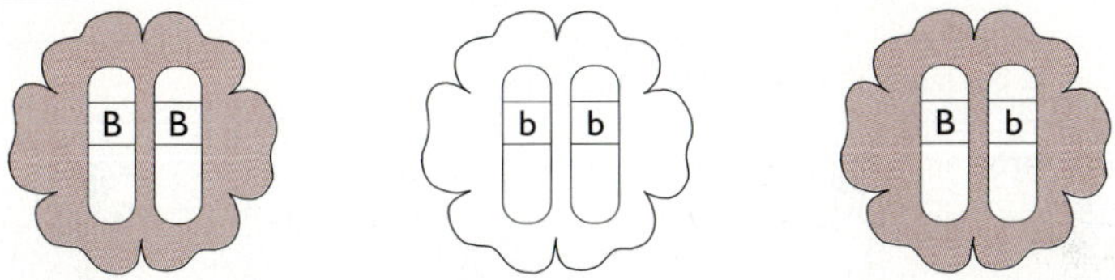

reinerbig rot — reinerbig weiß — mischerbig: dominant-rezessiv, rot ist dominant gegenüber weiß

Merkmalsausbildung bei der Blütenfarbe
B = Gen für Blütenfarbe rot (dominant) b = Gen für Blütenfarbe weiß (rezessiv)

MENDELsche Gesetze

JOHANN GREGOR MENDEL. J.G. MENDEL (1822 - 1884) begann 1855 im Klostergarten zu Brünn mit Kreuzungsversuchen an Erbsen. Anders als seine Vorgänger verwendete er reinerbiges Ausgangsmaterial und beschränkte sich bei seinen Untersuchungen auf wenige eindeutig unterschiedliche Merkmale. Er wertete seine Untersuchungsergebnisse statistisch aus und entdeckte so 1865 die später nach ihm benannten MENDELschen Gesetze. Sie fanden zunächst keine wissenschaftliche Anerkennung. CORRENS, TSCHERMAK und DE VRIES haben unabhängig voneinander im Jahre 1900 die schon von MENDEL gefundenen Vererbungsgesetze wiederentdeckt.

1. Mendelsches Gesetz (Uniformitätsgesetz). Kreuzt man zwei Individuen einer Art, die sich in einem Merkmal unterscheiden, dann sind ihre Nachkommen (erste Tochtergeneration - F_1) in Bezug auf das unterschiedliche Merkmal der Eltern untereinander gleich (uniform).

Kreuzungsschema bei dominant-rezessiver Merkmalsausbildung

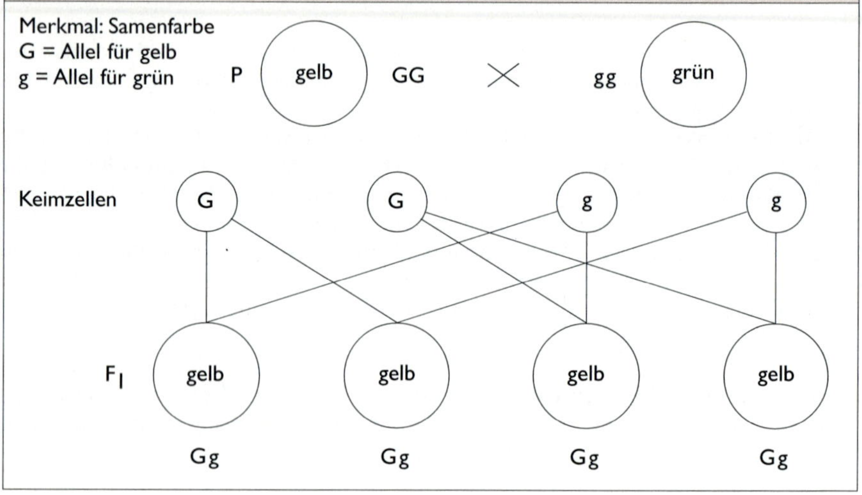

Kreuzungsschema bei intermediärer Merkmalsausbildung

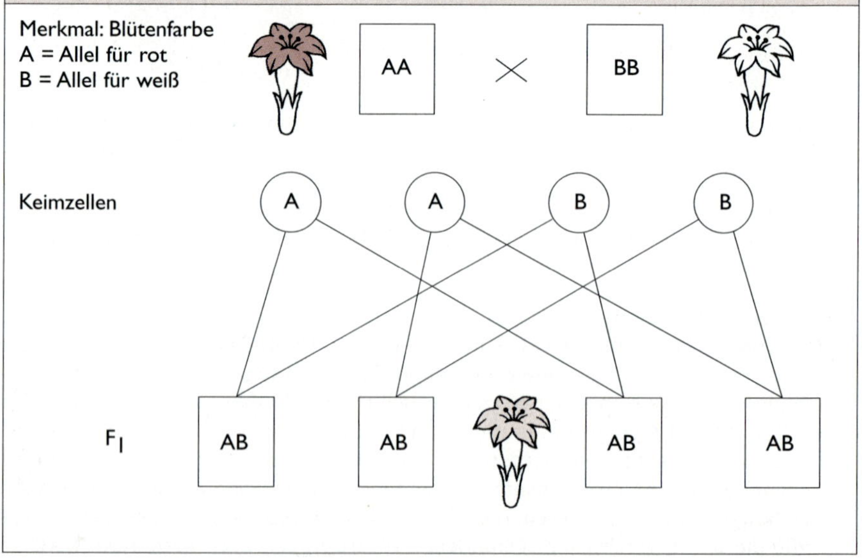

10

2. Mendelsches Gesetz (Spaltungsgesetz). Kreuzt man Individuen der ersten Tochtergeneration (F_1) untereinander, so spalten in der zweiten Tochtergeneration (F_2) die unterschiedlichen Merkmale der Elterngeneration (P) in einem bestimmten Zahlenverhältnis auf. Im Genotyp ist das Verhältnis 1:2:1, im Phänotyp bei dominant-rezessivem Erbgang 3:1.

Kreuzungsschema bei dominant-rezessiver Merkmalsausbildung

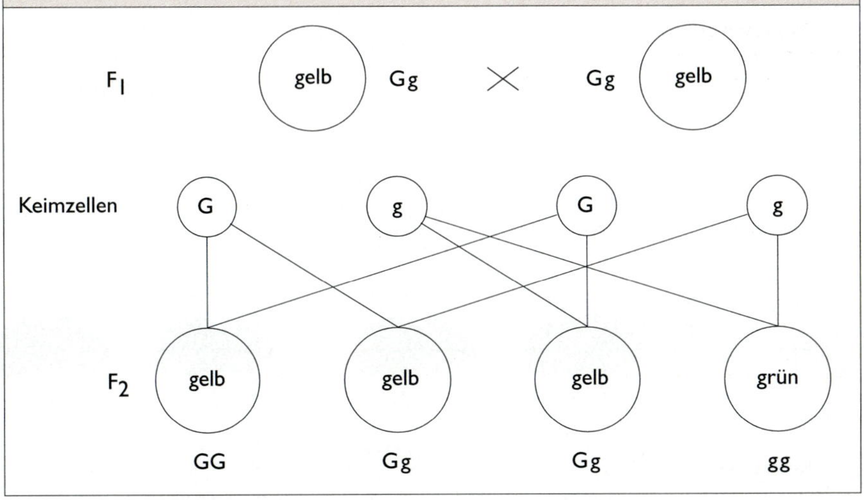

Kreuzungsschema bei intermediärer Merkmalsausbildung

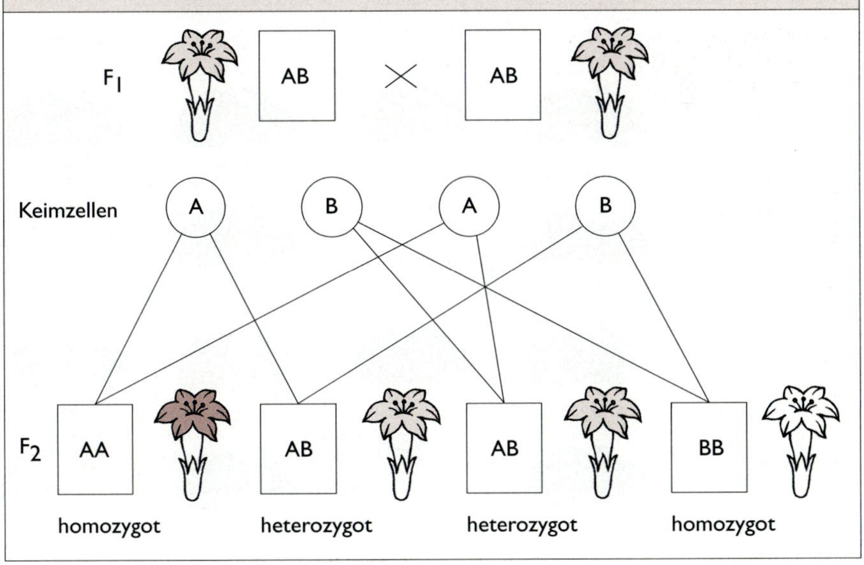

10

3. MENDELsches Gesetz (Unabhängigkeitsgesetz oder Gesetz von der Neukombination der Gene). Kreuzt man Individuen einer Art, die sich in mehreren Merkmalen reinerbig unterscheiden, so werden die einzelnen Merkmale unabhängig voneinander vererbt.
Für jedes Merkmalspaar gelten Uniformitäts- und Spaltungsgesetz. In der F_2-Generation treten neben den Merkmalskombinationen der Elterngeneration auch neue Merkmalskombinationen auf.

Kreuzungsschema

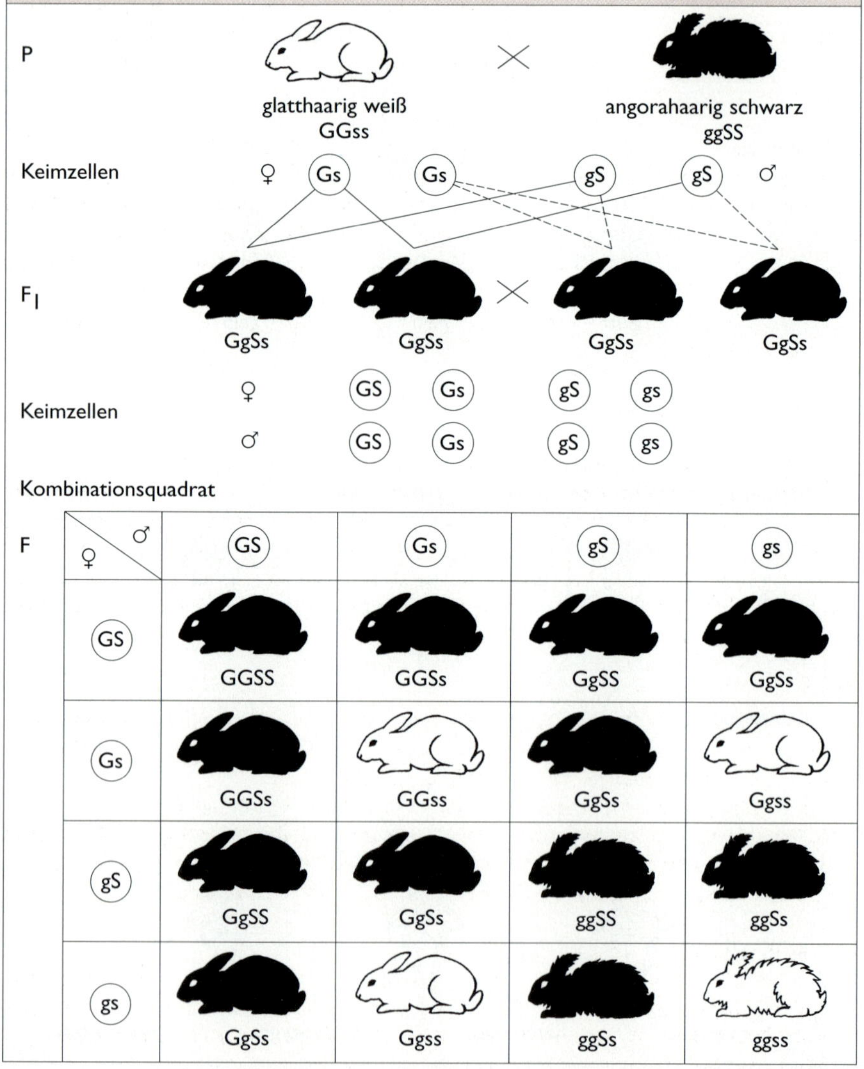

Kopplungsgruppen

Kopplungsgruppen bestehen aus mehreren Genen, die benachbart auf dem gleichen Chromosom liegen, also gekoppelt sind und in der Regel in dieser Kopplung weitergegeben werden. Gene in Kopplungsgruppen sind nicht frei kombinierbar. Der Geltungsbereich des dritten Mendelschen Gesetzes wird durch das Vorkommen solcher Kopplungsgruppen eingeschränkt.

Bedeutung der Mendelschen Gesetze

Die Mendelschen Gesetze ermöglichen als statistische Gesetze Aussagen über die Verteilung und Neukombination von Genen bei der Kreuzung diploider Pflanzen oder Tiere. Sie finden vor allem in der Tier- und Pflanzenzüchtung Anwendung. In der Humangenetik sind sie bei der Erforschung der Vererbungsvorgänge beim Menschen von Bedeutung.

Rekombination

Rekombination ist die Gesamtheit der Vorgänge, die zur Bildung neuer Genkombinationen führen. Sie ist eine wichtige Grundlage der genetischen Variabilität. Bei Organismen mit echten Zellkernen erfolgt die Rekombination einerseits durch die Verteilung der Chromosomen bei der Meiose und bei der Befruchtung (interchromosomale Rekombination), andererseits durch Austausch von Chromosomenbruchstücken und damit Austausch von Genen durch Crossing over (intrachromosomale Rekombination).

Weitergabe nichtchromosomaler Erbinformation

Nichtchromosomale Vererbung (plasmatische Vererbung)

Nichtchromosomale Vererbung findet außerhalb des Zellkerns statt. 1960 wurden in Plastiden und Mitochondrien DNA-Moleküle nachgewiesen; sie enthalten eigene Gene und können sich selbst verdoppeln. Diese extrachromosomale DNA wird bei der Zellteilung nicht gleichmäßig auf die Tochterzellen verteilt; die von Plastiden und Mitochondriengenen kodierten Merkmale werden nicht nach den Mendelschen Gesetzen vererbt.

Plastiden-Vererbung

Die Plastiden-DNA steuert die Bildung von Struktur- und Enzymeiweißen der Plastiden. Für die volle Funktion der Plastiden sind aber auch Enzyme erforderlich, die in der DNA des Zellkerns verschlüsselt sind.
Ein Beweis für die Vererbung von Plastiden-DNA wurde an grünweiß gefleckten (panaschierten) Blättern erbracht. Maßgebend für die Blattfärbung der Nachkommen ist der Plastidengehalt der plasmareichen Eizelle. Die Pollenzellen enthalten nur sehr wenig Plasma und sind deshalb für die Färbung der Blätter bedeutungslos.

Mitochondrienvererbung

Die Mitochondrien-DNA steuert die Synthese von Eiweißen, vor allem von Enzymen der Atmungskette und von t-RNA. Eigenschaften und Defekte, die durch Mitochondrien-Defekte bedingt sind, treten nur in der mütterlichen Linie auf, da das zur Befruchtung kommende Spermium keine Mitochondrien enthält.

Übertragung von Erbinformationen bei Bakterien

Transformation

Die Transformation ist ein Prozess, bei dem genetische Informationen zwischen Zellen mittels reiner DNA übertragen werden. Dieser Vorgang wurde als Rekombination bei Bakterien nachgewiesen. Vom Spender-Bakterium (Donor) ausgeschiedene DNA wird vom Empfänger-Bakterium (Rezipient) aufgenommen und in Form eines Stückaustausches in seine Erbanlagen integriert.

Durch Transformationen konnte erstmals die DNA als Träger der genetischen Information nachgewiesen werden. Als eine wichtige Forschungsmethode hat sie große Bedeutung für die Aufklärung des Replikationsprozesses und der genetischen Feinstruktur, sie dient der Mutationsforschung und kann möglicherweise neue Wege für die Tier- und Pflanzenzüchtung und zur Beseitigung genetisch bedingter Krankheiten (Erbkrankheiten) eröffnen.

Ablauf des Transformationsprozesses

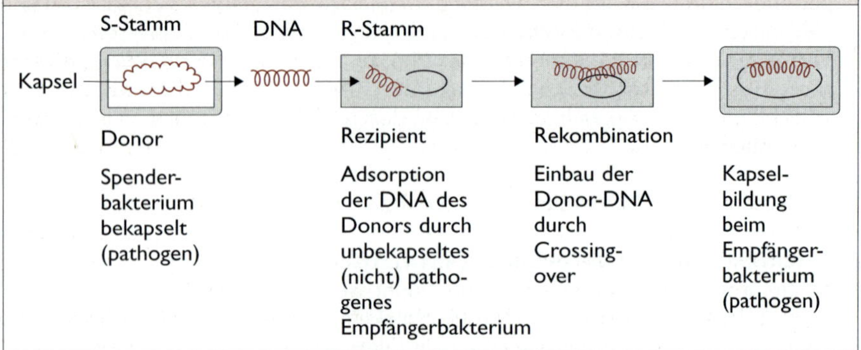

Transduktion eines temperenten Phagen

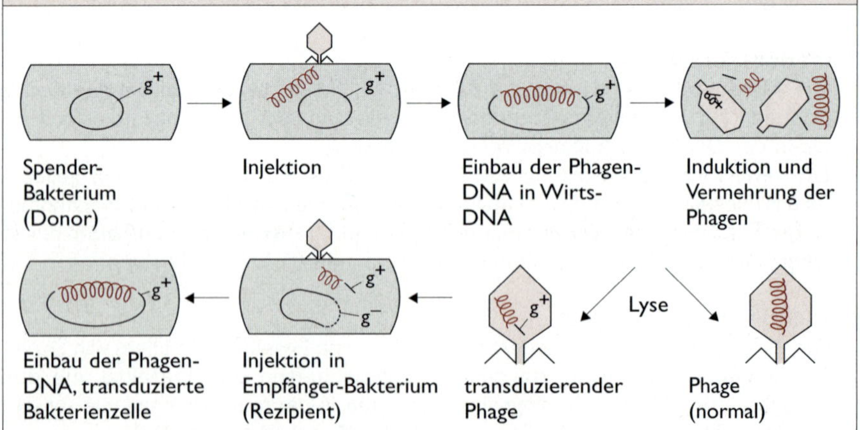

Transduktion

Transduktion ist die Übertragung von Bakteriengenen durch Bakteriophagen. Transduzierende Phagen nehmen durch einen Austauschprozess DNA eines Wirtsbakteriums in das eigene Erbmaterial auf und übertragen dieses auf ein anderes Bakterium, in dessen Genom die DNA des Spender-Bakteriums eingebaut wird. Die Transduktion ist in der genetischen Forschung von gleicher Bedeutung wie die Transformation.

Veränderungen der Erbinformation

Mutation und Mutante

Mutation. Eine sprunghaft und zufällig auftretende Veränderung der Erbinformation in Körperzellen (somatische Mutation) oder Keimzellen, die nicht auf Rekombination beruht und die vererbbar ist. Diese Veränderung prägt sich phänotypisch unterschiedlich stark aus. Die durch eine Mutation verursachte Merkmalsänderung kann rezessiv sein und bei Individuen mit diploidem Chromosomensatz im Erscheinungsbild ohne sichtbare Auswirkung bleiben.

- Mutationen in Körperzellen werden bei der Mitose an alle folgenden Zellgenerationen weitervererbt. Ein solches Individuum hat dann neben Zellen mit dem Ausgangsgenotyp auch solche mit der Mutation; es stellt ein Mosaik dar. Der Umfang der Veränderung des Individuums hängt von dem Entwicklungsstadium ab, in dem die Mutation aufgetreten ist.
- Mutationen in Keimzellen wirken sich auf das ganze, sich aus der befruchteten Eizelle entwickelnde Individuum aus. Durch die Mitosen während der Individualentwicklung wird die veränderte Erbinformation auf alle Körperzellen übertragen und bei der Fortpflanzung auf die Nachkommen vererbt.
- Mutationen außerhalb des Zellkerns betreffen Veränderungen der DNA in Plastiden und Mitochondrien. Sie äußern sich in Funktionsstörungen der Plastiden oder in komplexen Störungen des Organismus (z.B. Auftreten panaschierter Blätter, Atmungsdefekte).

Mutante. Eine Mutante ist ein durch Mutation verändertes Individuum.

Mutagene

Mutagene sind Faktoren, die die Mutationen auslösen (z.B. physikalische Einflüsse, chemische Stoffe). Mutagene wirken ungerichtet.

Beispiele für Mutagene				
Strahlung	Temperatur	Gifte	anorganische Säuren	Gase
- radioaktive Strahlen - Röntgenstrahlen - UV-Strahlen	- Kälteschock - hohe Temperaturen	- Kolchizin - Nikotin	- salpetrige Säure	- Senfgas - Industrieabgase

10

Mutationsauslösung

Spontane Mutationen. Mutationen können unter normalen Lebensbedingungen eines Organismus spontan auftreten, ohne dass eine äußere Ursache erkennbar ist.
Induzierte Mutationen. Induzierte Mutationen werden gewollt oder ungewollt durch chemische oder physikalische Einwirkungen verursacht. Dabei lassen sich mit Mutagenen keine zielgerichteten Mutationen auslösen.

Mutationstypen

Mutationen können ein Gen oder mehrere Gene, einzelne Chromosomen oder den ganzen Chromosomensatz betreffen.

Übersicht über die verschiedenen Mutationstypen

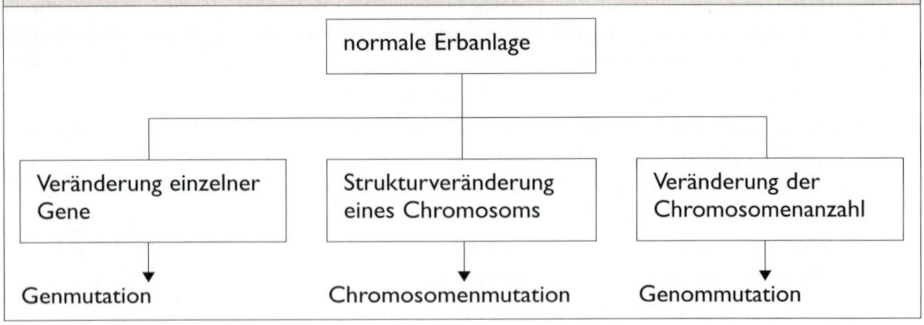

Genmutationen. Genmutationen sind Veränderungen der Erbinformation eines einzelnen Gens. Es entsteht eine neue Zustandsform des Gens - ein neues Allel. Genmutationen äußern sich in Punktmutationen und Rastermutationen.

– Bei einer Punktmutation wird eine Base im DNA-Molekül ausgetauscht, es kommt zu Veränderungen des Informationsgehaltes der DNA.

Sichelzellanämie als Folge von Basenaustausch

Aminosäurefolge	1 - 2	3	4	5	6	7 - 146
Tripletts im Normalallel		CUG	ACU	CCU	GAC	
kodierte Aminosäure	– –	Leucin	Threonin	Prolin	Glutaminsäure	– –
Tripletts im Mutantenallel		CUG	ACU	CCU	GUC	
kodierte Aminosäure	– –	Leucin	Threonin	Prolin	Valin	– –

- Bei einer Rastermutation verändert sich durch Verlust oder Einschub von Basen im DNA-Molekül die Basensequenz und damit das „Ableseraster" der Tripletts, das Translationsmuster verschiebt sich. Die Wirkung dieser Mutation besteht meist in der Bildung eines verkürzten Polypeptids oder eines inaktiven Eiweißes.

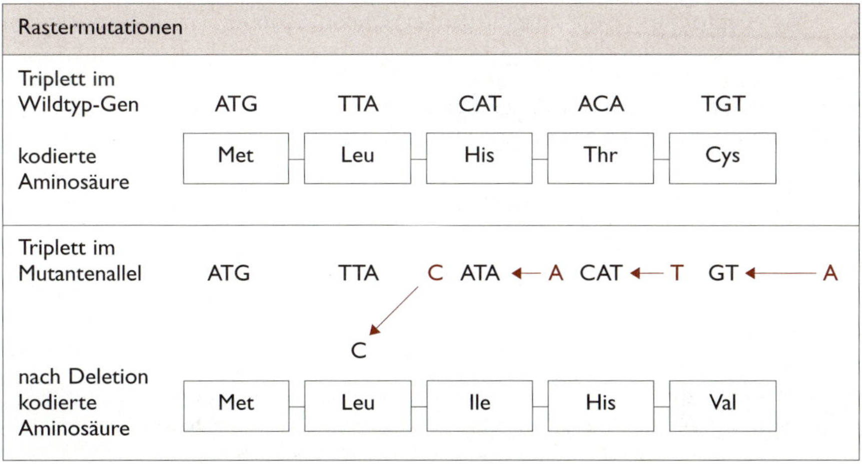

Chromosomenmutationen. Chromosomenmutationen sind Strukturveränderungen an Chromosomen, die mehrere Gene betreffen. Sie entstehen durch Chromosomenbrüche, die zum Strukturumbau der Chromosomen führen.

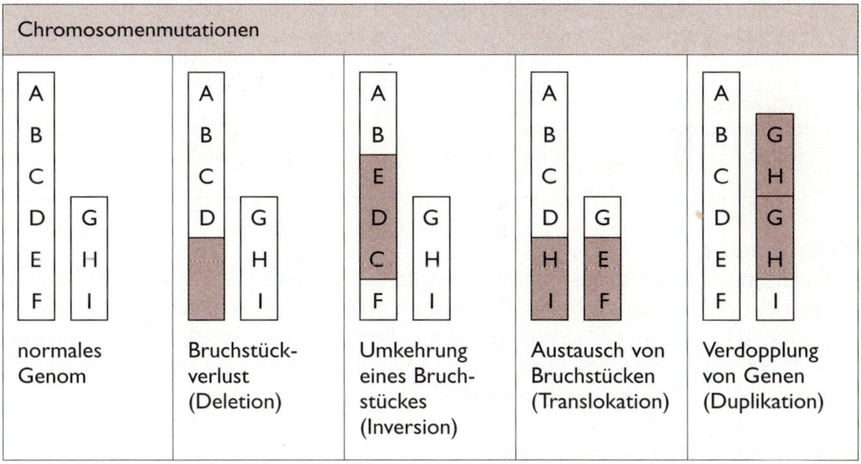

Genommutationen. Genommutationen sind zahlenmäßige Veränderungen des Chromosomenbestandes durch Verlust oder Vervielfachung einzelner Chromosomen beziehungsweise durch Änderung ganzer Chromosomensätze. Genommutationen beruhen auf Störungen des Kernspindelmechanismus.

- Bei Aneuploidie ist die Anzahl einzelner Chromosomen des Chromosomensatzes verändert. Überzählige oder fehlende Chromosomen wirken sich meist nachteilig auf den Organismus aus. Zahlreiche Fehlbildungen und Entwicklungsstörungen des Menschen sind auf Aneuploidie zurückzuführen (z.B. liegt bei Trisomie 21 das Chromosom 21 dreifach vor).
- Bei Euploidie ist die Anzahl ganzer Chromosomensätze geändert. Durch Verringerung des diploiden Chromosomensatzes tritt Haploidie, durch Vervielfachung Polyploidie auf. Die meisten Kulturpflanzen sind polyploid; bei Tieren tritt Polyploidie in allen Zellen nur selten auf.

↗ Mutationszüchtung, S. 331

Genommutationen

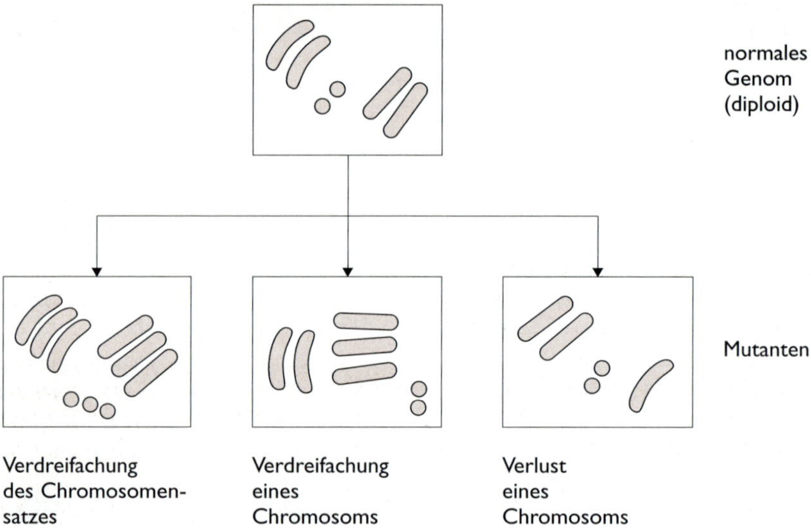

10

Mutationsrate

Die Mutationsrate ist die Häufigkeit, mit der ein einzelnes Gen mutiert. Bei Bakterien liegt die Mutationsrate bei 1:10 Millionen (10^{-7}), bei vielzelligen Organismen wird sie auf 1:1 Million (10^{-6}) geschätzt. Zwar liegt hier die Mutationsrate niedriger, da aber die Anzahl der Gene hoch ist, ergibt sich doch eine relativ hohe Wahrscheinlichkeit für das Auftreten einer Mutation.

Reparatur von DNA-Schäden

Spontane DNA-Schäden sind häufig. Sie treten in jeder Zelle auf und werden durch spezifische Enzyme zu einem großen Teil repariert. Bei der Reparatur wird beispielsweise die fehlerhafte Struktur eines Stranges „herausgeschnitten" und durch eine neue Basenpaarung der Originalzustand wieder hergestellt. Es gibt mehrere Reparaturmechanismen.

Beispiele für die Reparatur von DNA-Schäden

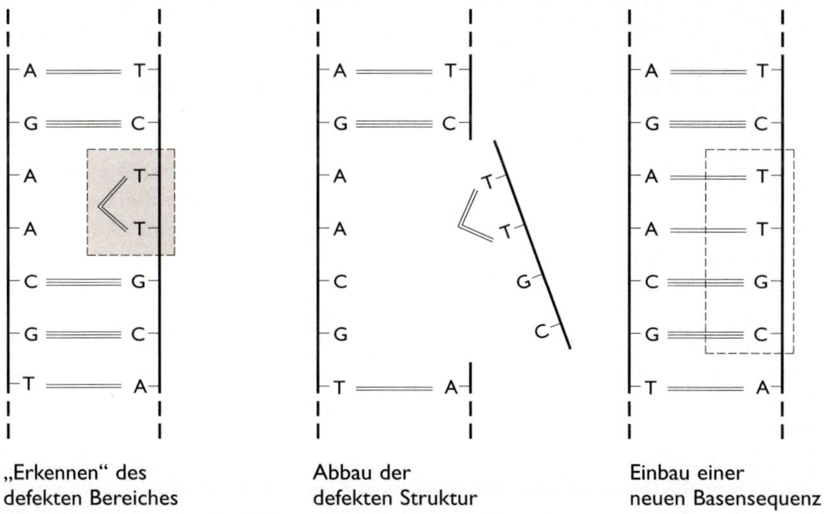

Bedeutung von Mutationen

Mutationen wirken für ein Individuum meistens nachteilig, selten indifferent und in wenigen Ausnahmefällen günstig.

- Mutationen sind eine wesentliche Grundlage der Evolution. Durch Veränderungen im Genbestand einer Population erhöht sich die Variabilität in der Population.
- Polyploidie führt in der Regel zu größeren Zellkernen und damit zu größeren Zellen (Kern-Plasma-Relation). Die erhöhte Anzahl von Allelen ergibt größere Kombinationsmöglichkeiten.
- Beim Menschen sind Mutationen häufig Ursache von Krankheiten und Fehlbildungen (z.B. Stoffwechselkrankheiten, Krebs).
- Induzierte Mutationen sind für die Pflanzenzüchtung von Bedeutung.

↗ Entstehen, Erhalten, Vergehen von Arten, S. 286 ff.

Vererbungsvorgänge beim Menschen

Untersuchungsmethoden

Die Erforschung der Vererbungsvorgänge beim Menschen ist kompliziert, weil

- er eine sehr große Anzahl von Genen besitzt,
- seine Nachkommenanzahl gering ist,
- seine Generationsfolge sehr lang ist,
- seine Umweltbedingungen sehr vielfältig sind und soziale Verhältnisse einschließen.

Da sich genetische Experimente beim Menschen aus ethischen Gründen verbieten, bedient sich die Humangenetik spezieller Untersuchungsmethoden.

Familienanalyse. Die Familienanalyse verfolgt anhand von Stammbäumen den Erbgang eines bestimmten Merkmals; beispielsweise erbliche Taubstummheit, Kurzsichtigkeit, überzählige Finger, kurze Finger, musische Fähigkeiten.
Zwillingsforschung. Die Zwillingsforschung basiert auf der weit gehenden Gleichheit der Gene bei eineiigen Zwillingen. Ein Vergleich zweieiiger Zwillinge mit eineiigen lässt Rückschlüsse auf die Wirkung von Umwelteinflüssen zu.

Genotypische Geschlechtsbestimmung

Der Mensch besitzt im diploiden Chromosomensatz der Körperzellen 46 Chromosomen. 22 Chromosomenpaare sind homolog (Autosomen), die beiden übrigen sind in Größe und Form unterschiedlich und werden als X- und Y-Chromosomen bezeichnet; es sind die Geschlechtschromosomen (Heterosomen).
Im weiblichen Geschlecht kommen zwei homologe X-Chromosomen vor (44 Autosomen und XX), im männlichen Geschlecht sind ein X- und ein Y-Chromosom vorhanden (44 Autosomen und XY). Eizellen enthalten alle ein X-Chromosom, Spermien ein X- oder ein Y-Chromosom. Das Y-Chromosom enthält die das männliche Geschlecht bestimmenden Gene, sie sind gegenüber denen des X-Chromosoms dominant.

Verteilung der Geschlechtschromosomen beim Menschen

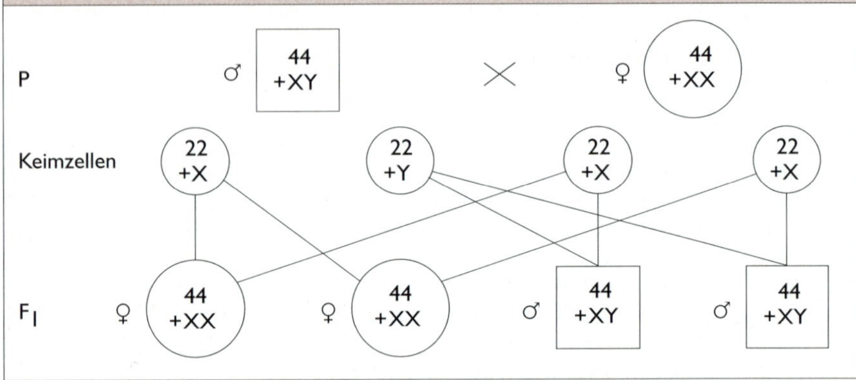

10

Abweichung von der normalen Geschlechtschromosomenzahl

Während der Bildung der Ei- und Spermazellen können Störungen bei der Meiose auftreten, die Abweichungen von der Anzahl der Geschlechtschromosomen zur Folge haben. Fehlende oder überzählige Geschlechtschromosomen bewirken typische Krankheitsbilder. Beispielsweise führt der Verlust eines X-Chromosoms bei Frauen zum TURNER-Syndrom, bei Männern wirkt er letal; die Vervielfachung der X-Chromosomen wirkt sich bei Frauen in Schwachsinn aus, bei Männern führt sie zum KLINEFELTER-Syndrom. Zu den Krankheitsbildern gehört häufig Unfruchtbarkeit.

Vererbung der Blutgruppen

Blutgruppenmerkmale sind umweltstabil; die Vererbung der entsprechenden Anlagen folgt den Mendelschen Gesetzen.

ABO-System. Die Ausbildung der Blutgruppen wird durch ein Gen bedingt, das in drei Allelen (Allel A, B und 0) vorliegt. Die vier Blutgruppenphänotypen A, B, AB und 0 werden durch verschiedene Genotypen bestimmt. Sie können rein- und mischerbig auftreten. A und B sind dominant gegenüber 0, treffen sie aber zusammen, so werden die Blutgruppenmerkmale zu gleichen Teilen ausgebildet, sie sind kodominant: Blutgruppe AB.

↗ Blutgruppen, S. 180 f.

Rhesus-System. Etwa 85% der europäischen Bevölkerung besitzen den Rhesusfaktor homozygot (DD) oder heterozygot (Dd), sie sind rhesuspositiv (Rh^+). Der Rh-Faktor wird dominant-rezessiv vererbt; Rh^+ ist dominant gegenüber Rh^-. Er ist bei Schwangerschaften besonders bedeutsam.

Vererbung des Rhesusfaktors	
Vater ist homozygot	Vater ist heterozygot

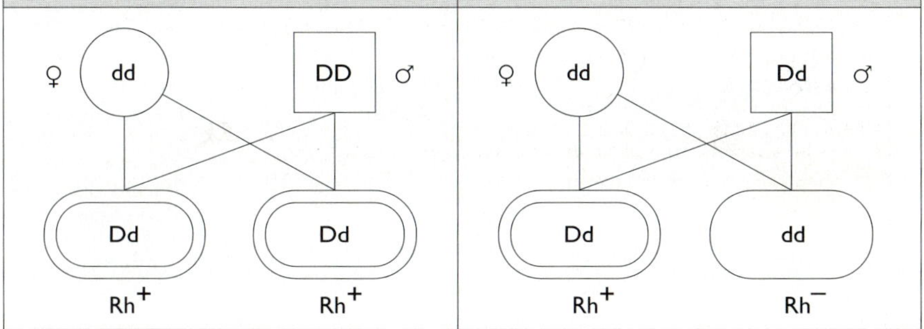

Mutter bildet Antikörper

↗ Rhesusfaktor, S. 181

Genetisch bedingte Krankheiten

Genetisch bedingte Krankheiten sind die Folge mutierter Erbanlagen, deren phänotypische Ausprägung zu krankhaften Erscheinungen führen. Bei monogen bedingten Störungen kann das Allel, das den Schaden bewirkt, gegenüber dem Normalallel dominant oder rezessiv sein. Solche Krankheiten sind gegenwärtig noch nicht heilbar, können aber in einigen Fällen behandelt werden, sodass die Symptome kaum in Erscheinung treten. Eine gezielte genetische Beratung stellt dafür eine wichtige Maßnahme dar.

Ausprägung genetisch bedingter Krankheiten durch	
Dominante Allele	Rezessive Allele
Spalthand Kurzfingrigkeit Veitstanz Fehlen der Iris	Phenylketonurie Sichelzellanämie Albinismus Bluterkrankheit

Phenylketonurie (PKU). Ursache: Genmutation; Austausch einer Base in der DNA.
Auswirkung: Störung des Phenylalanin-Abbaus; dadurch bedingt Brenztraubensäureschwachsinn.
Bei rechtzeitiger Diät (phenylalaninarme Nahrung) und Medikamentenanwendung keine klinische Ausprägung.

Normaler Ablauf des Phenylalaninabbaus und gestörter Ablauf bei Enzymausfall

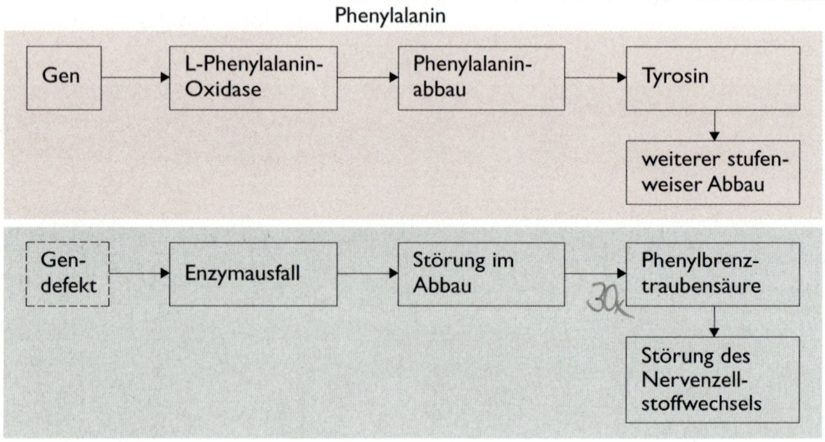

Sichelzellanämie. Ursache: Genmutation; Austausch einer Base in der DNA.
Auswirkung: Fehlerhafte Synthese von Hämoglobin, eingeschränkte Sauerstoffbindung, Bildung sichelförmiger Erythrozyten.
Verbreitung besonders in Afrika. Bei heterozygoten Merkmalsträgern unbedeutende Herabsetzung der Widerstandsfähigkeit, aber erhöhte Widerstandsfähigkeit gegenüber Malaria, bei Homozygoten meist Tod im Jugendalter.

Katzenschrei-Syndrom. Ursache: Chromosomenmutation; Bruchstückverlust bei Chromosom Nr. 5.
Auswirkung: Fehlbildung des Kehlkopfs, katzenähnliche Schreie im frühen Kindesalter, Zurückbleiben der körperlichen und geistigen Entwicklung.
Trisomie 21 (Down-Syndrom). Ursache: Genommutation; dreifaches Vorhandensein des Chromosoms 21.
Auswirkung: Stark verminderte Bildungsfähigkeit, verringerte Lebenserwartung.
Die Risikohäufigkeit der Geburt eines kranken Kindes hängt vom Alter der Eltern ab und steigt besonders bei Schwangerschaft ab dem 38. Lebensjahr.
Bluterkrankheit. Ursache: Genmutation.
Auswirkung: Fehlerhafte Ausbildung der Blutgerinnungsfaktoren (Thrombokinasen), stark verzögerte Gerinnungszeit des Blutes, bei Wunden hoher Blutverlust.
Geschlechtsgekoppelte Vererbung; Gen für die Krankheit liegt auf dem X-Chromosom, ist rezessiv. Mütter sind Überträgerinnen der Krankheit. Homozygotie ist in der Regel letal.

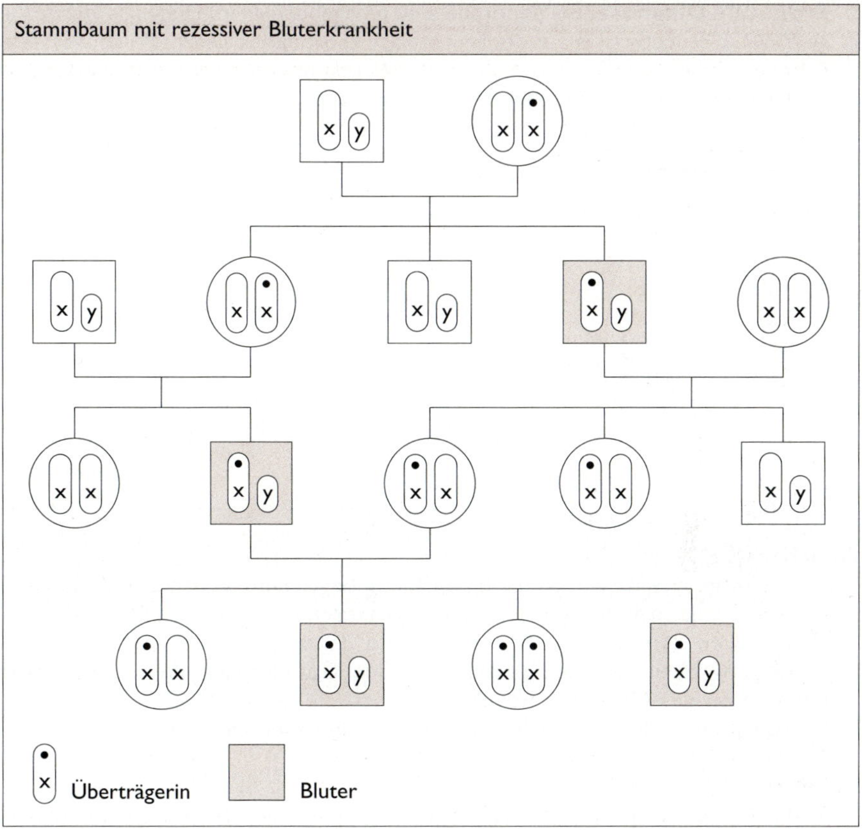

Genetische Beratung

Der Anlass für eine genetische Beratung kann sehr unterschiedlich sein. Eine genetische Beratung können beispielsweise Eltern in Anspruch nehmen, wenn sie ein erhöhtes Risiko für die Geburt eines Kindes mit einer genetisch bedingten Krankheit vermuten. Die Erkenntnisse der Genetik erlauben Voraussagen über die Wahrscheinlichkeit einer derartigen Erkrankung, zum Beispiel

- bei erbkranken Eltern,
- bei Paaren, die bereits ein erbkrankes Kind haben,
- bei Paaren, von denen die Frau wiederholt Fehlgeburten hatte,
- bei älteren Paaren,
- bei Verwandten von Erbkranken.

Voraussetzung für die Beratung ist ein möglichst genauer Familienstammbaum in Bezug auf mögliche Erkrankungen.

Heterozygotentest. Der Heterozygotentest erlaubt Rückschlüsse auf genetisch bedingte Stoffwechseldefekte der Eltern, die nicht merkbar in Erscheinung treten, da heterozygote Merkmalsträger geringe Mengen des betreffenden Genproduktes synthetisieren.

Pränatale Diagnose. Bei der pränatalen (vorgeburtlichen) Diagnose werden einige Milliliter Fruchtwasser aus der Fruchtblase entnommen. Die im Fruchtwasser enthaltenen Zellen des Fetus können Rückschlüsse auf Stoffwechselstörungen sowie auf Chromosomen- und Genmutationen zulassen.

Fruchtwasserpunktion

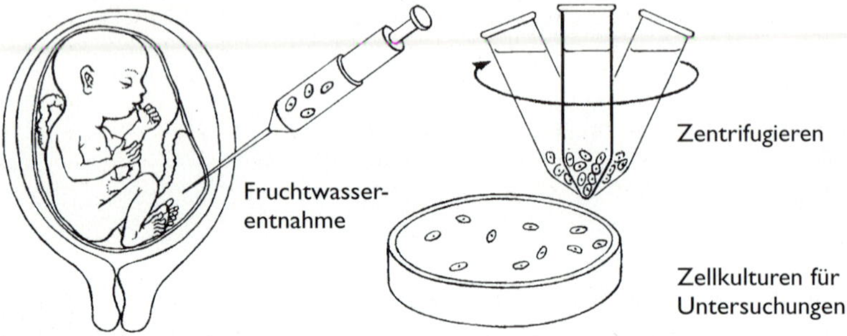

Gentherapie

Die Gentherapie ist ein in der Entwicklung begriffenes, neuartiges Verfahren zur Linderung oder eventuellen Heilung von genetisch bedingten Krankheiten. Defekte Gene sollen durch „gesunde" ersetzt und damit soll die Krankheit durch die Beseitigung ihrer Ursachen „geheilt" werden. Gezielte Eingriffe in die genetische Information des Menschen bergen aber auch die Gefahr des Missbrauchs durch Manipulation an den Keimzellen in sich und sind daher sehr umstritten.

Eugenik

Eugenik ist ein Teilgebiet der Humangenetik, sie wurde des öfteren in inhumanem Sinne missbraucht. Eugenik nutzt Methoden der Populationsgenetik und beschäftigt sich mit der Häufigkeit und Dynamik genetisch bedingter Defekte und der entsprechenden Gene in den Populationen des Menschen. Ziele sind:

10

- Forschung und Beratung in Fragen der Weitergabe beziehungsweise Verhütung der Weitergabe von Genen, die Erkrankungen bedingen;
- Erforschung des Zusammenwirkens von Erbinformation des Menschen und Wirkungen von Umweltfaktoren bei der Merkmalsausbildung;
- Bewahrung des Genpools in der menschlichen Population.

Anwendung der Erkenntnisse genetischer Forschung

Züchtung von Kulturpflanzen und Haustieren

Mit dem Übergang vom Leben als Jäger und Sammler zum Leben als Ackerbauer und Viehzüchter begann der Mensch Pflanzen und Tiere seiner Umgebung so zu verändern, dass sie seinen Bedürfnissen besser entsprachen. Zuerst unbewusst, später auch bewusst, nutzte und nutzt er dabei Vererbungsvorgänge, zum Beispiel durch Auslese, Kreuzung und Mutation.

Kulturpflanzen. Kulturpflanzen sind vom Menschen in Kultur genommene, planmäßig angebaute und durch Züchtung veränderte Pflanzen.
Kulturpflanzen werden als Nahrungsmittel, Rohstoffe, Futtermittel, Heilpflanzen und Zierpflanzen genutzt.

Herkunft und Alter einiger Kulturpflanzen:			
Kulturform	Wildform	Herkunft	Mindestalter der Kulturform
Gerste	Wildgerste	Asien	8 000 Jahre
Kartoffel	Wildkartoffel	Südamerika	7 000 Jahre
Roggen	Wildroggen	Europa	3 500 Jahre
Futterrübe	Wildrübe	Europa	3 000 Jahre
Zuckerrübe	Futterrübe	Europa	200 Jahre

Haustiere. Haustiere sind vom Menschen seit vielen Generationen unter besonderen Bedingungen zur Nutzung und aus Liebhaberei gehaltene und durch Züchtung veränderte Tiere.

Abstammung einiger Haustiere und ihr Mindestalter		
Kulturform	Wildform	Mindestalter der Kulturform
Hund	Wolf	10 000 Jahre
Schaf	Wildschaf	8 000 Jahre
Rind	Ur	8 000 Jahre
Schwein	Wildschwein	8 000 Jahre
Pferd	Wildpferd	8 000 Jahre
Huhn	Indisches Wildhuhn	8 000 Jahre
Kaninchen	Wildkaninchen	2 000 Jahre

↗ Domestikation, S. 288; ↗ Züchtung, S. 289

Züchtungsziele

Züchtungsziele sind die Summe der durch Pflanzen- und Tierzüchtung angestrebten Eigenschaften. Sie werden maßgeblich durch den Verwendungszweck bestimmt, wie zum Beispiel hohe und sichere Erträge beziehungsweise Leistungen, gute Qualität, Resistenz gegen Krankheiten, pflege- und ernteleichte Sorten und Rassen (Einsatz von Technik).
Mit wechselnden Ansprüchen des Menschen ändern sich die Trends in den Züchtungszielen (z.B. von fettreicher zu eiweißreicher Milch; von Großblumigkeit zu Vielblütigkeit bei einigen Zierpflanzen).

Züchtungsmethoden

Züchtungsmethoden beruhen auf der Nutzung von Vererbungsvorgängen und stimmen in ihren Grundzügen bei der Pflanzen- und Tierzüchtung überein. Grundprinzipien sind die Auslese (Selektion), die Kreuzung sowie induzierte Mutationen.

Auslesezüchtung. Auslese (Selektion) ist die grundlegende Züchtungsmethode. Aus einer Population werden Individuen, die die gewünschten Merkmale aufweisen, ausgelesen und weiter vermehrt (positive Auslese); Individuen mit unerwünschten Merkmalen werden ebenfalls ausgelesen, aber von der Fortpflanzung ausgeschlossen (negative Auslese). Die Ausleseverfahren werden über mehrere Generationen hinweg wiederholt; sie werden auch mit anderen Züchtungsverfahren kombiniert.

Auslesezüchtung bei Pflanzen		
Massenauslese		Einzelauslese
positive Massenauslese – Auswahl der Getreidepflanzen mit großen Ähren	negative Massenauslese – Aussonderung viruskranker Kartoffelpflanzen	– bitterstofffreie Lupinen

Kreuzungszüchtung. Grundlage für die Kreuzungszüchtung ist die Anwendung der Mendelschen Gesetze. Sie führt zur Kombination von erstrebenswerten Merkmalen und Eigenschaften zweier Rassen beziehungsweise Sorten. Nach vorheriger Auslese werden durch Kreuzung erwünschte Erbanlagen der Eltern neu kombiniert.

– Kreuzungszüchtung bei Pflanzen. Zwei Pflanzen werden durch Übertragung des Blütenstaubes von der einen Pflanze auf die Narbe einer anderen gekreuzt. Dabei muss zur Erreichung des Zuchtziels unerwünschte Fremdbestäubung verhindert werden.

Arbeitsschritte bei der Kreuzung zweier Pflanzen

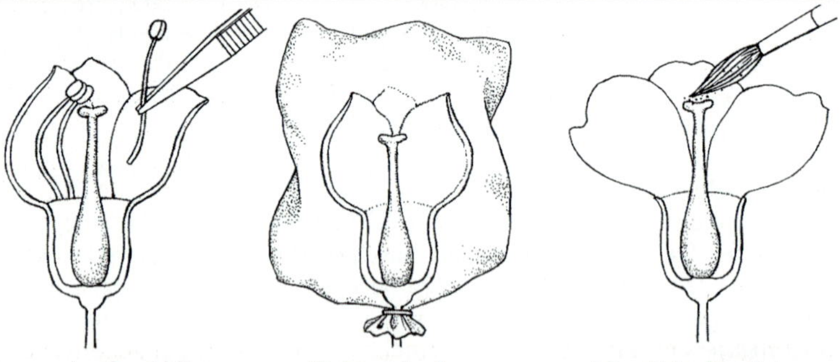

Entfernen der Staubblätter bei der Mutterpflanze im Knospenzustand, weil in diesem Zustand noch keine Bestäubung erfolgt sein kann	Einbeuteln der kastrierten Blüte	künstliche Bestäubung durch Übertragen der Pollen von der Vaterpflanze mit Hilfe eines Pinsels oder durch Berühren der Narbe mit den Staubbeuteln bei Reife der ♂ und ♀ Blütenteile

10

- Kreuzungszüchtung bei Tieren. In der Tierzüchtung (besonders bei Rindern) wendet man häufig die künstliche Besamung an. Als Spender von Spermien werden Tiere mit solchen Eigenschaften ausgewählt, die bei den Nachkommen erwünscht sind. Durch die künstliche Besamung können viele Muttertiere mit dem Sperma desselben Vatertieres besamt werden.
- Heterosiseffekt. Der Heterosiseffekt kann bei Kreuzungen von Individuen aus zwei reinerbigen Linien auftreten. Er ist dadurch charakterisiert, dass die F1-Generation infolge der Mischerbigkeit höhere Leistungen als der beste Elternteil aufweist. In weiteren Generationen klingt der Heterosiseffekt wieder ab; um ihn zu bewahren wird ständig neu gekreuzt (z.B. Mais, Tomaten, Schweine, Hühner: Broiler).

Mutationszüchtung. Bei der Mutationszüchtung werden durch Behandlung von Samen oder vegetativen Pflanzenteilen mit verschiedenen Mutagenen (z.B. UV-Strahlen, Kolchizin) Mutationen ausgelöst und unter den Nachkommen die Mutanten mit den gewünschten Eigenschaften ausgelesen. Durch Mutationen und Kreuzungen werden auch polyploide Pflanzen mit höheren Erträgen gezüchtet (z.B. triploide Zuckerrüben, hexaploides Getreide).

Polyploidie beim Weizen

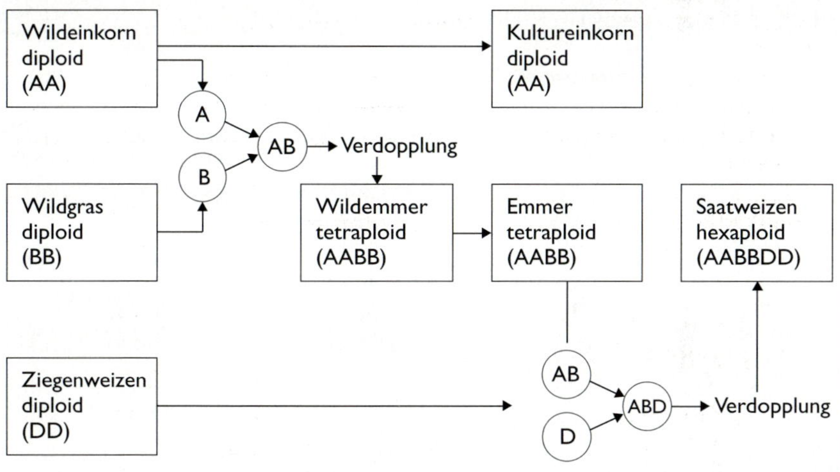

Klonierung

Klonierung beruht auf vegetativer Vermehrung und damit auf genetischer Identität der Nachkommen. Sie wird in der Land- und Forstwirtschaft sowie im Gartenbau angewandt. Möglichkeiten der Klonierung:

- Bewurzelung größerer Pflanzenteile in der Erde oder in Nährsubstraten (z.B. Sprossung, Bildung von Ausläufern).
- Aufzucht einer ganzen Pflanze aus kleinen Gewebeteilen oder isolierten Zellen unter künstlichen Bedingungen (Zellkulturtechnik).

Klonierung durch Zellkulturtechnik ist ein sehr effektives Verfahren.

↗ Ungeschlechtliche Fortpflanzung, S. 231 und S. 233

Embryo-Transfer

Embryo-Transfer dient der raschen Vervielfältigung von Erbanlagen wertvoller Zuchtrinder durch Erzeugung vieler Nachkommen. Die Embryonen werden im Morulastadium aus der Gebärmutter des Rindes gespült und zum Austragen in die Gebärmutter von Ammenkühen übertragen.

↗ Morula, S. 248

Gentechnik

Gentechnik umfasst Verfahren zur gezielten Übertragung fremder Gene in den Genbestand einer Zelle. Ziele der Gentechnik:

- Erzeugung wichtiger Stoffe für Medizin, Landwirtschaft und Industrie (z.B. Gewinnung von Insulin),
- Steigerung der Produktion von Nahrungsmitteln,
- Forschungen zum Nachweis und zur Heilung von genetisch bedingten Krankheiten.

Prinzip des Verfahrens einer Gen-Übertragung

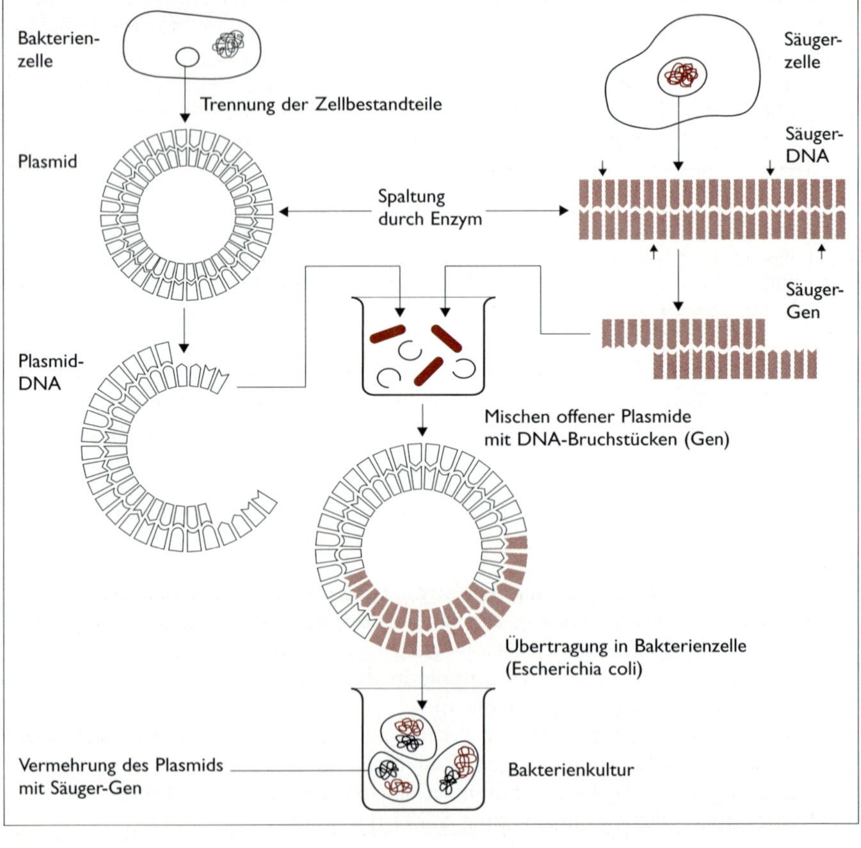

10

Zur künstlichen Übertragung und Neukombination von Genen werden mehrere Verfahren angewandt.

Mikroinjektion. Durch Mikroinjektion von DNA werden artfremde Gene in befruchtete Eizellen übertragen. Fügt sich eines der bis zu tausend injizierten Gene in die DNA der Zygote ein, so entstehen sogenannte transgene Lebewesen. Die Erfolgsrate liegt bei diesem Verfahren unter einem Prozent. Bei Karpfen ist es gelungen, ein Forellengen für Wachstumshormon „einzupflanzen". Dadurch erreichten die Karpfen eine um etwa ein Fünftel größere Gewichtszunahme.

Bildung von Schimären. Durch Teilen der Morula (Maulbeerkeim) erhält der Züchter einen Klon und kann so identische Mehrlinge herstellen. Werden die Teilstücke eines Maulbeerkeimes mit denen eines anderen Embryos in eine gemeinsame Eihülle „gepackt", können die Teilstücke miteinander verwachsen und es entsteht eine Schimäre - ein Tier, dessen Gewebe von zwei verschiedenen Embryonen stammen. So entstand zum Beispiel die Schiege aus einem Gemisch von Schaf- und Ziegenembryonen. Schimären sind für Züchtungszwecke nicht geeignet, da die Nachkommen keine Schimären sind, sondern jeweils der einen oder anderen Elternart der Schimären entsprechen.

Genübertragung. 1972 wurde entdeckt, dass besondere Enzyme DNA-Moleküle an bestimmten Stellen zu spalten vermögen und dass die entstandenen Teile auch wieder zusammengefügt werden können. Damit waren erstmals gerichtete Eingriffe in die genetische Grundlage der Merkmale möglich. So lassen sich zum Beispiel biotechnologisch große Mengen für den Menschen nützlicher Hormone, Enzyme und Impfstoffe produzieren. Seit kurzem wird menschliches Insulin, das für Zuckerkranke lebenswichtige Hormon, auf gentechnischem Wege durch Bakterien hergestellt.

Vererbung und Evolution

Populationsgenetik

Die Populationsgenetik untersucht die Gesetzmäßigkeiten der Vererbung in Populationen (Häufigkeit und Verteilung der Gene) und die genetischen Aspekte der Evolution auf der Ebene der Population (Wirken der Evolutionsfaktoren).

↗ Art, Population und Evolution, S. 286

10

HARDY-WEINBERG-Gesetz

Nach dem HARDY-WEINBERG-Gesetz stehen die Häufigkeiten der Allele in einer Population in einem stabilen Gleichgewicht zueinander.

$p^2 + 2\,pq + q^2 = 1$

Kommt in einer Population ein Gen in zwei Allelen vor (Allel A und Allel a), dann gilt p für die Häufigkeit des Allels A und q für die Häufigkeit des Allels a sowie $p + q = 1$
HARDY und WEINBERG untersuchten die Verteilung der Genhäufigkeit in einer idealen Population. Es gelten folgende Voraussetzungen:

– Die Population ist so groß, dass Zufallsschwankungen keine Rolle spielen;
– die Träger der verschiedenen Genotypen haben alle die gleiche Eignung für die Umwelt, es findet keine Selektion statt;
– es treten keine Mutationen auf;
– es dürfen keine Individuen zu- oder auswandern.

Schema für die Ableitung des HARDY-WEINBERG-Gesetzes mit Beispielen			
Spermien / Eizellen	A 80 % p = 0,8	a 20 % q = 0,2	Genotyp A Häufigkeit p Genotyp a Häufigkeit q
A 80 % p = 0,8	AA $p^2 = 0,64$ (= 64 %)	Aa pq = 0,16 (= 16 %)	
a 20 % q = 0,2	Aa pq = 0,16 (= 16 %)	aa $q^2 = 0,04$ (= 4 %)	

Genpool

Der Genpool ist die Gesamtheit aller in einer Population vorhandenen Gene. Jede Art hat einen Genpool, aus dem sich die Vielfalt der Individuen entwickeln kann. In der realen Population haben die verschiedenen Genotypen unterschiedliche Fortpflanzungschancen. Es erfolgt eine Auslese bestimmter Allele innerhalb einer Population. Rezessive Allele wirken sich auf die Ausbildung von Merkmalen eines Individuums nicht aus. Sie bleiben aber versteckt im Genpool erhalten und können sich bei einer für sie günstigen Veränderung von Umweltverhältnissen durchsetzen. Durch Zerstörung von Lebensräumen und durch Ausrottung gehen Arten zugrunde und damit genetische Informationen verloren.

10

Durch Hochzüchtungen sind eine Reihe ursprünglicher Sorten unserer Nutzpflanzen verdrängt worden. Doch gerade diese wildtypennahen Formen und die Wildtypen selbst besitzen Eigenschaften, die für die Züchtung von Bedeutung sind, wie Widerstandsfähigkeit gegen Krankheiten und Schädlinge sowie eine große Klimatoleranz. Den Genpool dieser Pflanzen gilt es durch weltweiten Artenschutz zu bewahren. Für zahlreiche Nutzpflanzen hat man zu ihrer Erhaltung sogenannte Genbanken angelegt.

↗ Art, Population und Evolution, S. 286

Genbanken

Genbanken dienen der Erhaltung der genetischen Vielfalt der Nutzpflanzen durch Aufbewahrung von Samen ursprünglicher Wildtypen oder wildtypnaher Formen bei niedrigen Temperaturen und geringer Feuchtigkeit.

Organismus und Umwelt

Lebensraum und Umwelt

Allgemeines

Organismen sind offene Systeme, die mit ihrer Umwelt in einem ständigen, gegenseitigen Stoff-, Energie- und Informationsaustausch stehen. Die Umwelt kann innerhalb genetisch festgelegter Reaktionsbreiten der Organismen deren Bau, Leistung, Verhalten und Verbreitung beeinflussen. Die Organismen selbst verändern ihrerseits die Umwelt.

Umwelt

Umwelt ist die Gesamtheit aller Faktoren, die auf einen Organismus oder seine Teile von außen einwirken.

Biosphäre

Die Biosphäre ist der von Lebewesen besiedelte Teil der Erdkugel. Sie erstreckt sich über Teile der Atmosphäre, der Lithosphäre und Hydrosphäre. Lebewesen können in der Atmosphäre bis zu einer Höhe von 18 km existieren. Im Bereich der Lithosphäre dringen sie in der Regel nur wenige Meter tief in das Erdreich ein. Nur einige Mikroorganismenarten (z.B. Erdölbakterien) kommen bis zu 4000 Meter Tiefe vor. Die Hydrosphäre ist in ihrer gesamten Ausdehnung belebt.

Bioregion. Eine Bioregion umfasst einen Großklimabereich innerhalb der Biosphäre mit einer jeweils charakteristischen Vegetation, die zugleich Existenzmöglichkeiten für eine bestimmte Tierwelt bietet.

Höhenstufen. Höhenstufen sind durch die jeweils unterschiedliche Höhenlage bedingte vertikale Vegetationsstufen der Gebirge. Die charakteristische Vegetation einer Höhenstufe wird besonders durch die Temperaturverhältnisse, aber auch durch die Strahlungsintensität, das Wasserangebot und die Windverhältnisse beeinflusst.

Lebensräume in der Hydrosphäre. Lebensräume im Meer und im Süßwasser sind der Gewässergrund (Benthal) mit der ufernahen Zone (Litoral) und der freie Wasserraum (Pelagial). Diese Lebensräume unterscheiden sich nach der Menge des einfallenden Lichtes und den davon abhängigen Organismenarten.

Biotop

Ein Biotop ist der Lebensraum einer Lebensgemeinschaft (Biozönose) und ihrer Einzelglieder (der Organismen). Er ist durch die Gesamtheit der in ihm wirkenden Umweltfaktoren gekennzeichnet.

Umweltfaktoren

Die Umweltfaktoren bilden in ihrer Gesamtheit die Lebensbedingungen, die auf Organismen fördernd oder hemmend wirken. Zu den Umweltfaktoren gehören die

von den Organismen ausgehenden Wirkungen (biotische Faktoren) und solche, die aus der nichtlebenden Natur stammen (abiotische Faktoren).
Die einzelnen Umweltfaktoren wirken als Komplex auf die Organismen und Organismengemeinschaften. Sie beeinflussen sich auch gegenseitig und stellen ein kompliziertes Beziehungsgefüge in der Natur dar.
Biotische Umweltfaktoren. Äußern sich in Form bestimmter Beziehungen der Organismen untereinander (z.B. Nahrungsbeziehungen, Konkurrenzbeziehungen, Fortpflanzungsbeziehungen).
Abiotische Umweltfaktoren. Sind Licht, Wasser, Temperatur sowie mechanische und chemische Einwirkungen der Umwelt auf die Organismen.

Wirkungsgesetz der Umweltfaktoren

Im Komplex der Umweltfaktoren hat derjenige Faktor den entscheidenden Einfluss auf einen Organismus oder eine Organismengemeinschaft, der in seiner Wirkung gerade noch die Lebensfähigkeit ermöglicht.

Beziehungen zwischen Organismen und Umwelt

Allgemeines

Die Organismen sind als Ergebnis der stammesgeschichtlichen Entwicklung in der Regel den Umweltbedingungen in ihrem Lebensraum angepasst. Sie können aber innerhalb bestimmter Grenzen Veränderungen von Umweltfaktoren ertragen. Sie haben eine genetisch festgelegte physiologische und ökologische Potenz gegenüber den Umweltfaktoren innerhalb eines bestimmten Toleranzbereiches.

Toleranzbereich

Der Toleranzbereich ist die Spanne zwischen den Grenzwerten eines Umweltfaktors, die die Lebensprozesse eines Organismus gerade noch ermöglichen. Er wird gekennzeichnet durch das
- Minimum als unteren Grenzwert des Toleranzbereiches,
- Maximum als oberen Grenzwert des Toleranzbereiches,
- Optimum als der für den Organismus günstigste Wirkungsbereich des Faktors.

Die Abhängigkeit der Lebensprozesse von der Ausprägung des Umweltfaktors lässt sich durch eine Toleranzkurve grafisch darstellen.

11

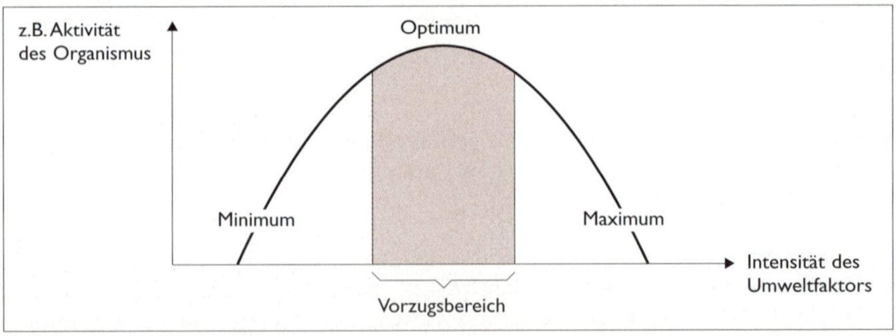

Innerhalb der Ausprägung eines Faktors ist derjenige Bereich, der den Ansprüchen der Organismen am besten genügt (Optimum), der Vorzugsbereich. Tiere können diesen Bereich meist aktiv aufsuchen.

Änderung der physiologischen und ökologischen Potenz

Die physiologische und die ökologische Potenz eines Organismus können sich ändern; beispielsweise

- im Verlauf der Individualentwicklung (z.B. Unterschiede zwischen Jungtieren und erwachsenen Individuen, zwischen Larven und geschlechtsreifen Tieren),
- bei jeweils unterschiedlicher Wirkung weiterer Umweltfaktoren (z.B. veränderter Anspruch an Feuchtigkeit bei unterschiedlichen Temperaturen).

Ökologische Potenz

Die ökologische Potenz ist die Fähigkeit der Organismen einer Biozönose, Schwankungen von Umweltfaktoren bei gleichzeitiger Einwirkung der Konkurrenz durch andere Organismen der Biozönose innerhalb des Toleranzbereiches zu ertragen.

Stenöke Arten. Können Schwankungen von Umweltfaktoren kaum ertragen; sie sind an eine bestimmte Intensität der Umweltfaktoren angepasst. Stenöke Arten haben eng begrenzte Verbreitungsgebiete.

Euryöke Arten. Können Schwankungen von Umweltfaktoren ohne wesentliche Beeinträchtigung ertragen. Sie haben in der Regel ein größeres Verbreitungsgebiet als stenöke Arten.

Eine Art kann gegenüber einem Umweltfaktor (z.B. gegenüber der Temperatur) stenök (z.B. stenotherm) sein, gegenüber einem anderen Faktor (z.B. gegenüber dem Salzgehalt des Wassers) aber euryök (z.B. euryhalin) sein.

Physiologische Potenz

Die physiologische Potenz ist die Fähigkeit eines Organismus, in einer Reinkultur, also ohne die Wirkung der Konkurrenz durch andere Organismen, Schwankungen eines Umweltfaktors innerhalb des Toleranzbereiches zu ertragen.

Die physiologische Potenz ist in der Regel größer als die ökologische Potenz, in seltenen Fällen können beide gleich groß sein.

Vergleich des physiologischen Vorzugsbereichs und des durch Konkurrenz bedingten ökologischen Vorzugsbereichs (physiologischer Vorzugsbereich gestrichelt)

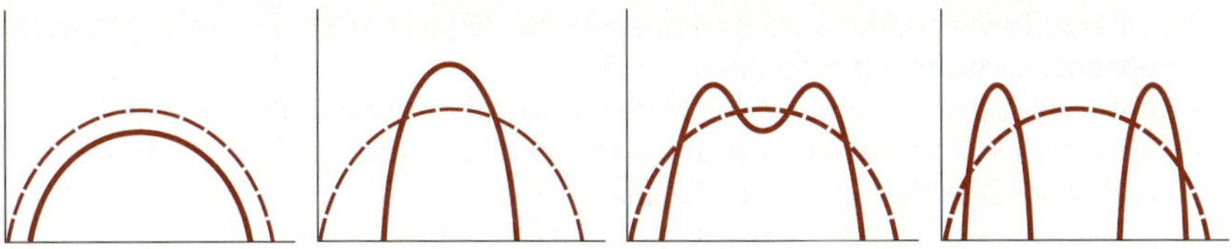

ökologischer und physiologischer Vorzugsbereich weit gehend übereinstimmend	stark eingeschränkter ökologischer Vorzugsbereich gegenüber dem physiologischen Vorzugsbereich	Verschiebung beziehungsweise Verdrängung der ökologischen Vorzugsbereiche in Richtung der physiologischen Minimum- und Maximumbereiche (Grenzbereiche)

Zeigerorganismen - Bioindikation

Organismen mit engem Toleranzbereich gegenüber einem bestimmten Umweltfaktor lassen sich als Indikatoren für diesen Faktor einsetzen.

Zeigerorganismen. Arten mit engem Toleranzbereich, die durch ihr Vorkommen bestimmte Umweltbedingungen anzeigen.

Beispiele für Zeigerpflanzen	
Trockenheitszeiger	Zypressen-Wolfsmilch, Wundklee, Kleiner Wiesenknopf
Feuchtigkeitszeiger	Sumpf-Dotterblume, Sumpf-Ehrenpreis, Wasser-Minze
Stickstoffzeiger	Brennnessel, Bärenklau, Weiße Taubnessel
Stickstoffmangelzeiger	Preiselbeere, Arnika, Zittergras
Kalkzeiger	Wiesen-Küchenschelle, Leberblümchen, Frauenschuh
Kalkmangel- und zugleich Säurezeiger	Heidekraut, Besenginster, Heidelbeere, Echter Ehrenpreis
Salzzeiger	Queller, Strand-Aster, Salzmelde, Strandflieder

Bioindikation. Ist das Anzeigen bestimmter Faktorenverhältnisse (z.B. *p*H 4,5 bis 5,5; Kalkreichtum) durch das Vorkommen von mehreren entsprechenden Zeigerorganismen.

Der Vorteil der Bioindikation liegt darin, dass keine langwierigen physikalischen oder chemischen Messungen notwendig sind.

Ökologische Nische

Die ökologische Nische umfasst alle die Umweltfaktoren, die ein bestimmter Organismus aus der Gesamtheit aller Umweltfaktoren eines Lebensraumes für sich nutzt. Eine neben ihm im gleichen Lebensraum vorkommende Art hat in der Regel eine andere ökologische Nische.

Die Lebewesen eines Lebensraumes haben verschiedene Möglichkeiten der Einmischung, zum Beispiel durch

11

- unterschiedliche Aktivitäten zu bestimmten Tages- beziehungsweise Jahreszeiten,
- unterschiedliche Fortpflanzungszeiten,
- unterschiedliche Nutzung des Nahrungsangebots im Lebensraum,
- unterschiedliche Ausnutzung der verschiedenen Qualitäten eines Umweltfaktors (z.B. volle Belichtung oder Halbschatten).

Wirkung abiotischer Umweltfaktoren auf die Organismen

Umweltfaktor Licht

Die von der Sonne ausgehenden Strahlen erscheinen im Bereich der Wellenlängen von 390 nm bis 780 nm als sichtbares Licht. Licht hat verschiedene Intensität (Beleuchtungsstärke), in Abhängigkeit von der Wellenlänge verschiedene Farben und wirkt auf Organismen mit einer bestimmten Dauer (Tageslänge) ein. Licht beeinflusst

- als Energiequelle die Fotosynthese,
- die Geschwindigkeit und die Richtung pflanzlichen Wachstums,
- Differenzierungsvorgänge in den Zellen und Geweben der Pflanzen (z.B. Bildung des Chlorophylls) und die Organausbildung oberirdischer Pflanzenteile (z.B. Licht- und Schattenblätter),
- die Aktivitäts- und Ruhephasen der Organismen (z.B. Tag- und Nachtaktive),
- die Geschwindigkeit der Individualentwicklung einiger Organismen (z.B. Lang- und Kurztagpflanzen, Fotoperiodismus),
- die Pigmentbildung in der Haut von Tieren (Pigmentarmut bei manchen Boden- und Höhlentieren).

Reaktion der Pflanzen auf die Lichtintensität. Je nach Beleuchtungsstärke können an einer Pflanze Licht- und Schattenblätter ausgebildet sein. Es gibt typische Lichtpflanzen und Schattenpflanzen mit charakteristischer Angepasstheit an die Lichtverhältnisse des Standortes.

Ökologische Gruppe	Lichtpflanzen	Schattenpflanzen
Lichtintensität am Standort	ungehinderte Lichteinwirkung	mehr oder weniger abgeschirmte Lichteinwirkung
allgemeine Angepasstheit	gedeihen optimal bei voller Belichtung	ertragen keine volle Belichtung
Bau der Laubblätter	mehrschichtiges Palisaden- und Schwammgewebe, enge Interzellularen, starke Kutikula, eingesenkte Spaltöffnungen, kleinere Blätter	flaches, wenigschichtiges Palisaden- und Schwammgewebe, dünne Kutikula, keine eingesenkten Spaltöffnungen; meist große, dünne Blätter
Vorkommen	z.B. Gesteinsfluren, Wegränder, niedriger Rasen, Schuttplätze, Steppen	z.B. Krautschicht der Wälder und Hecken

Reaktion der Pflanzen auf die Dauer der Lichteinwirkung. Bei Sprosspflanzen gibt es in Abhängigkeit von der Dauer der Lichteinwirkung Kurztag-, Langtag- und Tagneutrale Pflanzen.

- Kurztagpflanzen: Übergang von der vegetativen zur generativen Phase erfolgt nur bei einer Belichtung von weniger als 12 Stunden pro Tag (z.B. Reis, Baumwolle).

- Langtagpflanzen: Übergang von der vegetativen zur generativen Phase erfolgt nur bei einer Belichtung von mehr als 12 Stunden pro Tag (z. B. Roggen, Hafer, Spinat).
- Tagneutrale Pflanzen: zeigen keine Beziehung zur täglichen Belichtungsdauer beim Übergang von der vegetativen zur generativen Phase (z. B. Sonnenblume, Einjähriges Rispengras).

Reaktion der Tiere auf Lichteinwirkung

Tiere reagieren auf Licht beispielsweise mit bestimmten Verhaltenweisen:
- Sie haben einen deutlichen Tag - Nachtrhythmus mit Ruhe- und Aktivitätsphasen (nacht- und tagaktive Tiere),
- bei bestimmten Helligkeitswerten der Morgenstunden beginnen Singvögel mit dem Gesang (Vogeluhr).

Insbesondere Insekten reagieren auch mit Änderungen im Erscheinungsbild:
- Einige Tagfalterarten (z.B. Landkärtchen, Distelfalter) sind heller beziehungsweise dunkler gefärbt, wenn sich ihre Raupen unter Kurztags- beziehungsweise Langtagsbedingungen entwickelt haben.

Umweltfaktor Wasser

Wasser gehört zu den Grundvoraussetzungen für die Lebensfähigkeit der Organismen. Wasserpflanzen und Wassertiere nutzen Wasser ständig als Lebensraum. Nur wenige Organismenarten oder Teile von Organismen (Samen, Sporen) können längere Zeit ohne Wasserzufuhr bei stark eingeschränktem Stoffwechsel überdauern. Wasser dient den Organismen als
- Lösungs- und Transportmittel für Nährstoffe und Stoffwechselprodukte,
- Bestandteil des Zellplasmas und Quellmittel,
- Reaktionsstoff in vielen Stoffwechselreaktionen (Fotosynthese, Atmung, Verdauung),
- Voraussetzung für den Turgordruck in Pflanzenzellen und damit verbundener Festigkeit pflanzlicher Gewebe.

Die Art des Niederschlages (Schnee, Regen, Nebel), die zeitliche Verteilung (Sommer, Winter) und die örtlichen Besonderheiten des Lebensraumes (z.B. dem Niederschlag zugewandte oder abgewandte Abhänge der Gebirge) beeinflussen die Pflanzendecke der Erde.

Wasservorräte der Erde

11

Die Wasservorräte der Erde sind weit gehend konstant, weil sich das Wasser in einem ständigen Kreislauf befindet.

Verteilung des Wassers auf der Erde
etwa 97 % des Wassers befindet sich in den Meeren
etwa 2 % des Wassers liegt in Form von Schnee und Eis der Polkappen und der Gletscher vor
etwa 0,6 % des Wassers ist in den Gewässern der Kontinente vorhanden
etwa 0,001 % des Wassers enthält die Atmosphäre als Luftfeuchtigkeit

Wasserkreislauf

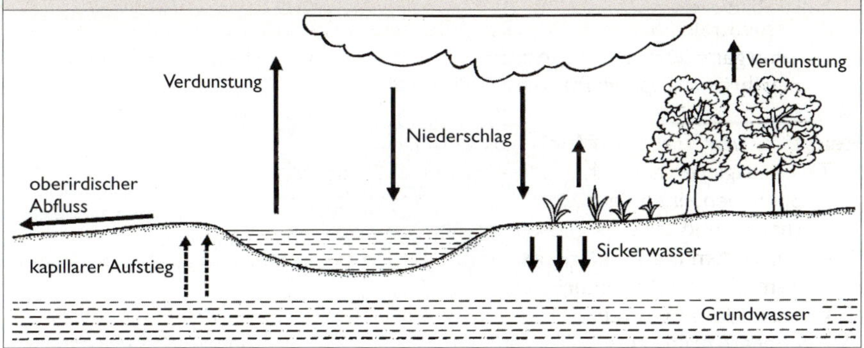

Reaktionen der Tiere auf den Faktor Wasser

Tiere suchen in der Regel Lebensräume mit ausreichendem Wasserangebot auf oder meiden Lebensräume, in denen die Verdunstung die Wasseraufnahme übersteigt. Tiere mit ähnlicher Angepasstheit an den Wasserfaktor bilden ökologische Gruppen.

Ökologische Gruppe	Anpassungsmerkmale
Feuchtlufttiere z.B. Lurche, Regenwurm, Schnecken	Haut meist nackt und drüsenreich mit geringem Verdunstungsschutz. Aufenthalt in wasserdampfreicher Luft.
Trockenlufttiere z.B. Säugetiere, Vögel, landlebende Insekten	Haut meist mit Haaren, Federn, Horn- oder Chitinplatten bedeckt und vor Verdunstung geschützt.
Wassertiere z.B. viele Krebstiere, Fische	Körper oft spindelförmig, dadurch Erleichterung der Fortbewegung. Fortbewegungsorgane oft ruderförmig.

Reaktion der Pflanzen auf den Faktor Wasser

Pflanzen reagieren auf die Wasserverhältnisse in ihrem Lebensraum mit Angepasstheit in physiologischen und morphologisch-anatomischen Merkmalen.

Physiologische Angepasstheiten. Wechselfeuchte Pflanzen gleichen ihren Wassergehalt weit gehend dem Feuchtigkeitszustand ihrer Umgebung an; ihre Zellen haben keine Zentralvakuole; das Plasma schrumpft bei Eintrocknung allmählich, der Stoffwechsel wird eingeschränkt (einige Algenarten, Moose). Ähnlich wie diese Pflanzen reagieren auch bestimmte Pilze und Flechten.

Eigenfeuchte Pflanzen können den Wasserhaushalt in den Zellen konstant halten; ihre Zellen haben große Zentralvakuolen, die bei Trockenheit Wasser an das Plasma abgeben. Eigenfeuchte Sprosspflanzen regulieren durch Wasseraufnahme an den Wurzeln und Wasserabgabe über die Spaltöffnungen den Wasserhaushalt; bei extremem Wasserverlust allerdings sind die Zellen nicht mehr lebensfähig.

Wasserverhältnisse des Standortes	Ökologische Gruppe	Anpassungsmerkmale
weit gehend trocken	Xerophyten (Dürreharte Pflanzen) 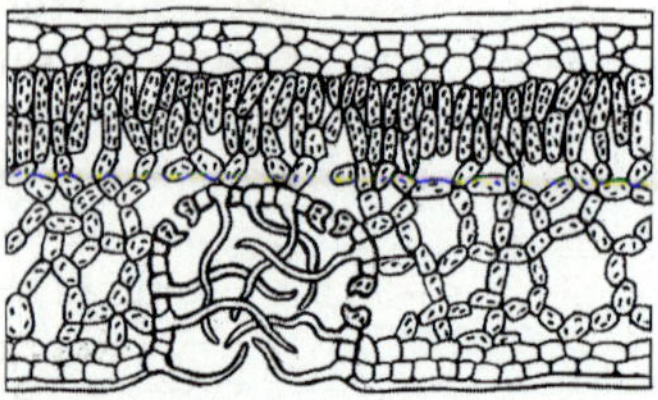	Laubblätter klein, oft nadelförmig, schuppenförmig oder zu Dornen umgebildet. Epidermis mehrschichtig, oft mit dicker Kutikula, mit toten Haaren besetzt. Spaltöffnungen zahlreich, eingesenkt. Festigungsgewebe stark entwickelt.
extrem trocken	Sukkulente (Wasser speichernde Pflanzen) 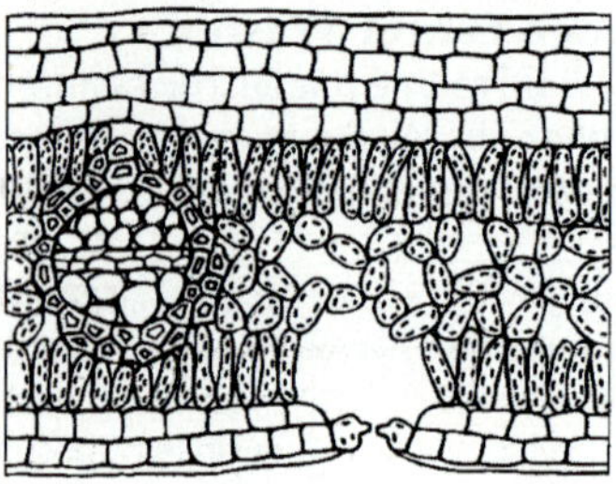	Spross- und Wurzelteile zu Wasserspeicherorganen umgebildet. Gestalt säulen- oder kugelförmig, dadurch Reduktion der Oberfläche. Epidermis derbwandig mit dicker Kutikula. Spaltöffnungen nicht besonders zahlreich, eingesenkt. Wurzelsystem meist flach ausgebreitet.
feucht	Hygrophyten (Feuchtluftpflanzen) 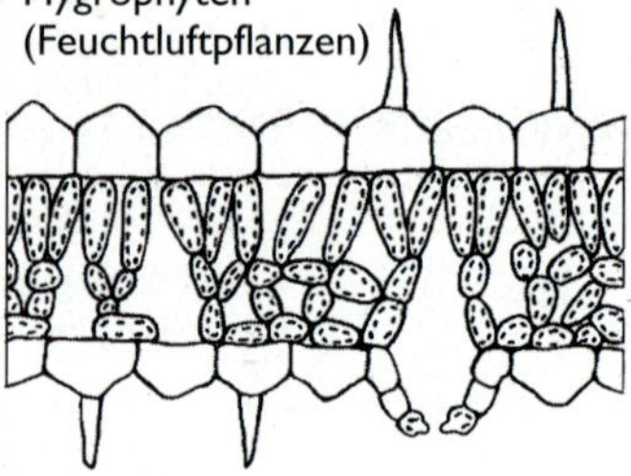	Laubblätter verhältnismäßig groß und dünn. Epidermis dünnwandig, Kutikula oft nicht vorhanden. Epidermiszellen papillenartig. Spaltöffnungen verhältnismäßig wenige, nach außen vorgewölbt. Wurzelsystem schwach ausgebildet.
Lebensraum Wasser	Hydrophyten (Wasserpflanzen) 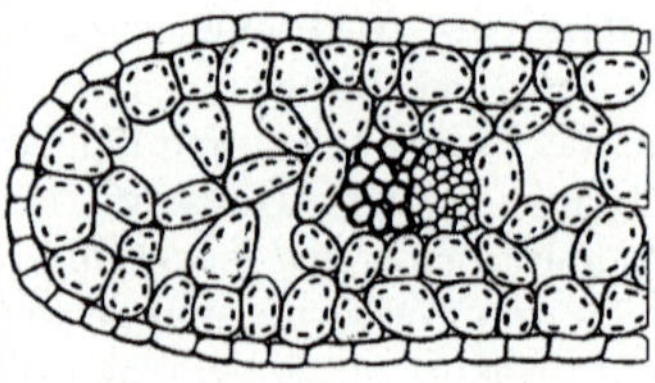	Laubblätter oft fein zerteilt. Epidermis dünnwandig; Kutikula nicht vorhanden. Vergleichsweise wenige Spaltöffnungen. Festigungs- und Leitgewebe kaum vorhanden. Große Interzellularräume. Wurzelsystem schwach entwickelt.
mittelfeucht	Mesophyten	keine besonderen Anpassungsmerkmale

11

Morphologisch-anatomische Angepasstheiten. Viele Pflanzen haben entsprechend den Wasserverhältnissen des Standortes speziell ausgebildete Laubblätter und Wurzeln.
Der jeweils typische Blattbau trägt bei Xerophyten und Sukkulenten zur Verringerung der Transpiration, bei Hygrophyten zur Förderung der Transpiration bei.
Mesophyten können an mäßig feuchten Standorten einige Merkmale von Hygrophyten (z.B. große dünne Blätter) aufweisen, sie sind dann hygromorph ausgebildet. An trockeneren Standorten (z.B. Südhängen von Böschungen) können sie xeromorphe Eigenschaften haben (z.B. eine stärkere Behaarung).
Tiefwurzler und Flachwurzler. Im Verlauf ihrer Stammesentwicklung haben sich bei Pflanzen in Anpassung an die Bodenfeuchtigkeit ihrer Hauptverbreitungsgebiete charakteristische Wurzelsysteme herausgebildet. Tiefwurzler erreichen bis zu 30 m tief liegendes Grundwasser mit langen Pfahlwurzeln und sind zum Teil unabhängig vom Niederschlag. Flachwurzler bilden an feuchten Standorten wenig tief in den Boden hineinragende Wurzeln aus und nehmen Wasser aus den oberen Bodenschichten auf.

Umweltfaktor Temperatur

Lebensprozesse laufen im allgemeinen zwischen Null °C und 40 °C ab. Unterschreiten dieses Temperaturbereiches kann zum Gefrieren des Zellwassers, Überschreiten zur Gerinnung der Zelleiweiße führen. Viele Organismen ertragen aber kurzzeitig oder längerfristig niedrigere oder höhere Temperaturen (z.B. können Nadelbäume noch bei Minusgraden Fotosynthese durchführen, einige Bakterien leben in der Nähe heißer Quellen von über 60 °C).

Reaktionsgeschwindigkeit-Temperatur-Regel (RGT-Regel)

Die RGT-Regel besagt, dass bei chemischen Reaktionen die Reaktionsgeschwindigkeit bei steigender Temperatur zunimmt, sie verdoppelt sich etwa bei einer Zunahme der Temperatur um 10 °C. Da die Lebensprozesse der Organismen auf biochemischen Reaktionen beruhen, gilt diese Regel auch für die Lebewesen, wenn andere Umweltfaktoren gleichzeitig in optimaler Ausprägung wirken.

Temperatur und Verbreitung der Organismen

Die Temperatur bestimmt maßgeblich die Artenzusammensetzung in den Vegetationszonen und tiergeographischen Regionen, sowie in den Höhenstufen der Gebirge. Nord- und Südhänge der Gebirge unterscheiden sich durch ihre Temperaturen. Demzufolge treten unterschiedliche Biozönosen auf. Offene Landschaften (z.B. Wüsten, Dünen) haben starke Temperaturunterschiede zwischen Tag und Nacht. Das wirkt oft begrenzend auf die Artenvielfalt.

BERGMANNsche Regel

Die BERGMANNsche Regel (Größenregel) besagt, dass einige Vögel- und Säugetierarten in kälteren Klimazonen (in höheren Breiten und in Gebirgen) größer sind als nahe verwandte Arten in wärmeren Klimazonen (z.B. Eisbär - Braunbär, Polarfuchs - Rotfuchs). Große Tiere haben im Verhältnis zum Volumen eine kleinere Oberfläche als kleinere Tiere, sie strahlen also relativ weniger Wärme ab.
Es gibt viele Tierarten, die von dieser Regel abweichen.

Größenverhältnisse von drei Tiger-Unterarten

Größe der Ohren bei verschiedenen Füchsen

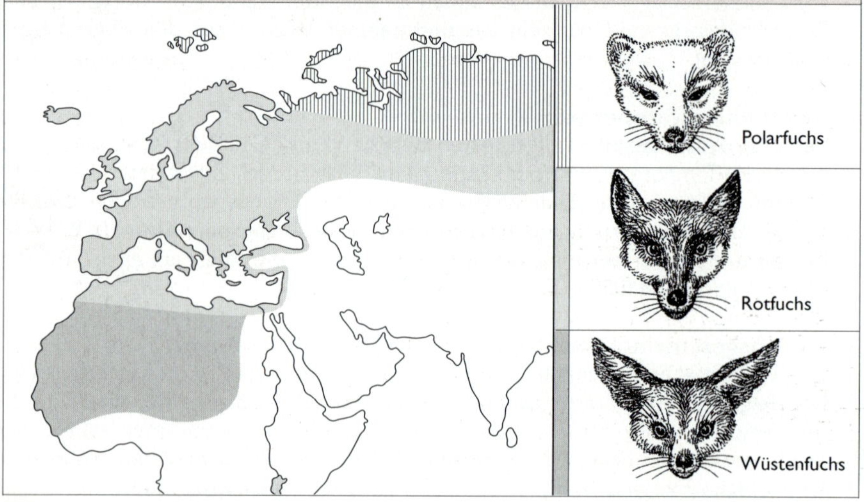

ALLENsche REGEL

Die ALLENsche Regel (Proportionsregel) besagt, dass bei Vögeln und Säugetieren einige Arten in kalten Klimazonen kürzere Ohren, Schwänze oder Extremitäten haben als ihnen nahe verwandte Arten oder Unterarten in wärmeren Klimazonen. An langen äußeren Körperteilen kann Wärme abgestrahlt werden, kürzere Körperteile verhindern zu große Wärmeverluste.

11

Temperaturabhängigkeit und Reaktion auf den Temperaturfaktor bei gleichwarmen Tieren

Gleichwarme Tiere erzeugen im Stoff- und Energiewechsel Eigenwärme und halten ihre Körperwärme, unabhängig von der Außentemperatur, weit gehend konstant (Vögel, Säugetiere). Das wird durch Schutzeinrichtungen vor Unterkühlung oder Überhitzung (z.B. Haar- oder Federkleid, Fettschichten) sowie durch den Atmungs-stoffwechsel unterstützt.

Gleichwarme Körpertemperatur schließt Schwankungen innerhalb bestimmter Grenzen ein. Im allgemeinen sind weit vom Körperinnern entfernte Organe (Extremitäten, Kopfanhänge) kälter als der Körperkern. In Schlafzuständen wird die Körpertemperatur meist etwas herabgesenkt.

Winterruhe. Einige Säugetierarten gemäßigter Klimazonen überdauern die kalte Jahreszeit in einem Ruhezustand mit eingeschränkter Stoffwechselaktivität. Sie überbrücken das mangelnde Nahrungsangebot im Winter. Bei Hungerzuständen erwachen sie und nehmen angelegte Nahrungsvorräte auf (Eichhörnchen, Hamster).

Winterschlaf. Einige Säugetiere halten einen ununterbrochenen Winterschlaf. Sie senken die Körpertemperatur bis zu 5 °C, den Energieverbrauch auf 1/10 des Normalwertes (Igel, Fledermäuse, Murmeltier).

Das Einsetzen der Winterruhe und des Winterschlafes wird hormonell gesteuert. Dabei wird der Hormonhaushalt wesentlich durch die abnehmende Tageslänge beeinflusst.

Temperaturabhängigkeit und Reaktion auf den Temperaturfaktor bei wechselwarmen Tieren

Wechselwarme Tiere erzeugen wenig Eigenwärme, nehmen Umgebungstemperatur auf und geben Wärme meist ungehindert an die Umwelt ab. Ihre Körpertemperatur entspricht weit gehend der Temperatur im Lebensraum. Folglich hängt ihre Lebensaktivität (Stoffwechsel, Bewegung, Dauer der Individualentwicklung) stark von der Außentemperatur ab; jenseits der aktiven Lebensbereiche tritt in der Regel Kältestarre beziehungsweise Wärmestarre ein.

Temperatur und Aktivität bei wechselwarmen Tieren

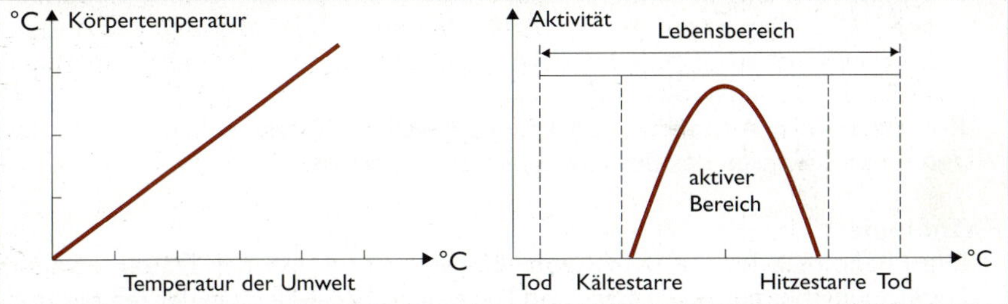

Wärmeregulation

Wärmeregulation führt zur Aufrechterhaltung einer annähernd konstanten Körpertemperatur bei gleichwarmen Tieren und zur Erhaltung einer möglichst optimalen Umgebungstemperatur bei wechselwarmen Tieren.

Wärmeregulation gelingt durch bestimmte Körperfunktionen, beispielsweise durch

- Regulierung der Wärmeabstrahlung durch Verengen oder Erweitern der Blutgefäße in der Haut, durch Abgabe von Schweiß, durch Hecheln bei Tieren mit wenigen oder ohne Schweißdrüsen;
- Bewegungsvorgänge (Muskelzittern, Flügelschlagen);
- bestimmte Verhaltensweisen (z.B. Aufsuchen von Vorzugsräumen, Aufplustern, Einziehen der Extremitäten, Zusammenrücken mehrerer Individuen).

11

Temperatureinfluss und Reaktionen auf den Temperaturfaktor bei Pflanzen

Bei Pflanzen beeinflusst die Temperatur ihres Standortes den Zeitpunkt der Keimung, der Blatt- und Blütenausbildung und des Reifens der Früchte und Samen.

Beispiele für temperaturbeeinflusste Prozesse bei Pflanzen	
Prozesse	Spezielle Erscheinung
Keimung	Keimtemperaturen sind arttypisch. Die Mindesttemperaturen sind z.B. für Weizen 3 °C, für Mais 8 °C. Häufig müssen Samen eine Zeitlang niedrigen Temperaturen ausgesetzt sein, ehe sie keimen (Frostkeimer).
Wachstum der Leitgewebe	Bei sommergrünen Laubbäumen gemäßigter Klimazonen sind Jahresringe deutlicher erkennbar als bei Regenwaldbäumen.
Abfallen der Laubblätter im Herbst	Bildung von Korkschichten an der Basis der Blattstiele führt zum Abwurf und dadurch zur Vermeidung von irreversiblen Frostschäden (Vermeidung der Frosttrocknis).

Frosthärte. Ertragen niedriger Temperaturen und die Vermeidung von Eisbildung in den Zellen. Beruht auf dem Aufteilen der Zentralvakuolen und der Anlagerung des Zellwassers an organische Zellinhaltsstoffe. Dieser Zustand ist im Winter in pflanzlichen Geweben besonders ausgeprägt.
Frosttrocknis. Absterben von Pflanzen, weil die Wasseraufnahme und -leitung durch das Gefrieren des Bodenwassers erschwert ist.

Phänologie

Die Phänologie ist die Lehre vom Einsetzen und von der Dauer bestimmter Entwicklungsphasen bei Pflanzen und Tieren in Abhängigkeit von der Temperatur und anderen Umweltfaktoren (z.B. der Luftfeuchtigkeit). Man teilt das Jahr aufgrund langjähriger Beobachtungserfahrungen in phänologische Jahreszeiten ein. Das Einsetzen der einzelnen Jahreszeiten ist in verschiedenen Regionen und verschiedenen Jahren in Abhängigkeit vom Witterungsverlauf unterschiedlich.

Chemische Umweltfaktoren

Chemische Faktoren sind das Gasgemisch der Luft, sowie Salze, Ionen und der *p*H-Wert im Boden und Wasser.
Als chemische Faktoren wirken auch die von Organismen abgegebenen Stoffe (z.B. Duftstoffe bei Pflanzen und Tieren als Lock- oder Abwehrmittel).
Zunehmend beeinflussen anthropogene chemische Stoffe (Abprodukte, Schädlingsbekämpfungsmittel, Herbizide) die Organismen.

Sauerstoff und Kohlenstoffdioxid

Sauerstoff. Wird von Pflanzen als Reaktionsprodukt der Fotosynthese an die Umwelt abgegeben und ist für aerobe Lebewesen notwendiger Ausgangsstoff für die Energiefreisetzung während der biologischen Oxidation.

Kohlenstoffdioxid. Wird als Reaktionsprodukt der Dissimilation und technischer Verbrennungsprozesse an die Umwelt abgegeben und ist als Ausgangsstoff der Kohlenstoffassimilation (Fotosynthese) Grundlage der Biomasseproduktion.

Organismen können die natürlichen Konzentrationen beider Gase (0_2 in der Luft 21 Vol%; CO_2 in der Luft etwa 0,03 Vol%) im umgebenden Milieu in bestimmten Grenzen beeinflussen:

- Bei intensiven oxidativen Zersetzungsprozessen durch Mikroorganismen in Gewässern mit hohem Anteil absterbender Biomasse kann Sauerstoffmangel auftreten.
- Dichter Pflanzenwuchs kann zu einer Erhöhung der CO_2-Konzentration beitragen, weil das aus dem Boden aufsteigende CO_2 (Atmung der Bodenorganismen) nicht in höhere Luftschichten entweicht.

Eine Erhöhung der Kohlenstoffdioxidkonzentration kann in bestimmten Grenzen die Fotosyntheseintensität erhöhen, wirkt aber bei etwa 1 Vol % schädlich, weil ein geringeres Konzentrationsgefälle den Austausch der Atemgase erschwert.

Aerobe Lebewesen

Organismen, die für Stoffabbau und Energiefreisetzung Sauerstoff benötigen (Atmung). Sie kommen nur in Biotopen mit ausreichendem Sauerstoffangebot vor.

Anaerobe Lebewesen

Organismen, die Stoffabbau- und Energiefreisetzung durch Gärungsprozesse ohne Sauerstoffbeteiligung realisieren. Sie können in sauerstofffreien (z.B. im Faulschlamm der Gewässer) Biotopen existieren.

pH-Wert des Lebensraums

Der *p*H-Wert in Böden und Gewässern beeinflusst die Artenzusammensetzung der Vegetation und des Phytoplanktons (z.B. Feld-Rittersporn oder Esparsette auf Kalkböden, Kieselalgen in sauren Moorgewässern).

Basophile Pflanzenarten. Bevorzugen *p*H-Bereiche von etwa 7,5 bis 8,5 (kalkreiche Böden).

Acidophile Pflanzenarten. Bevorzugen *p*H-Bereiche von 4,5 bis 5,5 (saure Wiesen- und Moorböden).

Bevorzugte Bodenreaktion bei landwirtschaftlichen Kulturen

Kulturpflanze	*p*H-Wert	Kulturpflanze	*p*H-Wert
Roggen	5,0 bis 7,0	Zuckerrübe	6,0 bis 7,5
Weizen	6,5 bis 7,5	Erbse	6,0 bis 7,0
Hafer	5,0 bis 7,0	Lupine	4,0 bis 6,0
Raps	6,0 bis 7,0	Rot-Klee	6,0 bis 7,5
Kartoffel	5,0 bis 6,5	Luzerne	6,5 bis 8,0

Salzgehalt im Lebensraum Wasser

Die Konzentration an gelösten Salzen (besonders Natriumchlorid und Kalziumsalze) hat Einfluss auf
- die Verbreitung der Arten (Arten der Binnengewässer, Arten der Meere, Arten der Brackwässer);
- die Ernährung und das Wachstum einiger Arten (z.B. Abhängigkeit des Größenwachstums bei Muscheln- und Algenarten vom Salzgehalt);
- die Salzkonzentration der Körperflüssigkeit.

Poikilosmotische Organismen. Können die Salzkonzentration ihrer Körperflüssigkeit der der Umgebung anpassen.

Homoiosmotische Organismen. Halten die Salzkonzentration ihrer Körperflüssigkeit konstant. Sie sind gegenüber der Umwelt hypotonisch (z.B. Meeresfische) oder hypertonisch (Süßwassertiere).

Die Osmoregulation gelingt zum Beispiel durch:
- aktive Ionenaufnahme oder deren Zurückhaltung im Gewebe (Süßwasserfische),
- verstärkte Wasserausscheidung (bei Einzellern durch pulsierende Vakuolen, bei Süßwasserfischen über die Nieren),
- Ausscheidung von Salzen durch Salzdrüsen (einige Meeresvögel) oder durch Kiemen (Meeresfische).

Durch bestimmte Anpassungserscheinungen können im Brackwasser auch einige Salzwasser- und Süßwasserorganismen existieren; beispielsweise durch Anpassung der Chlorid-Ionen-Konzentration der Körperflüssigkeit an die osmotischen Bedingungen des Brackwassers (z. B. Gemeiner Seestern, Miesmuschel) oder indem der Eintritt von Brackwasser in die Körperflüssigkeit durch die dünne Haut durch Einstellen des Trinkens und erhöhte Harnabscheidung kompensiert wird (z. B. Flunder).

Wirkung biotischer Umweltfaktoren - Beziehungen der Organismen untereinander

Allgemeines

Biotische Umweltfaktoren sind alle Einwirkungen auf einen Organismus, die von einem anderen Organismus ausgehen. Sie können fördernd (z.B. Symbiose, Brutfürsorge in Tierstaaten) oder hemmend (z.B. Konkurrenz) sein. Sie können direkt (z.B. Parasitismus, Räuber-Beute-Beziehung) oder indirekt (z.B. Einwirkung einer Organismengruppe auf die Umwelt anderer Organismen) wirken.

Konkurrenz

Konkurrenz ist der Wettbewerb zwischen zwei Organismen mit gleichen Umweltansprüchen um Raum, Nahrung, den Geschlechtspartner und um abiotische Umweltfaktoren. Es gibt intraspezifische und interspezifische Konkurrenz.

Konkurrenz ist mit gegenseitigen Störeffekten unter den beteiligten Individuen (Konkurrenten) verbunden, die dazu führen können, dass:
- ein Konkurrent in seiner Lebensfähigkeit eingeschränkt ist,
- der konkurrenzschwächere Organismus (Art) eine andere ökologische Nische einnimmt (z.B. zum physiologischen Minimum oder Maximum ausweicht),
- die Art mit geringerem Vermehrungspotential ausgemerzt wird.

Konkurrenz ist meist ein Prozess, der zeitlich begrenzt wirksam ist, beispielsweise, wenn zwei Arten nur in bestimmten Phasen ihrer Individualentwicklung in Konkurrenz treten (z.B. Vögel mit gleichen Nistplatzansprüchen).

Konkurrenzausschluss. Im gleichen Lebensraum können zwei Arten mit völlig übereinstimmenden Umweltansprüchen, das heißt gleicher ökologischer Nische, nicht gleichzeitig lebensfähige Populationen bilden.

Konkurrenzverminderung. Trotz sehr ähnlicher Umweltansprüche können Organismen im gleichen Lebensraum mit minimalen Konkurrenzerscheinungen vorkommen, wenn sie jeweils eine andere ökologische Nische einnehmen.

Intraspezifische (innerartliche) Beziehungen

Innerartliche Beziehungen treten zwischen Angehörigen einer Art vor allen Dingen bei der geschlechtlichen Fortpflanzung und der Bildung von Gesellschaften (Sozietäten) auf. Sie wirken im Gegensatz zur innerartlichen Konkurrenz meist fördernd.

Beziehungen in Tiergesellschaften

Der Zusammenschluss von Individuen einer Art zu einer Tiergesellschaft dient unterschiedlichen ökologischen Funktionen, wie zum Beispiel

- der Brutpflege,
- der gemeinsamen Nahrungssuche,
- dem gemeinsamen Schutz vor abiotischen und biotischen Umweltfaktoren.

Innerartliche Beziehungen setzen Kommunikation zwischen den einzelnen Individuen voraus. Sie erfolgt über Signalstoffe (z.B. Pheromone), die von einzelnen Gliedern der Gesellschaft abgegeben werden, oder über artspezifische Reize wie Farben, Muster oder Bewegungen der Individuen.

Tiergesellschaften sind beispielsweise

- Tierehe: Eine über längere Zeit andauernde Verbindung zweier Geschlechtspartner (z.B. Enten, Schwäne).
- Tierfamilie: Umfasst die Elterntiere und ihre Nachkommen (viele Vogelarten, z.T. nur Mutterfamilie).
- Rudel, Herde, Schwarm: Zusammenschluss vieler (oder mehrerer) Individuen zu einer Gesellschaft, in der meist mehrere Familien vereinigt sind. Oft sind typische Rangordnungen ausgeprägt (Huftiere, Wölfe).
- Kolonien: Zusammenschluss vieler Individuen zur gemeinsamen Nutzung eines meist eng begrenzten Territoriums während bestimmter Lebenstätigkeiten (Brutkolonie bei Möwen, Schlafkolonie bei Dohlen).
- Wander-, Jagd- und Überwinterungsgesellschaften: Zusammenschluss sehr vieler Individuen während der gemeinsamen Nahrungssuche oder der Überdauerung ungünstiger Zeiträume (Fledermäuse, Aal).
- Tierstaat: Tiergesellschaft bei einigen Insektenarten (z.B. Bienen, Wespe, Ameise, Termiten) mit hochspezialisierter Brutpflege und Funktionsverteilung auf die im Staat lebenden Einzelindividuen).

Interspezifische (zwischenartliche) Beziehungen

Zwischenartliche Beziehungen treten zwischen Angehörigen zweier oder mehrerer Arten auf. Sie sind häufig auf bestimmte Nahrungsbeziehungen gegründet (z.B. Parasitismus, Räuber-Beute-Beziehung).

Kommensalismus

Kommensalismus ist eine Beziehung zwischen Individuen zweier Arten, wobei sich beispielsweise eine Art von der Nahrung der anderen Art miternährt oder durch diese in die Lage versetzt wird, sich zu ernähren (Epiphyten), ohne dass sich die beteiligten Arten gegenseitig schädigen.

Beispiele für Kommensalismus	
Beispiel	Art der Beziehung
Großraubtiere	Das Großraubtier (z.B. Löwen, Tiger) schlägt Beute und ernährt sich. Von den Resten ernähren sich Hyänen.
Haie und Lotsenfische	Lotsenfische begleiten Haie beim Beutefang und profitieren von den Resten der Hainahrung.
Bestimmte Insekten in Kannenblättern von Insekten fressenden Pflanzen	Die Kannenpflanze (Nepenthes) verdaut in die Kannenblätter gefallene Insekten und deckt damit ihren Stickstoffbedarf. Einige ständig in den Kannenblättern lebende Insektenlarven werden nicht verdaut, sie ernähren sich von den Beutetieren.
Epiphyten auf Regenwaldbäumen	Bestimmte Organismenarten (z. B. Orchideen, Flechten) leben auf den Ästen hoher Regenwaldbäume und gelangen dadurch an das für die Fotosynthese notwendige Licht.

Parasitismus

Parasitismus ist eine Beziehung zwischen zwei Organismen unterschiedlicher Arten, von denen der eine (Parasit, Schmarotzer) den anderen, meist größeren Organismus (Wirt) in der Regel durch Stoffentzug oder durch giftig wirkende Exkrete oder Sekrete schädigt und sich von dessen Körpersubstanz oder dessen Nahrungsstoffen ernährt.

Parasitismus kommt bei fast allen Organismengruppen vor. Besonders häufig treten parasitäre Arten bei Bakterien, Pilzen, Einzellern, Rund- und Plattwürmern und bei Gliederfüßern auf. Bei Wirbeltieren sind parasitäre Arten selten.

Besondere Formen des Parasitismus (z.B. Brutparasitismus, Raubparasitismus) beziehen sich meist auf spezielle Schädigung des Wirtes.

Brutparasitismus. Ist besonders bei einigen Vogelarten (z.B. Kuckuck) ausgeprägt. Die Eier werden in die Nester anderer Vogelarten gelegt (der Kuckuck legt z.B. in die Nester von Grasmücke oder Bachstelze), die die fremden Eier ausbrüten, wobei der eigene Bruterfolg oft verringert ist.

Raubparasitismus. Schlupfwespen und Raupenfliegen (Raubparasiten, Parasitoide) legen ihre Eier in die Larven anderer Insekten, in denen sich die parasitischen Larven entwickeln und das Gewebe der Wirtslarven zerstören, sodass der Wirt abstirbt, wenn der Parasit seine Larvenentwicklung beendet hat.

Anpassungsmerkmale bei Parasiten

Parasiten sind an den besonderen Lebensraum Wirt in der Regel in sehr spezieller Weise angepasst und sind zur nichtparasitären, frei lebenden Lebensweise nicht oder nicht vollständig fähig. Sie unterscheiden sich von frei lebenden nahe verwandten Arten oft beträchtlich in ihrem Bau.

Beispiele für Anpassungsmerkmale bei Parasiten		
Tierische Innenparasiten	Tierische Außenparasiten	Pflanzliche Parasiten
Keine Bewegungs- und Fernsinnesorgane. Keine Mundorgane, kein Darm. Spezielle Anheftungsorgane (Saugnäpfe, Hakenkränze). Keine Pigmentierung. Anaerobe Dissimilation. Zwitter, hohe Anzahl von Nachkommen, keine Brutpflege. Generationswechsel, komplizierte Metamorphosen, Wirtswechsel.	Keine aktive Fortbewegung (bei Insekten Flügellosigkeit). Spezielle Organe zur Nahrungsaufnahme (Stechrüssel, Saugorgane). Spezielle Anheftungsorgane (Klammerorgane). Hohe Anzahl von Nachkommen.	Reduktion der Assimilationsorgane. Heterotrophe Ernährungsweise. Ausbildung von Saugwurzeln. Hohe Anzahl von Blüten und Samen.

Aufgrund der hohen Spezialisierung ist ein Parasit meist auf einen Wirt oder auf wenige Wirtsarten beschränkt.

Parasiten beim Menschen

Der Mensch kann von sehr vielen unterschiedlichen Parasiten befallen werden.

Übersicht über einige Parasiten des Menschen		
Systematische Gruppe	Parasit	befallenes Organ
Insekten	Stechmücke, Bettwanze, Tsetsefliege, Floh, Kopflaus	Blut Haare, Kopfhaut
Spinnentiere	Holzbock Krätzmilbe	Haut, Blut Haut
Pilze	verschiedene Arten (z. B. *Candida albicans*)	Haut
Einzeller	*Plasmodium* (Malariaerreger) *Entamoeba histolytica* (Erreger der Amöbenruhr)	Blut Darm

Übersicht über einige Parasiten des Menschen		
Systematische Gruppe	Parasit	befallenes Organ
Bakterien	*Corynebacterium diphtheriae* (Erreger der Diphtherie) *Mycobacterium tuberculosis* (Erreger der Lungen-tuberkulose) *Treponema pallidum* (Erreger der Syphilis) *Vibrio comma* (Erreger der Cholera)	Nasen-Rachenraum Lunge Geschlechtsorgane, Haut Darm
Viren	Verschiedene Grippeviren Typ A Virus (Erreger der Hepatitis)	Nasen-Rachenraum Magen-Darmkanal Leber

Räuber-Beute-Beziehung

Viele Tiere stehen in einer Räuber-Beute-Beziehung (Episitismus) zueinander, wobei das meist größere Tier (Räuber, Beutegreifer, Fressfeind), das kleinere Tier (Beutetier) vertilgt. Trotz der Tatsache, dass die Räuber-Beute-Beziehung zur Vernichtung des Beutetiers führt, geht in der Regel die Beuteart nicht zugrunde und die Räuberart nimmt nicht überhand; vielmehr bestehen voneinander abhängige Dichteschwankungen in den Räuber- und Beutepopulationen.

Anpassungsmerkmale bei Räuber- und Beutetieren	
Räubertiere	Beutetiere
Ausbildung von Fang- und Greiforganen (Zähne, Schnabel, Krallen) Abgabe von Lähmungsgiften (z.B. Süßwasserpolyp, Schlangen) Ausprägung leistungsfähiger Sinnesorgane Ausbildung besonderer Verhaltensweisen (z.B. Lauf- und Sprungvermögen, Bau von Fangnetzen bei Spinnen)	Ausbildung von Abwehrorganen (z.B. Bienenstachel, Igelstacheln) Ausbildung von Schutzfärbungen bzw. von Abschrecktrachten (z.B. Pfauenauge) Abgabe von Sekreten (Gifte, Stinkstoffe) Ausbildung besonderer Verhaltensweisen (z.B. Fluchtreaktionen, Totstellung)

Symbiose

Eine Symbiose ist eine Beziehung zwischen zwei oder mehreren Individuen verschiedener Arten mit gegenseitiger Abhängigkeit und gegenseitigem Nutzen. Für beide Partner ist diese Beziehung meist so bedeutungsvoll, dass sie ohne Symbiose nicht lebensfähig sind.

Es gibt Symbiosen zwischen zwei Tierarten, zwischen zwei Pflanzenarten, zwischen Tier und Pflanze und Mikroorganismen sowie zwischen Pflanze und Tier.

Beispiele für Symbiosen	
Symbiose	Symbiont I und Symbiont II
Mykorrhiza (Sprosspflanze und Pilz) 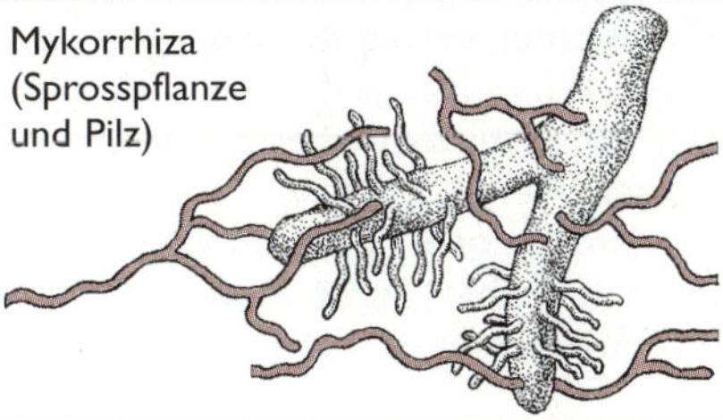	Heterotropher Pilz entnimmt der Baumwurzel organische Stoffe Verholzte Baumwurzel erhält Wasser und Nährsalze durch das Pilzmyzel
Knöllchenbakterien und Schmetterlingsblütengewächse 	Bakterien entnehmen der Pflanze organische Nährstoffe Schmetterlingsblütengewächs nutzt den von den Bakterien assimilierten Luftstickstoff
Algen und Nesseltiere oder Einzeller 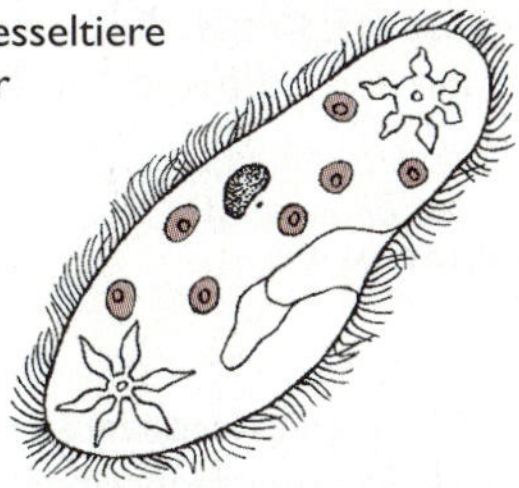	Heterotrophe Nesseltiere (oder Einzeller) entnehmen den Algen Kohlenhydrate und nutzen den bei der Fotosynthese ausgeschiedenen Sauerstoff Algen nutzen die stickstoffhaltigen Endprodukte und Kohlenstoffdioxid aus dem Stoffwechsel des Tieres
Flechten (Doppelorganismus aus Pilz und Alge) 	Heterotropher Pilz nutzt Fotosyntheseprodukte der Algen Assimilierende Algen nutzen von den Pilzen aufgenommenes Wasser und Nährsalze
Einsiedlerkrebs und Seeanemone 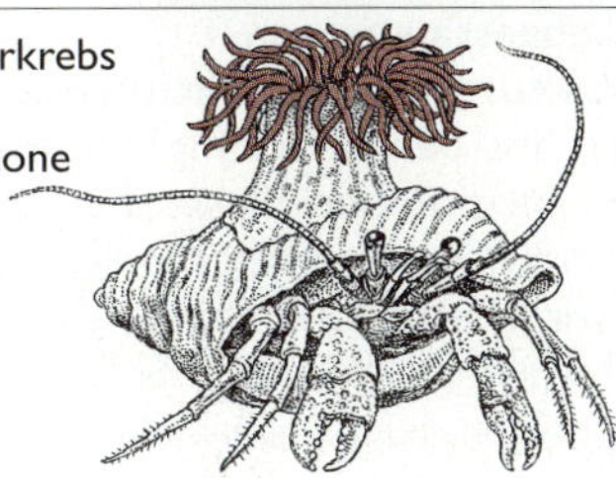	fest sitzende Seeanemone nutzt Nahrungsreste des Krebses Krebs wird durch Nesselzellen der Seeanemone vor Feinden geschützt

Biozönose

Eine Biozönose ist eine Vergesellschaftungsform vieler verschiedener Populationen von Pflanzen, Tieren und Mikroorganismen, die in einem gemeinsamen Biotop leben und ähnliche Ansprüche an die Umwelt stellen oder sich gegenseitig indirekt so beeinflussen, dass die Umweltansprüche aller Organismen erfüllt werden.

Zwischen den Organismen einer Biozönose treten vielfältige direkte fördernde und hemmende Beziehungen (z.B. Beziehungen zwischen blütenbestäubenden Tieren und Pflanzen, Räuber-Beute-Beziehungen, Symbiose) auf.

Artenreiche Biozönosen (z.B. in Laubmischwäldern oder feuchten Wiesen) bilden zahlreiche ökologische Nischen, die von vielen, aber meist individuenärmeren Populationen besetzt sind. In artenarmen Biozönosen ist die Individuenzahl der Populationen meist größer.

Einfluss von Biozönosen auf die abiotische Umwelt

Biozönosen beeinflussen in vielfältiger Form die abiotischen Umweltfaktoren. Beispiele dafür sind:

- Höher gewachsene Pflanzen (Sträucher, Bäume) mindern den Lichteinfall für Pflanzen und Tiere in den bodennahen Räumen (Schichten), sie verändern die Feuchtigkeitsverhältnisse der Luft und des Bodens.
- Eine geschlossene Pflanzengesellschaft (Wald, Hecke) bremst die Windwirkung und dadurch die Bodenerosion.
- Pflanzen und Tiere verändern Bodeneigenschaften z.B. durch Anreicherung von Humusstoffen, durch Bodenlockerung oder durch Entzug von Nährsalzen.

Ökologische Gesetzmäßigkeiten in Populationen

Population

Eine Population umfasst alle Individuen einer Art in einem abgegrenzten Lebensraum. Die Glieder einer Population bilden eine Fortpflanzungsgemeinschaft.

Wichtige Merkmale einer Population sind die Altersstruktur, das Geschlechtsverhältnis der Glieder, die Geburten- und Sterberate, die Verteilung der Individuen im Lebensraum, die Größe und Dichte der Population.

Populationsgröße. Ist die Anzahl der Individuen in einer Population. Absolute Zahlen für die Populationsgrößen sind in der Regel nur für seltene Pflanzen- und Tierarten bekannt oder für solche, die vom Menschen kultiviert und gepflegt werden sowie für menschliche Populationen.

Populationsdichte. Ist die Anzahl der Individuen in einer Population bezogen auf die Größe des zur Verfügung stehenden Lebensraumes.

Zusammenhang zwischen Altersstruktur und Populationsdichte. Die Altersstruktur einer Population ergibt sich aus der Verteilung der Individuen auf Altersklassen. Die Altersstruktur einer Population beeinflusst die Lebensfähigkeit einer Population. Das Überwiegen junger Individuen bedeutet in der Regel, dass die Populationsdichte in der Folgezeit größer wird. Bei höherer Anzahl älterer Individuen in der Population geht die Populationsdichte allmählich zurück. Sind die Größen der verschiedenen Altersklassen mehr oder weniger gleich groß, bleibt die Populationsdichte über einen längeren Zeitraum weit gehend konstant.

Beispiele für die Altersstrukturen von menschlichen Populationen

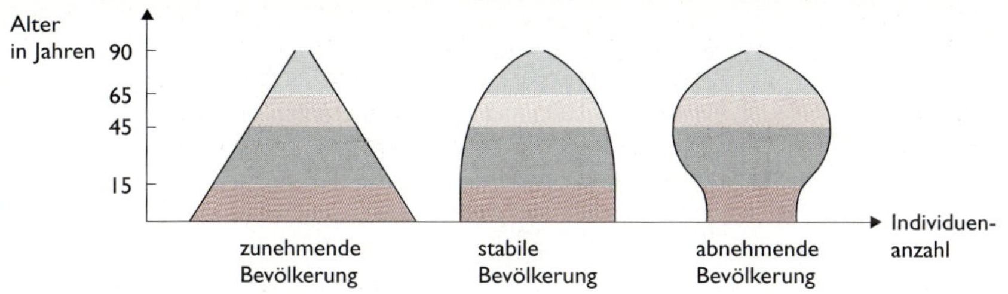

↗ Art, Population und Evolution, S. 286

Wachstum einer Population

Die allmähliche Herausbildung einer Population aus wenigen Ausgangsindividuen (etwa bei der Neubesiedlung eines Lebensraumes) ist mit einer charakteristischen Zunahme der Individuenanzahl (Wachstum der Population) verbunden. Da die Verhältnisse im Freiland schwer zu ermitteln sind, dienen häufig Laboruntersuchungen als Modelle. Sie zeigen, dass die Entwicklung einer Population mehrere Phasen aufweist.

- Anlaufphase: Die Zunahme der Populationsdichte erfolgt langsam. Sie ist oft abhängig von der Anzahl der Anfangsglieder (z.B. wenige Einzeller, ein Paar - Männchen und Weibchen - oder mehrere Paare).
- Phase des exponentiellen Wachstums: Es erfolgt in kurzer Zeit eine sehr rasche Zunahme der Individuen.
- Stationäre Phase: Bei einer bestimmten Populationsdichte werden hemmende Faktoren wirksam (Raum- und Nahrungskonkurrenz, Gedrängefaktor), sodass sich das Wachstum der Population verlangsamt und schließlich zum Erliegen kommt.

Umweltwiderstand. Der Umweltwiderstand ist die Gesamtheit der hemmenden Umweltfaktoren, die auf das Wachstum einer Population begrenzend wirkt.

Kapazität des Lebensraumes. Die Kapazität ist das maximale Fassungsvermögen, die maximal mögliche Individuenanzahl einer Population in einem Lebensraum. Sie ist abhängig von der Gesamtheit der Umweltfaktoren und der Fähigkeit der Organismen diese auszunutzen.

Wachstum einer Population

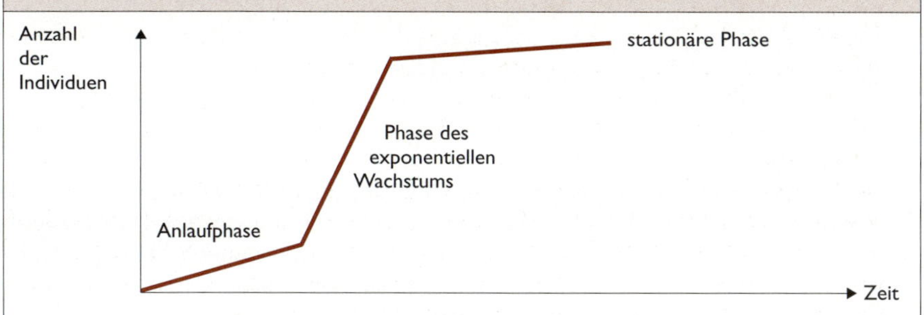

Mathematische Erfassung des Populationswachstums	
Geburtenrate:	Wenn 1000 Individuen 250 Nachkommen haben, entspricht das einer Geburtenrate von 25 % (250 : 1000 = 1:4 = 0,25)
Sterberate:	Wenn von 1000 Individuen 150 sterben, entspricht das einer Sterberate von 15 % (150 : 1000 = 0,15)
Vermehrungsrate:	Geburtenrate minus Sterberate 25 % - 15 % = 10 %
Exponentielles Wachstum:	$dN/dt = r \cdot N$
Logistisches Wachstum:	$dN/dt = r \cdot N\ (K - N)/K$

dN/dt = Veränderung der Individuenanzahl N in der Zeit t
r = Vermehrungsrate
K = Kapazität

Regulation der Populationsdichte

Die Populationsdichte wird von dichteunabhängigen Faktoren (z. B. abiotische Umweltfaktoren, interspezifische Konkurrenz, Nahrungsangebot, nicht ansteckende Krankheiten) sowie von dichteabhängigen Faktoren (z. B. Raum- und Nahrungskonkurrenz, Revierverhalten, Anzahl der Feinde, ansteckende Krankheiten) reguliert. Dichteabhängige Faktoren und Populationsdichte stehen in Form von Regelkreisen miteinander in Beziehung.

Beispiele für die Regulation der Populationsdichte

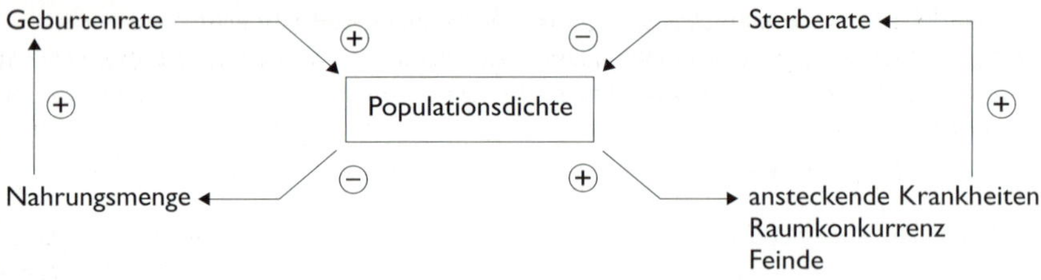

⊕ je größer ... desto mehr (oder umgekehrt)
⊖ je größer ... desto weniger (oder umgekehrt)

Populationsdynamik

Die Populationsdynamik umfasst alle Veränderungen einer Population, insbesondere die Schwankungen der Populationsdichte. Von einer Reihe von Arten sind langfristige zyklische Populationsdichteschwankungen bekannt, bei denen es zu regelmäßigem Massenwechsel kommt (z.B. bei Feldmäusen, Bisamratte, Luchs, Hase, einigen Insektenarten).

Populationsdichteschwankungen beim Kiefernspanner

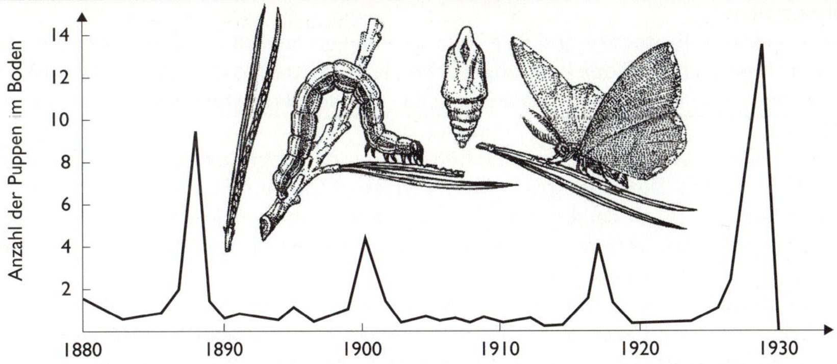

VOLTERRAsche Regeln

Der Biomathematiker VOLTERRA hat um 1930 Zusammenhänge zwischen Räuber- und Beutepopulationen beziehungsweise zwischen Wirts- und Parasitenpopulationen mathematisch ausgedrückt, in Kurven dargestellt und in drei Regeln formuliert.

Regel der periodischen Zyklen: Die Dichte der Räuber- und der Beutepopulation (bzw. der Wirts- und Parasitenpopulation) schwankt bei konstanten Außenbedingungen periodisch. Dabei sind die Schwankungen der Räuber- und der Beutepopulation phasenverschoben.

Regel der Erhaltung der Durchschnittsklassen: Die Mittelwerte der Populationsdichte bleiben bei beiden Arten bei unveränderten Außenbedingungen unabhängig von den Anfangsbedingungen relativ konstant.

Regel der Störung der Mittelwerte: Werden durch äußere Einflüsse beide Populationen in gleichem Maße verringert, so nimmt die Anzahl der Beutetiere (bzw. der Wirtstiere) danach stärker zu als die der Räuber (bzw. der Parasiten).

Die VOLTERRAschen Regeln gelten unter der Bedingung, dass eine Räuberart sich nur von einer Beuteart ernährt, was in der Regel so einseitig in der Natur nicht vorkommt.

Beispiel für phasenverschobene Räuber-Beute-Populationsschwankungen

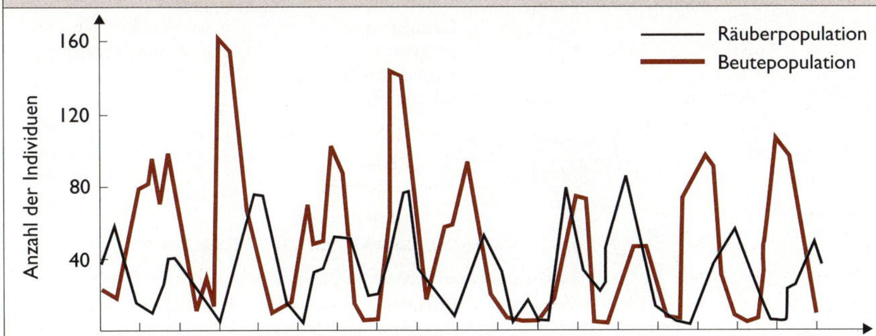

11

Ökosysteme als Einheit von Biozönose und Biotop

Allgemeines

Die gesamte Biosphäre und ihre Teilregionen setzen sich aus Ökosystemen zusammen. Diese sind auf der Landoberfläche als terrestrische (Landökosysteme) und in Flüssen, Seen und Meeren als aquatische (Wasserökosysteme) Ökosysteme ausgebildet.

Jedes Ökosystem stellt eine Einheit aus einer Biozönose und den abiotischen Faktoren des Biotops sowie den zwischen diesen Elementen vorhandenen Wechselwirkungen dar. Es gibt natürliche, naturnahe und künstliche Ökosysteme.

Natürliche Ökosysteme existieren ohne den Einfluss des Menschen und sind in Mitteleuropa kaum noch vorhanden.

Naturnahe Ökosysteme unterliegen nur geringem Einfluss des Menschen (z.B. Altbestände von Laubmischwäldern, ungenutzte Torfmoore). Künstliche Ökosysteme (Kulturökosysteme) werden vom Menschen angelegt und gepflegt (z.B. Forste, Felder, Aquarien).

Merkmale von Ökosystemen

Ökosysteme sind gekennzeichnet durch:

- ihren offenen Charakter,
- eine räumliche und zeitliche Struktur,
- charakteristische Nahrungsbeziehungen zwischen den Biozönosegliedern und einem damit verbundenen Stoff- und Energiefluss,
- Selbstregulation und relative Stabilität,
- Entwicklung.

Ökosysteme als offene Systeme

Jedes Ökosystem ist zwar räumlich mit fließenden Übergängen von Nachbarökosystemen abgegrenzt, steht aber mit ihnen in einem ständigen Stoff- und Energieaustausch.

Das Land-Ökosystem als offenes System

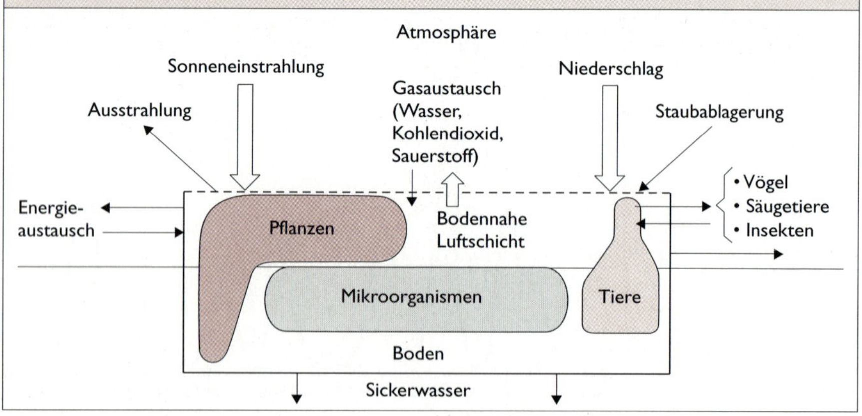

Strukturen eines Ökosystems

Die Struktur eines Ökosystems ergibt sich aus der räumlichen und zeitlichen Verteilung der Glieder innerhalb der Elemente des Ökosystems (Biozönoseglieder und Umweltfaktoren des Biotops).

Räumliche Struktur. Ökosysteme weisen bezüglich ihres Artenspektrums eine Schichtung oder Zonierung auf, die oberirdisch und unterirdisch erkennbar ist, beispielsweise in

- Wäldern: Baumschicht, Strauchschicht, Krautschicht, Moosschicht, Bodenschicht, verschieden tief reichende Wurzelprofile;
- Wiesen: Ober- und Untergräserschichten, Bodenschicht, verschieden tief reichende Wurzelsysteme;
- Seen: Schilfzone, Schwimmblattzone, Unterwasserpflanzenzone, Bodenzone.

Die einzelnen Schichten unterscheiden sich durch das Wirkungsspektrum der Umweltfaktoren.

Schichten im Ökosystem Wald

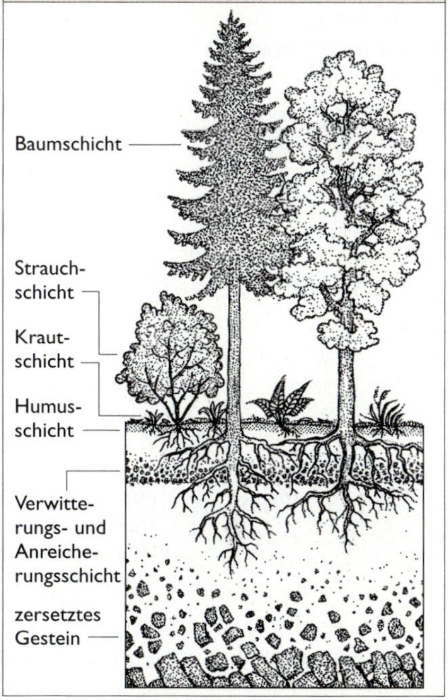

Schichten im Ökosystem See

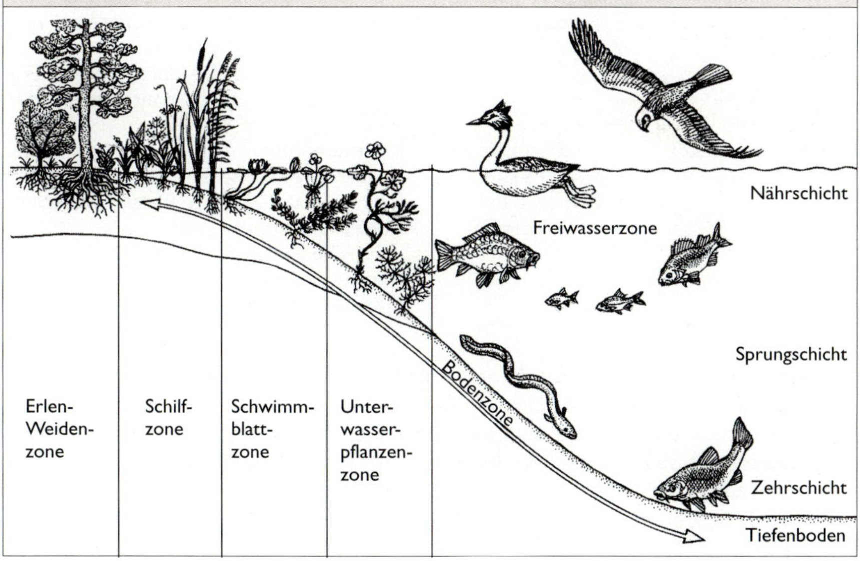

11

Zeitliche Struktur. Wird bedingt durch aufeinander folgende Aktivitätsphasen der Organismen (z.B. Blühen, Fruchten, Laubfall; Nestbau, Fortpflanzungszeit, Winterruhe). Sie äußert sich in der jahreszeitlichen Aspektfolge (z.B. Frühjahrsaspekt, Sommeraspekt).

Einige charakteristische Merkmale der Aspekte (zeitlichen Struktur) in einem Laubmischwald

Aspekt	Wirkung einiger abiotischer Faktoren	Aktivitäten in der Pflanzengesellschaft	Aktivitäten in der Tiergesellschaft
Frühjahrsaspekt	Ungehinderte Sonneneinstrahlung bis auf den Boden, daher rasche Erwärmung der bodennahen Luftschicht und des Oberbodens	Austreiben der Frühlingsblüher, Entfaltung der Blätter in der Strauchschicht, später in der Baumschicht	Schlüpfen der Insektenlarven, Rückkehr der Zugvögel
Sommeraspekt	Meist ausgeglichene Temperaturverhältnisse und hohe Luftfeuchtigkeit in allen Schichten, besonders in der Krautschicht geringe Sonneneinstrahlung	Volle Belaubung in Baum- und Strauchschicht, Blütezeit von typischen Waldgräsern und Schatten liebenden Waldkräutern	Reiche Entfaltung von Insektenpopulationen, Aufzucht der Jungtiere bei Vögeln und Säugetieren
Frühherbstaspekt	Geringere Temperaturen, kürzere Tagesdauer	Erster Laubfall in der Baumschicht, später in der Strauchschicht, Reifen der Früchte	Beginn des Aufsuchens der Winterquartiere bei vielen Tieren, Einsetzen der Diapause bei Insekten
Winteraspekt	Niedrige Lufttemperaturen, Gefrieren des Bodenwassers	Knospenruhe, Überdauerung der Kräuter als Samen oder als unterirdische Speicherorgane (Zwiebeln, Knollen, Rhizome)	Winterschlaf oder Winterruhe bei einigen Säugetieren

11

Beziehungen zwischen den Elementen des Ökosystems

Beziehungen zwischen den Elementen eines Ökosystems sind beispielsweise
- der Stoff- und Energieaustausch zwischen der abiotischen Umwelt und der Biozönose sowie zwischen den Pflanzen, Tieren und Mikroorganismen,
- die Nutzung der Pflanzen als Wohn-, Nist- und Brutraum durch Tiere,
- die Bestäubung der Blüten und die Verbreitung der Früchte und Samen durch Tiere.

Ausgewählte Beziehungen zwischen den Elementen eines Ökosystems

Beispiele aus dem Nahrungsnetz eines Eichenmischwaldes

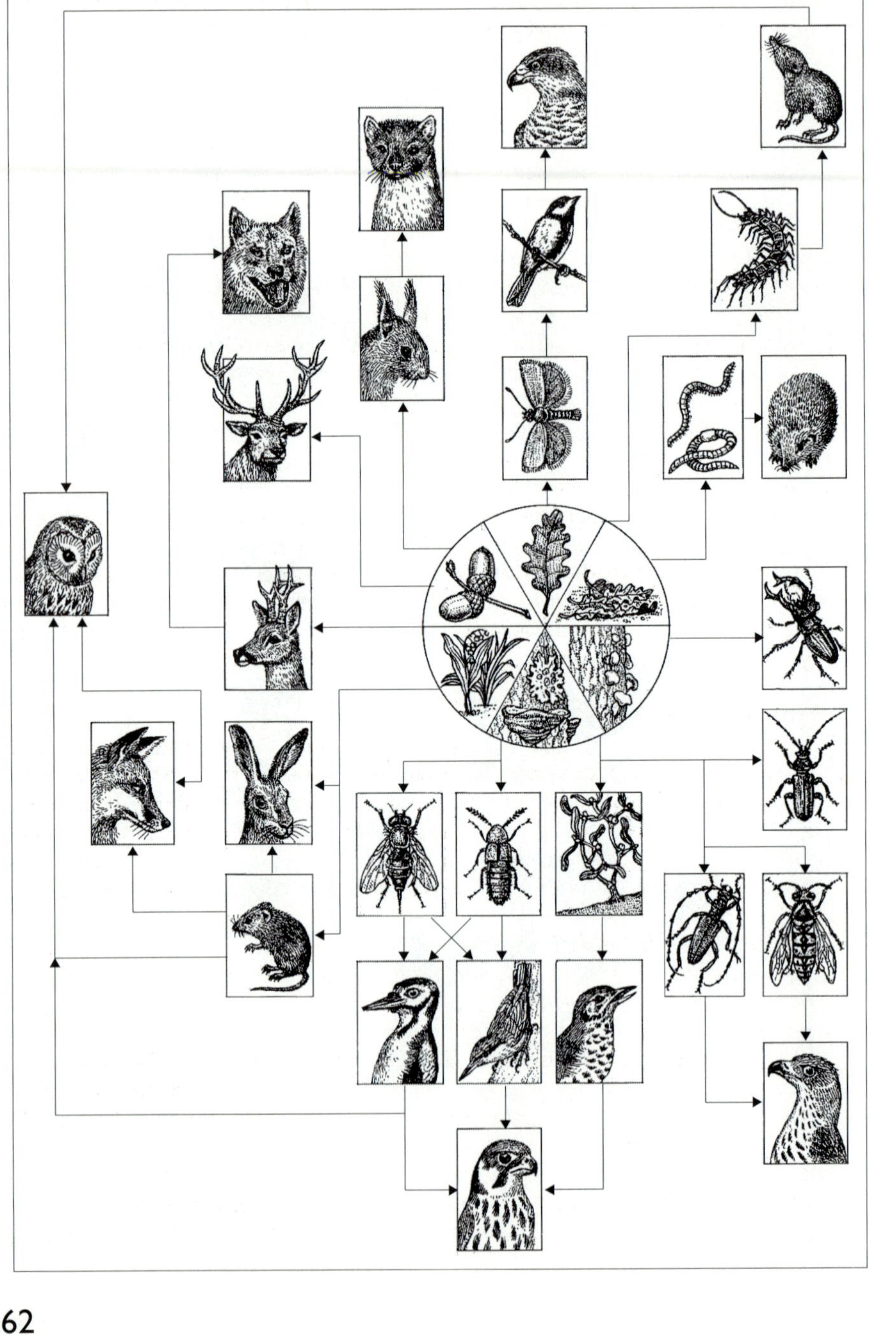

Nahrungsketten - Nahrungsnetze

Die Organismen eines Ökosystems sind über Nahrungsbeziehungen miteinander verbunden. Eine Nahrungskette umfasst Organismen, die sich in einer bestimmten Reihenfolge voneinander ernähren. Sie kann zwei bis maximal fünf Glieder umfassen. In der Regel sind mehrere Nahrungsketten zu einem Nahrungsnetz (Nahrungskettengefüge) verknüpft, wodurch die einzelnen Arten Glieder mehrerer Nahrungsketten sind.

Jedes Glied der Nahrungskette kann in abgestorbenem Zustand als Zerfallprodukt (Detritus) von detritusfressenden Tieren (z.B. Regenwurm) und verschiedenen Mikroorganismen (Bakterien und Pilzen) als Nahrung genutzt werden.

Die Glieder einer Nahrungskette werden nach der Art ihrer Ernährungsweise Ernährungsstufen (Trophiestufen) zugeordnet.

Produzenten. Sind autotrophe Organismen (Pflanzen, Foto- und Chemosynthesebakterien). Sie stehen stets am Anfang einer Nahrungskette.

Konsumenten. Sind alle sich heterotroph ernährenden Organismen.

Primärkonsumenten (Konsumenten 1. Ordnung, Pflanzenfresser) ernähren sich von Produzenten.

Sekundärkonsumenten (Konsumenten 2. Ordnung, Fleischfresser) ernähren sich von Primärkonsumenten.

Gipfelkonsumenten (Endkonsumenten) sind das letzte Konsumentenglied in der Nahrungskette, sie werden von keinem Konsumenten verzehrt. Der Mensch nimmt in Nahrungsketten die Stellung des Gipfelkonsumenten ein.

Destruenten und Reduzenten. Destruenten sind tierische Organismen, die sich von toter organischer Substanz (z.B. Falllaub, abgestorbene Tiere, Kot) ernähren und dieses Material dabei zerkleinern. Reduzenten sind Pilze und Bakterien, die totes organisches Material mineralisieren.

Stofffluss und Stoffkreislauf

Der Stofffluss ergibt sich aus den Assimilations- und Dissimilationsprozessen der Produzenten, Konsumenten und Reduzenten. Anorganische Stoffe aus der abiotischen Umwelt werden in organische Stoffe umgewandelt (1. Trophiestufe) und in dieser Form durch die Reihe der Konsumenten (2., 3., z.T. 4. Trophiestufe) weitergegeben und schließlich durch die Reduzenten wieder als anorganische Stoffe in die Umwelt abgegeben. Die Stoffumwandlungsprozesse führen in der Regel zu einem Kreislauf.

Geschlossener Kreislauf. Alle Nährstoffe im Ökosystem sind in ständige Aufbau- und Abbauprozesse einbezogen und zirkulieren durch die Nahrungskette. 11

Offener Kreislauf. Ein Teil der in organischen Stoffen festgelegten Nährstoffe wird nicht wieder dem Kreislauf zugeführt.

Er wird in Form von organischem Material über einen längeren Zeitraum abgelagert (z.B. Faulschlamm, Torf) oder er wird dem Ökosystem durch Eingriffe des Menschen entnommen (z.B. Ernte von Feldern und von Wiesen und Weiden, Holzeinschlag in Wäldern).

In den Stoffkreislauf sind auch die für Organismen schädlichen Stoffe (z.B. Schwermetallionen, Pflanzenschutzmittel) einbezogen. Sie können sich in den Endgliedern der Nahrungskette, insbesondere beim Menschen, anhäufen und dort Giftwirkungen hervorrufen.

Beispiele für Stoffkreisläufe in einigen Ökosystemen

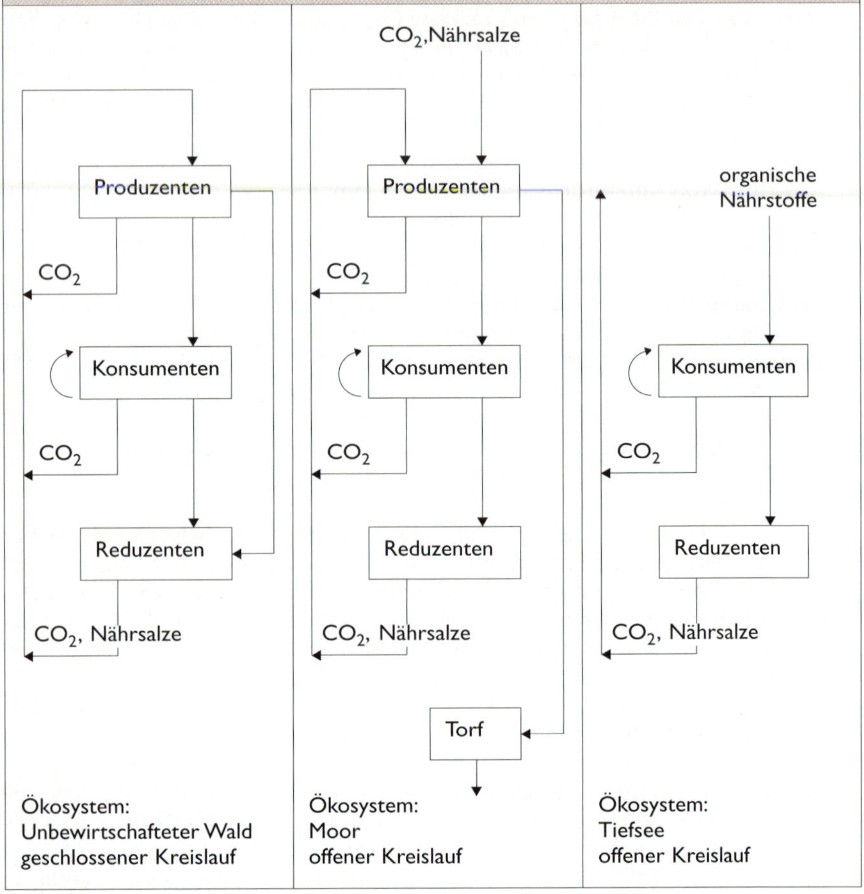

↗ Kreislauf des Kohlenstoffs, des Stickstoffs, des Wassers, S. 205, S. 209, S. 341

11

Stoffproduktion in Ökosystemen

Die biologische Stoffproduktion in Ökosystemen ergibt sich aus der assimilatorischen Leistung der autotrophen (Produzenten) und der heterotrophen Organismen (Konsumenten) und dem Stoffabbau während der Dissimilation dieser Organismen.

Primärproduktion. Ist die Masse der von den Produzenten in einer bestimmten Zeiteinheit erzeugten organischen Stoffe. Die Gesamtmasse der gebildeten organischen Stoffe stellt die Bruttoproduktion dar. Der nach Verbrauch organischer Stoffe zur Energiefreisetzung verbleibende Rest bildet die Nettoproduktion.

Sekundärproduktion. Ist die durch heterotrophe Assimilation der Konsumenten produzierte Biomasse in einem Ökosystem.

Biomasse. Ist die Gesamtmasse der organischen Stoffe, die zu einem bestimmten Zeitpunkt im Ökosystem vorhanden ist.

Ernteertrag. Ist der vom Menschen genutzte Teil der Nettoprimärproduktion.

Beziehungen zwischen Brutto-Primärproduktion, Netto-Primärproduktion und Ertrag in Wald- und Ackerökosystemen

Waldökosystem		Ackerökosystem (Gerste)	
Bruttoproduktion	100 %	Bruttoproduktion	100 %
Atmung	45 %	Atmung	40 %
Nettoproduktion	55 %	Nettoproduktion	60 %
Verluste durch Abfall von Nadeln, Laub, Zweigen und Borke	16 %	Wurzeln	12 %
Wurzeln	3 %		
Samen	1 %	Strohertrag	24 %
Verluste durch Fällung, Vermessung und Transport	3 %	Körnerertrag	24 %
Holzertrag	32 %		

Energiefluss

Der Energiefluss in Ökosystemen ist eng mit dem Stofffluss verbunden. Dabei stellt die Lichtenergie die Energiequelle für die Fotosynthese dar. Die in den organischen Stoffen (Assimilaten) gebundene Energie wird von Stufe zu Stufe der Nahrungskette geringer, weil ein großer Teil an Energie in Form von Wärme an die Umwelt abgestrahlt beziehungsweise bei den Lebensprozessen der Organismen gebunden wird. Ein weiterer Teil der Energie ist in Abfallstoffen gebunden.
Lange Nahrungsketten sind mit erheblichen Energieverlusten verbunden. Deshalb haben Nahrungsketten in der Regel maximal fünf Glieder.

Energiefluss im Ökosystem Weide

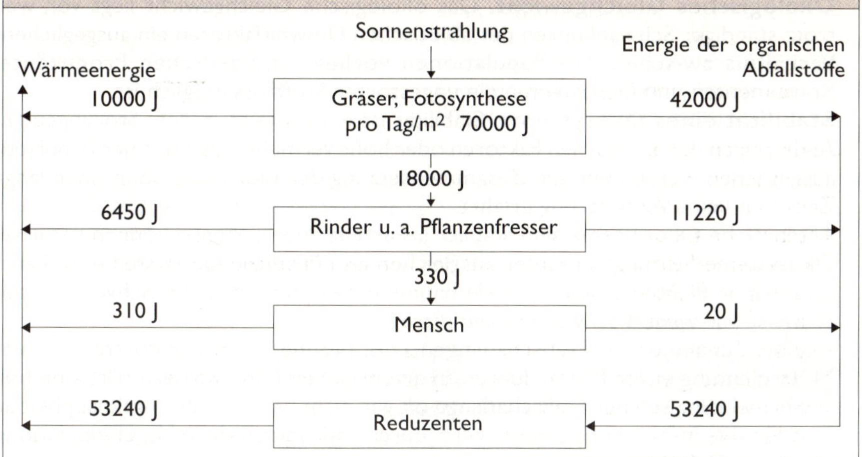

Entwicklungsfolge bei der Verlandung eines Binnengewässers

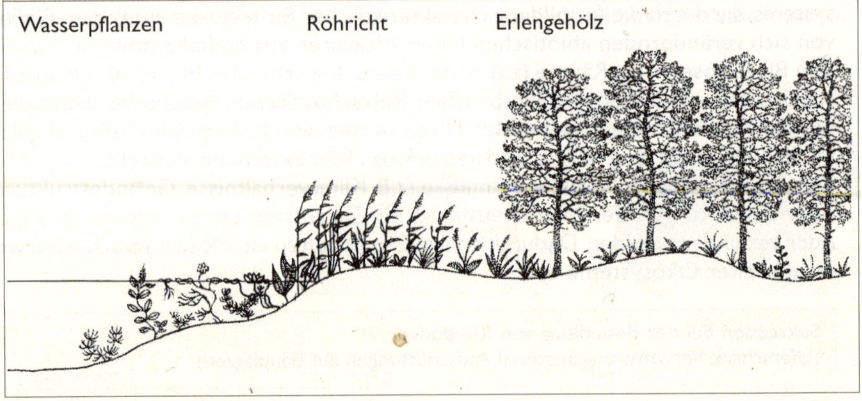

Entwicklungsfolge bei der Bildung eines Hochmoores

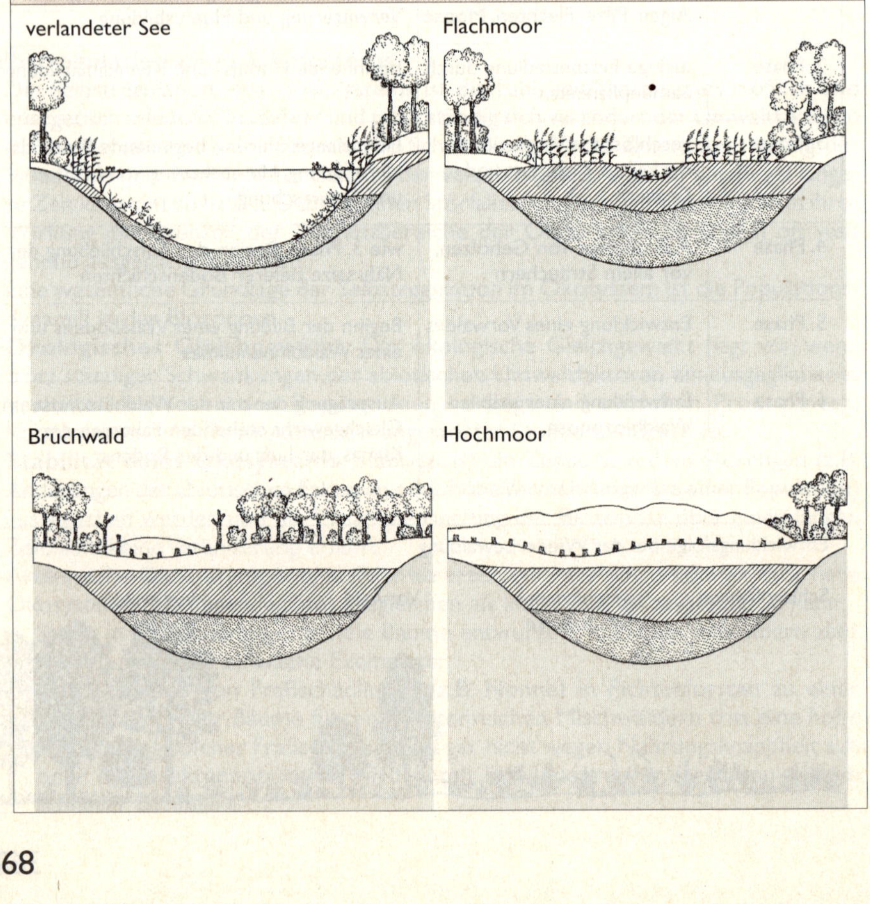

Einwirkungen des Menschen auf Ökosysteme

Allgemeines

Seit der Mensch auf der Erde existiert, beeinflusst er im Interesse der Befriedigung seiner Bedürfnisse die Umwelt und verändert damit Ökosysteme (Waldrodungen führten z.B. in früheren Jahrhunderten in Mitteleuropa zu Freiflächen für den Ackerbau, in der Gegenwart sollen Brandrodungen tropischer Regenwälder in großem Ausmaß Flächen für Viehweiden schaffen). In den letzten hundert Jahren sind die Veränderungen so tiefgreifend geworden, dass in vielen Teilen der Erde natürliche Ökosysteme immer seltener werden.

Wesentliche Eingriffe in die Struktur von Ökosystemen sind

- Anlage von Siedlungen, Industrieanlagen und Verkehrswegen;
- Anlage von Monokulturen;
- Schädlingsbekämpfung;
- Düngung;
- Be- und Entwässerung.

Solche Maßnahmen haben oft neben der beabsichtigten, oft nur kurzfristigen Wirkung weitere Folgen für den Naturhaushalt (z.B. Artenarmut, Waldsterben, Versteppung von Ackerflächen, Überschwemmungen durch stark gemindertes Wasserhaltevermögen der Böden).

Anlage von Siedlungen, Industrieanlagen und Verkehrswegen

Mit der ständig wachsenden Bevölkerung ist die Notwendigkeit verbunden, die Wohn- und Arbeitsbereiche auszudehnen. Während Siedlungs- und Verkehrsbereiche jahrhundertelang noch einen relativ kleinen Raum annahmen, breiten sie sich seit Beginn des 20. Jahrhunderts sehr rasch aus. Aus Naturökosystemen werden Siedlungsökosysteme, Folgen dieser Entwicklung sind:

- Vernichtung oder Störung der natürlich vorkommenden Biozönosen,
- Hochgradige Verdichtung und Versiegelung der Böden,
- Veränderungen der Luft- und Wasserqualität,
- Veränderung der Artenzusammensetzung durch Einfuhr fremdländischer Floren- und Faunenvertreter,
- Schaffung neuartiger Biotope (z.B. Pflasterritzen, Hausböden).

Monokulturen

Monokulturen sind künstlich angelegte, artenarme Ökosysteme, in denen eine Pflanzenart durch bestimmte Anbau- und Pflegemaßnahmen besonders begünstigt wird (z.B. Getreidefelder, Fichtenforsten). Sie dienen der Erzeugung einer hohen Biomasse. Die Anlage von Monokulturen führt

- zur Vernichtung vieler ökologischer Nischen und zur Artenarmut,
- zur Veränderung der Bodeneigenschaften,
- zur starken innerartlichen Konkurrenz ober- und unterhalb der Erdoberfläche und zur einseitigen Nutzung der vorhandenen Umweltfaktoren,
- zur Veränderung der Populationsdynamik der Konsumenten (Begünstigung Pflanzen fressender Konsumenten),
- zum Rückgang der natürlichen Selbstregulation des Ökosystems und zur Anfälligkeit gegenüber Schädlingsbefall.

Schädlingsbekämpfung

In Monokulturen, in Tierhaltungsbetrieben und in Vorratslagern für pflanzliche und tierische Produkte können sich einzelne Arten aufgrund des hohen Nahrungsangebotes massenhaft vermehren und dadurch erhebliche wirtschaftliche Schäden anrichten. Dem Schädlingsbefall wird durch geeignete Schädlingsbekämpfung vorgebeugt.

Chemische Schädlingsbekämpfung. Erfolgt durch Einsatz von Bioziden (Pestiziden).

Ausgewählte Beispiele für Biozide	
Bekämpfungsmittel/ Einsatz gegen	Wirkung
Insektizide/ Insekten	Schädigungen im Nervensystem des Schädlings (z.B. Hemmung der Synapsenfunktion) durch das Kontaktgift DDT, oder durch das systemische Gift Parathion, das über die Leitungsbahnen der Pflanzen in Säfte saugende Insekten gelangt. Absterben des Schädlings nach Hemmung der Raupenhäutungen durch Dimilin.
Fungizide/ Pilze	Blockierung der Enzymwirkung in den Pilzzellen durch Kupferkalkbrühe und Schwefelpräparate.
Herbizide/ Pflanzen	Förderung sehr starken Wachstums zweikeimblättriger Wildkräuter, zum Beispiel durch Dichlorphenoxiessigsäure, führt zum Absterben der Kräuter.

Biozide haben oft ein schnelles und wirksames Absterben der Schädlinge zur Folge. Nachteile bei ihrem Einsatz sind aber:

- Langzeitwirkung, weil sie zum Teil schwer abbaubar sind oder ihre Abbauprodukte giftig sind,
- Anreicherung in der Nahrungskette, wobei besonders in den Endgliedern Giftwirkungen auftreten können,
- Giftwirkung auf Nichtschädlingspopulationen und den Menschen,
- Vergiftung von Böden und Gewässern und deren Mikroorganismen.

Biologische Schädlingsbekämpfung. Beruht auf dem Einbringen natürlicher Räuber, Parasiten und Krankheitserreger in Schädlingspopulationen und verhindert deren Massenentwicklung. Durch künstlich hergestellte Signalduftstoffe (Pheromone) von Schädlingsweibchen können die Schädlingsmännchen in Fangfallen gelockt werden. Eine ähnliche vermehrungshemmende Wirkung hat die künstliche Sterilisation von Männchen.

Integrierter Pflanzenschutz. Stellt eine Kombination von biologischer Bekämpfung, von Pflegemaßnahmen (Düngung, Bodenbearbeitung), von Züchtung widerstandsfähiger Kulturpflanzensorten und von chemischer Bekämpfung dar und versucht, einen möglichst wirksamen Schutz der Kulturpflanzen zu erreichen sowie die Nachteile der ausschließlich chemischen Bekämpfung einzudämmen.

Düngung

Düngung ist die Zufuhr zusätzlicher Nährstoffe in den Boden. Sie dient:
- dem Ausgleich der durch Erntemaßnahmen entstandenen Stoff- und Energieverluste in der Nahrungskette,
- der Erhöhung des Nährstoffangebots für Kulturpflanzen auf nährstoffarmen Böden,
- der Schaffung günstiger Umweltbedingungen für Mikroorganismen,
- der Optimierung der Bodenstruktur und des *p*H-Wertes.

Düngung erfolgt als Zufuhr von vorwiegend anorganischen (z.B. Stickstoff-, Kalidünger) oder organischen Düngemitteln (z.B. Kompost, Klärschlamm) sowie als Gründüngung (Anbau eiweißreicher Zwischenfrüchte, z.B. Lupinen).

Zu hohe Düngergaben können schädigend wirken auf
- die Gewebe der Kulturpflanzen,
- die Begleitfauna und -flora der Kulturpflanzen durch Veränderung der Wasser- und Bodenverhältnisse,
- die Nachbarbiotope (z.B. Gewässer, Wiesen) durch Auswaschung der anorganischen Düngemittel.

Bewässerung und Entwässerung

Eingriffe in den Wasserhaushalt durch Be- und Entwässerung dienen
- der optimalen Wasserversorgung der Kulturpflanzen,
- der gezielten Veränderung von Bodenflächen zur Anlage von Siedlungen, Verkehrswegen und Rohstoffabbaugebieten.

Spezielle Maßnahmen der Be- und Entwässerung sind:
- Fließgewässerbegradigungen und -vertiefungen,
- Absenken des Grundwasserstandes,
- künstliche Bewässerung durch Zusatzberegnung.

Da auch negative Folgen auftreten können, müssen diese Maßnahmen unter Berücksichtigung bekannter ökologischer Zusammenhänge verantwortungsbewusst durchgeführt werden.

Umwelt- und Naturschutz

Allgemeines

Der immer stärkere Eingriff in Ökosysteme erfordert umwelt- und ressourcenschützende Maßnahmen im Hinblick auf die Gestaltung einer gesunden und lebenswürdigen Umwelt. Sie stehen oft mit ökonomischen Interessen im Widerspruch. Nationale Vorhaben sind häufig nur durch gleichzeitige internationale Zusammenarbeit erfolgreich (z.B. Maßnahmen zur Reinhaltung der Meere).

Umweltschutz - Naturschutz

Umweltschutz umfasst alle Maßnahmen, die der Einzelne und die Gesellschaft zur Erhaltung und Verbesserung der Biosphäre ergreifen. Naturschutz ist ein Teil des Umweltschutzes. Er umfasst alle Maßnahmen zur Erhaltung und Pflege wissenschaftlich und kulturell bedeutsamer Ökosysteme und Landschaftsteile mit ihren jeweils typischen Pflanzen- und Tierarten.

Belastung von Umweltressourcen

Die natürlichen Umweltressourcen sind Boden, Wasser, Luft, Bodenschätze, Pflanzen und Tiere. Alle Umweltressourcen sind belastet.

Ressource/Belastung	Folgen der Belastung
Gewässer:	
– Verunreinigung durch Industrie- und Haushaltsabwässer	Schädigung und Abtötung von Wasserpflanzen und -tieren. Minderung der Produktion von Biomasse
– Eutrophierung (starke Anreicherung mit Nährstoffen) durch Gülle, durch abgeschwemmte Düngesalze, durch Müllablagerungen	Starke Entwicklung des Phytoplanktons, hoher Sauerstoffverbrauch durch aerobe Reduzenten bei der Zersetzung der in großen Mengen produzierten Biomasse. Zusammenbruch des Ökosystems durch Sauerstoffmangel
Boden:	
Erosion durch nicht standortgerechte Bodenbearbeitung und durch Anlage von Monokulturen Eintrag von chemischen Stoffen	Abschwemmung von Feinerde, Humus und Nährsalzen, Rinnenbildung, Verkarstung Veränderung der Lebensräume von Bodenorganismen
Luft:	
Verunreinigung durch Stäube und Abgase der Industrie, Verkehrsmittel, Heizungsanlagen und privater Haushalte	Schädigung von Tieren, Pflanzen und Menschen, Herabsetzung der biologischen Stoffproduktion
Organismen und Ökosysteme:	
Anreicherung von Bioziden (Pestiziden) oder deren Rückstände Eintrag von Schadstoffen	Schädigung (z.B. Störung der Fortpflanzung, des genetischen Materials) oder Vernichtung der Organismen

Wasser

Wasser wird in fast allen gesellschaftlichen Bereichen genutzt als
- Roh- und Betriebsstoff (Kühlwasser, Waschwasser),
- Trinkwasser und Brauchwasser im Haushalt,
- Grundlage zur Krafterzeugung,
- Transportwege für die Schifffahrt,
- Erholungsgebiete.

Maßnahmen zum Schutz der Gewässer. Alle Maßnahmen dienen der Erhaltung natürlicher Gewässer oder dem Schutz der Gewässer vor Verschmutzungen.
- Errichtung von Deichen, Talsperren, Speicherbecken und Überflutungsflächen zur Erhaltung der Gewässerreservoire;
- Errichtung von Wasserschutzgebieten;
- Kontinuierliche Qualitätsüberwachung der Gewässer;
- Einführung von Wasser sparenden Technologien;
- Verringerung der Abwässer und der Bodenbelastung zur Erhaltung der natürlichen Selbstreinigung der Gewässer;
- Ausreichende Aufbereitung von Abwässern zum Schutz der Gewässer vor Verschmutzung.

Maßnahmen zur Aufbereitung von Abwasser. Abwasser aus Industrie, Lan wirtschaft und Haushalten kann in Wasseraufbereitungsanlagen gereinigt werden. Wasseraufbereitung erfolgt in einzelnen Stufen, der mechanischen, chemischen und biologischen Reinigungsstufe, die einzeln oder kombiniert eingesetzt werden.

Aufbereitung von Abwasser	
Reinigungsstufe	Vorgänge
mechanische Stufe	Ausfiltern von groben Verunreinigungen, Absetzen der Schmutzstoffe durch Verringerung der Fließgeschwindigkeit
chemische Stufe	Zusatz von chemischen Fällungsmitteln zur Bindung und Ausflockung der Verunreinigungen; sachgerechte Lagerung und Aufbereitung der Ausflockungsprodukte
biologische Stufe	Mikrobiologischer Abbau von Schadstoffen unter Zusatz entsprechender Bakterien in Belebtschlammbecken und Faultürmen unter Zufuhr von Luftsauerstoff

Boden

Boden bildet den Lebensraum vieler Organismen. Er dient als Produktionsgrundlage für Land- und Forstwirtschaft und als Baugrund für Industrieanlagen, Verkehrswege und Siedlungen.
Jährlich gehen große Anteile der Landesfläche an Boden aufgrund von Baumaßnahmen, der landwirtschaftlichen Nutzung und als natürlicher Lebensraum verloren.

Aufteilung der Landesfläche der BRD	
Bereich	Anteil
Landwirtschaftliche Nutzung	55 %
Wald	30 %
Siedlungsflächen, Verkehrswege	12 %
Gewässer, Ödland	3 %

Maßnahmen zum Schutz des Bodens

Maßnahmen zum Schutz des Bodens, insbesondere vor Verschmutzung, dienen der Erhaltung der Böden und ihrer Eigenschaften. Solche Maßnahmen sind:

- Einrichtung von Schutzanlagen (z.B. Deiche) und Anpflanzung von Hecken oder Flurgehölzen zur Minderung der Erosion,
- Einrichtung geordneter Mülldeponien sowie Klär- und Reinigungsanlagen für Abwässer,
- Einsatz leichter Landmaschinentechnik, richtiger Düngemittel- und Bioziddosierung, geeigneter Fruchtwechselpläne,
- Erhaltung des Bodens als Lebensraum.

11

Luft

Luft ist Sauerstoffquelle für die Lebewesen, sie dient der Rohstoffgewinnung (z.B. Stickstoff) und der Energieerzeugung (Verbrennung von Energieträgern unter Luftzufuhr).

Luftverunreinigungen. Luftverunreinigungen entstehen durch die Zufuhr von Gasen (z.B. Schwefeldioxid, Stickstoffoxide, Fluorchlorkohlenwasserstoffe, Kohlenstoffdioxid, Kohlenstoffmonoxid) und fein verteilten Feststoffen (z.B. Stäube).

Emission und Immission. Emission ist das Ausstoßen von Gasen oder Aerosolen (fein verteilten Feststoffen oder Flüssigkeiten in der Luft) aus einer Luftverunreinigungsquelle. Immission ist der in den Lebensraum der Organismen eintretende Gas- und Aerosolstrom.

Smog. Ist eine an Luftfeuchtigkeit (Nebel) gebundene Anreicherung von Immissionsstoffen, die besonders bei Inversionswetterlagen (warme, leichte Luftschichten lagern über schwerer Kaltluft) auftritt und gesundheitsschädigend wirkt.

Folgen der Luftverunreinigungen. Luftverunreinigungen wirken auf Lebensräume und Organismen schädigend:

- Schwefeldioxid und Stickstoffoxide reizen die Sinnes- und Atmungsorgane und wirken in Verbindung mit Wasser als „saurer Regen“ ätzend auf Pflanzenoberflächen sowie verändernd auf den *p*H-Wert der Böden;
- Aerosole begünstigen Nebelbildung und mindern die Sonneneinstrahlungsdauer (Beeinträchtigung der Fotosynthese, Absorption der UV-Strahlen durch Dunst);
- Fluorchlorkohlenwasserstoffe schädigen die Ozonschicht der Atmosphäre, die die lebenszerstörende UV-Strahlung der Sonne größtenteils von der Erde abhält;
- Kohlenstoffdioxidanreicherung in der Atmosphäre führt zur verstärkten Zurückhaltung der von der Erde reflektierten Wärmestrahlung in erdnahen Luftschichten (Treibhauseffekt) und damit möglicherweise in Verbindung mit anderen Ursachen (z.B. Abnahme der Durchlässigkeit der Atmosphäre durch Staubbelastung) zu weltweiten Klimaveränderungen.

Maßnahmen zur Reinhaltung der Luft

Maßnahmen zur Reinhaltung der Luft sind:

- Verminderung der Emission durch Zurückhalten schädlicher Stoffe (durch Filter) oder ihre chemische Veränderung;
- Vermeidung oder Verminderung der Emission durch abgasarme Technologien und Produktionsverfahren;
- Gestaltung von umweltgerechten Verkehrsmitteln und -wegen (z.B. Wahl der Fahrzeugtypen, der Betriebsweise der Fahrzeuge, Führung von Straßen);
- Verminderung der Immission durch geeignete Standortwahl der Emissionsquellen, durch günstige Verteilung der Emissionsprodukte, durch Anlage von Immissionshemmnissen (z.B. Schutzpflanzungen).

Lärm

Lärm entsteht durch Schallwellen unterschiedlicher Quellen, die Mensch und Tier stören, belästigen und folglich ihre Lebensfunktionen beeinträchtigen oder gesundheitsschädigend wirken.

Lärmschäden beim Menschen. Lärm wirkt schädigend. Er beeinträchtigt:

- Vegetative Funktionen (z.B. Herzschlag, Atemfrequenz, Drüsensekretion);
- nervale Funktionen (Aufnahmefähigkeit von Reizen, Reaktionsgeschwindigkeit, Aufmerksamkeit, Gedächtnis);
- Schlaffunktionen;
- Funktionsweise des Hörorgans und die Kommunikationsmöglichkeit.

Auswirkung der Lärmbelastung auf die Pulsfrequenz	Mögliche Auswirkungen auf Einwohner eines Wohngebietes durch Lärmbelastung
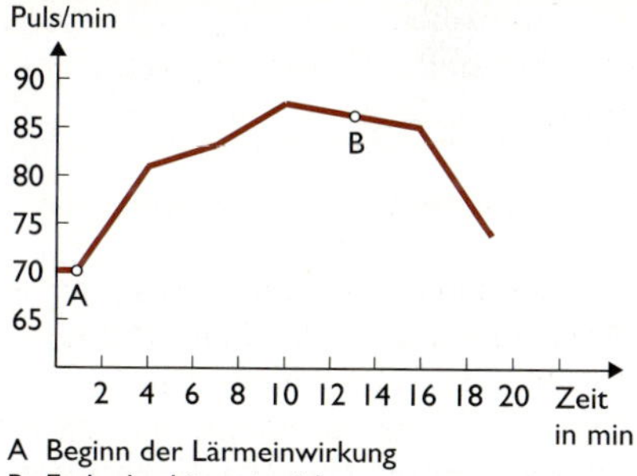	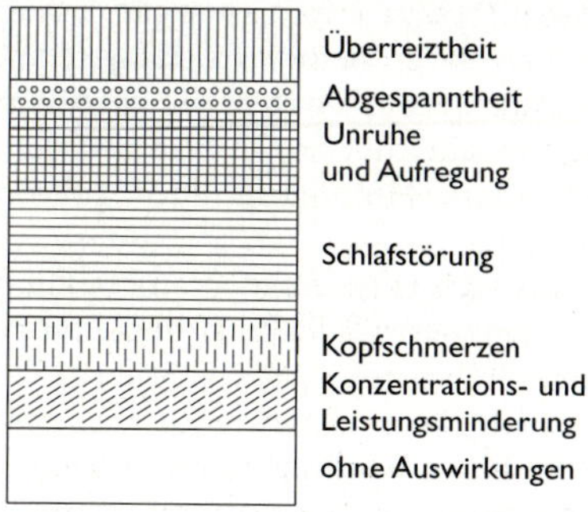

A Beginn der Lärmeinwirkung
B Ende der Lärmeinwirkung

Maßnahmen zum Schutz vor Lärm

Maßnahmen werden direkt an den Lärmquellen und durch Lärm abwendende Schutzeinrichtungen durchgeführt:
- Lärmgeminderte Konstruktion von Maschinen und Motoren;
- Standortwahl der Lärmquelle in Bezug auf Wohngegenden;
- Anbringen von Lärmschutzeinrichtungen (individueller Gehörschutz, Schutzbauten, Schutzpflanzungen);
- Verantwortungsbewusstes individuelles Verhalten in der Wohn- und Arbeitsumwelt.

Abfallprodukte und deren Beseitigung

Abfallprodukte sind eine Folge des Stoffaustausches der Lebewesen mit ihrer Umwelt. Sie umfassen:
- die Endprodukte des biologischen Stoffwechsels;
- die nicht genutzten Rückstände der stoffumwandelnden Industrie (z.B. Materialien von Bergbauhalden);
- die nicht mehr nutzbaren Konsumtions- und Arbeitsmittel wie Schrott, Altöl, Altpapier, Altglas, Altreifen, Haus- und Sperrmüll.

Die Menge der Abfallprodukte steigt mit zunehmender Weiterentwicklung der Industrie und steigendem Wohlstand der Gesellschaft.

Aufbereitung der Abfallprodukte. Die Wiederverwendung von Teilen der Abfallprodukte dient der Schonung von Naturressourcen durch Rückgewinnung von Rohstoffen aus Altstoffen (Recycling). In diesem Prozess können etwa ein Drittel der Abfallprodukte aufbereitet werden.

Beseitigung und Verminderung der Abfallprodukte. Es sind Maßnahmen notwendig, die zur Beseitigung und Verminderung von Abfallprodukten führen, um Lebewesen vor Belästigungen und Vergiftungen zu bewahren. Möglichkeiten dazu sind beispielsweise
- Kompostierung organischer, abbaubarer Reste;
- Verbrennung von Müll und anderen brennbaren Materialien;
- Ablagerung in geordneter, abgedichteter Deponie.

Naturschutz

Neue Bundesländer — Alte Bundesländer

Im Interesse der Erhaltung und Pflege bestimmter Teile der Natur werden einzelne Objekte unter spezielle Schutzbestimmungen gestellt. Es gibt geschützte Pflanzen und Tiere sowie geschützte Gebiete. Geschützte Objekte sind durch besondere Hinweisschilder gekennzeichnet.

Naturschutzgebiete. Naturschutzgebiete sind kleinflächige Territorien mit einer seltenen, wissenschaftlich bedeutenden Flora und Fauna oder mit erhaltens- und schützenswerten Ökosystemen (z.B. Moore, Wälder). Sie dienen dem Schutz von Naturobjekten und der wissenschaftlichen Forschung. Entsprechend dem jeweiligen Wert eines Schutzgebietes kann es als Totalreservat abgeschlossen oder der Allgemeinheit zugänglich sein. In Naturschutzgebieten ist land- und forstwirtschaftliche Nutzung in der Regel nicht möglich, es werden aber Pflegemaßnahmen durchgeführt. Beschädigungen, Zerstörungen und Entnahme von Tieren und Pflanzen sind untersagt.

Nationalparks. Ein Nationalpark ist ein großflächiges Schutzgebiet mit wertvoller und erhaltenswerter Naturausstattung. In ihm ist land- und forstwirtschaftliche Nutzung nicht oder nur in beschränktem Maße möglich. Teile eines Nationalparks können für Tourismus, für Bildung und Erholung zugänglich sein. Oft wird ein Nationalpark in verschiedene Zonen mit unterschiedlich strengen Schutzbestimmungen unterteilt. Nationalparks in Deutschland sind zum Beispiel der Bayerische Wald, das Schleswig-Holsteinische und das Niedersächsische Wattenmeer und das Müritz-Gebiet.

Landschaftsschutzgebiete. Landschaftsschutzgebiete sind Territorien mit einem vielfältigen und für den Menschen schönen Landschaftsbild. Sie dienen in erster Linie der Erholung und werden land-, forst- und fischereiwirtschaftlich genutzt. Industriebauten sind in ihnen nicht möglich.

Biosphärenreservate. Biosphärenreservate sind Bestandteile eines weltweit angelegten Netzes großflächiger Schutzgebiete des UNESCO-Programms „Der Mensch und die Biosphäre“. Sie dienen dem Schutz, der Pflege und der Entwicklung von Kulturlandschaften, der Erforschung der Auswirkung menschlicher Tätigkeit auf die Ökosysteme, dem Naturerlebnis und der ökologischen Bildung.

Naturdenkmäler. Naturdenkmäler sind einzelne Naturobjekte (Bäume, Felsen, Quellen) oder kleine Flächen mit besonderem Seltenheits- und Schönheitswert. Sie sind der Allgemeinheit zugänglich.

Geschützte Pflanzen und Tiere. Geschützte Pflanzen und Tiere sind Arten, die in der heimatlichen Natur vom Aussterben bedroht oder in ihrem Vorkommen mehr oder weniger stark gefährdet sind.

Im Interesse der Erhaltung der Artenvielfalt (Arten als Genreservoir, als Bioindikatoren, als potentielle Nutzorganismen) und aus ethischen und ästhetischen Gründen ist ihr besonderer Schutz erforderlich. Sie dürfen in ihrem Lebensraum nicht beschädigt, belästigt oder aus ihm entfernt werden. Die Verbreitung aller in ihrem Bestand gefährdeten Arten wird ständig registriert. Eine sogenannte „Rote Liste“ erfasst die gefährdeten Arten.

Register

A

E

H

N

O